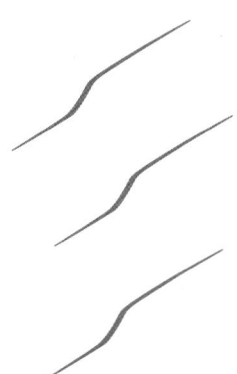

AZUL BABEL

Rodrigo Petronio

AZUL BABEL

A escrita e os mundos

2000-2020

1ª edição, São Paulo, 2021

LARANJA ● ORIGINAL

Sumário

Nota do autor   13

Apresentação / *Roberto Acízelo de Souza*   17

A escrita da ficção   23

Do peso à leveza: a escrita-pensamento de Juliano Garcia Pessanha   25
Pantagruelismo à brasileira: Rabelais por Guilherme Gontijo Flores   28
A obra essencial de Assis Brasil   33
Uma obra contra a vida: Houellebecq e Lovecraft   38
Verônica Ramalho e os mil olhos da literatura   41
Heinrich Heine: ironia e paixão   42
Herman Melville: liberdade e destino   44
O cansaço de Deus: a ficção de Luciana Lachini   46
Passagens e paisagens: oito escritoras brasileiras   51
A peregrinação de Stevenson pelas Cevenas   55
O. Henry e os relatos de uma cidade flutuante   57
Thomas Mann: um farol nas trevas   59
A poética da extimidade de Juliano Garcia Pessanha   62
Etgar Keret e a arte de dizer as mentiras precisas   65
A escrita disseminadora de Mariana Vieira   67
Marcos Milone: corpo, gênero e ficção   69
Jacy do Prado Barbosa Neto e os caminhos para a Terra sem Mal   71

Silviano Santiago: autobiografia a dois	73
Camus e o êxtase da lucidez	75
A montanha, o mundo e os caminhos da ficção de Cyro dos Anjos	78
A América de Chimamanda Ngozi Adichie	80
A ascese negativa de Evandro Affonso Ferreira	82
Ali Smith e a banal vida banal	84
João Anzanello Carrascoza e as cicatrizes futuras	86
As vidas futuras de Gabriel García Márquez	88
A cabeça, o santo e a pergunta: a ficção de Socorro Acioli	91
Herta Müller e a busca de um reinado para a literatura	93
Maria Teresa Fornaciari: o nunca é imenso	95
Colm Tóibín e os mercadores de heresias	98
A tinta com que a vida escreve: a prosa de Trías de Bes	101
Flavio Cafiero e todas as distâncias que nos cercam	103
Joseph Roth: hotéis, santos e ruínas	105
Hermann Hesse: um retrato	108
Cynthia Ozick: estranhos a nós mesmos	109
Joca Reiners Terron e o animal que logo somos	111
Miranda July entre as coisas e seus vestígios	113
A sétima velha e o gênio de José Donoso	115
O vazio de Yukio Mishima pelas mãos de Marguerite Yourcenar	118
O anti-Éden de Rogério Pereira	120
Evandro Affonso Ferreira e a literatura como direito à morte	122
Javier Marías e a utopia de uma vida sem rastros	125
Carlos Heitor Cony e a breve reflexão sobre a imortalidade	127
Paulo Mendes Campos e as minerações do cotidiano	130
A eternidade e uma noite de *As mil e uma noites*	133
A morte de um continente: Antonio Di Benedetto	139
La Fontaine e as formas da fábula	142
Tchékhov: entre a mulher e a amante	144
Kafka: o espólio de um mestre	148
Oscar Wilde: o inimigo da verdade	151
Laurence Stern: um bufão no Século das Luzes	154

A vida é o sonho de Calderón de la Barca	157
Tchékhov em travessia pelas estepes	160
Juan Manuel del Prada pelos subterrâneos de Veneza	162
A ficção da literatura: Fernando Monteiro	164
A genealogia de duas famílias tramada por Marcos Peres	166
Osman Lins, artesão do imaginário	168
Hilda Hilst, moradora do sol	170
Adelbert von Chamisso e o acontecimento puro	174
Que meu nome seja ninguém como o de Ulisses	179
Erico Verissimo: um retrato de várias faces	185
Entre imagens e enigmas: a escrita de Ivani Rossi	188

A escrita do ensaio — 191

Koselleck e os tempos emaranhados	193
Muryatan Santana Barbosa e a razão africana	197
Mário Dirienzo entre a lei e a graça	200
Bruno Latour, Gaia e o Antropoceno	211
Malinowski: argonauta da antropologia	215
Pluralismo e liberdade: Hannah Arendt pelas lentes de Celso Lafer	220
O *Big tech*: Evgeny Morozov e a morte da política	223
Charles Pépin: por uma filosofia do fracasso	227
A filosofia e o amor sob o olhar de Francis Wolff	230
Sóror Juana Inés de la Cruz por Octavio Paz: sonho e constelação	232
O teatro, o sol e o mundo: Ariane Mnouchkine e o Théâtre du Soleil	236
Afrologias: o pensamento africano	240
A paixão da distância: as vidas de Friedrich Nietzsche por Curt Paul Janz	243
Michel Onfray e os prazeres do pensamento	246
Alvin Toffler: um herdeiro do futuro	249
Christopher Hitchens ou o dia em que Deus virou adulto	251
Lucia Miguel Pereira e o estatuto da crítica	255
Simon Bolívar: o homem que foi um continente	258

Hans Ulrich Gumbrecht: pensador do futuro latente	261
A vida comum vista por Todorov	264
Northrop Frye em busca da narrativa universal	266
O Brasil, um olhar de Gilles Lapouge	269
Marx e o espírito do mundo	271
Claudio Willer e os caminhos para um anarquismo místico	274
Sartre e Beauvoir: dois caminhos e uma vida	276
Philippe Ariès: um mestre de sutilezas	279
A origem da mentira por Martínez Selva	282
Walter Benjamin: o presente à luz do futuro	284
Lucia Santaella e a vida em todos os lugares	285
Hans Joas e a universalidade da pessoa	287
A mente assombrosa de Oliver Sacks	290
Stephen Hawking e a breve história do universo	293
Alfredo Bosi: a literatura como elogio da realidade	296
David Le Breton: a dor além do bem e do mal	299
Paolo Rossi: entre o tempo profundo e a esperança	301
Huizinga e a nova Idade Média	304
O método de Mortimer Adler e Charles van Doren	307
A vida além da vida de Isidore Ducasse	309
José Mindlin e o tempo redescoberto	311
As razões do mal: Sade por Eliane Robert Moraes	317
Sêneca e a vida em cena	320
Pascale Casanova e a devoração literal	322
Maomé e o Ocidente pelo olhar de Karen Armstrong	325
Vieira e o Brasil em cartas	329
Um coração maior que o mundo: Tomás Antônio Gonzaga por Ronald Polito	331
Vicente Ferreira da Silva: pastor do ser	333
Jacopo de Varazze e a bíblia dos santos	337
O compêndio de maravilhas de João Daniel	339
O santo imundo: vida e obra de Jean Genet	341

A escrita da poesia — 343

As metamorfoses da terra: a poesia de Ariane Alves	345
Guita Piva: a escrita e os ritmos do pensamento	348
O início da primavera: a poesia de Tatiana Eskenazi	349
O ritmo que regra os humanos: a lírica grega arcaica	351
O fogo avança para o meu pequeno enigma: a poesia de Cecilia Meireles	359
O poema final de Camilo Pessanha	373
A exosfera e a poesia de Flavia Rocha	380
A poesia de Edith Elek	383
Popol Vuh: o mundo desde o começo	385
Goethe: poesia e verdade	388
Moacir Amâncio: poesia e paralaxe	393
Eric Ponty e a poesia em tradução	402
Geoffrey Hill: poesia, tempo e transfiguração	404
A flor negativa: Cabral e Drummond por Secchin	406
Os dias de Weydson Barros Leal	409
Não sei se me pertence o que me invade: a poesia de Iraci Nogueira Santana	412
O grande rio-linguagem de Ruy Belo	416
Pablo Simpson e a poesia cristã francesa	419
Alexei Bueno e as muitas vozes da tradição	421
A vida unânime de Alexandre Barbosa de Souza	424
Ruy Espinheira Filho e a poesia como diálogo infinito	426
Mariana Ianelli: o espaço interior do mundo	428
No dorso claro do tempo: novos poetas brasileiros	430
Emily Dickinson sob o céu que passa	433
Córgo de Nico Henriques	436
Gullar: do anjo terrível à leveza do real	438
O vazio pleno de Renato Rezende	442
Primavera: Herberto Helder e o canto da terra	444
A sagração da palavra de Ivan Junqueira	448

Dora Ferreira da Silva: a ave, o mergulho e o fogo	450
Alfredo Fressia no Éden	456
W. B. Yeats e a contraverdade de *A condessa Cathleen*	465
Yona Wollach e o cabalista Moacir Amâncio	471
Saint-John Perse, poeta da totalidade	477
Floriano Martins e o mergulho em todas as águas	482
Hilda Hilst e o amor	488
Alcir Pécora: as artes do conceito na poesia seiscentista	490
Claudia Roquette-Pinto e os jardins simétricos	493
Elogio de Hilda Hilst	495
Mário Faustino, poeta e demiurgo	498
Caminhos da poesia brasileira atual	503
Um livro a seis mãos: Fabiano Calixto, Kleber Mantovani e Tarso de Melo	516
A poesia soviética pelas mãos de Lauro Machado Coelho	518
Bruno Tolentino e o mundo apesar da ideia	522
Gerardo Mello Mourão e as peripécias de Apolo	537
Jorge de Lima: transfigurado	542
Mário Chamie, palavra-poema e poesia em movimento	545
Rodolfo Alonso muito além do silêncio	549
A poesia extemporânea de José Gorostiza	554
A poesia brasileira pelas mãos de Frederico Barbosa e Claudio Daniel	556
De Minas a Macau: Donizete Galvão e Paulo Henriques Britto	559
Mosaico de mitos: a poesia de Dora Ferreira da Silva	564
Jorge Luis Borges: na língua em que algo ou alguém me escreve	570
Posfácio: Os mundos da escrita / *Wanderson Lima*	573
Referências das publicações	579
Sobre o autor	599

Nota do autor

Este livro é uma seleção de artigos e ensaios sobre ficção, ensaio e poesia que publiquei ao longo de cerca de 20 anos de colaboração para os mais variados veículos da imprensa brasileira: *Rascunho*, *Folha de S. Paulo*, *O Estado de S. Paulo*, *Amálgama*, *Desenredos*, *O Globo*, *Valor Econômico*, *Continente Multicultura*, *Bravo!*, *Estado de Minas*, *Trópico*, *Jornal* UBE, *Agulha*, dentre outros. Curiosamente, apenas ao reuni-los percebi que havia dedicado quase a mesma importância e quase a mesma quantidade de escritos para cada um dos três gêneros a que cada parte é dedicada.

Isso significa que, a despeito de eu não propor uma definição de ficção, de ensaio e de poesia (se é que elas existem), talvez haja uma articulação interna e um fio condutor que permeiam todos estes textos e fornecem as respostas para sua constituição e seu sentido. Ao final do volume, transcrevi as referências detalhadas da primeira publicação de cada texto. Isso pode auxiliar os pesquisadores das obras, temas e autores em questão, bem como quem eventualmente queira compreender um pouco melhor o percurso de formação e de reflexão ziguezagueantes do autor que escreve estas linhas. Aqueles cujas fontes não foram transcritas, ou não foram identificados no arquivo de material impresso e por algum motivo não estão mais disponíveis na internet ou são inéditos.

Gostaria de agradecer a Roberto Acízelo de Souza, Wanderson Lima, Peter Burke, Leandro Karnal e Nelson Endebo por terem aceitado o convite para escrever, respectivamente, os textos de apresentação, posfácio, quarta-capa e orelha. As suas palavras generosas me estimulam a continuar sempre dialogando, escrevendo, compartilhando pontos de vista e leituras. Ao querido escritor e amigo Filipe Moreau, pela gentileza de sempre e pela abertura das portas da Laranja Original para a publicação não apenas deste livro, mas de meu livro de poemas

Fim da terra. A Germana Zanettini e a Marcelo Girard, pelo cuidado editorial e o belo projeto gráfico.

Agradeço também à parceria dos editores Antonio Gonçalves Filho e Ubiratan Brasil, de O *Estado de S. Paulo*, aos cuidados dos quais alguns destes textos foram publicados. A Maria Luíza Mendes Furia e a Robinson Borges, editores do *Valor Econômico*, que também abriram espaço para muitos dos textos contidos aqui. A Rogério Pereira, do *Rascunho*, pela parceria e a grande receptividade desde as origens do jornal. E a todos os demais editores cuja hospitalidade e generosidade propiciaram as primeiras circulações destes escritos agora finalmente reunidos em livro.

Rodrigo Petronio

Apresentação

A atividade intelectual coberta pela expressão *estudos literários* comporta três ramificações, que, embora frequentemente imbricadas umas nas outras em suas realizações concretas, podem (diria que devem) ser perfeitamente distinguidas entre si, segundo os modos de exposição de que cada qual se serve. Existe, assim, o modo de exposição conceitual, o narrativo e o judicativo, que configuram, respectivamente, trabalhos teóricos, historiográficos e críticos, o que implica a distinção entre as formações disciplinares usualmente reconhecidas nessa área das humanidades: a teoria da literatura, a história literária e a crítica.

Desse modo, em tese, a teoria da literatura é sistemática, universalista e abstratizante, configurando-se em grandes dissertações empenhadas em definir conceitos que se integram numa trama. A história literária, por sua vez, também é sistemática, porém não universalista, no seu modelo-padrão, pois tem por objeto uma determinada tradição linguístico-literária nacional e se materializa sob a forma de narrativas consagradas a reconstituir a trajetória de culturas literárias específicas, no seu caminho rumo à autorrealização. A crítica, por fim, nesse conjunto, dispõe de um estatuto *sui generis*: nem sistemática nem universalista, antes casuística, na medida em que se ocupa sempre com casos particulares – certo autor, certa obra. Além disso, embora não possa nunca prescindir de referências teóricas e históricas, não consiste na aplicação mais ou menos automática dessas referências para a análise dos objetos singulares que considera. Exige, ao invés, atributos por assim dizer mais finos de quem a pratica, em que convergem, além de erudição e competência técnica, algo que tolera bem a palavra *sensibilidade*. Terá sido por essa condição tão especial da crítica que um cultor dos estudos literários do século II/I a.c. – Dionísio Trácio –, na matriz de gramática que propôs (entendido esse termo em uma das suas acepções antigas, a saber, disciplina geral das letras), celebrou a crítica como "a mais bela das partes da gramática", ao mesmo tempo componente de cúpula e razão de ser dessa ciência.

A crítica conheceu um longo período antigo e clássico, quando operou com base em preceitos objetivos provenientes da ética e do complexo disciplinar constituído pela tríade gramática/retórica/poética. Na modernidade, a partir do século XVIII, assumiu a feição que ainda hoje de certo modo a caracteriza, valorizando a subjetividade do crítico, em detrimento dos princípios dogmáticos que orientavam a crítica à antiga. Teve seu momento de maior esplendor a partir do século XIX, que se estendeu até meados do século passado, período em que se tornou a instância por excelência do debate público sobre a produção literária, dirigindo-se a grupos heterogêneos de leitores e tendo por veículo jornais e revistas. Por volta da década de 1950, no entanto, seu prestígio e presença sociais começaram a declinar, correlativamente à perda da centralidade cultural e política da literatura, em boa medida determinada pela expansão vertiginosa da indústria cultural. Reduzem-se então drasticamente os até então generosos espaços franqueados à crítica na imprensa, até que ela se viu confinada em publicações especializadas – tendendo, pois, a confundir-se com a teoria e a história literárias –, ou então degenerou em mera publicidade de lançamentos literários, quando não em simples notícias sobre negócios no setor editorial.

Em face desse estado de coisas aqui sumariamente descrito, tornou-se pouco frequente a publicação de livros de crítica *tout court* – isto é, em que o modo judicativo se apresente na sua plenitude, e não apenas como coadjuvante dos modos conceitual e narrativo –, e assim de certa maneira este *Azul babel: a escrita e os mundos* constitui uma excepcionalidade. Pois nele se reúnem 163 resenhas / ensaios de crítica, na rigorosa acepção em que tomamos aqui essa palavra, e que transitam por épocas, autores, gêneros, culturas linguístico-literárias, literaturas nacionais, problemas os mais variados, o que justifica o *babel* integrante do título.

Indícios dessa feição rigorosamente crítica do livro encontramos na sua própria organização. Todos os textos que o compõem são autônomos e tratam de casos particulares, apresentando, por conseguinte, aquele caráter casuístico que atribuímos à crítica. Por outro lado, verifica-se pelo menos parcimônia no recurso à teoria e à historiografia, se não inapetência por tais vertentes dos estudos literários. Na própria estruturação da obra se verifica isso: ela se divide em três partes – A Escrita da Ficção, A Escrita do Ensaio, A Escrita da Poesia –, e prescinde de qualquer definição teórica dos conceitos de ficção, ensaio e poesia. Mais especificamente, podemos ver essa estratégia de minimalismo teórico e historiográfico – e correlativa ênfase no processo propriamente crítico – no ensaio "Caminhos da poesia brasileira atual". Vejamos.

O texto apresenta um preâmbulo em que se resumem os subsídios teóricos e historiográficos requisitados para as avaliações de mérito que se seguem. Tudo se resume em dois parágrafos, que sintetizam os pressupostos teóricos – a pretensão à totalidade invisibiliza a alteridade; a produção a analisar apresenta três grandes vertentes: imagética, metafísica e participativa – e o balizamento historiográfico: últimas décadas. E, caso ainda se tenha dúvida sobre o caráter meramente subsidiário desses elementos, a desimportância deles é explicitamente assinalada no final desses dois parágrafos introdutórios, quando se afirma, quanto à distinção conceitual das "três vertentes" (imagética, metafísica e participativa), que se trata de "divisão [...] apenas didática, para facilitar a visão do leitor". Dadas essas sumárias – digamos – *satisfações*, inicia-se a articulação dos juízos de mérito estético, que é o que interessa no texto propriamente crítico, de que são indícios textuais, entre muitos outros: "um dos grandes [...] poetas da língua portuguesa"; "nome de proa da literatura"; "artigo memorável"; "ótimo poeta".

Enfim, num tempo em que a crítica passa por momentos críticos – retraída a partir dos anos 1950, e, neste início de século, ameaçada de inviabilizar-se, pela exigência de que crítico e criticado pertençam ao mesmo "lugar de fala" (o que, afinal, destrói por completo a própria ideia de crítica, transformando-a em mero referendo do mesmo pelo mesmo) –, um volume inteiramente dedicado a exercícios de crítica deve ser saudado. Entremos pois nesta babel, e desfrutemos dos prazeres intelectuais que ela certamente nos proporcionará.

*Roberto Acízelo de Souza**

---

* Roberto Acízelo de Souza é um dos mais respeitados acadêmicos do país nas áreas de Teoria da Literatura e Literatura Brasileira. Professor titular de Literatura Brasileira na UERJ, graduou-se em Inglês na Universidade Santa Úrsula, em Português-Literaturas na UERJ e em Ciências Jurídicas e Sociais na UFRJ; fez mestrado e doutorado em Teoria da Literatura na UFRJ e estudos de pós-doutorado em Literatura Brasileira na USP. Em 2015, ganhou três prêmios literários importantes, na categoria de crítica literária: o Jabuti e os prêmios da Academia Brasileira de Letras e da Associação Brasileira de Editoras Universitárias. Foi diretor-superintendente da Faperj (Fundação de Amparo à Pesquisa do Estado do Rio de Janeiro) e coordenador do GT História da Literatura da Anpoll (Associação Nacional de Pós-Graduação e Pesquisa em Letras e Linguística). Publicou centenas de artigos científicos e integra o corpo editorial de diversas revistas acadêmicas. Escreveu livros que servem de base para diversos cursos universitários de Letras no Brasil.

A escrita da FICÇÃO

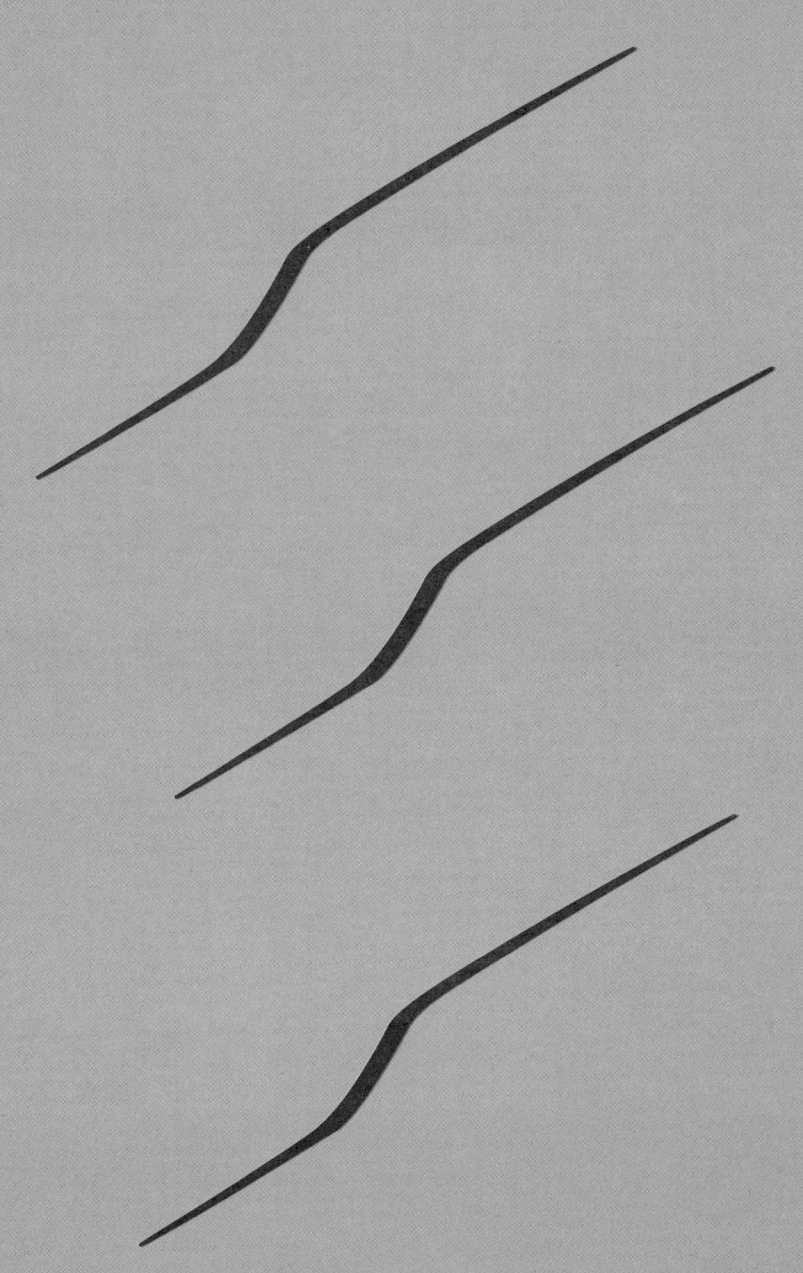

DO PESO À LEVEZA: A ESCRITA-PENSAMENTO DE JULIANO GARCIA PESSANHA

A tetralogia *Testemunho transiente* (Cosac Naify, 2015 e Sesi, 2018) reuniu os livros do escritor e filósofo brasileiro Juliano Garcia Pessanha até aquele momento: *Sabedoria do nunca* (1999), *Ignorância do sempre* (2000), *Certeza do agora* (2002) e *Instabilidade perpétua* (2009). A marca era um gênero híbrido, entre a metaficção (misto de ficção e escrita de si), o ensaio e a filosofia. Em termos existências era muito apoiada na obra do filósofo alemão Martin Heidegger, marcada pela negatividade, a finitude e a ausência de sentido.

A partir de *Recusa do não-lugar* (Ubu, 2018), Juliano passa por uma metanoia (transformação interna): a narrativa sustentada sobre o niilismo passa a buscar espaços de enraizamento. O guia desta nova jornada é o filósofo contemporâneo alemão Peter Sloterdijk, sobretudo sua trilogia das esferas. Nesse mesmo caminho, Juliano acaba de trazer à tona pela editora Todavia seu primeiro romance: *O filósofo no porta-luvas*. O que o diferencia da produção anterior é uma ênfase maior na estrutura romanesca e ficcional. O que não minimiza a força da linguagem reflexiva.

Clara narrativa de desconstrução do protagonista, Frederico é atravessado pelo vazio que aniquila sua carne. Procura construir um modo de existência radicalmente distinto dos demais: a singularidade. Para tanto, é acompanhado pelo mentor Gregório. Este, ao estipular uma cisão radical entre singularidade e vida prática, acaba por conduzir o protagonista aos limiares da destituição e da destruição de si, sem nenhum lastro com o real e com as necessidades básicas.

O mergulho no abismo encontra um limite nada místico. O vazio não revela o nirvana, mas a casca oca da mera subsistência: o protagonista em uma casa cheia de goteiras lutando contra um rato gordo na cozinha. A queda livre é certa. A desconstrução do mito da singularidade confere ao protagonista uma nova epifania: a descoberta do senso comum e da vida comum. O humano nascido do coito. O grau zero do transcendental.

Juliano propõe uma desconstrução visceral das filosofias da negatividade a partir de dentro e em direção ao puro interior da esferologia. Acena para a possibilidade de uma experiência transicional que não anule a dor ou suprima o vazio, mas que os reposicione dentro do vasto horizonte das ressonâncias anímicas. A voz corrosiva é semelhante às das outras obras de Juliano. Aqui, entretanto, as superfícies perfuradas não se resumem à carapaça da falação cotidiana, dos gafanhotos da linguagem e dos estetas do acabamento do mundo. Perfura os órgãos em uma nova espessura.

Não se trata mais da idealização do abandono do ser-lançado na finitização. Não estamos mais diante do naufrágio de todo ente diante do nada que desvela o ser. Lemos aqui as consequências devastadoras desse naufrágio para quem não se propôs fazê-lo com os botes salva-vidas da culturalização e com os barquinhos de papel do establishment. O ser-rachado e a fenda aberta no macaco-humano deixam de ser uma categoria ôntica. Passam a ser literalmente o corpo ciborgue de Frederico-Juliano entre cirurgias, atravessado de próteses, stents e metabolizado pelo fluxo de dezenas de comprimidos.

Levada a seus limites, a profecia dos mistagogos da negatividade realiza enfim seu desvelamento final. O projeto de desentificação do ser conduz a filosofia a seu cume: o porta-luvas de um táxi. A avatar autenticidade se reduz ao taxista dissolvida na cadeia produtiva. Um Buda que tenta despertar da sinusite. Nesse limiar de derrelicção (corrosão) e de apófase (nadidade), o reverso mesmo do negativo se revela como promessa. A expectação não é mais pelo último-deus heideggeriano. É por encontrar enfim um espaço de acolhida. A singularidade enfim dissolvida na inautenticidade do ser-comum paradoxalmente racha o ser-diferido. Torna-o permeável ao amor e ao toque.

Nesse sentido, a estratégia narrativa da duplicidade do narrador é perfeita para criar essa nova topologia. Em vez da relacionalidade e da facticidade dos camaleões-vazios do ser-aí, emerge a relacionalidade coimplicada do ser-com: os camaleões-multicoloridos. A díade relacional Frederico-Juliano se converte em transicionalidade. Como se a devastação anterior, mesmo negada, fosse neutralizada em suas aporias. As ontologias do peso abrem abismos no mundo. Rasgam o sujeito e trituram seus cacos. Mas não conseguem descrever as nuances e sutilezas da infinita diferenciação dos seres.

Dois momentos importantes. O primeiro é a aparição (metaficcional) para Frederico do poeta Renato Rezende. Renato, na Trilogia da Fantasia – *Amarração* (2011), *Caroço* (2012) e *Auréola* (2013) –, fornece ao protagonista as três etapas de uma catábase-queda e a promessa de uma anábase-ascensão. O segundo é a aparição (metaficcional) do próprio Juliano, que espelha Frederico.

A fratura não cauterizada não leva ao esmaecimento da vida. Conduz a vida ao imperativo de viver nos limiares do interior-exterior de esferas habitadas e a abandonar o ventre negativo da extimidade. Vemos aqui a transição da díade Frederico-Juliano para a esfera-bolha Frederico-Luna, a cachorrinha cega a quem o livro é dedicado *in memoriam*. Essa nova topontologia diádica desbravada por Juliano é um aceno para uma nova ontologia: a ontologia da leveza. Ela se inscreve nas espumas flutuantes do colapso global de todas os sistemas de imunização que vivemos no presente.

Diferente dos pastores do romantismo e das sereias da idealização, enclausurados na Floresta Negra da nadificação ou nas cabanas-globos de pseudomestres, essa nova topologia reconhece os limites dos meios-circundantes que nos enfornam, doadoras de todo cromatismo. Esse espectro de cores não descreve o ser para a morte. Narra todas as formas e zonas de nascimento e de endereçamento ao futuro. Nessa região centrífuga, de leveza e de indiscernibilidade, a caixa de ressonâncias Frederico-Juliano-Luna pode se potencializar. E, a partir do mundo e não mais contra o mundo, todos nós.

PANTAGRUELISMO À BRASILEIRA: RABELAIS POR GUILHERME GONTIJO FLORES

François Rabelais (1483?-1553) é um monumento da literatura mundial, comparado a Dante, Shakespeare e Cervantes. Entretanto, é chocante a defasagem de traduções de sua obra em comparação a estes outros autores canônicos. Haja vista a inexistência de uma tradução completa de sua obra (que não é extensa) para a língua portuguesa. Isso começa a ser corrigido no Brasil.

Depois de anos de trabalho meticuloso, o tradutor, poeta e pesquisador Guilherme Gontijo Flores traz a público a primeira versão integral das *Obras completas de François Rabelais*. A editora 34 a dividiu em três volumes. E todo trabalho ocorreu no âmbito do Programa de Apoio à Publicação Carlos Drummond de Andrade (PAP-CDA) da Embaixada da França no Brasil e com o apoio do Ministério da Europa e das Relações Exteriores. Além da organização, tradução, apresentação e notas de Flores, a edição conta com mais de 120 ilustrações de Gustave Doré (1832-1883).

Professor de língua e literatura latinas da Universidade Federal do Paraná (UFPR), Flores é conhecido do leitor brasileiro como poeta e como premiado tradutor do latim, do grego e de línguas modernas, como o francês e o inglês. Os quatro volumes do seminal *A anatomia da melancolia*, de Robert Burton (UFPR, 2011-2013), renderam-lhe os prêmios APCA e Jabuti. As *Elegias* do poeta latino Sexto Propércio (Autêntica, 2014) obteve o prêmio Paulo Rónai da Fundação Biblioteca Nacional. E pelos *Fragmentos completos de Safo* (Editora 34, 2017) ganhou pela segunda vez o APCA. Confirmando o que se esperava, a tradução de Rabelais é um trabalho simplesmente excepcional.

A edição começa com os clássicos *Gargântua* (1534) e *Pantagruel* (1532). Consistem em dois livros dedicados aos personagens homônimos, mais três livros de aventuras apenas de Pantagruel. As edições anteriores dispõem primeiro Gargântua e depois Pantagruel. Flores inverteu a sequência. Optou por seguir a ordem das publicações e não a gênese dos personagens.

O projeto se dispõe assim: Volume 1: *Pantagruel* (Livro 1) e *Gargântua* (Livro 2). Volume 2: *Pantagruel* (Livros 3, 4 e 5), além de capítulos manuscritos que não aparecem nas edições do quinto livro (cuja autoria ainda hoje é duvidosa). Volume 3: obra sortida e diversa, a maioria nunca traduzida em língua portuguesa. Flores seguiu o exemplo de M. A. Screech e Gabriel Hormaechea em suas respectivas traduções para o inglês e o espanhol. Em vez de notas de rodapé extensas, criou introduções explicativas pequenas e eruditas para cada capítulo.

Nascido em Chinon, vila medieval francesa, Rabelais foi (quase) tudo: monge franciscano, depois beneditino; quase expulso da Igreja por ter tido três filhos; secretário na corte de Francisco I; tradutor de gregos e latinos; médico pela Universidade de Montpellier e professor de medicina no Hospital de Lyon. Como era comum no Renascimento, sua curiosidade era infinita. Versado em línguas antigas e modernas, foi um legítimo polímata, alguém que transita em diversos saberes e ciências, da filosofia, magia, geomancia e astrologia à anatomia, filologia, numismática, cabala e hermetismo.

Pantagruel é um gigante, filho de Gargântua. A mãe morrera sufocada no parto pelo peso do bebê. Ambos descendem de uma longa dinastia de gigantes que remonta a mitos medievais e cuja principal fonte são *As grandes e inestimáveis crônicas do grande e enorme gigante Gargântua*. Como Shakespeare, Rabelais imprime uma fisionomia singular a narrativas anônimas. A primeira edição de *Pantagruel* teria surgido entre 1531 e 1532, resta apenas um exemplar sem data. É assinada pelo mestre Alcofribas Nasier (anagrama de François Rabelais), destilador de quinta--essência (referência à alquimia).

Os cinco livros narram as bufonarias dos protagonistas nos limites da gargalhada. Some-se a isso a criação de neologismos e jogos semânticos, mesclas de latim, grego, árabe, hebraico e linguagem de feira, gírias, jargões e baixo calão. Um de seus equivalentes seria o poeta italiano Teofilo Folengo (1491-1544) e seu plurilíngue, macarrônico e divertido poema narrativo *Baldo* (1517). Não por acaso, ambos foram fontes de James Joyce para a escrita de *Ulysses* (1922).

A obra de Rabelais é de dificílimo enquadramento. Uma primeira abordagem se refere ao chamado "gênero misto". Este se consolida com a tragicomédia *La Celestina* de Fernando de Rojas (c. 1470-1541) e é bastante teorizado nos séculos XVI e XVII. Rabelais se encaixa tanto na comédia quanto na sátira, respectivamente definidas pelos risos "sem dor" e "com dor", segundo Aristóteles. A primeira implica festividade coletiva. A segunda pressupõe admoestação e vitupério. Ou seja: corrosão do caráter alheio. Pode-se entender *Pantagruel* como mais cômico e *Gargântua* como mais satírico. Outros aspectos recorrentes na fortuna crítica rabelaisiana é a utilização de recursos antigos e medievais. Estes podem ser divididos em cinco grupos: a carnavalização, a paródia, o fantástico, o grotesco e o cinismo.

Dentre as fontes populares medievais, o célebre estudo do teórico russo Mikhail Bakhtin (1895-1975) destaca a carnavalização: inversão de papéis sociais e subversão das hierarquias alto-baixo. Para Bakhtin, o "baixo materialismo" é uma das definições essenciais desse tipo de moral invertida. Já a paródia é um "canto paralelo" (*para odès*). Trata-se de um modo pelo qual um autor imita e emula uma obra alheia, deslocando-a para um registro ou um gênero "inferior".

Quanto ao fantástico (representação de seres gerados pela fantasia), foi identificado pelo historiador de arte lituano Jurgis Baltrušaitis (1903-1988) como uma das bases de toda Idade Média, em contraposição ao icástico (representação de seres empíricos). Ou seja: fantásticas são todas as imagens que imitam modelos mentais mais do que objetos extensos.

Um longo debate entre proporção e desproporção vem desde os tratados gregos e latinos. Qual seria a melhor régua para medir a arte? Os limites variariam conforme as prescrições de cada gênero. Os adeptos do grotesco apostam em uma aplicação deliberada de desproporcionalidades. O intuito seria ampliar os limites de um determinado gênero. Corroer a beleza. Deformar a forma.

Por fim, o cinismo (*kyen*, cão) é um movimento da filosofia grega. Tornou-se icônico na figura do filósofo-cão Diógenes de Sínope (404/412? a.c.-c. 323 a.c.). Adeptos fervorosos da natureza, os cínicos defendiam os instintos contra a hipocrisia da civilização. Como protoanarquistas e *performers*, a ação cínica vai da masturbação em praça pública ao nudismo, do culto à pobreza à crítica a todos os deuses, costumes, valores e virtudes de Atenas, incluindo a filosofia.

Seguindo estudos de Marie-Odile Goulet-Cazé, Bracht Branham, Peter Sloterdijk e Niehus-Pröbsting, o cinismo migrou da filosofia para a literatura e as artes. E teve uma explosão no Renascimento. Um de seus expoentes é Hieronymus Bosch (1450-1516), o Rabelais da pintura. O cinismo também fora assimilado por Lutero e por movimentos cristãos de combate ao catolicismo. Além disso, do boca do inferno Gregório de Matos à obscena e genial senhora Hilda Hilst, o cinismo é uma das matrizes de toda literatura moderna.

Uma inspiração de Rabelais é o poeta François Villon (1431-1463), um dos primeiros a incorporar a fala das ruas e o *argot*, linguagem popular e cifrada de artesãos medievais. Outras duas são obras que relativizam a loucura: a *Nau dos loucos* de Sebastian Brant (1457-1521) e o *Elogio da loucura* (1509) de Erasmo de Rotterdam, referência da erudição e do humanismo que, não por acaso, foi seu amigo.

A obra rabelaisiana une excesso, glutonice e *nonsense* em doses excepcionais contra inimigos. Um dos seus alvos favoritos é a pedanteria e o pernosticismo dos acadêmicos (nos dias de hoje não faltaria material para sua diversão). São os "escumadores de latim", intelectuais pseudoprofundos que latinizam tudo. São chamados de sorbonistas: sofistas da Sorbonne.

Um traço formal importante diz respeito ao narrador. Este se diz "discípulo do mestre Pantagruel". E o picareta Panurgo, parceiro constante de Pantagruel, refere-se a este como seu "mestre e senhor". Isso gera uma interessante equivalência entre narrador e Panurgo, entre escritor e trapaceiro. Há também reiterados diálogos com o leitor. E, ao apontar fontes externas à obra, o narrador sugere narradores implícitos, como mais tarde Cervantes fará no *Quixote*.

Panurgo é um personagem-tipo impressionante. Vindo da Turquia, interpela Pantagruel e seus amigos e lhes fala em alemão, italiano, escocês, basco, holandês, espanhol, dinamarquês, hebraico, grego, latim e outras línguas fictícias. Segundo o narrador, "conhecia sessenta e três jeitos de encontrar"... dinheiro. Malfeitor, trapaceiro, beberrão, treteiro, patife e com vários processos em Paris. Por fim, compara-se a Odisseu.

Os juristas não escapam à pena ferina de Rabelais (nesse quesito ele também poderia se fartar hoje em dia com nossos heroizinhos nacionais). As contendas judiciais são ridicularizadas nas figuras de Beijacu e Chuparrabo. As narrativas de conquista do Novo Mundo são parodiadas no saboroso capítulo em que Pantagruel engole um exército, incluindo o narrador. Este descreve um país inteiro dentro de suas tripas.

Diante disso tudo, qual seria a religião de Rabelais? O historiador Lucien Febvre dedicou um livro seminal a este problema. Entre o ateísmo desbragado e uma divinização do corpo, entre o combate anticlerical interno à Igreja e o panteísmo renascentista, entre a secularização e o revolução protestante em relação à fé, o enigma continua em aberto.

A plasticidade e a riqueza lexicais de Flores são espetaculares. Xingamentos: cu de frango, xepas, banguelas, sararás, nós cegos, bundas moles, lambe-sacos, pançudos, matracas, chumbregas, xibungos, lerdezas, jacus, metidinhos, dingos, vaqueiros de bosta, pastores de merda, limpacu, bexiguentos. Brincadeiras: pinocle, bisca, passa-dez, mexe-mexe, tapão, zanga, fedor, resta-um, uíste, mancala, ganizes, civete, pique-pega, pitorra, muçunga. E um dos pontos altos são os brasileirismos: pica, xota, olho do cu, mortinho da silva, bicuda, mirréis, jeca, pé-d'água, manguaceiros, prequela, tomatodas, cacarecos, monta-garupa, babaca, zé-ruela.

Falando em Brasil, o leitor deve imaginar o quanto a podridão atual do país seria produtiva. Se Rabelais estivesse vivo, não lhe faltariam parasitas, rachadeiros, negacionistas, juizecos, fascistas, genocidas, ladrões, picaretas, fisiologistas, quadrilheiros, terraplanistas, milicianos e toda uma escumalha para banquetear Pantagruel, em um vilipêndio sem fim. Por outro lado, enquanto o puritanismo emporcalha tudo, à direita e à esquerda, o cinismo sujo e a linguagem exuberante de Rabelais talvez sejam um dos poucos recantos de resistência para a vida. Uma esfera onde a dor se converte em alegria e a fraqueza vira força – pelo riso.

A OBRA ESSENCIAL DE
ASSIS BRASIL

Os cursos de Escrita Criativa, destinados a quem quer se formar como um escritor profissional, são muito prestigiados na Europa e em todos os países anglófonos. Nos EUA, a tradição de escritores mais experientes orientarem trabalhos de iniciantes existe desde o começo do século XX. Por isso essa nova área do conhecimento assumiu uma expressão em inglês para sua denominação internacional: *creative writing*.
Há décadas escritores brasileiros ministram oficinas de escrita criativa. Entretanto, a despeito desse costume, essa ainda era uma área muito pouco conhecida e institucionalizada no Brasil. Felizmente esse cenário tem mudado. O surgimento de instituições de ensino voltadas para essa demanda mundial tem crescido. E a formalização de uma abordagem criativa da literatura tem adquirido cada vez mais espaço dentro de universidades públicas e privadas.
Em consonância com esse movimento, o leitor de língua portuguesa agora tem acesso a uma excelente obra que reúne as principais ferramentas da escrita criativa. Trata-se de *Escrever ficção: um manual de criação literária* de Luiz Antonio de Assis Brasil, um dos pioneiros e um dos mestres da escrita criativa no Brasil. Publicada pela Companhia das Letras, a obra foi escrita em colaboração com o escritor Luís Roberto Amabile, um dos integrantes antigos das oficinas de Assis Brasil.
Dizer que Assis Brasil é um mestre no assunto não é incorrer naquilo que Montaigne define com ironia como *captatio benevolentia*: a tentativa de captar a benevolência do leitor para algo do interesse do autor. A obra de Assis é fruto de 34 anos ininterruptos orientando trabalhos criativos na Oficina de Criação Literária da Escola de Humanidades da Pontifícia Universidade Católica do Rio Grande do Sul (PUC-RS). E, nos últimos tempos, incorporou também a experiência como orientador de Mestrado e de Doutorado em Escrita Criativa no Programa de Pós-Graduação

em Letras da mesma instituição. Ademais, Assis Brasil possui mais de vinte livros de ficção e de teoria, o que cumpre outro requisito para os professores de escrita criativa: dominarem a teoria mas terem também publicações em literatura criativa.

Como sou professor de Escrita Criativa, além de ler o livro de Assis Brasil linha a linha com lupa e lápis, decidi fazer um teste. Adotei-o na Oficina de Criação, disciplina da Pós-Graduação em Escrita Criativa da Fundação Armando Alvares Penteado (FAAP), onde sou professor-coordenador, e também nas duas oficinas livres de escrita criativa que coordeno, uma no Espaço Mirabilis e outra na Casa Contemporânea. Foram três turmas de Escrita Criativa trabalhando simultâneas a partir da obra de Assis. O resultado foi unânime: todos os participantes perceberam um crescimento de sua consciência de escrita. E se sentiram estimulados pelas ferramentas, propostas, dilemas e sugestões presentes no livro.

Escrito em uma linguagem fluida e cotidiana, em constante conversa com o leitor, o livro é dividido em nove capítulos que abordam a condição do escritor (1), o papel e a função do personagem (2 e 3), trama, enredo e estrutura (4), focalização (5), espaço (6), tempo (7), estilo (8) e, por fim, propõe um roteiro de escrita de um romance linear (9). Desde Aristóteles, há um longo dilema para definir a prioridade das formas narrativa, oscilando entre duas matrizes: a trama e o personagem. Haveria narrativas eminentemente construídas a partir da trama, que o Estagirita chama de fábula (*mythos*). Haveria outras cujos alicerces seriam a caracterização dos personagens (*éthos*).

Desde as preceptivas (manuais de instrução das artes) dos antigos gregos e latinos às modernas semiologias e narratologias do século XX, essa divisão persiste. Os manuais de roteiro para audiovisual por exemplo seguem linha a linha essa antiga matriz grega. Robert McKee, autor de um dos mais abrangentes manuais da atualidade, considera este um falso problema: personagem é trama e trama é personagem.

Assis não minimiza o papel da trama. Mas sustenta uma tese que permeia toda obra: o personagem é o vetor de toda criação ficcional. A trama emerge da "questão essencial" do personagem, não o inverso. E o ficcionista precisaria aprofundar todas as categorias ficcionais do conflito, da tensão, do arco, do drama, das ações e da seleção dos eventos, ou seja, da trama, a partir do campo disruptiva das camadas virtuais das personagens. Esse é um dos pontos conceituais fortes de Assis Brasil. E ele chega a reconstruir o enredo de clássicos como *Madame Bovary*, do fim para o começo, para demonstrar como todos os eventos do romance estavam embutidos e se desdobraram da questão essencial de Emma.

Essa questão essencial precisa ser aprofundada. E Assis Brasil, em uma acertada intuição teórica, recorre aos conceitos de mitologia pessoal e de metáfora obsessiva de Charles Mauron, autor fundamental para escritores e ainda não traduzido no Brasil. Para Mauron, criador da psicocrítica, uma teoria da literatura na fronteira com a psicanálise, todos os escritores têm obsessões. Essas obsessões se manifestam como metáforas recorrentes. São os sintomas da escrita. Contudo, em vez de evitar essas repetições, o escritor precisa aprofundar seus usos. Transformar as imagens repetitivas em mitologia pessoal. Essa mitologia do escritor pode ser transposta para os personagens e auxiliar o aprofundamento de seus conflitos, externos e internos, ou seja, estruturar sua questão essencial.

Quanto mais tensão entre as motivações internas e externas, maior a progressão dramática. Quanto maior a inadequação entre desejo inconsciente e vontade consciente, maior a abertura entre a ordem e o caos. Em outras palavras: mais orgânica será a relação entre acaso e necessidade dos eventos. Assis Brasil chama essas aberturas de frestas. McKee as chama de brechas. De qualquer forma, essa organicidade entre necessidade e contingência confere qualidade à estrutura ficcional, fato que Assis Brasil analisa no capítulo dedicado à trama, reordenando a assimetria entre trama e personagem.

Que histórias devo narrar em terceira pessoa? E em primeira? Por quê? Quais os ganhos e perdas dessa decisão? Em caso de terceira pessoa, qual a melhor focalização, externa ou interna? Quando colocar as informações na voz do narrador? Quando abri-las em diálogos? Quais as melhores aplicações do discurso direto, do discurso indireto, do discurso indireto livre, do monólogo interior e do fluxo de consciência? Qual a melhor maneira de distribuir as informações complexas e detalhadas de meu universo ficcional? Estes são outros pontos abordados por Assis Brasil e que tiram o sono de escritores experientes e iniciantes: o narrador e a focalização. Quem disser que são questões indiferentes estará mentindo.

Uma das originalidades de sua abordagem é a descrição de um novo tipo de narrador: o onisciente contemporâneo. Diferente do tradicional, este narrador onisciente contemporâneo consegue produzir um efeito de aparente neutralidade em relação às informações e ao conhecimento global que possui do universo narrado. Isso é eficiente por dois motivos. Primeiro: livra o escritor de certo artificialismo da onisciência tradicional, cujo narrador, como por um passe de mágica, sabe de todos os meandros insondáveis do cosmos ficcional. Segundo: libera o escritor da obrigação de inserir esses conhecimentos do universo na mente das personagens ou em diálogos, em falas expositivas. Esse narrador onisciente contemporâneo também nos auxilia em um recurso bastante importante: a sumarização. Para Assis Brasil, a sumarização é o melhor meio de distribuir as informações do universo ficcional ao longo da narrativa, sem soar pedante ou explicativo.

E o espaço e o tempo? Devido ao truísmo de que a literatura é uma arte temporal, muitas categorias e reflexões importantes sobre o espaço ficcional foram negligenciadas. Desde a fenomenologia de Husserl e Bachelard às teorias das esferas de animação e às atmosferas (*Stimmung*) nas artes e na literatura, desenvolvidas por Peter Sloterdijk e Hans Ulrich Gumbrecht, o espaço passou a ser redimensionado na literatura. Assis Brasil fornece uma contribuição valiosa ao repensar a importância do espaço como correlato objetivo do personagem. Segue um axioma: não existe espaço inocente na narrativa. Tudo o que existe, que é referido ou que se insere no espaço ficcional precisa ter algum valor para as personagens ou para a trama.

Não se trata de um determinismo causal, como a famosa lei de Tchékhov: se um revólver aparecer no primeiro ato, deve disparar no terceiro. O que Assis Brasil sugere é que o espaço possa ser explorado em todas as suas dimensões. E utilizados todos os sentidos, desde os fundamentais (audição, visão, tato, paladar, olfato) a sensações dispersas pela fisiologia das personagens. Quanto mais sentidos e sensações, mais real o personagem. E, por conseguinte, mais convincentes as suas ações.

Quanto ao tempo, haveria alguns recursos para dispô-lo em função da narrativa. Pode-se ordenar o *timing* dos eventos em cronologia como uma forma de ganhar na ordem das ações e do drama. Pode-se aprofundar as ações e o tempo internos das personagens de modo a dilatar uma das esferas narrativas em detrimento de outras. Essas assincronias deliberadas potencializam as diversas outras dimensões da narrativa e os outros tipos de tempo, gerando contrastes e reviravoltas de expectativas por parte do leitor. Assis Brasil trata também do lugar e do papel dos *flashbacks* e dos *flashforwards*, da retrospecção e da prospecção narrativas, suas virtudes e seus perigos.

Toda a sua obra é pontilhada por exemplos detalhados de clássicos e modernos: Shakespeare, Dujardin, Balzac, Novalis, Flaubert, Proust, Camus, James, Mann, Woolf, Schnitzler, Joyce, entre outros. E concentra-se em autores contemporâneos bastante diversos como Kundera, Murakami,

McEwan, Bernhard, Saramago, Ishiguro, Fuentes, Gordimer, Cortázar, em uma perspectiva pluralista e rica da literatura. Um dos pontos altos entretanto é a quantidade de referências a escritores brasileiros em atividade: Michel Laub, Carol Bensimon, João Anzanello Carrascoza, Luisa Geisler, Daniel Galera, Paulo Scott, Milton Hatoum, Carola Saavedra, Lygia Fagundes Telles e outros.

Os melhores manuais estrangeiros de escrita criativa, como os de James Wood e de Francine Prose, privilegiam a literatura europeia e de língua inglesa. Essa ênfase a brasileiros corrige esse problema e contribui para corrigir a assimetria entre as literaturas de língua portuguesa e as demais literaturas nos jogos de poder da *República mundial das letras* (Pascale Casanova). Esse gesto inclusivo de Assis Brasil, criterioso mas antielitista, ilustra a essência do trabalho de escrita criativa: o valor do texto e não o fetiche da autoria.

Como o campo da escrita criativa ainda é novo e movediço, não poderia deixar de haver algumas discordâncias. Embora as caixas de destaque de alguns pontos sejam um recurso excelente, o excesso de subdivisões dos capítulos às vezes mais embaralha o conteúdo do que o elucida. O conceito de sistema se confunde com o de estrutura e permanece ao longo do livro sem uma explicação satisfatória. O capítulo sobre o tempo e sobre a estrutura não conversam entre si. Além disso, ignoram muitas formalizações de teorias narrativas antigas e modernas que precisariam ser pelo menos mencionadas. O "quadrilátero do tempo" não funciona. E, por fim, a proposta final de criação de um romance linear fica aquém de toda riqueza explorada ao longo da obra.

Como o pensamento da escrita e as escritas do pensamento são infinitos, ficam estas sugestões e possibilidades alternativas. Para todos os escritores e também para todos os leitores, que amam a escrita, a literatura e as letras, a obra de Assis Brasil nasceu clássica. E já se tornou uma referência, não apenas para o Brasil e a língua portuguesa, mas internacional, para esse campo transdisciplinar da arte e da reflexão sobre a escrita, que felizmente cresce e se consolida em todo o mundo.

UMA OBRA CONTRA A VIDA:
HOUELLEBECQ E LOVECRAFT

A vida e a obra do escritor norte-americano Howard Phillips Lovecraft (1890-1937) podem ser definidas como um asteroide que tivesse atingido o começo século XX sem ser percebido. Apenas há umas poucas décadas as ressonâncias desse desastre cósmico podem ser aferidas. Isso ocorre porque Lovecraft talvez tenha sido um dos autores mais marginalizados de toda literatura.

Cita-se a plêiade dos poetas malditos. Venera-se os decadentistas do fim do século XIX. Fala-se em Rimbaud, Lautréamont, Artaud, Pessoa, Kafka como exemplos de escritores "suicidados pela sociedade". Mas esses autores, por mais alijados do sistema, acabaram se tornando canônicos e endeusados pela *mainstream* acadêmico.

Com Lovecraft ocorre justamente o oposto. Dilapidou uma pequena herança. E, depois de um casamento fracassado de poucos anos, queimou seus dias em puro miserabilismo e isolamento. Como revisor de textos e jornalista amador, ganhava alguns trocados que mal garantiam a subsistência. Admirado pelos seus pares, ocupou um lugar estranho na cultura das revistas de *pulp fiction*, entre o horror, a ficção científica e a literatura especulativa.

Depois de morto, transformou-se em um culto. Inaugurou um fenômeno inaudito na literatura: a ritualização. E reativou uma antiga modalidade de leitura: a leitura-reciclagem. Como em uma religião, os leitores-recicladores passaram a recriar seus personagens, mundos e narrativas. Incorporavam-os. Reviviam suas sagas. Criavam outros desfechos, inaugurando o fenômeno contemporâneo das *fanfics* e da transmídia. Por outro lado, coube-lhe depois da morte o desprezo solene e silencioso das universidades. Amado pelos leitores. Desprezado pelos intelectuais.

O leitor brasileiro agora tem a oportunidade de conhecer um pouco melhor esse universo a partir de diversas publicações. Entre elas se destaca *H. P. Lovecraft: contra o mundo, contra a vida*, estudo sobre o mestre do horror assinado por Michel Houellebecq e com prefácio de Stephen King. Leitor de Lovecraft desde os 16 anos, esta é a primeira obra de Houellebecq, publicada em 1991 e traduzida pela primeira vez no Brasil. O ensaio vem acrescido de duas novelas de Lovecraft: *O chamado de Cthulhu* e *O sussurro nas trevas*.

Para Houellebecq, Lovecraft pôs fim à literatura realista. E o fez por meio da extrapolação de alguns recursos: uma arquitetura de pluriversos, um materialismo negativo, uma religiosidade ateísta, a transcendência do mal e a noção gnóstica de um demiurgo maligno, criador do universo. Nessa mitologia pessoal, os personagens não são nem tipos sociais nem arquétipos do inconsciente coletivo. São entidades e forças cósmicas transumanas. Em oposição à banalidade dos conflitos cotidianos pequeno-burgueses, representada pelos realistas, Lovecraft teria reativado o antigo sentido das sagas e dos mitos fundadores em uma "gigantesca máquina de sonhos".

As entidades-matrizes que perpassam toda sua ficção têm um nome: inteligências alienígenas. Contudo, diferente da ficção científica, que projeta essas inteligências em um futuro infinito, esse Grande Outro e esses seres extraterrestres estariam vinculados a um passado infinito. Seriam rastros e ressureições do Grande Antigo. Antigas divindades, forjadas nos interstícios da origem do universo, retornam para interrogar a insignificância humana. A encarnação perfeita dessa alteridade imemorial é Cthulhu, personagem-emblema que sintetiza toda cosmologia lovecraftiana.

A partir dessa abordagem, Houellebecq identifica e analisa o que considera o âmago da obra de Lovecraft. Nomeia-o como os "Grandes textos": *O chamado de Cthulhu* (1926), *A cor vinda do espaço* (1927), *O horror de Dunwich* (1928), *O sussurro nas trevas* (1930), *Nas montanhas da loucura* (1931), *Os sonhos da casa da bruxa* (1932), *A sombra de Innsmouth* (1932) e *A sombra além do tempo* (1934). Este ciclo de obras representaria o cume da maturidade criativa e existencial do autor. Mais do que isso: traria em si todas as variantes de sua ficção especulativa. A partir de uma topologia multidimensional, nessas obras Lovecraft teria edificado uma arquitetura de pluriversos habitados por uma multiplicidade de seres infinitamente maiores ou infinitamente menores do que o humano. Ou seja: infinitamente aterradores.

Por fim, Houellebecq trata também de alguns temas polêmicos da vida do autor. Dentre eles, sua xenofobia e seu racismo. Em certo sentido isso se explica pela obra. Se o humano é um carrapato do cosmos e existem outras inteligências, meta-humanas e transfinitas, o humano pode muito bem ser capturado e domesticado por essas inteligências. Nesse sentido, por meio de extrapolação, o conceito de raça é reativado em termos ficcionais. Os humanos escravizaram outras etnias da mesma maneira que outras espécies de vida, ou seja, outras raças cósmicas podem vir a escravizar o humano. Mais do que um projeto protofascista deliberado, a questão do racismo em Lovecraft se assemelha mais a um medo diante do estranho. Um terror ancestral que assombra o *sapiens* quando adquire a plena consciência de seu fracasso.

O ensaio de Houellebecq é um pouco veloz em algumas conclusões. E enfatiza demais certo arrivismo entre o escritor e o mundo. Também romantiza e idealiza alguns aspectos da vida e da obra desse mestre do horror cósmico. Essas limitações do livro podem esclarecer algumas consonâncias entre os dois autores. Polêmico, Houellebecq é o atual *enfant terrible* da literatura francesa. Em *Partículas elementares* (1998), mescla debates sobre o futuro da humanidade e pornografia. Em *Plataforma* (2001), trata de prostituição, fundamentalismo, globalização e inclui, em sua cartografia, o Brasil. Em *A possibilidade de uma ilha* (2005), o assunto é clonagem e a fabricação de pós-humanos. E *Submissão* (2015) se passa em uma Europa de 2022, dominada politicamente pelo islã. Dentre suas declarações, Houellebecq diz que a clonagem é mais humanista do que o aborto.

Vencedor de prêmios importantes, parte da crítica o vê como uma revelação da literatura contemporânea. Outros o definem como um manipulador de clichês desgastados de manuais para a escrita de *best-sellers*. Os temas polêmicos? Fórmulas para vender. Não se trata de comparar Lovecraft e Houellebecq. Mas de compreendermos os monstros e as ideologias sinistras deste tempo em que vivemos. Para tanto, ao invés de nos mantermos em nossas bolhas banais de progressismo e de ressentimento, talvez o melhor seja esmiuçarmos a inteligência e a sensibilidade desses profetas da estranheza radical. Parafraseando o filósofo Peter Sloterdijk, o cientista experimenta com o mundo. O artista experimenta consigo mesmo. Toda grande arte é, sem exceção, experimental. E um dos experimentos mais fascinantes de nossa humanidade é conseguirmos olhar nos olhos de uma estranha criatura que pode vir a nos aniquilar.

VERÔNICA RAMALHO E
OS MIL OLHOS DA LITERATURA

Muito se escreveu sobre a importância da produção de imagens na literatura. Pouca atenção foi dada às condições de possibilidade da percepção desses mesmos mundos-imagens, ou seja, aos actantes e às agências internas ao poema e à poesia. Qual seria o lugar do transumano na literatura? Quais as implicações de uma alteração do estatuto ontológico do narrador? Como abordar as zonas de indiscernibilidade dos sentidos e dos percipientes? Este brilhante livro-poema de estreia de Verônica Ramalho traz essa preocupação em cada uma de suas linhas. Realiza assim um tipo de escrita ainda pouquíssimo explorada na literatura brasileira: uma escrita celular.

Verônica propõe uma microscopia da percepção. O atomismo de uma linguagem-organismo, entendida simultaneamente como palavra e mulher, destino e corpo. Esta forma-consciência flutuante e estes olhos-multiplicidade se apresentam como uma lente multidimensional, oscilando entre as palavras e as coisas. Somos capturados pelo deambular oblíquo de olhos-vidros, olhos-peixes, olhos-unhas, olhos-pedras, olhos-lodo, olhos-conchas e olhos-dentes que tateiam toda sorte de sons, cheiros, sabores e formas. Como mônadas, a infinidade de átomos metafísicos que se pluralizam e se dissipam, dilatam-se e se reúnem para configurar o universo, estes mil olhos produzem mil reverberações e prismas. E, no entanto, em nenhum momento deixam de nos remeter à unidade de um mundo-mulher.

HEINRICH HEINE:
IRONIA E PAIXÃO

Quando um jornalista perguntou como fora seu encontro com Goethe, Heinrich Heine (1797-1856) teria respondido: "A cerveja de Weimar é muito boa". Essa e outras anedotas atribuídas ao grande poeta de *Atta Troll* (1844) o colocam como um dos maiores expoentes de um fenômeno mais amplo: o combate judaico contra o proselitismo da cultura europeia dominante. Um protagonista da luta eterna entre o pequeno Davi contra o gigante Golias. Heine foi dos maiores expoentes do cinismo ocidental, tal como descrito por Sloterdijk. Um Diógenes circuncidado.

Filho de comerciantes de Düsseldorf e custeado durante muito tempo pelo tio Salomon, um banqueiro de Hamburgo, Heine desde cedo detectou o exclusivismo dos círculos intelectuais. E o tratamento diferenciado dado pela alta cultura europeia aos judeus. Por esse motivo, adentrou os estudos de história judaica na Universidade de Göttingen, onde se doutorou. E concentrou sua artilharia sobre a falsidade da vida intelectual, chegando a propor duelos e a envolver-se em brigas que iam às vias de fato. Como poeta, conseguiu decantar um lirismo de simplicidade e sublimidade singulares que se tornou uma referência da poesia de língua alemã.

A cuidadosa edição da novela *Noites florentinas* (1836), levada a cabo pela editora Carambaia e com excelentes tradução, posfácio e cronologia do escritor Marcelo Backes, iluminam outros aspectos dessa obra multifacetada: o erotismo, a ironia e a estrutura ficcional. Em torno de um enredo quase inexistente, a novela se concentra em Maximilian, um libertino que se hospeda no quarto da amiga Maria, gravemente enferma, para lhe contar narrativas, quase todas entre o picante, o estranho e o obsceno. Detalhe: Maximilian é pigmaliônico (tem desejo sexual por estátuas). E essa é a condição instaurada por Heine para fazer uma humorada crítica ao culto à arte, ao mito da Itália como berço da cultura

(Michelangelo, Paganini, Bellini), aos costumes (os ingleses e franceses são achincalhados) e ao fetichismo dos salões e dos intelectuais.

O grotesco também compõe diversas cenas e figuras dessa alcova imaginária. Entre relatos eróticos e humor sardônico, a trupe dos aventureiros liderada por Maximilian conta com *monsieur* Türlütü, um anão de cara velha e corpinho infantil, que canta como um galo e se une a *mademoiselle* Laurence. Ambos seguem o ritmo de madame Mãe, ao som de um triângulo e de um imenso tambor. Entre o festivo e o escárnio, Heine situa no centro de seu universo mental personagens que seriam considerados secundários em qualquer obra canônica. Os pronomes de tratamento reforçam o recurso à caricatura. Esta gera uma estranha ambiguidade. Enquanto todas as narrativas são alimentadas por referências à música, às artes visuais e à literatura, um subtexto grotesco relativiza e desloca o valor estabilizado desses signos. As referências misóginas presentes no texto precisam nesse sentido ser compreendidas dentro da especificidade desse estranho narrador em primeira pessoa, uma mescla de Tristram Shandy e Casanova.

Não por acaso, essa mescla de gêneros, essa oscilação entre sublime e grotesco e essa atitude irônica e negativa diante da arte e da vida, situam Heine, ao lado de Kleist, como um importante desbravador de caminhos da literatura moderna e uma referência para os expressionistas do começo do século XX. Diante dessa natureza polêmica e beligerante, Heine sofreu ameaças de prisão, a ponto de ter que deixar a Alemanha. Morreu em Paris depois de oito longo anos na cama em agonia, talvez em decorrência da sífilis. Em *Os deuses no exílio* (1854), o poeta parte de uma premissa interessante. A tradição judaico-cristã, ao conceber um Deus transcendente, teria esvaziado a natureza de deuses. A concepção é semelhante ao que Hölderlin define como a grande "noite dos deuses".

Contudo, diferente de Hölderlin, de Goethe, de Schiller, de Schelling, de Hegel, dos irmãos Schlegel e de todos os românticos e idealistas alemães, o judeu Heine não viveu esse exílio como conceito. Viveu-o na própria carne. Assemelha-se mais a um Fauno exilado da cultura europeia do que a um representante da idealização, cristã e apolínea, de uma Grécia que nunca existiu. Backes nos lembra da brilhante e reveladora intuição de Adorno: falar de Heine é falar de uma ferida. A obra de Heine é o testemunho dessa ferida que, sublimada em arte, sobrevive à exclusão e consegue por fim dominar o seu dominador.

HERMAN MELVILLE:
LIBERDADE E DESTINO

O escritor americano Herman Melville realizou quatro grandes viagens marítimas que resultaram em quatro livros. A mais longa ocorreu de agosto de 1843 a outubro de 1844, a bordo de uma fragata da marinha americana USS United States, conhecida como Neversink. Essa viagem lhe forneceu o material para *Jaqueta Branca ou o mundo em um navio de guerra*, publicado em 1850 e até agora inédito no Brasil. A Carambaia acaba de suprir essa lacuna em uma edição primorosa, com tradução de Rogério Bettoni e posfácio da especialista Priscilla Allen, autora de um estudo clássico pela Universidade de Cornell em 1966.

O itinerário tem dez paradas. Percorre quase toda a América e algumas ilhas do Oceano Pacífico. Sai de Honolulu (Havaí), passa pela Baía de Matavai, no Taiti (Polinésia Francesa), chega a Valparaíso (Chile), a El Callao (Peru) e a Mazatlán (México), contorna a Terra do Fogo até o Rio de Janeiro e, por fim, atraca em Boston (EUA). A despeito disso, não pode ser visto como um diário de viagem, pois a tipificação dos personagens e os recursos narrativos transcendem o escopo documental.

Mestres d'armas, timoneiros, artilheiros, chefes de traquete, de popa, de mezena, de gávea, tanoeiros, rancheiros, pajens, taifeiros, cozinheiros, ajudantes de veleiro e de armeiros, tenentes, comissários, mestres de navegação, fuzileiros. Esse leque de especificações de funções se enriquece ainda mais com a variedade e a precisão dos termos técnicos que esta edição reúne em um glossário: sovela, talinga, ovém, gurupés, eslinga, enxárcia.

Um dos aspectos nucleares é o emprego de um narrador em primeira pessoa que fala de si mesmo em terceira. Esse recurso confere uma ambiguidade nuclear ao protagonista, ao mesmo tempo interior à narração (*diegesis*) e exterior às ações. Embora seja chamado de senhor Bridewell por um dos personagens, a identidade do narrador nunca se revela. É mencionado do começo ao fim como o Jaqueta Branca. São esses aspectos técnicos que fizeram de Melville um mestre para William Faulkner, Thomas Mann, John Dos Passos e a literatura do século XX.

A antiga forma do catálogo é empregada para cobrir todas as atividades a bordo, das leis aos jogos, da biblioteca à diversão, dos acidentes graves à crítica ao flagelo, equiparado à escravidão romana. Mesmo renunciando à alegoria, Melville concebe o navio como microcosmo. Vê-se a defesa de ideais democráticos, de igualdade e de cooperação, sinalizando algumas ideias de Stuart Mill e dos pensadores utilitaristas.

Uma das curiosidades diz respeito ao desembarque no Rio de Janeiro. Acompanhamos o encontro com Pedro II, cuja irmã mais nova acabara de se casar com um nobre europeu. As pompas da corte e a subserviência total ao monarca. A recepção do imperador e seu séquito a bordo do navio. A geografia física da Baía de Guanabara.

Por outro lado, a jaqueta é comparada a uma mortalha. Esse signo se metamorfoseia e recobre outros campos. Associa-se às vestes da mulher de Venel, criada por Walter Scott como variação de Ondina. Mescla-se ao mito de Nesso. Ferido por Hércules, antes de morrer Nesso entrega a Dejanira um frasco de veneno. Diz-lhe que se trata de um unguento milagroso que o levará a amá-la para sempre. Dejanira emprega o unguento-veneno na túnica do marido e este morre ao vesti-la.

Essas faces nos sugerem um desfecho trágico. Contudo os caminhos da jaqueta e do Jaqueta surpreendem pela bifurcação. Como sugere Allen, o termo *neversink* é o nome do navio de Melville-Jaqueta e o nome dos couraçados em geral. Também era o termo empregado para as primeiras terras avistadas quando se chegava a Nova York.

Por essas relações parte-todo, de sinédoques e metonímias, o navio United States e, por extensão, os EUA, passam a ser apenas partes de um projeto de democracia global. Afinal, quando a neve cai, todos se transformam em jaquetas brancas, diz o narrador. O mundo é uma equação entre o individual e o coletivo, entre liberdade e destino. Um ano mais tarde, Melville publicaria sua obra-prima: *Moby Dick*. Subtítulo: *a baleia branca*. A jaqueta perdida do Jaqueta se esvazia das dimensões humanas. Retorna sob a face de um animal que é, ao mesmo tempo, deus, natureza e destino.

O CANSAÇO DE DEUS:
A FICÇÃO DE LUCIANA LACHINI

Quando se fala em desequilíbrio, pensamos logo no estado provisório de um sistema. Pressupomos que todo desequilíbrio possa vir a ser corrigido por uma homeostase futura. Imaginamos uma síntese dialética das contradições que englobam um conjunto de fatores ou elementos em questão. Em outras palavras, mesmo quando concebemos um mundo em constante mudança, temos a expectativa de que essas mudanças tendem a se estabilizar. E que esse mesmo mundo esteja a serviço de forças reguladoras e rumo a um equilíbrio ulterior.

A começar pelo título, este volume de contos de Luciana Lachini propõe justamente o oposto. O acesso aos termos médios foi vedado ao leitor. Confiscou-se o ponto de Arquimedes que poderia corrigir a desmesura entre dois corpos. Rompeu-se o fio de ouro de Homero que une e regula a natureza como um todo. Não há ponto de apoio para o meio-termo. Não há medida possível entre dois gestos. O fiel da balança se quebrou. Personagens, coisas e ações se estilhaçam uns contra os outros. O acordo entre as mãos, o amor e a razão a todo instante negado.

No caso da ficção de Luciana, esse desequilíbrio ocorre entre quais termos? Entre quais margens a vida corre em seu estável e caudaloso desequilíbrio? Um dos aspectos centrais de sua ficção é a presença da natureza. Tanto que o livro se abre com um adestrador de serpentes, em um conto não por acaso intitulado "Cosmos", e se fecha com a narrativa da solidão e da incomunicabilidade de pai e filho em uma caminhada por uma trilha de mata cerrada, não por acaso intitulada "Sem retorno".

Durante a leitura, atravessamos mata-paus, bacuris, serpentes, bonsais, pinheiros, jabuticabeiras, ovos, passarinhos, pólipos, cogumelos, erupções cutâneas, polvos, sementeiras, peixes, ovas de enguia, onicofagia, autocanibalismo, carne entre os dentes, furúnculos, jasmim-de-madagascar, canaviais, cactos, bromélias, plantas sem nome, piolhos, troncos secos, tipuanas, gatas abocanhando pássaros, mata cerrada, sarapalhas, pirambeiras, fícus, garrotes, esporos, tuberculose, onças, cheiro de pântano, grotas e toda sorte de substratos orgânicos.

O campo de imagens e de entes orgânicos é notável. A enumeração evidencia a excelência e a paleta cromática do vocabulário de Luciana, bem como o leque de objetos e processos naturais. Devido a isso, em um primeiro momento podemos ser levados a pensar que o desequilíbrio estável a que o livro se refere ocorra entre a natureza e a cultura, entre o humano e a natureza. Contudo essa hipótese é enganosa. Nestes contos, a violência da natureza irrompe com tanta docilidade no cotidiano e entrelaça seus tentáculos com tanta ternura ao ir e vir dos personagens que apenas um olhar atento consegue flagrar seu protagonismo. Estaríamos assim diante de narrativas que dramatizam aspectos globais da natureza como um todo, humana e cósmica, em sua desequilibrada estabilidade.

Em que sentido isso ocorreria? Todos os contos testemunham a passagem de uma "natureza em latência" ("Descendência") a uma natureza patente, violenta e desagregadora. As forças e os "batuques primordiais" ("Milagre") da vida foram domesticadas pelo cotidiano. Isso não quer dizer que estejam em equilíbrio. O equilíbrio é o engano dos sentidos que oculta as forças motrizes que movem o céu e as estrelas. O gato que abocanha a presa pode ser explicado pela "lei da natureza" ("São Paulo, setembro"), mas qual lei da natureza rege as ações de uma mãe que hesita em tirar a ave da mandíbula do felino sob os gritos de agonia do filho? A revelação e ocultamento das motivações dos personagens e de suas ações se encontram sempre a serviço da revelação e da ocultação de certas estruturas pulsionais que ora fascinam e ora horrorizam. Muitas vezes, simultaneamente fascinam e horrorizam.

Depois de uma apresentação, o adestrador de cobras Olavo começa um flerte com a sua admiradora Lilás. Tudo indica que o artista um tanto vaidoso e recluso vai encontrar um par perfeito. No entanto, o amor se realiza como uma carícia derradeira de sua favorita píton albina Bianca ("Cosmos"). Alberto transporta as suas frustrações cotidianas para a arte exímia do bonsaísmo. Mais uma vez a hipótese do amor e da plenitude se insinua. Mal sabe que as plantas também têm suas Frentes Libertadoras. E que sua atitude sonhadora de Pequeno Príncipe eternamente responsável pelo Outro apenas o torna cativo de suas cativas criaturas ("O pequeno bonsaísta").

O belo conto "Descendência" também trata de cativeiro e de liberdade. Os pássaros na gaiola. Os ovinhos socorridos por Socorro em seu ninho de aconchego. Tudo parece em harmonia. Até que o filho viciado se torna o elemento fatal que destrói a frágil estrutura daquela composição. Em uma mescla dos mitos de Narciso e Medusa, o personagem descreve as estranhas verrugas que se multiplicam sobre sua pele como shimejis. Como no conto "Doenças de pele" de Herberto Helder, estamos diante de alguém que paradoxalmente ama aquilo que a destrói ("Narciso").

Essa perspectiva corrosiva do desequilíbrio também se manifesta na assimetria entre ser e aparência. O impulso onicofágico do personagem comedor de unhas não se resolve com os apliques nos seios, o piercing no umbigo e as idas e vindas ao salão de beleza para se sentir desejada pelo marido. A obsessão apenas se conclui com a sua total dissociação em relação a seu corpo, que se torna um elemento estranho. Um reflexo desabitado e dissociado do eu ("Querida"). A doença da normatização é encarnada em outro conto pela voz de Rita. A rotina da busca pela perfeição mostra-se a irmã gêmea de um processo de autodestruição que apenas se consuma com a morte ("Peles").

O desequilíbrio surge como bufonaria quando o conto em forma de fantasia triunfal inverte os sinais entre a ordem e a desordem, culminando no progresso-regresso do Brasil. Os signos coletivos da identidade nacional surgem trocados. O excesso remete à carência. A falta preenche os vãos e desvãos do país, em uma sintomatologia sempre atual. A ironia assume o centro da escrita. Não há síntese possível e tampouco provável entre a mesura e a desmesura tropical de nossas virtudes e desgraças. Poder-se-ia dizer: o paraíso natural é a nossa herança maldita ("Grande fantasia triunfal sobre o hino brasileiro"). A assimetria maligna e o eterno desejo do equilíbrio também se materializam como violência onde menos se espera: no balé. A rivalização entre Viviane e Anita traz à tona atavismo, ressentimento e vingança ("O despertar de Anita").

Por fim, os três últimos contos são as melhores chaves de compreensão do livro em seu conjunto. Em "Sem retorno", pai e filho, Carlos e Guilherme, resolvem fazer uma trilha na mata fechada. Atingem um topo da montanha, cuja atmosfera benigna era usada para o tratamento de tuberculosos. Quase como um *alter ego* da autora, o filho revela sua predileção por biologia. O pai erra o caminho e coloca a culpa no filho. A irritação crônica de Carlos indicia o triste hiato que os separa. Depois da caminhada, o menino observa a natureza à distância. E o fim, do conto e do livro, cifra-se sob o enigma de uma frase-chave: "Afetos esquecidos para sempre nas grotas escuras".

Em "São Paulo, setembro", os galhos de tipuanas ladeiam as margens da rua. O filho vê a gata Panda com um passarinho na boca. Mesmo sabendo que se trata de uma lei da natureza, o filho grita aflito e pede que a mãe faça alguma coisa. A mãe se detém absorta e demora a retirar o pobre passarinho das mandíbulas felinas que o abocanham de novo. Outra frase-chave chancela a narrativa: "Seria bom se Deus estivesse mesmo um pouco cansado".

Lucia, protagonista de "Poeira em suspensão", é surpreendida pela mensagem de um ambulante: "A vida não passa de um rascunho". Em um fluxo de consciência, a frase banal é o disparador de uma constante denegação. Transforma-se no *leitmotiv* existencial da personagem em sua travessia de carro pela cidade. Por fim, o acaso se revela doador de sentido. A desordem assemelha-se a um tipo de ordem ainda não manifesta. A latência e a patência da natureza assumem de novo o centro da cena. O narrador descreve o dia da protagonista com uma palavra: entropia.

Se todos os sistemas são energia e o mundo é finito, para onde vai a energia que se perde de um ponto a outro de um sistema? Desde Ludwig Boltzman, essa segunda lei da termodinâmica tem nos afligido como uma pergunta-ferida sem resposta ou cura. Durante muito tempo, explicou-se esse fato pela entropia negativa: todos os sistemas perdem energia porque o universo está em constante expansão. Hoje se sabe que essa explicação é insuficiente. Baseia-se em sistemas lineares e em equilíbrio, e, ao fazê-lo, entende toda dissipação de energia como perda e como desequilíbrio.

A partir das leis dos sistemas não lineares em desequilíbrio, a filósofa belga Isabelle Stengers e o químico russo Ilya Prigogine conceberam um novo horizonte para a cosmologia: a ordem do caos e a entropia positiva. O universo se encontra em expansão e em deflação, rumo à morte térmica. Contudo a dissipação e o eterno escoamento em direção à morte pode gerar novas e inusitadas formas de vida. A neguentropia (negação da entropia) seria o modo por excelência por meio do qual a vida e seus subsistemas conseguem gerar complexidade. Ou seja: surge a hipótese de uma estabilidade do desequilíbrio (ou de um equilíbrio das instabilidades).

A partir de um estilo preciso, de um amplo domínio narrativo e do uso eficaz do monólogo interior e do fluxo de consciência, Luciana situa seus personagens nesse drama da natureza que é por sua vez um drama da linguagem. Desse modo, aborda essas questões conceituais por meio de recursos específicos da literatura. Estes contos se situam no meio-fio entre entropia e neguentropia, entre dissipação e conservação, equilíbrio e desequilíbrio, estabilidade e instabilidade, ou seja, entre a vida e a morte.

Nessa linha fina da entropia, não se pode mensurar causas e consequências. Em uma estabilidade desequilibrada, tampouco se pode mensurar o impacto de um gergelim entre os dentes em um jantar romântico ("Sorriso de sementeira"). Como diria Heráclito, a natureza ama ocultar-se. E, por isso, a natureza jogo conosco o eterno jogo de ocultar e revelar as suas motivações e a eventual harmonia oculta em nossas misérias cotidianas. A vida se encontra em desequilíbrio. A estabilidade é apenas o nome que damos a esse jogo do qual ninguém é detentor das regras.

Nas grotas do tempo perdido, pai e filho não se perderam na mata. Perderam-se de si mesmos. E perderam a oportunidade de um momento de amor e de afeto em meio a um oceano de solidão. Como o universo, essa perda e esse tempo são irreversíveis. Se Deus existisse, o que é absolutamente improvável, poderíamos ainda pensar que esses momentos perdidos dos humanos e dos seres vivos em geral possam ser registrados e resgatados em seu seio, preservados e purgados em alguma forma de eternidade e de esfera-além

Mas a vida não tem retorno. É um rascunho que não pode ser passado a limpo. Porque o universo é uma seta de tempo lançada em direção ao nada e tampouco também pode ser passado a limpo. Se Deus, mesmo não existindo, estivesse um pouco cansado, nossas vidas pelo menos passariam mais devagar. O universo giraria mais devagar. O tempo se dilataria mais devagar. E todos nós poderíamos usufruir um pouco mais deste mundo divino e desta vida divina que nos foram dados antes da completa extinção.

PASSAGENS E PAISAGENS:
OITO ESCRITORAS BRASILEIRAS

Em sua interpretação tradicional, o número *oito* sempre foi sinônimo de *infinito*. As linhas centrípetas se cruzam; as duas metades se conectam dinâmicas; o fluxo do mundo corre por esse círculo sem fim, dobrado sobre si mesmo. Contudo, paralelamente a esse simbolismo, em diversas tradições o oito também significa *ressurreição*. Se o sete é a perfeição e a finalização do mundo, o oito não poderia sugerir outro sentido: a transfiguração desse mesmo mundo, renascido em uma nova dimensão. Essa imagem-conceito, materializada na forma do colar e concebida em sua dupla acepção, de infinito e de transformação, define o cerne deste livro. Infinito e transformação se unem nestes ritos e narrativas de passagens criados por Cristina Mira, Daniela Dib, Elza Pádua, Ivani Rossi, Janet Riddell, Laís de Barros, Leonor Cione e Mary Lafer.

Cristina vale-se de um olhar discreto e agudo sobre o cotidiano. Desloca recursos de seu trabalho como poeta para a prosa, extraindo densidade existencial de personagens e situações que passariam despercebidos. A fronteira entre o desejo pelas clientes, por uma em especial, e a liderança de um supermercado, é o mote de transformação de Jorge. Em outra narrativa, quando uma mulher de idade avançada vê-se na iminência de um possível novo amor, encontramo-nos diante de uma tocante e surpreendente possibilidade interpretativa final. Um casamento, iluminado pelo avesso, revela não apenas as conquistas, mas tudo o que se perde, um mundo todo que se esvai. O efeito contraintuitivo dessas premissas e a constante hesitação do narrador faz de Cristina uma escritora dos intervalos, da neblina que cerca fatos e fotos à primeira vista autoevidentes. Consegue desse modo estabelecer uma transição entre um narrador distante, mero nomeador de ações, e uma proximidade e mesmo aderência à experiência dos personagens. O interdito, o velado e o subentendido são o centro de todas suas narrativas, em uma espiral que engana o leitor e desfaz nossas convicções.

Daniela transita no domínio ora do estranho, ora do fantástico, para utilizar as categorias de Todorov. Há uma forte presença de motivos oriundos do imaginário religioso, deslocados por personagens situados em condições-limite. Essa oscilação entre a fantasia e o estranhamento pode ser vista tanto nas inusitadas visões de uma realidade aparentemente do Além quanto pela morte de uma das gêmeas e a agonia da sobrevivente, que passa a realizar a outra em si. Nessa mesma chave, um palhaço de porcelana deixa de ser um simples brinquedo. Transforma-se no correlato objetivo da relação de uma menina com a tia-avó. A vida do objeto, nesse caso, é transferida pela protagonista para outros domínios. Encena-se, indireta e belamente, por meio da mudança de sentido do palhaço, a transfiguração dessa mesma protagonista. O mesmo se aplica aos acontecimentos ocorridos no velório do avô, que deixam em suspenso até o fim os seus verdadeiros agentes. O exílio e o abandono também são recorrentes na prosa de Daniela. Encontram-se materializados na bela imagem da árvore, e seu paradoxal abrigo na sacada do apartamento de refugiados sírios. Por fim, de certa maneira, em "Os dois lados da montanha", Daniela unifica essas diversas tendências de sua poética, compondo o relato de uma transformação ao mesmo tempo natural e sobrenatural.

Em um escopo bastante distinto, a prosa de Elza se encontra sempre extremamente afinada com o realismo. Seus contos abrangem relatos de experiências subjetivas, relações familiares, traumas vividos. Contudo, equivoca-se quem quiser lhes atribuir um valor confessional. Elza incorpora aqui, de modo enfático, a técnica da autoficção, bem como tudo o que essa técnica tem de ambivalente. E o faz ao eleger justamente um dos recursos narrativos que pressupõem o maior nível de intimidade: a troca de cartas entre mãe e filha. Desde o preâmbulo, sob a forma de abertura, o leitor é situado em uma esfera ficcional, reservando-se a esse mesmo leitor a tarefa de decidir em que medida deve ou não atribuir à autora e à sua hipotética filha a realidade dos eventos presentes nas cartas trocadas. Essa ironia entre a vida vivida e a vida narrada é o cerne da narrativa de Elza, cujo final em aberto mais uma vez exige a participação ativa do leitor.

E por falar em ironia, os contos de Ivani são marcados pelo humor e pelo desprendimento. Mesmo quando exploram a ironia, o seu humor não minimiza o papel do lirismo, presente em quase todos seus contos. Esses elementos diversos, como lirismo e memória, humor e afetividade, vêm aqui unificados sob o nome de Angelina, uma espécie de *alter ego* da autora, e cujos desdobramentos narrativos se encontram em plena expansão. Também são contos sobre a paixão e o amor, em sua face de entusiasmo, mas também em suas consequências de dor. Essa fusão de faces e formas heterogêneas se reflete na prosa de Ivani, uma escrita transbordante e festiva, bem como em seu tracejado de impressões sensoriais e na tensão de emoções que se mantêm interditadas aos personagens, para serem enfim reveladas, mediante algum imperativo. O conto "Inesperado", nesse sentido, pode ser visto como uma síntese da escrita de Ivani, na qual um mesmo protagonista desempenha papeis tão distantes, mas em ambos vive duas situações-limite emocionais: a destruição e a reconstrução inesperada de uma família.

A esfera afetiva também é a tônica da linguagem de Leonor. Entretanto, essa esfera é trabalhada em seus matizes de trauma e em sua vivência pulsional. Muitas vezes inclusive a ação dos personagens se mesclam às ações mesmas da natureza e dos seres vivos, situando o humano e os demais seres vivos em um mesmo estatuto, o que também sinaliza a formação de bióloga da autora. O aspecto circular de morte-renascimento presente na natureza é aqui flagrado em ambas as narrativas, a começar pelos títulos. O *ouroboros*, inscrição grega e divisa da antiga ciência de Hermes, tematiza a serpente que morde o próprio rabo. A narrativa intitulada "Mudança para Gaia" sugere o conceito-chave desenvolvido por James Lovelock, ou seja, a hipótese de que o planeta Terra seria um imenso organismo, vivo e interconectado. E justamente porque vivo e interconectado, capaz de responder violentamente à violência humana. A sucessão de conflitos entre a narradora e os animais, entre os animais entre si e de todos contra todos. Essa condição de crueza provoca um estranhamento produtivo ao ser intercalada ao prosaísmo de um diário, endereçado a um leitor-interlocutor. O embate dessa mãe arcaica com uma natureza arcaica mimetiza o ciclo mesmo das transformações da natureza, bem como da protagonista.

Também pelos mares do mito navega a escrita de Janet. Escrita feita de cartografias e de um delicado sentido rítmico e cromático, a menina africana Bunme precisa ler o sentido cifrado dos caminhos para acessar a origem e o rio de seus ancestrais, que também pode ser visto como um rio do Gênesis. Nascida no Rio de Janeiro, mas de origem escocesa, um dos biografemas nucleares de Janet consiste no limiar entre as tradições e os seus deslocamentos. Entre a memória e as migrações, capta a flutuação entre o estrangeirismo e o pertencimento, seja geográfico, cultural ou afetivo. Por isso, o pêndulo também pode ser visto como como imagem-matriz de suas narrativas. Mostra quanto somos estrangeiros a nós mesmos, não apenas quando nos deslocamos no espaço, mas inclusive quando se rompe o fio da memória que preserva o passado e o presente unidos.

O processo de transformação e a experiência do infinito se encontram presentes na escrita de Laís sob um nome: epifania. Não é por outro recurso senão pela epifania que Laís consegue capturar momentos e emoldurar paisagens emocionais, em breves acontecimentos, os mais simples e prosaicos. Essas breves revelações intramundanas não são apenas belas. Trazem em si um elemento de surpresa, que pode mostrar o *nonsense* e o paradoxo da generosidade, em uma tentativa de doação de sangue em um hospital. Revela-se também no distanciamento de um casal, materializado poeticamente na imagem dos espelhos e de uma figueira. Em geral, a escrita de Laís nos mostra essa fissuras da realidade, esse pequenos vislumbres do que poderia ter sido e não foi. É o caso do abandono de Rose pela mãe, em um conto no qual se delineiam a dupla face da epifania, o *mysterium tremendum* e o *mysterium fascinans*, a maravilha e o abandono de nossas vidas cotidianas.

Por fim, o narrador de Mary realiza um ritual de passagem dos mais exóticos: uma mulher realiza a mutilação milimétrica de um ex-namorado. Em uma admirável sequência de fotogramas, somos levados ao impacto de um narrador frio que executa, passo a passo, a sua sublime tarefa. Entretanto, como nos ensinam os antigos, os deuses são feitos de luzes e sombras, de vida e morte e de morte e renascimento. Os deuses são plenos daquela ambivalência, própria da sacralidade arcaica, estudada e identificada por Walter Otto. E, por isso, eis que Mary nos oferece uma bela narrativa dos mares e das costas de Paros, banhados nas águas da Hélade, em uma atmosfera de sonho. Desses mares, sobre uma tartaruga, emerge a deusa do amor, como em um antigo talismã. E como um brinde final, essa mesma deusa do amor ressurge no último texto deste livro: o hino homérico dedicado a Afrodite, traduzido por Mary direto do grego.

Nestas oito paisagens sobre as passagens da alma, em breves fulgurações, como ensinam Afrodite e a sabedoria dos antigos, amor e infinito são sinônimos. Transformam todos os seres e, ao mesmo tempo, os mantêm unidos. O oito é o infinito, a abertura de um mundo ilimitado. E também é o colar que se ata, se solta e se reata ao longo da vida, em constante mudança e em constante permanência. Talvez por isso as palavras *mirar*, *maravilha* e *miragem* venham de uma mesma raiz latina. Mesmo quando a vida parece se esvair como uma miragem, essa mesma vida se preserva e ressurge, em outro tempo-espaço. Extinta e renascida. Por isso, as narrativas que o leitor tem em mãos são *mirabilia*, um conjunto de imagens que se dissipam para, em seguida, renascer pelo poder da linguagem.

A PEREGRINAÇÃO DE STEVENSON PELAS CEVENAS

As Cevenas são uma cadeia montanhosa localizada no sul da França. Abrangem a região que vai de Le Monastier a Alais, tendo Lyon a nordeste e Toulouse a sudoeste. Em 1878, o escritor escocês Robert Louis Stevenson cruzou-a entre 22 de setembro e 3 de outubro. Pouco mais de dez dias, portanto. O diferencial dessa breve viagem deve-se ao veículo escolhido pelo escritor: uma burra.

Em se tratando de um escritor prolífico como Stevenson, essa miniaventura nos lombos de Modestine rendeu a obra *Viagem com um burro pelas Cevenas*, que acaba de ser publicada pela primeira vez em português pela editora Carambaia, em ótima tradução de Cristian Clemente e um enriquecedor e minucioso posfácio de Gilles Lapouge.

Para quem está acostumado com as demais obras desse escritor-viajante, um dos preferidos de Borges, como *As noites árabes* e *A ilha do tesouro*, esta narrativa oferece uma outra face, mais cotidiana e reflexiva. Seria uma novela de viagem vertical, para usar a conhecida conceituação de Luckács. É um Stevenson menor, mas nem por isso sem seu encanto.

O crítico Alcir Pécora definiu o cerne da viagem como um rito de passagem: das paisagens humanas católicas para as protestantes. De fato, essa é uma chave de leitura interessante, pois o autor-protagonista tece juízos de valor e ressalta os acontecimentos ao redor apoiando-se de modo reiterado nos costumes e crenças, sobretudo religiosos.

Essa mescla de viagem e peregrinação estaria sugerida no breve prólogo de Stevenson, endereçado ao amigo Sidney Colvin. Nele o autor compara seu relato ao *The Pilgrim's Progress* (1678), obra do pregador batista John Bunyan que relata a migração da alma em direção a Deus, em uma escalada tanto moral quanto metafísica. Uma das maiores alegorias cristãs jamais produzidas pela literatura.

Essa referência a Bunyan não é apenas significativa. É crucial. Embora não o explicite, como se vê pelas datas, a viagem e a obra de Stevenson foram realizadas exatos dois séculos depois da obra de Bunyan. A sincronia entre relato de viagem e peregrinação ascética leva Lapouge a identificar na figura do burro um alegoria cristã. Figura da simplicidade, animal com presença constante junto de Cristo nos Evangelhos, Stevenson o teria usado como veículo de maneira consciente, visando motivar sua viagem de um sentido religioso.

As abordagens de Pécora e Lapouge são ambas perspicazes. Contudo, quatro aspectos saltam aos olhos. Primeiro: a clara simpatia de Stevenson pelos protestantes, quando vai aos poucos deixando as regiões de domínio católico. Segundo: o claro teor realista da narrativa, com descrições de costumes cotidianos, alheias a arroubos metafísicos. Terceiro: o papel secundário e quase invisível desempenhado pela burra Modestine.

Por fim, um quarto aspecto. Ainda em seu prólogo, Stevenson diz: toda obra é como uma carta. Uma carta endereçada a amigos. Somente eles podem compreender-lhe o sentido cifrado. Nesse sentido, qual seria o sentido cifrado da obra de Stevenson? Seria não ter sentido cifrado algum. Trata-se de uma completa desalegorização da religião.

Quer entre os monges de Cheylard e Luc. Quer presenciando um assassinato por lutas religiosas. Quer dormindo sob o céu aberto, forrado de estrelas. Quer nas belas descrições da paisagem natural, um dos pontos altos do livro. Quer em sua agônica despedida de Modestine ao fim da jornada.

Em toda a narrativa, Stevenson atravessa vilarejos dominados pela religião. Entretanto a traduz na pura imanência de sua presença do testemunho de um viajante sobre a sela de sua burrinha.

O protestantismo reduzira a mensagem cristã à *sola fides* e à *sola scritura*, à imanência da fé e da escritura. Ainda assim Bunyan pôde apelar ao recurso alegórico da vida *post mortem*. Nesta breve novela, Stevenson imita e emula Bunyan. Mas o faz esvaziando-o de todo alegorismo e propondo uma viagem puramente humana, sobre o dorso de sua amiga. Em outras palavras: uma espiritualidade ateísta.

Essa viagem vazia de alegorias é espiritual. Essa viagem é literatura. Essa viagem-literatura é uma simples carta, endereçada não aos fiéis, mas aos amigos, ou seja, a todos nós, leitores, em nossa vida-travessia no interior de um mundo sem respostas.

O. HENRY E OS RELATOS DE UMA CIDADE FLUTUANTE

Nascido em uma família culta e abastada, em 1862, William Sydney Porter começa a vida profissional como caixa em um banco. Amante da literatura e do jornalismo, compra o jornal *The Rolling Stone*, que não demora para abrir falência. Ato contínuo, abre um banco. Acusado de desfalque, foge para Honduras. Ao retornar, é condenado à pena de quatro anos na Penitenciária Federal de Ohio.

Quando é libertado, em 1901, surge um novo homem, misto de realidade e de ficção. Esse homem passa a vagar por Nova York, disfarçando sua antiga identidade e mapeando cada centímetro da cidade em narrativas que totalizam cerca de quatrocentas até a sua morte, em 1910, uma média de uma por semana. Esse misto de escritor e personagem de enredo policial tornou-se assim um dos mais importantes contistas norte-americanos: O. Henry.

Dedicada a edições primorosas de obras inéditas e de autores ainda pouco conhecidos no Brasil, a editora Carambaia acaba de lançar uma pequena joia: *Contos* de O. Henry, selecionados e traduzidos por Jayme da Costa Pinto.

A cidade é sempre a sua matéria-prima: seus meandros, hotéis, casarões, bares, artistas, marginais, prostitutas, classes baixas, operários. O que chama a atenção no estilo de Henry é a concisão, o estilo afiado com estilete, decalcado em observações da vida nova-iorquina com claras intenções documentais. Diz-se que depois de uma catástrofe, seria possível reconstruir Nova York a partir de suas descrições.

A vida atribulada talvez lhe tenha dado essa sensibilidade para a percepção empírica de personagens. Em alguns momentos imaginamos o próprio Henry como o grande protagonista onisciente de seus contos. Mas nada aqui deixa de ser transfigurado nas fornalhas da ficção. Em outros, as narrativas se emancipam e se inscrevem em uma moldura puramente imaginária, oscilação que determina o valor de sua prosa.

Outros aspetos chamam a atenção. O trabalho a partir de imagens, as descrições de ambientes e personagens. O modo às vezes elíptico de narrar um acontecimento. Os finais inesperados e a ausência de moral ou de tese, certamente inspirados em Tchékhov.

Assim as cenas se mesclam e se confundem, nesse espelho d'água da cidade de Nova York refletida em um mapa. A jovem que ganha a vida datilografando cardápios de um restaurante. O desenlace do diálogo de um condutor de carruagem com sua passageira. Um jovem, obcecado por uma atriz, decide alugar o seu quarto para reviver sua vida. Os supostos cosmopolitas frequentadores de cafés. A vida de artistas decadentes, distantes do glamour do Greenwich Village. Um homem e uma mulher que economizam seus salários ao longo do ano para se fazerem passar por nobres em um hotel de luxo. As mulheres que almejam ser espancadas pelos maridos para ganharem presentes em retribuição.

Não por acaso, essa crueza está na origem de boa parte da literatura norte-americana. E não resta dúvida da influência exercida por Henry sobre o novo realismo de Cheever e Fante, sobre a *beat generation*, de Kerouac e Corso, a partir dos anos 1950, e sobre o novo jornalismo de Tom Wolfe, Gay Talese, Norman Mailer e Truman Capote, a partir dos anos 1960.

Em certo sentido, a ideia que unifica a arte narrativa de Henry, a sua *dianoia*, na acepção do crítico canadense Northrop Frye, é o jogo entre a cidade e mundo. Por sinal, a obra se fecha com o relato do nascimento de um nova-iorquino. Essa aspiração à universalidade e ao cosmopolitismo encontra-se latente em todos os personagens. Contudo, o meio se encarrega de arremessá-los de volta às suas pequenas misérias, fraturas, decepções. Parece lembrá-los que mesmo o símbolo da maior potência do planeta é uma ilha, flutuando no vazio e cercada de solidão.

THOMAS MANN:
UM FAROL NAS TREVAS

Ao definir a especificidade do romance de língua alemã do século XX, o crítico Franklin de Oliveira cunhou uma feliz expressão: o super-romance. O super-romance não é um afresco multicolorido da sociedade, como ocorre em Dickens ou Balzac. Não é o romance absoluto de Flaubert e Joyce. Não é o romance-rio do memorialismo de Stäel, Proust, Rolland, Du Gard, Romains. Tampouco é o romance de formação, exercitado por Goethe e Stendhal.

O que caracteriza o super-romance não é apenas a abrangência ou a saturação de elementos, mas a condensação. Aquilo que Italo Calvino definiria como multiplicidade, ou seja, quando a ficção torna-se um meio privilegiado de unificação de todas as ciências e atividades humanas. É na esfera do super-romance que podemos compreender a obra de alguns gênios do entre-guerras como Musil, Canetti, Döblin e, em especial, Thomas Mann.

Diante desse estatuto, a coleção Thomas Mann da Companhia das Letras, coordenada por Marcus Vinicius Mazzari, eminente especialista em literatura alemã, prevê a reedição das obras completas deste escritor e pode ser vista desde agora como um dos acontecimentos editoriais deste ano que se inicia.

O projeto contempla novas e antigas traduções, submetidas a revisões técnicas, e a uma seleção criteriosa de fortuna crítica, antiga e recente. Os três primeiros volumes são *Doutor Fausto* e *Morte em Veneza*, nas excepcionais traduções de Herbert Caro, e *Tonio Kröger*, em nova e ótima tradução de Mario Luiz Frungillo. Os ensaios destes volumes iniciais são de Anatol Rosenfeld e Jorge de Almeida.

O pensamento e a obra de Mann podem ser compreendidos a partir da noção de declínio do Ocidente, concebida por Nietzsche e popularizada por Spengler e Toynbee nas primeiras décadas do século XX. Esse declínio, ao contrário das interpretações conservadoras e neoconservadoras que lhes pesam, não diz respeito a uma tentativa de restauração de valores do passado. Refere-se à aquisição de uma lucidez cada vez mais aguda em relação ao esvaziamento dos valores estéticos, políticos e morais que nortearam a Europa ao longo de muitos séculos.

Não por acaso, a obra-prima final *Doutor Fausto* tem como protagonista Adrian Leverkühn, compositor erudito de vanguarda, levemente inspirado em Arnold Schoenberg. Toda redigida nos EUA, a obra teve como preceptor intelectual o filósofo Theodor Adorno, com quem o escritor manteve por anos encontros assíduos e semanais para a discussão dos manuscritos, capítulo a capítulo.

O antigo mito do pacto com o demônio, que passou pelas mãos de Marlowe, Chamisso, Goethe e Murnau, é transposto para o ambiente luterano, para os círculos acadêmicos e intelectuais alemães. A vida de Adrian é narrada pelo amigo Serenus Zeitblom em forma de memória, e, portanto, o romance contempla duas estruturas temporais: o passado de Adrian anterior às guerras e o tempo atual de Serenus-Mann, na Segunda Guerra Mundial. Nesse sentido, tanto Adrian quanto Serenus podem ser vistos como *alter egos* de Mann em dois tempos distintos, o que adicionaria novas camadas à obra.

E se o que chamamos de demônio for apenas uma forma científica de conhecimento do mundo? Essa pergunta nuclear se emaranha na tensão entre música, teologia e filosofia. Adrian é a reencarnação do mito do conhecimento para além do bem e do mal, como fonte de gozo e de morte. A devoção de Serenus se dirige tanto ao amigo-mestre Adrian quanto sinaliza um homoerotismo latente, concebido como ascese surgida da dissociação entre razão, afeto e moral.

Nessa atmosfera, a vida de Adrian, bem como as relações com seus mentores intelectuais Kretzschmar e Schildknapp, entre outros, chegam ao leitor mediadas pelos sentimentos ambivalentes de Serenus. Por isso, tudo é ambivalência nessa obra-prima, e mesmo o demônio, em uma passagem, chega a ser definido como o grande senhor da ambivalência, em uma sentença digna de Guimarães Rosa, um dos mais ilustres leitores de Mann.

A vertigem das reflexões transforma *Doutor Fausto* em uma enciclopédia e testamento intelectual, onde diversos pequenos tratados de música, religião, filosofia, arte, literatura e mitologia se encontram dispersos nas falas dos personagens e na voz do narrador. Tanto que uma das melhores fontes para compreender este Fausto é o próprio Mann, no livro autobiográfico *A gênese do* Doutor Fausto: *romance sobre um romance*.

Mann descreve, em meio às atribulações da guerra e seu exílio norte-americano, o passo a passo da construção do romance, o copioso trabalho de pesquisa e erudição, com dezenas e centenas obras de teoria musical, filologia, teologia, mitologia, literatura, artes, ciências naturais, lidas e compulsadas. Um verdadeiro arsenal de conhecimento quase sem limites, mobilizado ficcionalmente em torno do grande mito do conhecimento ilimitado.

As novelas *Morte em Veneza* e *Tonio Kröger* não fogem à matriz do declínio da civilização. O poeta e esteta Gustav Aschenbach, depois de uma sólida carreira intelectual, decide viajar para Veneza. Apenas mediante um reencontro com a experiência do dionisíaco, presente nas cenas finais, pode-se compreender o fascínio do escritor pelo menino Tadzio, a ponto de não conseguir abandonar a cidade, invadida pela peste *scirocco*. O garoto Tonio, dotado de talento artístico e deslocado em um ambiente pequeno-burguês, acaba por se encontrar no lado oculto das máscaras sociais. Encarna a figura do *trickster*, do avesso da civilização, tema que retorna no inacabado romance picaresco *Felix Krull*.

Não por acaso essas duas novelas costumam ser publicadas juntas. Como Adrian-Fausto, ambas sinalizam as concepções de Mann sobre arte. Em sua correspondência com o mitólogo Carl Kerényi, é flagrante o interesse pelo mito de Apolo e Dioniso, manifesto também em suas obsessivas leituras e menções a Nietzsche. Em uma cultura devastada pelo divórcio entre razão e instinto, o demoníaco e o dionisíaco podem surgir como uma ambivalente *phármakon*, simultaneamente sagrado e profano, signo da destruição e elixir da cura.

A ambivalência suprema é a seguinte: justamente o escritor que mais explorou os meandros da alma humana e da sombra individual, foi também aquele que lutou de modo mais tenaz e lúcido contra Hitler. Aquele que encarnou o lado sombrio do humano fora um dos mais assíduos combatentes dos fascismos, da sombra coletiva e do obscurantismo daqueles que se julgavam portadores da redenção da velha Europa e representantes do ideal de uma civilização que hoje, paradoxal e felizmente, morreu.

A POÉTICA DA EXTIMIDADE DE JULIANO GARCIA PESSANHA

Juliano Garcia Pessanha tem se destacado como um dos escritores mais singulares da literatura brasileira atual. O cruzamento indecidível entre ficção, poema em prosa e ensaio permeia seus quatro livro: *Sabedoria do nunca* (1999), *Ignorância do sempre* (2000), *Certeza do agora* (2002) e *Instabilidade perpétua* (2009).

Agora o leitor tem acesso a toda essa produção em um único volume, que acaba de ser reunida pela editora Cosac Naify sob o título de *Testemunho transiente* (2015), com o acréscimo de um texto-testemunho em que o autor nos ajuda a compreender o sentido dessa tetralogia e sinaliza seus próximos passos.

Esta edição tem prefácio de Franklin Leopoldo e Silva, orelha de Roberto Machado e quarta-capa de Jean-Claude Bernardet. Também transcreve um aparato crítico referente a cada livro composto por artigos de Benedito Nunes, Manuel da Costa Pinto, Peter Pál Pelbart e Cassiano Sydow Quilici. Há textos dedicados a Gilberto Safra e a Zeljko Loparic.

Esse círculo de leitores sinaliza o forte compromisso teórico desta obra. De fato, a escrita de Pessanha não diz respeito a um gênero da literatura, a conflitos sociais ou a problemas subjetivos. Ela surge de uma premissa filosófica: o contato com o Exterior, tal como tematizado por Blanchot e Heidegger, dois atores-matrizes que permeiam todos estes livros. Essa exterioridade ontológica é a essência dessa poética da extimidade praticada por Pessanha.

O que seria isso? Exceção feita aos gnósticos antigos, durante muitos séculos os sistemas religiosos e filosóficos mantiveram ser e sentido unidos. Essa união fora afiançada pela crença em Deus, nos deuses, em um ser supremo. O humano vinha ao mundo. E nesse mundo toda falta de sentido adquiria um sentido por meio desses seres metaempíricos. Desse modo, se o absurdo da condição humana se sustenta sobre um sentido transcendente, esse mesmo absurdo acaba por adquirir algum sentido e assim deixa de ser absurdo. O mundo se converte em uma lugar habitável.

Dentre os filósofos modernos, Heidegger foi o que produziu de modo mais contumaz a ruína desse espaço pleno de sentido. A partir de uma diferença ontológica radical, o mundo deixa de ser o repouso da totalidade dos entes. Transforma-se no lugar do exílio do ser. E também no lugar do paradoxo: apenas mediante a consciência desse exílio o ser se desvela ao humano e a si mesmo. Apenas quando estranhamos a totalidade dos entes habitamos a clareira do ser. O humano é humano à medida mesmo que vive e respira o oco dessa fratura do ser, a instabilidade, o abandono, a finitude, o nada.

A clareira do ser se abre ao humano apenas quando este se concebe a si mesmo como ser sem-Deus e sem-deuses, trazido por um mar imemorial e pelas ondas do acaso às praias vazias da existência. Um ser destinado à morte. Existir é estar-fora da estabilidade (*ek-sistere*). Nessa premissa, o ser humano deixa de ser um projeto e passa a ser um projétil. Deixa de ser um ente dotado de substância metafísica. Torna-se um ser-jogado no estranhamento do mundo, por mais cotidiano e prosaico que seja este mundo. Habita o Exterior.

Toda a escrita de Pessanha se baseia nessa premissa radical de fundo. Essa, por sua vez, não é um conceito sobre a extraterritorialidade do ser. Converte-se, por meio da literatura, em uma narrativa da experiência de habitar esse Exterior. Essa é afinal a narrativa que orientou grande parte da alta modernidade, com a qual Pessanha dialoga linha a linha e vertigem a vertigem: Celan, Pessoa, Eliot, Gombrowicz, Schulz, Bernhard, Artaud, Musil e, sobretudo, Kafka. O escritor tcheco assume um valor fundamental nesse percurso da alma em busca de sua aniquilação. Encontra seu modelo exemplar no ensaio-narrativa cujo personagem é o Ponto K.

Estamos então diante de uma esfera impessoal, ou seja, fundada sobre um *Dasein* (ser-aí) que não é sujeito, consciência, ego ou indivíduo. Ao mesmo tempo e paradoxalmente, lemos textos decalcados da experiência. Como relatar a experiência de um não-eu? Para tanto, Pessanha criou a heterotanatografia, uma escrita-morte do outro, se podemos traduzir assim. O melhor texto de Pessanha continua sendo o heterotanatograma "Esse-menino-aí". Nele Pessanha consegue unir ficção, metaficção, filosofia e extimidade, de um dos modos mais singulares que caracteriza sua escrita.

Duas objeções podem ser feitas. Uma formal e outra filosófica. A formal é simples: em alguns momentos as passagens entre ficção, poema e ensaio podem ser expressões da experiência da escrita, mas comprometem a experiência da leitura. Um exemplo disso é o uso de modos cristalizados da linguagem acadêmica e o acúmulo de referências bibliográficas. Por que não explorar as potencialidades livres do gênero ensaio? Em uma escrita que tem tudo para transgredir os códigos dos gêneros, o resultado ensaístico não deixa de ser convencional.

A objeção filosófica é a ênfase dada a Heidegger e ao tema do Exterior, que tem sido criticado por muitos pensadores contemporâneos. Peter Sloterdijk, por exemplo, propõe uma ontologia relacional. Não é a existência que precede a essência. A coexistência que precede a existência. As esferas são díades estruturais interior-exterior.

A vida apenas existe como vida em um intervalo entre sentido e não-sentido, ou seja, o Exterior apenas existe como antiesfera a ser domesticada. Não há espaços vazios ou opacos. Onde houver vida haverá espaços de ressonância e animação. Esperemos que a obra de Pessanha, que por sinal é estudioso de Sloterdijk, ocupe-se dessas topografias de agora em diante, com o talento, a radicalidade e a consciência criativa que o destacam no panorama da literatura brasileira atual.

ETGAR KERET E A ARTE DE
DIZER AS MENTIRAS PRECISAS

A ironia é uma das mais finas figuras do pensamento. Ironizar é dizer nas entrelinhas do dito. Negar e afirma, simultaneamente. Lançar luz sobre as pausas, silêncios, hesitações. Manter-se no limite. Quando ironizamos, lançamos luz sobre aquilo que nos foi interditado dizer. Ao mundo e a nós mesmos. A ironia é uma forma de manifestar uma repressão.

Por isso a força libertadora da ironia. A ironia é um dos modos pelos quais a consciência humana cria uma linguagem para a dor. A literatura é uma elaboração da dor humana em linguagem. Ambas são mentiras que revelam uma verdade. Ironia e ficção são irmãs gêmeas.

Com o livro de contos *De repente, uma batida na porta*, em tradução de Nancy Rozenchan, o escritor israelense Etgar Keret se destaca como um verdadeiro mestre da ironia na literatura contemporânea. Não por acaso, seus personagens estão sempre oscilando entre a mentira, a realidade e o sonho. A incomunicabilidade da dor é do tamanho da dor. Demonstra que essa dor não pode ser dita. Dizê-la é menosprezá-la. Apenas como ironia, ou seja, indiretamente, a dor se revela em toda sua intensidade.

Em "Terra de mentira", o menino Robi é um mentiroso que criou um mundo paralelo com todos os eventos de suas mentiras. Em um sonho, acaba por se tornar prisioneiro desse mesmo mundo de mentiras que criara. Em "Simyon", a ex-mulher é convocada a reconhecer o cadáver de um homem – e não consegue. Changui, para evitar a solidão, vive imerso na realidade de suas fantasias ("Fechados").

Essas paisagens de desafeto não são cômicas. Tampouco trágicas. São os cenários pelos quais Keret desperta a consciência do leitor para a infinita solidão presente em um simples riso amarelo entre os lábios. Por isso, a violência cotidiana é mais importantes do que a guerra e do que a grande política. Um marido que espanca o solitário idealizador de sua esposa ("Uma manhã saudável") é um exemplo da matéria-prima de seus contos.

O extremo da ironia também conduz ao absurdo. Um manhã um homem acorda com seu cão lhe fazendo sexo oral e isso o leva a uma reflexão sobre o amor ("Nos últimos tempos, até tive ereções"); o jovem Tsíki machuca sua namorada com um misterioso zíper que tem no interior da boca ("Abrindo o zíper"); após um acidente, um homem transforma-se em um vendedor de apólices ("Carma ruim"); quatro pretendentes de uma universitária tentam suicídio, dois obtêm êxito – os dois de que ela mais gostava ("Não totalmente só"); a metáfora entre um assassino de aluguel e as flores silvestres serve de pretexto para um conto ("Depois do fim"). E há também a metalinguagem, quando a literatura se volta sobre si mesma e produz a autoironia: "Escrita criativa" e "Conto vitorioso".

Claro. Todo riso contém alguma forma de crítica. Alguns devem estar ansiosos para saber como o israelense Keret dá forma aos conflitos de sua região, extremamente intensificados nos últimos tempos. Para eles, valem duas joias: "Escolha uma cor" e o conto que dá título ao livro. O primeiro é uma alegoria geral sobre o racismo. O segundo, uma anatomia do Oriente Médio a partir de uma "conversa" entre um escritor, um sueco, um pesquisador e um entregador de pizza.

"Conte uma história para mim" – essa é a frase que abre a obra de Keret. Narrar é mentir. Narrar é dizer a verdade. Narrar é sobreviver. Narrar é ironizar. A ironia, por ser ambivalente, está mais próxima da condição humana do que a certeza. Ao ver a crueldade com que Keret trata as tensões políticas, raciais e religiosas, certamente muitos sairão frustrados. Provavelmente, não baterão mais à porta do escritor. Que bom. Keret merece leitores mais inteligentes.

Quando eram crianças, Deus havia espancado um deles, um deus dourado baixo e mirrado, e agora este deus tinha crescido e voltado com seus amigos. Os deuses dourados bateram n'Ele com bastões dourados de sol e não pararam enquanto não acabaram de quebrar cada um dos ossos de seu corpo divino. Levou anos até que ele se recuperasse. A amada nunca se recuperou. Tonou-se um vegetal. Conseguia ouvir tudo mas não conseguia dizer nada. O Deus prateado decidiu criar uma imagem à Sua imagem, assim ela assistiria passar o tempo.

A ESCRITA DISSEMINADORA
DE MARIANA VIEIRA

O livro de Mariana Vieira pode ser lido de diversas maneiras. Como um livro-diagrama, ele possui entradas e saídas, linhas e seguimentos, temas e motivos, mesmo que isso não esteja evidente ou previsto em uma estrutura explicitamente aberta.

Por outro lado, essa pluralidade não se encontra apenas na estrutura. Ela compõe a plasticidade mesma da escrita de Mariana Vieira. Manifesta-se não apenas na materialidade vocabular, no estilo espiralado, na vertigem de imagens que se sucedem em caixas de ressonância e hologramas. A seu modo, essa escrita proteica compõe um universo que também é prismado. E oscila como um pêndulo entre o telúrico, o estranho e o sublime.

Essa combinação entre diversidade e estranheza irrompe linha a linha na constituição espacial e temporal dos contos. E também emoldura os eventos e as personagens. Para produzir esse efeito, a escrita de Mariana agencia dois processos: a disseminação e o palimpsesto (sobreposição de camadas).

Somos assim conduzidos por personagens duplas, como Anne Frank, homônima da escritora judia, sobrevivente do Holocausto. Pela personagem cadáver de Lucia, sob os abacateiros, ainda agenciando histórias. E também levados aos limites da meta-ficção no monólogo para Alice, um conto em forma de oxímoro onde narradora e personagem se embaralham e se suspendem. Uma bela narrativa estruturada sobre a indecidibilidade, para pensar com Derrida.

Os temas e os mitemas que atravessam este livro estão também muito ligados ao corpo, à sensorialidade, à sexualidade. Irrompem como topologias e signos de prazer e de dor, materializadas na tessitura mesma das imagens e das palavras. E aqui nos atemos. Admiramos a beleza desta escrita da terra, dos sentidos, dos afetos.

Os gestos habituais, os sons da chuva, a lama dos currais, os zunidos de insetos, as vacas, o cheiro de esterco, os animais, o pasto, uma noite rasgada de piche, o sertanejos, um corpo cheirando a frango, o tempo vagaroso de uma árvore, as areias, o despontar de uma cabecinha da vulva de uma mulher.

E sim: as éguas e os cavalos. As entidades equinas atravessam as linhas da ficção. Pontuam o horizonte como breves lampejos. Desaparecem como miragens. Mariana nos leva por estes caminhos de floresta (*Holzwege*) e de estradas de terra batida. Adentramos um país arcaico, cheio de pegadas, violência, cicatrizes.

Entretanto, sua escrita disseminadora, esquizo e pluralista, não se restringe a essas naturezas. E não se cansa de espalhar suas palavras-sementes (*semens*). Concentra-se em esmiuçar relações amorosas ambivalentes. A escrita proteiforme de Mariana explora assim a desconstrução e a reconstrução, as significações e os deslocamentos das personas sexuais de Loliqueen. E investiga outras personagens em seus limiares, como no belíssimo conto que intitula o livro.

A qualidade imaginativa de Mariana é um caso à parte, bem como a costura de suas frases, as variações de ritmos, as associações livres de imagens, as analogias entre objetos, e, acima de tudo, a construção de atmosferas. Depois de atravessarmos estas areias e de respiramos estes ares, saímos com a sensação de que *Noturna* talvez seja um dos livros de estreia mais potentes da literatura brasileira contemporânea.

MARCOS MILONE:
CORPO, GÊNERO E FICÇÃO

Este excelente livro de estreia de Marcos Milone pode ser lido em diversas perspectivas. Entretanto, dois aspectos se destacam. E ambos se referem às questões de gênero, nas duas acepções desta palavra: como constituição discursiva e como uma orientação sexual. O cruzamento entre as duas faces de um mesmo termo podem servir de guia para a leitura de todos estas narrativas.

Na primeira acepção, salta aos olhos a qualidade e a precisão da escrita de Milone, oscilando entre o conto, a crônica, o testemunho e o memorialismo. Talvez derivada de sua origem como jornalista, ao longo de *O agente croata que me amou e outras histórias* o leitor consegue precisar muito bem os eventos, informações, ambientes e mesmo datas. Por isso, os contos se referem sempre a coisas e personagens fictos, mas possuem sempre um certo calor de experiências vividas.

Essa qualidade é importante não apenas para conferir nitidez às situações narradas. É essencial para podermos reconstruir, por meio da literatura, momentos decisivos da construção da cultura, do cotidiano e dos costumes no Brasil, sobretudo a partir da década de 1990. Contudo, não se trata de autoficção, pois não existe na escrita de Milone uma necessidade de simular ou deixar em suspenso a efetividade do que se deu. Aqui ficção e vida se embaralham e se alimentam de modo espontâneo, sem a exigência de nenhum pacto metaficcional com o leitor.

Essa mistura entre a efetividade dos fatos e a dimensão puramente ficcional se apresenta desde o conto que intitula o volume. Filho de um prestador de serviços suspeitos para ditadores históricos, Pedro Ernesto se revela ao narrador. Mas ao longo da narrativa, outros signos indiciais sugerem um passado muito mais secreto do que se imaginava. O narrador não consegue (e sabiamente não quer) esmiuçar todos esses dados para o leitor. E por isso a história permanece com final aberto.

Essa abertura de interpretações é um recurso muito bem empregado. Ao mesmo tempo em que o leitor se movimenta entre cenas, personagens e situações que parecem de fato terem sido vividas pelo narrador, esse fio nunca se fecha. Ou seja: embora sejamos induzidos pelo narrador a acreditar que tudo se passou com um narrador-autor chamado Marcos Milone, esse mesmo narrador nunca chancela essa suposição.

Esse primeiro enquadramento discursivo enriquece a segunda acepção de gênero que perpassa o livro. O beijo que o narrador ganhou de Rogéria, travesti famosa das noites brasileiras; o percurso de Linderson Jesus de Assis, de Recife para Paris, onde frequenta o Le Queen e o Le Baton Rouge e outros clubes *gays* dos anos 1990, até a transição sexual no Marrocos; e o conto sobre o amante croata que intitula o livro.

Boates, clubes, pontos de encontros, costumes, gírias, músicas: o leitor tem aqui um memorial rico da cena gay e transgênero das últimas décadas, a partir da abertura política e em direção a processos de inclusão cada vez maiores das relações homoafetivas no Brasil. Nesse sentido, além de ser um belo livro de estreia, a obra de Milone talvez possa ser considerado um dos importantes livros sobre o universo LGBTQI+ publicados no Brasil nos últimos tempos.

Outros dois temas atravessam estas histórias: a afetividade e as viagens. À medida que uma das marcas da escrita de Milone é as relações de amizade e de afetividade, as experiências de distância e de proximidade que emergem destas relações acabam sendo complementares. Ou seja: os encontros e desencontros de viajantes fora de seus lugares de pertencimento.

Por isso, a quase amizade de uma quase amiga japonesa. E por isso a topografia estrangeira e movediça presente nestas páginas: New Jersey, Patagônia, Austrália, Terra do Fogo, Inglaterra. E no Brasil: Recife, Porto Seguro, Rio, São Paulo, Santa Catarina. As desterritorializações de afetos surgem de condições amorosas e conflitosas, como no conto "O Inverno Chegou?". E também em contos breves e líricos, como "Saudade Azul".

Seja por meio do testemunho (real) do jornalista Marcos seja por meio dos relatos (irreais) do ficcionista Milone, em todas essas reconstruções o que vale é o ponto de interrogação deixado em aberto para o leitor. Ou seja: essa zona de indecidibilidade que define a literatura como literatura. E que é o fio de Ariadne que guia as narrativas deste livro.

JACY DO PRADO BARBOSA NETO
E OS CAMINHOS PARA A
TERRA SEM MAL

Brasil, século XIX. Ambientação rica de matizes, paleta furta-cor. Os nomes de flores, frutos, deuses, pássaros, pedras, instrumentos, tecidos. Rituais, canções e crenças indígenas e africanos, quase perdidos. Dois personagens e um destino: Terra sem Mal. Antigo paraíso terrestre dos guaranis. Por si, tudo isso é um convite e tanto para adentrarmos as trilhas desta floresta de bem traçadas linhas que Jacy tramou em sua imaginação criadora, reconstruindo, em uma atmosfera extremamente real, os hábitos da vida cotidiana de um Brasil de folclore, escravidão, violência, paixões, doenças, deuses e demônios.

Mas a obra vai além. Sem minimizar o seu valor como rico mosaico histórico, ao retomar o antigo motivo da *peregrinação espiritual*, na chave das religiões tradicionais, de raiz indígena e africana, e ao se valer da estrutura do chamado *romance de formação*, Terra sem mal é muito mais do que uma obra sobre o Brasil: é a saga da transfiguração de dois indivíduos rumo ao conhecimento. O seu caráter iniciático, porém, não está engessado por obscuras citações nem por um acesso cheio de tabus, sacerdócios e castas a uma realidade sobrenatural. Tal acesso à realidade divina se dá exatamente por meio do movimento oposto àquele das religiões institucionalizadas: o despojamento.

Julia Kilamba e a Arerê são dois peregrinos da embriaguez divina em uma odisseia cotidiana repleta de injustiça, bondade, sexo, gratuidade, morte, mazelas e esplendor. Ou seja: representam a travessia desse oceano de contradições de que somos feitos. Esse amálgama de recurso e pobreza, como queria Platão. Por isso, o percurso de ambos é marcado por um reaprendizado das antigas fábulas e fórmulas de suas origens, ou seja, por um retorno à ancestralidade e aos modos de vida mais simples, onde moram os deuses. Deuses humanos, sim, profundamente humanos. Cheios de loucura, graça, retidão, tranquilidade, força. Sobretudo, deuses das ambivalentes e inseparáveis potências de vida-morte que nutrem a verdadeira vida. Ou seja: acima de tudo, plenos de sexualidade. Não é para menos que os rituais e as descrições sexuais, que vão da mais refinada comunhão às suas formas mais intensas, demonstram a centralidade da energia sexual para guiar os nossos passos lúcidos em direção ao Espírito.

Da translúcida claraboia do ateliê da dama paulistana Yolanda Penteado, sendo retratada pelo grande pintor Di Cavalcanti, emergem as imagens flutuantes de um Brasil profundo. O elo perdido entre o presente e o mito fundador de uma terra sublime e sublimada. Real e interior. Perdida e, entretanto, tangível, na iminência de se consumar pela experiência religiosa de estarmos enraizados *neste* mundo. Os heróis de Jacy passam pelos olhos do leitor como símbolos de uma nudez redentora, como uma possibilidade, não de resgate de uma terra pedida, mas da criação de um paraíso futuro, miscigenado. Nesse sentido, a chave antropofágica de sua obra é clara, em nada cifrada. E tal como Julia e Arerê, peregrinos deambulantes em busca da Terra sem Mal, aquela terra para onde se vai sem ter morrido, somos nós que, ainda hoje, seguimos suas trilhas pelo caminho sagrado do Peabiru. À procura de algum espaço de pureza. De alguma região indevassada. Onde possamos estar nus. E sermos deuses.

SILVIANO SANTIAGO: AUTOBIOGRAFIA A DOIS

Em um hospital do Rio de Janeiro, em 2010, o narrador acompanha as últimas horas de vida de Zeca, seu amigo desde 1952, quando se conheceram aos dezesseis anos de idade. O agonizante é o biógrafo do narrador. Sua morte é a perda da possibilidade do narrador escrever sua própria vida. Por quê? Porque o narrador confidenciara ao longo dessas quatro décadas todos os detalhes de sua vida, documentos, fotos, diários, segredos àquele que neste momento se encaminha para o fim. Não poderá salvar sua memória de narrador, pois o guardião se encontra no limiar da morte.

Esse é o argumento de *Mil rosas roubadas*, novo romance do escritor, crítico e historiador Silviano Santigado, que marca presença na Flip (Festa Literária Internacional de Paraty) deste ano. O narrador em primeira pessoa relata a vida do melhor amigo que, por sua vez, havia se incumbido de contar a vida do narrador. Santiago utiliza essa circularidade justamente como estratégia narrativa. Semelhante ao recurso utilizado por Gertrude Stein em *A autobiografia de Alice B. Toklas*, biógrafo e biografado se fundem. O narrador se vale da vida do amigo como meio indireto de contar a própria vida – e vice-versa. Por isso, é importante frisar que se trata de um romance. Caso contrário, em diversos sentidos o leitor pode se seduzir pelas frestas de autoficção que aqui e ali embaralham o autor Silviano Santigo ao narrador que fala em primeira pessoa.

As memórias apontas para algumas tônicas. Entre elas, a vida dedicada ao cultivo das artes, sobretudo a literatura, o cinema e o teatro. Há também as frustrações. O narrador aprisionada em uma rotina acadêmica. Zeca ganhando a vida como jornalista cultural, sem conseguir a ambição de viver de teatro, almejada desde sua passagem pelo Teatro Experimental de Belo Horizonte. Há também o impacto o drama de se conquistar um espaço social para a realização homoafetiva. Este culmina com a marginalização e os excessos sexuais que acabam destruindo essas mesmas relações amorosas.

Os caminhos e descaminhos da amizade são traçados até uma ruptura cruel. Ela se dá com o surgimento de Roberto, introduzido em um "longo parêntese sentimental", ao final do romance. A presença deste terceiro personagem revela um triângulo de perversão envolvendo desprezo, indiferença e sadismo. Essa experiência negativa conduz o narrador a formular nos capítulos finais, pontos altos da obra, uma teoria sobre a sua vida e sobre a vida daqueles que o cercam: "vidas sem importância coletiva". Não ter importância coletiva é nunca poder desempenhar a autenticidade de sua vida sem ser menosprezado pela sociedade e seus preconceitos. É viver à margem, mesmo quando se goza de reputação profissional, prestígio ou algum poder.

O romance de Santiago deve a seu duplo olhar de escritor e historiador algumas de suas virtudes e também os seus defeitos. Enquanto historiador, a narrativa ganha ao se desenvolver na chave memorialista, cruzando fatos recentes da história do Brasil, a vida cultural de cidades como Belo Horizonte, Rio de Janeiro e São Paulo, e muitas referências artísticas articuladas pelos personagens: Beckett, Bogart, Keaton, Escher, Cocteau, Eliot, Malraux. O próprio Zeca é desenhado como um personagem de Dorothy Parker.

Contudo, o narrador deixa escapar suas inclinações à exatidão documental, e os problemas que ela gera para um ficcionista. Estas minúcias comprometem o andamento propriamente ficcional da obra. Repetições rebarbativas de explicações ao leitor; enumeração de fatos sem nenhuma relação com a linha principal do enredo em questão; digressões sem valor dramático nem romanesco; oscilação de linguagem, com termos e palavras técnicas que comprometem a fluência especificamente literária: albergado, comatoso, pisca-piscando, reganha, sobrenada, enceguecidas, curto-circuitou, apetrechadas.

O tom excessivamente formal e mesmo solene adotado pelo narrador também gera um problema. Há uma discrepância entre a proximidade e a amizade dos personagens e o tom distanciado de um relato que às vezes parece se referir a uma terceira pessoa, não a uma relação eu-tu. Isso compromete a via de conexão do leitor tanto com Zeca quanto com o narrador. Se tivesse minimizado a ênfase dos detalhamentos e se concentrado mais em um aprofundamento psicológico dos personagens, Santiago teria legado uma obra menos extensa e mais eficaz. Com medo do transbordamento autoficcional, o historiador intimidou o ficcionista. A voz do narrador-Santiago abafou as emoções do autor-Santiago. E assim interditou a capacidade do leitor também se emocionar.

CAMUS E O ÊXTASE
DA LUCIDEZ

De todos os escritores franceses, Albert Camus é aquele que melhor consegue realizar um prodígio: captar a empatia dos leitores logo nas primeiras linhas. Pode-se pensar que o frescor da inteligência que se respira em sua escrita é um patrimônio da grande literatura francesa, de Montaigne a Proust. Porém, poucos como Camus conseguiram estabelecer esse tipo de intimidade imediata com o leitor. O segredo desse vínculo afetivo se manifesta de maneira privilegiada em uma parte de sua obra ainda inédita no Brasil: seus cadernos de anotações.

Por meio do trabalho excelente da editora Hedra, o leitor pode agora tomar contato direto com as anotações de Camus em três fases decisivas de sua vida e obra: *Esperança do mundo* (1935-37), *A desmedida na medida* (1937-39) e *A guerra começou, onde está a guerra?* (1939-42). As traduções, bibliografias, cronologias e notas são assinadas por Raphael Araújo e Samara Geske, especialistas na crítica genética de Camus (análise de seus manuscritos). A edição conta com a participação de Claudia Amigo Pino, Nilson Silva e dos próprios Araújo e Geske, que assinam longos e esclarecedores posfácios sobre a importância dos cadernos na obra do escritor argelino.

Um dos pontos altos dos cadernos é a possibilidade de ver com muita nitidez a gestação das obras. A transformação de *metáforas obsessivas* em *mitologia pessoal*, percurso de todos os escritores e artistas, segundo Charles Mauron. Esse paralelo pode ser estabelecido com as obras publicadas concomitantemente à escrita dos cadernos, tais como *O avesso e o direito* (1937), *Núpcias* (1939), *Calígula* (1941), *O estrangeiro* (1942) e *O mito de Sísifo* (1942). Estas três últimas são descritas por Camus dentro de um projeto intitulado os "três absurdos", relativo ao primeiro ciclo de sua produção.

As imagens recorrentes do árabe, do sol e da morte (março e abril de 1935), por exemplo, articulam-se entre si em um fragmento de agosto de

1937. Segundo o crítico Roger Quilliot, este fragmento seria a primeira formulação consciente de *O estrangeiro*. Em anotações ulteriores, vemos esboços mais desenvolvidos de cenas com o protagonista Mersault e um fragmento das primeiras linhas do romance surge em agosto de 1938. Uma longa reflexão sobre o estrangeirismo aparece no final de 1940, dois anos antes da publicação de seu romance.

O tema central do suicídio se esboça pelas primeiras vezes quando o escritor tem apenas 23 anos (março de 1936). Além disso, delineiam-se imagens e unidades narrativas que atravessarão os romances posteriores à escrita destes cadernos, incluindo obras póstumas. O tema da *mãe* inaugura o primeiro fragmento do primeiro caderno e vai reverberar em romances e ensaios tardios. Também no primeiro caderno aparece o tema da *morte feliz*, que virá a ser o título de uma obra publicada postumamente. As linhas gerais de *O verão* (1954) surgem nestes cadernos quinze anos antes, no final de 1939. A primeira aparição de Jeanne, esposa de Grand, de *A peste* (1972), ocorre em anotações de dezembro de 1938. O tema da peste retorna em abril de 1941.

Outros aspectos chamam a atenção: principais núcleos filosóficos que serão organizados nos ensaios; informações autobiográficas; notas sobre política e guerra; impressões de cidades como Orã e Paris; intelectuais e conflitos de consciência; relação entre cristianismo e humanismo. E inclusive menções a temas, obras e autores raramente associados a Camus: Spengler, biologia, meteorologia, arte etrusca, religiões arcaicas, filosofia do mito. Todos esses aspectos se articulam no corpo de sua obra filosófica e ficcional. Mundo, linguagem e pensamento coincidem neste autor que desde muito jovem tomara a decisão existencial de "não se separar do mundo" (maio de 1936).

Por isso, o engajamento para Camus é um enraizamento na vida. Assemelha-se àquela "exata proximidade da vida", de que falava Walter Benjamin. Nesse sentido, a "revolta metafísica", deflagrada em *O homem revoltado* (1951), também pode ser detectada nestes cadernos (março de 1940). Isso demonstra outro fato importante: a ruptura de Camus com os caminhos adotados pelo socialismo foi gestada ao longo de anos. Desenvolveu-se coerente e embrionariamente desde quando tinha pouco mais de 20 anos de idade. Não foi um gesto intempestivo, como queria a acusação de Sartre.

Os cadernos mesclam fragmentos técnicos, anotações de trabalho do escritor e trechos mais finalizados. Por isso, podem interessar tanto a aficionados e especialistas na obra de Camus quanto a apreciadores de literatura em geral. Além disso, esse estilo fragmentário tem uma longa tradição na história do pensamento: dos pré-socráticos a Nietzsche, Cioran, Leopardi, Valéry, Adorno, Benjamin. Nesse sentido, os cadernos não devem ser vistos como meras anotações a serviço de obras acabadas. Pelo contrário, são uma obra viva e movediça, válida por si mesma.

O cerne do pensamento de Camus é uma meditação sobre o absurdo. O absurdo não ocorre por causa de uma eventual irracionalidade, pois não é uma condição intelectual, mas existencial. O absurdo é "perfeitamente claro". Encontra na lucidez o seu repouso e na indiferença, sua perfeição consumada. "Eu perdi o paraíso do sofrimento", anota Camus em dezembro de 1938. A forma final do absurdo é a destinação das criaturas a um mundo ausente de sofrimento e, por isso, sem redenção.

Pensamos o mundo como um dado de sentido, quando na verdade ele é apenas um ato de amor. E o absurdo é a incapacidade dessa vinculação mundana e amorosa. É por isso que mesmo quando nos distanciamos de Camus amamos Camus. Talvez o amemos à medida mesma que nos tornamos estrangeiros à sua indagação radical. Esse é o segredo e o paradoxo vinculante de Camus. Ao espelhar suas misérias e esperanças em uma escrita descontínua, reunificou em um mosaico os fragmentos da face humana. E assim, mais do que em um autor, transformou-se em um espelho de nós mesmos.

A MONTANHA, O MUNDO E OS CAMINHOS DA FICÇÃO DE CYRO DOS ANJOS

Pedro Gabriel é um ex-chefe de polícia que ambiciona subir ao poder da cidade de Montanha. O cenário de fundo é uma realidade brasileira permeada de chantagens, manobras políticas e torturas envolvendo jornalistas, militares, parentes e amantes. Amigos e inimigos se incluem no rol de desonestidade geral. Pedro Gabriel retém essas confabulações duvidosas em suas memórias.

Esta é a linha narrativa do romance *Montanha*. Publicado originalmente em 1956, escrito no começo da década de 1950, quando Cyro dos Anjos ocupava a cadeira de estudos brasileiros na Universidade do México, é agora relançado pela editora Globo, com posfácio esclarecedor do especialista Roberto Said. Em um enquadramento semirrealista, Cyro dos Anjos se vale desse cenário para compor um *roman à clef* (romance cifrado), gênero muito em voga na Europa entre os séculos XIX e XX. Os romances *Às avessas* de Huysmans e *Nos penhascos de mármore* de Ernst Jünger podem ser vistos como exemplos acabados desse gênero.

Montanha é uma cidade fictícia; as regiões do Brasil estão distorcidas; os personagens remetem indiretamente a figuras reais da política brasileira; as referências são a um período que se seguiu à ditadura getulista, entre as décadas de 1940 e 1950. Há menções ao dia exato da deposição de Getúlio e ao fim do Estado Novo. E referências a órgãos como o DIP (Departamento de Imprensa e Propaganda), criado por Getúlio em 1939, aos galinhas verdes (fascistas) e à caça aos comunistas. Contudo nenhum desses pontos se explicita. E o leitor, sem chegar a uma identificação precisa, atravessa no texto um subtexto que sugere e elide fatos, personagens, instituições e manobras da política brasileira encabeçados por Pedro Gabriel.

A despeito da interessante técnica literária e desse poderoso campo entre o ficcional e o imaginário, Dos Anjos não consegue criar um drama transistórico a partir desses elementos circunstanciais da política brasileira, o que compromete o interesse atual pela obra. À luz dos esquemas de corrupção brasileiros e mundiais no limiar do século XXI, o leitor se sente diante de uma tentativa fracassada de ostentação de uma eventual face sombria da política. Há muito esta ganhou tinturas muito mais sinistras na própria realidade. Isso transforma a ficção ou em um *déjà vu* ou em algo dispensável.

O romance *Montanha* é uma obra bem menor do autor de clássicos como *O amanuense Belmiro*. Nesse sentido, pode oferecer interesse aos historiadores e àquelas boas almas positivistas que buscam inutilmente a realidade por trás da arte. Pode também ser cotejada com o filme *Getúlio*, de João Jardim, e ampliar assim a compreensão indireta de uma época decisiva da formação atual do estado brasileiro. Pode inclusive ser comparada com o momento presente da política brasileira, com suas polarizações, anacronismos e surreais temporadas neofascistas de caça a "comunistas". Entretanto, como literatura, o grande mistério que podemos decifrar em *Montanha* é o seguinte: a transposição da política para a literatura é e sempre será uma variante ficcional do tédio.

A AMÉRICA DE
CHIMAMANDA NGOZI ADICHIE

A incompatibilidade entre culturas, países e valores é um tema nuclear da literatura de todos os tempos. Contudo ele tem se tornado ainda mais presente na literatura contemporânea, sobretudo a partir das teorias pós-colonialistas e desconstrucionistas, cuja essência consiste em relativizar as simetrias das trocas culturais. Ou seja: a adoção de valores culturais nunca é recíproca. Há nessas trocas sempre resíduos, equívocos e ruídos que os discursos hegemônicos tendem a minimizar ou mesmo a apagar.

O novo romance da nigeriana Chimamanda Ngozi Adichie, intitulado *Americanah*, trata desse processo de equivocação desde o título. A jovem protagonista Ifemelu deixa a Nigéria por causa dos problemas políticos de seu país e parte para os EUA em busca de melhores condições de vida. Como reza a cartilha dos imigrantes, submete-se a subempregos e humilhações.

O romance é marcado por inflexões dramáticas ligadas a duas linhas narrativas: os fracassos de sua vida amorosa e o sucesso de seu blog e de sua carreira acadêmica norte-americana. Esse andamento antinômico confere tensão ao personagem. Se *americanah* é o termo que os africanos empregam para ridicularizar aqueles que se rendem aos valores da América, Ifemelu tampouco encontra síntese entre os valores muçulmanos de seu país e a realidade que se abre no Novo Mundo.

A *americanah* Ginika, sua melhor amiga, serve de motivação. Mas a sucessão de crises amorosas leva Ifemelu a dois rompimentos sucessivos, primeiro com o americano Curt e depois com o africano Blaine, professor em Yale. Apenas a paixão compartilhada por uma figura pública mantém estes unidos em seu fim: Obama. Ironia. Essas rupturas por sua vez a conduzem a uma reaproximação de Obinze, seu antigo amor nigeriano. Reaproximação marcada pelo recurso circular de uma cena repetida no início e depois quase no fim do romance.

Quem seria esse gênio maligno que obstrui sua vida? Em uma antiga tradição africana ele é um demônio. Nos EUA, recebe outro nome, bem mais medicinal: Distúrbio de Autossabotagem. De fato, Chimamanda aloca a responsabilidade do fracasso nas escolhas do personagem. Mas quem garante que nossas escolhas são livres? Até que ponto o preconceito inoculado em doses homeopáticas conduz à autodestruição e não à liberdade?

Entretanto, nem tudo é ruína. O sucesso de seu blog e sua projeção como escritora de temas raciais a projetam no meio intelectual. O encontro com um mentor, o professor senegalês Boubacar, a conduz a uma prestigiosa bolsa de pesquisa em Princeton. O retorno para a região de Lagos na Nigéria e a retomada do amor por Obinze deixam uma ambiguidade em suspenso. Uma interrogação que o romance faz questão de não resolver.

O estilo de Chimamanda é sóbrio e admirável em sua capacidade de encadeamento de cenas. Ifemelu é um grande personagem cujo protagonismo faz lembrar o gênero romance de formação. O sucesso da carreira de escritora é abrupto demais. A estrutura romanesca é muito decalcada do cinema, o que é cada vez mais preocupante na ficção contemporânea.

O romance também peca por certo didatismo sociológico, sobretudo nas transcrições de trechos do blog. É também intrigante a ausência de menções aos conflitos na África, saltando aos olhos apenas as polarizações racial e cultural do tipo branca-negra e africana-americana. Em um certo momento chega-se a dizer que a divisão racial branco-negro inexiste nesse continente.

Correto. O conceito de *negro* de fato é uma invenção do colonizador europeu. Mas e todos os demais conflitos étnicos, políticos, religiosos e culturais? A melhor maneira de compreender o Outro não é pela semelhança, mas ressaltando a diferença. Malgrado a idealização de sua terra de origem, o romance de Chimamanda é um bom espelho invertido do Ocidente. Fiel à medida mesma que distorce. E ficcional à medida mesma que se mistura às nossas vidas.

A ASCESE NEGATIVA DE
EVANDRO AFFONSO FERREIRA

A trajetória singular do escritor Evandro Affonso Ferreira pode ser entendida em duas chaves que não se excluem. A princípio seu trabalho explora possibilidades léxicas, semânticas e sonoras da língua. Essa abordagem é privilegiada desde a publicação de seu primeiro livro, o conjunto de contos intitulado *Grogotó!* (2000). A despeito de diferenças temáticas ou narrativas e a começar pelos títulos, os romances que se seguem, *Araã!* (2002), *Erefuê* (2004), *Zaratempô!* (2005) e *Catrâmbias!* (2006), podem ser unificados a partir desse fio condutor: a pesquisa das potencialidades da linguagem.

Esse cultivo de "palavras sonoras" ao longo de décadas resultou em um dicionário pessoal, infelizmente ainda inédito, no qual Evandro reuniu até agora cerca de três mil verbetes. A publicação de *Minha mãe se matou sem dizer adeus* (2010) produz uma inflexão da voz narrativa, bem como a assimilação de uma sintaxe mais direta e o aprofundamento do tom oscilante entre a ironia, o existencial e o trágico, que são trazidos para o primeiro plano. Esse movimento veio se confirmar com *O mendigo que sabia de cor os adágios de Erasmo de Rotterdam* (2012), que recebeu o prêmio Jabuti de 2013.

Dentro desse contexto, arriscaria dizer que *Os piores dias de minha vida foram todos*, recém-publicado pela Record, é o livro mais lírico e mais bem realizado desse escritor mineiro de Araxá. Não se trata de renunciar às possibilidades vernaculares oferecidas pela língua portuguesa. Elas estão presentes às dezenas: obuses, famulento, láudano, astracã, cizânia, esbulhos, lotófagos, engrazular, zelotipia, ádito, troquel, atafulhado, enxúndias. A alteração significativa e a virtude substantiva introduzidas por Evandro dizem respeito à concentração formal na relação narrador-protagonista.

Em termos de enredo, a obra é bastante enxuta. Uma mulher com câncer terminal no intestino, descoberto em um exame de rotina, agoniza em um quarto escuro. O delírio lhe proporciona visões, que a levam (e ao leitor) por uma peregrinação pelas ruas de São Paulo. Esse solilóquio apresenta as condições existenciais da protagonista: a perda do primeiro namorado em um acidente de carro; suicídio do avô; morte de outro avô com Alzheimer; a sugestão de abuso sexual do pai, coberto de vitiligo; perda de um amigo de infarto. Esse ciclo de tragédias inscreve o personagem como um "colecionador de perdas". A frase-tema recorrente é a mesma que encabeça a obra: os piores dias de minha vida foram todos.

Contudo, algo resiste. Algo sobrevive à devastação e ao deserto. A morte de seu melhor amigo, um escritor erudito, conduz a protagonista a inserir em seu solilóquio meditações sobre a arte da vida e da morte a partir da literatura e das reminiscências de conversas com o finado amigo. Padre Vieira, La Rochefoucauld e os moralistas franceses, tragédias gregas, Chesterton, deusas e deuses, a Bíblia e outras narrativas surgem em redemoinho das memórias de uma narradora a caminho da extinção.

No centro desse embate trágico, uma alternância estrutura todo o relato: a relação narradora-Antígona. A heroína de Sófocles reivindica enterrar o cadáver insepulto de seu irmão Polinice, caso contrário a desgraça divina pesará sobre sua alma. Devido à traição a Tebas, o rei Creonte, tio de Antígona, não apenas a impede de fazê-lo, como sepulta viva a própria sobrinha. Desde a primeira frase, a relação entre a narradora e essa heroína morta-viva assume o papel de núcleo mítico-narrativo. Se toda narrativa é um deslocamento de uma narrativa anterior, como diz Northrop Frye, a obra de Evandro é um deslocamento do *mythos* de Sófocles, enriquecido pela bricolagem de outros autores.

Isso indica que a literatura não vive da morte. A literatura vive a literatura. Ela vive de um gesto radical de recusar uma morte não mediada pela linguagem, pois essa sim seria verdadeira morte. Como uma Sherazade ocidental, ao morrer Antígona se imortaliza como mito na linguagem. Ao reviver a morte da heroína-Antígona em uma heroína-anônima, Evandro demonstra que existe, sim, uma vida após a morte. Essa vida não se dá em um mundo espiritual situado além, mas sim em uma consciência que se transforma e passa a habitar a vida infinita da linguagem.

Nesse sentido, a obra de Evandro, justamente por ser curtida nas tintas mais escuras do pessimismo e da amargura, sinaliza a vida eterna literatura. Como na *Ascese* de Nikos Kazantzákis, quanto mais descemos os degraus rumo à Terra, mais o espírito toca a imortalidade. A obra de Evandro convida o leitor a essa derradeira metamorfose.

ALI SMITH E A BANAL VIDA BANAL

Narrado pelo poeta latino Ovídio nas *Metamorfoses*, Ifis era o primogênito de Ligdo e Teletusa. Certo dia descobre que é mulher e precisa desfazer o seu casamento com uma jovem patrícia Iante, seu grande amor, pois sabe que em sua condição feminina não poderá satisfazê-la como homem. Em *Garota encontra garoto*, de 2008, a escritora escocesa Ali Smith parte desse mito ovidiano para esculpir os conflitos de um artista de rua andrógino, cujo nome Ifisol, em referência ao mito, é grafado nos muros de uma pequena cidade escocesa.

Faço essa abertura para situar o leitor diante do novo romance de Ali, *Suíte m quatro movimentos*, que em muitos sentidos representa uma perda dessa saborosa leveza do romance anterior, onde mito e cotidiano se cruzam. Essa regressão diz respeito à própria organização da fatura romanesca, ao uso de recursos técnicos e também a um enfraquecimento do *mythos* da narrativa, na acepção do crítico canadense Northrop Frye. Vejamos o porquê.

Miles Garth é convidado por terceiros a um jantar de uma família da aristocracia de Greenwich, uma região notória da alta sociedade londrina. Como em um passe de mágica, o personagem deixa o jantar após a sobremesa e se tranca em um dos quartos da casa, e permanece ali por meses. A sua única correspondência com o mundo exterior é por meio de bilhetes.

Smith utiliza esse recurso absurdo para criar uma narrativa toda em discurso indireto livre, com longas digressões nas quais as falas e os pensamentos dos personagens se sobrepõem à voz em terceira pessoa que narra o andamento desse jantar e a história de cada um dos presentes. Como explorado em obras anteriores, Ali abre cada movimento dessas suíte-capítulos com pronomes dêiticos, artigos ou conjunções: Lá, Mas, Pra, O.

No centro desse pequeno mosaico da sociedade inglesa, a escocesa Anna parece um *alter ego* de Ali. Encarna o papel de estrangeira. Observando de fora a banalidade das conversas: fotos de baleias do Google, preces a Madre Teresa de Calcutá, o personagem que tem ereções ao ouvir *"Then he kissed me"*. E uma lista infinita de situações. Tenta se apoiar em suas memórias para se salvar da futilidade dos valores. Sobretudo na reconstrução de uma enigmática imagem de Mark, quarenta e sete anos atrás, sentado em um banco. Imagem que aos poucos vai sendo desvendada pelo narrador.

Deixemos de lado o clichê de usar o absurdo como recurso para desmoronar as aparências e a hipocrisia da sociedade, vastamente explorado desde *O anjo exterminador* de Buñuel e de *Teorema* de Pasolini. O que é o romance de Ali além disso? Muito pouco. A exploração enfadonha de um narrador indireto livre serve apenas para preencher com conversas lacunares cenas que não se desenham na imaginação do leitor. A narrativa é arrastada, sem nenhum acontecimento nem penetração psicológica digna de nota. Em resumo, quase trezentas páginas da banalidade da vida banal. Como pano de fundo, um personagem caricaturalmente preso em um quarto. Sinceramente. A literatura de língua inglesa já foi mais imaginativa.

Claro. Sempre haverá críticos de grandes suplementos culturais patrocinados pelas editoras para recomendar Smith ao Nobel. Antes de mais nada, é importante estabelecer alguns critérios: Ali Smith não é William Faulkner nem James Joyce. E além disso, seu novo romance demonstra que ela fora mais contemporânea quando recorria a mitos gregos para explorar os dilemas do mundo de hoje.

JOÃO ANZANELLO CARRASCOZA
E AS CICATRIZES FUTURAS

Após uma gravidez de risco, em 13 de abril de 2012, às 14h21, vem à luz a menina Beatriz Carrascoza, na maternidade Santa Catarina, em São Paulo, filha de Juliana e João, ambos professores. O pai-narrador, com cerca de 50 anos, decide escrever um caderno à recém-nascida para preencher a sua própria ausência futura. Nessa chave, a obra-caderno se dirige sempre a um tu, Bia. Além disso, sugere uma fatalidade: a filha não compartilharia a vida com o pai.

Como em uma filmagem ou álbum de retratos, João descreve detalhes de sua vinda ao mundo, a genealogia da família e se apresenta a si mesmo. Acima de tudo, endereça a obra-caderno ao futuro deste personagem, como maneira de suprir a ausência paterna. Depois de uma premiada carreira como contista, este é o argumento central do segundo romance de João Anzanello Carrascoza, *Caderno de um ausente*, que a Cosac Naify acaba de lançar. Como se tornou uma marca de seu estilo, Carrascoza conduz o leitor em uma cadência reflexiva. A linguagem é a da prosa poética, tendendo sempre ao lirismo.

Em seu romance anterior, *Aos 7 e aos 40* (2013), Carrascoza também havia abordado a paternidade. Ao desdobrar o narrador em dois personagens, o homem e o menino, um narrado em terceira pessoa e outro em primeira, criara dois planos narrativos e temporais. Primeiro: o presente de um casal em processo de separação. Segundo: o espelhamento entre o pai-narrador e o filho-personagem fortalece as lembranças que o narrador tem de sua própria infância. Ao final, os dois planos se cruzam, em uma visita que o narrador realiza à sua cidade natal, reencontrando-se com o menino que um dia fora.

Em *Caderno de um ausente*, a estrutura ficcional se altera. A primeira voz continua sendo paterna. Ao passo que a segunda voz, da filha, permanece virtual, implícita nas descrições de um presente que, ao narrar, o pai confia à sua futura leitora. Entretanto, desde as primeiras linhas, a obra é marcada por um recurso: espaços em branco mimetizam graficamente as lacunas de um diário. Ao fazê-lo, a expectativa decisiva criada pelo pai-narrador se altera de modo brusco e deixa em aberto o eventual desfecho do romance.

Estamos neste romance diante de reflexões caras a Carrascoza. Uma delas são as relações de forte intimidade, sejam familiares ou entre amigos. Outra diz respeito ao nó existente entre afetividade, linguagem e silêncio, uma das diretrizes também de seus contos, sobretudo em *O volume do silêncio* (2006). Dentre os ângulos de leitura possíveis de seu novo romance, um salta aos olhos: o explícito recurso autoficcional. Se a autoficção estava presente de modo sinuoso em *Aos 7 e aos 40*, em *Caderno de um ausente* a autoficção torna-se central e programática.

A autoficção pode ser entendida como uma literalização da estrutura autor-narrador-personagem, de modo que dados ficcionais da obra remetam diretamente a dados da vida real do escritor. Neste caso, o escritor Carrascoza se vale não apenas do suporte gráfico do diário para embaralhar ficção e confissão. Também confere seu primeiro nome ao pai-narrador em primeira pessoa (João), bem como atribui seu sobrenome à personagem da filha (Carrascoza).

Um longo debate tem ocupado a literatura contemporânea em torno das possibilidades e limitações do recurso autoficcional. De modo geral, esse debate parte de uma concepção equivocada do que venha a ser realidade. Se somos incapazes de conferir um contorno preciso à origem, ao sentido e à intenção de qualquer narrativa, como seria possível demarcar esse contorno em uma narrativa explicitamente ficcional como um romance? Isso demonstra que qualquer fato de linguagem é em certa medida ficcional.

Se o caderno é de um ausente, este ausente não é apenas o pai-narrador em relação à filha-personagem. Este ausente também é o escritor. Por isso, o maior valor deste romance-caderno não são os vestígios de presença da vida real de Carrascoza nas entrelinhas da ficção. O maior valor deste romance-caderno é o que possamos encontrar de literatura nas linhas literais de nossas próprias vidas, refletidas neste espelho de dor e silêncio com as quais Carrascoza, como escritor, nos presenteia.

AS VIDAS FUTURAS DE
GABRIEL GARCÍA MÁRQUEZ

A morte de Gabriel García Márquez, no último dia 17 de abril, além de um evento a ser muito lamentado, estimula uma reflexão sobre os caminhos literários da América Latina. Mas como refletir sobre a América Latina se a América Latina, como queria Borges, é uma ficção? Apenas uma artimanha ficcional seria capaz de conferir unidade a um continente de contradições? Nesse ponto Borges parece trair Borges. Afinal, o simples fato de haver narrativas sobre a América Latina transforma a unidade da América Latina em uma realidade.

Desde os modernismos hispânicos, mais especificamente desde o nicaraguense Rubén Darío, no final do século XIX, os artistas e escritores têm se alimentado da promessa de uma literatura latino-americana. Paradoxalmente, a literatura recebeu a incumbência de transformar a ficção da unidade latino-americana em realidade. Esse sonho tem suas raízes no Romantismo. Ele foi o fio condutor da aventura latino-americana, inclusive para aqueles que, como Borges, cinicamente negavam a realidade desse sonho.

Para tanto, a literatura precisaria superar dialeticamente os modelos europeus. Mais do que isso: produzir uma literatura de exportação, como propunha Oswald de Andrade no Brasil. O chamado boom latino-americano, que engloba autores díspares como Márquez, Llosa, Borges, Carpentier e Cortázar, surgiu sob essa premissa: encontrar um mito fundador americano e traduzi-lo em forma romanesca. O realismo mágico, fantástico ou maravilhoso, nomenclatura que tira o sono de acadêmicos pelo mundo, se insere nesse movimento mais geral. É uma etapa decisiva da emancipação artística americana no século XX.

Uma das críticas a esse boom, feita sobretudo pelas gerações seguintes de escritores, acusa o realismo mágico de ser uma vertente do exotismo que contribuiu para forjar uma falsa imagem latino-americana. Outra crítica consiste em lembrar que esse realismo *sui generis* existia na América

Latina muito antes de se transformar em sucesso mundial de mercado e, em certa medida, em moda. Ele data das décadas de 1920, de mestres como o argentino Macedonio Fernández, o guatemalteco Miguel Ángel Asturias e o mexicano Juan Rulfo. A obra destes dois últimos, *Hombres de maíz* e *Pedro Páramo*, publicadas respectivamente em 1949 e 1955, poderiam muito bem ser entendidas como verdadeiros marcos desse gênero.

Embora pertinentes, essas duas críticas são modelos redutores. A primeira reduz o realismo mágico a estereótipo, esvaziando-o do sentido político que o motiva. A segunda, o reduz a uma questão de cânone. Como situar García Márquez nesse embate? Um mito fundador da América surge em um de seus primeiros romances, *Ninguém escreve ao coronel* (1961). Sob influência bolivariana e autobiográfica, Márquez situa a figura do coronel no centro da narrativa americana. Ao pintar um continente, transforma-o em um espaço simultaneamente antimoderno e feliz, protegido por caudilhos. Imunizar-se do processo modernizador europeu é preservar o espaço criativo das comunidades autóctones.

O mito da simbiose entre vida e magia antimodernas anima o cerne da obra de Márquez, em uma mescla de potência fabuladora e ambivalência ideológica. Esse mito se consuma em sua obra-prima, *Cem anos de solidão* (1967). A Aracataca da infância do menino Gabo se transmuta na Macondo mágica pré-capitalista. Macondo é o espaço da pura potencialidade no qual real e imaginário se encontram. Os Buendía alegorizam os milhões que, vivendo às margens do mundo, conseguem preservar relações comunitárias fortes. Márquez sinaliza para um horizonte além do desencantamento do mundo e da vida instrumentalizada de Weber e Adorno. À luz da antropologia econômica de Karl Polanyi, sua obra pode ser lida como uma crítica à planificação econômico-política que destrói as comunidades. Cada espaço do mundo deve se modernizar em seu próprio ritmo. E por seus próprios meios.

Em O *amor nos tempos do cólera* (1985), a idealização de uma pequena cidade caribenha do século XIX, o amor de Florentino e Fermina, em meio à velhice e à morte, também são modulações desse arcaísmo. Mesmo em seus últimos romances, Márquez continuou reeditando esse mito edênico da América pré-burguesa. Não seria essa a base de *Memórias de minhas putas tristes* (2004)? O narrador idoso, apaixonado por uma jovem, tece lembranças entremeadas pela presença dessas representantes da primeira profissão do mundo. Na América-Macondo, tudo envelhece, nada morre. As putas podem ser tristes, mas o encanto de sua lembrança de juventude é o bastante para imortalizar o fim de uma vida.

Mas nem tudo é fantasia. Neste momento, uma legião de imbecis deve estar apedrejando a obra de Márquez. Fazem-no em virtude da terceira crítica redutora: sua fidelidade ao comunismo e a Fidel Castro. Essa é uma prova de que sua obra, como diagnóstico da América, continua atual. Os personagens da ficção migraram para a realidade com sinais trocados. O lugar antes ocupado pelos coronéis hoje é gerido pelos agentes infiltrados da "modernização", ou seja, populistas disfarçados de democratas e caudilhos liberais a serviço do capital. Eles são os novos administradores da vida. Missionários da utopia e da felicidade.

A despeito das farpas ideológicas, estéticas ou canônicas, qualquer leitor que ame literatura sabe que *Cem anos de solidão* é um dos maiores romances escritos no século XX, um dos maiores da língua espanhola. Como queria Márquez, só se pode contar uma vida depois de a termos vivido. Talvez a nostalgia e a solidão pregressas que podemos viver em seus livros contenham uma mensagem para um futuro que o escritor espera que consigamos cumprir. Ainda neste mundo real. E, com esperança, ainda nesta vida.

A CABEÇA, O SANTO E A PERGUNTA:
A FICÇÃO DE SOCORRO ACIOLI

A obra *A cabeça do santo* é o primeiro romance de Socorro Acioli, conhecida por sua produção infanto-juvenil e de ensaios biográficos. Foi desenvolvido pela escritora na oficina Como Contar um Conto, ministrada em Cuba pelo mestre de escrita e de ensino de escrita Gabriel García Márquez.

Desde o título, o leitor é conduzido a uma imagem poderosas e enigmática, no centro da narrativa. O que seria essa cabeça do santo? Samuel sai de Juazeiro do Norte e caminha dezesseis dias até Candeia para cumprir os últimos pedidos de sua mãe, Mariinha, que acaba de morrer: acender três velas para os santos de devoção materna e encontrar a avó e o pai, que Samuel nunca conhecera.

Mesmo disposto a realizar essa jornada, Samuel guarda enorme rancor do pai. Acredita que ele fora o responsável pela transmissão de sífilis e pela degeneração de Mariinha. Ao chegar miseravelmente a Candeia, encontra uma estátua gigante de santo, decomposta e abandonada pelo povo, que a julgava maldita. Decide instalar-se na cabeça.

Algo inesperado acontece. Samuel começa a ouvir vozes no interior da cabeça. Dentre elas, uma se destaca. A Voz feminina canta todos os dias, sempre às cinco da manhã e às cinco da tarde. A partir dessa sua nova condição auricular, Samuel assume o papel de intercessor. Começa a produzir casamentos.

Candeia associa-os a milagres. Samuel torna-se um mediador de santo Antônio. Candeia renasce. Converte-se em fenômeno religioso e turístico. Logo os antagonistas políticos, liderados por Osório, começam a temer esse êxito. Esperavam pelo sucateamento final de Candeia. Assim comprariam suas terras devolutas e as revenderiam para a construção de uma fábrica.

Socorro manuseia bem esse esquema ficcional. O encontro com o pai, o cumprimento das promessas e o fim dado a Candeia conseguem produzir um desdobramento inesperado. Por sua vez, a narrativa paralela da menina Rosário apresenta uma sugestão para a origem da Voz, que deixo aqui franqueada à descoberta do leitor. A partir desse paralelismo, Socorro produz a emergência da segunda história na primeira, como ensina outro mestre de escrita, Ricardo Piglia.

O crítico Tzvetan Todorov formulou uma clássica definição de literatura fantástica, alocando este gênero entre O *diabo enamorado* de Jacques Cazotte, de 1772, e Kafka. Desde então, entre o realismo fantástico, o maravilhoso e o mágico, há um controverso debate para circunscrever os desdobramentos desse gênero na América Latina. A despeito do débito que a obra de Socorro mantenha com seu preceptor García Márquez, e independente da acepção teórica adotada, é inegável a vinculação que seu romance estabelece com esse gênero.

Pode-se perceber na obra alguns critérios de Todorov para a definição do fantástico, como suspensão das leis da natureza, por exemplo. Outros, entretanto, não se enquadram. Isso leva-nos a alocar A *cabeça do santo* nas reformulações de David Roas, um dos mais importantes teóricos do fantástico na atualidade. Nesse sentido, poderíamos arriscar que a obra de Socorro estaria entre o estranho e o fantástico.

A linguagem é econômica. A narrativa articula temas que vão da religião à política e das relações familiares ao mistério. O romance como um todo, porém, parece não lançar uma interrogação central. Pelo contrário, o reconhecimento efetuado por Samuel apresenta uma resposta ainda que parcial a seu drama. E esse é um aspecto deceptivo para o leitor. A forte interrogação visual fornecida ao leitor pelo santo decapitado, argumento central da narrativa, acaba perdendo em força ao se elucidar em uma equação plana.

Uma obra não veicula uma ideia. Essa concepção pressupõe uma distinção entre forma e conteúdo. A arte é um ideal feito real, porque é forma tangível. Se a arte é a materialização da História como forma, como pensa Adorno, sobrepor a perícia de narrar ao sentido do narrado talvez seja uma marca do nosso espírito de época.

Entretanto, ao analisar uma obra, não podemos nos furtar de fazer a fundamental pergunta sobre a pergunta que essa mesma obra encerra. Afinal, desde a sua origem, diferente do mito, a literatura consiste em uma pergunta, não em uma explicação. Nesse sentido, a literatura é uma cabeça separada do corpo. Não uma elucidação dos motivos da decapitação.

HERTA MÜLLER E A BUSCA DE UM REINADO PARA A LITERATURA

Toda reflexão sobre a literatura deveria tomar como ponto de partida algo que é anterior à literatura: a linguagem. A nascente da ficção é um inesgotável veio de possibilidades. Escrever é tomar decisões. Estabelecer escolhas a partir das possibilidades dadas pela língua. É refletir sobre as experiências que temos dessa mesma língua desde a infância. A soma entre linguagem herdada e linguagem refletida materializa-se como literatura.

Essa parece ser a linha que unifica *O rei se inclina e mata*, conjunto de ensaios de Herta Müller que acaba de ser lançado pela editora Globo dentro da Biblioteca Azul, em ótima tradução de Rosvitha Friesen Blume, resultado de um estágio de pós-doutorado na Alemanha.

Em tom de prosa poética, Herta retoma lembranças de infância e de como as palavras lhe chegavam. Como preencher o hiato entre as coisas e o nomes? Desse intervalo entre a linguagem e o mundo nasce a tensão da escrita. E emerge justo da impossibilidade de captar em palavras tantas de nossas experiências e regiões afetivas. Herta chama esse espaço de diastema. Apenas a literatura pode ocupá-lo.

Essa impossibilidade de dizer não se desenvolve apenas no plano das palavras. Espelha a própria tensão da vida. E Herta a aprende em uma fenomenologia de sua própria origem, uma romena escrevendo em alemão após fugir da ditadura de seu país. Exilada na língua e no mundo, transformou uma imagem que lhe perseguia desde jovem em uma metáfora político-literária, que atravessa sua obra: a imagem do rei.

O rei não é o nobre. O rei é aquele que exerce seu reinado sobre o mundo e as vidas humanas. A metáfora do rei serve como elemento abstrato com o qual Herta representa as assimetrias do exercício do poder entre os seres humanos. É um equivalente da expressão "fera d'alma", que a escritora empregou como título de um de seus romances. Herta chega assim à figura-chave que domina seus romances e dá título à obra: o rei se inclina e mata.

É certo que a escritora tem em vista a crueldade da ditadura comunista de Ceauscescu, sob a qual viveu mais de trinta anos. Aliás, relata essa experiência em um dos ensaios, abordando o efeito-ilha que as ditaduras produzem. Mas tem também a certeza de que a literatura não pode ser uma vingança contra um Estado ou um estado de coisas, sejam eles quais forem.

Nessa dinâmica, em ensaios breves e com andamento entre o autobiográfico, o analítico e o poético, Herta fornece boas chaves de análise de seus romances. Ao mesmo tempo, propõe finas reflexões gerais sobre a relação entre palavra, oralidade, língua, literatura e criação. Especialmente ao comentar seu próprio embate ao escrever em uma língua herdada. E de ser reconhecida como escritora em um país que não é o seu.

Por conectar tantas perspectivas, é de se esperar que o caráter digressivo perca um pouco o prumo em alguns momentos. E a oscilação entre o central e o circunstancial acabe por ser mais presente do que o desejado. Em algumas passagens, Herta começa a esboçar uma interessante análise de um escritor, uma obra, um fenômeno político ou de seu próprio processo criativo. Entretanto, em linhas adiante, desvia do tema, deixando no leitor uma sensação de caminho interrompido.

Esse é o preço a se pagar quando o escritor corre o risco de ser autobiográfico no limite do confessional. Herta corre esse risco. Paga o preço. E justamente por isso, é uma ótima escritora, cujos atalhos nascem da sabedoria e não da insegurança ou da incongruência.

Na verdade, nessas tramas trançadas entre palavra e vida, Herta parece indicar que a literatura e vida convergem. Ambas precisam ser modos supremos de superar a lógica cruel dos poderosos. Para trazer a liberdade, a palavra deve devolver o mundo ao ser humano. Livrá-lo da guilhotina real. E dar-lhe a realidade possível, a despeito da violência dos reis.

MARIA TERESA FORNACIARI:
O NUNCA É IMENSO

Quando a vida perde o sentido, imaginamos que isso ocorra porque a vida perdera a razão de ser. Entretanto, muitas vezes não percebemos que, se vivemos essa perda, é porque antes de perder a razão de ser, a vida perdera aspectos mais elementares: o encantamento de formas e gestos que vibram no ar e definem a vida como vida. Se chamamos de sentido à unidade racional do mundo, os nossos cinco sentidos não seriam o oposto dessa unidade. Seriam sim o seu avesso complementar. Um mundo no qual tudo faça sentido e no qual nada sintamos, não seria um mundo. Seria a descrição fiel de uma distopia, à maneira de Orwell ou Huxley. Perceber harmonias e desarmonias das formas é o que humaniza a razão. A bondade civiliza a inteligência, diria o belo aforismo do poeta Malcolm de Chazal. Eu agregaria: os sentidos iluminam o sentido. Por isso, a passagem do direito ao avesso é mais do que uma metamorfose do racional ao irracional. E a passagem do sentido aos sentidos é mais do que uma declinação do singular ao plural. Ambos os movimentos descrevem a transformação de uma razão fria rumo àquela razão vital de que fala Ortega y Gasset. É pelos avessos sentidos desse sentido racional que este conjunto de pequenas e luminosas narrativas de Maria Teresa Hellmeister Fornaciari conduz o leitor.

Não por acaso, cores, melodias, aromas, texturas e sabores são sempre atravessados pelas palavras, que funcionam como linhas de fuga e acordes maiores dessas composições de câmara. Todas as tramas se articulam e retornam a um mesmo fio de Ariadne, um sexto sentido que promove o ir e vir entre razão e sensibilidade: a palavra. Apenas a palavra pode nos guiar nessa cidade feita de pura geometria, onde uma aranha simula o ofício do escritor, tece labirintos e nos enreda. Por isso há que se prestar atenção nas aranhas, essas exímias construtoras de enredos. Por isso também, tramas, redes e tecidos atravessam todas estas narrativas.

Assim como a pintura, a música, os sabores, os saberes. Por sua vez, imersos nesses cenários, os personagens tangenciam mundos oníricos que prescindem de explicação. São mundos de sinestesia, de formas animadas pela percepção, mais do que retratos de uma determinada realidade social ou cultural. Mesmo os personagens-matrizes Olavo e Olívia, que permeiam o livro, precisam ser entendidos como unidades lúdicas hesitando poeticamente entre o som e o sentido.

Uma moça delineada por Monet sustenta-se contra a chuva. Em outro momento transforma-se em uma moldura de Chagall. Chopin guia o encontro entre potenciais namorados. As teias de sons tramadas por Mozart podem ressurgir em um toque de celular, conduzindo o narrador a conceber o tamanho de seu sofrimento, por meio da reminiscência da imagem dos pais como duas criaturas se destruindo paulatina e mutuamente. Sempre estamos aqui diante do fenômeno da parte pelo todo, seja essa parte melodia, cor, som, sinfonia, tecido. Seja um rato que fala o nome do personagem. Todos são signos metonímicos de uma vida arruinada pelo vazio e pelo isolamento ou de uma vida por vir. "Sou feita de fragmentos de dor e encontro nas palavras o sustento de minha alma": o constante recurso aos narradores em primeira pessoa acaba por surtir um efeito inesperado. Ao invés de multiplicar os pontos de vista, esse recurso unifica todos os narradores-protagonistas em uma espécie de autobiografia de um eu-narrador, autor e protagonista de todas as histórias e porta-voz da palavra disseminada como palavras que unificam os avessos e os sentidos de cada história.

O sentido das palavras, à medida que reside em seu avesso, sempre está oculto. Sempre há algo a revelar sob a opacidade das palavras que parecem enganosamente tão claras à luz do dia. Esse sentido oculto precisa ser garimpado sob as cascas de miséria de um mendigo ou sob a tatuagem de um nome no antebraço, pois a palavra-sentida é revelação e ao mesmo tempo uma irônica surpresa daquilo que essa mesma palavra nos revela. Também pode ser um engano de atribuição. É quando apenas no fim do conto sabemos que o diabo do conhaque é o companheiro da narradora, não o objeto da desgraça da família e do marido. E também quando, angustiados, acompanhamos o homem de bigodes que busca a menina de blusa colada na escola e a conduz, não se sabe para onde. Apenas ao final surge seu pai, de bigodes, no fim da rua. A palavra aspira ao silêncio e ao mesmo tempo nos queima quando revela o seu avesso – o seu sentido.

As dores, os pingos da torneira, a doença. Dura travessia. Pelas mãos de Maria Teresa Hellmeister Fornaciari, o leitor descobre que estar vivo é estar sempre em uma linha tênue e em uma terceira margem. Essa terceira margem do rio da vida pode ser uma linha de sombra onde os personagens vagam como anfíbios aspirando a um sentido para a sua existência. Vagam a esmo, em meio a produtos vencidos, sonhos frustrados e a beleza redonda e perfeita das jabuticabas. Vagam e vivem, em busca de água limpa. Vagam e vivem em busca de palavras recém-nascidas como a água. As palavras são o sexto sentido. Não porque sejam sobrenaturais, mas o avesso disso: por serem humanas, demasiado humanas. Situam-se no ponto de intersecção entre o oculto e o manifesto, entre o sentido ausente e a presença de imagens, cheiros, texturas e sons que se apoderam de nossos sentidos. O nunca é imenso, imemorial. É o avesso de tudo o que fora e o avesso da fatalidade de tudo o que é. Ou seja, é o coração da literatura. Apenas as palavras podem nomear os bodes expiatórios cotidianos que nos cercam, sacralizando-os em uma folha em branco. Devolvendo-lhes, portanto, a liberdade de ser, para além da fatalidade de ser. nessa trajetória, as palavras podem dar voz ao silêncio e à dor de revelar os avessos das coisas e, desse modo, mostram-nos aquilo que somos.

COLM TÓIBÍN E OS
MERCADORES DE HERESIAS

As versões da vida de Cristo estão entre os aspectos mais controversos da História. Os chamados Evangelhos sinóticos (Marcos, Mateus, Lucas) repetem diversos episódios entre si. Os eruditos remetem esse fato a dois motivos. Primeiro: os dois últimos teriam se inspirado no evangelho de Marcos, cronologicamente anterior. Segundo: ambos também se basearam em um documento pedido, chamado Fonte Q.

Essa intertextualidade faculta alguma coesão à vida do messias, ainda que cheia de remendos, obscuridades, erros, lapsos, falsificações, lacunas, inverossimilhanças, interpolações. Mesmo assim, esses sempre foram bons argumentos para se chegar a uma fisionomia mais ou menos estável de quem foi, o que pregou e como viveu o fundador de uma das religiões mais influentes do mundo.

Entretanto, mesmo a edição que serviu de base à Bíblia contou com inúmeros expurgos. A produção de evangelhos e testamentos apócrifos era enorme, tanto no tempo de Cristo quanto em períodos imediatamente posteriores. Dezenas de intérpretes de suas palavras escreveram milhares de páginas de narrativas sobre Jesus. Eram gnósticos, cenobitas, docetistas e outros tantos, cujas obras desapareceram sob a acusação de heresia.

Tampouco sabemos até que ponto essas correntes eram de fato hereges, pois os relatos que sobraram não eram dos próprios autores, mas dos heresiólogos, ou seja, de seus detratores. A pluralidade de pontos de vista, a movência textual e os conflitos de interpretação sobre a mensagem cristã se tornaram ainda mais agudos com a descoberta da biblioteca gnóstica de Nag Hammadi, em 1945.

Igualmente controversa é a própria vida de Maria. Ora louvada pelas hagiografias (vidas de santos), ora relegada a segundo plano. Até que nos primeiros séculos da era cristã um sábio de identidade obscura, conhecido como Pseudo-Meleton, lançou as bases do marianismo: o culto da Virgem.

Isso tampouco contribuiu para estabilizar a figura histórica de Maria, cuja devoção foi também considerada herética durantes muitos séculos.

Por que me refiro a todos esses dados? Porque eles iluminam alguns dos problemas do novo romance do escritor Colm Tóibín, radicado em Dublin: *O Testamento de Maria*. Comecemos pelo desfile de lugares-comuns bíblicos abordados no romance: Bodas de Caná; a ressurreição de Lázaro; os personagens Marta e Maria; a polêmica envolvendo os feitos do hipotético Filho de Deus; o episódio de Barrabás; a via-crúcis; a crucifixão; a ressurreição.

Tóibín coloca Marcos como o principal interlocutor de Maria, para ressaltar a primazia deste apóstolo na tradição textual descrita acima. Mas altera algumas peças consagradas pela tradição ortodoxa do cristianismo. Exilada em Éfeso, Maria relembra algumas passagens da vida de seu filho. E aí temos as inversões da narrativa: Maria não teria pedido para seu filho transformar a água em vinho; teria fugido da cena da crucifixão e não permanecido em agonia, à imagem de uma Pietà; por fim, Maria sequer seria virgem.

O que há de novo nessa leitura da vida de Cristo feita por Tóibín? Absolutamente nada. O romance pretende acrescentar sem sucesso alguma novidade a uma enorme tradição textual que ainda tem inúmeros aspectos a serem iluminados. Assim, oscilando entre a presunção, a trivialidade e uma série de lugares-comuns, mal consegue se cumprir como uma narrativa convincente como narrativa.

Dada a complexidade enorme das variações sobre a vida de Cristo, Tóibín acredita fazer uma leitura herege. Algo de uma ingenuidade comovente. Ainda mais surpreendente é a comoção e os debates que o romance causou em contexto mundial. Isso apenas deixa claro o nível de ignorância religiosa contemporânea. E que a repercussão se deve muito mais a motivos extraliterários ligados a acontecimentos recentes da esfera católica do que aos seus valores literários duvidosos.

Além das más escolhas, para alinhavar esses clichês, Tóibín faz uma péssima opção de construir a narrativa de Maria em primeira pessoa. Artificialismo à parte, isso não deixa de produzir um curioso efeito humorístico involuntário. Não é todo dia que ouvimos a voz de uma Virgem que oscila entre Maria Antonieta e Maria Mutema.

Diante da gigantesca controvérsia existente em torno de um dos mitos fundantes da cultura ocidental, é no mínimo curioso entender um fenômeno como *O Testamento de Maria*. Como explicá-lo? Seria fruto da presunção do autor que acredita estar mostrando algo de novo sob o sol? Ou se deve a um mero senso de oportunidade do mercado editorial?

Provavelmente de uma conjunção de diversos fatores. Mas tudo isso nos revela um problema, de dimensões ainda não devidamente mensuradas. Diferente dos antigos, que foram queimados por heresia, hoje a situação é muito mais grave. Pois se fosse o caso, teríamos que indexar o romance de Tóibín. Não pelo pecado da transgressão, mas pelo pecado da banalidade. Não pelas heresias que ele comete, mas sim por estar longe de ser digno das heresias que ele supostamente vende ao leitor.

A TINTA COM QUE A VIDA ESCREVE:
A PROSA DE TRÍAS DE BES

Mogúncia se destaca na história da imprensa. Afinal, foi em uma oficina de Gutenberg que nasceu o primeiro livro impresso, a conhecida Bíblia que leva o nome dessa cidade alemã. Festeja-se essa herança todo Dia de São João, 21 de junho, com o batismo de novos impressores na Ludwigstrasse, mergulhados em uma tina de água do Reno.

O escritor espanhol Fernando Trías de Bes toma a atmosfera dessa cidade entre maio de 1900 e junho de 1910 para compor *Tinta*, que a editora Autêntica acaba de lançar em excelente tradução de Cristina Antunes. Alice Thiel (chamada de Ela) encontra-se com o amante mecanicamente toda semana em um quarto do hotel Schwarzkopf. Não sabe o porquê daquela fria submissão. Apenas sabe que ele cheira a tinta. E isso lhe despertou um desejo do qual não consegue mais se libertar.

O marido, Johann Walbach, é dono de uma livraria de empréstimos chamada Tinta. Sua tese? Não empresta nem autores, nem obras. Empresta a tinta dos volumes. Ela é que unifica tudo o que fora escrito. Triste por saber-se enganado, lê e relê todos os livros em busca do "motivo do desatino". Por um movimento do acaso, o professor de cálculo infinitesimal Sebastian von der Becke (o autor) se une a Johann. A partir da "teoria das impossibilidades", começam a engendrar um livro infinito, unindo "letras e ciência" para encontrar o tal motivo.

Mas o projeto desse livro-elixir implica a própria superação de tudo o que concebemos como livro. Ele consiste em descobrir frases idênticas em obras distintas e, por isso, com outra significação. Eis a solução de uma impossibilidade. A mera articulação dessas frases geraria a obra total: o Livro. Mas a composição dessa obra só pode ser levada a cabo por um impressor (Patrick Gensfleisch) de caráter visionário e por um revisor (Guido Bresler) que mais parece um copista saído da biblioteca hexagonal de Jorge Luis Borges.

A vida de Bresler se reduz a nada quando percebe que apenas o princípio da tautologia rege todas as coisas: um é igual a um. Desde então, abandona a literatura e se dedica a revisar livros ao infinito, letra a letra, em uma mescla de monotonia monástica e de profundo desprezo à originalidade. Mas para a consumação do livro, todos precisam encontrar Eusebius Hofman, o editor que não lê. Ironia. Paro neste ponto. Não revelarei o insólito "conteúdo" ou detalhes sobre a "publicação" desse livro-acontecimento que se realiza dentro e fora da escrita.

Trías de Bes parte de uma série narrativa matemática e circular: ela, livreiro, autor, impressor, revisor, editor. Porém, introduz elementos inesperados nas combinações do enredo e nas funções dos personagens, amarrando as linhas da trama. Em textos paralelos, marcados em itálico, cada personagem revela suas frustrações. Em outras palavras, suas vidas fraturadas motivam a realização ficcional. Assim, cria-se uma metaficção que materializa, no seu desenrolar, os próprios processos de feitura do livro e da arte da ficção.

Poderíamos dizer que a proposta de Trías de Bes não é nova. Está prevista em clássicos da literatura e foi radicalizada por grandes escritores modernos de modo mais complexo. Mas a agilidade de sua escrita e a leveza de seu achado narrativo, ou seja, o mimetismo entre processo de escrita e edição de um livro dos livros, tornam sua obra exemplar. Da mesma forma, são bem desenvolvidos os conteúdos filosóficos dos personagens, envolvendo vida e erotismo, fabricação do livro e capacidade de interpretar fatos, grafia das páginas e assinatura das coisas, personagens reais e ficção do mundo.

O mundo foi feito para acabar em um livro, como sonhou Mallarmé? Para cunhar os termos de Umberto Eco, os apocalípticos suspirariam ao sugerir que Trías de Bes se preocupa com as antigas técnicas de impressão. Os integrados diriam que sua escolha é datada, pois postula a forma do livro como conteúdo metaficcional último, em uma era de expansão de tecnologias e virtualização da vida. As duas posturas extrairiam da obra o que ela não quer nos dar. Pois a premissa de *Tinta* não é nem a amplificação do livro como tecnologia, nem a crença de que o livro se tornou obsoleto para as nossas novas formas de vida.

Mostra-nos sim que somos um palimpsesto, uma sobreposição de camadas de sentido, de vida e arte. Escrevemos como respiramos. Nem mais. Nem menos. Nietzsche dizia ser preciso escrever com sangue. Trías de Bes o retificaria com uma luminosa tautologia: é preciso escrever com tinta. Seu romance é uma engenhosa declaração de amor à arte da feitura dos livros. Essa mensagem, mesmo impressa da primeira à última letra, continua em aberto. Cabe a nós imaginar como vivê-la.

FLAVIO CAFIERO E TODAS AS
DISTÂNCIAS QUE NOS CERCAM

Gustavo Machado Luna, conhecido na infância como Gunga, formado em publicidade, trabalha como gerente de nível três de uma multinacional de roupas. Está em processo de separação de sua mulher, bióloga e jornalista. O vazio da rotina, os jogos de falsidade do ambiente profissional e o desgaste do seu relacionamento surgem pela voz de Luna, em um longo monólogo interior. O cão Pulga pontua alguns momentos felizes e marca a melancólica ruína do casal.

Esses elementos se relacionam diretamente a algo extremamente importante. O sonho de Luna: ser escritor. Em contraste com a mediocridade de seu cotidiano. No cerne dos conflitos, a absoluta incompetência para a vida prática. O pânico de ser pai. O desejo da namorada de ter um filho. A angústia se acentua. Precipita-se a separação. Sinaliza o desfecho da narrativa com uma surpresa.

Embora ficcional, o núcleo mínimo de O frio aqui fora, de Flavio Cafiero, traz diversos pontos autobiográficos, revelados pelo autor em entrevistas. Funcionário do mundo corporativo ao longo de quinze anos, Cafiero o abandonou. Como seu personagem, o sonho da escrita saiu da ficção e tomou corpo. Materializa-se agora com este seu primeiro romance. Porém, a despeito de quaisquer álibis ou curiosidades autoficcionais, a literatura vive da literatura. E em termos literários, Cafiero se mantém no limiar de pontos positivos e negativos.

Uma das maiores forças narrativas de O frio aqui fora é a habilidade com que Cafiero manuseia a flutuação entre discurso direto em terceira pessoa, fluxo de consciência e discurso indireto livre. Nesse sentido, é admirável a síntese irônica que a obra consegue, unindo o fluxo de consciência de Luna às lições de biologia que a namorada lhe ministra na cama antes de dormir. Cafiero domina muito bem a oscilação entre primeira e terceira pessoas. Além de outros recursos. Entre eles, o de isolar uma palavra e extrair de sua etimologia ou de seu vazio semântico uma definição para as indagações ou para a falência de Luna.

A partir do olhar biológico da mulher, a obra também é marcada por imagens zoomórficas. Comparações muito eficazes entre animais e grupos humanos. Na natureza ou em repartições. Nas savanas ou em departamentos empresariais. Os mesmos vícios. Os mesmos instintos. Como se salvar dessa selva? A literatura apresenta algumas saídas. Por isso, o conflito entre Luna e a mulher não é apenas afetivo. É um embate entre natureza e arte.

O problema da obra reside na opção adotada de mimetizar modo de representação (monólogo interior) e realidade representada (burocracia e mediocridade). O fluxo de consciência cola a narrativa às consciências dos personagens. E a narrativa de Cafiero precisaria ter selecionado melhor o que é de fato literariamente relevante no cotidiano de personagens agindo como animais, ou seja, agindo como todo leitor médio sabe como todo mundo age.

Representar a banalidade de modo que o banal se amplifique e ocupe páginas e páginas é conferir uma importância especial à banalidade. Ou seja: um problema lógico. Assimilar a banalidade às articulações internas da narrativa é um salto perigoso. Pressupõe uma solução mimética que demandaria mais erudição. Demandaria um aprofundamento linguístico e filosófico maior. E uma seleção mais radical do material humano a ser interiorizado na narrativa.

Some-se isso ao fato de haver, no fundo, apenas dois personagens centrais. O romance poderia ter sido reduzido em suas excessivas duzentas e cinquenta páginas. Poderia ser uma novela extremamente melhor resolvida. Por fim, as palavras de baixo calão, na média de uma por página, são um truque que não convence mais sequer as mais pudicas virgens de plantão.

Esses pontos não eclipsam as virtudes literárias de Cafiero. Escritor nato. Tampouco retiram os valores e a singularidade desta narrativa ousada e caudalosa, em uma paisagem literária brasileira tão inclinada ao agreste. Caso ele consiga sanar esse encantamento hipnótico de todo escritor ao descobrir a força da própria voz, podemos comemorar *O frio aqui fora* como o nascimento de uma das boas vozes da literatura brasileira contemporânea.

JOSEPH ROTH:
HOTÉIS, SANTOS E RUÍNAS

Três malas. Esses eram os bens de Joseph Roth, jornalista e escritor brilhante, de origem judaica, nascido em 1894, na pequena Brody, atual Ucrânia. Mais do que excentricidade, essa vida de desterro sinaliza a condição mesma de muitos emigrados do Leste no começo do século XX.

É conhecida a influência que a ascensão dos fascismos, a Revolução Russa e a Primeira Guerra Mundial exerceram sobre artistas e intelectuais. Mas em geral se dá pouca ênfase ao impacto que o declínio do Império Austro-Húngaro, extinto em 1918, teve sobre a literatura e as artes.

A partir de Viena é possível mesmo traçar um meridiano imaginário cristalino. De um lado, as literaturas oriundas da *belle époque,* com o refinamento das culturas latinas da Europa. De outro, o verbo de eslavos e bálticos, feito de som e fúria. Essa oscilação ambivalente entre desespero e estetização é uma das chaves de compreensão de alguns gigantes como Robert Musil, Elias Canetti, Thomas Mann. E essa literatura da agonia ainda ecoou em nomes como Thomas Bernhard e Paul Celan, alimentando tantos outros.

Além das consequências políticas desastrosas, a dissolução dessa hegemonia cultural deixou marcas nítidas. E seus vestígios se preservam não apenas na literatura de língua alemã, embora tenha sido nesta língua, por escolha ou fatalidade, que muitos autores expressaram os dilemas da época. Estão presentes também nas literaturas e línguas chamadas minoritárias, e, de modo ainda mais acentuado, nas comunidades judaicas da Europa Oriental.

Tanto que há uma definição para este gênero, a *Ghettoliteratur* (literatura do gueto), cuidadosamente analisado em um estudo recente de Luis S. Krausz. Ao contrário do que se pensa, esse termo não se circunscreve a autores marginalizados. Pode lançar luzes sobre escritores canônicos como Alfred Döblin, Arthur Schnitzler e inclusive Franz Kafka.

Um romance e uma novela de Roth acabam de ser lançados pela Estação Liberdade: *Hotel Savoy* e *A lenda do santo beberrão*. Em ambos temos um voo sobre essa atmosfera social. Forças migratórias, busca por trabalho, revolucionários, marginalidade, nomadismo e choque de valores. Acima de tudo, o processo massivo de guetização das comunidades, não apenas em âmbito judaico. Olhar e escuta rentes à realidade, Roth se coloca como um analista exímio dessas tensões.

Gabriel Dan ocupa um dos 864 quartos do hotel Savoy, propriedade do grego Kaleguropolos, administrado pelo ascensorista Ignatz. Entre os laços ainda tênues com Stasia, uma dançarina de teatro de variedades, e a prestação de contas a seu tio Phöbus Böhlaug, Dan permanece. Hesitante. Até que a morte do carismático Wladimir Santschin precipita sua partida. Encontra trabalho como guia em uma estação, junto a um antigo amigo, o revolucionário Zwonimir Pansin.

Acaso ou providência? O destino parece sempre reconduzir ao grande hotel. Ao retornar, Dan finalmente conhece as finezas de Bloomfield, um multimilionário americano recém-chegado. Salta aos olhos também a estratificação. As alas mais ricas ocupam os pisos inferiores. Os pobres, banidos e malditos, as superiores. As desigualdades não demoram a se manifestar. E a realidade vai produzir a contrapartida.

Quanto à lenda em forma de novela, situa-se na primavera de 1934. Como sempre, Andreas mendiga às margens do Sena. Um senhor lhe dá duzentos francos, desde que o pobre-diabo os restitua à santa de devoção do distinto senhor: Teresinha do Menino Jesus.

Desde então Andreas passa a ser visitado por atos de bondade, todos envolvendo dinheiro. Em meio a reencontros com a antiga amante Karoline e com um colega de escola que se tornara um atleta famoso, as bebedeiras o impedem de ressarcir a quantia. E é exatamente disso que depende o desfecho da narrativa.

Uma das aptidões literárias de Roth é o traço seco realista. A composição dos personagens em grossas e poucas pinceladas, quase como um caricaturista, no que lembra Bruno Schulz. O olhar, sempre oblíquo, capta os humilhados. Contudo não se pauta por um enquadramento social, ideológico ou moral. Quer antes flagrar as contradições.

Ao pé da cova de Santschin, um jumento. Cena tão comovente quanto grotesca. Hordas dos regressados da guerra, famintos e nômades cruzam as linhas visuais do leitor. Se a revolução parece inexorável, a palavra de ordem de Zwonimir é uma só: América. Revolução e melancolia são as duas notas compostas de um mesmo acorde final.

Roth poderia recriar a hagiografia da mística hassídica. Marcar seu personagem com uma santa e embriagada loucura. Inebriado pela presença divina, como diria Martin Buber. Mas ele não é um idealista. Kaleguropolos não existe. É uma ficção criada por Ignatz para poder controlar os moradores do hotel. Os inimigos estão dentro. Ao lado. Em todos os lugares. O próprio Dan confessa, em primeira pessoa: sou um egoísta.

O hotel Savoy é um palácio e uma prisão. Por ele desfila uma lanterna-mágica de tipos. Em um mundo abandonado, milagres e moedas se equivalem. Deus apenas se materializa para Andreas sob a forma de dinheiro. A vida se desdobra entre o retorno de figuras do passado e uma dívida futura. E se futura, eterna. Amarga eternidade de um amanhã para sempre adiado.

HERMANN HESSE:
UM RETRATO

A arte é a mística de um mundo sem Deus. Esta frase de Bataille sempre me soou verdadeira quando se trata de literatura moderna. E nesse caso, impossível sermos alheios a Herman Hesse. Ele representa uma tentativa de salvação do naufrágio europeu encarnado pela grande literatura de expressão alemã da primeira metade do século XX: Mann, Broch, Musil, Rilke, Trakl, Benn. A crítica à mediania burguesa e o combate feroz, nas palavras de Berdiaev, àquela platitude da vida que se instituía, têm em Hesse um dos seus expoentes.

Em *O lobo da estepe*, o intelectual misantropo Haller acaba encontrando um paradoxal equilíbrio na loucura. Entre duplos, sincronicidade e teatros mágicos, essa releitura do mito de Fausto pode ser entendida como uma representação da agonia do Ocidente. Sem tirar o mérito de Hesse, tais diagnósticos eram comuns na época, feitos à luz de Nietzsche e, no seu caso, por inspiração indireta em Jung. Ele percebeu que conceitos como cultura, civilização, espírito, alma, beleza, santidade se converteram em ficções vividas apenas por loucos, ou seja, de matrizes da sociedade tornaram-se sua excrescência.

Nesse sentido, as doutrinas do Oriente (*Siddharta*) e a psicanálise (*Demian*) nas quais Hesse se apoiou talvez tenham sido lidas pelas décadas seguintes de maneira mais estilizada do que ele as concebeu. Sua obra é uma anatomia da dissolução moral e espiritual da sociedade técnica. Tem suas raízes no romantismo alemão, mais do que em projetos utópicos ou liberais. A solução que o escritor propôs aos impasses de seu tempo é singular, pois consiste na possibilidade de criar uma espiritualidade laica que consiga resistir ao absurdo da instrumentalização da vida. Para mim, esse é o maior legado de Hesse.

CYNTHIA OZICK: ESTRANHOS
A NÓS MESMOS

Paris sempre esteve presente na mitologia pessoal dos artistas. Desde aquela Paris que foi uma festa para Ernest Hemingway até a sua mais moderna e saborosa revisitação feita por Woody Allen. Em seu mais recente romance, "Corpos estranhos", sexto de sua carreira, a escritora norte-americana Cynthia Ozick retoma o palco da cidade luz. Mas o faz por meio de um interessante contraponto: a obra *Os embaixadores*, de Henry James.

O romance de James, publicado em 1903, pinta a sedução exercida pelos círculos intelectuais de vanguarda do início do século XX. Ozick desloca a ação para os anos 1950. Em ambos, o fio condutor é a rebeldia romântica. Na obra de James, Louis Strether parte para a capital francesa em busca do foragido Chadwick. No romance de Ozick é a tia Beatrice Nightingale e outros membros da família que tentam recuperar Julian, que fugira dos EUA em um arroubo juvenil. A diferença entre James e Ozick é o contexto. Em James, idealização e devaneio. Em Ozick, uma fria realidade destrói todas as ilusões.

A família de Julian parece ter sido marcada pela arte. A começar pelo sobrenome que remete à famosa ode a um rouxinol (*nightingale*), de John Keats, detalhe que será recuperada em grande estilo no final do romance, na sinfonia-homenagem composta por Leo Coopersmith para a Tia Bea, como Beatrice é conhecida. É em busca dessa atmosfera de união entre vida e arte que parte Julian, uma espécie de Frédéric Moreau, protagonista de *A educação sentimental*, de Gustave Flaubert, extraviado para o século XX.

Contra a vontade de seus pais Marvin e Margaret, Julian quer ser um escritor em Paris. Em condições insustentáveis, vive de favores, de casa em casa, junto com sua namorada e futura esposa, Lili. A irmã Iris e a Tia Bea se empenham em trazê-lo de volta. Sem sucesso. Ozick descreve os percalços desse itinerário em meio às marcas de grandeza da arte e da literatura francesas. Entre óperas e citações de clássicos, conversas sobre música erudita e pintura renascentista, em meio a personagens fictícios e outros reais, incluindo o barão Guillaume de Saghan, primo distante de Marcel Proust.

Julian demora a perceber que vive uma realidade de Sartres e Gides fajutos. A sua conversão, entendida aqui no sentido do crítico René Girard, se dá aos poucos. E logo a busca de uma vida dominada por valores estéticos acaba mostrando-se vazia. Concretiza-se na caricata revelação final, quando Julian confessa ter aderido a uma existencialista crença na descrença e a uma religião sem Deus. Mas é tarde demais para começar a cultuar o Grande Nada.

O último golpe se consuma. O golpe que lhe tira finalmente do reino da ilusão. E esse golpe é dado por uma notícia trágica trazida por Tia Bea. Espécie de dom quixote de Montmartre, vencido em sua última batalha contra moinhos de ideias, Julian finalmente volta para casa. Os "corpos estranhos" referem-se à porosidade de nossas vidas ao longo do tempo. Como nos influenciamos e somos influenciados, mutuamente. E como as crenças de uma fase da vida se transformam em outras crenças. Em constante mutação.

O argumento de Ozick, embora não seja muito original, é bem desenvolvido. E ela segue os passos de seu mestre Henry James nos meandros de uma trama espiralada, na qual os vestígios dados ao leitor são recuperados passo a passo. A cena final da revelação "teológica" de Julian é brilhantemente composta em termos literários. O romance perde ao eleger inexplicavelmente o recurso batido da troca de cartas como estratégia narrativa recorrente. Isso didatiza a apresentação dos personagens ao leitor e obstrui a fluência da ação. Uma pena. Talvez as luzes ilusórias de Paris como assunto literário tenham se apagado. E a escolha de Ozick tenha sido persistir na crítica anacrônica dessa ilusão.

JOCA REINERS TERRON E
O ANIMAL QUE LOGO SOMOS

Um delegado do bairro do Bom Retiro em São Paulo rumina lembranças. Narra como vivera em um kibutz na adolescência. Confessa sua paixão pelos contos sobre os peles-vermelhas comanches de Oklahoma. Recapitula como o pai, judeu fugido da Rússia, migrou até chegar àquele sobrado decadente da rua Prates, onde vive em agonia.

Mesclados a estas memórias, os elementos tão cotidianos quanto insólitos se emaranham em uma investigação policial: viciados em crack; bolivianos escravizados; um entregador do mercado coreano adepto da igreja de São Kim Degum; um zoológico chamado Nocturama que funciona durante a noite; um taxista apaixonado por música erudita e por rottweilers.

A sra. x, enfermeira com especialização em Manchester, cuida de uma paciente terminal, o corpo coberto de feridas em um casarão abandonado. Ela é a criatura, como diz o narrador-delegado. Para passar o tempo, a criatura passeia no Nocturama narra por meio de desenhos as aventuras de um singular leopardo descrito na Enciclopédia do Mundo Animal.

O leitor deve estar se perguntando: como é possível amarrar toda essa fauna? Qual efeito que uma narrativa dessa geraria? Foi exatamente isso que fez Joca Reiners Terron em seu novo romance, *A tristeza extraordinária do leopardo-das-neves*, uma das mais marcantes narrativas ficcionais da literatura brasileira recente.

Em termos ficcionais, um dos achados de Terron é um uso muito eficaz da primeira pessoa. Em seu tom de navalha legista, o delegado às vezes parece uma voz em off. Isso cria uma primeira adesão do leitor. E esta, por sua vez, fornece a verossimilhança necessária aos personagens e seres que se embaralham ao longo do romance, por mais insólitas que sejam essas combinações.

Ainda que à primeira vista possamos associar o romance àquilo que se convencionou chamar de pós-moderno, de hipermoderno ou de modernidade avançada, a prosa de Terron tem a virtude de manter-se bastante atenta ao andamento e ao faro ferino de uma prosa seca realista. Desse modo, os elementos são aparentemente aleatórios, mas estão longe de se relacionar por meio de uma suspensão da lógica natural.

Isso poderia gerar o fantástico, na acepção de Tzvetan Todorov, ou o mágico e o maravilhoso, seja nas vertentes específicas da literatura latino-americana ou em um sentido mais amplo. O efeito que se tem, ao contrário, é o de um constante estranhamento hiper-realista. Avesso à sobrenaturalização da realidade, essa estratégia narrativa consegue contornar as fragilidades imagéticas da livre associação e da literatura de inspiração onírica, preservando entretanto um alto grau de liberdade imaginária.

No nível temático e de composição, a metáfora zoológica atravessa todo o romance, oscilando entre duas matrizes: o mundo animal e o escrivão. Esse também é o seu movimento pendular: entre a consciência agônica do escritor-delegado e a animalização da vida humana apreendida em sua fisionomia mais imediata.

Nesse sentido, Terron propõe um dilema ao leitor. A questão não é fazer um romance realista sobre um bairro de São Paulo. Tampouco uma obra pós-moderna que consiga articular bisontes, comanches, judeus russos, escravos bolivianos, uma governanta perversa, rottweilers, um taxista e quantos mais personagens sejam necessários para fazer a crítica ou a apologia do multiculturalismo. A questão levantada pelo romance de Terron é mais aguda. Diz respeito à fragilidade da vida nua, captura pelas armadilhas de poder e de linguagem e transformada em exceção.

Para pensar com Giorgio Agamben, a alteridade não consiste em uma espessura espiritual que nos uniria enquanto seres humanos. Mas na autoapreensão da condição matável que chancela toda vida. Nesses termos, o romance de Terron aponta mais para uma análise dos mecanismos sutis de clivagem racial, étnica e política do biopoder contemporâneo do que para hipotéticas soluções ou críticas exteriores à própria fabricação sistemática de humanos matáveis. A metáfora do zoológico se expande. Abre-se sob o céu vazio.

Mas nesse caso, qual seria a redenção? Talvez o reconhecimento de nossa frágil condição animal. Como os salmões, o leopardo-das-neves retorna ao seu lugar de origem para morrer. É esse o mesmo caminho que o delegado-narrador percorre até se identificar com o mais miserável dos seres. Contudo, não morre. Ao contrário, sente-se feliz por tê-lo descoberto. E por poder amá-lo. Esse reconhecimento é o começo da música humana.

MIRANDA JULY ENTRE
AS COISAS E SEUS VESTÍGIOS

Jaqueta de couro preta grande por US$10. Trajes da Índia a US$5 cada. Mala grande: US$20. Girinos de rã-touro por US$2.50 cada. Filhotes de gatos-de-bengala? Preço a combinar. Álbuns de fotografias: US$ 10 cada. Estojo de pintura com 67 peças: US$ 65. Na faixa entre US$2 e US$1 podem ser encontrados ursinhos carinhosos. E algo ainda mais em conta: 50 cartões de Natal artesanais por US$1.

Olhando assim, anúncios de objetos usados parecem algo de uma brutal indiferença. Preços e dados. Ponto. Nisso consistem os centenas de classificados nos folhetos *PennySaver*, distribuídos às terças-feiras, nos EUA. Mas e se rastreássemos cada um dos nomes por trás desses centímetros quadrados? Qual o rosto desses anônimos? Por que vendem partes de sua vida? Essas são as perguntas que conduziram a cineasta, atriz, roteirista e escritora Miranda July a escrever *O escolhido foi você*, livro-reportagem mesclado a dados ficcionais, com fotografias de Brigitte Sire.

A narradora protagonista, espécie de *alter ego* de July, está em Los Angeles, prestes a morar de vez na casa do namorado, enquanto trabalha no roteiro de um filme. Porém, aguarda ansiosa todas as terças o velho folhetim de classificados, que adora. Entre um e outro problema ficcional com seu roteiro, resolve ir atrás daquelas fisionomias ocultas sobre a banalidade de um anúncio.

Nesse percurso temos um diálogo com o travesti Michael. A simpática indiana Primila recebe a entrevistadora pela casa com um mata-moscas e conta sua história desde Bombaim. Pauline fala de sua atividade: fabricação de manequins. Andrew, o criador de girinos, e sua tarântula de estimação. A vendedora de gatos-de-bengala guarda dentes de dinossauro a espécies raras de aves em seu zoológico particular. A cubana Matilde e Domingo exibem a sua coleção de ursinhos carinhosos. Por fim, é

113

a própria July que entra em cena. Filmando o roteiro pronto de seu filme *Futuro*. Ficção e realidade se mesclam. Os personagens reais tornam-se seres ficcionais que ela acabara de registrar em seu livro-reportagem.

Uma das riquezas da obra de July é o olhar. Ao recortar o mundo com seu olho-câmera, a narradora recompõe os vestígios de vidas anônimas a partir de um banal objeto posto à venda. Na verdade, esse olhar metonímico (a parte pelo todo), é uma das técnicas angulares do cinema – e também da literatura. A partir dele, July inverte a força reificadora homem-mercadoria.

Assim, confere dignidade àqueles que poderiam ser vistos como meros vendedores de objetos sem valor ou como transeuntes desinteressantes a artistas menos sensíveis. Móveis, batons, bonecas sujas, sofás velhos, animais, fotografias, tanques de peixes, cosméticos e perucas loiras sobre penteadeiras de mogno. Ao descrever o interior das casas, em sua tristeza vicária, os rostos se descobrem à contraluz das coisas, revelados em sua humanidade.

Porém, o problema da obra de July é formal. Ela decalca os dados reais em uma estrutura documental, transcrevendo literalmente as entrevistas como se fossem a própria substância ficcional. Suspenso no hiato entre realidade e representação e, na ausência de uma mediação formal que justifique esta escolha, o leitor acaba vencido. Presente em suas páginas uma rica matéria humana, um olhar sensível e uma boa proposta do ponto de vista da estrutura e da composição da literatura.

Mas o modo pelo qual todos esses elementos se apresentam está aquém daquilo que eles sinalizam como horizonte de expectativas e do que realizam de sua promessa narrativa. Como diria Nietzsche, a arte existe para nos salvar da verdade. Ao equivalermos a obra à fonte documental que a inspirou, tornamos a literatura prescindível para a vida. E a vida verdadeira demais para si mesma.

A SÉTIMA VELHA E O
GÊNIO DE JOSÉ DONOSO

Estamos entre a Casa de Exercícios Espirituais da Encarnação de Chimba e as terras de Jerônimo de Azcoitía, grande proprietário e senador corrupto. A ação se inicia com a morte da beata Brígida e transcorre durante a expectativa do parto de Iris Mateluna, considerado milagroso. Na casa de exercícios vivem as velhas Dora, Brígida, Maria Benítez, Amalia, Rosa Pérez, Rita e um estranho personagem-narrador: Mudinho.

Jerônimo precisa de um filho, senão seu império desmoronará. Apaixonara-se e havia casado com Inés Santillana, uma prima distante, herdeira de terras. Inês tem Boy, dado como aberração pelo doutor Crisóforo Azula, revirador de vísceras que trafica órgãos. Jerônimo pensa em matar o filho, mas não o faz. Em uma passagem fantástica, Mudinho fecunda Peta e gera o filho que Iris aguarda. Este pode ser a salvação do grande-senhor. Não há mistérios. Milagres não existem. Ou seja: Jerônimo é impotente.

A decadência se acentua. Os leiloeiros levaram tudo da capela. Para usar como lenha – dizem. As beatas a ocupam. A fortuna de Jerônimo passa para a beata Inês e, com a sua morte, se direciona para a Santa Sé. Findo seu trabalho, o padre Azócar se despede. A casa-grande é demolida. Não há mais ninguém. O narrador recupera a clareza. E transforma-se em um pacote. Isso mesmo. Um pacote entre outros, em meio à dissipação. Uma das velhas remanescentes faz uma fogueira debaixo de uma ponte. Pela manhã, desaparece. A sua caneca com asa de arame, tangida pelo vento, se precipita nas pedras e cai no rio.

Fiz questão de simplificar radicalmente as quinhentas páginas do romance *O obsceno pássaro da noite*, que acaba de ser lançado pelo selo Benvirá em excelente tradução de Heloisa Jahn. Contei-o do começo ao fim, para o desprazer do leitor. E o fiz para ressaltar uma coisa: a arte narrativa extraordinária de Donoso não consiste na história. Mas na linguagem. Explico-me.

Donoso vale-se do discurso indireto livre e do monólogo interior. Também conhecido como fluxo de consciência, fora aperfeiçoado por Italo Svevo, universalizado por James Joyce e aprofundado William Faulkner, escritor nuclear para os romancistas hispano-americanos. Por meio dele, o narrador torna-se poroso, habita a consciência de qualquer um dos personagens, em primeira pessoa. O narrador flutuante de Donoso é tão excepcional que o leitor tem dificuldade de perceber quem de fato está narrando.

Essa técnica possibilita a criação do que podemos chamar de personagens-coringa. O que é isso? São personagens desficcionalizados no interior da própria ficção. Não se define quem é Gigante, espécie de boneco. Pessoas entram dentro dele e, mascaradas, deixam de ser os personagens que eram. Damiana é um personagem provisório, que cumpre uma função e desaparece. Em uma metalinguagem, o narrador diz escrever o prólogo. Em outro momento, revela que Humberto Peñaloza não existe: é uma ficção. Mais que isso: toda história nasceu quando Humberto decidiu escrever a biografia de uma das velhas beatas. Humberto transforma-se assim em autor do romance. Substitui o escritor-autor Donoso. Não por acaso, o Carnaval de Veneza é mencionado várias vezes. Donoso está jogando com Arlequim, Colombina, Polichinelo. Criando a sua versão sinistra da *commedia dell'arte*.

Essa técnica de multiplicação de perspectivas cria um caleidoscópio de horror. Finíssimas linhas vermelhas se desenham em rostos semimortos. Um arsenal folclórico é desfilado aos nossos olhos: a cabeça da menina de nove irmãos voa nas noites de lua com seus cabelos de trigo. Beija-se o sexo do Tinhoso para uma orgia entre bruxas. Múmias ressecadas do Atacama nos sorriem de cabeça para baixo. Dolly, a mulher mais gorda do mundo, e seu marido Larry, a caminho do circo. Os nove orifícios de um corpo fechados pelo *imbunche*, monstro com a cara para trás e uma perna colada na nuca. Pátios geométricos, cinzentos, carnes bichadas, sexo em putrefação. Neste cenário, algumas pérolas de prosa poética: "tudo o que é necessário desparece", "meu destino era permanecer fora do reconhecimento do amor", "terror é uma das coisas mais fáceis de esquecer".

Humberto não existe. Mudinho não existe. Existe apenas a sétima velha. A sétima velha sou eu – diz o narrador. Não. A sétima velha é a literatura. E Donoso conheceu muito bem essa velha senhora, imortal, em seu ciclo infinito de vidas e mortes e de histórias dentro de histórias, como no *Dom Quixote* ou em *As mil e uma noites*. Apesar do nível de alucinação da narrativa, Donoso não me parece vinculado ao realismo mágico nem à chamada vertente barroca da literatura latino-americana. Ele está mais próximo de outro chileno, por sinal seu companheiro de geração: o genial dramaturgo e cineasta Alejandro Jodorowsky. Em uma prosa violenta e vertiginosa, Donoso criou um dos clássicos do romance hispano-americano. A imagem do pássaro da noite, retirada de Henry James, é a alegoria de um ritual negativo de degeneração moral e física, oficiado todos os dias, em uma paradoxal espiritualidade grotesca. Não apenas representa a decomposição espiritual e política da sociedade em que viveu. Força-nos a assumir a voz cambiante de seu narrador. Ou seja: disseca-nos. Por esses e outros motivos, Donoso é sem dúvida um mestre da pena e da espada, como dizia Quevedo. Mas escreve com esta, não com aquela.

O VAZIO DE YUKIO MISHIMA PELAS MÃOS DE MARGUERITE YOURCENAR

A vida e a obra de alguns escritores oferecem especial dificuldade de serem abordadas. O caso do japonês Yukio Mishima é exemplar. Em sua obra diversificada, abordou os conflitos advindos da ocidentalização e do declínio do sistema monárquico. Além disso, tratou de temas ligados à sexualidade, ao esvaziamento dos valores tradicionais e da espiritualidade.

Porém, se tudo se restringisse à esfera literária ainda seria relativamente fácil. Mas não é o caso. No dia 24 de novembro de 1970, aos 45 anos, após um minucioso preparativo, Mishima realiza o *sepukku* às portas do palácio: rasga seu próprio ventre com uma espada e em seguida é decapitado pela lâmina de um fiel seguidor. A cabeça oferecida ao imperador.

O ensaio *Mishima ou a visão do vazio* é uma obra admirável sob diversos aspectos. Entre eles por ser uma análise do fenômeno Mishima realizada pelas mãos de outra mestra da escrita, Marguerite Yourcenar. Essa fineza conduz o leitor aos abismos do autor sem qualquer vestígio de espetacularização. Mais do que isso, temos uma leitura que procura se desdobrar na obra e na vida analisadas para melhor compreendê-las. Contudo, tampouco se furta a críticas.

Desde o início, Yourcenar confessa que o fascínio por Mishima fora seu ponto de partida. O lugar social incômodo ocupado pelo escritor japonês revela-se desde a origem familiar nobre e campesina, que parte para a metrópole em busca de outras formas de ascensão.

Além disso, o escritor chega a relatar a relação quase incestuosa que mantém, ainda criança, com a avó. Mais tarde, na adolescência, as erupções sexuais motivadas por nus ocidentais. A soma desses pontos conduz ao tema nuclear, que perpassa toda sua obra e culmina com sua morte: o conflito entre os valores tradicionais e a força desterritorializante da cultura ocidental.

Esses abalos produzem na cultura japonesa aquilo que a etnóloga Ruth Benedict define como "paranoia da normalização", ou seja, a continuidade de antigos sistemas sacrificiais e de penitência no seio da sociedade japonesa secularizada, levando-a a uma tensão mortal entre monarquia e modernidade. A obra de Mishima se ocupa justamente desse esgarçamento. Leva-o ao paroxismo. Essas tensões marcam seu primeiro grande romance: *Confissões de uma máscara*. Entre 1949 a 1961, desdobra-se a fase da realização de suas maiores obras. Paradoxalmente, quase todas com uma feição muito semelhante aos clássicos da moderna literatura europeia. Seguem-se *O pavilhão dourado* e *Mar inquieto*, que Yourcenar cataloga, respectivamente, como obras-primas vermelha e clara, conforme a ênfase.

Em seguida, em um novo ciclo, entre 1965 a 1970, surge a tetralogia que contempla *Neve de primavera*, *Cavalo selvagem*, *O templo da aurora* e *A queda do anjo*. Amarrando todos os volumes, o protagonista Honda desempenha um artifício literário. Por meio dele Mishima consegue tecer um painel do Japão ao longo de diversas gerações: a crença religiosa na transmigração da alma. Yourcenar concentra-se nos principais recursos literários. Articula-os às motivações históricas. Até o surgimento de uma nova fase: a do militante.

Decepcionado com os rumos do Japão, Mishima atribui esse fato cada vez mais a um declínio da soberania monárquica. Funda então uma milícia com as divisas das tradições imperiais. Torna-se um inimigo da modernidade. Esta teria submetido o Japão ao domínio da Serpente Verde, símbolo esotérico de todo o mal. Cada vez mais acuado nessa cruzada, resta-lhe apenas premeditar seu golpe final.

A tetralogia mencionada acima é intitulada Mar da Fertilidade. Não por acaso. Como nos lembra Yourcenar, trata-se de uma nomenclatura da selenografia dos séculos XVI e XVII. Designa vastas planícies da lua que se acreditava férteis. No século XX, revelaram-se um deserto estéril. Como o título, inscreve-se a saga japonesa das gerações sucessivas por meio de Honda. Mas a fertilidade converte-se em Nada. Nada que Mishima também atingiu, em seu último gesto literário.

O ANTI-ÉDEN DE
ROGÉRIO PEREIRA

Na narrativa do Gênesis, Adão e Eva seriam os embriões da primeira família humana. Durante séculos, o Jardim do Éden tornou-se a imagem da ontogênese humana, ou seja, uma explicação mítica de onde o ser humano se originou. E como e por que o ser humano veio a ser o que é. Segundo o relato bíblico, a humanidade teria vindo do campo. Mais precisamente, de um jardim. Apenas mais tarde formou cidades. Aliás, vale lembrar que Caim, o primeiro fratricida, é também o primeiro construtor de cidades.

Esse campo-jardim edênico atravessou o imaginário humano como um lugar para onde é possível regressar. Mas apenas quando se tem fé. Como diz o apóstolo Paulo: Cristo é o segundo Adão. Crer em Cristo é a única maneira de restaurar a condição humana depois da Queda. Retornar ao Paraíso. Recuperar a perfeição divina perdida.

De modo sutil, esse é o mitologema central do ótimo romance de estreia de Rogério Pereira, *Na escuridão, amanhã*. Mas Pereira usa essas bases bíblicas de modo deslocado. A despeito da contínua invocação da mãe a Deus, o relato da família que parte do interior em direção à cidade é o relato de uma crescente degradação. A fé não é capaz de salvar. Deus não os protege da destruição irreversível dos valores.

O romance desdobra o filho-narrador em duas vozes: uma voz narrativa principal e uma espécie de voz em off, dirigida diretamente ao pai, em uma relação eu-tu. Esse é um dos seus achados narrativos de Pereira. Por meio dele, realiza a estratégia ficcional de sobrepor proximidade e distanciamento em um mesmo narrador. E de destacar a relação central pai-filho.

Depravação, ruína familiar, egoísmo, morte prematura da irmã, desilusão e traição maternas, o enforcamento do avô, sodomia incestuosa. No centro desse redemoinho, o pai é desenhado ao leitor sempre sob a ótica do filho. Este, como um pequeno Jó, busca internamente e sem sucesso uma explicação para o mal que lhes aflige.

A ordenação como coroinha, as corridas de bicicleta, o primeiro beijo. Essas cenas não conseguem redimir as marcas do inferno. Mesmo a visão do corpo morto desse pai bestial no paiol não alivia. Aprofunda a dor. As feridas tornam-se por fim irreversíveis. Incuráveis.

Uma das virtudes literárias de Pereira é a construção de imagens fortes, quase animalizadas, para figurar a decomposição: a casa é um útero seco; a mãe começou a morrer pela boca; os dentes perdem a brancura; a origem familiar brotando da terra; os demônios rasgando a carne tenra da mãe.

Em vista dessa força letal que o romance mobiliza, o seu único problema consiste justamente em um excesso de adjetivações e substantivações negativas, que acabam por se tornar redundantes: fel, câncer, pústulas, cadavérico, agonia, perdição, leproso, viscoso, entre outras.

A mão de Deus é pequena para amparar tanto pecado – diz o filho-narrador ao pai. De fato, o Deus de Pereira oscila entre o Deus abscôndito protestante e o Deus furioso do Velho Testamento. De tão distante, parece que não existe. De tão ímpio, assemelha-se a um demônio.

Em um esgar de olhos para trás, como as bíblicas estátuas de sal, os personagens veem Sodoma e Gomorra em chamas. Mas Sodoma e Gomorra não estão no passado. Perdidas no campo. Nem estão adiante, na cidade. Estão ao redor. Ao lado. Abaixo. Acima. Dentro do coração.

Com ecos de Raduam Nassar e Cornélio Penna, *Na escuridão, amanhã* é um dos mais importantes romances de estreia da ficção brasileira contemporânea. Nele Pereira conseguiu tramar um afresco da sociedade brasileira e da fatalidade da migração para a grande cidade, miticamente descrita apenas com a letra C.

E para ser fiel à letra e ao espírito, vale destacar uma ponto central. Certa vez, o pai semianalfabeto escrevera o nome do filho sem a letra H. É o H da humanidade perdida. É o H que falta ao homem humilhado pelo pai, por Deus, pelos seus semelhantes. O H apagado de quem deixou de ser humano. O H de uma humanidade em queda.

Gravado em sangue, é a letra final do humano que se deteriorou a ponto de deixar sequer um vestígio de sua existência passada ou qualquer promessa de sua futura redenção. A escuridão, sendo denegada ao amanhã, acaba por ser eternamente adiada. E por isso, eternamente presente.

EVANDRO AFFONSO FERREIRA E A LITERATURA COMO DIREITO À MORTE

A escrita de Evandro Affonso Ferreira não quer *leitores* – exige *testemunhas*. Pois ela não quer o espectador de uma miséria romanesca, transfigurada em lucidez, mas sim o cúmplice que ajuda a apertar o gatilho. É nesse nó górdio que ele nos ata, em seu romance-trincheira, entre linguagem e vida, entre literatura e morte. Nessa catábase, Evandro é Poseidon, sendo submerso por uma tempestade que traz um novo Dilúvio. Uma catástrofe particular. Mas que em muitos momentos parece pública. Representação e realidade se embaralham. De sua mesa-mirante, o escritor esquadrinha a decrepitude humana; traça uma anatomia da decomposição; flagra a degeneração, justamente onde ela quer se salvar a qualquer preço; vê em todos os semblantes a sujeira metafísica que conspurca ainda mais aqueles que estão dispostos a edificar castelos de areia em homenagem ao Nada.

Seu antídoto não é a superação, a busca do além-humano, tampouco do demasiado humano, pois a descoberta da inexistência de vida *antes* da morte transforma todas essas engrenagens em fantasmas de bricabraque. Entre o *mal absoluto* de um Kafka e a *presença absoluta do mal* de um Bernanos e da tradição cristã, Evandro parece se alimentar de ambas as fontes. Suga a quintessência do Mal que nada mais é do que uma elementar ciência da desgraça, à maneira da antropologia pascaliana, para quem o homem seria uma corda atada entre o Nada e o Infinito. Corda absoluta e absurdamente inviável, obviamente. Por isso a arte de Evandro é um pêndulo bem mais dramático do que uma mera gangorra de conceitos. É um corpo-ampulheta no qual o próprio tempo se destila. Se a vida é travessia, é-o sempre e sempre por dentro dos espaços infinitos e vazios, povoados de angústia, *malheur* e aniquilação. O resto é *divertissement*. E, ecoando a voz de Hume na epígrafe, se aos olhos do Universo a vida humana não é mais digna que uma ostra, a vida mesma não passa de uma anomalia. O ser é um acidente do não-ser, diria Valéry.

Mas para Evandro, mesmo o nada e o infinito ainda são uma ficção. São peças de uma linguagem-coisa entificada que, se não podem ser *vividas*, tampouco *existem*. Ao ler a carta de despedida da mãe suicida, emprestada pela amiga filósofa, personagem anfíbio cujas frases são espécies de *leitmotiven* do romance, o narrador-protagonista toma a morte alheia de empréstimo como irônico conforto pela não despedida de sua própria mãe, que também se suicidara. Enquanto escreve seu livro-testamento, o escritor é rondado por Caronte que circunda o templo moderno no qual, como um escriba-sentinela, um Thot com olhar ocidental voltado para o pôr do sol, observa todos ao redor de sua mesa-mirante; os quatro cavaleiros do Apocalipse também ameaçam entrar no lusco-fusco do edifício, consciência-palco do narrador e narrativa-espelho de quem o lê e vê; a tempestade traz a chuva como dádiva e como devastação, mais do que esperada, querida. Será o ponto final da obra-vida e do rio-romance que transbordará na morte? Um dique impedirá a passagem para a outra margem? Ou não será possível interromper o fluxo da escrita, para além da vida transcendental e da morte física? É nesse fio de navalha que Evandro conduz o leitor, tateando o magma escuro da memória, que em *flashes* pinta aos nossos olhos a infância do narrador, desde sempre enovelado na inviabilidade insolúvel da vida.

Nesse diapasão em tom menor, afinado com a matéria turva do caos, Evandro é Orfeu descendo os círculos de ferro do Inferno. A nostalgia autocomiserativa do narrador não pode ser levada ao pé da letra. Nem uma hipotética e ilusória redenção, esta sim, como diria Flaubert, *mera* literatura. Mas sua vocação para o fracasso, sim. Sua ruína é sua glória. Sua morte em vida, a sua autossuperação. Pois é nela que ele encontra a mais consumada liberdade, tal como Deus encontrou no Nada a liberdade para criar o mundo. E nele se espelhar. Anulação e liberdade são irmãs. São as tintas com as quais Evandro entoa seu murmúrio sibilino a cada nova cova cavada, a cada nova palavra inscrita na folha em branco. Como diziam os órficos, *sema* (túmulo) e *soma* (corpo) são homônimos e sinônimos. Não é outra a fonte do sentido leteu e letal da escrita, sugerido por Platão, porque produtora de *esquecimento*. Se a *semântica* guarda com estes vocábulos a distância de um trocadilho, a passagem de um a outro é a experiência de atravessamento de um abismo. É esse o abismo que Evandro transpôs, amadurecendo o trabalho narrativo de primeira plana de seus romances anteriores até chegar no sentido trágico deste livro-testemunho que o leitor ora lê. Atravessado o umbral, reina a mais cristalina amargura de um escritor dotado da mais sensível pena da melancolia e do engenho.

Em um ritornelo constante, a máxima do narrador nos devora qual enigma de esfinge indecifrável: *é preciso viver até a última página*. A própria literatura é erodida nesse percurso autodestrutivo, pois o narrador ironiza os possíveis desfechos que se poderia dar à obra. Recusa todos. Diz-nos quase literalmente: o único desfecho é a morte. Nela, literatura e vida se irmanam, porque a linguagem se torna maior que a finitude depois de devorá-la. Ou, ao menos, ultrapassa a face translúcida da morte sem contudo lhe retirar o enigma. Estamos aqui diante daquela "unidade entre língua e humanidade" de que fala Hermann Broch em sua maravilhosa obra-prima.

Ao fim do romance, o *fim* não se diz. Não se escreve, não se nomeia. Seria a vitória do desígnio sobre a fatalidade? A graça eficaz agiu redimindo este filho fátuo do barro? Estaríamos diante de uma nova concepção da imortalidade? Pobre e ingênuo o leitor que pensa assim. *Senhor, dá a cada um a sua morte* – diz o belo verso de Rilke. *É preciso ser Deus para morrer*, arremata Bataille. A morte não é um caminho a ser cumprido, mas um horizonte a ser conquistado. A catástrofe individual de Evandro é a conquista da morte intransferível, que desce sobre cada um de nós, mais íntima que o nosso corpo enovelado pela pele. É a saída da anomia, da coletividade dos conceitos, e o mergulho nas águas abissais que nos habitam e constituem. Por isso ela é *alétheia*. Clareira, ilumina, com seu último relâmpago, a consciência que enfim se dissipa de todos os acessórios e se revela a si mesma. Pois agora vemos em um espelho, mas depois veremos face a face.

A verdade não é do reino do que é imortal, por ser diáfano. Pertence sim ao domínio de tudo o que se esquiva às flutuações melífluas do Letes. Que enfrenta o corpo a corpo com Caronte. Se a literatura é a voz oculta do Real, como muito bem notou René Girard, ela não é uma forma de imortalidade, pois esta nada mais é do que uma variante da ficção. Como disse Blanchot, a literatura é um direito à morte. Sua voz nos diz quando finalmente estaremos sozinhos. Conduz-nos a essa solidão cósmica. Até a grande Face. Por isso, ela é o *fim*. Que o narrador não pôde grafar. Mas que Evandro, consumido pela linguagem, pôde viver.

JAVIER MARÍAS E A UTOPIA
DE UMA VIDA SEM RASTROS

O escritor espanhol Javier Marías vem trabalhando há quase dez anos em sua trilogia, *Seu rosto amanhã*, que chegou ao fim em 2010 e teve o terceiro volume, *Veneno, sombra e adeus*, publicado no Brasil, encerrando o seu projeto que totaliza cerca de 1500 páginas. O narrador da trilogia é um ex-professor da universidade de Oxford que encontra um grupo de ex-espiões do serviço britânico que atuaram contra o nazismo. Eles ainda estão na ativa. É descoberto pelos espiões, que veem nele o mesmo dom que eles possuem: a capacidade de adivinhar as pessoas a partir de seus gestos e de seus rostos. Toda a trilogia de Marías é desenvolvida a partir de então em torno de um núcleo central: o segredo.

Como cada um de nós preserva sua intimidade? Como é possível manter algo que seja exclusivamente nosso? O que vem a ser o sentido irredutível de cada personalidade? Se desde *Coração tão branco* (1992) esse tema já era central para o autor, com a trilogia se desenvolveu ainda mais a crença de Marías, segundo a qual "o segredo é uma parte fundamental da vida de cada pessoa". Não se trata necessariamente de segredos graves, mas apenas daquilo que cada um acredita que deve permanecer apenas no âmbito de sua consciência. Essas parecem ser questões sutis, que são trabalhadas pelo romancista de maneira fina e com longas digressões. Já no primeiro volume da narrativa, *Dança e sonho*, o conflito entre contar ou calar um testemunho já indica a vinculação do elo ficcional às tramas de um enredo que precisa ser decifrado. Estes conflitos tendem a se aprofundar neste último volume, cujos novos episódios em Londres, Madri e Oxford, e seus desenlaces inesperados, firmam Marías como um dos mais importantes romancistas contemporâneos, com um projeto literário ambicioso e bem configurado.

Para o escritor, que não usa e-mail, celular nem internet, um dos problemas mais graves do mundo em que vivemos é que, apesar de ser regido pelo esquecimento, é quase impossível qualquer um de nós fazer qualquer coisa sem "deixar rastros". A fabricação diária de documentos, sejam eles materiais ou virtuais, seria fruto de um hipercontrole anônimo dos indivíduos que cedem voluntariamente suas vidas para serem controlados. Nesse caso, todo segredo desaparece. E, segundo Marías, o que há de mais precioso no indivíduo.

Em uma entrevista, o romancista dá uma curiosa definição de literatura. Segundo ele, a ficção nos afeta mais do que o que ocorreu de fato, porque o ocorrido pode ter várias versões, mas a ficção, justamente por nunca ter ocorrido, só tem uma. A despeito das interpretações, ela sempre é literal. Talvez isso tenha levado Jorge Luis Borges, outro mestre da língua espanhola, a afirmar que o ato de ler é mais elevado do que o de escrever. O livro, como parte da realidade, é multifacetado, como o são todos os elementos reais. Mas a narrativa, enquanto ficção, é uma só. É esse caráter irredutível da ficção que, para Marías, constitui a sua força no mundo atual, corroído pelo esquecimento e por todas as formas de simulação de realidades. A compulsão por deixar testemunhos, marcas, sinais, ou seja, a febre que a sociedade contemporânea tem de tornar pública a sua vida privada, na ponderação de Marías, talvez seja a nostalgia de um Deus que testemunha cada ato interior da nossa consciência, não de *todos* nós, mas de *cada* um de nós.

Porém, dada a descrença e essa forma vazia de um Deus ausente, coube a nós criarmos um subproduto seu, nos *reality shows* e verdadeiros parques temáticos da intimidade, agora exposta, sem rodeios, para todo planeta. Nesse sentido, a ficção, em sua existência puramente verdadeira, porque puramente irreal, já que nunca existiu de fato, talvez seja o único antídoto contra a sociedade do espetáculo, na qual tudo parece esmaecer no ar, justa e paradoxalmente por ser real demais, existente demais, documental demais. Para continuarmos existindo, não basta a confissão. É preciso o silêncio. É preciso o segredo. Não é por acaso que uma das definições clássicas do demônio é *aquele que sabe tudo*. Marías sabe disso. Mas ignora, deliberadamente e para o seu próprio bem, muitas outras coisas. Afinal, o dia em que todos souberem tudo de tudo e tudo de todos, será a extinção da humanidade.

CARLOS HEITOR CONY E A BREVE REFLEXÃO SOBRE A IMORTALIDADE

A eleição de Carlos Heitor Cony para a Academia Brasileira de Letras era algo esperado. Aliás, mais do que esperado. Disputando com o filólogo Leodegário de Azevedo Filho a cadeira de número n.º 3, vaga desde a morte de Herberto Salles, muitos motivos apontavam para a escolha de Cony. Entre os quais, o fato de ele ter ganho o prêmio Machado de Assis, espécie de passaporte de entrada para o rol dos imortais, já em 1996, deixando em suspenso sua possível agremiação por estes últimos anos. Já os defensores de Leodegário apresentaram o argumento – plausível – de que uma instituição que se pretende mantenedora da língua portuguesa, e de sua melhor expressão, precisa ter um filólogo entre seus membros, figura ausente desde a morte de Antônio Houaiss, em 1998. Não nos cabe aqui investigar o mérito ou demérito desse acontecimento, nem levantar hipóteses sobre as prováveis afinidades políticas ou literárias que concorreram para sua posse, e que sabemos determinantes para as regras da Academia. O fato é que ela obedece a um regime de candidaturas, e a uma seleção que se vai fazendo à revelia das críticas ou elogios que por ventura haja em relação aos seus critérios. Cony é tido como um dos maiores escritores brasileiros vivos; ganhou os prêmios mais importantes do país; lançou-se candidato – foi eleito. A lógica é simples, embora a fogueira das vaidades esteja sempre disposta a soltar farpas e faíscas. Poderíamos relativizar o nome de Cony sugerindo uma dezena de outros nomes, e nos perguntarmos: e Gerardo Mello Mourão, Alberto da Cunha Melo, Adélia Prado, Bruno Tolentino, Hilda Hilst, Manoel de Barros, Antonio Candido, Raduan Nassar? Mas boa parte desses autores não tem o perfil da instituição, e outros nem a vontade de integrá-la, como é o caso de Ferreira Gullar. Já Ivan Junqueira, disputando a vaga de João Cabral com o poeta e professor titular da Universidade Federal do Ceará Artur Eduardo Benevides, era mais do que favorito. E assim, ao escolhê-lo para vestir o fardão, a Academia fez jus às suas décadas de trabalho honesto e resignado em prol da literatura, quer pelas traduções e ensaios, quer pela produção própria.

Desde a publicação de seu primeiro livro, O *ventre*, em 1958, Cony vem se firmando no cenário intelectual como um prosador maduro, e como um jornalista profícuo. Ele, que foi seminarista, poderia ser filiado inadvertidamente a uma linha de escritores, de Maritain a François Mauriac, que tomaram o catolicismo em suas implicações existenciais e políticas, e tiveram grande presença na literatura brasileira das décadas de 30 e 40, sob os auspícios de Alceu Amoroso Lima. No entanto, seu romance de estreia tem ecos muito fortes do existencialismo francês, visíveis na maneira como trabalha o problema do adultério, o mal-estar do mundo e a casualidade deste, onde o narrador nasce por engano, questões semelhantes às debatidas por Sartre em A *idade da razão*, e em outros romances. Assim, Cony integra em sua obra uma visão dos problemas morais e políticos que passa sempre, ou quase sempre, pela questão da religião, e que será retomada de forma intensa no polêmico *Pilatos*, talvez seu melhor romance, onde insere pequenas histórias no corpo do enredo, todas tendo como ponto central o episódio bíblico. Em *Pessach: a travessia*, essa preocupação ética extrapola o mero conteúdo narrativo, e passa a compor uma metáfora da libertação do homem de uma realidade insuficiente. À maneira de um Cândido que abandona o seu castelo (a ordem e a totalidade de um mundo regrado por leis universais) e passa a correr países de todas as latitudes, numa série de acidentes onde o acaso e a fatalidade são postos como as únicas alternativas possíveis, o seu personagem principal, um romancista enfastiado pela vida burguesa, embora formado e contaminado por ela, abandona o mundo ideal (mas equívoco) onde vive, e se engaja em movimentos sociais: troca o seu *piccolo mondo* pelo mundo como ele é, tema também caro a Sartre, Camus e aos franceses de modo geral. Ou seja, a obra de Cony nos propõe algo semelhante à "teologia sem Deus" de Sartre, e indaga sobre suas possíveis consequências éticas.

Assim, podemos ligá-la a uma tradição que se forma em torno de um socialismo de inspiração cristã, provavelmente baseada em uma interpretação heterodoxa do cristianismo, advinda dos românticos e principalmente de Eugénie Sue e de Dostoiévski. No romance escrito em forma de diário, *Informação ao crucificado*, a questão que se coloca é a mesma sugerida por Dimítri nos *Irmãos Karamázov*: se nos desfizermos da ideia de Deus, viveremos todos submetidos ao império dos sentidos, e não haverá mais base moral de sustentação para nada. Mas o personagem, um jovem sacerdote, procurará no que ele chama de "vida interior" uma espécie de caminho intermediário entre Deus e a matéria, caminho este, sugere Cony, que está entre a participação nos problemas sociais e a transcendência. O sacerdote, como numa digressão autobiográfica, abandona o seminário, e mais uma vez temos o tema do indivíduo que deixa uma realidade para aderir a outra, mais ampla, sem, no entanto, abrir mão de seus valores. A travessia, o ato de passar de um registro a outro sem promover uma ruptura mas sim uma continuidade, parece ser o núcleo de sua obra.

Todo esse intrincado itinerário ideológico foi-se arrefecendo. A nova ordem mundial parece não dar mais espaço a esse tipo de reflexão. *Quase memória* sai como uma necessidade pessoal de colocar o passado em dia, mas sob uma perspectiva mais afetiva que política: e Ernesto Cony Filho, pai do autor, é então revisitado numa obra em tom memorialista e de toques biográficos. E um dos seus livros mais recentes, *O piano e a orquestra*, por sua vez, retoma o velho tema do homem diante de Deus, mas numa outra chave, agora com doses de humor e ironia, e ação transcorrida na pequena cidade de Rodeio, onde Francisco de Assis Rodano – o nome é certamente motivado – desafia Deus. Os problemas metafísicos e políticos cedem a uma visão mais contemplativa da realidade, e a literatura se despe de sua investidura ideológica. Dificilmente teremos novamente um Cony que representa a desintegração social em fatos resumidos no intervalo de um único dia, como em *Matéria de memória*, esse tipo curioso de *Ulysses* nutrido à base de filosofia pessimista.

É interessante notar que a obra de Cony é composta, quase em sua totalidade, de romances, havendo um único livro de contos: *Sobre todas as coisas*. Alguns deles já tinham figurado na revista *Livro de Cabeceira*, encomendados ao autor por Paulo Francis. Diversa de uma tendência da literatura observada de um tempo para cá, de se ater a relatos breves e explorar amplamente essa forma narrativa, sua obra perseguiu sempre o enredo de fôlego, e o desenvolvimento prolongado, deixando às crônicas do jornal e aos textos da coluna que mantém há anos na *Folha de S. Paulo* a tarefa – igualmente árdua – da síntese. Talvez Cony tenha conseguido o que queria: uma imortalidade laica, sem canonização. Nada mais justo para quem soube dar forma a dilemas religiosos sem, contudo, ser um porta-voz da religião.

PAULO MENDES CAMPOS E
AS MINERAÇÕES DO COTIDIANO

Quando vamos analisar uma obra de crônicas, geralmente temos a mania de começar rotulando-a a partir do gênero, e acabamos sempre, ou quase sempre, por tratá-la como uma obra "menor" porque pertencente a um gênero "menor", considerando, em contrapartida, como gêneros "maiores", o conto, o romance, a poesia e o ensaio, entre outros. Creio que essa distinção parte na verdade de um preconceito criado pela crítica, e seria interessante recuar diante de uma facilidade inútil como esta e tentar pensar a literatura num outro enfoque. Para isso, é preciso retroceder muitos séculos, e lembrar da distinção genérica sob a qual se guiavam os antigos, tanto gregos quanto romanos. Aristóteles, na *Poética*, divide os gêneros em três grandes grupos: o alto, o médio e o baixo. Ao primeiro, se filiam, principalmente, a poesia épica e a tragédia, por tratarem de assuntos graves, intrigas políticas e guerras, tendo como protagonistas da ação deuses e heróis. Já o médio contemplava a poesia bucólica, a elegia e, de forma restrita, o epigrama, e tratava de temas circunstanciais, de relações amorosas e do erotismo. Diferentemente, a sátira tinha como motivo central o vitupério, a acusação e o escárnio, e a comédia a crítica de costumes e o tom circense, fato que levou Aristóteles a enquadrá-las como expoentes da expressão baixa. A única distinção entre ambas – diz Aristóteles – é que a comédia produz um riso "sem dor", porque festivo e inócuo, enquanto a sátira visa o riso "com dor", guiado pela maledicência e pela depreciação do próximo. No entanto, cada um desses grandes grupos pressupunha apenas a utilização de um elenco de formas e procedimentos próprios, e só por isso eram assim divididos; nenhum deles é "menor" ou "maior" em relação aos outros. Há somente autores menores e maiores, bons e ruins, conforme o grau de habilidade que tenham ao manejar as técnicas que cada um deles exige e prescreve.

Essa introdução que, suponho, já deve enfadar o leitor, talvez sirva para repensar o trabalho de cronista de Paulo Mendes Campos, que terá sua obra completa reeditada pela Civilização Brasileira. Ao invés de partirmos do preconceito referido acima, deveríamos pensar se o autor, dentro da especificidade da forma literária que exerce, foi bem ou mal sucedido. No caso de Campos, o resultado é extremamente positivo, e podemos dizer que ele está para a crônica como Drummond está para a poesia e Pedro Nava para o memorialismo. Estes, aliados a Fernando Sabino, Rubem Braga, Hélio Pellegrino e Wilson Figueiredo, são seus companheiros de mineiração e, de modo geral, de geração. Aliás, Minas é uma constante nos textos do autor, e funciona como uma espécie *leitmotiv* de boa parte de sua obra. Não se trata da paisagem, da geografia ou da história de Minas, mas sim de um modo de ser que caracteriza o mineiro e que, segundo Campos, consiste em virtudes como: silêncio, economia, modéstia, reserva, graça e tradicionalismo. A seguir, arremata com ironia, dizendo tratar-se de virtudes perigosas, pois ao menor descuido "o calado vira jururu, o econômico pão-duro, o modesto parvo, o engraçado chato, o reservado desconfiado e o tradicionalista carranca". Foi para o Rio de Janeiro em 1945 para conhecer Pablo Neruda, e acabou se fixando. Além de sua terra natal, esta cidade comparece afetuosamente em suas linhas, sobretudo nas crônicas referentes a ela contidas em *Brasil brasileiro*, terceiro dos três volumes já publicados aos cuidados de Flávio Pinheiro, e precedido por *O amor acaba* e *Murais de Vinicius e outros perfis*.

Um dos aspectos interessantes da crônica é a liberdade que ela proporciona, e que se reflete na escrita e na escolha dos temas. Em *O amor acaba*, há algumas delas, incluindo a que dá título ao livro, como "Prosa primitiva", "A vida, a morte, o amor e o dinheiro" e "Imagens", que seguem uma sequência de livre associação de ideias, e muitas vezes são organizadas como se fossem poemas, atitude que lhes confere uma grande modernidade. O mesmo acontece em "Carta a Pero Vaz de Caminha", "Nomes de lugares: História do Brasil" e "Carta a um amigo", endereçada a Otto Lara Resende, então na Europa, todas partes do volume *Brasil brasileiro*.

Outro ponto alto da obra de Campos são os perfis. Espécie rara de retratista que consegue plasmar a personalidade de que trata aos acontecimentos políticos e às circunstâncias envolvidas, ao lê-lo temos uma visão panorâmica e dramática de todos esses elementos condensados numa só pessoa. É o caso de sua curta biografia de Antônio Houaiss, onde nos relata a ascensão intelectual e política do filólogo, e sua futura cassação ao ser acusado de comunismo; do seu encontro com Murilo Rubião em São Paulo por ocasião de um protesto de escritores contra o Estado Novo; de sua descrição do caráter silencioso e impenetrável de Drummond e de seus relatos da vida de Di Cavalcanti, Antônio Maria, Jaime Ovalle e Vinicius de Moraes, personagem principal do volume.

Os apreciadores de música se surpreenderão ao ler suas crônicas sobre música popular. Nelas o autor revisita clássicos como "Chão de estrelas", de Orestes Barbosa, e uma infinidade de compositores que vão de Geraldo Prereira, Haroldo Barbosa e Tom Jobim aos cantadores anônimos do nordeste. Do elenco, Campos não deixa de confessar sua predileção por Noel Rosa, e de encontrar nele todos os componentes indispensáveis para um grande compositor. Parece que Campos via na nossa música a expressão de uma espontaneidade necessária, para não dizer imprescindível, ao nosso desenvolvimento intelectual e social, e à nossa afirmação como uma cultura de caráter delineado, problema que o tocava de forma muito intensa. Na crônica "Reformas de base", retoma a polêmica pública criada por Sílvio Romero a partir de uma declaração de Euclides da Cunha quando da sua posse na Academia, em 1906, segundo a qual as transformações políticas do país começam sempre de cima para baixo, fato que é, por si só, pernicioso, pois atesta a diligência e a deliberação de nossa elite em relação às camadas baixas do povo. O mesmo espírito inquisidor encontramos, embora de forma subliminar, em "Burton no Brasil", texto que trata da vida de Sir Richard Burton, aventureiro inglês versado em assuntos que vão da zoologia à botânica, da filologia à etnografia, e que, ao se radicar por aqui no séc. XIX, contribuiu muito para a descoberta de jazidas no interior do país. Indiretamente, Campos, ao elogiá-lo, está reivindicando para o Brasil pessoas de atitude, verdadeiros desbravadores que possam redescobrir um outro Brasil sob a máscara das mazelas sociais, assunto pertinente nos dias de hoje quando se comemora (sabe-se lá por quê) quinhentos anos de desigualdade, nepotismo, omissão e corporativismo *avant la lettre*.

Além de cronista e poeta, Campos também foi um bom tradutor, e pode-se vê-lo pelas suas versões das obras do crítico de arte inglês John Ruskin, de Oscar Wilde, de Julio Verne, de contos de Shakespeare e de alguns poemas dispersos de vários autores. Bebedor convicto e boêmio irrefreável, sua obra é eivada de um pessimismo que não chega a ser melancólico, mas, ao contrário, termina em ironia. É como se, ao observar a fragilidade humana, submetida a jogos de poder de todo tipo e tendo um "destino obscuro" pela frente, o riso ácido fosse o único antídoto que tivéssemos, pois, como nos diz, felizmente o mundo não é divertido.

A ETERNIDADE E UMA NOITE
DE *AS MIL E UMA NOITES*

Poucos acontecimentos da literatura são passíveis de tantas interpretações quanto a saída de Cândido do castelo do barão de Thunder-ten-tronckh. Ele deixa a paz e a harmonia da Vestefália para conhecer o mundo, mas mal sai de seu aconchego, já se enovela numa sequência infinita de desastres, patifarias, canalhices e enganos. A crítica sempre ressaltou essa transição. Ela seria a passagem de um mundo ordenado e coeso a outro, caótico e inabitável. Uma alegoria que Voltaire teria criado, inspirado na ruína real da cidade de Lisboa, com o terremoto de 1755, para representar a ruína do Antigo Regime e dos sistemas totalizadores. Quanto ao nome bizarro do fictício barão, talvez seja uma possível sátira a Frederico II da Prússia, que de fato escorraçou Voltaire de sua corte.

A partir de então o homem estaria entregue ao devir da história, relegado à fragilidade de sua condição e tendo como guia apenas a luz opaca de seu discernimento. Não há mais uma redenção. Há apenas a consumação de nossa liberdade no círculo estreito de nossos atos. Muito já foi esmiuçado sobre a bufonaria que Voltaire mobiliza contra a monadologia e o universo dos compossíveis de que fala Leibniz, caricaturado no amo Pangloss. Já se chamou a atenção para os intrincados recursos teológicos de que o autor do *Dicionário filosófico* se serve para dar cabo da divina providência e secularizar o conhecimento, ao ligá-lo à necessidade da experiência e ao fazer *tabula rasa* do pensamento, como queria o empirismo de Locke.

Porém, poucos estudiosos deram atenção à importância do islamismo e dos árabes em sua obra, a começar pela sua impecável novela *Zadig*, por seu drama *Mahomet*, de 1742, e pelos *Ensaios sobre os costumes e o espírito das nações*, de 1756, onde ele presta reverência ao mestre maior da língua francesa e à sua curiosidade antropológica: Michel de Montaigne. Este clima, misto de orientalismo, crítica de costumes, literatura de ideias e ostentação cortesã, já está disperso na literatura francesa, a começar pelas *Cartas persas* de Montesquieu, de 1721. Porém, é notória a ligação direta de Voltaire a esta cultura. Sobretudo a uma das maiores obras de todos os tempos: *O livro das mil e uma noites*.

Sua entrada na Europa se deu de maneira indireta, por meio da tradução de Galland, sábio versado em letras latinas, grego, hebraico, persa e árabe. Mas isto não atenuou o seu impacto. Publicada em seis volumes, entre 1704 e 1717, o mote que a inaugura é o mesmo que persegue todas as aventuras do cândido herói. Haverá alguém mais desgraçado do que eu? É a mesma pergunta que Cândido e os reis irmãos Shahriyar e Shahzaman se fazem antes de correr o mundo. A resposta, como era de se esperar, é positiva. Sempre se dá o pior no pior dos mundos possíveis.

Depois de Galland, as traduções se sucederam: Lane, Burton, Paine, Mardrus, Littmann, Henning, Weil, Cansinos-Asséns. Cada qual criando novas noites em nova língua e novas linguagens, com outros valores e outros pressupostos. Novas obras, dir-se-ia. Mas todas se remetendo à ficção de um original que não existe, mas que está, isto sim, pulverizado no imaginário de toda a humanidade durante séculos. O que nos leva a supor que as *Noites* sejam um livro que não precisa ser lido para ser conhecido.

Quanto aos seus leitores e à sua recepção na literatura ocidental, são tantas e de tal importância que se torna difícil defini-las. Dos *Canterbury Tales* de Chaucer ao *Decameron*, do poema "Kublai Khan" sonhado por Coleridge ao enciclopedismo delirante de um De Quincey, do romance de ideias francês ao *noveau roman*, de Stendhal a Proust, de Stevenson a Chesterton, de Kipling a García Márquez. E uma convicção da qual ninguém me demove: as *Noites* são uma fonte de inspiração direta para um dos maiores livros da literatura ocidental: o *Quixote*. Seja no seu aspecto árabe mais evidente, como manuscrito narrado por Cide Hamete Benengeli, seja pela estrutura de contos dentro de contos dentro de contos, seja em episódios tópicos, sobretudo da primeira parte, como a história, provavelmente autobiográfica, do Capitão Cativo, e sua estada em Argel sob domínio mouro. As pontes possíveis são muitas. E creio que nem um pouco improváveis. De modo que a trajetória da obra transcorre à revelia de nossa vontade. Ela é autônoma. Um patrimônio diáfano da humanidade.

Da mesma forma, o paralelismo entre alguns personagens e mitos com outros gregos e indianos é admirável. Há correspondências entre as aventuras de Ulisses e a do marujo Simbad, e o *ifrit*, o gênio das *Noites*, pode assumir às vezes a feição gigante de um Polifemo. Assim também as histórias de Aladim, do califa Harum Al-Rachid, dos amores do príncipe Camaralzaman, a história de Ganem e a do cavalo encantado. Neste caso, é interessante notar a mescla de culturas. Talvez para nos advertir que as ideias não têm lugar. E que todo fenômeno a que chamamos *cultura* é um ato de *tradução*. Algo ontologicamente impuro. Uma borboleta que, mesmo depois de morta, se esquiva das gavetinhas do especialista.

O entrelaçamento entre esta abstração chamada Ocidente e a cultura milenar que deita suas raízes remotas na península da Arábia Feliz, como a chamou Heródoto, é antigo e em alguns momentos intenso. Tanto que é difícil definir uma linha divisora clara entre a tradição greco-romana e o que chamamos com impertinência de Oriente. Boa parte da arte bizantina é matéria helenística talhada em um molde parta, antiga civilização do atual Irã. Como demonstrou a pesquisadora Karen Armstrong, em seu livro *Maomé*, do século X ao século XV havia na Península Ibérica uma forte correspondência entre cristãos, muçulmanos e judeus, em uma tradução pacífica e recíproca de suas histórias e culturas. Esse intercâmbio vai praticamente se encerrar com o Concílio de Trento, em 1542. Embargo que dura até hoje. Com agravantes adicionais.

Também é importante lembrar os exemplos clássicos da preservação de obras da antiguidade, sobretudo de Aristóteles. Algumas delas chegaram a passar por anônimas durante séculos. Outras só vieram à luz graças às traduções de sábios árabes, como Abu Mattar e sua edição da *Poética* e da *Retórica*, no século X. Outro ponto bastante interessante é o impacto que os estudos de ótica de Al-Hazen exerceram sobre Roger Bacon, o Doctor Mirabilis, cuja guinada no estudo da luz no século XIII será decisiva para a adoção do ponto cêntrico, da teoria das luzes e sombras e da perspectiva na pintura do Renascimento. O que o provincianismo dos historiadores idealistas define como o ápice da cultura ocidental teria, portanto, como uma de suas âncoras, o obscuro Islã. É a triste ironia de nossas verdades positivas.

Em tempos de obscuridade fundamentalista, onde o Islã é despudoradamente deturpado na mídia, nada mais saudável do que o colocar na raiz da criação de um dos maiores expoentes do Iluminismo. E de fato, seria redundante repisar a importância dos árabes para a consecução de um desenvolvimento filosófico e científico de envergadura, o que tem levado alguns estudiosos a repensar a oposição entre religião e progresso, que seria uma falsa questão, ou no mínimo mal formulada, eivada de preconceitos oitocentistas.

Já a história das edições de *As mil e uma noites* talvez seja tão pitoresca quanto seu conteúdo. Na verdade, sabemos pouco de suas raízes.

Pouco pode nos dizer o parco manuscrito encontrado em Antioquia, pertencente à chamada matriz iraquiana da obra. E poucos são os indícios oferecidos pela tradição de contos noturnos, anteriores à sua primeira compilação, entre os séculos XIII e XIV, no Cairo. Estes antigos contos compõem um gênero, o dos contadores de histórias noturnas, e seu primeiro cultor foi ninguém menos que Alexandre da Macedônia, famoso explorador desta terra além do Ganges e da Aurora a que o poeta Juvenal alude, para descrever o Oriente.

Como observa Mamede Mustafa Jarouche, na introdução desta que é a primeira tradução das *Noites* feita direta do árabe, com cuidados primorosos da editora Globo, além do ramo iraquiano, há dois principais: o sírio e o egípcio. Este último se subdivide em antigo e tardio. A obra, tal como a conhecemos, é, em sua totalidade, uma assimilação do ramo sírio e do egípcio tardio, sendo este a única fonte onde constam as 1001 noites completas. Ao contrário do que se cria, ela não tem muita relação com a obra *Hazar afsana*, o livro persa das *Mil fábulas*, como a tradição equivocadamente consignou.

É interessante seguir a trajetória dos códices e edições das *Noites*. Dispomos de duas grandes fontes neste sentido. Ambas são do século X. A primeira é do historiador Al-Masudi, que nos dá um breve relato da tradição das fábulas de narração noturna, em sua obra *Pradarias de ouro e minas de pedras preciosas*, composta por volta de 950. A segunda nos é confiada por Ibn Al-Nadim, livreiro do Cairo que se propôs ao curioso trabalho de comentar todas as obras que lhe caíam em mãos e, em 987, enfeixou estes relatos em uma obra intitulada *Catálogo*.

Da mesma família de obras ou fontes possíveis de inspiração às *Noites* temos a *Kalila wa-Dimna*, coleção de fábulas indianas traduzidas para o persa no século VI. E outras histórias soltas, como a do sábio Sindabad, na qual sete vizires de um rei se revezam na narração de histórias para tentar assim dissuadi-lo de matar seu filho. Esta movência textual, para usar o conceito do grande crítico Paul Zumthor, não se esgota em uma curiosidade arqueológica. É decisiva para se entender a grande transformação que as *Noites* empreendem na tradição de fábulas noturnas que a precedeu. De fato, pela primeira vez temos uma obra cuja narradora feminina não só se faz presente em toda a sua extensão, como muitas vezes insere a perspectiva da mulher na descrição, ocasionando uma mudança importante no estatuto social da representação.

Muito além de qualquer realismo crítico aziago, trata-se de uma marca textual que corrobora outras mudanças profundas levadas a cabo pelas *Noites*. Essa transformação também é visível no tratamento dado ao *matal*, vocábulo que pode ser traduzido como *paradigma* ou *provérbio*, mas que também designa a moralidade exemplar das fábulas. Pois bem: nas *Noites* esta coerção moral quase desaparece. Os personagens parecem estar mais preocupados com a ação e a eficiência de cada ato do que com o seu valor pedagógico ou ilustrativo, perspectiva que ainda predomina, por exemplo, no *Livro das 1001 noites*, manuscrito tunisiano da mesma família, tecido pela narrativa do filósofo Fihrás, também traduzido por Jarouche e publicado tempos atrás, pela editora Hedra.

Ao valorizar o prazer da pura narração em detrimento da sua utilidade didática, ao visar a elocução a despeito da *utilitas*, como diziam os priscos retores, as *Noites* devolvem a fábula à sua dimensão amoral originária. Como crítica dos costumes, a fábula sempre foi um instrumento de repor a ordem e os valores. Mensageira de uma narrativa infinita, cuja eficiência tem por objetivo, não a educação da sociedade, mas sim a suspensão da própria morte, Sherazade bane o juízo e adota em seu lugar uma espécie de utopia lúdica: um livro que se narra a si mesmo e, ao se narrar, implica em si o mundo e o leitor.

É este sentido auto-suficiente da obra que mais nos encanta. Analisando o seu título, que é por si só uma composição poética, Borges interpretou *mil* como um equivalente mensurável para *muitos*. E, diz-nos, em último caso, que podemos ver neste número um correlato de *infinito*. Então, por que a adição de uma noite? Para que se possa ter a ideia de um infinito que transborda: além do horizonte sem fim do mundo uma noite ainda circula. E também para dar o anúncio circular do eterno retorno: todo o rio da eternidade que reflui para si mesmo. Infinidade do tempo. Infinitude do espaço.

Ele disse. Dois pontos. A fórmula é repetitiva, tautológica, circular, mas por isso mesmo encantatória. Não quer *comunicar* uma experiência: quer *gerar* um mundo possível. Abre uma série de vasos comunicantes na narrativa, que se desdobra em inúmeras vozes e falas. Estas, por sua vez, se encaixam umas dentro das outras. Com isso, as *Noites* demonstram que o prazer do texto, misto de mediação racional e operação afetiva, é irredutível à apropriação ideológica interessada (e mesquinha) de quem queira lê-las em função de seu próprio umbigo.

Isto não lhes veda a capacidade de indiciar a época em que foram escritas. Muito menos anula a sua atualidade para o nosso mundo, pelo contrário. Apenas matiza este processo, evitando transformar a obra em letra morta de um mundo morto. Compostas durante a vigência do Estado mameluco, as *Noites* são contemporâneas de uma das ações mais devastadoras sofridas pela sociedade árabe e pelos islâmicos: a invasão mongólica que culminou com a destruição de Bagdá e a extinção do califado abássida.

Sete séculos e meio depois, a história não se repete, porque nada se repete, mas repropõe a farsa, pois parece que só ela existe. Hoje, em um mundo que tem todos os seus valores leiloados em uma feira internacional e se encontra prestes a ser dividido em dois hemisférios, um de animais, outro de profissionais liberais, a força da ficção provavelmente não possa mais contra a morte real e iminente. Porque agora a morte vem de dentro, devém da ruína de sua própria possibilidade de existência, de nossa própria incapacidade de simbolizar o absurdo. O *phármakon* se esvaziou de sua dupla acepção. Só admite o veneno que se extrai do próprio veneno.

Em ambos os contextos, o fio infinito da voz de Shahrazád tenta interditar a morte, sob a ação cada vez mais precária da fábula. O puro prazer das formas e as fórmulas encantatórias, aquilo que Emir Rodríguez Monegal definiu como uma poética da narrativa, não podem mais suspender a ação do cadafalso ou entreter o rei que ora degola suas marionetes aos milhões. Talvez estejamos prestes a entrar em uma curiosa história da eternidade. Não aquela que dá origem a todo o tempo, mas sim aquela que consiste na sua absoluta privação. *As mil e uma noites* serão sempre esse canto agônico de um cisne que não morre. E assim nos lega indefinidamente uma redenção possível.

A MORTE DE UM CONTINENTE:
ANTONIO DI BENEDETTO

Se a transfiguração da história em forma artística, no sentido mais profundo deste termo, é um dos imperativos de toda grande obra, isso raramente se deve aos argumentos fornecidos pela crítica, que procura em vão demonstrar a pertinência de uma obra por meio de suas implicações sociológicas ou formais, ou seja, seus hipotéticos compromissos, seja com o que for. A grande arte é irresponsável. E só assim pode angariar o posto que lhe cabe, não como corolário de experiências formais nem como antídoto ou sintoma de nossas mazelas, mas sim como salto livre no abismo. Devemos a seu suicídio a nossa salvação.

Nesses termos, é legítimo ver no romance *Zama* (Globo, 2006) do argentino Antonio di Benedetto, publicado originalmente em 1956, um dos marcos importantes da moderna ficção hispano-americana. E isso porque ele questiona essas premissas justamente a partir de sua própria estrutura. Sendo um romance ambientado no século XVIII, guarda pouco ou quase nada do modelo convencional dos romances históricos. Nele a perspectiva léxica, embora rica, é secundária, e se fôssemos pensar em sua paternidade estilística, teríamos que concordar com o que diz Juan José Saer no prefácio: ela se liga mais à prosa do Siglo de Oro do que aos padrões setecentistas. Mesmo o dado histórico imediato não ressoa nele como seria de se esperar. E esse assessor letrado do governador do Paraguai chamado dom Diego de Zama, à espera de retornar para uma cidade mais importante do continente, está mais próximo do emblema do destino e da decadência de um homem do que do modelo exemplar de uma época, seja ele tópico ou típico.

Também em termos políticos o lugar de *Zama* é híbrido e de difícil localização. Não há heroísmo ou anti-heroísmo em suas linhas. Muito menos acidentes pícaros ou aventuras para além do real, sejam elas maravilhosas ou fantásticas, embora ao longo do seu andamento a fronteira entre delírio e realidade tenda a se atenuar gravemente. Porém, diferente da tradição do realismo mágico, o ar que se respira aqui é opressivo, mais próximo de um enquadramento de tipo existencial, cuja ação está eternamente em vias de se realizar. Nesse ambiente, nem mesmo o amor pode superar a zona de interdição que nos cerca, pois a paixão que impulsiona dom Diego a Luciana ou sua dívida abstrata para com a sua esposa só servem para fortalecer o caráter inconcluso, dir-se-ia inviável, da existência. Em meio a esse andamento sonâmbulo, irrompem aqui e ali pequenas alegorias e metáforas. São elas que conferem ao real o teor discrepante que lhe caracteriza além da mera constatação e moldam a especificidade da situação americana, em contraste com a Europa, contraste simultaneamente velado e desvelado pelo romance.

É assim que a sua abertura forte, com a cena de um macaco morto boiando no ir-e-vir das águas de um píer, já nos lança em seu horizonte imaginário. Seria essa a chave de nossa condição e mesmo da condição humana? São muitas as alegoreses que se seguem como pontos luminosos na trama da narrativa: a mulher que foi ceifada (morta) pelo homem que sonhou seu corpo como se ele fosse a asa de um morcego, as aranhas que aparecem em momentos os mais imprevistos, a reflexão ociosa sobre o deus criador que Zama realiza ao lado de sua nova esposa, as duas mulheres enigmáticas da sua nova hospedagem, essa insólita expedição de guerra em busca desse igualmente insólito Vicuña Porto, em um clima de delírio e de entorpecimento coletivo, e o seu desfecho: a reaparição fantasmal do menino loiro, que pontua diversos momentos do livro.

Em vão o leitor procurará semelhanças entre *Zama* e outras obras hispano-americanas. Não há nele o transbordamento admirável do senhor barroco Lezama Lima, tampouco a frieza cínica dos contos de Virgilio Piñera. Não estamos nos meandros intelectuais de Borges, nos labirintos frondosos de Cabrera Infante ou no campo efabulador de García Márquez. E, se não há espaço aqui para o engajamento político explícito, tampouco há para o culto à forma romanesca, ecoando *nouveau roman*. Talvez sua remissão mais direta seja, ao contrário, mais longínqua, e lance raízes em dois precursores de toda a tradição americana: Horacio Quiroga e Juan Rulfo.

Dividido em três partes, *Zama* compõe um diagrama de três datas: 1790, 1794 e 1799. Nada mais vazio e, no entanto, mais esclarecedor. Pois sua radicação histórica, ao transcender o espírito de época, devolve a história do continente ao presente. E se a América Latina é mesmo uma ficção, como queria Borges, a recusa ao fechamento ideológico que reverbera em *Zama* diz-nos algo mais profundo do que mera renúncia ou pessimismo. Dedicada às vítimas da espera, por esse mesmo motivo a obra de Di Benedetto pode ser lida em todos os seus níveis possíveis, sejam eles políticos, históricos ou existenciais. E assim, mais do que compor a sinfonia patética de nossas ilusões, faz sim é agravar o sentido vivo e pulsante de nosso desespero.

LA FONTAINE E AS
FORMAS DA FÁBULA

Dentre todos os gêneros literários, talvez a fábula seja aquele que tenha maior longevidade e, ao mesmo tempo, seja o de mais difícil definição. Porque embora ela tenha sido inaugurada no Ocidente com Esopo, a fábula transcende a civilização ocidental e se espraia por todas as línguas e culturas existentes, tornando-se quase impossível defini-la em sua essência. Podemos pensar em alguns traços que lhe são característicos: o gosto pelo maravilhoso, a tendência antropomórfica de humanizar e dar consciência a animais e até a outros seres inanimados, o teor moral e edificante, a inclinação para a caricatura, entre outros.

Porém, ainda assim estaremos sempre diante de peças literárias cuja estrutura nunca podemos saber ao certo se pertence à tradição da fábula ou se apenas lança mão de elementos próprios a toda a ficção, em sua história milenar. E aqui podemos pensar em alguns casos clássicos: *O asno de ouro* de Apuleio, os contos de Voltaire, algumas novelas de Cervantes, como o *Diálogo dos cães*, por exemplo, *A história maravilhosa de Peter Schlemihl* de Adelbrecht von Chamisso, as peças de Heinrich von Kleist, as narrativas maravilhosas de Théophile Gautier até alguns nomes de proa da literatura moderna, como Kafka, Beckett, Ionesco, Joyce, entre tantos e tantos outros. Isso para não falar na fronteira tênue que separa a dita literatura fantástica latino-americana desta tradição fabuladora e fantástica bem mais ampla, antiga e abrangente. Para se ter ideia disso, basta lembrar que entre os livros de devoção de Gabriel Garcia Márquez, aqueles que foram responsáveis pela guinada fantástica de sua obra, se encontram o *Pedro Páramo* de Juan Rulfo e *As mil e uma noites*.

O lançamento das *Fábulas* de La Fontaine, uma das obras mais importantes do gênero, se não a mais importante, pela editora Landy, com ilustrações de Gustave Doré, é um grande acontecimento, não apenas para se redimensionar o assunto em termos teóricos, mas também pelo saboroso resultado poético que o escritor francês obteve unindo com rigor e propriedade esses elementos característicos do gênero que mencionei acima. Além do quê, é urgente recuperar e repensar esse tipo de literatura que propõe uma representação não realista e não naturalista da realidade, tendo-se em vista o vínculo forte que ela mantém com o que de melhor de produziu na literatura moderna e, pode-se dizer, com o que de melhor se produz hoje em dia.

Um dos méritos da presente edição é que ela é uma miscelânea de diversos tradutores de épocas e procedências diversas, todos eles vertendo para o português a obra máxima de La Fontaine. Desde artífices exímios do século XVIII, como Filinto Elísio, também grande tradutor de autores latinos, como Catulo e Tibulo, passando por nomes mais famosos, como Machado de Assis e Bocage, até o Barão de Paranapiacaba, o livro é uma edição integral das fábulas, assinada por dezenas de excelentes tradutores, portugueses e brasileiros. E o mais importante: em versos. Diferente de tantas edições que planificam a arte de La Fontaine, colocando-a em prosa corrente, e assim perdem todos os efeitos métricos, rítmicos e prosódicos de sua poesia. Estranho apenas que edição tão cuidadosa não traga sequer uma única nota editorial falando dos tradutores e dos critérios de compilação das diversas fábulas. Também seria oportuna uma apresentação, ainda que sucinta, de autor, contexto e obra, o que não há. E o leitor fica na completa ignorância, sem saber quem são afinal aqueles nomes que assinam o final de cada peça vertida ao português e sem poder situar o grande poeta do século XVII e sua obra dentro de sua época. Apenas uma nota na orelha sobre a corte de Luis XIV e o seu círculo de amigos e escritores, que contava com gente da envergadura de Boileau, Moliére, Racine.

Muitas das fábulas contidas nesse volume já são correntes, algumas chegaram até a se imiscuir no imaginário popular. É o caso das famosas histórias da Cigarra e da Formiga e do Leão e do Cordeiro. A presença de animais, ditados, sentenças filosóficas e morais, misturados a metamorfoses, como é o caso da divertida fábula da Gata transformada em Mulher, e isso tudo temperado com mitologia e acontecimentos maravilhosos: eis o tom e o tino da obra de La Fontaine. Além de entreter, mover as paixões, educar e deleitar, como diz Aristóteles, suas *Fábulas* cumprem hoje um novo papel. Servem para provar de uma vez por todas que o real não é nada mais nada menos que uma variação do Mito. E que nunca estaremos tão longe dele quanto mais o quisermos possuir, analisar e representar de maneira fiel e fidedigna. Verdade não há, só há ficção e linguagem. Para falar com Novalis: quanto mais poético – mais verdadeiro. Esse parece ser o coração da fábula. E por extensão, de toda a literatura.

TCHÉKHOV: ENTRE A MULHER E A AMANTE

É mais ou menos assim que Tchékhov diz se sentir em uma das cartas trocadas com o dramaturgo e editor do prestigioso jornal *Novo Tempo*, do qual foi colaborador: dividido entre a fidelidade à sua profissão de médico e seus casos mais do que frequentes com a literatura. E esse é apenas um dos pontos interessantes que as cartas, trocadas entre os anos de 1886 e 1891, podem nos revelar a respeito de sua obra. Não é a única passagem em que o escritor associa a sua concepção de arte mais à sua profissão e a uma observação minuciosa da vida do que à adoção dos métodos das ciências naturais, em voga nos círculos letrados da época, dado que, *per se*, pode retificar muitas das interpretações críticas que o vinculam diretamente ao positivismo. Há uma série de outros pontos altos, e longe de tomar as particularidades da vida do autor para explicar sua obra, isso comprova que podemos muito bem recorrer a elas para sanar alguns equívocos que se criaram em torno desta.

Uma carta muito boa, onde Tchékhov revê algumas de suas ideias sobre arte, é a de número 8. Nela o contista defende a isenção dos escritores em seus escritos, e diz que o artista não pode em nenhuma hipótese ser o juiz de seus personagens. Um pouco mais adiante, faz uma explanação sobre a literatura de caráter psicológico, e a critica, já que, para ele, o escritor deve simplesmente apresentar os homens diante de determinadas situações, não inferir o que eles por ventura possam estar pensando ou como e porquê eles reagiriam a essas mesmas situações dessa ou daquela maneira. Essas considerações aparentemente simples parecem dar a chave para situar sua prosa em relação à dos seus antecessores e contemporâneos, e as dimensões desse realismo *sui generis* que ele pratica. Se por um lado Tchékhov se diz contrário ao realismo de extração psicológica, como temos em boa parte de Dostoiévski e em *Madame Bovary*, ele também está longe de se render a uma pretensa explicação da sociedade por intermédio dos instrumentos da ciência, como Zola o fez a partir das ideias do fisiologista francês Claude Bernard. E é nesse ponto singular que o autor de *Tio Vânia* parece inscrever sua obra: em um realismo que poderíamos definir como clássico, aquele que é o fundamento de uma longa tradição da arte narrativa, mas que não compactua com as camisas-de-força estilísticas e ideológicas que o século XIX criou para si. Esse também é um dos motivos de sua grandeza.

A carta de número 20 acaba sendo complementar e esclarecedora nesse sentido. É nela que ele fará uma crítica aberta à submissão da literatura às ciências, e recriminará toda especulação nesse sentido como fruto de um engano e produtora, não só de devaneios incapazes de dar conta do fenômeno artístico em todas as suas dimensões, como apta a empobrecê-lo. Em tempo, defende o que ele define como sendo uma filosofia da criação, a partir da qual seria possível deduzir a lei geral que regra todas as melhores obras de arte já criadas, e o que há de comum entre elas. Entre essas e outras considerações, Tchékhov nos dá uma amostra preciosa de algo que se esvaziou e praticamente desapareceu: a capacidade dos artistas refletirem sobre os aspectos técnicos e conceituais de suas respectivas artes, ainda que essa reflexão seja oposta a qualquer rigor acadêmico ou a qualquer erudição rebarbativa. E é esse um dos pontos mais prazerosos dessas missivas, quando somos surpreendidos com reflexões muito apropriadas e precisas sobre o assunto no meio de um arrazoado de informações circunstanciais, que tratam de dinheiro, edições, amigos, colaborações para o jornal, encenação de peças e das obras do próprio Aleksei Sergueievitch Suvórin.

Essa conversa franca nos demonstra nitidamente a solidificação de uma amizade e, ao mesmo tempo, o amadurecimento de Tchékhov como escritor e também como crítico. No final das cartas, o autor já trata o poderoso editor de igual para igual, faz críticas duras a alguns pontos de suas peças e fala com a desenvoltura dos homens experientes, não mais como o rapaz de 26 anos do início. Se o lastro de amizade cresce a ponto de Suvórin ceder sua propriedade em Teodósia, na região da Crimeia, para Tchékhov passar suas férias, paralelamente a honestidade intelectual se acentua, e o autor chega a tachar a linguagem de algumas peças do seu editor de ruim, e chega a desancar vários de seus contemporâneos. Além disso, critica implacavelmente a si mesmo e se refere a certos contos como peças destituídas de qualquer interesse, o que demonstra que por trás da dureza de suas avaliações há mais um compromisso com a arte da narrativa do que um exercício de vaidade ou de arrogância.

Nesse aspecto, os críticos e o público também não saem ilesos. Tchékhov diz que a crítica é algo que praticamente não existe na Rússia, pois, caso existisse, ele e outros escritores sentiriam nitidamente que seus trabalhos têm, para a compreensão da vida, a mesma importância que as estrelas têm para a compreensão da astronomia, o que não ocorre de maneira nenhuma. Também reclama da frivolidade do público, que se movimenta para onde querem que ele vá e aplaude o que foi feito para ser aplaudido. Mas o tom geral das cartas não é a melancolia nem o lamento; é sim a ironia. De posse dela, Tchékhov vai e volta a diversos assuntos, e é sempre versátil ao tratar de cada um deles e dono de um desprendimento cada vez maior. Se ela não o impede de pensar seriamente as questões que trata, dá leveza e um sabor pitoresco a essa mesma seriedade, e impede que pese sobre suas linhas aquele espírito de gravidade que Nietzsche tanto recriminava nos escritores e filósofos românticos.

É claro que as cartas, em sua grande maioria, acabam tendo como tônica temas ligados à vida prática e envolvendo personagens do cotidiano dos dois autores, o que muitas vezes pode se mostrar cansativo ao leitor que não tenha um objetivo específico na sua leitura. Mas, ao contrário do que muitos imaginam, as missivas não são documentos a serviço de comprovar ou refutar aspectos da vida dos seus autores. São sim um gênero, como qualquer outro, e a epistolografia não passa de uma maneira singular de colocar a vida em cena, fazer do mundo um palco e exercitar algumas máscaras. Cada carta é uma situação, uma paisagem, alguns personagens, um cenário de fundo e a ação. Não há mais Tchékhov e Suvórin, mas dois atores na incumbência de seus respectivos papéis.

Dentre esses tropeços circunstanciais, alguns se destacam: a descrição que Tchékhov dá a Suvórin do seu estado de espírito no momento em que se sabe ganhador do prêmio Alexander Púchkin, concedido pela Academia de Ciências de Moscou a seu livro de contos *No crepúsculo*, e a descrição caricata do irmão pintor e seus pileques. E o interessante é que em meio a essas considerações totalmente prosaicas às vezes saltam questões de ordem estética e filosófica de primeiro plano. É o caso da carta número 17, onde aparece uma das mais belas dessas reflexões. Nela Tchékhov, em questão de parágrafos, faz uma síntese do que ele entende por universal e particular em matéria de arte. Tanto ele quanto Suvórin seriam, segundo o autor, naturezas presas ao que há de específico nas coisas, e por isso pouco afeitos aos conceitos gerais e aos grandes voos. E identifica a contrapartida desse tipo de temperamento à figura do próprio Jesus, que foi equânime para com tudo o que existe e pensou tudo a partir de uma Essência, não de seus acidentes. Por outro lado, e ainda que Tchékhov não o reconheça, é esse espírito minucioso e atento a tudo o que há de acidental e específico ao seu redor que fez dele um bom prosador, porque lhe deu, em primeiro lugar, o dom de ser um bom observador.

Essa recusa de um tipo de arte que se ocupa de questões gerais fez dele também um dissidente da chamada Literatura das Ideias, que germinou na França no século XVIII pelas mãos de Lesage, Diderot e Voltaire, e se espalhou para vários países, entre eles a Rússia. Exatamente à margem dessas grandes correntes de pensamento, não sendo um realista convicto, um adepto da literatura de extração francesa e muito menos um naturalista, Tchékhov criou para si o seu lugar de destaque na História, e foi sempre idêntico a si mesmo ao imitar todos os mestres, ou seja, ao optar por beber na mais velha das fontes de fabulação, que é a arte de contar histórias, essa sim de vida praticamente inesgotável e indiferente às mudanças de climas, latitudes ou ideologias.

A amante literatura mostrou ao médico Tchékhov que a vida não é passível de ser explicada pela ciência, e a esposa medicina cultivou nele o bom gosto e o bom tom de nunca distanciar a criação da observação imediata do mundo e o apreço pelo artesanato verbal. No fundo, ambas lhe ensinaram a recusar a certeza absoluta, bem como a desconfiar de toda a dúvida. Entre uma e outra, temos o autor de *Uma vida* e sua obra, que escapa a qualquer tipo de redução é um dos marcos da prosa russa, ao lado de Dostoiévski, Púchkin, Tolstói e Gógol. Seria impossível analisar aqui todas os aspectos que compõem esse conjunto de cartas. É um material de riqueza inestimável, pedra de toque para todos os estudiosos e especialistas que queiram reconstruir o ambiente intelectual, artístico, jornalístico e, mais especificamente, literário e teatral da Rússia dos dois últimos decênios do século XIX. Além disso, ao leitor curioso, é a oportunidade de contato com uma das melhores vozes da prosa de ficção desse mesmo século, em sua constante oscilação entre um *humour* de tipo francês, certo ceticismo e outro tanto da mais saudável exigência artística. A tradução direta do russo, assinada por Aurora Fornoni Bernardini e Homero Freitas de Andrade, e a edição impecável, tanto do ponto de vista gráfico quanto conceitual, vieram enriquecer esse triângulo amoroso e pôr em evidência o mérito mais profundo que o livro tem.

KAFKA: O ESPÓLIO DE UM MESTRE

Um homem que serve de ponte à passagem de um ser enigmático sobre um abismo. O mestre-escola intransigente de uma aldeia que defende a existência de uma toupeira gigante nos arredores. Um solteirão solitário que, sem qualquer explicação, recebe certo dia em sua porta dois animais que consistem em duas bolas de celulose e emitem o som de guizos. As circunstâncias que envolveram a construção da muralha da China. Um caçador que ressurge depois de morto e toma a forma de uma borboleta. Um animal que é o cruzamento de um gato e de um cordeiro. Um filósofo às voltas com meninos jogando pião. Um julgamento levado a cabo pelo simples fato de uma moça ter batido no portão de uma propriedade rural. Uma recriação de Prometeu, de Posêidon, das sereias de Ulisses e de Sancho Pança. Uma nova fábula de gato e rato.

Lendo essas *Narrativas do espólio*, temos a impressão de que Borges estava realmente certo quando, em seu texto célebre, *Kafka e seus precursores*, disse que na obra do escritor tcheco são as próprias noções de História e de Tempo que entram em xeque. Porque suas narrativas parecem transcorrer em alguma dimensão semelhante à eternidade e, sem perda alguma do essencial, podem ser ambientadas em qualquer época – muitas vezes até em qualquer ponto geográfico do planeta. Creio que Borges tenha esquecido de frisar apenas um aspecto, que é importante: poucos autores falaram tão de perto à nossa época e compreenderam tão bem uma de suas facetas, que é a predominância das estruturas vazias e da burocracia sobre o indivíduo e a consciência.

Isso desautoriza a crítica mais sisuda a achar sua prosa excessivamente descolada da realidade, como o fizeram alguns teóricos de extração marxista como Lukács, e os desincumbe igualmente da tarefa inútil de arruinar a arte em troca da defesa de posturas políticas e ideológicas, pois assim acabamos renunciando a ambas. O curioso é que, se temos essa sensação de estranheza ao lê-lo, é tão só porque Kafka mantém, aprofunda e dá continuidade a um dos procedimentos mais antigos da literatura: a alegoria. É ela que dá vazão a essa gama praticamente infinita de interpretações possíveis, mesmo nos contos mais simples e breves.

O título do presente volume, organizado e traduzido com maestria por Modesto Carone, não foi dado pelo próprio Kafka, mas atribuído postumamente. Reúne o conjunto de contos e parábolas que o autor não viu publicados em vida, nem em livro nem em periódicos, e pertence àquela parte da obra que Kafka confiou ao amigo e testamenteiro Max Brod, pedindo que fosse queimada, o que obviamente não foi atendido. Uma sorte inestimável, tendo em vista que o escritor só viu impresso um sexto de sua produção.

Se, em decorrência disso, *Narrativas do espólio*, como livro, não chega a ter o impacto do impecável *Um médico rural*, provavelmente um dos melhores livros de contos do século XX, escrito e reescrito devido a problemas de edição durante quase sete anos a fio, no escritório que o autor ocupava na rua dos Alquimistas, está muito longe de ser um Kafka menor – e ainda que fosse, já seria uma grande coisa.

Um conto como "O mestre-escola da aldeia" não chega a atingir a limpidez e a sobriedade daquele estilo jurídico repleto de aporias que abunda em outras obras, principalmente nos romances e novelas, e "Blumfeld, um solteirão de meia-idade" acaba se alongando e mudando de tom mais do que a prudência exige, mas tem ao menos o mérito de nos pôr em contato com o caráter lúdico e humorístico da sua arte. Por outro lado, encontramos obras-primas como "Durante a construção da muralha da China", "O brasão da cidade" e "O caçador Graco", além de podermos gozar da riqueza e variedade das pequenas peças e das histórias escritas à maneira das parábolas orientais.

Um dos traços curiosos desse livro são as relações que podemos estabelecer com outras obras: os dois animais esféricos de celulose e aquele outro, meio gato e meio cordeiro, são bem característicos do imaginário de Kafka e de seu gosto pelos bestiários, e lembram aquele pequeno monstro chamado Odradek e, como não podia deixar de ser, a barata da *Metamorfose*. Já o conto sobre a muralha chinesa recebe enxertos de uma narrativa breve que figura em *Um médico rural*. Além disso, há a retomada de uma série de mitos e personagens, como Posêidon, Prometeu, as sereias da *Odisseia* e Sancho Pança. Vistos através de seu olhar cético e plasmados pelo absurdo, nos revelam mais explicitamente a postura de Kafka diante da tradição literária.

Carpeaux narra as circunstâncias de um encontro que teve com o escritor em um ônibus de Praga. Reconhecendo-o, foi logo ocupar o banco vazio a seu lado. À essa época, Kafka já estava tuberculoso e ainda era, em termos literários, praticamente desconhecido. Hoje sua obra tem o estatuto dos monumentos, mas a princípio nos chegou na condição de espólio e de inéditos saídos de sua gaveta, como ocorreu com Pessoa e Kaváfis. O mundo inóspito que Kafka retratou com cores e traços fortes é o mesmo que hoje o consome, o que nos leva a crer que sua representação era muito mais do que convincente, ia muito além da simples constatação e tinha aquele quê de humor negro que é a essência de todos os espelhos extremamente nítidos. Restam-nos como consolo apenas o paradoxo e a ironia de pensar que um mundo que nos deu Kafka provavelmente não seja o pior dos mundos possíveis.

OSCAR WILDE: O INIMIGO DA VERDADE

O mito criado em torno de Oscar Wilde parece se originar de duas motivações. A primeira está relacionada ao impacto evidente de um escritor que soube levar adiante da maneira mais consumada possível, pode-se dizer quase definitiva, a união romântica indissolúvel entre a vida e a arte, fazendo daquela o espelho simétrico e embaçado desta, tomada então como a verdadeira face, ao contrário do que a observação e o bom senso burguês demonstram. A vida, nesse caso, não imitaria a arte – seria sim o seu apêndice e subproduto, em uma inversão de valores de consequências drásticas. A segunda, e provavelmente a que comporta o maior número de restrições por parte de espíritos mais rigorosos, consiste em transformar a Arte em uma religião e a Beleza, em objeto de culto.

Não é necessário demonstrar aqui os perigos que essas concepções estéticas podem representar para a cultura; para isso basta lembrar aquele teor de decadência que Nietzsche já farejou em todos os artistas e filósofos que transferem sentimentos religiosos para outras instâncias da nossa vida espiritual. Ou averiguar, como o fez T. S. Eliot em seu ensaio magistral, os pontos falaciosos da obra de Walter Pater, que serviu de pedra de toque para Wilde forjar a sua filosofia da arte. Mas sim relevar as produções positivas que nasceram desse conjunto de ideias. Entre elas, se destaca esse saboroso "O retrato do sr. W. H.", misto de conto detetivesco e ensaio literário, que acaba de ser lançado pela Nova Alexandria em bela e bem cuidada edição, e vem acompanhado do clássico *O retrato de Dorian Gray*.

W. H. são as iniciais de um hipotético Willie Hughes, que é, segundo a teoria excêntrica desenvolvida por um dos personagens, o rapaz-ator em quem Shakespeare teria se inspirado e a quem teria endereçado o conjunto dos seus sonetos. A sua defesa se desenvolve de uma maneira vertiginosa. Wilde, refutando uma série de provas colhidas pelos críticos literários no decorrer de séculos, e não satisfeito de deliberadamente lançar mão de uma pletora de informações em benefício de seu argumento, ainda por cima usa métodos capazes de empalidecer um *scholar* ou um acadêmico mais cioso de critérios, como, por exemplo, ler todos os versos dos poemas como índices dramáticos dos contemporâneos do poeta inglês envolvidos nas suas tertúlias amorosas, desrespeitando todas as regras internas da poesia e vendo-a como um documento que comprova a lógica dos fatos.

A riqueza de dados afetivos e biográficos que emerge dessas imposturas teóricas de Wilde só contribui para ampliar ainda mais a obscuridade de tudo o que diz respeito à vida do dramaturgo, e para embaralhar mais as peças desse quebra-cabeça com os toques indispensáveis da ficção. Felizmente. Porque sua leviandade dá espaço para encaixar, no centro desse debate, alguns de seus temas caros: a sexualidade, a arte como um bem em si, único antídoto contra o tédio do cotidiano, e a adoração da beleza como pressuposto de uma nova ética, muito mais permissiva e maleável, cujo único objetivo fosse alcançar esse mundo ideal, esse paraíso que, embora artificial, efetivamente existe.

Já a história do retrato de Dorian Gray é a história de um pacto: o seu rosto ficará jovem, ao passo que seu retrato é que vai envelhecer e sofrer todo tipo de desmandos. A vida é vista como a forma mais elevada de arte, e esta apenas quando pode livrá-la da ação do tempo tem algum valor. Mas em último caso ambos os retratos são uma representação fiel do próprio Wilde: é a sua voz que vem à tona na defesa desses valores e é ela quem proclama o amor às formas sensíveis, por meio da literatura. Pode-se dizer que, para ele, a arte não é uma forma de acesso à eternidade e à glória, mas sim uma suspensão provisória da morte e das contingências. Mas, ao fim e ao cabo, como o sonhador de Coleridge, Wilde sonha cheirar o perfume de uma flor inexistente e desperta com essa flor nas mãos.

Wilde foi um homem para quem um uma roupa bem cortada, um paladar cultivado, um conjunto de prazeres sensórios e algumas frases de espírito valiam mais do que as virtudes teologais cristãs e do que um conhecimento detido, enciclopédico e minucioso sobre qualquer assunto. Exigir dele retidão e seriedade é dizer que ele deveria ter sido o oposto do que foi. E por contraditório que isso possa parecer, talvez só Flaubert, o seu antípoda, tenha sido, em seu tempo, capaz de uma dedicação tão integral à arte e uma devoção tão incondicional ao ofício das letras. A tradução em primeira mão dessa obra rara traz de volta a heterodoxia do escritor irlandês, esse inimigo da verdade protocolar e factual do dia a dia e apologista das máscaras e das aparências. Um autor para quem cairia muito bem como epitáfio a ambiguidade e o paradoxo dos discutidíssimos versos de John Keats: a única Verdade é a Beleza, e a Beleza, Verdade. Eis Wilde, provocativo e necessário – como sempre.

LAURENCE STERNE:
UM BUFÃO NO SÉCULO
DAS LUZES

Nada melhor do que o prestígio espantoso de que Laurence Sterne gozou em vida para espantar o mito romântico e um tanto quanto idiota do artista incompreendido por seu tempo. E talvez nada melhor do que a obra excêntrica desse professor de Retórica por profissão, pároco por destino e mundano por opção para compreender esse tempo. Infelizmente hoje talvez só possamos reter, num primeiro momento, o aspecto exterior da sua prosa: o uso e abuso da digressão, a citação erudita, a quebra abrupta da descrição, a acentuação livre, o aproveitamento de recursos tipográficos e visuais, a conversa do narrador com o leitor, a introdução de pequenos trechos alheios à narrativa e até técnicas bastante curiosas como o congelamento de cena, que o narrador efetua no *Tristram Shandy*, deixando o engraçado tio Toby falando sozinho enquanto guia os olhos do leitor para outro episódio. Mas a valorização desses elementos não leva a uma compreensão completa da sua arte, embora possa servir de álibi a muitos oportunistas atuais.

Devoto do filósofo David Hume, que concebia o mundo como uma representação mental fora da qual não haveria nada que pudesse ser conhecido, provavelmente o mestre irlandês tenha descoberto nele o seu método de escrita, que valoriza uma associação livre dos objetos e das ações a partir do ponto de vista seletivo de um único observador. Se todas as coisas se dão e *só* se dão na nossa mente, e uma sucessão de acontecimentos pode estar contida na duração de um único lapso mental, Sterne se sente à vontade para, por exemplo, ignorar o tempo real e fazer com que o mesmo Tio Toby leia avidamente durante uma hora e meia sem que esse tempo seja suficiente sequer para seu criado calçar as botas e ir buscar o auxílio do parteiro, dr. Slop, na aldeia vizinha. O tempo físico é substituído pelo tempo psicológico, e esse varia conforme a perspectiva do personagem que esteja em evidência.

Na *Viagem sentimental*, publicada em 1768, um mês antes de sua morte, as técnicas atípicas de Sterne não chegam a ser exploradas com a mesma intensidade com que o são no *Tristram*. Mas nela ele retoma alguns aspectos que estão presentes em toda sua obra. A começar pelo fato de o narrador viajante que a protagoniza se chamar nada mais nada menos que Yorick, o mesmo pároco bonachão que encontramos no *Tristram*, e, por sua vez, o nome do bufão da corte de Hamlet, cujo crânio, desenterrado e lançado para o alto pelos coveiros, é o objeto de um dos momentos mais famosos e sublimes da história da literatura. Embora as peripécias narrativas, o desenho de frases e a música do estilo de Sterne sejam repletos de um brilho palaciano, e ele mesmo tenha dito que a arte da prosa é apenas uma variante mais ornamentada da arte da conversação, esse Yorick funciona como uma espécie de *alter ego* seu, e uma contrapartida da literatura de gênero elevado: uma identificação biográfica que o levou a adotar o personagem vulgar de uma grande tragédia como paradigma de sua vida e de sua obra.

Sterne bebeu em várias fontes para compor seu relato de viagem. Há muito pouco da *Viagem à Itália* de Montaigne, já que seu objetivo é mais satírico que meditativo, mas muita paródia sarcástica da prosa de viajantes empedernidos como Smollett, que andavam então na moda e que são um prato cheio para quem quer ironizar a frivolidade da visão de alguém que se debruça sobre a experiência fátua de seu próprio itinerário. E com ele Sterne deu à literatura de viagem um novo modelo e um novo significado: a dureza de tom, a ironia, a complacência com o leitor e a maleabilidade da escrita, que lança mão de referências literárias sem se esgotar na observação pura e simples, e que estão na origem de uma tradição a que se vincula uma excelente literatura, que vai das *Viagens na minha terra* de Garrett à *Viagem à roda do meu quarto* de De Maistre, do *Brás Cubas* do bruxo do Cosme Velho à violência de imagens e de insultos das anotações que Henri Michaux recolheu perambulando pela China e a Índia.

A liberdade formal de Sterne fez dele o pai de uma das melhores linhagens da literatura moderna, embora ele próprio pareça em certo sentido deslocado das ideias vigentes de seu tempo, o que não exclui sua popularidade, já que essas podem muito bem ser duas vias de mão única. Enquanto Voltaire se empenhava na divulgação de Newton e Locke na França e Diderot fundava as bases da *Enciclopédia*, Sterne, dando sequência às diatribes do bufão no qual se espelhou, decalcava quase literalmente capítulos inteiros da *Anatomia da melancolia* de Robert Burton, espécie de compêndio de generalidades bizarras do século xvii, e se filiava à grande tradição da literatura cômica e satírica do *Quixote* e de Rabelais, fixada no século xv mas, em última instância, de extração medieval. Creio que isso sirva sobretudo para nos ensinar algo básico, mas que hoje em dia muitas vezes se mostra nebuloso até para inteligências mais afortunadas: a boa arte ignora o seu tempo pois só assim ela pode ser um atestado válido de suas contradições. Podemos ir mais longe, e dizer até que ela luta *contra* o seu tempo, para se livrar enfim desse espírito de gravidade, o pior de todos, que a arrasta para o fundo e anula a possibilidade de ascensão da beleza acima das contingências pueris da verdade e dos documentos.

Ezra Pound disse em algum lugar que o artista mais excêntrico é o que na verdade permanece mais fiel à tradição. Seguindo-a, ele inevitavelmente acaba sendo alheio, indiferente e até mesmo anacrônico em relação ao espírito de sua época. E creio que seja por isso que Carpeaux definia toda grande obra de arte como sendo anacrônica. A base da arte de Sterne está na alteração que ele efetuou na prosódia da prosa de língua inglesa, aproximando-a tanto da fala e do ponto de vista do narrador em primeira pessoa, que acabou, de quebra, arrebentando outras leis, como a unidade de tempo, espaço e ação, que o velho Aristóteles propugna e que foi seguida quase à risca por séculos e séculos. Mas isso ainda não diz grande coisa sobre o seu valor mais profundo, já que a forma não define o sentido último de uma obra. Sterne estava longe de ser a vanguarda de seu tempo. E muitos ainda não entenderam que por trás de todo *make it new* há mais recusa do que complacência, e acreditam que ele seja realmente *o* autor mais moderno e atual do século xviii, mas o fazem identificando-o às moedas correntes da nossa época. Assim, valorizamno pelos motivos contrários a todo o seu significado real, ou seja, pelos motivos errados.

A VIDA É O SONHO DE CALDERÓN DE LA BARCA

Pedro Calderón de la Barca nasceu no ano de 1600, exatos cinco anos antes da publicação da primeira parte do *Quixote*. Creio que o ponto central de *A vida é sonho*, considerada pelos especialistas sua obra máxima e também a que gozou de maior prestígio junto ao público e seus pares, seja o jogo entre os dados considerados reais, ou seja, tudo aquilo que cerca o protagonista Segismundo, e a hipótese sempre reiterada de que tudo talvez não passe de ilusão. É desse limiar entre *res* e *uerbum*, entre as palavras e as coisas, entre os fatos e a verdade poética que Calderón parece tirar a substância, a matéria-prima de sua peça. Qualquer referência à obra de Cervantes e à ilusão continuada de que padece o seu cavaleiro andante, não será mera coincidência. E talvez possamos dizer que não é ao *Quixote*, literalmente, que ela se refere, mas sim que ambas as obras ilustram exemplarmente a forma mental e os códigos artísticos de uma época: não *expressam*, de maneira instrumental, a realidade, mas *fundamentam* o real. E no que se baseiam essas afinidades?

Em primeiro lugar, em um tipo de distanciamento estoico que está o tempo todo quebrando a possibilidade de Segismundo tomar o que vive tal e qual. Encarcerado na masmorra pelo rei, seu pai, devido a uma premonição astrológica que o profetizava como o déspota que destronaria o poderoso, ele é submetido a uma simulação que, tirando-o do cativeiro e colocando-o no trono, quer testar se sua predisposição bestial confirma o que o sacerdote leu nos astros. Mas aqui há um paradoxo interessante: Segismundo se encontra em um estado bruto, adormecido sob uma aparência selvagem; mas quem o moldou assim não foi a Natureza, mas os anos de confinamento preventivo a que as crenças religiosas o condicionaram. Sob esse ponto de vista, a peça de Calderón é uma obra de inclinação moralizante: dá-nos, ao fim e ao cabo, a humanização do protagonista, que perdoa aqueles que o puseram na condição que estava e passa a crer que a virtude só é alcançada se domamos em nós o ímpeto e o instinto, e se obramos bem, proposta que está dentro de uma chave de pensamento próprio à Contra Reforma, com o qual o autor se afinava. Espécie de teatro de formação, com pontos tênues de contato com o que posteriormente seria chamado de *Bildungsroman*, romance de formação, a obra de Calderón ilustra e mostra, na trama dos personagens, algo passível de ocorrer na vida real, e nos dá também os *exempla*: o domínio das paixões e a retidão do espírito são o único caminho para a bem-aventurança.

O crítico espanhol Marcelino Menéndez y Pelayo sugere que os personagens Rosaura e Clarín não têm consistência, e que suas primeiras falas, no início da obra, são metáforas vazias que predizem todos os possíveis defeitos estilísticos que haja no seu decorrer. Mas Pelayo, ilustre detrator de Góngora e do gongorismo, que usa para a sua desqualificação, estes sim, os argumentos mais vazios e desinteressantes aos quais pode se dedicar um homem da sua erudição, parece não perceber que é justamente dessa construção de metáforas levada a um alto grau e da versatilidade do verso de Calderón que se extrai a condição poética de uma ação que transcorre o tempo todo entre a imaginação e o fato, e que dão os alicerces para os belos monólogos de Segismundo. Calderón *nunca* poderia ter escrito *A vida é sonho* se guiando pelo estilo claro, ágil, volátil e popular de Lope de Vega, e se devemos recriminá-lo pelo excesso de artifícios de que lança mão, por que não fazê-lo também em relação a Lope, em virtude da completa ausência deles? Pontos de vista.

Quanto aos personagens Rosaura e Clarín, são o contraponto de uma invenção a várias vozes. Se os motivos que os levaram ao castelo de Segismundo são às vezes pouco verossímeis e até mesmo obscuros, seria exigir demais de um artista querer que ele dê conta de desenvolvê-los com a mesma aptidão com que desenvolve o tema principal. Seria, em outras palavras, o mesmo que criticar Claudio Monteverdi por intercalar em suas obras orquestrais pequenos motivos que expiram em si mesmos.

Edmund Wilson diz que a obra demonstra a passagem alegórica das forças amorfas da Natureza e do embrutecimento às luzes da civilização, o que é uma interpretação sensível e justa. Só acrescentaria o seguinte: o próprio Calderón parece jogar, ainda que dentro de limites muito estreitos, com as próprias concepções de natureza humana e a sua contrapartida. Basta lembrar o excelente monólogo de Segismundo, em que ele compara a sua condição à da serpente, da ave, do peixe e do rio, e, em detrimento de sua humanidade iminente, parece equivalê-las, passagem que, por si só, já garantiria a inserção da peça entre as obras-primas da poesia lírica e dramática.

Atualizando o mito platônico da caverna, que serviu ao filósofo grego para demonstrar que, quando dentro destas, apenas podemos entrever as sombras que se projetam no seu interior e estamos presos às contingências do sensível, sem acesso ao sol atemporal da Ideia, *A vida é sonho* mostra o percurso de sujeição dos instintos rumo à beatificação concedida pelo perdão e o domínio de si. Diz-nos que a vida é efetivamente um sonho se não nos guiamos pela vontade de aceder à luz, que em um sentido amplo e metafísico é Deus, e em um restrito e político, os valores católicos e sua ética.

TCHÉKHOV EM TRAVESSIA
PELAS ESTEPES

O século XX foi pródigo em equívocos teóricos no que diz respeito à arte. Uma dessas distorções é relativa ao conceito de modernidade. De tanto se repisar à exaustão que a arte moderna consiste numa transgressão da linguagem, acabou-se por transformar esse lugar-comum em algo positivo e, logo, contraditório, porque é impossível preconceber uma transgressão sem invalidá-la em sua essência. Criou-se assim aquela famosa (e paradoxal) "tradição da ruptura" de que fala Octavio Paz, e perdeu-se o próprio espírito que move a modernidade e lhe confere sentido. Defini-la é engessá-la.

O mais grave dessa visão é o falseamento que ela gera. Falseamento do valor das obras (criticadas ou referendadas a partir de uma visão evolucionista superficial) e também das perspectivas artísticas, que trocam sua base técnica por agregados ideológicos que lhe são extrínsecos. E o resultado disso são problemas sérios de aferição crítica e o enfraquecimento da discussão estética, onde as obras são legitimadas por conceitos mais próximos de campos alienígenas do que da especulação rigorosamente formal.

Lendo a novela *A estepe – história de uma viagem*, de Anton Tchékhov (1860-1904), nos deparamos com aspectos elementares de uma boa prosa de ficção que muitas vezes não encontramos mais por causa dessa hipertrofia de autores "modernos". Seu fio condutor é simples e sem grandes malabarismos temáticos ou estruturais; o desenvolvimento, linear, porém, sutil na captação de matizes descritivos e psíquicos. Dir-se-ia que, mais do que uma boa literatura para leitores, é uma boa escola para escritores.

Trata-se de uma viagem realizada em uma caleça por um conjunto de personagens: o padre Cristofor, o cocheiro Denishka, o comerciante Ivan Kuzmitchov e seu sobrinho, foco central da história, Iegóruchka, conduzido a um distrito não identificado para cursar o ginásio. No centro das sucessivas situações que se desenrolam, é o amadurecimento do personagem principal e suas descobertas pessoais que, de certa maneira, protagonizam a ação.

Não aspirando à concisão lapidar que o escritor russo consegue atingir nos contos, a novela se passa em um enquadramento mais amplo. Assim, tem-se espaço para pequenas digressões e para a pintura de um cenário árido, pedregoso, às vezes hostil, que confuta e ilustra, de maneira objetiva, o estado de ânimo dos personagens e o tom geral da narrativa. Estes são compostos a partir de esgares melancólicos e descritos por um olhar desencantado que se lança sobre o mundo: os elementos essenciais da arte do autor de Taganrog.

Muito já se escreveu sobre as possíveis afinidades da profissão de Tchékhov (a medicina) com seu olhar cirúrgico sobre a realidade, coisa que não interessa aqui. Tampouco cabe redundar nas discussões sobre sua filiação ao Realismo ou ao Naturalismo, por conta de seu interesse analítico pelo organismo social. Para definir *A estepe*, talvez seja melhor recorrer a Otto Maria Carpeaux, à sua famosa comparação da obra do escritor à de escritores como Katherine Mansfield, flagrando nela o que poderíamos chamar de lirismo psicológico.

Por meio dessa abordagem, a paisagem áspera das espetes, com seus salgueiros tristes e suas estalagens soturnas, se torna um correlato objetivo do que se passa na alma dos personagens, e estes, os habitantes de sua própria interioridade, desdobrada na estrada que os conduz a algum lugar onde vão buscar algo além da realidade insuficiente que os constitui.

JUAN MANUEL DEL PRADA PELOS SUBTERRÂNEOS DE VENEZA

Em um canto, com olhar absorto, uma mulher seminua amamenta uma criança recém-nascida. No fundo uma grande tempestade se anuncia, crispando o céu de raios e sulcando o vilarejo com o seu jogo de luzes e sombras. Mais à frente, uma ponte e um riacho calmo se anunciam, ao fim do qual se divisa uma ruína, com suas colunas carcomidas pelo tempo. À esquerda, um jovem peregrino apoiado em um bastão fita o infinito, mas também parece observar, com lascívia e de soslaio, a mulher sentada do outro lado, hesitante em seu gesto maternal.

É basicamente essa a composição da tela *A tempestade* do pintor veneziano Giorgione (c. 1478-1510). Toda a cena é trespassada por um clima sombrio e uma atmosfera de prognósticos de difícil compreensão. E é a partir dessa paisagem, desse cenário e desses personagens que o escritor espanhol Juan Manuel de Prada arquitetou o seu romance homônimo, usando o tema histórico e pictórico como pretexto para um enredo que mistura investigação artística e narrativa policial.

O livro de Prada é amarrado a partir de um jogo vertiginoso de coincidências, onde a viagem de um jovem especialista em arte da Renascença a Veneza se vê comprometida pelo testemunho de um assassinato cuja vítima é justamente um falsificador e ladrão de obras de arte, Fábio Valenzin. Entre a vida e a arte, eis que é abolido o grande hiato: o jovem Ballesteros é engolfado em um jogo de conspirações e preso em uma rede infinita de falsificações que a própria realidade tece. A cada momento descobre uma nova peça desse xadrez enigmático, o que lhe revela uma nova versão do caráter daqueles que o cercam e da morte que presenciou.

Essa trajetória acidentada não é gratuita. Serve para introduzir o leitor no coração sombrio da velha cidade italiana, não aquela vista na vitrine turística ou exaltada como sede do milagre artístico e arquitetônico universal, mas uma cidade prestes a ser engolida pelas enchentes, submersa em disputas de poder, com rivalidades sórdidas envolvendo a arte e seu prestígio econômico e social, e um roteiro de paixões ilícitas que nunca vêm à luz.

Subjaz a esse percurso policial uma dura crítica aos limites de interpretação da arte. Não só: também à própria validade da teoria sobre a criação e a fruição artísticas. Aos poucos o protagonista vai reconhecendo nos personagens da tela de Giorgione traços dos personagens de sua vida real. Essas descobertas encerram algo de trágico: é como se o mestre italiano só pudesse tê-la concebido estando envolvido em uma mesma natureza de corrupção e conluios, o que destrói a possibilidade de uma visão científica ou isenta do fato estético. Essa crítica, no entanto, longe de obstar a reflexão, liberta-nos para um terreno inexplorado da investigação artística.

O leitor pode pensar que se trata de mais um romance histórico com ritmo policial ditado pela moda. Não é o caso. Ele fornece mais uma meditação profunda sobre o tema do que uma série de pistas e charadas a serem decifradas em chave culta. A habilidade técnica de Prada é admirável e a intriga, surpreendente, embora peque em alguns momentos, ora pelo sentimentalismo (entre Ballesteros e Chiara), ora pelo fato da narrativa lembrar em alguns pontos os roteiros e um tipo de enquadramento do cinema-padrão, o que a empobrece.

Isso não macula os jogos entre verdade e beleza que encontramos em suas páginas. E aqui é inevitável não ouvir ecos de Oscar Wilde. No cerne da obra, a fronteira entre a ilusão e o real, entre a representação e o fato, entre a cena e os personagens se esvai para compor um outro território, onde a arte passa a ser vista como uma religião (é preciso crer e vivê-la para criar) e a vida, paradoxalmente, como um de seus desdobramentos, o que não a desmerece, mas sim lhe confere novos sentidos. Afinal, para lembrar o vate, viver não é preciso. O que é preciso é criar.

A FICÇÃO DA LITERATURA:
FERNANDO MONTEIRO

Fernando Monteiro já se tornou uma figura familiar para quem frequenta as páginas da imprensa brasileira dedicadas à literatura e às artes. É colaborador sistemático das revistas *Bravo!*, *Colóquio / Letras*, de Portugal, *Continente Multicultural*, *Estudos Universitários* e *Encontro*, e atua com colunas fixas e como articulista nos jornais *Diário de Pernambuco*, *Jornal do Commercio*, de Pernambuco, *Rascunho*, do Paraná, e *O Tempo*, de Minas Gerais.

Nascido em 1949, em Recife, sua formação é na área de cinema, tendo cursado Comunicação em Roma. Nessa área desempenhou diversas funções, e dirigiu filmes documentários no México, na Alemanha e na Polônia. Também foi presidente da ABD-PE (Associação de Documentaristas de Pernambuco) e membro do Conselho Nacional da Associação Brasileira de Documentaristas. Paralela a essas atividades, vem consolidando já há algum tempo o seu trabalho como poeta, romancista e crítico de arte. Como poeta conquistou o prêmio Othon Bezerra de Mello da Academia Pernambucana de Letras, em 1976, com o livro *O rei póstumo*, e o prêmio Nacional da UBE/Rio, em 1984, com *Ecométrica*, editado pela Massao Ohno de São Paulo.

Sua estreia como romancista se dá em 1997, em Portugal, com o livro *Aspades, ETs Etc*, considerada a melhor obra de ficção escrita em língua portuguesa daquele ano. O livro foi lançado no Brasil em 2000, pela editora Record, a mesma que já havia lançado o romance *A cabeça no fundo do entulho*, com o qual Monteiro obteve em 1999 o prêmio Bravo! de Literatura. Em 2001, foi a vez de um novo romance, *A múmia do rosto dourado do Rio de Janeiro*, publicado pela editora Globo.

Como crítico de arte, Fernando Monteiro foi curador da Galeria Espaço Vivo, de 1992 a 1995, e da galeria Estúdio A, de 1996 a 1998, além de ter participado como membro do Júri do I Salão Nacional da Bahia, em 1994, e do Salão de Artes do Rio Grande do Norte, em 1997, quando foi presidente do Júri, e do X Salão de Artes da Paraíba, em 2001.

Também como crítico de arte devemos a ele o estudo e a divulgação deste que é com certeza um dos maiores artistas plásticos brasileiros, Francisco Brennand. Em 1987, Monteiro conquistou o prêmio Santa Rosa da Funarte com o ensaio crítico intitulado *Brennand*, e em 1993 é convidado para apresentar a Exposição Francisco Brennand, na Staatliche Kunsthale, de Berlim.

Em seu novo romance, *O grau Graumann*, Monteiro desenvolve um dos seus temas prediletos: o jogo entre o ensaio e a ficção e o desmonte de uma realidade que cada vez mais se oferece para nós como uma farsa ou construção premeditada. Se o limiar entre a ficção e a vida já ficou anunciado em *Aspades ETs Etc*, e em *A múmia do rosto dourado do Rio de Janeiro* é o princípio detetivesco e arqueológico de revelação de uma realidade que emerge, em *O grau Graumann* é a própria composição da narrativa que se confunde com um processo de desmonte da realidade: Mauro Portela, o narrador, um dia tem a notícia de que Lúcio Graumann, um velho amigo com o qual guarda rusgas e rancores, ganhou o prêmio Nobel. É a partir do ritmo frenético de informações e situações que envolvem Graumann e o transformam em mero personagem dos meios de comunicação e da mídia que Monteiro tece seu painel da sociedade contemporânea, e situa o escritor e a própria literatura dentro desse mecanismo.

Claro que no cerne desse jogo de máscaras uma série de convenções e hipocrisias vão sendo desnudadas, e, em um processo inverso ao da narrativa realista, que pretende mostrar e explicar o mundo, Monteiro opta pela análise de suas peças. Assim, sua literatura nasce justo ali naquela margem onde o que é efetivamente literário acaba, e dá ao leitor a encenação dessa grande farsa que gira ao redor de obras, escritores e público, além de evidenciar uma questão delicada e especialmente ligada ao Brasil: a necessidade de estar sempre se espelhando na opinião alheia para constituir seu próprio valor e se afirmar.

Um dos aspectos mais interessantes de *O grau Graumann* é o seu caráter imbricado, com uma narrativa dentro de outra e livros dentro de livros. Nessa colcha de estilos se encontram *Como visões de Arturo*, romance do próprio narrador que teria sido plagiado por Graumann, um texto de José Veríssimo sobre Machado de Assis, além de escritos do próprio prêmio Nobel. Nessa *mise en scène* Monteiro parece nos dizer que hoje não há mais realidade – tudo é construído. Cabe à literatura essa estranha e curiosíssima alquimia às avessas, que consiste em mostrar a verdade subentendida por trás de toda a ficção.

A GENEALOGIA DE DUAS FAMÍLIAS TRAMADA POR MARCOS PERES

A palavra investigação tem duas acepções, uma ligada ao conhecimento e outra de natureza policial. Não por acaso, de Poe e Doyle a Borges e Hammett a narrativa policial e a narrativa especulativa quase sempre exploravam esse duplo sentido. Depois de ganhar o prêmio São Paulo de Literatura (2014) com o romance *O Evangelho segundo Hitler*, o escritor paranaense Marcos Peres acaba de publicar também pela Record um novo romance, *Que fim levou Juliana Klein?*, onde se sugere uma filiação a essa tradição.

O jovem delegado Irineu de Freitas parte do assassinato de Juliana Klein. Acaba descobrindo outros crimes e enigmas ao reconstruir a genealogia das duas famílias mais influentes da vida acadêmica em Curitiba: Klein e Koch. A primeira domina a Universidade Federal do Paraná (UFPR) e a segunda, a PUC do mesmo estado. Essa reconstrução retroage à origem alemã dos ancestrais de ambas as famílias, e se desenvolve até os momentos da ação, divididos em três anos: 2008, 2011, 2005.

Uma das chaves para decifrar o assassinato é a filósofa Tereza Koch, que também acaba sendo assassinada, incidindo a suspeita sobre o professor Salvador Scaciotto. O assassinato de Tereza intensifica a animosidade entre as duas famílias e, em consequência, entre as duas universidades, bem como dificulta ainda mais o trabalho de Irineu.

Uma pesquisa no crematório sobre o destino dos corpos aumenta as pistas sobre os envolvidos na morte de Juliana. Por sua vez, a ligação de Olga com Tereza pode não apenas elucidar a morte desta como revelar elos ocultos entre os Klein e os Koch. Essas revelações conduzem Irineu ao coordenador do curso de filosofia, Franz Koch. Contudo, a partir dessas revelações, o romance também insere novos vestígios e novos enigmas, que oscilam entre um chaveiro de Bob Esponja, trechos de *A divina comédia* e um aforismo de *A gaia ciência* de Nietzsche. Os desdobramentos ulteriores ficam para o leitor.

Peres demonstra uma grande aptidão para compor diálogos e boas cenas, bastante verossímeis. Outro aspecto central é a construção da trama, articulando em anos diferentes os personagens de ambas genealogias, Klein e Koch. A tarefa de unir essas narrativas cruzadas não é fácil e o romance a realiza com segurança. Entretanto, acaba por esbarrar em um obstáculo.

As referências filosóficas são articuladas de modo exterior ou apenas ilustrativo à narrativa. Elas abrem capítulos, mas poucas vezes se encontram materializadas ao *leitmotiv* dramático ou à definição dos personagens. Além de poucas referências à filosofia, tendo em vista estarmos diante de um romance todo criado em torno de personagens ligados à vida acadêmica, as referências a autores como Sartre, Nietzsche e Dante deságuam em alguns lugares-comuns.

A investigação policial por isso enfraquece diante da obliteração da premissa inscrita no próprio argumento, ou seja, de que essa investigação terá uma razão filosófica funcionando como uma segunda história, na acepção de Piglia. Essa razão surge melhor delineada apenas no final, quando o romance incorpora um jogo com o conceito de tempo cíclico de Nietzsche, aliando filosofia e ação (drama).

De modo geral, o enredo (*mythos*) não acompanha a ideia (*dianoia*), na acepção de Northrop Frye. Assim, Peres se mostra um bom romancista policial que fornece falsas pistas sobre seu próprio romance. Sugere ao leitor que se trata de uma encenação filosófica da investigação de um crime, quando o que se lê é a investigação de um crime envolvendo professores de filosofia que poderiam desempenhar papéis distintos daqueles que desempenham.

OSMAN LINS, ARTESÃO
DO IMAGINÁRIO

É um lugar-comum entre os historiadores da arte elogiar a perspectiva, criada no século XV e espinha dorsal do Renascimento. Mas poucos perceberam o quanto ela foi empobrecedora, pois homogeneizou as representações em uma única visão. Em outras palavras: trocou o olho "espiritual" pelo olho "carnal", e deu origem àquela arte que Duchamp batizou pejorativamente de "retiniana". Infinitas figurações foram reduzidas ao despotismo de uma só técnica: o ponto cêntrico.

Nesse sentido, é notável a lucidez de Osman Lins (1924-1978) em uma entrevista concedida à revista *Escrita*, em 1976. Nela, relata o impacto da arte românica e dos vitrais medievais sobre sua sensibilidade. Nesta arte – diz – não há centro: o mundo é um caleidoscópio. E arremata: só veremos algo semelhante muito depois, com o advento da arte moderna no século XX. A antologia *Osman Lins – Melhores contos* é uma ótima iniciação ao universo literário multifacetado deste artesão de labirintos verbais.

Os contos são de dois livros: *Os gestos*, de 1957, e *Nove, novena*, de 1966. Sabendo que o autor trabalhou quase dez anos sobre o primeiro e sabendo-se que há um intervalo semelhante entre aquele e este, tal reunião deixa de ser um mostruário de seus melhores momentos e transforma-se em uma síntese de sua carreira literária e de suas transformações estilísticas.

Os gestos segue uma linha de tom realista, com cenas vazadas por um lirismo forte que às vezes tende ao expressionismo. Doentes, crianças, um discurso em face de um morto, o triste reencontro de dois amigos de infância: são cenas fechadas na intimidade dos personagens e registram a impossibilidade do amor e a questão fundamental da morte.

Nesta obra há alguns recursos que Lins vai usar depois, como o discurso indireto livre e as combinações possíveis de um enredo. Mas eles só vão se tornar a marca indelével do seu estilo maduro em *Nove, novena*. São dele os contos mais engenhosos, nos quais a figuração da miséria vem sempre perpassada pela lucidez da forma, como se sugerisse a própria impossibilidade de sua representação.

Assim, temos histórias magistrais, como "Conto barroco ou unidade tripartite", onde o embaralhar de várias linhas narrativas funciona como uma invenção a várias vozes e como base para a criação de uma realidade (brasileira) plasmada pela alucinação, a morte e a decadência. Essa aventura narrativa, em crescendo, culmina em uma obra-prima: "Retábulo de santa Joana Carolina".

Nele Lins usa toda gama de recursos da ficção para criar uma fábula medieval alocada em plena realidade nordestina. Desde a subdivisão em mistérios (dos autos religiosos) até a criação de recursos tipográficos para marcar uma cena ou um personagem. O resultado é uma visão da literatura como um microcosmo do universo e uma mágica de correspondências onde a forma literária é quase uma equivalente estrutural da vida: um espaço virtual onde todas as coisas se interpenetram e se comunicam.

A antologia foi prefaciada e cuidadosamente selecionada por Sandra Nitrini, que também assina o posfácio da peça de Lins que inspirou o filme *Lisbela e o prisioneiro*. Resta-nos a esperança de que estes lançamentos iluminem esse que foi um dos grandes escritores brasileiros do século xx. Quem sabe junto com seu trabalho de dramaturgo, contista e romancista, não volta à circulação uma de suas facetas mais instigantes e polêmicas: a de ensaísta. Dada a persistência dos problemas inculturais brasileiros, como sempre atualíssimos, seria, na pior das hipóteses, um reconforto, e, na melhor, um ótimo antídoto.

HILDA HILST,
MORADORA DO SOL

Ela deve estar agora frente a frente com o Amado. Muitos podem ser os seus nomes, já que não há apenas um Deus, mas um número infinito de deuses que se dispersam na matéria e tornam a mobilidade da vida possível. Ele pode ser o Grande Obscuro, o Cão de Pedra, o Sem Nome, o Inteiro Caracol, O Inteiro Desejado, o Grande Olho, o Cara Cavada, o Grande Corpo Rajado, o Mudo-Sempre, o Grande Perseguido, o Sumidouro, o Máscara do Nojo, o Semeador, o Homem-Luz. Essa era a metamorfose dos pequenos deuses pessoais de Hilda Hilst. Eram os ícones do templo verbal que ela ergueu a despeito do despeito burro do mundo para com sua obra. Penso em um deles: o Cão de Pedra. É nele que se recolhem as dezenas de cães que a poeta acolheu na Casa do Sol – nome também no mínimo sugestivo? O Cão de Pedra é consubstancial aos seus amados cães, verdadeiros, reais, como Deus o é aos vestígios que nos dá de si em tudo o que vemos. Coisas que ela leu em Plotino, autor que tanto venerava.

Mas as leituras não importam. Ou melhor: só importam quando nos ensinam a transcender a palavra. O resto é literatura, como diria Verlaine, com todo o desprezo. E literatura é uma besteira se não consegue mover a paixão e a inteligência ao máximo delas mesmas, ou seja, se não é capaz de nos mover além de nós mesmos. Porque afinal, Ele não se move de si. Agora, remexendo seus livros, naquelas antigas edições Quíron ou em outras, assinadas pelo grande editor Massao Ohno, veio o baque. Percebo de maneira mais concreta a falta que a poeta vai nos fazer. Não é aquela falta egoísta ou utilitária, tão cheia de jargões empresariais, de quem lamenta a interrupção de uma obra ou de uma carreira. Isso é o de menos. É de outra ordem, uma falta existencial, como se de repente o mundo se visse privado de uma de suas peças e o Criador se visse diminuído sem uma de suas criaturas. Falta de uma pedra angular indispensável ao regulamento de sua engrenagem, um dos eixos nos quais o real se apoia para oferecer-se a nós. Perda semelhante à de um pastor que perde uma de suas rezes e assim, em seu âmago, diminui como pastor. Como se uma árvore que, sobrando em uma paisagem, tivesse sido retirada dela e, privando-lhe de beleza, priva-lhe de algo mais essencial do que todos os outros elementos que a constituem.

Leio seus versos. O caminho de dentro é um grande espaço-tempo. Sou menos quando não sou líquida. E deitei-me como quem sabe o Tempo e o vermelho: brevidade de um passo no passeio. Sem ser amado – pertenço. Hoje te canto e depois no pó que hei de ser te cantarei de novo. Como se te perdesse, assim te quero. E nem é possível acreditar que a morte exista. Aliás, podemos até chamá-la de outro nome: Insana, Fulva, Feixe de Flautas, Calha, Candeia. Por que não? E cantá-la em nomes perecíveis: Palha, Corça, Nula, Praia. E essas reflexões se misturam a coisas bem mais prosaicas. Lembro-me um dia, em casa de um amigo comum. Hilda ligou e pelo seu tartamudear intui que ele não a compreendia. Dizia que tinha enfim conseguido telefonar para Paracelso, e que este havia lhe confiado o segredo da imortalidade. Sim, Paracelso, o alquimista do século xv. Outro amigo conta que a última vez que a visitou ela havia capturado vozes do Além em um gravador, sendo que se tratava obviamente de interferências radiofônicas. E nisso havia uma mistura inexplicável de mistério, humor, mística e blague, profundidade e nonsense *koan*, que parece ser o segredo, senão da imortalidade, desse olor inexplicável que se desprende de sua obra e que nos atordoa em suas melhores páginas.

Não se assemelha ao que é imortal, já que este termo me soa como algo muito impoluto, frio, grandiloquente e cheio de pose. Coisa de estátuas, medalhinhas na lapela, comendas públicas, ou seja, tudo o que Hilda não era. Assemelha-se sim a uma intensidade de vida que parece não se reger pelos mesmos critérios transitivos de nossas vidas ordinárias e comezinhas. Algo que parece se radicar no coração do real e que o devassa em seu cerne, é aquilo que lhe subjaz e faz com que ele se ofereça a nós da maneira como se oferece e que ele seja como é. E aqui vejo o quão preciosos são poetas e loucos, como Hilda. Mostram-nos a matéria irredutível de uma experiência que nos desconcerta e que até hoje não conseguimos entender e talvez nunca consigamos: existimos. Sim, existir. O louco existe, e isso lhe basta. A voz existe. A beleza subsiste nela e diz: chega. Isso lhes completa. O cantor canta – e não há como apartar o canto do cantor. A palavra sopra, existe por si e à revelia de quem quer que a leia ou ouça. Podemos dizer: é. As condições mais elementares do que há no universo são ao mesmo tempo as de mais difícil explicação. Existir. Ser.

Lembro-me que a primeira vez que li as narrativas de *Ficções* na adolescência tive vontade de chorar. Não de tristeza, nem de alegria, nem de nada: chorar. Alguém havia me mostrado uma coisa tenebrosa: o que é. Gesto de grande delicadeza e de acuidade intelectual esse, ensinar-nos a ver as coisas nelas mesmas. O é das coisas, para lembrar outra grande escritora. Vemos o nome dos personagens: Haydum, Kouyo, Kadek, Ruiska, Osmo, Mirtza, Kaysa, Agda, Qadós, Hamat, Hiram, Herot, Hakan, Kalau, Celonio. São praticamente entidades, entificações de forças, ideias, intensidades, formas, pensamentos, conceitos, sensações. E ao mesmo tempo, como são humanos! Mais até do que os personagens de romances urbanos, psicológicos, regionais, jornalísticos, naturalistas ou realistas. São encarnações sensíveis de algo que nos transcende – mas que nos é contíguo. Parecem provar à força o que é uma obviedade para os bons artistas: a arte não tem nada a ver com a vida, tal qual a vivemos. A arte é a vida potencializada, diversa de si, a tal ponto que se torna uma estranha de si mesma. A arte é a vida possível, mais larga do que a provável. Esta imita aquela, não o contrário, porque aquela é o motor ideal que a guia. Sou fruto do que li, mas os livros independem de mim. Tatuam-me, mas eu não os possuo. Inscrevem-me, mas não fui eu quem os escreveu. O mito precede o mundo, e assim o transforma.

Figura difícil, Hilda. E para além de qualquer bobagem romântica ou hipotética mistificação de si mesma, como querem alguns idiotas. Passou a vida sendo publicada em pequenas tiragens e elogiada por grandes nomes: Leo Gilson Ribeiro, Anatol Rosenfeld, Nelly Novaes Coelho, Sérgio Milliet, Jorge de Sena, Claudio Willer, Wilson Martins, Alcir Pécora, e mais uma lista de outros. Isso alimentou seu ressentimento e sua acidez, o que é justo e compreensível. Depois começou a ser editada por Pedro Paulo de Sena Madureira, na Siciliano, e, tempos atrás, sua obra completa começou a sair pela Globo, pelas mãos de Wagner Carelli. E ela continuou reclamando. Porém, sem razão. Credora da vida – poderíamos defini-la. Sim: sentia que podia fazer o que quisesse. Deus perdoa as suas almas diletas.

Nesse ínterim, Hilda causou polêmica com suas obras pornográficas, e alguns a acusavam de falta de coerência. Como se o artista, ou seja, exatamente aquele que vive de se esquivar de si, de se negar, de se anular como indivíduo, de se perder para que os outros por meio dele se encontrem, tivesse que ter coerência com qualquer coisa. Mas isso em nada alterou o valor de sua obra. Apenas lhe acrescentou o ingrediente de uma certa polêmica criada à sua custa. A louvação do Pai e do Amado não se finda, nem a radicação terrena dessa lírica que se propôs compreender e se infundir no Outro. Porque a palavra soergue o passado e o futuro. E diz à boca do Tempo que os devore. Está renascendo a cada instante. Para além da vida, está o escrito, a linha de fogo gravada, o rio-linguagem, o devir numinoso da palavra e a corrente ancestral da poesia e da memória. Do fluxo ao floema os signos perfazem seu percurso e a vida cumpre em si o que o verbo não resume e o que as mãos não retêm. Eis o ponto final. Mas o texto se multiplicará em nós indefinidamente. Rio que nunca termina – transborda.

ADELBERT VON CHAMISSO E O ACONTECIMENTO PURO

As ideias mais imediatas que nos ocorrem após a leitura da novela *As aventuras maravilhosas de Peter Schlemihl* de Adelbert von Chamisso não são de ordem literária, mas sim econômica, sociológica e espiritual, já que o homem que vende sua sombra por uma bolsa da Fortuna, que lhe fornece ouro em quantidades inesgotáveis, está obviamente na mesma chave interpretativa do mito de Fausto. E podemos muito bem entendê-lo como uma farsa e uma paródia divertida deste último. Enquanto o herói de Goethe troca sua alma pelo conhecimento infinito, e assim encarna em si o próprio ideal da modernidade, cuja essência reside em travar um pacto luciferino com as forças ínferas e trocar a glória da eternidade suprassensível pela ciência absoluta e o poder sobre as coisas terrenas, Peter Schlemihl é uma contrafação caricata desta figura trágica, porque não é sua alma, mas sim apenas sua sombra que é solenemente comprada pelo obscuro homem da casaca cinza. Mas o efeito moral desastroso desse contrato, embora sempre circule em um âmbito cômico, é visivelmente tão ou mais nefasto do que a perda da própria alma para Mefistófeles. E nisso talvez resida parte da complexidade e da riqueza da obra de Chamisso: ao fazer a crítica da crítica, ele pulveriza qualquer otimismo ou positividade do mito de Fausto, então reduzido à sua carapaça caricata e destituído de qualquer redenção possível. Se Fausto é por fim alçado pelo Eterno Feminino às esferas sublimes do inefável e perdoado em todos os seus desvios por causa da legitimidade do amor ao conhecimento que o conduziu a eles, a Schlemihl, como uma espécie de *alter ego* de Chamisso, cabe comprar casualmente a famosa bota de sete léguas de um comerciante e terminar seus dias peregrinando pelo globo terrestre a passos largos, à cata de investigações naturalistas, o que não é mais que um arremedo autobiográfico recriado pelo desprezo de um autor que por decoro não quer se ufanar de si mesmo na própria obra. Todo o componente trágico é subvertido e esvaziado, e temos então apenas o riso como catalisador e último refúgio para o desespero.

Esse paralelismo inicial pode se abrir como um leque para uma série de interpretações, todas concernentes às transformações dos meios materiais e espirituais que a humanidade sofreu nos últimos séculos. Podemos com tranquilidade fazer uma análise sociológica dessa fábula. Nesse caso, a venda da alma do herói se assemelharia às aparências e máscaras sociais que condicionam a nossa subjetividade a se moldar às circunstâncias e aos códigos dos grupos e classes sociais que constrangem o indivíduo a se mover dentro de suas prescrições. Seria algo parecido àquela alma exterior que Machado de Assis sintetizou de maneira impecável na figura de seu alferes, no conto "O espelho": de tal modo a personalidade do oficial estava ligada à imagem pública que ele desempenhava, o que ele era já estava a tal ponto plasmado por aquilo que ele representava, a sua essência tão gravemente implicada no que ele parecia aparentava, que na medida em que esse espelhamento desfaz-se com ele a sua própria individualidade e sua imagem no espelho desaparece, ou é roubada por um demônio risonho qualquer que queira se divertir à sua custa.

Podemos também analisar a fábula do ponto de vista econômico, e ver nela traços de um mercantilismo burguês incipiente e o início de um processo de comercialização dos corpos e das almas, que desarticula e impossibilita qualquer princípio individuante. Em face das pressões da mercadoria e da mais-valia, que encarcera o homem em um círculo vicioso de troca e subordina todos os valores à sua lógica, Peter Schlemihl seria apenas um sintoma mais visível de uma estrutura mais profunda, e sua história desastrosa, um modelo exemplar de advertência e instrução para a vida, vista como caricatura e, portanto, reinvestida de crítica pela consciência do autor que oferece suas marionetes para o deleite mas também para a reflexão de quem quer que queira ver em seu herói um espelho convexo de seus próprios infortúnios.

E há uma terceira análise possível: a metafísica. Se essa palavra pode estar demasiado desgastada para o uso corrente nos dias de hoje, ela tem ao menos o mérito de poder sinalizar de maneira bastante feliz uma série de camadas de sentidos sem se reduzir a ou se comprometer com nenhum deles. Sua neutralidade é uma de suas virtudes e também a responsável por boa parte de sua eficiência e abrangência. E quando falo metafísico penso, sobretudo, no conjunto de dados materiais de uma civilização e nos seus respectivos valores simbólicos, sejam eles da envergadura e da complexidade que for, pois só posteriormente a reflexão crítica sobre esses dados vão inscrevê-los no domínio metafísico propriamente dito, aquele respeitante à ciência e à filosofia. Assim, o personagem de Chamisso indicaria uma ruptura muito significativa e um movimento em consonância com aquela transformação também anunciada por Fausto. Ela consiste numa planificação do Espírito sob o julgo da transformação da matéria, e, sob diversas faces, assume sempre a mesma finalidade: colocar o homem no centro do universo e fazer dele um paradigma de aferição dos valores e de produção de sentido. Se até este momento o que entendemos por sociedade ocidental esteve guiada em boa parte pelo domínio da natureza como um dos trampolins para se aceder a Deus, e sempre pensou aquela como um repositório sensível deste, como se ela fosse o livro no qual ele cifra sua mensagem e exige de nós apenas leitura e compreensão para aperfeiçoarmos nossa devoção contemplativa, a partir dessa guinada o homem vai desentronizar Deus e substituí-lo pelo Espírito, presentificado na natureza e passível de transformações ao infinito. Cria-se então um dos mitos centrais da modernidade: o progresso indefinido. Ao invés de pensar em um paraíso (atemporal) posterior à morte que se cumpriria numa escatologia no fim dos dias ou em uma utopia (passada) de uma idade de ouro não reversível, caberá a nós concretizarmos esse além imaginário e esse aquém perdido no presente plano da existência, e pôr o homem como motor e ao mesmo tempo fim último e único do sentido da história. Em outras palavras: se a natureza só existe, é real e é finita porque nela se projeta a virtualidade absoluta, inexistente e infinita do Espírito, como disse Hegel, se ela nasce da carência e tão só a falta confere a ela realidade, se, em suma, é só pela supressão de qualidades que podemos chegar ao que ela é, o mundo é um purgatório cuja única razão de ser é o vir a ser e o consumir-se e cujo único imperativo é transformar o real até que ele deixe de se desdobrar em modos dele mesmo e passe a ser uma mera etapa transitória da história do Espírito, até que este se espelhe e se transfunda puro e isento de qualquer contingência e livre das necessidades. É quando toda a exterioridade será desfeita e poderemos contemplar todas as coisas do ponto de vista da interioridade pura da consciência, enfim definitivamente conquistada. O Espírito, enfim idêntico a si mesmo, concretizará o reino dos céus na terra.

Ora, ao propor a sombra, ou seja, o duplo espiritual do corpo e equivalente sensível da alma, como uma mercadoria, e a sua venda como algo que proporciona uma riqueza infinita, é mais ou menos nesse registro de ideias que estamos circulando: é da ruptura do homem com o Ser transcendente que lhe investe e anima – Deus – que ele pode transformar essa mesma potência em uma produção material indefinida: troca o infinito legado pela origem pelo poder de alargar o futuro e recriar o mundo e a matéria ao infinito e em seu benefício. Mas essas são apenas as três possibilidades de interpretação mais evidentes da fábula de Chamisso. São por isso mesmo as mais correntes. Há, porém, uma outra hipótese que podemos levantar para refletir sobre o sentido alegórico dessa obra, e ela repousa sobre algo inaudito e ao mesmo tempo auto-evidente: sua forma. Porque se todas essas abordagens não chegam a ser errôneas, já que não há maneiras mais ou menos certas de falar de arte, mas sim maneiras mais ou menos hegemônicas, elas acabam perdendo de vista um fato importante, que é a própria estrutura morfológica da fábula e sua tradição. Mais: o teor metafísico que podemos depreender desta estrutura tomada em suas variações e entendida a partir do ponto de vista da percepção e da filosofia da linguagem.

Há um aspecto interessante que notamos não só na narrativa de Peter Schlemihl, mas em narrativas fantásticas de procedência vária. São muitos os títulos, não seria possível arrolá-los aqui. Desde a antiguidade a fábula sempre teve uma função moralizante, mas há algo mais importante, do ponto de vista formal, que a mensagem ou possível valor didático que ele possa conter. E esse aspecto diz respeito à sua estrutura. Se observarmos, desde os antigos, com as fábulas de Esopo, recicladas muitos séculos depois por La Fontaine, com obras como a *História verdadeira* de Luciano de Samosata e a saga em busca do velocino de ouro que lemos em Apuleio, até obras mais modernas, como *As aventuras do barão de Münchausen* e de *Alice no país das maravilhas*, até chegar ao descarado e descaracterizado *Macunaíma*, veremos que há um elemento estruturante, que é de ordem formal e a um só tempo metafísica, que une todas essas obras e estabelece entre elas uma curiosa irmandade. Trata-se, portanto, menos de buscar sentidos não manifestos subjacentes ao enredo ou superestruturas alegoricamente referidas, do que de pensar como e para quê essas obras geram o maravilhoso, e sobre que bases os eventos narrados se oferecem à nossa percepção. Porque aqui estamos em um mundo muito curioso: animais que falam e predicam sabedorias universais, homens cujos pés lhes possibilitam correr o globo terrestre em questão de segundos, um ovo que reina sobre um país maravilhoso, um aventureiro que se ergue do mar puxando seus próprios cabelos, um pródigo que afasta navios com um sopro de suas narinas, uma viagem à lua, raças que se criam ao entrar e sair de um lago miraculoso, um herói que luta com gigantes por causa de uma pedra preciosa, meninas que crescem e seres que diminuem, um coelho de cartola mágica, um soldado que derruba todo um exército com um golpe de clarim, um saqueador de sombras, um homem que tira de carruagens a elefantes de seu bolso, um capuz que possibilita a invisibilidade. Estamos em um registro onde a própria verossimilhança parece sucumbir e onde predomina uma concepção de simulacros: não são os personagens, ou as entidades reais neles implicadas que operam essas metamorfoses, tampouco são da ordem da simples representação. Trata-se sim de um reino muito singular do sentido: o dos acontecimentos puros.

QUE MEU NOME SEJA NINGUÉM COMO O DE ULISSES

Há duas vertentes principais na obra de Jorge Luis Borges. Elas, pode-se dizer, são a chave para a compreensão de toda a sua produção, seja ela poética, ensaística ou ficcional, pois não dizem respeito a um ou outro procedimento literário, mas à sua raiz metafísica, à fonte de seu ato fabulador. Em primeiro lugar, mais do que a Platão, Borges deve ao neoplatonismo de Plotino, e, em maior grau, ao platonismo cristão, dois princípios essenciais: a ubiquidade e a despersonalização. A segunda matriz de sua obra também é antiga: as crenças e escrituras gnósticas.

Como se sabe, enquanto Platão pensa o mundo como selos da Inteligência impressos em substância sensível e faz dos acidentes meros atributos materiais, sendo a essência (*ousía*) do mundo a ideia (*eîdos*) perfeita dessas mesmas coisas no plano suprassensível, a Forma de suas formas, Plotino desloca as díades essência/coisa e ideia/acidente para outro registro, definindo-as como unidade e multiplicidade. A passagem do múltiplo ao Uno se dá por meio das hipóstases do ser, que retorna às suas matrizes por meio de um ato da vontade, mas sobretudo pelos expedientes da inteligência.

Superar a dicotomia que marca a existência humana é, em outros termos, fazer-se assimilar ao Uno. Borges analisa este sistema de Plotino em *História da eternidade* (1936), e, citando o Livro V das *Enéadas*, diz-nos que as matrizes últimas da realidade seriam: Diferença, Igualdade, Movimento, Quietude e Ser. Porém, mesmo estas seriam categorias fenomênicas, meramente descritivas, pois, no Uno, tudo é tudo e todas as coisas são todas as coisas, simultaneamente. Nesse sentido, o céu dos arquétipos de Plotino é uma instância produtiva de toda a realidade, pois é absolutamente genérico; nele não há indivíduos, mas puras formas que geram, por emanação, a possibilidade da existência dos indivíduos.

Ora, com o advento do cristianismo, uma religião de salvação e da imortalidade pessoal, coloca-se um problema aos primeiros filósofos cristãos. Como observa o sempre agudo Étienne Gilson, por maior que fosse a devoção dos sábios cristãos às teorias platônicas – pensemos em Tertuliano (155-222), Orígenes (c.185-253), Agostinho (354-430), entre outros –, como equacionar o Quê (Uno) impessoal e genérico dos platônicos ao personalíssimo Quem (Sou) da revelação bíblica, ao Deus pessoal, já presente no Antigo Testamento? Boa parte da história do pensamento cristão, *grosso modo*, traduz-se nessa tentativa de síntese entre uma explicação *necessária, cosmológica* e *impessoal* dos fenômenos e a união entre a *liberdade individual* e a *pura transcendência* de Deus, cujo corolário seria não só um conhecimento de ordem teorética, mas a salvação pessoal.

Algumas saídas para a resolução desse dilema se encontram na obra de dois gênios da humanidade, irmãos nas ideias, mas distantes alguns séculos no tempo: o Pseudo-Dionísio (séc. V-VI), chamado erroneamente Areopagita, por ter sido confundido durante séculos com o Dionísio do Areópago, convertido pelo apóstolo Paulo (Atos dos Apóstolos, 17:34), e Johannes Scotus Erígena (810-877), cognominado o Irlandês, mas, no caso, dono de uma dupla nacionalidade curiosa, por ser, simultaneamente, *scotus* e *erígena*, escocês e irlandês. Ambos são analisados *en passant* por Borges também na *História da eternidade* e, quase vinte anos depois, estudados em um ensaio breve e admirável: "De alguém para ninguém" (*Outras inquisições,* 1952). Além disso, Erígena é citado pelo autor em outras obras.

Erígena não só redescobre a obra do pseudo-Dionísio, como a traduz do grego ao latim, interpreta-a e a enriquece com novas possibilidades exegéticas. Sabemos da célebre formulação da *teologia negativa* ou *teologia apofática*, criada pelo pseudo-Dionísio, segundo a qual, diante da impossibilidade de predicar Deus, posta a sua grandeza infinita e omnicompreensiva, prescreve que o mesmo seja dito por privação e não por atribuição; apenas ao dizer o que Deus não é posso chegar ao que ele É. Retirando seus atributos ao infinito, desvelamos a sua essência.

Na reformulação de Erígena, não só Deus não é e não se diz, como é absolutamente inacessível à nossa condição existente. Matriz de matrizes, fonte das fontes platônicas, para além do ser, sua magnitude é tal que mesmo Lúcifer será um dia assimilado à sua infinita bondade, o que constitui o cerne da doutrina da apocatástase, que, como é de se supor, é um dos pontos heterodoxos da mística em relação à teologia catafática. Contemplando a impossibilidade de dizer Deus (*apophasis*), Erígena produz, desse modo, também a possibilidade de subtrair o mal de sua esfera, pois mesmo este será um dia assimilado à bondade eterna. Mais que isso: recoloca o papel do indivíduo no âmbito metafísico. Mas o faz de maneira surpreendente, pois, nesse caso, nós todos (*generum*) e cada um de nós (*species*), em nossos destinos concretos, teríamos nossas faces espelhadas em um abismo insondável. Esse abismo, que é nossa singularidade, é também Deus e Nada. Ou, melhor dizendo, Ninguém. É fato que essa perspectiva da divindade como nadificação está presente nos místicos, sobretudo na mística renano-flamenga, em Tauler (1300-1361), Eckhart (1260-1328) e Ruysbroeck (1293-1381), e, um pouco depois, também em Silesius (1624-1676). Porém, a teologia negativa e Erígena inserem-se como sistemas metafísicos completos, mais do que como experiência individuais.

Por seu turno, com implicações mais graves e questionáveis, devido ao seu radicalismo, as crenças gnósticas também oferecem subsídios ao imaginário literário e estão presentes em uma plêiade de escritores modernos, de Blake a Borges, tema tratado, no Brasil, pelo estudo pioneiro de Claudio Willer. Atribuída a Simão Mago, da Judeia, contemporâneo de Cristo, a gnose se vincula a uma interpretação cosmológica e teológica, do Universo e das Escrituras, alterando drasticamente as suas peças fundamentais. Resumindo algumas ideias gnósticas: não foi Deus quem criou o mundo, mas um demiurgo deficiente, um dos filhos de Sophia (Sabedoria Eterna), um deus bruto cognominado Yaldabaoth (Ignorância); do Deus verdadeiro, *pater innatus*, ou seja, incriado, emana o *pleroma*, a plenificação do universo, porém este nos é totalmente vedado, pois Yaldabaoth, em sua arrogância, colocou-se como Deus dos deuses, interpondo-se entre nós e o verdadeiro princípio divino; portanto, segundo os gnósticos, confinados que estamos no segundo céu, o *kenoma*, muitas das menções que fazemos a Deus e a nossa concepção mesma de Deus se referem a este déspota e não àquele ser perfeito das esferas superiores; por fim, cabe ao verdadeiro Deus uma função quase zero, como se fosse um *Deus otiosus*, indiferente ao nosso destino.

Trata-se de dois céus, espelhados, simétricos; ambos gozam de anjos, potestades, arcontes. Porém, o céu inferior (o nosso) congrega em si um elemento especial que o singulariza: o mal. Como emanação do deus que a gerou, a vida e o mundo participam em essência do mal. Mais que isso, este é sua substância metafísica. Nessa chave, por exemplo, é factível a interpretação gnóstica do Gênesis, na qual a serpente é Deus, pois ele quer que nós, mortais, conheçamos. Atingir o conhecimento (*Pistis Sophia*) é a única maneira de entrevermos a imortalidade. Somos da mesma matéria estelar e deficiente daquele deus que deu origem ao mundo. Porém, a centelha divina, espécie de luz na inteligência, faculta-nos intuir a existência perdida daquelas formas puras de Deus. O processo da gnose não é outro que o de retroagir por anamnese do eu parcial ao Eu verdadeiro, que é anterior ao mundo e (em alguns escritos) anterior ao próprio Deus.

Em alguns fragmentos gnósticos, fala-se do homem como sendo anterior a Deus, ou seja, como Homem Primordial (*Anthopos*). Sinalizar essa Queda, que não é do Paraíso, mas sim a cisão entre os dois eus, um verdadeiro, chamado de Estrangeiro, e outro ilusório, é a missão da gnose. Somos todos estrangeiros nesse mundo que é ilusão de ilusão; a parcela que nos cabe da verdade foi fracionada, e se encontra inacessível, embora a intuamos. E aqui entramos em um domínio essencial para compreender Borges. Ele se mostra em dois temas nucleares de sua obra: o duplo e o estrangeiro.

Para além do nosso apreço ou desprezo por essas concepções, é dispensável apontar as semelhanças entre esse xadrez metafísico das escrituras gnósticas e os enredos de Borges. Essas fontes do neoplatonismo e da gnose, no caso do autor argentino, não são meras conjecturas. São verificáveis a partir de ensaios do próprio autor, que atestam conexão direta com elas. Tendo-se em vista, por exemplo, que a cabala, como a entende Harold Bloom, pode ser vista como uma gnose *lato sensu*, o interesse de Borges por essa iniciação se manifestou desde muito cedo. Sabemos que ele sempre manteve uma aproximação estreita com a cultura islâmica, como um leitor apaixonado das *Mil e uma noites* e de Attar, mas também o fez com o judaísmo, em especial com a mística judaica: "Uma vindicação da cabala" (*Discussão*), "A cabala" (*Sete noites*, 1980), "O golem", "Rafael Cansinos-Asséns" e diversos poemas sobre Israel (*O outro, o mesmo*, 1964). Também é notório o impacto que o romance *O golem* (1914) de Gustav Meyrink exerceu sobre ele, no início de sua carreira.

No caso das escrituras gnósticas, é elucidativo que já em 1932, no ensaio "Uma vindicação do falso Basilides" (*Discussão*), o autor analise a cosmologia desse famoso gnóstico antigo. Essa matriz ecoa ao longo de suas obras e deu ensejo a alguns poemas, como "Fragmentos de um Evangelho apócrifo", "Uma oração" (*Elogio da sombra*, 1969) e "Outro fragmento apócrifo" (*Os conjurados*, 1985). Porém, revela-se de maneira profunda e específica em dois contos: "Três versões de Judas" (*Ficções*, 1944) e "O imortal" (*O aleph*, 1949).

O primeiro é praticamente um palimpsesto de uma escritura gnóstica antiga, cujo corolário engenhoso, silogístico e brutal, nos é apresentado por meio de argumentos racionais: Judas seria o ungido, não Jesus. O segundo é uma aplicação de princípios gnósticos à ficção: início da nossa era, a legião dos trogloditas, a busca do peregrino pela Cidade dos Imortais, o encontro com a Cidade deformada (espelho criador do mundo em que vivemos), a fonte da imortalidade, a descoberta de que um dos trogloditas é Homero decaído, a migração do eu verdadeiro por diversas vidas até que readquire a mortalidade. Em termos similares, o que seria o destino de Funes, senão a contrapartida da memória que não lhe deixa ser "duplicado", que o impede de acessar o seu Eu verdadeiro e o condena ao eu parcial, e, por isso mesmo, o mata? ("Funes, o memorioso", *Ficções*). E os mundos paralelos de "Tlön, Uqbar, Orbis Tertius" (*Ficções*), senão a projeção gnóstica de um duplo do universo?

Por outro lado, a despeito da presunção e da petulância que Borges demonstra em relação ao platonismo em *História da eternidade*, compreensível por sua idade, no ensaio homônimo, cita uma curiosa passagem de Plotino, segundo a qual, na dimensão do Uno: "Nada é impenetrável, nada é opaco e a luz encontra a luz. Todos estão em toda parte, e tudo é tudo. Cada coisa é todas as coisas. O sol é todas as estrelas, e cada estrela é todas as estrelas e o sol. Ninguém caminha ali como sobre uma terra estranha". Significativamente, este mesmo trecho já havia sido transcrito em "Nota sobre Walt Whitman" (*Discussão*). E essa perspectiva arquetípica retorna, em maior ou menor grau, nos demais ensaios de *História da eternidade*, seja nos jogos entre a Forma e as formas das *kenningar* islandesas, seja nas doutrinas do tempo circular ("A doutrina dos ciclos" e "O tempo circular").

Podemos nos perguntar: não estaria aqui, nessa peculiar ubiquidade, a gênese de contos como "O aleph"? Não seria esse o caudal de ideias filosóficas de contos como "Os teólogos" e "A escrita do Deus", de *O aleph*? Os espelhos hexagonais de "A biblioteca de Babel" (*Ficções*) não seriam registros da duplicidade e da ubiquidade que compõem o coração do real? Se a verdade só existe na essência suprassensível e o eu é uma derivação decaída de um Eu verdadeiro, do qual vivemos a nostalgia, neste caso, em termos platônicos e gnósticos, os universos paralelos, a propagação de simulacros e a duplicidade do eu pertencem a um mesmo estatuto de realidades. E é por isso que temos em diversos momentos da obra do escritor esses mesmos *leitmotiven*.

O mito do duplo é antigo, percorre toda grande literatura. Seja sob a forma de duplos complementares assimétricos (Gilgamesh e Enkidu, Dante e Virgílio, Quixote e Sancho, Andrenio e Critilo, Bouvard e Pécuchet), seja nos duplos espelhados que lemos fartamente na literatura moderna: Poe, Stevenson, Hoffman, Shelley, Wilde, Chamisso, Kleist, Hofmannsthal, Kafka. Porém, em Borges ele se intensifica, pela dimensão metafísica que o autor lhe dá. Nesse sentido, o duplo, como variante gnóstica do eu estrangeiro, se une à concepção platônica do mundo como ilusão ("O forasteiro", *O outro, o mesmo*); o conceito de ubiquidade, à pluralidade dos mundos, contíguos a este mundo manifesto.

Lemos esses mitos em praticamente todas as suas obras, desde "O homem da esquina rosada" (*História universal da infâmia*, 1935), passando por quase todos os contos de *Ficções*, em especial "Tlön, Uqbar, Orbis Tertius", "As ruínas circulares", "Pierre Menard, autor do *Quixote*", "O fim" e vindo desaguar em "O outro", de *Livro de areia* (1975). Além de encontrarmos esses temas dispersos em praticamente toda sua poesia e na maior parte dos ensaios, seja direta ou indiretamente. Estas são, enfim, as duas linhas de força que se combinam e se diluem em seus escritos, podendo servir de chave de compreensão para toda a sua obra.

Um dos traços mais marcantes da obra de Borges é a sua necessidade confessa de viver todas as vidas e ser todos os homens. Por isso, sua devoção a Whitman, que era menos ele próprio que toda a humanidade. Seu fervor de tentar reintegrar o fato mais casual de sua vida a alguma dimensão da eternidade que o preserve seguia esse princípio vital. O escriba erudito capaz de comentar uma passagem obscura de Rábano Mauro (780-856), a mística persa e as sagas islandesas de Snorri Sturluson (1178-1241), que escreveu poemas pela boca de Cristo, de um poeta saxão e de Deus, que nos deu uma das mais pessoais e belas interpretações de Dante, era o mesmo que apreciava o gosto do café, as esquinas de Buenos Aires, o cantor popular Evaristo Carriego, o tango, os arrabaldes das cidades e as manhãs.

A obra de Borges é um deliberado jogo de equivocidade. Vivemos os seus espelhos, sombras e simulacros como eles *não devem* ser vividos, ou seja, como se fossem verdadeiros. Disse-nos que era Ninguém, que essa era a sua maior ambição. Porém, no fundo sem fundo da memória, no abismo vazio de Deus, só houve um Borges. Como o homem daquele prólogo, Borges quis escrever o mundo, ser todos ou Ninguém, mas, ao fim e ao cabo, a caligrafia apenas esboçou na folha em branco os vários traços de seu rosto.

ERICO VERISSIMO: UM RETRATO DE VÁRIAS FACES

Desde o título, *Clarissa* já nos remete ao gênero retrato e à sua longa tradição na história da literatura e das artes visuais. No entanto, o diferencial desta obra de Erico Verissimo, segunda publicada pelo autor, em 1933, é o ambiente em que esse retrato é pintado: uma pensão. Clarissa é uma jovem do interior que fixa residência na hospedagem de dona Eufrasina e seu marido, senhor Couto, chamado carinhosamente de "tio". A gama de personagens que compartilha do seu dia a dia, por si só, dá um romance: o glutão Barata, contador inveterado de piadas e espírito pouco sutil; a mulher dele, Ondina, de ar absorto, invariavelmente querendo persuadi-lo a ir ao cinema para assistir aos filmes que ele tanto detesta; Amaro, homem obscuro e fechado, que passa os dias entre o trabalho no banco e o quarto, onde lê em silêncio seus poetas e toca piano sem trocar uma única palavra ou olhar com nenhum dos moradores; o gato Micefufe, que desliza macio entre as pernas e as cadeiras; o judeu Levinsky e suas indefectíveis discussões com o protestante Gamaliel; o major aposentado e o lendário e irreparável desemprego de Couto; a dissoluta Dudu, que traz novas histórias amorosas e notícias do mundo; o relapso Nestor, com seu sorriso irônico que não poupa ninguém; o garoto mutilado Tonico, que mora na casa pobre ao lado, e a casa rica em frente, sempre com algum movimento de felicidade. Em meio a tudo isso, o peixinho Pirulito, que observa, plácido, o desenrolar dos acontecimentos, enquanto os ecos do papagaio duplicam as palavras e a vida.

Não sendo exatamente o que se possa chamar de um *Bildungsroman*, um romance de formação, a obra contém uma série de elementos desse gênero. Porque o processo de amadurecimento da menina Clarissa encontra eco em todos os questionamentos pessoais a que é induzida por conta do meio em que vive, onde os personagens funcionam como espelhos de seus dilemas mais íntimos. Seja no que diz respeito à descoberta da sexualidade ou à dimensão política que se inscreve no cenário como um pano de fundo (estamos no período entre as duas guerras mundiais), seja na solidão de vivências que não podem ser compartilhadas ou no mistério do amor que se anuncia em alguns momentos, o pincel de Erico Verissimo vai sempre retocando os traços da fisionomia de Clarissa a partir do seu confronto com os rostos alheios, com tudo o que tenham de familiar, de estranho, de inquietante ou até mesmo de grotesco. São todos espelhos de uma mesma face: Clarissa. Mas essa face só se completa e se descobre quando em constante contraste com os gestos dos outros. Clarissa tateia o mundo – e só se faz Clarissa na medida mesma em que se vê refletida nele.

Esse movimento da descoberta de si é muito interessante. E podemos dizer que traz em si um aspecto moral. Pensamos em todas as coisas existentes como se as víssemos pela primeira vez, o que muda nosso olhar para elas. Mais do que isso: muda o seu valor. Por isso Clarissa se surpreende com a declaração e o presente de Amaro, pois nunca pôde imaginar o que havia de fato por trás da melancolia daquele homem, que vivia de se ocultar em seus próprios pensamentos. Também é com surpresa que descobre algumas armadilhas do amor e do sexo, algumas injustiças que o mundo apresenta de maneira quase inexplicável e outras tantas criadas pelas mãos dos homens. E com surpresa, ainda, Clarissa vê, entre um dia e outro passados no seio da pensão, ela mesma crescer e o mundo aos poucos tomar cursos inesperados; mais cedo ou mais tarde temos que abdicar de algumas coisas em proveito de outras, deixar as pessoas amadas para só então termos noção do quanto as amamos. Parafraseando Nietzsche, somente depois que deixamos a cidade podemos saber a altura real de suas torres. No centro de todos esses dilemas está uma única palavra: surpresa. Ela é o dom de quem vê o mundo diariamente sendo inaugurado. O tempo de certa forma reúne em si a virgindade e a inocência das coisas. Assim, Clarissa pode ser vista como o repositório de inocência perdida de todos os habitantes da pensão e dos pedestres anódinos que vemos nas ruas. Dentre eles, nós mesmos.

Esse aspecto do personagem, seu estado de contínua descoberta, o torna próximo de outro personagem feminino famoso, a Virgínia do romance *O lustre*, de Clarice Lispector. Ambas nutrem o gosto pela divagação e pelo sonho, sabem que é no ato de se perder de si e de se projetar nas coisas e pessoas ao redor que podemos conhecer aquela essência do mundo que se encontra encoberta em sua opacidade. Mais uma vez a paleta de cores e palavras de Erico Verissimo busca apreender os movimentos subjetivos da adolescente, ao compor, em forma de retrato, o itinerário de sua consciência rumo a essas revelações necessárias, embora na maioria das vezes bastante duras. Assim, Clarissa se filia a um gênero narrativo híbrido, misto de retrato e romance de formação. Mais especificamente, pertence à longa tradição do retrato fisionômico, que, surgido na Itália do *quattrocento*, funda uma nova modalidade de representação de pessoas. Em linhas gerais, podemos dizer que o retrato fisionômico advém do retrato tipológico, que foi cultivado por milênios e consiste numa referência indireta e alegórica ao retratado: todos os reis, mulheres, sacerdotes e nobres eram submetidos aos modelos ideais do Rei, da Mulher, do Sacerdote e do Nobre que a arte da pintura prescrevia tendo em vista a prática dos melhores pintores e os usos correntes.

Não há nenhum arquétipo ou ideal de mulher na figura feminina que o leitor descobre ao correr destas páginas. E nem é essa a questão que seu autor nos coloca, mas outra, bastante diversa. A exemplo dos antigos gregos e latinos, e para tentar chegar ao cerne da obra, poderíamos fazer aqui uma analogia entre poesia e pintura. Segundo uma máxima de Simônides de Ceos, citada por Plutarco, a pintura seria uma poesia muda e a poesia, uma pintura falante. O que nos fala a tela de Clarissa pintada por Erico Verissimo? Que o conhecimento de si só se dá em confronto com o mundo e ele é quem molda até aqueles nossos valores mais irredutíveis. Somos todos forjados conforme aqueles retratos feitos em câmara obscura, que se completam unicamente com a captação da luz exterior. Os defeitos e as virtudes dos habitantes da pensão de dona Zina são espelhos em que a face de Clarissa se projeta e só assim se forma e transforma. Esse itinerário de amadurecimento termina apenas com a última pincelada do autor – para depois continuar ressoando indefinidamente nos leitores. A pintura de Verissimo em *Clarissa* às vezes redunda em um abuso de cores e tons pastosos, e em certa adjetivação e romantismo, aspectos que ele irá polir em seus livros posteriores. Isso não o impede de consumar seu projeto de escrita nem impede a personagem de atingir aquela zona tênue da consciência onde todos os espelhos são só um primeiro passo rumo ao conhecimento do outro e à tão almejada visão do Outro. Afinal, o retrato também é um mergulho no universo do retratado e naquilo que o circunda. Conseguir isso é um grande passo. No limite, o ponto de partida e a única razão de ser de todo o conhecimento e de toda a arte não é nada mais do que a alteridade.

ENTRE IMAGENS E ENIGMAS:
A ESCRITA DE IVANI ROSSI

Este livro pode ser definido como um caleidoscópio. Uma lanterna mágica por onde somos guiados pelas mãos seguras de Ivani Rossi às camadas de presente-passado de Angelina, em uma busca pelas suas origens. Não se trata apenas de uma primeira lâmina transparente, acoplada ao projetor. Um primeiro prisma que emana da escrita de Ivani-Angelina, entre biografemas e ficção. A própria organização dos onze capítulos segue esse modelo prismado. E a cada novo avanço, abrem-se novas imagens e novas camadas da protagonista. Nesse palimpsesto, uma nova silhueta nos observa a partir dos álbuns de retratos: Angelina-Jawdiga.

Como no cristal do tempo, aos poucos essas imagens se formam, adquirem nuances para depois se tornarem invisíveis, retornarem à impossibilidade ou voltarem a nos chamar para um futuro latente, ainda não manifesto. Por isso, *Jawdiga* pode ser definida como uma obra de memorialismo lírico. Um lirismo de acesso ao passado e de revelações do presente. E o estilo arabesco de Ivani, em impecáveis fluxos digressivos, serve de corolário à forma por excelência da rememoração: a espiral.

Os avós teriam vindo de Castellammare ou Castellabate, uma região da comuna de Salerno, perto do Vesúvio. Isso era tudo, diz o narrador, em uma saborosa indeterminação quixotesca. A partir desse quase-nada, a viagem de Angelina implica um mergulho subjetivo. E exige também um deslocamento físico, por meio do qual a protagonista procura atar as duas pontas da vida, como diria Dom Casmurro. Desvendar aquilo que Angelina sabe de si e compreender as condições que deram origem ao que ela veio a ser.

Nessa trama, o aristocrático Lorde, ao fim descoberto como gata e batizada Milady, desempenha um papel efabulador central. Como um contraponto ao realismo investigativo que guia os passos de Angelina à gênese de si mesma, Milady se apresenta como um contraponto maravilhoso. Uma emanação da natureza, permeada de intervenções irônicas e de contrapontos em relação à consciência de Angelina, que se aprofunda a cada momento.

A avó Ângela Gioda Santini, limpando o suor no avental. A avó materna brasileira, Madalena Florant Rugeri, viúva com a quinta filha na barriga, pouco dada aos afetos. O bisavô suíço, dedicado à botânica e ao cultivo de camélias brancas para os barões do café. Muito religioso, casara-se com a adolescente Luiza Nucci. E, no mais, dele nada se sabe além disso, arremata o narrador. As brincadeiras com a prima Andressa Florant na casa de chácara dos bisavós. O tio-avô Américo Florant e as reverberações da casa silenciosa. A avó materna, Madalena Rugeri, mostrando para Angelina os desenhos fascinantes da água nas vidraças. Surgem Nicola, Angelo, Genaro. E, sobretudo, Vincenzo, o avô italiano que viera ao Brasil para trabalhar na cafeicultura.

Todo esses rostos emergem como mosaico, dentro e fora de Angelina. Indagam-na sobre seus contornos, nomes, motivações. Como uma esfinge-enigma, esse rosto múltiplo exige ser nomeado, compreendido e emoldurado em uma fisionomia: Angelina. Não termina aqui entretanto essa orquestra de vozes tecida por Ivani. As representações da religião, as impressões interiores da protagonista, a opressão do pecado e da culpa, as freiras impacientes, a oração, a escola impoluta e o Cristo crucificado, acima da professora. Os quadros opressores, a Sagrada Família e a Nossa Senhora, sempre à espreita.

Que estranho alguém beber o sangue de outra pessoa. Que sensação comer o corpo de Cristo em uma pastilha anêmica. Os devaneios tomam o leitor. E assumem o protagonismo deste livro de imagens passadas-presentes: *memorabilia*. Acima de tudo, entramos no teatro encenado pela protagonista. Ela nomeia suas bonecas. Ora inspirada na tia Margot, ora manipulando as personagens estranhas descritas pela mãe, o cachorro Zumbi e o elefante Dumbo. Ora inspirada na madrinha Ester Warzyniec, um primeiro signo de fechamento do quebra-cabeça deste livro.

A vida entendida como teatro. A vida dentro da vida. As imagens circulam pelas lembranças da protagonista. Além delas, outras camadas se sobrepõem entre Angelina e o leitor. Não apenas o Museu da Imigração, mas as marcas deixadas por todos os antepassados emanam em cada parte da vida da protagonista. Não a deixam em paz. Esse murmúrio de fantasmas, conceituado pelo neurocientista Boris Cyrulnik, esse murmurar diuturno de vozes e rostos obseda Angelina. Exige dela uma ação. Leva-a à resiliência, em forma de viagem.

Como em um filme de Fellini, a viagem de Angelina não decorre apenas no tempo e no espaço, acompanhada por Giovanni, em direção ao vilarejo Montecorice. Giovanni, lembrança do primeiro beijo, aos treze anos. Estas experiências produzem também um acesso às próprias camadas ocultas da protagonista. Ao final, prosseguem como enigma: *Na litość, dbać o moim małym Jadwigi.* As palavras ecoam na mente de Angelina-Jawdiga: *Iaduiga, Jaduiga, Jadiviga, Iadiuiga.* E, na revelação final desta busca, Ivani parece nos dizer que a vida pode ser tão misteriosa quanto uma roda. Não necessariamente o movimento circular da roda da Fortuna. Talvez a simples circulação das imagens passadas que nos constituem. E que nunca serão decifradas.

A escrita do ENSAIO

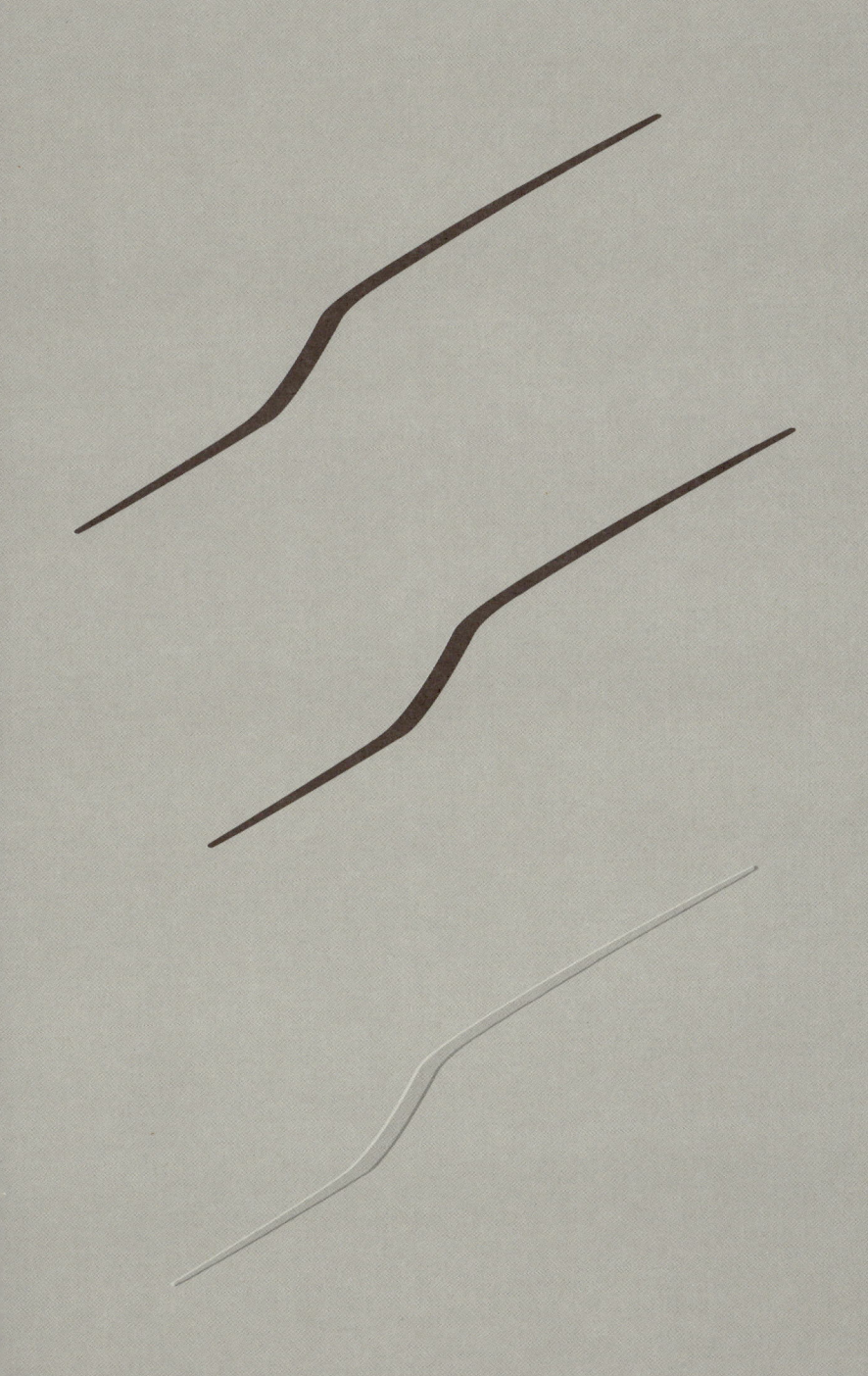

KOSELLECK E OS
TEMPOS EMARANHADOS

Reinhart Koselleck (1923-2006) é um clássico contemporâneo da historiografia. Um autor que abre debates centrais para todos os pesquisadores de ciências humanas.

Mais uma joia desse autor está disponível: *Histórias de conceitos: estudos sobre a semântica e a pragmática da linguagem política e social.* Trata-se da quarta obra de Koselleck publicada pela Contraponto, além de *Crítica e crise* (1999), *Futuro passado* (2006) e *Estratos do tempo* (2014), posicionando-se como principal editora do autor no Brasil.

Conta com contribuições de Ulrike Spree e Willibald Steinmetz e posfácio de Carsten Dutra sobre os fragmentos introdutórios de Koselleck. A excelente tradução, assinada por Markus Hediger, é aprimorada pela revisão técnica e o prefácio esclarecedor de Bernardo Ferreira, da Universidade do Estado do Rio de Janeiro (UERJ), e de Arthur Alfaix Assis, da Universidade de Brasília (UnB).

O livro reúne ensaios publicados ao longo de quase trinta anos (entre 1976 e 2005). Demonstra a preocupação constante de Koselleck com o problema dos fundamentos conceituais do trabalho do historiador.

Em certo sentido, esta obra é uma refutação das críticas feitas a um de seus projetos mais ambiciosos: *Conceitos históricos fundamentais: léxico histórico da linguagem político-social na Alemanha,* dicionário publicado em oito volumes, entre 1972 e 1997.

Como definem Ferreira e Assis, o empreendimento de Koselleck consiste em diferenciar a forma tradicional da "história das ideias" da "história de conceitos", bem como distinguir esta da "história social". Ademais, demarca diferenças entre sua abordagem e a realizada pela chamada "análise do discurso". Outro contraste (polêmico e instigante) é entre a "história de conceitos" e as "histórias de conceitos", no plural, chave desta obra. Pode parecer uma sutileza, mas essa flexão altera tudo.

Estas diretrizes se apresentam na primeira parte. Alinhado a Wittgenstein e à filosofia da linguagem, os conceitos descrevem "estados de coisa", não estruturas reais. Nesse sentido, os conceitos são molduras espaciotemporais. As designações de cada conceito são circunstanciais, mas os conceitos não o são.

Se os conceitos se esgotassem em sua enunciação temporal, ao usar um mesmo termo estaríamos a todo momento usando conceitos diferentes, uma contradição que inviabilizaria a própria prática da historiografia. Por isso, quando falamos em "revolução", "emancipação", "progresso", "declínio", "decadência", "utopia", "inimigo", "crítica", "crise", estes não envelhecem. São os estados de coisas descritos por conceitos que envelhecem, pois não descrevem mais realidades efetivas (*Wirklichkeit*), como diria Hegel. Não por acaso, o grande filósofo do Idealismo é uma das fontes do termo "histórias de conceitos", no plural.

Os conceitos não envelhecem porque são unidades formais. Dizer que os conceitos são tão transitivos quanto o tempo é enunciar a invalidez de qualquer conceituação que transcenda o tempo em que os mesmos foram (ou virão a ser) enunciados. Isso é um "desleixo lógico", segundo o eufemismo de Koselleck.

O movimento é paradoxal. Ao mesmo tempo que Koselleck recorre a cada concepção e a cada história (singular) dos conceitos, fricciona cada uma delas dentro das histórias (plurais) de conceitualizações transistorizadas.

Aqui é importante ressaltar o subtítulo. Ressalta os conceitos a partir de sua semântica e de sua pragmática, ou seja, de suas estabilizações de sentido e de seus usos e efeitos. Restringe-se à "linguagem social e política". Então, muito cuidado ao adentrar a obra. Em todos os momentos, Koselleck reflete sobre as condições de possibilidade dos conceitos acerca dos eventos. Não trata das evidências empíricas documentais que facultam diferentes perspectivas de um mesmo evento.

No mesmo sentido, os conceitos tampouco podem ser reduzidos a seus aspectos sociais. Koselleck se aproxima aqui do filósofo da ciência e epistemólogo Karl Popper e de sua crítica ao "mito do contexto". Assim como reduzir a enunciação de um conceito ao tempo de sua enunciação, identificar um conceito ao ambiente social em que circula seria uma tautologia (argumento circular).

Por meio de "distinções analíticas", todos os eventos ocorrem em um cruzamento entre as dimensões linguística (cultural) e extralinguística:

geográficas, biológicas, zoológicas, geológicas, climáticas, entre tantas outras que envolvem a "história" da Terra. Estas condições pré-linguísticas podem ser chamadas de meta-históricas.

Esta é uma das contribuições mais fascinantes do historiador alemão. Diferente da conhecida definição de Hayden White, para Koselleck a meta-história não se refere às estruturas ficcionais imanentes a toda historiografia. Pode ser definida, sim, como todas as "determinações formais" que os humanos compartilham com os animais, por exemplo. E nós, humanos, tendemos a "transformar linguisticamente" essas predeterminações meta-históricas que não podem ser inteiramente "dominadas pela linguagem".

Há uma assimetria entre linguagem e mundo, uma tensão entre um "estado de coisas histórico" e a respectiva "apreensão linguística". Essa tensão ocorre no interior dos conceitos, "estruturas de profundidade temporal" diferentes. Por exemplo, no século XVIII, na França, na Alemanha e na Inglaterra houve disputas relativas aos direitos dos cidadãos que tiveram soluções distintas.

Ecoando uma tese do filósofo Vilém Flusser, cada língua tem predeterminações diacrônicas (ao longo do tempo) em uma mesma sincronia (mesmo tempo), ou seja, escalas de "diferentes graus de profundidade". Entre a diacronia e a sincronia, emergem o que podemos chamar de heterocronias: multiplicidades de tempos dentro de um tempo. Estas são abordadas também em sua obra sobre os "estratos do tempo", em diálogo com o conceito de temporalidade de "longa duração", do historiador Fernand Braudel.

A segunda e a terceira partes analisam alguns conceitos e suas histórias, como a linguagem do Iluminismo, uma das especialidades de Koselleck e tema do brilhante *Crítica e crise*. A quarta parte aborda o campo mais restrito da história constitucional.

Na quinta e última parte, Koselleck investiga a dissolução da "casa como unidade de dominação estamental" e observa a transformação jurídica de conceitos como "casa", "família" e "domesticidade". Restringe-se à Prússia, entre a Revolução Francesa e 1848.

A partir de repetições e estruturas, descreve as continuidades e descontinuidades entre eventos e conceitos no começo da modernidade. Esta parte final corrobora de modo ilustrativo a tese das sobreposições de camadas de passados-presentes na história da Alemanha.

Seja nas ciências humanas ou nas ciências naturais, nenhuma teoria sobrevive sem se apoiar em uma metateoria. Ou seja: sem refletir sobre suas próprias condições, limites e possibilidades conceituais. Essa atividade metacognitiva pode ser chamada de epistemologia ou de metafísica. Nenhuma ciência consegue avançar sem recorrer a elas.

Em tempos de obscurantismo, anticiência e deslavada deformações da história, a obra de Koselleck é monumental e urgente. Ela nos ajuda a compreendermos nossa historicidade profunda. E, ao mesmo tempo, quais as diversas temporalidades subjacentes a essa autocompreensão.

MURYATAN SANTANA BARBOSA E A RAZÃO AFRICANA

Desde as obras pioneiras de Manoel Querino, Pierre Verger, Alberto da Costa e Silva e Kabengele Munanga às pesquisas fundamentais de Lilia Moritz Schwarcz, Ordep Serra, Sueli Carneiro, Reginaldo Prandi, Silvio Almeida e Nei Lopes, o pensamento africano tem recebido cada vez mais destaque no Brasil.

Nesse movimento, *Na casa de meu pai: a África na filosofia da cultura*, referência mundial do filósofo ganês Kwame Anthony Appiah, publicada pela Contraponto em 1997, pode ser considerada um marco. Por sua vez, *O pensamento africano no século XX* (Expressão Popular, 2016), conjunto de artigos de pesquisadores brasileiros e africanos organizado por José Rivair Macedo, com prefácio de Severino Ngoenha, trouxe um novo fôlego ao debate.

Em 2017, surgiu a Coleção A África e os Africanos, da editora Vozes, coordenada pelos professores José D'Assunção Barros, Álvaro Nascimento e José Jorge Siqueira. Ela tem publicado autores brasileiros e estrangeiros seminais para a compreensão desse continente: Jean-Loup Amselle, Elikia M'Bokolo, Gwendolyn Midlo Hall, Marcel Dorigny, Bernard Gainot e Muniz Sodré.

No mesmo ano, o clássico *Arte africana* de Frank Willett, talvez a melhor referência sobre a arte africana, saiu em parceria entre a Imprensa Oficial do Estado de São Paulo e as Edições Sesc. Some-se a isso o interesse crescente dos leitores brasileiros pela obra do filósofo camaronês Achille Mbembe, publicada pela editora n-1. Temos um painel muito positivo. E a esperança de que cresça ainda mais. Entretanto, ainda havia um elemento ausente: um panorama abrangente da produção intelectual africana atual.

Para suprir esta lacuna, a editora Todavia acaba de colocar no mercado *A razão africana: breve história do pensamento africano contempo-*

râneo, do historiador Muryatan Santana Barbosa, com orelha assinada por Rivair Macedo. Nascido em 1977 em Lund (Suécia), Muryatan é autor de *Guerreiro Ramos e o personalismo negro* (Paco, 2015), síntese da trajetória intelectual do sociólogo negro Alberto Guerreiro Ramos (1915-1982).

Professor adjunto do Bacharelado em Ciências e Humanidades, do Bacharelado em Relações Internacionais e do Programa de Pós-Graduação em Economia Política Mundial, todos da Universidade Federal do ABC (UFABC), há anos Muryatan tem se dedicado ao pensamento africano e afrodiaspórico.

Inspirado em Marx e no filósofo da ciência Gaston Bachelard (1884-1962), Muryatan segue dois preceitos: 1. Investigar as matérias em seus detalhes, de modo a "analisar suas diferentes formas de desenvolvimento e rastrear seu nexo interno"; 2. Recorrer ao descritivismo, à medida que a "descrição é a finalidade da ciência". Devido a isso, o contorno metodológico é impecável, pois consegue mapear uma variedade enorme de autores, obras e ideias, em dimensões continentais e em uma perspectiva transdisciplinar.

A primeira parte analisa o protagonismo das ideias de Edward Blyden e as origens do nacionalismo africano (1870-1917), o Entreguerras (1917-1939) e o papel da diáspora. Os primórdios desse pensamento mostra-se atrelado aos impasses da colonização e dos paradigmas europeus. A unificação dos intelectuais passa por projetos de descolonização, e por teorias alternativas ao racismo e ao colonialismo. Para tanto, era preciso formular uma personalidade africana.

Tomam forma então os conceitos de negritude e de pan-africanismo, hipóteses de uma possível unificação étnica, política e cultural do continente. Trata-se de uma defesa de valores civilizacionais e (a seu modo) modernos específicos da África. Essa primeira etapa realoca os papéis e as funções tanto da política quanto da cultura, que se tornam indissociáveis.

A segunda parte se chama "O reino político". E o subtítulo explica o teor desse segundo grande momento. Baseia-se na tese de que apenas por meio de forças políticas poderia haver a emancipação africana proposta pelos pensadores anteriores. Tomando como divisa as ideias de Kwame Nkrumah (1909-1972), presidente de Gana de 1960 a 1966, os intelectuais passam a colocar a política no centro de todas as demais ações, orientação que dominou a produção africana ao longo das décadas de 1950 e 1960. Fortalece-se nesse momento o socialismo e o marxismo africanos.

Contudo, essas teorias críticas ressaltaram os limites das utopias pan-africanistas. E os intelectuais se deparam então com alguns problemas. Como organizar uma sociedade pós-colonial? A partir da hegemonia do neoliberalismo, nas décadas de 1980 e 1990, como evitar que os nacionalismos se convertam em uma rebalcanização neocolonial, como advertira Mbembe? Para sanar esses impasses, Muryatan concentra sua argumentação final no conceito que nomeia a terceira parte da obra: o autodesenvolvimento.

O autodesenvolvimento passa a ser uma tônica dos intelectuais das últimas décadas, representados em grande parte por economistas. Esse movimento se assenta em uma tomada de consciência paulatina das especificidades e das contradições do desenvolvimento e da modernidade africanos. A questão central? Como seria possível passar da economia política clássica africana a novas estratégias de desenvolvimento, conciliando as democracias e o capitalismo contemporâneos.

Esse projeto se alicerça em alguns desafios: diversidade econômica, industrialização autônoma, integrações regional e continental, aumento da qualidade de vida. E também contempla novas propostas: superação das "disparidades de gênero, raciais e étnicas", sustentabilidade, e um tipo de desenvolvimento cada vez mais endógeno e democrático.

A capacidade de síntese de Muryatan torna sua obra obrigatória para qualquer um que pretenda se aprofundar em temas africanos. E também para aqueles que pretendam compreender as ideias contemporâneas de um ponto de vista complexo e policêntrico. Afinal, esse talvez seja o maior imperativo e o maior desafio para a construção de um novo pensamento para o século XXI.

MÁRIO DIRIENZO ENTRE
A LEI E A GRAÇA

ABERTURA: UMA MOEDA

O que o leitor acessa ao se imiscuir pelas linhas de Mário Dirienzo é algo que tinha praticamente se perdido na língua portuguesa: a arte do ensaio, em seu sua acepção mais elevada. É por meio dela que Dirienzo nos leva às convergências dos paradoxos, aos paroxismos das semelhanças, às distinções do que é opaco até a sua própria extinção e às clarividências proféticas do senso comum, tão certo e eficaz que chega a pôr à prova a razão mais esclarecida. Ou seja, é com a ousadia do ensaio que, pelas mãos do ensaísta, chegamos a campos minados, porém virgens, não tocados pela especulação acadêmica ou pela divulgação científica, ambas escoradas em pressupostos de demonstrabilidade que o poeta e ensaísta Mário há muito ultrapassou. Por isso, a abertura é, em primeiro lugar, da linguagem. Em segundo, do pensamento, da qual ela é o receptáculo. E, por último (ou desde o princípio), uma abertura do ser, que se entrega à aventura da vida e, neste caso, tal abertura torna-se idêntica ao movimento das palavras sobre a folha em branco. Errância e verdade: as duas faces de um só Zahir, que nada mais são do que as duas formas divinas do acaso. É aqui, quando o ensaísta cede ao poeta e, olhando este horizonte sempre virtual em direção ao qual caminha, o poeta vira vate. Vaso, receptáculo, teóforo.

A questão que norteia estes ensaios é tão crucial quanto inaparente, para o pensamento e a vida. Podemos dizer que o fio condutor, o *leitmotiv* que os guia, seja a tentativa de pensar os limites da lei, entendendo-se aqui por lei tudo o que seja da ordem do humano, do instituído, do dado, do quantificável, em confronto com a sua superação, ou, mais precisamente, com sua possível desativação levada a cabo pelo império da graça. Nesse sentido, estes ensaios tangenciam um dos debates nucleares do século XX, que se deu ao redor, seja da convergência seja da afronta radical entre humanismo e anti-humanismo. A relação de autores, linhagens e obras é babélica: desde a faceta existencial (Kierkegaard) à existencial-ontológico (Heidegger, Ortega), desde o personalismo (Scheler, Mounier) àquele humanismo de raiz kantiana (Rickert, Cassirer), desde os marxistas (Sartre, Bloch, Garaudy, Fromm) aos vitalistas (Plessner, Scheler) e aos cristãos (Maritain, Marías, Marcel, Blondel, Bernanos, Balthazar), desde os judaicos e hassídicos (Rosenzweig, Buber, Levinas) aos místicos ortodoxos (Lossky, Evdokimov), da via hermenêutica (Ricoeur) à vertente posterior ao estruturalismo (Derrida, Foucault, Deleuze). Porém, o tema, pode-se dizer o embate, não só não se restringe ao século XX, como surge mais urgente do que nunca no início do século XXI, com Vattimo, Habermas, Appel e Sloterdijk, entre outros. O agravante é que tal tema hoje em dia tem de se defrontar com questões das mais espinhosas, que vão desde a defesa do criacionismo, a bioética e as teorias construtivistas de criações de novos modos "humanistas" de vida, até tecnologias e políticas de reestruturação social, pedagógica, moral, sexual e estritamente religiosa.

De saída e, pode-se dizer, felizmente, Mário parte de um âmbito predominantemente teológico da análise do homem, ou seja, acaba propondo uma suspensão dessa dicotomia e, como Dostoiévski, entre uma linha e outra, parece sugerir silenciosamente ao leitor que todo humanismo sem Deus é ridículo. Mas o objetivo de Mário não é apresentar-nos a face caricata deste homem com *h* minúsculo, esse ser dos subterrâneos, senhor e imperador de si em seu niilismo racional, esse geômetra por excelência, sem qualquer espírito de finesse, para lembrar a aguda oposição tipológica de Pascal. Ele seria a forma final do demasiado humano, do homem acabado, aquele que se crê juiz e árbitro do próprio destino, em detrimento de uma concepção do Homem fundada em forças transcendentes, sejam elas quais forem. Não é esta a feição humana que interessa a Mário. Ele abandona o ringue, não toma partido no pugilato entre essas duas vertentes, mas opera em outro sentido, mais interessante. Em última instância, o que lhe interessa não é o homem nem o Homem. O que lhe interessa é a face. A face como abertura à grande Face.

Um problema, poder-se-ia dizer um preconceito do qual mesmo os filósofos mais esclarecidos padecem, é a ideia equivocada de que haveria uma aporia irresoluta e insolúvel entre razão e fé, ou seja, a fé sempre foi e ainda é vista como *carência noética*, como uma ausência que precisa ser "legitimada" ou "sintetizada" pelo *logos* intelecto discursivo, caso contrário produz-se o fundamentalismo, o que de fato ocorre, em alguns ramos do islamismo e em algumas linhas internas ao próprio âmbito protestante. Entretanto, Mário, como poeta e pensador protestante reformado que é, partindo dos píncaros do debate teológico europeu, entende que essa dicotomia entre fé e razão seja um falso problema. Ou seja, a fé possui uma racionalidade operacional própria, à medida que o próprio ato de crer não serve apenas para gerar efeitos na vida prática e moral, para dar conta da falta de razão suficiente do mundo, no sentido kantiano do termo, ou seja, para lidarmos com o Mal.

Pelo contrário, ao agir sobre o intelecto, ela o regenera e, regenerando-o, produz conteúdos noéticos. Em outras palavras, a eterna dicotomia entre Atenas e Jerusalém, entre conhecimento teórico e revelado, é uma falsa questão quando começamos a entender que *a própria fé é um ato intelectivo que paulatinamente transforma as instâncias cognitivas daquele que crê*. Afinal, nunca é demais relembrar, que o Verbo que se fez carne não é o *uerbum* latino que escolasticamente se antepõe ao intelecto em uma *adaequatio rei*, mas sim o Logos, a própria Inteligência divina, que encarnou. Assim, no próprio ato de crer na imponderável Encarnação de Cristo, a razão já está implicada de modo consubstancial. A fusão de Deus entendido como princípio de um puro inteligível se opera no próprio ato miraculoso que funda o mitologema cristão, que, como mito, é e felizmente sempre será um mistério preservado enquanto mistério, ou seja, indevassável à razão.

Por isso, a Mário não interessam os "humanismos" nem a metafísica. Interessam as faces. As faces que nos conduzem à Face. Seja ela a face do teólogo Karl Barth, que medita sobre o abismo insondável do Outro e nos propõe um Deus que, sendo pura alteridade, é infenso a qualquer maquinaria da inteligência, leve ela o nome de Aristóteles ou de Inteligência Artificial, enquanto fuma um plácido cachimbo diante de um retrato de Mozart. Seja ela a face de Bonhoeffer, diante do cadafalso, que meditou sobre a existência para depois sentir-lhe o peso. Sim, o peso. A gravidade. O sentido dos corpos. O peso. A gravidade. Os corpos. E a morte. Haverá teologia suficiente para mensurar a grandeza de ser estes seres que, aqui, diante do leitor, parecem meras palavras? Como se esvai em cinzas a desmitização de Bultmann diante de uma forca! Mais que isso: diante de um homem que assiste a um enforcamento. Ou de um homem em uma cruz. Um homem. Não o Salvador. Mais do que existencial, *isto* é a própria condição humana, refém do que há de mais arbitrário e bárbaro no mito. Anterior e interior à realidade última do mito, a mais carnal possível, que nada mais é do que a sua essência. Interessa-lhe a face desfigurada, a face anônima, a anomia, o homem comum. Todos, sem exceção, faces. Faces da Face, equânimes diante de Deus.

Como junção que é de poeta e teólogo, quanto menor e mais insuficiente Mário se coloca, em primeira pessoa, diante do tema, mais seu texto cresce aos olhos do leitor. Talvez seja por isso que Barth dizia não haver bons teólogos, pois os seus temas são o absoluto imponderável. Diferente de todos os objetos de todas as ciências e saberes que a humanidade já criou, Deus não é objeto de estudos, mas uma incógnita sem verificação epistemológica possível. Mário sabe disso. Também sabe que é impossível haver conceito legítimo desvinculado do afeto. E o afeto não se direciona à anomia ou aos deuses mortos e distantes ou a um puro Deus ou a um puro Ser ou a um puro Conceito. Mais uma vez, faces que nos levam à Face. Entes realíssimos, embora inefáveis, como diria Tomás de Aquino.

Sabemos que isto, este tecido oblíquo de vivências e memórias que eu e você vivemos, leitor, e do qual somos feitos, este composto infinito de obras, de atos livres e cerceados, de livros e de homens que vivem nas obras e nos livros e por detrás deles, em resumo, este conjunto de amálgamas caóticos a que chamamos Ocidente não é nada mais do que uma milenar aporia, uma oscilação sem síntese possível. Entre Atenas e Jerusalém, entre a *pólis* e a Cidade de Deus, entre razão e fé, entre império e Reino, entre Revelação e filosofia, entre *physis* e *nomos* eis que se descortina aos nossos olhos a própria estrutura ontológica do homem, um sentido e um não-sentido, um *tremendum* e um *fascinans*, alojados e equipolentes em um só coração. Sabendo disso, Mário escava mais fundo. Segue as pegadas dessa miríade imaginária de realidades tangíveis e impossíveis, demonstráveis e virtuais, em busca de um terceiro ponto, de uma unidade dessa equação. É nesse sentido que sua meditação se atém àquilo que se dá no interior da vida como evento mas, entretanto, que a transcende, Advento translúcido e messiânico que um dia reintegrará a síntese final dos seres e mostrará ao Homem a sua face, ainda e para sempre oculta nas camadas da história enquanto o homem insistir em se pensar como ser histórico.

É aqui que Mário nos apresenta um de seus personagens: o apóstolo Paulo. A partir da mensagem paulina, o ensaísta vai nos conduzir a uma teia argumentativa das mais interessantes, que nos brinda com um apóstolo distante do senso comum. Mostra-nos que a meta legalista paulina na verdade seria a superação-desativação da própria Lei levada a cabo pelo Amor, em um movimento que poderia ser pensado quase como o de um anarquismo teológico-ontológico, tal como se evidencia na leitura das epístolas feita por um pensador como Agamben, que o ensaísta comenta. É aqui que os ensaios de Mário-Orfeu penetram a visão além do Espelho. É aqui que tem início a travessia.

Nesta cena do mundo à qual descemos, guiados pela mão do vate-ensaísta, os arcanos ainda estão para se cumprir. Como queria Kierkegaard, as Formas não estão no passado imóvel, mas no futuro, e delas devém a vida que ainda não atingiu sua última perfeição. Porém, mesmo sinalizando estas visões da temporalidade divina, o messianismo que orienta a escrita destes ensaios não chega a ser uma escatologia. Não virá no fim dos tempos, como consumação. Não é uma seta evolutiva rumo à destruição renovadora do mundo. Está mais próximo dos fluxos e refluxos do tempo de que nos fala Levinas, do pai que se reflete e abisma nos detalhes e resíduos de seu rosto no rosto do filho. Diferença e repetição, em espiral, integradas e desintegradas, simultaneamente, a cada passo da vida e a cada evento do ser. Trata-se de uma visão messiânica que, antes de mais nada, pleiteia uma possibilidade de obter o Reino aqui e agora, pois não consiste em uma eternidade que destrói e regenera o tempo, mas sim em um Sentido que se infiltra, em filigranas, homeopaticamente pelos poros e pelas penúrias da realidade imediata, fazendo de sua anunciação (para sempre iminente) o riscado luminoso de nossas vidas. Não há apocalipse, mas apocatástase, assimilação de tudo em tudo, um doar-se do Sentido que retorna e finalmente redime as peças soltas desta existência. Todo o Mundo, monte Tabor. Aqui se notam semelhanças inesperadas entre o conteúdo rigorosamente judaico da mensagem cristã, filtrado por lentes protestantes, e a teologia ortodoxa grega.

A CLAREIRA, O BODE

A lei não basta. Em primeiro lugar, porque a lei não *se* basta em si. A lei não basta para legitimar o que quer que seja. É uma espécie de morto posto entre aspas, numa curiosa suspensão fenomenológica, ao qual chamamos de Cultura ou Civilização. Morto sobre o qual fazemos nossas oblações sem exéquias. Espécie de função fática de Deus, além de não ser suficiente, a lei pode não ser o substituto abstrato do Pai, mas sim o motor do desejo (Lacan). Aquilo que o leva (desejo) a ser o que ele é em sua essência, ou seja, infração, transgressão. Por isso, René Girard percebeu muito bem que a crise mimética conduz inadvertidamente ao monoteísmo, mais especificamente ao cristianismo, à medida que o bode expiatório, mesmo estando no cerne dos rituais e na origem sempre salutar das religiões, ainda está demasiado enfronhado no ciclo das vinganças infinitas. Por isso, o *agnus Dei*, o cordeiro, oferecido por Deus a Abraão e que é Cristo, age contra o império do desejo mimético que é o mundo, a natureza, Templo de Satanás. Além do império, o Reino. Além da letra, o Espírito. Além da política e da *polis*, a Eternidade. Quando a lei consegue, num *salto mortale*, se transcender a si mesma, a graça toma os homens pela mão e os conduz. Não há mais homem nem mulher, não há mais branco nem negro. O cordeiro e o leão brincam no Paraíso.

A lei pura, seja ela kantiana ou sádica, é uma vala vazia onde só podemos depositar os despojos da Cultura-Cadáver. A amorfia nasce da inaptidão do Bem de ser acolhido nesse refrigério, e o coloca em uma inusitada posição: nem fora, nem além, mas *ao lado* da lei. Não é preciso dizer que há agonia nesta condição essencialmente ilegal. Agonia angustiosa e agonística, na qual a rivalização mimética só tende a crescer. Pois a voz da graça aprisionada quer se emancipar, quer chegar ao terceiro estado, superar a estética e a ética, não a partir de seus conciliábulos ou meias-palavras, jogos e jogatinas, mas a partir da transcendência que suspende a própria validade mundana destas instâncias. Eis-nos na religião, em sua raiz, em seu coração, pura graça. Único elemento que sobrevive feliz em sua pureza, porque sobrenatural.

Temos então nestes ensaios de *A Lei e a Graça* um movimento que age em algumas frentes. Ao mesmo tempo em que se perguntam pelo milagre da graça, por aquela dimensão da vida que transcende toda a materialidade e se abisma além de toda *physis*, Mário indaga as possibilidades de articulação entre essa pura doação de Deus e a forma humana de dimensioná-la. Para ele, não importa o Incondicionado em sua essência ou substância, os limites intransponíveis do dito e da coisa em si; não lhe cabe se debruçar sobre o antes e o depois do mundo. Isso compete à metafísica que, grosso modo, é a arte de dar a última palavra. A Mário não interessa a última palavra, mas a primeira – ou a penúltima. Entre as duas temos o poema e aquela dúvida que, ainda que titubeante, preserva a fé. Poesia e ensaio. Ambos agem nas franjas e margens do pensamento, nunca em seu centro. Pois é entre essas duas pontas que se estica a corda que é o além do homem, e na qual ele se enforca sempre que se pensa como ultrapassagem, de algo ou de si mesmo. Sempre que ele não vê que o além do homem não é potência. É sim uma força que é fraqueza, é uma glória que é finitude, é uma redenção que só se dá no reconhecimento de nossa desgraça. É o naufrágio que nos conduz à transcendência, diria Jaspers. A desgraça: verdadeiro trampolim para o divino. As cordas deste ensaísta se atam ao pensamento que sempre é fraco em sua autoimolação, e que se oferece em banquete aos suicidas do poder. Ele é e sempre será sem álibis, para quem quer que narre a sua gênese ou se debruce sobre o seu cadáver. O poeta não é o pequeno deus, de que fala Huidobro, mas o Grande Mendigo. Em cada verso, ele está na cruz, não como ressurreição, mas como abandono passivo, querido, amado.

O bem é amorfo quanto à sua natureza, mas é completa plenificação do caos quando salvo pela graça e feito cosmos, quando infenso às maquinações de uma lei e de uma razão emancipadas, separadas da situação existencial que as produz. Amorfia aqui não tem o sentido de uma natureza plástica, que recebe em si os selos da inteligência. Não é matéria que busca a forma ou adequação do intelecto às coisas. Não. A falta de forma é dom divino, é a substância precária do espírito que tenta se encontrar a si mesmo neste vale de sombras e espelhos. *The good man has no shape*. O homem bom não tem forma, diz Wallace Stevens. Essa falta de contornos é deiforme e, por isso mesmo, disforme. Está, forçosamente, para além de toda a estética. E também de toda a ética que, sem radicação transcendente, é mera ocupação de jornalistas e burburinho de senhoras de sociedade. Contempla as deformidades do corpo de Cristo ou as vicissitudes do *homo sacer*, que foi feito para ser morto sem ser expiado. Não se enquadra na geopolítica contemporânea tal como não se enquadrava séculos atrás na teologia do Estado, e tampouco se enquadrará na religião civil que se ergue sob os nossos olhos incrédulos, e tende a crescer velozmente em uma sociedade regida sob os auspícios da Besta ou do Leviatã que bebem no esgoto da imanência.

A CAMINHO DE EMAÚS, O MILAGRE

A primeira queda, a Queda, arrojou o homem em seu estado natural, privou-o de sua radicação edênica. O primeiro filho gerou o primeiro crime. Para a primeira crise, surge a graça eficaz, que, somada ao livre-arbítrio, há de nos regenerar. Para a segunda, nasce a lei, fantasma que obseda a consciência-palco de Hamlet (a humanidade), para que o caos encontre repouso na clara distinção da lucidez legal, ainda que ela coincida com a morte de toda a humanidade em cena aberta. Operar o primeiro milagre é regenerar a Natureza, libertar o Mundo. Porém, o mesmo não se pode dizer do segundo, milagre menor, literalmente de rebanho, que nos dá o sustento de nosso pão diário e garante que ele não nos será roubado pelo nosso vizinho, mas não nos diz nada do Pão no qual os discípulos viram Cristo porque era Cristo. O fato é que se trata de dois acontecimentos na eventualidade de sentido do ser que, de certa maneira, *correm paralelamente,* havendo uma primazia do primeiro sobre o segundo.

Não é por outro motivo que a liberdade foi e sempre será o tema teológico por excelência. E é nessa curvatura do caminho que o argonauta Mário segue os passos do delicado debate entre os limites de Deus e da liberdade, da graça e da desgraça, presentes no processo de secularização que se deflagrou sobretudo na modernidade. Se, ao inaugurar no teatro do ser o paradigma do Homem-Deus, o cristianismo já traz em si um elemento crítico, uma matéria de superação da dimensão eminentemente transcendental de Deus, tal realidade será reivindicada como uma forma efetiva da história e do tempo, e adrede do próprio Deus, principalmente com a Reforma e os movimentos que nasceram sob seu influxo. Se a religião consiste em uma atitude de transcendência diante de todo dado, de toda a "cultura" e de toda a "temporalidade", e esta é uma das inovações radicais do cristianismo diante dos cultos pagãos, enfronhados no *genos,* ela deixa de ser pensada assim quando Deus se traduz em Espírito e a sua perfeição última no tempo passa a receber dois nomes: clarividência autoconsciente e Estado.

Nesta escatologia, desenhada no complexo debate teológico inaugurado com o chamado protestantismo liberal, cuja rota no mundo é tão finamente analisada por Mário, o fim não é um velocino de ouro ou o *aurum* alquímico, mas tão somente uma maneira de assimilar os elementos críticos da modernidade tanto à estrutura empírica da vida religiosa quanto às suas superestruturas conceituais e teológicas. Além disso, o intuito é equacionar a dura redução produzida pela proposta da *sola escritura* às dimensões propriamente institucionais e dogmáticas (legítimas e indispensáveis) de toda a religião.

Nessa chave, Hegel e Overbeck, Nietzsche e Kierkegaard, Barth e Bultmann, Tillich e Frye, Milbank e Cullmann, Pannenberg e Bonhoeffer, passando pela linha dura da tradição protestante liberal de Strauss, Harnack e Ritschl, a despeito de suas particularidades irredutíveis, encontram-se unidos em um traçado complexo, cheio de dobras e de nós. São personagens do lento processo de *aggiornamento* (atualização) das bases teológicas, que tentam se sincronizar ao *telos* mundano e a um mundo secularizado para preservar sua validade espiritual. Se o Ocidente é de fato a terra do Ocaso, e se, como queria Vicente Ferreira da Silva, o que temos presenciado há séculos é uma teocriptia, uma oclusão do divino, ou seja, o anúncio daquela paulatina vinda da noite dos deuses (*Gottesnacht*) de que fala Hölderlin, tampouco o cristianismo poderia passar ileso às sarças ardentes e irredimíveis dessa oclusão. Como numa tocata e fuga em tom menor, na qual as linhas melódicas vão paulatinamente perdendo sua sustentação, assim parece ser a mensagem espiritual no mundo dessacralizado e invadido pela imanência tecnológica.

Nesse sentido, é muito rica a contribuição deste ensaios no sentido de dar ao leitor uma visão de como o protestantismo, a milhas de distância de qualquer tipo de materialismo ateu ou de mecanicismo cientificista, dialoga com os elementos críticos da modernidade e humildemente os assimila, propondo uma saída efetiva em relação aos dilemas entre mundo secular e sagrado. Esse debate conduzido por Mário, sem sequer mencionar o problema, nos sinaliza o quão absurda e distorcida a visão da religião produzida pela modernidade, sobretudo entre os intelectuais. Afinal, fato curiosíssimo, a palavra *fundamentalismo* sempre vem adjetivando *religião*, mas praticamente não se tem olhos para ver o fundamentalismo científico, o fundamentalismo tecnológico, o fundamentalismo estatal, o fundamentalismo ideológico, entre outros, que grassam pelo mundo e que hoje em dia representam um dos maiores perigos para a humanidade.

Mário enfrenta essa questão, dentro do escopo protestante, no qual ela teria duas frentes, uma propriamente chamada de fundamentalista, vigente sobretudo nos núcleos religiosos duros dos EUA, e outra, de raiz europeia, representada justamente por essa tradição crítica e dialética dos teólogos mencionados, justamente aquela que opera o *aggiornamento* e da qual o autor mais se ocupa. O problema que Mário não coloca, mas que sutilmente sugere, é o do esvaziamento religioso promovido pela excessiva crítica introjetada na cultura teológica por meio do *aggiornamento*. Tal é a abertura de diálogo que o protestantismo liberal assume frente às críticas da modernidade, que se produzem verdadeiros contrassensos, tais como "cristianismo ateu" e "teologia sem Deus". Impasses e dilemas irresolutos porque insolúveis? Fica a questão como uma abertura para o diálogo infinito que é a reflexão filosófica e que somos nós. Afinal, como diz Hölderlin, nós, humanos, somos um diálogo.

DO NADA, A FLOR

Entretanto, faz parte da profissão de fé da fé não se deixar abalar, e sempre transcender a tudo. Uma das maiores virtudes da fé, nesse sentido, é justamente seu teor radical e paradoxalmente crítico. Como dizia Chesterton, quem tem fé em Deus não acredita em bobagens como natureza, progresso, ciência, política, ideologia. A revelação deve sempre se atualizar na história para implodir a história, a fé deve sempre preservar o mais-além da graça que dissolve a Natureza. Caminhando para Emaús, tristes e contritos com a partida do Salvador, é preciso recolher as evidências de sua verdade, porque ele está próximo, sempre próximo, mais próximo do que imaginamos. E se nossa fé não é bastante para adotarmos o *credo quia absurdum*, e temos que ver o invisível para poder crer no acreditável, as evidências do mundo ao redor, no século XX e nos dias atuais, são o nosso caminho de regresso a Jerusalém.

A rota do cristianismo no mundo moderno parece o caminho agônico dos discípulos em busca de explicação, um segundo abandono depois do abandono do Pai. Mas a passagem pela prova da descrença pode reforçar a crença evidente quando esta nasce dos escombros da dúvida e dos sortilégios da dádiva. Não por acaso, a situação crítica desta noite abandonada pelos deuses que fugiram em exílio é descrita por Hölderlin como *pressentimento*: o declínio pode ser entendido como uma força, como o Nada que nos conduz ao ser e nos abre a possibilidade de novos deuses e o surgimento do "último Deus", nas palavras do poeta, que virá depois da mais funda e aterradora noite. Ele virá, mas virá *justamente* por termos passado por esta noite dos deuses, a noite do mundo. Justamente por termos passado pela via-crúcis, pela morte de Deus, pelo Nada.

Assim, o que implica teólogos e pensadores distintos como Hegel e Barth, Kierkegaard e Bultmann, seria a luta contra esse primado da autoridade, que repousaria infenso na tradição católica, e que no âmbito protestante é questionado, sob a ótica de uma negatividade intrínseca a toda fé verdadeira. É desnecessário lembrar que esses dilemas não conduzem a nenhum templo de felicidade ou a nenhuma estabilidade anódina. O inferno é a essência da vida e da liberdade humanas em interminável embate; é a relatividade de toda a crença e a luta infinita de todos os valores relativos entre si; é a ausência de sentido aparente de tudo, ausência muito mais evidente do que o seu sentido oculto. Ponto de partida para a fé e para a ação da graça, o inferno é condição estrutural do ser humano. Não será por elas, pela fé e pela graça, que sucumbiremos. Ao contrário, é deste inferno que não quer se superar a si mesmo, destes homens que se querem aferrados à sua humanidade inalienável e indócil, é *disso* que brota o niilismo interpretativo e a nadificação do real em que vivemos. É *isso* que nos conduzirá ao aniquilamento.

Mário, por seu lado, nos mostra a rota em seu percurso oposto. O vazio não é niilismo, mas *kenosis*. E por isso, sagração e consagração de um futuro que extinguirá todas as formas e Formas. Nele se realizará o Advento, a plenificação final do ser e dos seres no fim dos tempos e no fim do Tempo. Este húmus do pensamento atual é uma suspensão. Sendo latência, é indecidível. Está à espera do nascimento da flor, seja ela a Flor de Ouro dos alquimistas do taoísmo, que nasce no palácio de jade, no Centro da Origem, seja aquela flor amarela e trêmula que rompe o asfalto, por meio de outras insuspeitas alquimias, e que o poeta mineiro minera e tateia, frágil e indecifrável, transeunte, anônimo, sentado no asfalto do centro da capital do país. Trêmula e hesitante, sim. Mas ainda assim, uma flor, um milagre.

BRUNO LATOUR, GAIA E O ANTROPOCENO

Bruno Latour é um dos expoentes da antropologia e da filosofia das ciências em atividade no mundo. Essa frase deixa de ser um lugar-comum quando se navega pelo site do autor, em específico pelo seu memorial, que reúne as suas dezenas de livros e as suas centenas de trabalhos, conferências e artigos.

E também quando se investiga a influência do criador da Teoria do Ator-Rede (TAR) na área dos Science Studies, conforme aponta a tese de Daniel Laskowski Tozzini defendida na Universidade Federal do Paraná (2019). Para o leitor dimensionar esse pensamento e compreender esse vasto campo de estudos transdisciplinares conhecido como "novas ontologias", acabam de sair do prelo duas obras de Latour bastante complementares, em uma curiosa sincronia.

A primeira é *Diante de Gaia: oito conferências sobre a natureza no Antropoceno*. Trata-se das Gifford Lectures de Edimburgo. Proferidas em 2013, saem agora pela primeira vez reunidas em português, em uma coedição entre a Ubu e o Ateliê de Humanidades. A excelente tradução de Maryalua Meyer foi ainda aperfeiçoada com a revisão técnica do sociólogo André Magnelli, diretor do Ateliê de Humanidades, centro de formação e de livre-pesquisa.

Sem fins lucrativos, o Ateliê se concentra em Humanidades e, em especial, na sociologia e na antropologia das tecnociências e dos saberes tradicionais. E vem se dedicando a promover autores e temas contemporâneas de envergadura. Dentro desse catálogo ainda pequeno mas consistente, o Ateliê publicou também há pouco *A sociedade das tecnociências de mercadorias*, livro minucioso de Marcos Lacerda sobre a obra do sociólogo português Hermínio Martins, referência mundial no estudo das tecnociências.

A segunda obra é *Onde aterrar? Como se orientar politicamente no Antropoceno*, publicada pela Bazar do Tempo em tradução de Marcela

Vieira. A revisão técnica e o posfácio são assinados por Alyne Costa, professora de Filosofia da Ciência na PUC-RJ e especialista nos estudos de impactos ambientais produzidos pelas tecnologias. O livro vem enriquecido por um anexo intitulado "Imaginar gestos que barrem o retorno da produção pré-crise", ensaio de Latour publicado originalmente em 29 de março de 2020 no site (AOC) e traduzido pela filósofa Déborah Danowski e o antropólogo Eduardo Viveiros de Castro.

As duas obras de Latour abordam um mesmo conceito matricial: o Antropoceno. Este seria a nova (*ceno*) época da Terra sob a dominação do humano (*anthropos*). Há grandes reivindicações da comunidade científica internacional para essa redefinição do momento em que vivemos. Estaríamos saindo do Holoceno, época baseada na integração (*holos*) de todas as formas de vida e no equilíbrio climático, e cuja origem remonta há cerca de 12 mil anos.

Esta nova época começaria agora por um motivo simples. Ainda que o *sapiens* se extinguisse hoje, a intervenção dos humanos deixou resíduos na Terra que devem perdurar pelos próximos milhares ou mesmo milhões de anos. As evidências acerca das marcas humanas na Terra são incontestáveis. As controvérsias se dão apenas em relação a como e a quando oficializar o Antropoceno.

O leitor deve imaginar os infinitos fatores implicados nesse macrofenômeno. Para compreendê-lo, há duas grandes linhas de vigentes: a Teoria Gaia, concebida pelo cientista, livre-pensador e inventor James Lovelock, e a Ciência do Sistema-Terra. Latour define esta grande mudança que estamos vivendo como Novo Regime Climático (NRC). Mais importante do que a passagem do Antigo Regime das monarquias para os Novos Regimes da modernidade, ocorrida no século XVIII, esse NRC descreve uma alteração de todo planeta em um corte de mais de 10 mil anos.

Para Latour, a humanidade está perplexa porque os discursos que nos orientaram até agora não funcionam mais. Essa alteração atual é fruto de três fatores que começaram nos anos 1990: 1. A globalização; 2. O aumento das desigualdades sociais; 3. E as mutações climáticas. E o pensador é categórico: nada no mundo vai mudar se não tivermos uma visão unificada destes três fenômeno ou se continuarmos a isolá-los, como se estivessem desconectados.

Uma tônica em ambos os livros é a crítica à chamada "crise ecológica" e ao "meio ambiente". Imaginar que vivemos uma crise é pensar que ela é passageira. Pensar os impasses globais a partir da ecologia e do meio ambiente, é pensar os problemas como se dissessem respeito à natureza. Assim ignoramos as conexões entre uma miríade de processos complexos, tecnológicos, sociais, culturais, econômicos, entre outros. Por isso, Latour se vale do termo *mutação*, não *crise* ou *mudança*. E usa o conceito de *clima*, que envolve todos os processos, e não *meio ambiente* ou *ecologia*, que diz respeito à natureza.

Essa escolha decorre de outra crítica contundente, familiar aos leitores de Latour, ao conceito de *natureza*. A naturalização dos processos complexos, híbridos de artificiais-naturais, é uma falsa solução criada pela modernidade. Uma maneira moderna de purificar atores-actantes impassíveis de serem separados. A solução seria mobilizar uma nova categoria política: o Terrestre. E criar meios-lugares de aterrar, tanto no sentido de criar raízes (na terra) quanto de aterrissar (pousar em um solo acolhedor).

O livro empreende uma crítica da globalização. Propõe que o conceito de globo não faz sentido no Antropoceno. E demonstra que os eixos tradicionais direita/esquerda, global/local e progressista/conservador são resíduos da modernidade. Entraram em colapso e não funcionam mais. Por isso, a humanidade está sem saber como se orientar. Sugere então um novo vetor de orientação: Terrestre/Moderno. O livro inclui alguns esquemas visuais para didatizar essas alterações dos vetores.

Já *Diante de Gaia* é um livro mais extenso e complexo. Latour se dedica a analisar o cosmocolosso, misto de ciclone e de Leviatã, neologismo criado pelo autor para descrever os efeitos titânicos e devastadores com que o cosmos-Terra começa a presentear os humanos. Por isso, a antiga deusa grega Gaia, grande-mãe da natureza criativa e também rainha da destruição e dos caprichos.

Esta imagem-conceito criada por Lovelock sob influência do romancista William Golding é uma tentativa de descrever a Terra a partir dos chamados sistemas não lineares fora do equilíbrio. Em resumo: a natureza não é harmoniosa. As leis estáveis e eternas são abstrações. Causas negativas podem gerar efeitos positivos e vice-versa.

É preciso descrever os cosmogramas (John Tresch), os indicadores de mutações, sempre por meio de regimes complexos e ambivalentes positivos-negativos dessas "zonas metamórficas" de transição. A "revolução galileana" estaria sendo substituída pela "revolução lovelockeana". Galileu olhou da Terra para céu e descreveu os corpos em queda livre. Lovelock olhou através dos olhos-sondas não-humanos pousados em Marte. E viu nosso planeta-casa como um sistema vivo.

A revolução de Galileu no século XVI tirou a Terra do centro do Sistema Solar. Para tanto, produziu um "ponto de vista de Sirius", ou seja, da

Terra vista do espaço abstrato. Precisamos criar uma contrarrevolução terrestre: voltar a ver o espaço e a Terra do ponto de vista da Terra. Apenas assim podemos dimensionar a singularidade da vida neste planeta perdido no infinito.

Essa concepção entretanto não é vitalista nem animista. Isso seria mais uma vez separar natureza e cultura, orgânico e inorgânico, vivo e não-vivo, humano e não-humano. E Latour recorre diversas vezes ao filósofo e matemático britânico Alfred North Whitehead (1861-1947), criador da maior arquitetura metafísica e cosmológica do século XX e crítico contumaz dessas "bifurcações da natureza".

Outro aspecto central do livro é a desconstrução do conceito de globalização. Latour recorre ao filósofo alemão Peter Sloterdijk, seu amigo e confessadamente uma de suas fontes de inspiração. Especialmente à sua esferologia, teoria desenvolvida na trilogia *Esferas* (Bolhas, Globos e Espumas).

Em resumo, segundo Sloterdijk, a "globalização terrestre" começou no século XVI. A globalização estaria no fim, não no começo. Os séculos XX e XXI vivem os estertores finais do Globo. Estaríamos agora adentrando as Espumas, os sistema de "paredes finas" e o "colapso dos sistemas de imunização". Por isso, na tela do pintor romântico alemão Caspar David Friedrich (1774-1840), a Terra está afundada na quase invisibilidade do rio Elba. A Terra-Globo se liquefez. Em outras palavras: adentramos o Antropoceno.

Devido ao fato de serem conferências, o tom digressivo e dispersivo da oralidade pode incomodar um pouco a leitura. Porém, como toda obra de Latour, estes dois livros são indispensáveis para pesquisadores de todas as áreas de conhecimento, das ciências humanas às ciências naturais. E para todos que queiram se imunizar das Sereias do reducionismo, que matam o pensamento e aprisionam a vida.

MALINOWSKI: ARGONAUTA DA ANTROPOLOGIA

Desde os relatos dos historiadores da Antiguidade, que descreveram aspectos de culturas alheias às suas, passando pelo ceticismo e o relativismo de Michel de Montaigne (1533-1592), pelos viajantes do século XVI e pelos primeiros naturalistas do século XVIII, a diversidade dos hábitos, dos costumes e das culturas sempre foi uma preocupação. O olhar para o Outro e a descrição da alteridade sempre tiveram um lugar privilegiado na literatura e na construção do imaginário humano.

Contudo apenas a partir de alguns nomes do século XIX, como James George Frazer, Max Müller, Edward Burnett Tylor e Lewis Henry Morgan, esse saber difuso se define como um novo campo do conhecimento: a antropologia. Nesse sentido, Bronisław Kasper Malinowski (1884-1942) pode ser considerado um dos seus fundadores e um dos definidores do sentido que esta ciência assume no século XX.

Publicada orginalmente em 1922, a edição integral realizada agora pela Ubu de *Argonautas do Pacífico Ocidental: um relato do empreendimento e da aventura dos nativos nos arquipélagos da Nova Guiné melanésia*, uma das obras centrais de Malinowski e um dos clássicos da antropologia, deve ser amplamente comemorado.

Em um cuidadoso projeto gráfico, a edição conta com tradução de Anton Carr e Ligia Cardieri, apresentada e coordenada por Eunice Ribeiro Durham e com prefácio de Mariza Peirano. Reproduz ainda o prefácio da primeira edição, assinado por Frazer, outro documento importante da antropologia. Trata-se de uma monografia exaustiva sobre os modos de existência dos habitantes da Melanésia, conjunto de ilhas da Oceania, a nordeste da Austrália, com quem Malinowski conviveu por anos em sua pesquisa de campo, em especial nas Ilhas Trobiand.

Desde as viagens do capitão Cook à Oceania no século XVIII, a impressionante diversidade cultural dessa região do planeta assombra os ocidentais. Em especial a Melanésia que, por causa do isolamento evolucionário, possui uma das manifestações mais exuberantes desta diversidade. Por isso, de Marilyn Strathern a Jared Diamond, ainda hoje os melanesistas consideram esse arquipélago uma das melhores fontes de conhecimento para a bioantropologia. Antes de desbravá-la, Malinowski passou por uma carreira acadêmica interdisciplinar. Formado inicialmente em matemática e física, doutorou-se em 1908, na Universidade de Cracóvia.

Mergulhou na ciência da cultura depois da leitura apaixonada dos diversos volumes de *O ramo de ouro* de Frazer, uma das obras mais importantes da teoria da cultura novecentista. A partir de então, passou pela Universidade de Leipzig, sob orientação de Karl Bücher e William Wundt. Em seguida, ingressou na London School of Economics. Decidiu se especializar na Oceania incentivado pelo importante melanesista Charles Gabriel Seligman.

Como ressalta Eunice Durham, pelo menos três grandes trabalhos de campos diferentes surgiram a partir das primeiras investigações acerca dos aborígenes australianos desenvolvidas ao longo do século xix: *As formas elementares da vida religiosa* de Durkheim (1858-1917), obra que estabiliza o conceito de totem e se propõe como uma das primeiras descrições globais do sistema totêmico, *Totem e tabu* de Freud (1856-1939), um dos ensaios seminais sobre psicologia da cultura e sobre as origens da civilização, e *The Family Among the Australian Aborigines*, primeiro livro de Malinowski. Curiosamente todas publicadas no ano de 1913.

A partir dessa tentativa de descrever a visão de mundo aborígene, uma das inovações do pensamento de Malinowski decorre do emprego do método central da antropologia: a etnografia. A etnografia consiste em uma descrição das culturas alheias a partir dos valores internos a essas mesmas culturas. Dos primórdios da antropologia ao começo do século xx, com Lucien Lévy-Bruhl (1857-1939), a despeito do brilhantismo conceitual, a maioria dos antropólogos não havia sequer visto um representante dos povos que estudavam.

Faziam uma antropologia desprovida de etnografia. O objetivo da etnografia não é apenas encontrar equivalentes nas culturas ocidentais para os palavras, práticas e ideias não-ocidentais. Seria preciso acima de tudo compreender a partir de qual sistema de valores (axiologia) os nativos compreendem e empregam tais palavras, práticas e ideias. A etnografia não se resume a uma tradução de termos. Define-se por uma tentativa de transposição do sentido.

O âmago da investigação etnográfica desta obra é o conceito de *kula*. Trata-se de uma categoria central que organiza um enorme sistema ritual, praticado nas Ilhas Trobiand e que regula todas as trocas, materiais e mentais. Os trobiandeses entendem o *kula* como um valor estabelecido para todas as formas de trocas. O *kula* seria uma instituição capaz de referir todas as demais atividades e, nesse sentido, representa uma totalidade integrada dos trobiandeses. É um termo que engloba tanto a economia quanto festas, celebrações e rituais que poderíamos designar, a partir das distinções europeias, como sendo de natureza religiosa, cultural, política.

A ênfase de Malinowski recai sobre o aspecto econômico dessas trocas, destacando os significados e as implicações dos atos de dar e de receber presentes nos rituais de *kula*. Isso levou Malinowski a preservar o termo original. Desse modo, pôde destacá-lo como grande operador conceitual de sua nova teoria antropológica. Fato que o tornou o etnógrafo por excelência das gerações posteriores de cientistas.

O impacto do pensamento de Malinowski sobre outras ciências também foi amplo, englobando a sociologia, a linguística, a historiografia, a filosofia e até as artes visuais, à medida que esta é também uma das primeiras obras da antropologia que se vale do recurso da fotografia. Sem o pioneirismo de Malinowski, não poderíamos imaginar as teorias do *potlatch* (autodestruição ritual) e da reciprocidade, ambas de Marcel Mauss, ou os estudos de antropologia econômica de Karl Polanyi, que produziram uma guinada na compreensão das motivações implicadas na produção e na distribuição de riqueza.

Malinowski lança também nesta obra as três bases de sua etnografia. Primeira: a lógica, que mantém o foco no objeto descrito. Segunda: a observação participante. Terceira: a tentativa de ser e de pensar como nativo. Muitos métodos da moderna etnografia, que pressupõem descrição densa dos nativos, equivocação controlada e consciência da participação do pesquisador nos resultados pesquisados, encontram-se de modo incipiente nesta investigação dos melanésios.

A linguagem adquire um estatuto fundacional. As palavras são os principais acessos à designação nativa do mundo. A magia também desempenha um papel nuclear para essas etnias. Malinowski percebeu a necessidade de estabelecer alguns conceitos capazes de descrever a totalidade dos processos desses povos. Nesse sentido, o *kula* e a magia não são conceitos propriamente religiosos, na acepção ocidental de religião. São conceitos operacionais que ativam e mobilizam diversos agentes, mentais e materiais.

Por isso, são manifestações parciais que remetem a uma visão total da vida e do pensamento. Por isso Malinowski os elevou ao estatuto de categorias fundamentais de todas as atividades dessas etnias. E, por meio dessa concepção das diversas funções prescritas e presentes no *kula*, tornou-se um dos criadores de uma das mais influentes vertentes da antropologia: o funcionalismo.

O funcionalismo consiste em uma tentativa de conceber a realidade cultural de modo multidimensional. Não existem signos universais. E tampouco é possível reduzir os valores não-ocidentais aos ocidentais e vice-versa. Os signos de uma cultura precisam ser vistos a partir das funções que estabelecem com outros signos, internos e externos a esta cultura e etnia. Os funcionalistas criticam a arbitrariedade da antropologia que transfere conceitos ocidentais aos povos não-ocidentais.

A preocupação passa a incidir sobre a função e a integração funcional imanentes aos povos estudados. Essa primazia das funções desessencializa o real e o humano. Nessa chave, surgem três grandes linhas de funcionalismo na antropologia a partir de três autores: Franz Boas (1858-1942), Alfred Radcliffe-Brown (1881-1955) e Malinowski. Não por acaso, a despeito das divergências, o funcionalismo foi extremamente importante para a formulação da antropologia estrutural e de um dos maiores expoentes da ciência do século XX: Claude Lévi-Strauss (1908-2009).

O real é multidimensional. Definir o *kula* como conceito-matriz de certa maneira estabiliza o significado dos demais conceitos e práticas. Desse modo, Malinowski consegue atingir a totalidade aberta do processo cultural sem decompor esse processo em unidades discretas. Isso levou alguns autores a apontar um aparente paradoxo nesta obra de Malinowski.

Embora descreva a totalidade integrada da vida dos trobiandeses por meio do *kula*, não chega a descrever todos os aspectos desse todo. O que poderia ser visto como uma insuficiência do método pode se melhor compreendido como uma mereografia (partes que não se totalizam em uma unidade), como em algumas linhas avançadas da antropologia contemporânea, em especial de Marylin Strathern.

Além da observação participante, Malinowski pressupunha um processo de aculturação do observador. Por meio deste, o observador adquiria uma vivência interna dos processos mentais e materiais que pretendia descrever. Esta concepção lhe rendeu críticas posteriores, quando seus cadernos de campo foram publicados. Muitas das anotações se referem a situações cotidianas, aborrecimentos e incômodos em relação a algumas idiossincrasias e comportamentos dos nativos.

Mais uma vez, é preciso manter a lógica etnográfica. Assim como os nativos não são totalmente transparentes aos ocidentais, tampouco os ocidentais não são totalmente transparentes nem aos nativos, nem a outros ocidentais e nem a si mesmos. O processo de diferenciação da etnografia é infinito. E, por isso, pressupõe uma ética da alteridade radical. Essa talvez seja a maior beleza da antropologia. E certamente esta é a sua maior atualidade, em um mundo que cada vez mais essencializa as diferenças e relativiza as desigualdades.

PLURALISMO E LIBERDADE: HANNAH ARENDT PELAS LENTES DE CELSO LAFER

Hannah Arendt é uma das vozes mais importantes da Filosofia do século xx. Dentre os investigadores pioneiros de sua vida e obra, podemos destacar Elizabeth Young-Bruehl, Jerome Kohn e Margaret Canovan. Por uma curiosa coincidência, o leitor brasileiro tem o privilégio de contar com dois intelectuais de altíssima envergadura nessa seara de analistas pioneiros: José Guilherme Merquior e Celso Lafer. Para a felicidade dos admiradores dessa imensa pensadora, a Paz & Terra acaba de lançar a terceira edição de *Hannah Arendt: pensamento, persuasão e poder*, obra definitiva de Celso Lafer sobre a autora judia-alemã, originalmente publicada em 1979 e agora bastante expandida, enriquecida e atualizada.

Lafer foi aluno de Arendt na Universidade de Cornell (EUA) em 1965. E depois se tornou seu interlocutor e um de seus principais comentadores estrangeiros. Esse é um fator decisivo para a perenidade desta obra. Embora os capítulos pertençam a épocas distintas, o conjunto consegue pintar um afresco dinâmico da evolução do pensamento da autora. E pode ser considerada, em termos internacionais, um clássico dos estudos arendtianos.

A obra completa da autora é analisada passo a passo e cotejada com seus principais comentadores, em um constante cruzamento entre vida e obra, pensamento e realidade. Alguns fios atravessam toda a argumentação. Um deles diz respeito à importância da experiência para a formulação de sua filosofia. Trata-se de uma filosofia política, de uma ética e de uma metafísica cujos conceitos são sempre alimentados pela experiência imediata de Arendt com algumas questões decisivas do século xx.

Para Lafer, essa articulação entre conceito e experiência emerge de um reposicionamento da categoria do juízo. À medida que a vivência da historicidade é sempre dramática e narrativa, a razão não pode se apoiar em um dispositivo universal ou em dados puros do apriorismo. O conteúdo da experiência é produzido sempre a partir de uma cena temporal e afetiva. Toma forma por meio de um emaranhado de escolhas, decisões, empenhos, compromissos.

Em outras palavras, ao reler os clássicos do Ocidente, sobretudo Agostinho e Kant, Arendt estabelece um novo estatuto para o juízo e para a contingência. A rede intersubjetiva de juízos singulares e contingentes seria o insumo da vida do espírito. E, portanto, a intersubjetividade seria a região emergente das formas de vida comuns e compartilhadas, ou seja, de toda política, na acepção mais vasta desse conceito, e não a aspiração a uma eventual universalidade abstrata.

Arendt teria encontrado desse modo um meio caminho entre a deontologia (universalismo formal) da razão pura e o consequencialismo utilitarista e liberal. Por isso o projeto de sua obra segue três vetores: o pensar, o querer e o julgar. Os atos intencionais, a dimensão volitiva e a esfera dos valores são inseparáveis. Seriam três facetas da vida do espírito em sua totalidade. Esses matizes e complexidades de seu pensamento geraram dificuldades de compreensão por parte de seus críticos, frustrados diante da impossibilidade de enquadrá-la em uma vertente liberal-conservadora ou social-progressista.

Lafer esquadrinha cada detalhe desse mosaico vivo de referências, nuances e dialogismos que enformam a obra da pensadora. Demonstra a oposição estrutural entre violência e poder. E, ao fazê-lo, explicita as contradições de reivindicações sociais que se apoiam na deslegitimação das instituições. O retrato de Arendt sobressai como uma síntese entre os pensamentos monistas-centrípetos e pluralistas-centrífugos. Para usar a conhecida tipologia intelectual de Isaiah Berlim, uma pensadora que conseguiu a proeza de ser simultaneamente raposa e porco-espinho.

Outro aspecto importante esmiuçado por Lafer se refere às três experiências do espírito: o *animal laborans*, o *homo faber* e a *vita activa*. A estrutura tridimensional não pode ser empobrecida por nenhum sistema de produção ou nenhum regime de poder. Diferente da ênfase dada à mortalidade, Arendt lança luzes sobre a condição humana, centrada na noção de natalidade. O humano é um animal em constante nascimento. Em uma infinita abertura ontológica. Essa reorientação demarca as diferenças entre seu pensamento e as filosofias da existência e a obra de seu antigo mestre Heidegger.

Semelhante àquela razão vital perseguida por Ortega y Gasset, Arendt teria perseguido toda vida a compreensão de uma racionalidade mergulhada na contingência e na experiência. Por isso, o papel decisivo desempenhado pelo juízo. Contudo, a faculdade de julgar é entendida como arena da liberdade concreta e efetiva de cada ser singular, em cada circunstância e em cada escolha. Não como momento negativo de uma razão que se realiza na história como processão de um Espírito universal ou como conjunto de contradições inerentes aos processos materiais, como ocorre em Hegel e Marx.

Um dos pontos altos da obra se encontra nos retratos e espelhamentos entre a autora e nomes como Octavio Paz, Norberto Bobbio e Isaiah Berlim, ou seja, pensadores eminentes do século XX dos quais Lafer foi interlocutor e nos quais se especializou. A diversidade ideológica, metodológica e conceitual dos autores e obras referidos é de *per se* uma sutil e contundente aula de democracia e de pluralismo. Em tempos estranhos, confusos e sombrios, essa parece ser a mensagem subterrânea de Arendt desde o século XX para o presente. E essa é a mensagem de Lafer, do presente em direção ao futuro.

O BIG TECH: EVGENY MOROZOV E A MORTE DA POLÍTICA

As mudanças vertiginosas da cena política mundial na última década têm dado ensejo a diversas publicações: *Como as democracias morrem* de Steven Levitsky e Daniel Ziblatt, *Como a democracia chega ao fim* de David Runciman, *Ruptura: a Crise da democracia liberal* de Manuel Castells, *Fascismo: um alerta* de Madeleine Albright, *O progressista de ontem e o de amanhã: desafios da democracia liberal no mundo pós-políticas identitárias* de Mark Lilla e Berilo Vargas, dentre outros. A despeito do espectro ideológico e dos diagnósticos de cada autor, identifica-se algumas constantes: a crise do modelo liberal, as contradições da globalização, os paradoxos da sociedade da informação e a insuficiência das democracias, tais como foram entendidas até agora.

Nesse quadro, o teórico das tecnologias Evgeny Morozov tem um lugar de destaque, pois apresenta outro elemento-chave dessa mudança de paradigmas: a morte da política como consequência das novas tecnologias. Essas tecnologias baseiam-se sobretudo nos modelos de negócio e na engenharia da informação criada pelo Vale do Silício. Em *Big tech: a ascensão dos dados e a morte da política*, que acaba de ser publicado pela Ubu, com tradução de Claudio Marcondes e orelha de Ronaldo Lemos, o leitor tem um excelente panorama das ideias de Morozov sobre esse fenômeno.

A tese de Morozov é a seguinte: estamos vivendo a cooptação do cidadão pelo indivíduo, do público pelo privado. E essa cooptação produz um esgotamento do sentido comunitário da política. Um "encolhimento de nossa imaginação política" de graves consequências. Esta tese se desdobra em algumas questões. Primeira: as tecnologias se baseiam em sancionar o neoliberalismo como única alternativa econômica existente. Segunda: mesmo os críticos do Vale do Silício recorrem a alternativas neoliberais. Diante disso, a pergunta que fica é: seria possível fazer uma crítica emancipatória, tanto da tecnologia quanto do Vale do Silício e do modelo neoliberal? O livro não pretende responder a esta pergunta, mas apresentar contradições desses modelos informacional e econômico globais.

Depois da série de grande corporações farmacêuticas (*Big pharma*), alimentícia (*Big food*), petroleiras (*Big oil*), chegamos enfim à dominação dos dados: o *Big data*. Trata-se do capitalismo dadocêntrico ou do dataísmo, a religião dos dados, como a define Yuval Harari, outro autor-chave para a compreensão desses processos emergentes. As tecnologias da informação criaram essa nova era. A mineração de dados e o extrativismo digital estão para o século XXI assim como a prospecção de petróleo e o extrativismo mineral estavam para o século XX.

Depois do extrativismo de recursos naturais, vivemos hoje o extrativismo de dados. As empesas de informação são escavadoras de nossa psique e de nossa privacidade. Todos os seres humanos do planeta se transformaram em "cofres de dados pessoais" a serviço de sistemas inteligentes capazes de comparar e vender informações pessoais no mercado, no atacado ou no varejo. O aquecimento global é um subproduto do capitalismo fóssil da mesma maneira que as *fake news* são subprodutos do capitalismo digital. A união de ambos produz a morte da política representativa e a inviabilidade de projetos globais, capazes de reverter a catástrofe climática.

Essa nova realidade veio à tona à medida que as grandes empresas e corporações mundiais perceberam uma mina de ouro imaterial: os algoritmos. Os algoritmos descrevem um vasto leque de padrões comportamentais. Se as empresas conseguirem mapear esses padrões, poderão modelar os consumidores (e os eleitores). E os consumidores, por sua vez, passarão a modelar os algoritmos. Para Morozov, essa estrutura não tem nada de tautológico (circular), mas de tanatológico (mortal). Trata-se da monetização integral da vida. Nossa privacidade, nossa subjetividade, nosso desejos mais recônditos viram mercadorias, compradas e vendidas à revelia de nossa vontade. A granularidade e a rastreabilidade da informação se tornam armas do controle e da governamentalidade (Foucault). A liberdade individual se reduz a uma prestação de serviços, inconsciente e involuntária. Cada compartilhamento de nossos momentos de lazer produz o enriquecimento de alguém que não conhecemos.

A privacidade se transformou no maior ativo econômico do século XXI. O problema do modelo criado pelo Vale do Silício é o solucionismo. Ao invés de percebermos as estruturas de causas e efeitos dos problemas mundiais e nacionais, optamos pela solução mais simples oferecida pelas empresas de tecnologia. Por mais distintas que sejam empresas como

Airbnb, Uber, Facebook, Google, Apple, Microsoft todas seguem a regra de ouro do solucionismo, dos algoritmos e da desvinculação entre meios e fins. Como diria Agamben, ficou caro governar as causas. Diante disso, a tecnologia e os Estados decidiram governar os efeitos. Para Morozov, essa é uma inversão radical do sentido da política, que sempre foi uma preocupação com as causas e não forma de gestão dos efeitos. A hegemonia do Vale do Silício teria destruído a possibilidade de imaginarmos outros modelos de gestão e de infraestruturas comunicacionais.

Esse tipo de sociedade guiada pela tecnologia produz bem-estar e governabilidade. E quem disse a eficiência e bem-estar são as essências da política? Diversos coletivos, povos e países podem viver em estado de bem-estar sem ter noção de que medida o seu bem-estar existe apenas às custas do sacrifício e da miséria de milhões. Marshall McLuhan concebeu as tecnologias digitais como um caminho em direção a uma aldeia global, pós-política e pós-capitalista. Uma aldeia de paz. Os resultados do *Big tech* para Morozov são assustadores: extinção da privacidade, governabilidade humana integral, uma sociedade de controle global, reticulada e granulada em todas as esferas da vida e do psiquismo humanos. O Big Tech seria apenas um eufemismo para o Big Brother.

O problema dessa filosofia solucionista é que ela não se propõe apenas a funcionar. Ela de fato funciona. A economia compartilhada, a internet das coisas, o capitalismo de plataformas, as cidades inteligentes e outros produtos da inteligência artificial seriam totalmente reféns desse modelo solucionista. Nesse sentido, seriam incapazes de evitar seus efeitos colaterais. A questão nuclear do livro é: os cidadãos podem reconquistar a soberania popular sobre a tecnologia? Sim. Mas para tanto seria preciso criar um "consenso algorítmico". O mundo é dominado por uma assimetria epistêmica: a hipervisibilidade do cidadão comum é proporcional à hiperinvisibilidade dos outros agentes. Apenas o consenso sobre os limites de uso dos algoritmos poderia reverter essa condição.

Morozov se apresenta ao leitor como progressista radical, crítico do modelo liberal e do solucionismo tecnológico. Essa perspectiva tem prós e contras. Esta obra é essencial para compreendermos a dinâmica promíscua entre finanças, informação, tecnologia e política neste começo do século XXI. Contudo, essa ampliação do aspecto disfuncional das tecnologias disruptivas o impede de considerar a tecnologia em sua natureza e em seus aspectos mais amplos. Em certo sentido, toda técnica é uma mediação. E toda mediação simultaneamente afasta e aproxima os humanos de sua capacidade de autodeterminação. Nesse sentido, as tecnologias digitais não são tão distintas das demais tecnologias produzidas pelo *sapiens*. Ademais, as democracias liberais são consequencialistas, não causais. Se há uma diferença entre consequência e efeito, entre democracia e eficiência, essa diferença é de grau, não de natureza. Afinal, foram as democracias liberais que produziram a ciência experimental. E esta ciência experimental que produziu as tecnologias disruptivas criticadas por Morozov. Se estas tecnologias estão prestes a aniquilar a democracia que as gerou, apenas o futuro pode responder.

CHARLES PÉPIN: POR UMA FILOSOFIA DO FRACASSO

A difusão da Filosofia para o grande público se encontra em um de seus melhores momentos. O sucesso de séries de TV como a catalã *Merlì* (Netflix), protagonizada pelo heterodoxo professor dessa disciplina, revela esse interesse renovado. Multiplicam-se os programas de televisão e de rádio, bem como grupos de estudos dedicados à Filosofia. Alguns livros de divulgação das principais ideias, obras e autores da Filosofia têm se destacado nas listas dos mais vendidos. A despeito de isso espelhar ou não uma maior consistência da filosofia contemporânea, o amplo interesse pela Filosofia precisa ser compreendido e destacado como fenômeno cultural de relevância.

Nessa chave podemos compreender o trabalho do filósofo, escritor e professor francês Charles Pépin. Além de professor do Liceu d'Etat de la Légion d'Honneur de Saint-Denis (Paris), Pépin enche todas as semanas o auditório do cinema MK2 Odéon com seu programa *Filosofia às Segundas*. Já foi colaborador dos programas de televisão *Culture et Dépendances* (France 3) e *En Aparté* (Canal+). Atualmente assina colunas mensais nas revistas *Philosophie* e *Psychologies*.

Uma boa porta de entrada para seu trabalho é uma de suas obras mais famosas: *As virtudes do fracasso*. Desde a publicação em 2016, vendeu 65 mil exemplares na França e foi publicada em catorze países. A obra acaba de sair do prelo no Brasil pela Estação Liberdade em excelente tradução de Luciano Vieira Machado. E pode dar um novo fôlego ao papel da Filosofia no debate público e na formação de novos leitores, justo em um momento em que disciplinas como Filosofia e Sociologia correm o risco de sair dos currículos escolares.

Pépin defende o valor positivo que o fracasso pode exercer em todos os âmbitos da existência. Para tanto descreve como esse tema foi tratado por diversas tradições, métodos e linhas de pensamento: a epistemologia, a dialética, o cristianismo, o estoicismo, as filosofias da existência e a psicanálise. Paralelamente, apresenta o papel central que o fracasso ocupou na vida de alguns dos nomes mais importantes da política e da arte, das ciências e dos esportes, da espiritualidade da Filosofia propriamente dita. Analisa também a especificidade do fracasso na cultura francesa, em contraposição à norte-americana. E apresenta estudos de caso nas escolas, nas empresas, no meio intelectual e nas atividades profissionais em geral.

Uma das virtudes da obra de Pépin é sua capacidade de sintetizar como a Filosofia conceitualizou o fracasso ao longo do tempo. E como ainda é preciso refletir sobre esse conceito para compreender melhor a vida presente. Para tanto, é oportuna a dupla articulação do livro, dividido em uma lógica do devir e uma lógica do ser. A primeira, representada pelo existencialismo. A segunda, pela psicanálise. A primeira prioriza a existência em detrimento das essências e das substâncias. Isso permite falar em fracasso, mas nunca em sujeitos fracassados. Ao evitar o estigma, abre-se a potência mesma da ação do fracasso. Ou seja: a sua virtude transformadora.

Por outro lado, a análise psicanalítica possibilita outra manobra. Muito daquilo que julgamos como fracassos em nossas vidas pode ser compreendido como atos falhos. Seriam sintomas que sinalizam uma necessidade inconsciente de renunciar a certos caminhos e realizar determinadas escolhas. Ou seja, esse pseudofracassos sinalizariam para um desejo verdadeiro. Trariam à tona uma verdadeira vocação, que não estaria sendo realizada. Esses sinais e sintomas precisam ser ressignificados. Desse modo, o sujeito converte os fracassos em uma reorientação do desejo e, por conseguinte, em novas potências de ser. Não por acaso, essa abordagem filosófica e psicanalítica é um dos pontos altos da obra.

Pépin peca por mesclar métodos (dialética), áreas do conhecimento (epistemologia) e vertentes da filosofia (estoicismo). Isso produz alguns ziguezagues de leitura que poderiam ser contornados com uma simples distribuição dos capítulos em subseções mais claras do ponto de vista da abordagem, dos temas e das divisões dos saberes. Os exemplos entre cientistas, esportistas, empresários e artistas produzem também uma oscilação semelhante. Passagens abruptas do fracasso de cientistas ao fracasso de atletas ignoram as condições de possibilidade peculiares de cada um desses domínios. Algo que também poderia ser corrigido por uma distinção preliminar dos campos das atividades humanas e suas especificidades. Entretanto, essas misturas são compensadas por uma linha argumentativa coesa. Concentrada na demonstração dos valores do fracasso, ou seja, a tese que costura a obra nunca se rompe ou se dissipa, do começo ao fim da obra.

Muitos danos são causados por uma mentalidade competitiva que nos impossibilita de nos dedicarmos à nossas efetivas aptidões. E infinitas são as denegações e adiamentos que a vida impõe todos os dias a tantas pessoas. Os erros precisam ser tratados como alavancas para um sucesso futuro, mais amplo e mais potente. Quando isso não ocorre, produz-se uma cultura onde o fracasso é entendido como substância inalienável dos sujeitos. Uma cultura de fatalidade, personalismo e depressão. Pépin nada na contracorrente. Define o fracasso como condição necessária para que os possamos vir a nos realizar, como indivíduos e como sociedade. Essa mensagem é valiosa. E precisa ressoar e ser propagada. Para que o maior número de leitores consiga se tornar aquilo que é.

A FILOSOFIA E O AMOR SOB
O OLHAR DE FRANCIS WOLFF

O livro *Não existe amor perfeito* tem todos os ingredientes para capturar o leitor logo em um primeiro contato. Belo projeto gráfico das Edições Sesc, excelente tradução de Paulo Neves, ilustrações delicadas do grande artista Alexandre Camanho e o ensaísmo primoroso de seu autor, Francis Wolff. Professor emérito da École Normal Supérieure de Paris, Wolff é um antigo conhecido dos brasileiros. Professor-visitante da Universidade de São Paulo, tornou-se presença constante nos seminários anuais organizados por Adauto Novaes. Além disso, alguns dos seus principais livros se encontram publicados por aqui desde os anos 1980, dentre eles o fundamental *Dizer o mundo* (Discurso, 1999) e o excepcional *Nossa humanidade: de Aristóteles às neurociências* (Unesp, 2013).

Entretanto uma pergunta paira no ar: seria mais um guia de aprendizagem do amor? Mais um manual para os desnorteados afetivos do século XXI? O livro é tudo menos isso. Como é corrente em sua obra, Wolff consegue uma fina articulação entre as filosofias antiga e contemporânea, entre as categorização clássica e a metafísica do século XX. Para tanto, apoia-se sobretudo na filosofia analítica, na epistemologia (teoria do conhecimento) e na filosofia da linguagem. O resultado é uma obra que, com sensibilidade e extrema clareza, procura esgotar todas as definições e ambiguidades de um dos mais fundamentais afetos da humanidade.

As definições do amor não fogem à regra das dificuldades de todas as definições em si. As concepções universalistas e essencialistas não conseguem abranger a pluralidade de sentidos e experiências amorosas. E esse é um dos primeiros problema para uma justa compreensão do conceito e do fenômeno do amor. Há definições que se apoiam em condições necessárias (sem as quais o amor deixaria de ser amor) e em condições suficientes (aquelas que atendem ao mínimo exigido para considerarmos o amor como amor). Contudo mesmo estas apresentam problemas. Nem todo amor cumpre os quesitos da necessidade. Nem toda suficiência é capaz de determinar sem margem de erro o que viria a ser o amor.

Wolff então apresenta duas saídas: a teoria do protótipo e a teoria da categorização natural. A primeira é negativa: um contraexemplo não pode invalidar aquilo que é correntemente aceito como sendo amor. A segunda é positiva: as margens de um conceito não podem invalidar o centro do mesmo conceito. O que é marginal deve ser relevado em proveito das concepções nucleares. A partir dessas duas teorias, Wolff propõe o que seria uma maneira ideal de abordar o conceito de amor. Essa forma ideal situa o amor como protótipo no centro de um triângulo cujos vértices são o desejo, a paixão e a amizade.

Não se trata de um triângulo amoroso, mas de um triângulo do amor. Nenhum desses componentes isolados representa o amor. Isso porque pode haver um desejo empenhado na aniquilação do outro. Pode haver paixão sem haver reciprocidade e cuidado. E pode haver amizade sem intensidade. Os vértices do triângulo são suas demarcações externas e não são amor. Ao passo que o amor pode existir de modo defectivo, ou seja, sem um destes componentes. Contudo a dialética do amor sempre se daria na tentativa de equacionar os três componentes.

O caso da amizade é o mais complexo. Ela implica uma reciprocidade que pode estar ausente no desejo e na paixão. A grande dificuldade é que em todas essas situações, não estamos diante de uma receita. Não nos cabe apenas mesclar esses elementos para termos a experiência amorosa. O amor exige uma instabilidade ontológica (relativa ao ser) desses três componentes. Por isso, a variabilidade infinita do amor em suas manifestações reais se relaciona à instabilidade mesma da dinâmica desses componentes.

E aqui entra a tese de Wolff: essa heterogeneidade fluida entre desejo, amizade e amor inviabiliza a perfeição das obras e da vivência do amor. O amor não é uma substância, mas uma relação. Não apenas entre indivíduos. Também e acima de tudo entre esses componentes heterogêneos. Uma relação entre esses afetos que se sucedem, complementam-se e se invalidam mutuamente no drama amoroso. Como esses três componentes são distintos entre si, não há perfeição possível na estabilidade dessas entidades. A amizade é alegria. A paixão é vivacidade. O desejo é prazer. E a verdade é que no fundo ninguém pode dizer que um amor não seja verdadeiro na falta de uma dessas três figuras.

SÓROR JUANA INÉS DE LA CRUZ POR OCTAVIO PAZ: SONHO E CONSTELAÇÃO

Os modernismos e as vanguardas foram norteados por duas preocupações centrais: a reinvenção das tradições e o experimento com a linguagem. Enquanto a pesquisa de linguagem inseria os diversos movimentos em um horizonte cosmopolita, os artistas e escritores alimentavam esse cosmopolitismo com signos oriundos de seus respectivos países, línguas, cidades, etnias, folclore, mitos e religiões. Essa dupla articulação está presente em quase todos os escritores da primeira metade do século XX. E encontrou um solo fecundo no mundo hispano-americano.

A Geração de 1927, representada por Gerardo Diego, Pedro Salinas, Damaso Alonso e pelo gênio Lorca, recebeu esse nome em homenagem ao tricentenário de morte de Luis de Góngora y Argote (1561-1627). Proscrito do cânone espanhol e transformado em termo pejorativo (gongorismo), o vórtice de imagens oníricas, a escritura em algaravias e o colorido asiático desse poeta andaluz do século XVII foram o insumo e a utopia desse grupo. Góngora era a ponte perfeita entre o hibridismo mourisco e multicultural da Península Ibérica e a linguagem do Surrealismo que se irradiava pelo mundo.

No caso da América Hispânica essa urgência era ainda mais patente. Refundar as tradições e a linguagem implicava também erigir um longo projeto de contracolonização. Surge então no México, entre as décadas de 1920 e 1930, um grupo de escritores chamado Contemporâneos, reunidos em torno da revista homônima. O que unia poetas como Xavier Villaurrutia, Jorge Cuesta, Carlos Pellicer, Salvador Novo, José Gorostiza era a tentativa de trazer à tona camadas adormecidas das civilizações mesoamericanas, tornando-as contemporâneas do presente. Nesse trabalho de escafandristas culturais, a poeta Sóror Juana Inés de la Cruz (1651-1695) foi um dos primeiros nomes que emergiram. Octavio Paz, prêmio Nobel de Literatura (1990), é um herdeiro desse grupo e dessa atmosfera.

Dono de uma vasta produção de ensaio e poesia, sua obra se inicia com uma investigação sociológica sobre a identidade mexicana (*O labirinto da solidão*, 1950). Aos poucos passa a se arriscar em uma fronteira híbrida entre a filosofia, a antropologia e a semiologia. Em *O arco e a lira* (1950), *A outra voz* (1990) e na antologia *Signos em rotação* (1972), propõe uma fenomenologia da poesia e sua ontogênese a partir do mito. O espaço emergente da arte e da poesia adquire uma nova lente antropológica e semiológica em *Conjunções e disjunções* (1969), *Claude Lévi-Strauss ou o festim de Esopo* (1967), *Marcel Duchamp ou o castelo da pureza* (1968), a *Dupla chama* (1993) e *Vislumbres da Índia* (1995). Há também os ensaios sobre autores e obras, como *Quadrivio* (1965) e *Convergências* (1991). A tradição do novo e as contradições da modernidade são desenvolvidas em *Os filhos do barro* (1974). E, paralelamente, uma constante e excepcional produção de poesia, desde 1958 até sua morte.

O estudo de Paz sobre Sóror Juana pode ser visto como um eixo de articulação de todas essas matrizes de sua obra. Tanto que ocupou três décadas da vida do poeta. Paz começou a estudar Juana em 1930. Depois de um artigo de 1950, lançou as bases do projeto, decantado e expandido em um curso ministrado em Harvard, e concluído apenas em 1981. Depois de anos fora de catálogo, a editora Ubu acaba de publicar *Sor Juana Inés de la Cruz ou as armadilhas da fé*, essa obra-prima da historiografia e da antropologia da literatura, com a excelente tradução de Wladir Dupont revista e um projeto gráfico impecável de Elaine Ramos e Alejandro Magallanes. Uma das maiores poetas e pensadoras do século XVII e um dos maiores poetas e pensadores do século XX se encontram e se espelham. Iluminam-se.

Oportunamente, este ano a Netflix também estreou a primeira temporada de *Juana Inés*. Criada por Patricia Arriaga-Jordán, com elenco composto por Arcelia Ramírez (Sóror Juana Inés de la Cruz), Lisa Owen, Arantza Ruiz (jovem Juana Inés) e Hernán del Riego (Padre Antonio Núñez de Miranda), é inspirada na vida da poeta e mostra Juana como a primeira feminista da América. De fato, Juana foi uma das autoras mais eruditas e uma das mulheres mais emancipadas de seu tempo. Desde cedo recusou o caminho do casamento e da vida palaciana. Preferiu encontrar na religião a sua liberdade interior e o cultivo das letras e artes. Possuía uma das maiores bibliotecas pessoais do Império Mexicano. Além de estudar os clássicos antigos e medievais, o grego e o latim, era versada em teologia, em filosofia, em astronomia, conhecedora de diversos saberes proscritos pelo cânone católico.

Juana teceu assim, fio a fio e verso a verso, uma das obras mais singulares da língua espanhola. Diversas centenas de páginas que recobrem teologia, filosofia, dramaturgia, poesia, traduções, cartas e exegese da Bíblia. Paralelamente à vida intramuros, Juana também protagonizou algumas mudanças significativas dos costumes. A série da Netflix sugere relações homoeróticas da poeta. E aqui adentramos a difícil demarcação da esfera da sexualidade, abordada por Paz, em especial no capítulo "A cela e suas ciladas".

A descrição da sexualidade de Juana é ambígua. E o interessante é que Paz faz questão de sustentar essa ambiguidade, em meio a aspectos licenciosos e uma atmosfera de erotismo. Descreve os mosteiros como pequenas repúblicas, com celas individuais, com uma banheira para cada cela. Estima que vivessem cerca de duzentas mulheres por convento. As monjas não saíam, mas recebiam visitas. Não havia separação por meio de grades de madeira, e às vezes elas compartilhavam a mesma sala com as visitas. Nas festas religiosas, recebiam parentes, pregadores, teólogos, cortesãos e seculares. Por fim, Paz analisa os sonetos de Juana a Laura (Leonor Carreto) e a "amizade amorosa" que sentia por essa colega. Um dos três sonetos termina com uma imagem hiperbólica e um pouco blasfema: a alma "necessita de todo o céu para não sentir falta do corpo em que vivia".

Haveria na Nova Espanha um vivência bipolar sexo-morte. Mesmo os relatos de mortificação das freiras trariam em si um forte teor libidinal. O ascetismo seria apenas a outra face da licenciosidade. Como em todas as civilizações, a sexualidade e a morte lutaram na Nova Espanha do século XVII, hipótese que Paz trabalha em outras obras. Esse combate com frequência foi mortal. Não por acaso, o século XVII na Europa é o século dos libertinos paradoxais, do padre ateu Meslier e do materialismo religioso de Gassendi e de La Mothe Le Vayer. Na Nova Espanha, o diálogo entre o signo do corpo e o signo do não-corpo teria assumido uma forma encarniçada, voluptuosa e cruel.

O ensaio de Paz é brilhante justamente porque subverte um gênero de abordagem convencional: a biografia. Não repete o conhecido cotejamento vida e obra. Entrega-se àquilo que Leo Spitzer chama de círculo hermenêutico: parte de um detalhe, eleva-se às estruturas e formas mentais da época, retorna às partes significativas. Outra referência conceitual importante é à história das mentalidades e à antropologia histórica. Essa abordagem possibilita uma microscopia dos poemas, dos modos de vida e das crenças, dando ao leitor um mosaico dinâmico da América Hispânica. A teologia política imperial, a organização da Corte, a doutrina monarquista do corpo místico do Estado. Tudo isso é mapeado por Paz na primeira parte, que trata do Reino da Nova Espanha.

Nas três partes subsequentes e centrais, Paz analisa como Juana se insere nessa trama e como sua obra excele em alguns pontos, tais como o sincretismo, o apreço pelo *criollo* (idioletos locais) e a tentativa de fundar uma literatura americana, distinta do cânone da Espanha e avessa a uma mera literatura transplantada de ultramar. As duas partes conclusivas, "A décima musa" e "As armadilhas da fé", abordam, respectivamente, o longo poema intitulado *Sonho* e a *Carta atenagórica*, digna da sabedoria de Atenas.

O primeiro é um dos ápices de poesia metafísica em língua espanhola. Descreve a alma que, distanciando-se aos poucos do corpo e da Terra, atravessa os planetas e consegue observar o Universo e as engrenagens da máquina do mundo. Quanto à carta, é um dos maiores enigma da vida de Juana. Resume-se a uma crítica incisiva ao *Sermão do mandato* do Padre António Vieira. O problema é que Vieira começara a proferir este sermão em 1642. A carta de Juana é de 1690. Ou seja: há um lapso de quase cinquenta anos entre o sermão e a escrita da carta. O que teria motivado Juana a essa crítica a Vieira depois de tanto tempo? O resultado foi fulminante por parte da Inquisição: abjuração. Completamente silenciada e proibida de escrever, Juana morreria cinco anos depois.

Uma das maiores virtudes do ensaio de Paz é etnografar a obra de Juana: descrevê-la a partir das categorias que lhe eram próprias à época. Sendo assim, não é ressaltada apenas a imanência da forma. Todas as engrenagens de uma metafísica da literatura assumem a cena. No caso de Juana, essa metafísica atualiza não apenas substratos indígenas, não-europeus e autóctones. Produz também a palingênese (renascimento) de signos arcaicos da alquimia, do hermetismo, da cabala e da gnose, ou seja, vestígios pré e protocristãos. Talvez essa liberdade diante da literatura e da tradição só pudesse ser conquistada por uma mulher. Por isso é sempre importante ler Juana, no passado e no futuro, fundadora e promessa de liberdade para a literatura da América.

O TEATRO, O SOL E O MUNDO: ARIANE MNOUCHKINE E O THÉÂTRE DU SOLEIL

Patrice Pavis e Béatrice Picon-Vallin são autores nucleares para todos os estudiosos e artistas do teatro e das artes performativas. Enquanto Pavis assina obras indispensáveis como o *Dicionário de Teatro* (1987) e *Análise dos espetáculos* (2005), Béatrice é considerada uma das maiores especialistas mundiais na obra do encenador russo Vsevolod Meyerhold (1874-1940).

Duas casas editoriais que protagonizam a difusão das artes espetaculares, a Perspectiva e as edições Sesc, acabam de trazer ao leitor brasileiro duas obra essenciais: *O dicionário da performance e do teatro contemporâneo* de Pavis e *O Théâtre du Soleil: os primeiros cinquenta anos*, estudo tão exaustivo quanto possível da trajetória da companhia criada e dirigida pela encenadora Ariane Mnouchkine.

Ao lado de Judith Butler, Hans Ulrich Gumbrecht, Eve Sedgwick, Peggy Phelan, Shoshana Felman, Marvin Carlson e do pioneiro Richard Schechner, Pavis tem se destacado como um dos principais pensadores das artes performativas. Desde sua publicação, este dicionário tornou-se uma das melhores ferramentas para estabilizar um dos campos mais movediços e complexos das artes contemporâneas: os *performance studies*.

O conceito de performance surge atrelado à filosofia da linguagem e à teoria dos atos de fala de Searle e Austin. Enunciados constativos são enunciados que descrevem estados de coisas da realidade (Wittgenstein): "O menino pegou a bola". Enunciados performativos são aqueles que produzem efeitos reais nesta mesma realidade: "Eu juro que devolverei o seu livro". Um juramento não é uma mera descrição. Ele produz uma vinculação, um compromisso entre os falantes.

Nesse sentido, a performance pretende-se sempre produtiva e não apenas descritiva. Performar não é representar. Performar é sair da clausura da representação (Derrida). Representar é descrever realidades preexistentes. Performar é produzir novas realidades. A performance transcende as dicotomias entre arte e não-arte, entre ficção e realidade, entre real e teatral. Engloba todas as atividades humanas que produzem compromissos entre os envolvidos. Não por acaso, embora a Antropologia seja a pedra-angular de sua constituição, os *performance studies* são um campo radicalmente interdisciplinar. Compreender os signos, motivações, pressupostos, situações e significados flutuantes das ações, instituições, cultos e ritualizações do ser humano é uma das bases para a reflexão e a criação de performances.

A performance e a teatro contemporâneos também conferem um especial destaque a alguns conceitos e dispositivos menosprezados pela tradição: a relação entre humano e não-humano, a constituição de atmosferas, a cinestesia, aspectos expressivos do corpo, utilização de arquivos vivos, imersão, etnografia, intertextualidade (Julia Kristeva), presentificação, liminaridade, as descobertas dos *animal studies*, a teoria ciborgue (Donna Haraway) e os horizontes abertos pelos estudos acerca do pós-humano (Katherine Hayles e Cary Wolfe).

Pode-se compreender a performance e o teatro contemporâneos também como herdeiros de algumas tradições do século xx. Primeira: a relação teatro-antropologia presente em Artaud, Grotowski, Barba, Brook e Mnouchkine. Segundo: os *happenings* e as vanguardas dos anos 1960. Terceiro: as teorias da descolonização, a etnologia e os estudos interculturais, em conexão com a teoria *queer* e os estudos de gênero (Paul B. Preciado e Judith Butler). Quarto: o teatro pós-dramático desenvolvido em consonância com a teoria clássica de Hans Thies-Lehmann.

Distanciando-se de sua formação inicial em semiologia, Pavis não esconde suas preferências teóricas atuais: Deleuze, Derrida, Barthes. E a despeito de ser um dicionário, o autor unifica os verbetes por meio de uma perspectiva crítica de fundo. O alvo tem um nome: globalização. A cultura da performance teve o mérito de ampliar as potencialidades adormecidas por noções cristalizadas de teatro e de teatral. Contudo, essa abertura teria dado ensejo a um fenômeno negativo: a ascensão de um padrão global e homogêneo de espetáculo.

O interculturalismo e a intermidialidade, ou seja, o hibridismo de culturas e o hibridismo de tecnologias de mediação, seriam essenciais à performatividade. Trata-se de uma aliança etno-tecno, segundo Gómez-Peña. Essas duas frentes teriam surgido como respostas a duas demandas contemporâneas em relação à arte: representar a diversidade cultual e incorporar novas tecnologias. Ao contrário de promover uma diversificação da experiência artística, para Pavis essa dupla demanda teria submetido o teatro a um padrão de circulação global do mercado internacional de arte. O espetáculo foi espetacularizado, para usar o conceito de Guy Debord.

Como resposta, surgiu uma necessidade cada vez maior de demarcação de grupos. Uma nostalgia das experiências e identidades comuns. Uma valorização de etnias, de gêneros, de nacionalidades, de grupos, de classes. Segundo Pavis, as teorias pós-coloniais de autores como Gilbert, Appiah, Amselle, Tompkins e Bhabha realizam a crítica desse modelo *standard*, globalista e uniformizado, que o teatro intercultural e as artes performativas acabaram reproduzindo. Contudo essas teorias não conseguiram abrir novos horizontes e criar novos padrões de produção para os artistas.

A análise de Pavis é um excelente exercício de diagnose da arte na atualidade, mas decepciona quando aplicada à aferição de valor e quando situada no cenário político-cultural da atualidade. Se uma obra-prima como o *Mahābhārata* de Peter Brook é um produto da diluição das culturas em uma economia globalizada, o que dizer da devastação cultural, política e estética de um mundo dominado pelos neonacionalismos, pela histeria antiglobalista e pelos discursos neofascistas? O mesmo pode-se dizer dessas apreciações de Pavis, confrontando-as com o trabalho de Mnouchkine.

A partir da reconstrução cronológica de Béatrice, podemos delinear o trabalho do Soleil em torno de uma constelação de ideias-matrizes: a recusa do distanciamento do teatro épico de Brecht, a busca de linguagem autenticamente teatral, inspiração em formas rituais-cerimoniais arcaicas e de outras culturas, desenvolvimento de uma autoria coletiva, o recurso das transposições, o uso de máscaras, o diálogo com tradições populares, o antipsicologismo, o hiperrealismo, a interação com o público, os documentos vivos, e, acima de tudo, um mito: o Oriente.

Negar a legitimidade dessas criações transculturais é negar a possibilidade de que toda cultura se cria e se recria por meio de infinitas disseminações e apropriações (Derrida). Pavis tem consciência disso. O problema é que ele assume uma perspectiva pouco antropológica para abordar o fenômeno essencialmente antropológico do teatro e da performance em um mundo globalizado. Desse modo, acaba sendo muito crítico à pós-modernidade, identificada à cultura globalizada, mas pouco crítico ao conceito mesmo de pós-modernidade, um dos conceitos mais controversos e vazios do pensamento contemporâneo.

Da autobiografia à autorreflexividade, da corporeidade à desconstrução, da escritura à excentricidade, da fronteira à instalação: muitos são as derivas e os devires que nos conduzem pelo teatro de imagens de Mnouchkine e ao mundo do teatro e da performance pelos verbetes de Pavis. O mundo talvez seja mesmo um texto infinito, cheio costuras, dobras e fissuras, como querem os artistas e teorizadores do teatro e da performatividade. Por isso, um corpo nunca é nu. Mesmo um corpo nu se veste e se reveste de um signo. E agora, finalmente, ninguém pode criticar a performance do MAM por falta de entendimento do que uma performance venha a ser.

AFROLOGIAS:
O PENSAMENTO AFRICANO

Ainda falta muito para termos uma produção e uma circulação de conhecimento à altura do que a África exige. Afinal, é um continente inteiro, dono da história mais antiga do mundo e o lugar de emergência do próprio *homo sapiens*. Nesse sentido, a Coleção A África e os Africanos, que a editora Vozes acaba de lançar sob a coordenação dos professores brasileiros José D'Assunção Barros, Álvaro Nascimento e José Jorge Siqueira, é um acontecimento.

A primeira safra traz quatro obras: *No centro da etnia: etnias, tribalismo e Estado na África*, organizada por Jean-Loup Amselle e Elikia M'Bokolo, *Escravidão e etnias africanas nas Américas: restaurando os elos*, de Gwendolyn Midlo Hall, *Atlas das escravidões: da antiguidade até nossos dias*, de Marcel Dorigny e Bernard Gainot, e, por fim, *Pensar Nagô*, de Muniz Sodré. Não bastasse esse manancial, a Imprensa Oficial do Estado de São Paulo, em parceria com as Edições Sesc, acaba de publicar pela primeira vez em português o *Arte africana*, de Frank Willett, talvez a melhor referência mundial sobre a arte daquele continente.

A obra de M'Bokolo e Amselle é um conjunto de artigos acadêmicos. Além dos organizadores, reúne textos de especialistas como Jean-Pierre Dozon, Jean Bazin, Jean-Pierre Chrétien e Claudine Vidal. Dentre todos os livros, talvez seja aquele cujo objetivo é o mais contraintuitivo: desconstruir a noção de etnia. Para os autores, a maior parte dos equívocos de nossa compreensão da África reside no fato simples: os aspectos que reportamos a etnias geralmente não são decorrentes de etnias.

Muitas questões definidas como étnicas seriam questões sociais e históricas, e assim deveriam ser compreendidas. Ao fazer essa confusão, a imprensa, boa parte dos trabalhos acadêmicos e o senso comum obstruem ainda mais uma compreensão da complexidade africana. M'Bokolo e Amselle defendem uma substituição de interpretações essencialistas, fundadas na etnia, por interpretações pragmáticas, ligadas aos processos de cada região.

Isso não quer dizer que as etnias não existam. Quer dizer apenas que os etnônimos (designações das etnias) precisariam ser vistos de um modo performativo, como descrições de relações contingentes e dinâmicas, não como traços substancialistas de determinados grupos. A obra também critica a noção de mestiçagem. Este conceito seria extremamente capcioso. Ao mesmo tempo em que elogia a mescla das raças, pressupõe a existência de uma eventual indistinção racial primeira. Um grau zero da raça, perigosa ideologia racista herdada do século XIX.

Hall, por sua vez, é conhecida por sua vasta pesquisa sobre as etnias que originaram a escravidão da Louisiana (EUA): *Databases for the Study of Afro-Louisiana History and Genealogy (1719-1860)*, um banco de dados virtual lançado em CD pela Louisiana State of University Press (2000). A obra que acaba de ser publicada é uma expansão desta pesquisa original. Empreende uma genealogia de todas as etnias africanas que foram escravizadas e migraram para as Américas. O objetivo de Hall é criticar uma concepção genérica, abstrata e tão difundida do negro escravo. Quer devolver a cada povo escravizado uma história, uma cultura, uma língua, enfim, um rosto.

Já o trabalho de Dorigny e Gainot é de extrema relevância para os estudos sobre o fenômeno da escravidão em geral. Percorre desde a antiguidade até o intervalo entre os séculos XVI e XIX, quando se deu a universalização mercantil do escravagismo. Os mapas, índices, dados e quantificadores dão uma amostragem muito realista do processo como um todo.

A obra de Sodré se insere em um instigante debate contemporâneo sobre as definições e os limites da filosofia. Em que medida a filosofia é ocidental? Em que medida as outras ontologias (estudos do ser) e narrativas acerca dos fundamentos (*arkhé*) do mundo não podem ser consideradas filosofias? A partir de seu conceito de comunicação transcultural, Sodré parte de uma matriz nagô para formular o que seria uma filosofia transcontinental. Excelente contribuição aos recentes estudos de ontologias comparadas e às relações entre filosofia e comparativismo.

Por fim, o livro de Willett é uma obra-prima de descrição da arte do continente africano. Formado em Oxford, pesquisador e diretor de coleções de Etnologia e Arqueologia das universidades de Manchester, de Leverhulme, de Northwestern e de Glasgow, a obra mapeia a tipologia da figuração do continente africano a partir da especificidade de cada técnica e a partir de unidades morfológicas.

Somados a autores mais conhecidos do público brasileiro, como Achille Mbembe, Kwame Anthony Appiah e outros pensadores do movimento de descolonização, do biopoder e do africanismo, estes lançamentos abrem um espaço excepcional para que o leitor possa compreender o continente africano sob outras perspectivas. Ajuda-nos a declinar a palavra *humanidade* no plural. Apenas assim, ampliando os horizontes das humanidades, passadas e futuras, existentes e possíveis, a humanidade no singular pode se fortalecer e prosperar.

A PAIXÃO DA DISTÂNCIA: AS VIDAS DE FRIEDRICH NIETZSCHE POR CURT PAUL JANZ

A vida e os escritos de Nietzsche sofreram diversas deturpações ao longo do século xx. Dentre outros fatores, estão as intervenções de sua irmã. Embora criadora do Arquivo Nietzsche, Elisabeth Förster-Nietzsche é considerada uma das principais responsáveis por essas adulterações. Provavelmente agia sob influência do marido Bernhard Förster, ideólogo do antissemitismo e fundador da Nova Germânia, colônia situada no Paraguai e destinada a uma "raça pura".

Desde então, os principais trabalhos editoriais se esforçaram para dirimir esses problemas e oferecer uma visão fidedigna da vida e da obra do filósofo. Nessa chave estão a edição comentada de Karl Schlechta (1956) e a monumental edição crítica de Giorgio Colli e Mazzino Montinari (1967), trabalho concluído apenas nos anos 1980. Em relação à biografia, Richard Blunck concebeu um amplo projeto cujo primeiro volume saiu do prelo em 1953.

Antes de sua morte, em 1962, Blunck legou a continuidade do trabalho ao musicólogo suíço Curt Paul Janz, que o concluiu em 1978. O resultado é excepcional: uma caixa em três tomos intitulada *Nietzsche: Uma biografia*, publicada pela primeira vez no Brasil pela editora Vozes. Com prefácio de Oswaldo Giacoia Júnior, um dos maiores especialistas na obra do criador de *Zaratustra*, é um dos estudos exegéticos mais abrangentes sobre a vida e a obra do filósofo.

Janz segue a cronologia e a divisão por fazes. O primeiro volume se ocupa dos anos de infância e juventude até a década na qual Nietzsche atua como professor de filologia em Basileia (1869-1879). O afastamento da vida acadêmica deu ensejo a uma verdadeira revolução. Adentramos a década na qual foram concebidas e concluídas quase todas as obras decisivas (1879-1888), abordada no volume dois. Por fim, o volume três descreve a doença, a loucura e a morte (1889-1900), além de trazer um farto levantamento de documentos, remissões e iconografias.

Uma das virtudes de Janz é mostrar passo a passo a formação intelectual desse filho de pastor protestante, que desde os primeiros estudos no liceu de Pforta se interessa por ciências naturais, música e estudos clássicos, e idolatra Shakespeare, Byron e Hölderlin. A descoberta da obra de Schopenhauer em 1865 também teve um efeito poderoso. Efeito semelhante ocorreu com a descoberta das obras de Albert Lange e Kuno Fischer, sobre o materialismo e sobre Kant. Nascia o filósofo dentro de Nietzsche. Um filósofo tímido, ainda hesitante em meio aos estudos dos escombros da Antiguidade, mergulhado em fragmentos de grego e de latim. Entretanto, o impacto tinha sido irreversível.

Essa oscilação agônica entre a filologia (estudo das línguas), a que Nietzsche vai se dedicar como docente ao longo de dez anos, e a vocação para a filosofia é o primeiro eixo da agonística que iria moldar sua obra. O outro vértice desse triângulo foi seu amor pela música, em especial a paixão pela obra de Wagner, da qual fora um entusiasta e um iniciado. A descrição do período de Basileia é perfeita ao retratar as ambiguidades de sua condição. Nietzsche amava os estudos clássicos. E privava da companhia de alguns dos mais eminentes pensadores da época, como Bachofen e Burckhardt. Também fez alguns amigos que atravessaram quase toda sua vida, como o filólogo Erwin Rohde e o teólogo liberal Franz Overbeck. Mas isso não bastava.

A violenta reação do jovem filólogo Willamowitz-Möllendorff à sua primeira obra, *O nascimento da tragédia* (1871), chama a atenção de Nietzsche para dois aspectos: as mesquinharias da vida acadêmica e a urgência de sua vocação de filósofo livre. A encruzilhada entre a filologia e a filosofia se apresenta. Precipitam-se e pioram os problemas de saúde que o acompanhavam desde a infância. Mais adiante, as crises com Wagner e o afastamento do círculo de Bayreuth se consuma. Afastado da universidade e do universo dos espetáculos, surge o andarilho nômade. Acompanhado apenas de sua sombra. Mergulhado em sua solidão. Surge Nietzsche.

São mais de dez anos de escrita ininterrupta de uma das mais potentes obras do pensamento ocidental. Janz demonstra de modo brilhante a importância de personagens como Paul Rée, decisivos para a formulação interna de alguns conceitos. Descreve o zênite de *Assim falou Zaratustra* (1885), um poema cosmológico estruturado como sinfonia, concebido como escritura sagrada e gerador de disputas por todos os lados. E mostra também a triste relação de Nietzsche com as mulheres. A despeito da ajuda de sua amiga Malwida von Meysenbug, todas as tentativas de noivado são fracassadas. A paixão correspondida por Lou Andreas-Salomé é o golpe fatal em sua vida amorosa.

Acompanhamos o isolamento cada vez maior desse estranho personagem em que se transformara Nietzsche, a ponto de não ser mais reconhecido por Rohde, um de seus melhores amigos. As viagens de cidade a cidade em busca de climas bons à saúde; os longos períodos de reclusão; o alheamento da vida social, política e intelectual. Tudo isso imprimiu uma marca definitiva em sua personalidade. Catalisou a tinta e o sangue do escritor e do pensador.

"Aspiro à minha obra". Quando se trata de Nietzsche, esta máxima pode se referir tanto à obra escrita quanto à sua vida-obra desse andarilho subjugado pelo pensamento e pela liberdade interior. Nesse sentido, a obra de Janz é prima, ou seja, pode ser vista como primeira nota de uma sinfonia que se desdobra e se encadeia, por dentro e por fora dos livros e da vida desse autor e dessa força da natureza a que convencionamos chamar de Nietzsche.

MICHEL ONFRAY E OS
PRAZERES DO PENSAMENTO

Michel Onfray está chegando à marca dos cinquenta livros publicados. Tem se destacado por tornar acessível ao grande público os principais debates da filosofia. Seja por meio de suas aulas na internet. Seja pelos seminários que oferece na Universidade Popular de Caen, que criou em 2002. Universidade gratuita, sem requisitos acadêmicos e que oferece cursos em diversas áreas das humanidades. A Contra-História da Filosofia é um dos melhores caminhos para compreender seu pensamento.

Os primeiros cinco volumes são respectivamente: *As sabedorias antigas*, *O cristianismo hedonista*, *Libertinos barrocos*, *Os ultras das Luzes*, *Eudemonismo social*. A recente publicação de *As radicalidades existenciais* pela WMF Martins Fontes, sexto volume dessa empreitada de duas mil páginas, completa uma arquitetura geral das referências de Onfray. Fecha o mosaico de seu pensamento.

A centralidade conferida a Platão e a Aristóteles pelos historiadores gerou uma matriz idealista da filosofia. A ascensão do cristianismo como religião oficial do estado com Constantino (século IV) apenas agravou essa situação. Essa matriz cristã-idealista promoveu todas as exclusões e inclusões ao longo da história.

Onfray propõe uma contra-história alternativa ao idealismo a partir de três princípios: o epicurismo, o ateísmo e o hedonismo. Epicuro seria o fundador de uma das primeiras teorias materialistas da Antiguidade. A academia de Platão venceu. Vedou o acesso do corpo e da mente aos jardins de Epicuro

Epicuristas como Filodemo de Gádara, Diógenes de Enoanda e mesmo o enorme Lucrécio têm suas obras destruídas ou indexadas. Os materialistas cirenaicos (da escola de Cirene) são proibidos. Muitas sabedorias antigas, como o cinismo, são proscritas. Os atomistas Leucipo e Demócrito têm suas cosmologias ridicularizadas. Hiparco, Antífon, Aristipo e Anaxarco são reduzidos a caricaturas pelos detratores.

O pensamento medieval precisa ser reconstruído. Contra Agostinho, os gnósticos: Simão, Basilides, Valentino, Carpócrates, Epifânio e Cerinto. Contra a patrologia grega e latina dos fundadores da Igreja, os iluminados, as beguinas (místicas leigas) e os ascetas: Amauri de Bena, Willem Cornelisz de Antuérpia, Bentivenga de Gubbio, Walter de Holanda, João de Brno, Heilwige de Bratislava, Johannes Hartmann de Amtmanstett, Willem van Hildervissem de Malines, Elói de Pruystinck, Quintin Thierry. Contra Tomás de Aquino, o panteísmo cristão de Scotus Eriúgena.

A linha de argumentos de Onfray é clara. Assim como os epicuristas antigos defendiam o espírito livre, muitos autores medievais defendem o Livre Espírito, doutrina cristã formalizada por Joaquim de Fiori no século XII. O problema é que quase todos foram proscritos pelo cânone idealista. Paradoxalmente, graças a essa corrente subterrânea houve Renascimento: Lorenzo Valla, Marsílio Ficino, Erasmo, Rabelais, e, sobretudo, Montaigne. A essência dessa nova luz? A releitura das teorias materialistas e hedonistas antigas.

Para compreender essas sucessivas obstruções às teorias hedonistas, os séculos XVII e XVIII ocupam um lugar de destaque. Surgem nesse intervalo autores que são, simultaneamente, epicuristas e cristãos. São os libertinos. Conciliam mundo material e fé sobrenatural. Saint-Évremond, La Mothe Le Vayer, Charron, Gassendi e o gênio Espinosa. Preparam o Iluminismo radical. Contudo, a modernidade tampouco abdica do idealismo e do purismo.

Mais uma vez, os historiadores incluem Voltaire, Diderot, Rousseau, Hobbes. Incluem deístas e teístas, racionalistas e moderados. Ignoram o gênio fulminante do barão ateu d'Holbach, autor de uma vasta obra em todas as ciências. Lançam pás de cal sobre cosmologia maquínica de La Mettrie. Deturpam o furor do padre Meslier, para Onfray o primeiro defensor de um ateísmo integral na história da filosofia. Diminuem a importância de Helvétius e de Maupertuis, precursores da ciência experimental e do utilitarismo inglês.

O idealismo continua operante na filosofia moderna. Às margens dessa marcha vitoriosa, os utilitaristas ingleses e os diversos socialismos renomeiam os sentidos políticos e metafísicos do prazer: Godwin, Bentham, Mill, Owen, Fourier, Bakunin. O princípio do prazer buscado por esses autores passa a se traduzir em eudemonismo (viver bem) coletivo. A partir do século XIX, hedonismo e eudemonismo se unem. Cria-se uma aliança entre estética (vida como arte) e ética (vida como liberdade). Essa é a premissa do ateísmo hedonista do próprio Onfray.

Seguindo Foucault, Onfray não diz o que foi dito. Revela o interdito. Eviscera o que fora interditado. Por isso, a figura do oximoro (unidade dos opostos) atravessa toda obra. Estamos sempre diante de sujeitos fraturados. A crença privada e a vida pública não coincidem. São ateus e cristãos, judeus e pagãos, reacionários e libertários. O caso exemplar: Sade.

Na contramão de toda fortuna crítica do século xx, Onfray se aproxima de Pier Paolo Pasolini. Considera Sade um perfeito fascista. Nem por isso o exclui. Ele representaria a dimensão mais profunda do oximoro e das contradições. Ademais, se hedonismo é prazer, o prazer não é apenas gozo. Se fosse, nossa negatividade, ou seja, nossa humanidade nos seria confiscada. Onfray aposta em uma dialética sutil dos modos e graus do prazer. O prazer é sensação. E também é controle da sensação: ataraxia.

Nada de pedantismo acadêmico. Onfray é um excelente escritor. As vidas e ideias de cada autor são narradas com desenvoltura. Em uma prosa autoral e vigorosa. Demonstra grande conhecimento das fontes primárias, ou seja, leu as obras dos autores, por mais áridas que sejam. Não se contentou em vampirizar comentadores.

Quando abandona a descrição dos autores e passa a argumentos gerais, recai em simplificação. Vemo-nos diante de uma batalha de hedonistas versus idealistas. E nesse caso não consegue nos convencer. Platão, Aristóteles, Descartes, Kant e Hegel não foram vitoriosos por causa de uma mera superestrutura cristã ou idealista. Tornaram-se canônicos por causa do valor imanente de suas obras.

A despeito do arrivismo, Onfray acaba por fazer um excelente trabalho de difusão de autores extremamente pouco conhecidos, mesmo entre especialistas. Esse talvez seja o lado brilhante de sua obra. Não apenas defender os prazeres do corpo e dos sentidos. Sobretudo compartilhar e difundir os prazeres da palavra e do pensamento. Um projeto ateu, hedonista e generoso.

ALVIN TOFFLER:
UM HERDEIRO DO FUTURO

A morte de Alvin Toffler (1928-2016) no último dia 27 de junho nos coloca diante dos amplos horizontes abertos pela sua obra. Leva-nos a pensar a urgência de seus questionamentos e de suas previsões.

Apoiado em uma formação multidisciplinar, Toffler exerceu diversas funções: pesquisador visitante da Russell Sage Fundation, professor visitante da Cornell University, membro da New School for Social Research e correspondente da Casa Branca. Além dessa atuação, desempenhou um intenso trabalho como jornalista, sobretudo como diretor-associado da revista *Fortune*.

Entretanto, notabilizou-se acima de tudo por suas obras sobre a revolução da informação nas sociedades contemporâneas. Essas obras logo se transformam em *best-sellers*: *Future Shock* (1970) chegou à marca de seis milhões de exemplares vendidos. Seguiram-se outros sucessos de público até que, em *The Third Wave* (1980), desenvolve o seu conceito mais popular: as ondas informacionais.

Em linhas gerais, Toffler propõe a sucessão de três grande ondas produzidas pelo *sapiens*. A primeira: a revolução da agricultura no Neolítico. A segunda: a revolução industrial no século XVIII. E uma terceira, que estaríamos vivendo agora: a revolução pós-industrial da informação. Sinaliza também para uma quarta era: uma sociedade digital do futuro.

Nesse sentido, não se distancia muito da ciberfilosofia de Pierre Lévy, que divide a humanidade em quatro eras de inteligência: a Terra, o Território, a Mercadoria e o Saber. Em sentido similar, algumas das abordagens de Toffler também são paralelas às pesquisas da cibernética, desenvolvidas a partir dos anos 1960 por autores como Jean-Pierre Dupuy e Heinz von Foerster.

Toffler arrancou aplausos de nomes como Marshal McLuhan e Buckminster Fuller. E por isso passou a ser alocado na linhagem dos autores chamados futuristas. Essa designação é imprecisa. A maior parte de suas previsões se enraíza em análise das mudanças de tecnologias do passado, em uma perspectiva de longa duração. E compreende o futuro a partir de constelações de fenômenos do presente.

Por sua vez, alguns de seus conceitos transbordam o domínio do debate científico. A noção de imagens cinéticas, a descrição de um novo nomadismo tecnológico, a definição do "homem modular", modelado pelas novas tecnologias, e inclusive a intuição da emergência dos humanos-ciborgues podem ser detectadas tanto na literatura acadêmica quanto no imaginário da cultura de massas.

Como se pode ver em seu prefácio à edição americana do clássico *A nova aliança*, do químico Ilya Prigogine e da filósofa Isabelle Stengers, Toffler soube também valorizar essa obra nuclear da filosofia da ciência do século xx, pioneira no estudo do caos, dos sistemas não lineares e da teoria das catástrofes, desenvolvidas por René Thom.

Hoje em dia alguns pensadores têm explorado os limiares desses problemas levantados por Toffler. As investigações sobre o pós e o transumanismo na obra de Donna Haraway, Francis Fukuyama e Peter Sloterdijk, a futurologia de Ray Kurzweil, as tecnologias da inteligência de Lévy e as pesquisas mais avançadas da ontologia e da ecologia das mídias.

O lugar fronteiriço entre o jornalismo, a academia e a cultura de massas pode desagradar alguns leitores mais exigentes. Pode-se criticar também a sua teleologia (finalismo) e seu otimismo tecnológico. Entretanto, ninguém pode negar o valioso saldo final do risco a que Toffler se lançou, ao extrair grandes projeções futuras de grandes escavações passadas. Como diria Federico Fellini, o visionário é o único e verdadeiro realista.

CHRISTOPHER HITCHENS OU
O DIA EM QUE DEUS VIROU ADULTO

O jornalista e escritor inglês Christopher Hitchens foi um dos mais brilhantes polemistas do século xx. Colaborador de alguns principais veículos da imprensa de língua inglesa, assinou reportagens antológicas sobre guerra, cultura, geopolítica.

Acabou se notabilizando como um dos mais combativos críticos das religiões, na linha de frente dos *brights* (iluminados), movimento dos anos 1990 que encabeçou ao lado de outros militantes ateístas como Daniel Dennett, Richard Dawkins, Sam Harris, entre outros.

A editora Globo acaba de reeditar um conjunto expressivo dos ensaios de Hitchens sobre e contra as religiões: *Deus não é grande: como a religião envenena tudo*. Trata-se de um *best-seller* com cerca de meio milhão de exemplares vendidos em todo mundo e agora acessível ao leitor brasileiro por meio da excelente tradução de George Schlesinger.

Dado o tamanho da empreitada, ou seja, demolir todas as religiões que acompanham o *sapiens* desde que o mundo é mundo, o livro de Hitchens tem diversas virtudes e diversos problemas. Primeiro, às virtudes.

De saída, sua maior grandeza foi notada pelo *The New York Times*: Hitchens trata Deus como um adulto. Nada da indulgência e hipocrisia daqueles que desprezam as crenças alheias, mas são tolerantes o bastante para não o dizerem. Justamente porque respeita as religiões, Hitchens as critica. Duramente.

Outro valor é sua habilidade de estilista. Frases curtas, em um ritmo de pensamento sempre ágil. Argumentos ricos em informações. Variedade de exemplos nunca cansativa aliada à ironia, às vezes corrosiva.

Outro ponto forte do livro é a quantidade de informações empíricas. Em viagens pelo mundo como repórter, Hitchens conseguiu levantar uma quantidade grande de dados sobre conflitos entre as mais variadas religiões.

Isso colore, matiza e enriquece os argumentos. E esse é um dos pontos que o diferem dos demais *brights*, mais conceituais e ligados ao debate acadêmico. Aliás, Hitchens não gostava dessa definição do movimento. Achava-a justamente um tanto religiosa.

O seu método é o da navalha de Ockham, filósofo de Oxford do século XIII cujo método influiu em todo pensamento anglófono, baseado no princípio da economia: tudo que pode ser explicado por um critério não deve ser explicado por outros critérios.

Multiplicar critérios é atentar contra a razão. E é basicamente isso que a religião faz há milênios: multiplica os critérios de explicação para ocultar os modos racionais e empíricos de acessar a verdade subjacente aos fenômenos.

E esse é o arsenal de Hitchens: evidência, razão, ciência. As religiões teriam sido operantes quando os métodos racionais eram pouco desenvolvidos. Nos dias de hoje, cada vez mais se convertem naquilo que os neodarwinistas chamam de subproduto (*by product*): algo residual e dispensável à evolução da vida.

As religiões teriam sido funcionais em um momento da espécie, mas hoje sua extinção não acarretaria perda. Traria apenas ganhos à espécie humana, do ponto de vista evolucionário.

E esse é o ponto mais luminoso do iluminado Hitchens: sua análise das religiões à luz de Darwin, da paleontologia e das teorias evolucionárias, bem como sua crítica ao conceito de design inteligente (*intelligent design*), uma tentativa atual de equacionar Darwin e Deus.

Agora, aos problemas. Os problemas derivam quase todos de duas premissas: 1. A definição essencialista de um todo homogêneo chamado religião. 2. Ignorância em relação à hermenêutica religiosa, que leva Hitchens a liberalizar seus símbolos.

Como diz uma anedota, todos somos ateus para a religião dos outros. A guerra das religiões umas contra as outras não é a guerra entre crenças distintas. É a guerra entre crenças e descrenças distintas, umas em relação às outras. O ateísmo não é o oposto da religião. Há um ateísmo difuso em todas os conflitos entre crenças e descrenças, religiosas ou não.

Ao submeter todos os fenômenos ditos religiosos a um universal comum, Hitchens ingenuamente define o ateísmo no singular. Ou seja: afirma que todas as formas de descrença se igualam em um universal comum, o que não é algo verificável. Se se adora entidades diversas, também se descrê de modos diversos de realidades diversas.

Essa homogeneidade das religiões sob o signo da religião universal enfraquece o argumento de Hitchens, pois conduz-nos a duas conclusões, ambas falsas. Primeira: sem a religião a humanidade seria mais pacífica. Segunda: seria possível viver em um mundo absolutamente devoto de uma única crença: o ateísmo.

Como se sabe, a hermenêutica, em todas as religiões, tem diversas camadas. Hitchens lê os textos sagrados como um cientista, ou seja, capta deles apenas a dimensão literal. Ao fazê-lo, inconscientemente reduz o fenômeno religioso de dezenas de milhares de anos às premissas do fundamentalismo, que é apenas um aspecto das religiões, em geral o mais moderno.

Quando atribui a causa de todos os tormentos da humanidade à religião, também ignora que a religião nunca é pura. A religião é com frequência testa-de-ferro para guerras culturais, econômicas, sociais, territoriais, políticas. Sem a religião essas motivações se extinguiriam? As guerras não continuariam por outros meios? A premissa é fraca.

Esses problemas conduzem a confusões mais graves de Hitchens em relação às diferenças entre ateísmo, secularismo e religião. À medida que o secularismo surgiu no bojo de uma sociedade europeia, branca, burguesa e cristã, especialmente protestante, como a família de Hitchens, quer dizer que o secularismo não é neutro. Ele é fruto de uma crença na ciência, na evolução, na racionalidade e no progresso que emergiu no âmago de um Ocidente cristão, não ateu.

Essa recusa em identificar conteúdos religiosos em processos seculares e, por outro lado, a necessidade de amplificar negativamente o que se convencionou chamar de religião, conduz Hitchens a uma das partes mais fracas do livro: a análise dos totalitarismos do século xx.

Se no fascismo e no nazismo ainda consegue identificar o dedo milagroso do Vaticano como grande eminência parda da morte e da hipocrisia, com Stalin os métodos de Hitchens fracassam. Ele não é convincente ao descrever o vínculo do stalinismo como religião. Justamente porque Hitchens não pode reconhecer que o ateísmo *é* uma religião! E assim, tampouco consegue reconhecer que uma das mais sanguinolentas ditaduras existentes foi uma ditadura ateísta.

Isso apenas explica que a saída para os problemas das religiões seriam Estados seculares não um Estados ateus. Toda explicação forte do mundo é metafísica. Se o ateísmo se recusa a ser um pensamento fraco (*pensiero debole*), na acepção de Vattimo, bem provável que venha a se tornar uma das tantas religiões seculares e teologias ateístas que proliferam no mundo atual.

Por fim, o repertório quase integral de Hitchens diz respeito às religiões confessionais. E a pré-história? Em que medida as chamadas religiões tecnológicas da Idade da Pedra e da Idade do Bronze foram essenciais às revoluções dos meios de produção e à emergência da civilização do Neolítico? Silêncio.

Feitas essas reservas, diante dos milênios de devastação e de morte em nome das religiões, as agressões e o sarcasmo de Hitchens não passam de um vigoroso convite à reflexão, ao secularismo, à liberdade. Ou seja: àquilo que Charles Taylor chama de possibilidade da descrença.

Ao invés de defender a ingênua possibilidade de um grau zero de crença, o mais interessante seria ver o ateísmo assumir-se como uma novas espiritualidade. Mais do que isso: como a espiritualidade do futuro. Como pioneiro dessa espiritualidade, todos nós, ateus, lhe somos agradecidos, Hitchens.

LUCIA MIGUEL PEREIRA
E O ESTATUTO DA CRÍTICA

O objetivo da crítica literária não é apenas julgar obras. Deve também situar essas obras dentro de determinadas tradições. Ao fazê-lo, a literatura como um todo amplia seus limites, redimensionando obras e autores em um horizonte temporal e espacial mais amplo.

Não por acaso, alguns dos grandes pensadores e escritores brasileiros, como José Guilherme Merquior, Antonio Candido, Otto Maria Carpeaux e Machado de Assis, entre tantos outros, dedicaram-se de modo sistemático ao exercício da crítica literária.

Nesse cenário, deve-se louvar o excelente projeto de reedição da obra de um dos maiores nomes da crítica literária brasileira: Lucia Miguel Pereira. O projeto é coordenado pela especialista Luciana Viégas e levado a cabo pela editora Graphia. Dois volumes haviam sido publicados, recobrindo períodos expressivos da atividade de Lucia como crítica: *A leitora e seus personagens* (1931-1943) e *Escritos de maturidade* (1944-1959).

Um terceiro volume, abrangendo artigos publicados de 1947 a 1955, acaba de vir à luz pela mesma editora: *O século de Camus*. Como explica Viégas, estes últimos artigos foram descobertos em álbuns no espólio da autora. Trata-se de uma série de recortes dos periódicos impressos. Ou seja: é a primeira vez que esse rico material torna-se acessível aos leitores.

Esses três volumes podem dar um panorama das mais de duas décadas de trabalho e de centenas de artigos, nos quais Lucia realizou uma meticulosa análise de obras, autores e vertentes, nacionais e estrangeiras. Os artigos foram publicados em sua grande maioria no *Correio da Manhã* e em *O Estado de S. Paulo*, dos quais a autora foi colaboradora regular.

Lucia tornou-se desde cedo uma figura mítica no mundo das letras, chegando a fazer sombra a seu marido, o historiador Octavio Tarquínio de Souza, cuja importante legado por sinal também aguarda uma reedição. O estudo de Lucia sobre Machado de Assis, saído do prelo em 1936, foi saudado com entusiasmo por Alceu Amoroso Lima, Manuel Bandeira, Monteiro Lobato, Álvaro Lins e Augusto Frederico Schmidt. Mesmo depois dos estudos excelentes assinados por Jean-Michel Massa, Roberto Schwarz, Alfredo Bosi, Raymundo Faoro e, recentemente, por João Cezar de Castro Rocha, a vida e a obra do bruxo do Cosme Velho narradas por Lucia continuam sendo uma referência indispensável de pesquisa.

Embora o título demonstre a paixão de Lucia pela literatura francesa, *O século de Camus* trata de temas, obras e autores diversos, organizados em núcleos temáticos, como os outros dois volumes. Abrange literatura brasileira, autores ingleses e norte-americanos, o gênero romance e os romancistas, a arte da tradução. Trata de diários, biografias, correspondências e aspectos da cultura do pós-guerra. E, como era de se esperar, também reflete sobre o próprio ofício da teoria e da crítica literária.

Um aspecto que norteia os artigos é a abrangência das linhagens, línguas e autores analisados, que perpassam Kafka, Eliot, Gide, Dickens, Dostoiévski, Julien Greene, além do próprio Camus, confrontado com Sartre. Entretanto essa amplitude não compromete a minúcia da análise formal de cada obra.

Um dos pontos centrais do método critico de Lucia é o que chamo de leitura dialógica. O que seria isso? Uma maneira de compreender uma obra a partir de elementos estranhos inseridos nessa mesma obra e que, no entanto, são essenciais para que a obra se realizasse como se realizou. Um exemplo disso é sua análise da fase inicial de Proust, quando este ainda não era o autor de sua obra-prima ficcional, mas um cronista, crítico e tradutor.

O ensaio de Proust sobre o crítico Saint-Beuve fora imaginado primeiro em forma de diálogo. Mesmo tendo sido publicado como ensaio, a gênese da ficção proustiana, com suas centenas de páginas sobre arte e literatura diluídas na voz do narrador e dos personagens, encontrar-se-ia nessa tensão inicial entre o ensaio e a ficção. Nesse sentido, Lucia pode ser vista como uma precursora da atual crítica genética, baseada na investigação de processos criativos.

Lucia também coteja as obras e suas respectivas recepções críticas, dirimindo equívocos de leitura. É o que também ocorre nas excelentes análises de Proust, um de seus autores de devoção e da qual foi tradutora. Além disso, trata de algumas obras que acabavam de ser publicadas em inglês e francês, o que demonstra o esforço de sintonizar o Brasil com os debates que corriam em outros países.

Outro aspecto importante é sua reflexão sobre a crítica literária, em especial sobre a tradição brasileira. Nesse sentido, a autora vincula-se à vertente de Sílvio Romero, Capistrano de Abreu e ao próprio Machado de Assis, ou seja, àqueles que contribuíram para desvencilhar a crítica de sua origem impressionista.

Lucia costumava repudiar a imagem cristalizada do juízo e do rigor críticos como atributos masculinos. "Pensar ainda é a melhor forma de viver", sentenciou, ecoando Pessoa e Valéry. Contra o preconceito e o sexismo, o legado de Lucia Miguel Pereira é valioso e ainda está para ser explorado pelas novas gerações de escritores e leitores.

SIMON BOLÍVAR: O HOMEM QUE FOI UM CONTINENTE

Simon Bolívar (1783-1830) talvez esteja entre os personagens históricos mais aclamados e menos compreendidos, tanto do ponto de vista de seus apologistas quanto dos seus detratores. A biografia de seiscentas páginas intitulada *Bolívar: o libertador da América*, da jornalista e escritora Marie Arana, que acaba de ser publicada pela Três Estrelas, é um bom caminho para reconstituirmos a fisionomia desse grande líder. Nascida no Peru, Arana vive desde os nove anos de idade nos EUA, onde foi editora da seção de livros do *The Washington Post* por mais de uma década. Essa situação lhe confere um misto de familiaridade e de distância em relação a seu personagem.

Arana concentra os conflitos vividos entre a Espanha e a colônia em torno do sistema político, impostos, escravidão e legitimidade. Quando Bolívar nasceu, esses conflitos começam a tomar contornos mais nítidos, em episódios como a marcha dos índios rebelados sob a liderança de Tupac Amaru II. Esse fundo de rebeliões, contidas ou dissipadas, emoldura a sua infância. Como filho *criollo*, branco nascido na colônia, de uma família extremamente rica, Bolívar desde cedo percebeu a centralidade dessa questão racial.

Diferente da utopia sul-americana da "raça cósmica", proposta pelo filósofo mexicano José Vasconcellos no século XX e pelas teorias multiculturalistas da mestiçagem, para Bolívar a questão racial não era um problema central, não uma solução. Os conflitos raciais implicavam os demais problemas econômicas e políticos, em um horizonte de colonização cada vez mais tensionado.

A primeira viagem de Bolívar foi aos EUA. E retornou com a sensação de ambiguidade. Ao mesmo tempo que a revolução norte-americana fora exemplar, a política internacional estabelecida pelos norte-americanos rapidamente havia convertido a América do Sul em uma mera peça no xadrez diplomático com a Inglaterra e a Espanha. Por outro lado, a formação na Europa apresentou a Bolívar as tradições do Iluminismo francês e alemão, sobretudo pelas obras de Montesquieu e do naturalista Alexander von Humboldt, com quem teve oportunidade de conviver.

O conflito entre republicanos e monarquistas mostrava-se cada vez mais claro. Contudo, a intrincada tessitura construída pela Espanha na América, unindo teorias raciais, sistema econômico, práticas fiscais, representação política e escravidão, tornava a emancipação do continente inviável sem a adoção de duas premissas: unidade e revolução.

Arana cria um amplo painel da formação militar e do ímpeto expansionista de Bolívar, cujo domínio, em seu ápice, estendeu-se do Haiti a Potosí, no extremo da Bolívia. E, em termos paradoxais, a liberdade acaba se voltando contra o libertador, até seu melancólico fim, desiludido e tuberculoso.

A emancipação das colônias coincide com uma retração no plano internacional e multilateral. A democracia abre as portas para diversos focos de convulsões sociais, que culminam com a tentativa de assassinato de Bolívar. Outros fatores coloniais não conseguem ser erradicados e reverberam até hoje, em toda América do Sul: o endividamento e a corrupção.

Em termos estilísticos, a obra demora um pouco para encontrar o tom e se firmar. Às vezes o distanciamento cede à admiração. Comparações com Gengis Khan e Alexandre soam deslocadas e excessivas. Ademais, há um lapso na descrição da formação intelectual do revolucionário, que passa, sem maiores nuances, de uma adolescência de precariedade cognitiva a um idílico adulto leitor de Homero e Virgílio. Outro problema é a falta de uma clara divisão dos capítulos por intervalos de anos, o que leva o leitor a ir e vir para se situar.

Fora isso, o trabalho de Arana é admirável e rico em documentação. Consegue compor uma imagem dinâmica dos diversos agentes envolvidos na independência da América Latina, apoiando-se em historiadores e em fontes primárias. Por fim, como não poderia deixar de ser, demarca uma clara distância entre bolivarismo e o socialismo. E critica, sobretudo, a incorporação da imagem de Bolívar feita por Hugo Chávez.

O bolivarismo seria uma união entre federalismo e continentalismo, com uma perspectiva emancipadora, mas fortemente pragmática e estratégica. Diz respeito ao pan-americanismo, tema de árduos debates no século XIX, protagonizados, entre outros, pelo brasileiro Oliveira Lima. Algo bastante distante das ditaduras socialistas hispano-americanas que se sucederam. Nesse sentido, o trabalho de Arana é valioso, pois nos ajuda a redimensionar a atualidade do bolivarismo para além dos clichês neo-conservadores e neo-revolucionários que, infelizmente, dominam o debate.

Bolívar foi o articulador central do nascimento de seis nações: Venezuela, Equador, Panamá, Colômbia, Bolívia e Peru. Para Arana, o que chamamos de bolivarismo consiste na ampla tentativa de criar a Grã-Colômbia, uma extensão latina separada politicamente, mas unida em termos geopolíticos. Bolívar criou todas as condições para a realização dessa promessa. Contudo, talvez poucos ou mesmo nenhum país sul-americano a tenham conseguido cumprir.

HANS ULRICH GUMBRECHT:
PENSADOR DO FUTURO LATENTE

As ideias não são abstratas. Tampouco as obras. Elas têm raiz. Emergem de um solo, de gestos, de expressões. Surgem de uma presença. Estão envolvidas em uma atmosfera, que lhes confere contorno e tom. A história das ideias e a teoria da literatura não se restringem a descrever um sistema das obras. A teoria da literatura ilumina a ressonância de obras e ideias ao longo do tempo. Capta a presença e a atmosfera que as animam. Analisa a latência dessas obras, ideias e atmosferas no presente.

Hans Ulrich Gumbrecht, carinhosamente conhecido como Sepp, é um dos principais teóricos da literatura em atividade hoje no mundo. Depois de três horas de conversa entre cafés e cigarros, pude enfim compreender o cerne de sua teoria: antes de ser uma ideia, o pensamento é uma fisionomia. Uma presença. Uma atmosfera. A vivacidade de suas páginas e a vivacidade de sua expressão são complementares. A voz é uma inflexão de seu pensamento. Como dizia Pierre Hadot, todo pensamento é uma forma de vida. Não há nenhuma distância entre Gumbrecht e Sepp.

O leitor brasileiro agora tem acesso à produção mais recente de Gumbrecht-Sepp por meio de dois excelentes livros, lançados na Bienal do Livro de São Paulo: *Depois de 1945: latência como origem do presente* e *Atmosfera, ambiente, Stimmung: sobre um potencial oculto da literatura*, editados respectivamente pelas editoras Unesp e Contraponto.

Desde *Materialidade da comunicação* (1994), Gumbrecht tem se dedicado a uma teoria não-hermenêutica da literatura, ou seja, a uma abordagem que contemple os suportes materiais das obras e não apenas seu sentido. Em *Produção de presença: o que o sentido não consegue transmitir* (2004), essa indagação se sutilizou. A partir do conceito de *ser* proposto por Heidegger, e por meio de um intrincado debate com pensadores contemporâneos como Jean-Luc Nancy, Gianni Vattimo, Judith

Butler, Michael Taussig, Martin Seel e Karl Heinz Bohrer, Gumbrecht critica divisões metafísicas sujeito-objeto e alma-corpo.

A presença seria um campo de manifestação das obras de arte que escapa a essa cisão representacional. As obras de arte não representam uma realidade que lhes seja exterior. Tampouco se reduzem à materialidade de seus artefatos técnicos. Toda obra existe como presença. E como presença afeta o leitor em diversos aspectos. Uma obra não é nem subjetiva nem objetiva. Uma obra é sempre um intervalo. Uma presença.

Em *Atmosfera*, Gumbrecht desdobra os potenciais contidos no conceito de presença, transferindo-os para o novo conceito: *Stimmung* (atmosfera). A atmosfera é decisiva para a compreensão de alguns dos grandes momentos da literatura. Ela orienta as canções medievais de Walther von der Vogelweide. Mostra-se na tradição da novela picaresca espanhola. Emerge em Shakespeare, em Diderot e no pintor romântico Caspar David Friedrich. A atmosfera também é o fio condutor de *Morte em Veneza* de Thomas Mann, de Machado de Assis e mesmo das canções de Janis Joplin.

Mas como articular atmosfera e presença para além das esferas da arte e da literatura? Em certo sentido, esse é o esforço de Gumbrecht em *Depois de 1945*. A partir de memórias pessoais, não necessariamente autobiográficas, Gumbrecht reconstrói a atmosfera do período imediatamente posterior à Segunda Guerra Mundial. Marcas de carro, estrelas de cinema, reportagens da revista *Life*, propagandas e produtos da cultura de massa se mesclam a reflexões sobre Beckett, Sartre, Buñuel, Pasternak, Camus, Celan.

Imagens da infância na casa dos avôs desenham em tons fugidios o período de desmonte do nacional-socialismo. Canções de Édith Piaf lançam luzes sobre o existencialismo francês. Gottfried Benn, Martin Heidegger, Carl Schmitt são analisados contra o pano de fundo da chamada revolução conservadora, que promovera a ascensão de Hitler. Os brasileiros João Cabral de Melo Neto e Guimarães Rosa, bem como as literaturas hispano-americana e norte-americana, gravitam ao redor desse turbilhão.

Nessas constelações culturais, Gumbrecht identifica algumas constantes: claustrofobia, sensação de beco sem saída, má-fé, interrogatórios, descarrilamento. Contudo, a vida do pós-guerra seguiu o seu curso, como se tudo tivesse voltado à normalidade. E nisso consiste o grande sintoma. A história perdeu sua capacidade redentora. A política se esvaziou. A guerra persiste sob a forma de latência, mesmo nos ambientes de paz. Mas nós continuamos acreditando na política e na história. Não mais por utopia, mas apenas por não termos outra alternativa. Hoje em dia o sentido da história (teleologia) simultaneamente nos redime e nos aprisiona.

A imagem da latência é a de um passageiro clandestino. Muitos no trem percebem sua presença. Mas ele é invisível. Ao fim e ao cabo, a mensagem de Gumbrecht deixa uma fresta de esperança. Talvez a história volte a fazer sentido quando percebamos que somos todos clandestinos. E que os trilhos não nos levam nunca à estação que esperávamos.

A VIDA COMUM VISTA
POR TODOROV

A antropologia surgiu como ciência no século XIX. Contudo, ao longo do século XX, a partir de uma articulação de diversos ramos do conhecimento, criou-se uma vertente que passou a ser chamada de antropologia geral ou antropologia fundamental. Não se trata mais de analisar as variáveis culturais, mas de compreender algumas das estruturas fundamentais que determinam o ser humano como espécie, ou seja, como *antropos*. Gehlen, Illies, Kirschof, Welsch, Kummer, Durand, Putnam, Landmann, Plessner, Portmann, Rothacker, Ruffié, Scheler, Uexküll, Tugendhat e Vossenkuhl. Estes são alguns dos representantes internacionais desse campo de estudo.

O filósofo, historiador e crítico literário búlgaro-francês Tzvetan Todorov agora adentra o coração desse campo interdisciplinar. Trata-se de *Vida em comum: ensaio de antropologia geral*, obra publicada pela editora da Unesp. Este título inaugura os primeiros dez títulos do autor que serão publicados em uma coleção dedicada a Todorov.

Todorov toma como ponto de partida as chamadas "tradições associais". Como se criou o mito da relação entre verdade e isolamento? Tanto na filosofia antiga e nos moralistas franceses do século XVII (Pascal e La Rochefoucauld) quanto em Hobbes, Kant e Rousseau, o pensador búlgaro identifica o mesmo problema: a possibilidade de dissociação entre indivíduo e grupo e entre um indivíduo e outros indivíduos. Mais do que isso: imaginam que essa dissociação seja sinônimo de liberdade.

Uma guinada no pensamento ocorre com Hegel e seu grande intérprete no século XX, Alexandre Kojève. A partir da chamada "teoria do reconhecimento", a existência de um indivíduo depende da consciência de outros indivíduos. Não existe indivíduo fora de um infinito espelhamento de consciências, umas em relação às outras. O indivíduo é uma teia intersubjetiva. A partir desse painel, Todorov adentra um novo campo correlato: o da psicologia e da psicanálise, sobretudo das escolas inglesas: Adler, Fairbairn, Bowlby, Winnicott, Klein.

Sugere limitações da teoria clássica de Freud para pensarmos alguns fenômenos humanos. Uma dessas limitações diz respeito a duas manifestações humanas difíceis de serem explicadas: o amor e a solidariedade. Todas as psicologias do eu e das pulsões, as filosofias pessimistas e dualistas, ou seja, todas as teorias que valorizam o conflito sociedade-indivíduo ignoram um dado elementar: o ser humano apenas sobreviveu e veio a se tornar humano porque conseguiu gerar forças de solidarização e de preservação da vida.

Os seres humanos se enredam em um movimento triangular: ser, viver, existir. O ser quer apenas se preservar em si mesmo, como diz Espinosa. Por isso, o ser é amoral e demanda uma moral. Esse horizonte de valores morais tampouco se realiza na simples vida, pois as plantas e os animais também vivem. Quando o ser humano toma consciência de sua própria existência, percebe que é um ser e uma vida radicalmente relacional. Existir é tomar consciência dos laços da vida comum que nos unem a todos os indivíduos. A vida comum é anterior à vida individual. Existimos à medida que percebemos o tecido de relações de nossas vidas com outras vidas e seres.

Uma crítica que se pode fazer à abordagem de Todorov é que ela se mantém muito vinculada às chamadas filosofias da consciência. Parece ignorar as críticas feitas a essas vertentes ao longo do século XX. A despeito disso, além de impecável do ponto de vista acadêmico, a obra de Todorov alia as sutilezas estilísticas de um ensaísta a intuições de grande valor humano e intelectual. A partir do horizonte de uma antropologia geral, é possível visualizar a fisionomia singular de um futuro comum para a espécie humana. Um futuro no qual os seres humanos terão superado todas as seduções e ilusões do isolamento.

NORTHROP FRYE EM BUSCA DA NARRATIVA UNIVERSAL

Às vezes criação e teoria convergem para um mesmo horizonte de excelência. Quando isso ocorre, algumas obras da teoria da literatura podem ser colocadas ao lado dos clássicos que comentam. A *Anatomia da crítica*, do canadense Northrop Frye, é uma delas.

Depois de anos fora de catálogo, a editora É acaba de relançá-la em uma ótima nova tradução de Marcus de Martini. Além disso, a edição vem enriquecida por um prefácio do crítico brasileiro João Cezar de Castro Rocha e de um longo ensaio de Robert Denham, uma autoridade mundial na obra de Frye. Isso posto, vamos à tarefa de deslindar esse labirinto conceitual.

Comecemos pelo título. Inspirado na *Anatomia da melancolia*, publicada em 1631 pelo erudito inglês Robert Burton, Frye se vale da anatomia como um gênero próximo do tratado. A anatomia consiste na dissecção de um assunto em todas as suas variantes. Mas qual a acepção de crítica? A proposta de Frye não é analisar apenas premissas descritivas da crítica literária. Pretende também estabelecer quais os padrões narrativos produzidos por cada modalidade crítica.

A anatomia da crítica desempenha um duplo papel. Primeiro: estabilizar os principais padrões teórico-descritivos das obras ficcionais. Segundo: demonstrar os procedimentos formais dos quais os autores lançaram mão ao criar as obras. Por meio desse método, as obras de ficção podem ser criativa e criticamente classificadas em grupos, a partir da semelhança de seus procedimentos.

Em cada um dos quatro ensaios, Frye estabelece as constelações formais de cada paradigma criativo: a crítica história como teoria dos modos, a crítica ética como teoria dos símbolos, a crítica arquetípica como teoria dos mitos e a crítica retórica como teoria dos gêneros. No primeiro ensaio, temos os modos ficcionais trágico, cômico e temático. No segundo as fases: literal-descritiva, formal, mítica, anagógica.

Estas fases referem-se, respectivamente, a quatro acepções do símbolo: motivo-signo, imagem, arquétipo ou mônada. O terceiro ensaio aborda as imagens apocalípticas, demoníacas ou analógicas, bem como seus mitos (*mythoi*): primavera/comédia, verão/romance, outono/tragédia, inverno/ironia e sátira. Por fim, no quarto ensaio, os padrões rítmicos e formais da linguagem configuram as bases da epopeia (*epos*), do drama, da lírica e da prosa de ficção.

Esses lugares críticos-criativos giram em torno de seis princípios aristotélicos, divididos em dois grupos. O primeiro: o *mythos* (o que uma narrativa quer contar), o *ethos* (a construção da imagem do autor e dos personagens) e a *dianoia* (o que uma narrativa quer dizer). O segundo: *melos* (o ritmo da linguagem), *lexis* (dicção ou estilo) e *opsis* (espetáculo e plasticidade).

Mas há um detalhe: toda essa arquitetura conceitual é dinâmica. A partir de uma imagem usada pelo próprio Frye, seu método seria uma partitura musical, com suas respectivas claves. Em seus tons e semitons, Frye fornece ao leitor uma chave de acesso às constantes das formas literárias, iluminando mais a continuidade do que a descontinuidade geográfica, histórica ou cultural das obras.

Cada autor, no ato da criação, produz um rearranjo dessas matrizes elementares, enfatizando umas ou outras. Essa recombinação de matrizes ocorre pela ação de um conceito central: o deslocamento. As nuances de cada autor e obra são gradações aplicadas sobre um conjunto de temas e *leitmotiven* prévios. Por meio do deslocamento, é possível rearranjar em novas claves cada um desses lugares do imaginário. Estes lugares seriam as peças de um mosaico universal da literatura.

O enorme empreendimento intelectual de Frye está em sintonia com uma busca teórica que marcou as primeiras décadas do século XX, desenrolou-se pelos anos 1970 e chega, não sem conflitos, aos dias de hoje. Trata-se da tentativa de construir uma "gramática universal da narrativa", como a definiu a narratologia, representada por nomes como Todorov, Greimas, Genette, Prince, Eco.

Essa busca, que começa com Vladimir Propp e os formalistas russos, foi o germe de uma aventura do pensamento no século XX: o estruturalismo. Partindo do modelo da linguística saussuriana, o estruturalismo foi um dos métodos mais poderosos da teoria da literatura e da antropologia até meados dos anos 1950, e encontrou seu máximo expoente na obra de Lévi-Strauss.

O método de Frye almeja acessar os elementos constitutivos mínimos do imaginário literário por outra via: a teoria arquetípica. Em termos epistemológicos, encontra-se em consonância com as ideias de Jung e a fenomenologia de Bachelard. Mas não apenas. Dialoga com o neoaristotelismo da Escola de Chicago, com a vertente ritualista inglesa (Harrison, Cook, Cornford, Guthrie), com premissas do Instituto Aby Warburg, com a arquetipologia geral de Gilbert Durand. Acima de tudo, Frye caminha lado a lado de um brilhante teórico russo da literatura: E. M. Mielietinski.

Como os narratologistas, Frye pensa a literatura a partir de denominadores comuns narrativos, ou seja, como um conjunto de regras imanentes e possibilidades lógicas de produção de efeitos artísticos, não como um ato criativo isolado, seja ele de genialidade ou idiotia. As formas, em sua eterna gênese arquetípica, são impessoais e anteriores aos escritores. Nesse sentido, a teoria de Frye praticamente erradica por completo ideias como originalidade ou genialidade. E justamente a isso se deve a relação conflituosa de elogio e recusa de sua obra por parte de seu mais conhecido herdeiro: Harold Bloom.

Entretanto, diferente dos estruturalistas e dos narratologistas, Frye confere um lugar central à forma mítica da literatura, cujo ápice seria uma pura transcendência das formas em uma forma primeira. Essa transcendência se realiza como mônada, em uma chave anagógica, inspirada em Dante e nos medievais, ou seja, em um nível espiritual.

Por fim, como não poderia faltar, uma crítica à anatomia da crítica. Ao transportar para a teoria da literatura aspectos da teologia, associando, ainda que sutilmente, revelação e anagogia, fica perceptível o teor criptocristão subjacente ao seu método. Por causa dessa transposição, exceção feita ao épico *Mahābhārata*, às peças clássicas de Kālidāsa, às *As mil e uma noites* e a algumas fábulas orientais, quase cem por cento do cânone de Frye se pretende universal, mas é rigorosamente ocidental, em chave greco-latina ou judaico-cristã.

O problema, no caso, obviamente não é o cristianismo, mas sim a inadequação entre a premissa universalista do método e a presença esmagadora do cânone ocidental como base descritiva desse mesmo método que se pretende universal. Malgrado essa retificação de uma obra-prima, a anatomia das formas narrativas de Frye está em aberto. Precisa ser urgentemente imitada, emulada, perseguida. Diante dessa retrospecção de mais de vinte séculos de literatura, fica a ligeira impressão de que, no limiar do século XXI, ainda temos tudo a aprender sobre o que de fato seja a arte verbal.

O BRASIL, UM OLHAR
DE GILLES LAPOUGE

O que define uma ciência não é o objeto. É o ponto de vista. Uma floresta pode ser um composto de vegetais para o botânico. Será um objeto diverso para um pintor, um escritor, um físico. Assim também ocorre com a literatura. Não é o tema nem a forma que determinam a obra. É o olhar. Os gêneros se subordinam a essa definição mais ampla. A linguagem pode ser a mesma. Mas o olhar altera o sentido final.

Essa é uma boa maneira para captarmos a sensibilidade e o olhar de cronista que atravessa o *Dicionário dos apaixonados pelo Brasil*, do escritor e jornalista Gilles Lapouge, correspondente estrangeiro e colaborador de *O Estado de S. Paulo* desde 1951. Escrito em forma de verbetes, estamos distantes da taxonomia dos dicionaristas. Tudo aqui é filtrado pela paixão. Lapouge organiza o Brasil a partir de sua experiência do Brasil. De A a v, não apenas as palavras, mas a vida mesma repousa em estado de dicionário. E emerge decantada pelo tempo.

Primeiro, o desembarque no Rio de Janeiro de um jovem incerto quanto seu futuro profissional nestas terras. Desde então, uma visão panorâmica da cultura brasileira adquirida ao longo de cinco décadas. Para cobrir esse arco, os verbetes se assemelham a paisagens emolduradas pelas letras. Um dos aspectos que conferem especial sabor é o trânsito que Lapouge estabelece entre referências cultas e cotidianas. E o vaivém de dois pontos de vista incluídos em um mesmo autor. Um francês que observa o Brasil. E um brasileiro que relê a Europa em uma chave deslocada.

Como especialista em missões, geografia e viagens, a ênfase de Lapouge recai sobre alguns desses pontos. Ora foca a história, a etnologia, os relatos. Ora se concentra na natureza e em suas peculiaridades. Em outros momentos toma como ponto de partida temas, um personagens, aspectos das regiões, objetos.

Por todos esses caminhos, a natureza salta aos olhos. Alheia a qualquer exotismo. Nesse sentido, a Amazônia ganha um destaque especial, com seus tambaquis, preguiças-de-bentinho, antas, tamanduás, botos-cor-de-rosa, capivaras. O Café, a Borracha, as Imensidões, as Abelhas, os Peixes, ou seja, o Éden e o Fim do Mundo se desdobram aos olhos do leitor, frutos da reconstrução do que Lapouge leu e viveu.

Os viajantes também o comovem. E por isso a presença marcante de um Brasil desenhado pelas penas de Hans Staden, André Thevet, Jean de Léry e descrito pelas tintas de Jean-Baptista Debret e de Hércules Florence, cujos belos relatos sintetizam o misto de genialidade e marginalidade que pesa sobre quase todos esses entusiastas do Novo Mundo. Não por acaso a fotografia nasceu no Brasil, em 1833, pelas mãos de Florence, seis anos antes de Herschel, Wheatstone e Heinrich a terem instituído em termos mundiais. Porque o Brasil não é um país. O Brasil é um olhar. Lapouge parece nos dizer.

Talvez por isso também a figura de Lévi-Strauss perpasse de modo subliminar toda a obra. Trata-se da figura real, intimidadora e distante com a qual que Lapouge conviveu. E também de um intelectual mítico que, para além exercitar o olhar da ciência, conseguiu criar uma nova ciência do olhar. Contudo, apesar de amoroso, Lapouge não poupa críticas. À mistificação da Cordialidade que encoberta a Crueldade nossa de todos os dias. Àqueles que, como Stefan Zweig, difundiram a imagem do Brasil como paraíso terrestre.

Essas metamorfoses do olhar iluminam dois eixos destes verbetes: a antropofagia e a antropologia. Assimilação do outro e olhar distanciado. No fundo, ambas vertentes se complementam. Lapouge unificou essas duas metades. É um antropófago e antropólogo. Viajante e geógrafo. Estrangeiro e nativo. Mistura-se ao país distante que descreve. E relata os caminhos e descaminhos de um Brasil que surge estranho e familiar a nós mesmos.

MARX E O
ESPÍRITO DO MUNDO

Raymond Aron costumava dizer que a obra de Marx poderia ser compreendida em cinco minutos, em cinco horas, em cinco anos ou em cinco décadas. Esse seria um dos aspectos de sua grandeza. Se o leitor estiver cansado das versões de Marx em cinco minutos, que dominam o debate intelectual, a editora Boitempo acaba de lançar duas excelentes portas de entrada ao pensamento do filósofo alemão: o Livro II de *O capital*, do próprio Marx, e *Para entender* O capital: *Livros II e III*, do geógrafo britânico David Harvey, um dos expoentes do pensamento marxiano mundial.

Essas duas publicações dão sequência ao projeto de edição integral dos três volumes de *O capital* com base na edição estabelecida por Engels, saída do prelo de Hamburgo em 1890 e com aparato crítico estabelecido pela Marx-Engels-Gesamtausgabe (MEGA). Paralelamente, finalizam-se agora as análises livro por livro feitas por Harvey. Todas as meticulosas traduções de Marx e Harvey são assinadas e coordenadas por Rubens Enderle, do alemão e do inglês, respectivamente.

Por que uma obra teria dado ensejo a tantas controvérsias e a tantas perspectivas distintas? Um aspecto central para compreender o pensamento de Marx, sobretudo em *O capital*, diz respeito a uma aliança entre métodos crítico e dialético. Essa aliança tornou-se possível porque, segundo Harvey, Marx unificou as teorias políticas-econômicas clássicas britânicas, as ferramentas da filosofia alemã e os princípios do utopismo francês. A partir dessa nova ciência crítico-dialética, Marx criou um modo de compreender o funcionamento global do capital, aspecto não contemplado por nenhuma das análises periféricas.

O Livro I aborda o capital não do ponto de vista do mercado e do comércio, mas da produção. Por seu lado, o Livro II analisa as relações de troca. Ao passo que o Livro III concentra-se nas crises e contradições do capital financeiro, bem como em fenômenos como juros, renda, lucro. A dificuldade se encontra no fato de os Livros II e III terem ficado inconclusos.

Além disso, diferente da enorme abrangência dos exemplos arrolados no Livro I, que vão de Shakespeare e Balzac a contos de fadas, nos Livros II e III Marx concentrou-se na tarefa de delinear tecnicamente dois conceitos: produção e realização. Ambos são entendidos como uma unidade contraditória. Nesse sentido, estes dois livros são mais áridos. Neles a crítica da economia política deixa de ser feita com base em imagens da produção social de cada tempo e passa a ser entendida como um funcionamento do capital em estado puro.

Por esse motivo, Harvey unificou as análises dos Livros II e III em um só volume. Ambos são essenciais para compreender a produção do mais-valor e como este é extraído do trabalho e adicionado à produção e à circulação geral do capital. Nesses termos, é interessante ressaltar a importância das leis naturais no Livro II. Elas conferem à análise do capital um valor científico, aproximando-a das relações de metabolismo dos sistemas orgânicos.

As metáforas sistêmicas e orgânicas são de extrema relevância nesse caso. E podem frustrar aqueles que gostariam de enxergar na crítica radical do capital a consumação das utopias do jovem Marx. Produção, distribuição, troca e consumo: esses seriam os quatro pontos cardeais da circulação do capital entendido em sua generalidade, particularidade e singularidade. Nessa chave, Harvey entende a concepção de Marx como ecossistêmica, relacional, dialética e orgânica. Ou seja, como um método crítico-dialético de análise capaz de decompor todas as formas atuais ou virtuais, passadas ou futuras da produção do capital.

Não estamos diante de um escrutínio erudito como de *Gênese e estrutura de* O capital, de Roman Rosdolsky (editora Contraponto), ou dos volumes de Ruy Fausto dedicados a decifrar a obra-prima de Marx (editora 34). A obra de Harvey se assemelha a aulas expositivas sobre cada capítulo e passagem. Não por acaso, surgiu dos cursos sobre *O capital* ministrados há mais de três décadas.

São diversos os motivos que fazem de *O capital* uma das obras mais importantes da história do pensamento. Acima de tudo, mais do que um pensador revolucionário, Marx é um pensador das contradições. Ao colocar as antinomias e o conflito no coração mesmo dos processos econômicos, naturais e sociais, Marx deu um golpe de morte nas teorias liberais clássicas que ele mesmo tanto admirara.

Por isso, tornou-se uma referência nuclear para pensadores de espectros ideológicos tão distinto quanto Berlin, Luckács, Gramsci, Wallerstein, Adorno, Aron, Benjamin, Attali, Agamben e uma lista praticamente infinita. Os grandes pensadores não são aqueles que revelam a ilusão de algumas verdades. São aqueles que sugerem a verdade das ilusões. Por isso, a partir de Marx, pensar o capitalismo sem pensar suas contradições não é ser liberal. É ser apenas ingênuo.

CLAUDIO WILLER E OS CAMINHOS PARA UM ANARQUISMO MÍSTICO

Há uma rica tradição da teoria da literatura que se propõe recuperar o elo perdido entre a literatura moderna e tradições religiosas ocidentais ou orientais, antigas ou recentes. Alguns teóricos realizam essa tarefa a partir de um recuo antropológico às raízes míticas e rituais da própria literatura. Entre eles se encontram alguns notáveis helenistas ingleses, como Cornford, Guthrie, Dodds, West. Em outros casos, reconstrói-se a herança de uma tradição específica. É o caso dos estudos de Jonas, Monerot, Yates, *Festugière* sobre os gnósticos antigos e sua presença na arte e no pensamento modernos.

Além desses estudos, há teóricos que ressaltam a importância da dimensão religiosa em obras de arte e de literatura aparentemente profanas. É o caso de Frye, Mielietínski, Steiner, Webb. Por seu lado, o papel do mito e das formas arcaicas de pensamento, recuperados pelos poetas e artistas modernos, conta com uma vasta e eminente lista de entusiastas: de Paz a Cassirer, de Warburg a Eliade, de Jung a Caillois, de Lévi-Strauss a Didi-Huberman. Já os escritores que exploraram visões de natureza religiosa ou mística em suas obras formam uma lista quase infinita.

No Brasil essa área de estudos na interface entre a ciência da religião, a antropologia, a literatura e a arte ainda continua pouco explorada. A despeito do estudo impecável de Moacir Amâncio, que vincula a poeta israelense contemporânea Yona Wollach à cabala, e dos belos estudos de Eduardo Losso, Faustino Teixeira e Marco Lucchesi sobre a relação entre literatura e mística, essas interfaces ainda precisam ganhar maior espaço e visibilidade.

Nesse sentido, o trabalho desenvolvido pelo poeta, ensaísta e tradutor Claudio Willer pode ser visto como pioneiro. Em *Gnose, gnosticismo e poesia moderna* (2010), resultado de seu doutorado, Willer havia explorado as origens do imaginário transgressor que funda a modernidade. Encontrou-as nas heresias gnósticas do início da era cristã. Agora a L&PM acaba de lançar *Os rebeldes: geração beat e anarquismo místico*.

Resultado de uma minuciosa pesquisa de pós-doutorado, Willer parte do conceito de *anarquismo místico* para analisar os escritores direta ou indiretamente ligados à *beat generation* norte-americana, como Gregory Corso, Allen Ginsberg, Lawrence Ferlinghetti, Gary Snyder, William Burroughs. No centro, Jack Kerouac, cujo *Visões de Cody* (1952), extensão do clássico *On the Road*, serve de linha unificadora da argumentação.

Willer encontra as origens remotas dessa geração de escritores na chamada doutrina do Espírito Livre, de raiz medieval. Despojamento radical, marginalidade social, crítica dos costumes, insubordinação religiosa. Essas seriam algumas das crenças recuperadas pela geração *beat*, que as encarna tanto em seu aspecto místico e visionário quanto em sua dimensão política de combate a valores do século xx.

Interessante notar que essas referências a doutrinas religiosas marginais e relatos de asceses estão presentes nas próprias obras desses escritores. Portanto, não se trata apenas de uma conjectura teórica, mas de um procedimento criativo interno à literatura. Em todos os casos, a literatura transforma-se na utopia de uma religião total. Em um mundo desencantado, na acepção de Max Weber, onde mesmo as instituições religiosas perdem paulatinamente sua aderência à vida, vitimadas pela racionalização, esses escritores encontram na literatura um meio de ressacralizar a experiência.

Os aspectos tácteis, auditivos, plásticos, imagéticos, ou seja, o campo do imaginário é entendido como um a força capaz de reconectar o ser humano a forças ancestrais adormecidas. A literatura se transforma em mitografia: ao invés de fornecer um relato edulcorado para o consumo do mercado editorial, os autores convertem suas próprias vidas em mito. Narram-se a si mesmos como a encarnação de deuses e demônios.

Entre santidade e pecado, entre licenciosidade e ascese, entre marginalidade e memória, entre lei e transgressão, fica claro que o sagrado que os *beats* pretendem recuperar não é isento de ambiguidade. Ambiguidade esta anterior às codificações das instituições religiosas, essencial à própria dinâmica do sagrado, como o conceberam Rudolf Otto e Georges Bataille.

"Tudo me pertence porque sou pobre". Essa máxima de Kerouac parece definir todo projeto difuso desses anarquistas místicos que encontraram na literatura o seu Grande Veículo. Willer descreve esse trajeto como teórico. Mas também o vive e o viveu como poeta, ao lado de Roberto Piva, Antonio De Franceschi, entre outros. Representantes de uma geração de poetas brasileiros sempre às voltas com o sagrado-profano da poesia. Sobre eles, ainda virão hagiografias. Mas esta é uma outra história.

SARTRE E BEAUVOIR: DOIS CAMINHOS E UMA VIDA

A obra *Uma relação perigosa*, de Carole Seymour-Jones, é duplamente perigosa. Primeiro pelo teor de cada uma das vidas que aborda: Jean-Paul Sartre e Simone de Beauvoir. Segundo pela tarefa a que se propôs: articular essas duas vidas em uma só obra. Por mais próximos que tenham sido, é difícil traçar o fronteira que une dois personagens tão distintos em outros aspectos. Impossível distinguir matizes e motivações, sobretudo nos pontos mais polêmicos. A partir dessa constatação, podemos dizer que a ambiguidade é o ponto de convergência que unifica Sartre e Beauvoir.

Comecemos pelo primeiro sexo. Sartre entrou para a história como uma espécie de príncipe-sapo da filosofia do século XX. A imagem não é depreciativa. É técnica. Realça a ambiguidade moral e intelectual de Sartre. Essa ambivalência começa com sua própria autoimagem, uma criança linda que se tornou um homem horroroso. E as consequências psíquicas dessa autoimagem ao longo de sua vida.

Sartre é uma figura fascinante. E o é por não conseguirmos unir as peças de sua personalidade. Como um dos mais brilhantes fenomenólogos do século XX pôde ser um titubeante colaboracionista dos alemães durante a ocupação nazista da era Vichy? Como um escritor preocupado com a questão judaica pôde suceder o professor Dreyfus, sobrinho-neto do famoso capitão Alfred Dreyfus e exonerado por ser judeu? Como conceber um Dom Juan que abomina sexo? Como o autor de romances excepcionais pôde ser o mesmo idiota ideológico que promoveu mundialmente a URSS após a circulação do relatório *Kruschev*, em 1956, detalhando os crimes de Stálin?

Por seu lado, Beauvoir é captada nas ambivalências sexuais. As diversas relações homoeróticas que Beauvoir estabelece ao longo da vida, compartilhadas ou não com Sartre, parecem trazer à tona o enigma de sua condição. Beauvoir a lê como enigma da condição feminina. A construção teórica e romanesca de Beauvoir surge de uma reflexão sobre essa condição, culminando não por acaso em títulos sugestivos como *A ética da ambiguidade* e *O segundo sexo*. As possibilidades existentes entre sexo, gênero e liberdade foram colhidas por Beauvoir de sua própria vida. Por isso, seu nome continua até hoje como uma referência para a emancipação feminina.

Chama a atenção em especial o tipo de envolvimento que Beauvoir manteve com Sartre. Chegou a declarar amor por outros homens, sem nunca conseguir se desligar do filósofo. Para compreender sua obra, é preciso observar como ela transforma esse afeto estranho em romances e ensaios. Sartre, capturado nas redes afetivas que o guiaram em algumas decisões filosóficas e políticas, acaba recebendo contornos mais humanos. É o caso de sua paixão desmedida por Lena Zonina, assistente da Liga Russa de Escritores e uma das idealizadoras da relação político-literária fecunda entre Sartre e as URSS. Ela teria sido também o pivô de sua recusa ao Nobel, estratégia ideológica para reforçar a polarização comunista contra o Ocidente.

Um dos pontos altos da obra de Carole é a reconstituição do famoso rompimento de Sartre com Camus, quando este publica *O homem revoltado* e se distancia de vez do engajamento político. Com a tensão cada vez mais exaltada da Guerra Fria, muitos haviam se afastado de Sartre. A amizade com Camus vinha arrefecendo, até o golpe final com um artigo de 1952, no qual a jovem jornalista Francis Jeanson, discípula de Sartre, demolia a obra recente de Camus ao longo de vinte páginas. Camus tomou o artigo como um golpe pessoal. Indireto. Um golpe baixo.

As ambiguidades se sucedem. Como um devoto de Flaubert que nunca lia jornais era capaz de compreender política com a profundidade que dizia compreender? Como alguém com inclinações antissemitas pôde ter sido enriquecido pelos judeus e terminado a vida em uma quase-conversão ao judaísmo? Como alguém que atravessa o vazio do niilismo pôde ter tantas convicções? Em relação ao segundo sexo: Como uma das mulheres mais emancipadas do século XX conseguiu suportar as humilhações de Sartre? Qual era o preço que uma mulher deveria de fato estar disposta a pagar por um verdadeiro amor?

A obra de Carole tem a virtude de apreender justamente o movimento de consciência de seus personagens. Ela introduz uma interrogação, onde os detratores de Sartre e Beauvoir veriam uma exclamação. Nesse sentido, o método de Carole se assemelha ao método fenomenológico a partir do qual Sartre tentou captar a totalidade da vida de seus biografados, sobretudo em sua monumental obra-testamento sobre Flaubert. O problema da obra de Carole é o ziguezague inevitável de uma vida a outra, o que torna a leitura às vezes cansativa. Há também certa superficialidade nos temas filosóficos, inseridos como recursos secundários diante dos episódios da vida.

Baudelaire dizia-se aborrecido: todos na França de sua época se pareciam com Voltaire. Como ignorar que quase todos os intelectuais franceses ainda hoje mimetizam Sartre? Como não notar que todo o discurso sobre a mulher construído desde o século xx tem Beauvoir como norte? No começo do século xxi, a caminho de uma das mais poderosas platitudes intelectuais do globo, é preciso retomar a atenção sobre personagens como Sartre e Beauvoir. Dentre seus mil e um erros, talvez encontremos alguns dos quais sejamos dignos.

PHILIPPE ARIÈS: UM MESTRE DE SUTILEZAS

Uma criança se deslumbra com livros de História. Habita um pequeno oásis. Não imagina que será exilada desse paraíso privado, justamente ao se deparar com essa mesma História. Face a face.

Em 30 de julho de 1940, as tropas nazistas chegam a Paris e tem início o período Vichy. Essa criança é o historiador Philippe Ariès. Quem o expulsou do minúsculo éden da biblioteca dos pais foi o século xx.

Mais do que em outros tempos, no século xx fomos violentamente inseridos no processo histórico. A História deixou de ser uma descrição dos fenômenos. Passou a ser uma forma de engajamento.

Justo nesse século, Philippe Ariès reservou para si uma das tarefas mais delicadas que um historiador poderia se propor. Ousou encontrar alternativas às orientações ideológicas hegemônicas na historiografia: a marxista e a conservadora.

A recente publicação de *O tempo da História* pela editora da Unesp, com ótima tradução de Roberto Leal Ferreira e prefácio de Roger Chartier, é uma boa porta de entrada para capturar as nuances desse estilista do pensamento.

A escrita personalíssima de Ariès não surgiu de batalhas acadêmicas. Surgiu da paixão. De um corpo a corpo com a História. Desde criança. Leitor obsessivo de Jacques Bainville e Charles Maurras, representantes da Action Française e posteriormente defenestrados pela historiografia de esquerda, Ariès procurou sempre situar-se em um espaço teórico indecidível.

Essa escolha lhe conferiu um olhar privilegiado sobre a realidade e os documentos. E também lhe custou o preço do isolamento. Por meio dela, pôde capturar a vida em uma região aquém e além das instituições.

Não lhe comoviam impérios, reis, palácios. Nada de grande. Interessaram-lhe os costumes, o cotidiano, a intersecção entre público e privado.

Compreender as motivações subjetivas de grupos era mais importante do que definir a articulação superestrutural desses grupos em uma esfera abstrata chamada sociedade.

A partir desses elementos, Ariès concebeu seu "método existencial". Apenas uma apreensão existencial dos personagens históricos seria capaz de revelar a série descontínua de estruturas mentais que se sucedem no tempo.

A História não se faz de macroestruturas políticas, econômicas, ideológicas. Tampouco é quantitativa, pois todas as estatísticas buscam a média. E Ariès é um veemente crítico das médias.

Os eventos históricos nunca são a conciliação de opostos em uma média. A vida é feita de singularidades. Elas são irredutíveis umas às outras. E toda singularidade é, em si mesma, irredutível a um sistema.

A História é o conjunto diferencial de formas de vida. É o chão onde pisamos. O modo como vivemos, amamos, morremos. Por isso, além de sua monumental *História da vida privada*, Ariès concebeu duas obras fundamentais: *História social da criança e da família* e *Sobre a história da morte no Ocidente*. Infância, família, morte, comunidade, intimidade. O gosto por esses temas veio de dois mestres: Lucien Febvre e Marc Bloch, ambos representantes da Escola dos Annales.

Febvre dedicou-se a um minucioso levantamento da relação entre crença e descrença na Renascença, por meio de uma análise do ateísmo na obra de Rabelais e dos conceitos de sagrado e profano em Marguerite de Navarra.

Bloch, por sua vez, criou uma morfologia das formas mentais da Idade Média. E o fez notadamente a partir de questões como, por exemplo, a taumaturgia dos reis, ou seja, sua capacidade de cura milagrosa.

Em ambos a História não aparece como um sistema totalizador. Aparece como metonímia: inferir o todo por meio da partes. Com ambos, Ariès aprendeu a "psicanalisar os documentos". Mostrar a face subjetiva envolvida nas decisões dos agentes históricos.

Pensar assim é conceber a História como conjunto descontínuo de crenças, costumes, valores. O modo de vida das pessoas comuns e a face mortal dos homens extraordinários. Esse parece ter sido seu horizonte.

Desse modo, Ariès deu sua contribuição decisiva à chamada história das mentalidades, da qual foi um dos criadores. E cujos desdobramentos persistem hoje na micro-história e na história do cotidiano. E encontraram repercussão em historiadores Georges Duby, Jacques Le Goff, Jean Delumeau, Emmanuel Le Roy Ladurie.

Nesta obra, Ariès passeia por alguns desses temas. Analisa o sentido do engajamento do homem moderno na História. Esmiúça a literatura de testemunho. Critica a emergência do cientificismo na historiografia. E define seu método existencial em dois brilhantes ensaios sobre a História existencial e sobre a civilização moderna.

Em um ensaio polêmico, a historiografia marxista e a conservadora se equivalem. Uma idealiza o futuro. A outra, idealiza o passado. O método marxista erra ao tratar o devir da História a partir de leis. Embora materialista, a teoria de Marx pressupõe um sistema que unifica a história em um todo coeso. Os conservadores erram por idealismo. O idealismo impede-os de compreender a natureza mesma dos fatos históricos.

Talvez esse embate seja um de seus pontos fracos. Um aspecto mais datado de sua obra. Em 1954, Ariès não conseguiu intuir a obsolescência iminente desse dualismo. E não apenas desse dualismo. Afinal, em qualquer tempo, o destino de todo dualismo é envelhecer. Entretanto, mesmo nesse equívoco há sabedoria.

Porque nessa dupla crítica, Ariès conseguiu um prodígio. Paradoxalmente, ao criticar marxistas e conservadores, conseguiu unir dialética e ceticismo em um único gesto crítico. Ou seja: o melhor da tradição marxista e o melhor da tradição conservadora.

Em tempos pós-ideológicos de infinita superficialidade intelectual de ambos os lados, se é que ainda lados existem, essa pérola é apenas um dos tantos ensinamentos desse mestre de sutilezas.

A ORIGEM DA MENTIRA
POR MARTÍNEZ SELVA

Como continuação de sua obra *Psicologia da mentira*, José María Martínez Selva traz à luz *A grande mentira*, uma análise psicológica dos mais famosos fabuladores da modernidade. Distingue dois tipos: os fabuladores, donos de uma imaginação rara, e os trapaceiros, que criam suas vidas em torno de uma mentira para angariar proveitos. Selva concentra-se mais no primeiro tipo.

Empreende então uma análise dos principais protagonistas de uma odisseia moderna de falsificação. Começa com a análise de grande mentirosos. Em seguida, em seções específicas, analisa-os em seus habitats de atuação: política, jornalismo, ciência, economia, esporte. Até fechar seu percurso com o reino das mentiras nos novos sistemas de informação globalizados e com as teorias da conspiração.

A caracterização de grande mentira dada por Selva segue alguns critérios: precisa tratar de assunto importante, trazer consequências, produzir danos, ser reiterada e envolver um grande número de pessoas. A estrutura psicológica que move os fabuladores é muito bem diagnosticada.

Mitomania, síndrome de Münchhausen, duplas personalidades, camaleões e transtornos de personalidade. A sociedade moderna caracteriza-se por uma indistinção entre ser e parecer. Essa indefinição ontológica produz patologias, nas quais os sujeitos, sem acessos aos bens de valor, criam atalhos para conquistá-los a qualquer custo.

Selva concentra-se em trapaceiros econômicos clássicos, como os autores de esquemas piramidais e a sucessão de escândalos e delitos empresariais entre 2001 e 2006. A mentira na política e na economia parece ser mais esperada. Isso a torna mais sensível e surpreendente na ciência e no jornalismo.

Na ciência, Selva aborda as milionárias manipulações de dados do norueguês Jon Subdo, em torno da pesquisa sobre o câncer, e do coreano

Hwang Woo-Suk, sobre as células-tronco. No campo do jornalismo, os conhecidos casos de Stephen Glass e de Jayson Blair. Com métodos e intenções distintas, ambos falsificaram dezenas de artigos para a *New Republic* e o *New York Times*, respectivamente.

O apagamento da fronteira ser-parecer produz uma "enorme ambiguidade moral" em relação à mentira. Pode-se dizer que vivemos em uma sociedade, em maior ou menor grau, enraizada na mentira. Ao mesmo tempo, essa sociedade cria mecanismos para bloquear o acesso dos falsificadores ao reino de aparências que ela mesma produz, fato muito descrito no filme *Bling Ring*, de Sofia Coppola.

Isso é correto, à medida que eles transgridem os limites legais do jogo social. Entretanto, Selva vale-se de adjetivos morais para qualificar os mentirosos: vigarista, trambiqueiro, trapaceiros, esperto, delinquente. Nesse julgamento individual, minimiza a rede complexa de motivações que concorrem para o fenômeno da falsidade. Revela a face psicológico-individual e oculta a face político-coletiva do problema. Ou seja, ignora a raiz cínica de toda sociedade contemporânea.

O antropólogo Ernest Becker define a capacidade de mentir como um dos alicerces da civilização. Mentindo o homem produz a "negação da morte". Para além de picaretas e charlatães, isso demonstra que a origem da mentira é um problema central da consciência humana. E um dos maiores problemas éticos humanos. Torna-se ainda maior no mundo atual, onde a aparência começa a se transformar em simulacro e o simulado passa a ser vendido como real.

A obra de Selva é de grande valor para compreendermos esse fenômeno. Porém, não devemos abordá-lo apenas pelo aspecto psicológico que comete a cada um de nós. Devemos compreendê-lo em suas motivações sociológicas e culturais, ou seja, eminentemente políticas.

WALTER BENJAMIN: O PRESENTE À LUZ DO FUTURO

Tornou-se clássica a tese de Max Weber, segundo as qual a ética protestante teria sido o alicerce do capitalismo. Essa concepção explicaria o desempenho econômico dos EUA. Desde então, as relações entre capitalismo e religião têm sido cada vez mais estudadas.

A analogias são muitas. O modo de vida capitalista seria um culto contínuo a ídolos de mercado. Uma ininterrupta expiação produtiva para preencher o vazio deixado pela morte de Deus. Haveria também uma relação entre fetiche e feitiço. Relação entrevista por Marx.

Filósofos como Giorgio Agamben e algumas vertentes contemporâneas têm aprofundado ainda mais essas analogias. E estabelecido um vínculo estrutural entre a práxis do capitalismo e ritos, cultos e liturgias oriundos da esfera religiosa.

Um texto que orienta essas análises é o brilhante ensaio *O capitalismo como religião* de Walter Benjamin. Ele dá título ao conjunto de ensaios recém-lançado pela Boitempo, com ótima tradução de Nélio Schneider e organização de Michael Löwy, um dos expoentes nos estudos benjaminianos.

Trata-se de uma rica miscelânea de escritos, a maior parte inédita em língua portuguesa. São esboços de ensaios, resenhas críticas, reflexões de época e sobre o Romantismo. Em diversos pontos, contribui para uma melhor compreensão da obra de Benjamin como um todo e para detectar a gênese de obras específicas.

A linha-mestra que articula os ensaios é a sua penetrante concepção messiânica da história. Ou seja, não apenas o capitalismo é visto sob a perspectiva religiosa. O conjunto de eventos temporais humanos apenas adquire sentido à luz da eternidade que os redime.

Esse método marcante do pensamento benjaminiano não consiste em olhar o passado com os olhos do presente. Mas em capturar o presente com os olhos do futuro.

LUCIA SANTAELLA E
A VIDA EM TODOS
OS LUGARES

Em sociedades cada vez mais midiatizadas e mediatizadas, as teorias das mídias e dos meios de conectividade encontram-se em plena expansão. E por isso, as linhas teóricas tornam-se cada vez mais complexas. Para captar esse movimento, tem-se usado a expressão "ecologia das mídias".

A ecologia das mídias inclui modelos conceituais oriundos da semiótica, da teoria dos sistemas, da cibernética, das tecnologias da comunicação e da informação e, nos últimos tempos, também da teoria cognitiva e dos estudos em inteligência coletiva, desenvolvidos sobretudo pelo filósofo Pierre Lévy e pelo sociólogo Bruno Latour. Isso quer dizer que a ecologia das mídias tem se tornado um campo interdisciplinar por excelência.

Nesse horizonte se insere a obra de Lucia Santaella, uma das maiores pesquisadoras das mídias, autora de diversas obras nessa área. A mais recente, *A comunicação ubíqua: repercussões na cultura e na educação*, aborda justamente o fenômeno da ubiquidade (ocupar espaços distintos simultaneamente), em suas faces cultural e educacional.

A obra investiga alguns temas como o pós-humano, as promessas da web 3.0, as interfaces entre a cidade e o corpo, o conceito de privacidade e suas ambivalências na era digital, as alterações políticas e subjetivas produzidas pelas redes digitais, as definições de hiper e transmídia, entre outros.

Além disso, traz reflexões importantes sobre a revisão do conceito de literatura, a função pedagógica dos games, os desafios e as possibilidades abertas pelo fenômeno da ubiquidade, repensado à luz das técnicas de aprendizagem e das teorias pedagógicas.

Podemos identificar logo no primeiro capítulo a tese que amarra toda a obra. Santaella a desenvolve como uma espécie de modelo-padrão para pensar o mundo contemporâneo. Trata-se de um projeto de reformulação da ontologia (estudo do ser).

A partir do estudo das mídias, a ontologia deixa de ser concebida como metafísica, ou seja, como uma análise da substância do mundo. Passa a se ocupar, ao contrário, das relações, associações, mediadores e agentes desse mesmo mundo. Nessa linha, Santaella aproxima-se da "ontologia política das redes" criada por Latour, além de dialogar com a sua teoria do ator-rede, uma das mais instigantes do pensamento contemporâneo.

Em um dos momentos mais finos da obra, Santaella desfaz as fronteiras entre mente e corpo, entre subjetividade e objetividade. Repensa as relações intersubjetivas depois do advento da internet. E, a partir de Foucault, Deleuze e Guattari, evidencia quais os novos dispositivos de saber-poder emergentes do ciberespaço.

Em outro capítulo, a partir de brilhantes análises de Vilém Flusser, Santaella define o quarto regime da imagem. Regime que consiste na transição entre os três paradigmas da imagem fotográfica definidos pelo grande filósofo judeu-tcheco-brasileiro. Reflexão seminal para todos que lidam com arte em suas interfaces com novos meios. Os demais capítulos se alicerçam no tema da ubiquidade em seu sentido cultural e pedagógico.

Em linhas gerais, a obra de Santaella demonstra a pertinência de criar padrões de análise e de propostas pragmáticas envolvendo as novas tecnologias. Cada vez mais a ubiquidade deixa de ser um patrimônio de elites financeiras e intelectuais do planeta. Torna-se uma experiência tão cotidiana como o ato de respirar ou dar um telefonema.

É preciso, o quanto antes, realizar aquela decisiva transgressão das máquinas, profetizada por Flusser. Ou seja, desviá-las de sua função inicial. Essa é a única maneira de usá-las em benefício de nossa liberdade. E em nome da emancipação humana.

HANS JOAS E A
UNIVERSALIDADE DA PESSOA

Diz-se que o pensador utilitarista britânico Jeremy Bentham, reformador do sistema penitenciário do início do século XIX, ao ser indagado sobre os direitos humanos, tê-los-ia definido como uma "bobagem sobre pernas de pau". É uma boa piada. Mas sequer toca de longe a complexidade do problema. Se quisermos enumerar duas ou três questões nucleares no início do século XXI, certamente teremos que reservar um lugar de destaque para o dilema axiológico em que vivemos, ou seja, a controvérsia entre universalidade e relatividade dos valores. Esse dilema tem relação direta com as definições de ser humano.

A obra *A sacralidade da pessoa: nova genealogia dos direitos humanos*, de Hans Joas, é uma das mais profundas, consequentes e substanciosas contribuições a esse debate. Diretor do Centro Max Weber da Universidade de Erfurt e professor da Universidade de Chicago, em linhas gerais Joas propõe dirimir alguns equívocos sobre a formação dos direitos humanos e fornecer novos caminhos para compreender o estatuto universal de validade dos valores. Ou seja, pretende realizar uma tarefa de Atlas.

Para tanto, segue alguns passos. Primeiro, reaproxima a gênese dos valores e a sua validade formal, distanciadas pelas ciências humanas. Tenta assim transcender a dicotomia entre justificação abstrata, dada pela Filosofia, e relativismo situacional, fornecido pelas ciências históricas. Trata-se de um conflito teórico insolúvel entre o formalismo transcendental de Kant e o voluntarismo de Nietzsche. Tal conflito, ao invés de ser superado, foi reatualizado no século XX, dividindo-se entre a pragmática transcendental de Habermas e a arqueologia do poder de Foucault.

Joas opta pelo caminho do meio. Consegue isso mediante uma abordagem sócio-histórica da dinâmica dos valores que ele denomina, em contraponto a Nietzsche, de "gênese afirmativa". Esse conceito nuclear é diretamente inspirada no "historismo existencial" do teólogo protestante Ernst Troeltsch, cujas ideias são analisadas em um longo e minucioso capítulo.

O ponto central de sua argumentação é uma definição da modernidade como o projeto inconcluso de sacralização da pessoa. Retificando Weber, Joas entende que os direitos humanos não surgem de um mero "carisma da razão". Não é devido a processos de racionalização da vida que agimos bem ou mal, mas por crenças em realidades transcendentes, sejam elas fornecidas pelas religiões tradicionais ou por outros sistemas seculares de sentido, incluindo a ciência. Conseguimos efetuar distinções morais não por meio de juízos, mas quando somos capazes de uma visão dialética entre sagrado e profano, tal como definidos por Émile Durkheim.

A despeito da sabida ênfase de Durkheim sobre o coletivo, Joas se vale de sua definição da modernidade como uma "sacralização do indivíduo". Porém, o binômio sagrado/profano não tem correspondência direta com a dualidade religioso/secular. Sagrado, etimologicamente, quer dizer: separado. Algo da ordem secular, ou seja, fora da esfera religiosa, pode ser investido de um valor sagrado, à medida que for preservado pela comunidade. Em uma palavra: consagrado. Sagrado é tudo aquilo que, entendido como dom inalienável, consegue resistir à lógica instrumental das relações de troca. Não por acaso, Kant havia definido dignidade como um valor que não pode ser trocado. Portanto, não pode ser alienado. Essa bem humano salvaguardado dos demais bens cambiáveis constitui a pessoa.

Na questão da violência, Joas se aproxima das teses de um oportuno estudo de Lynn Hunt, publicado em 2009 no Brasil: *A invenção dos direitos humanos* (Companhia das Letras). Tanto o fim da escravidão quanto o paulatino declínio da legitimidade da violência em geral seriam frutos de uma "descentralização moral" de amplo alcance. Por meio dela, os valores genéticos (de cada povo) começaram a se desdobrar em valores que transcendem as culturas nas quais surgiram em direção a uma "sensibilidade humanitária".

A partir do pragmatismo norte-americano, especialmente de William James, temos também uma penetrante análise da relação entre alma, imortalidade e pessoa. E uma meditação sobre a "lógica do dom", tema clássico do antropólogo Marcel Mauss. A obra se encerra com uma análise do conceito de "generalização de valores", de Talcott Parsons. Para Parsons, quanto mais complexas as sociedades, maior o grau de diferenciação produzido em seu interior. Quanto maior é a diferenciação, maior a necessidade de valores gerais que deem conta das contradições específicas internas ao sistema.

Em outras palavras, ao se tornarem sistemas complexos, as sociedades precisam criar valores cada vez mais abstratos que consigam mitigar os conflitos locais que surjam no seio de seus grupos. Para Joas, a categoria pessoa, sacralizada, ou seja, separada do âmbito geral das relações de troca, pode assumir o estatuto dessa universalidade genérica e, ao mesmo tempo, preservar as dinâmicas vitais particulares.

Porém, como diria Marx, todo universal é um particular universalizado. Joas insiste não haver uma reconversão necessária da função secular da pessoa à sua origem judaico-cristã. Mas para o leitor, fica difícil imaginar que um conceito tão fortemente enraizado na tradição religiosa ocidental possa ter estatuto de validade apodítico (universal) do ponto de vista da razão prática. E não é preciso ser um multiculturalista para sustentar essa dúvida. No mais, sua obra abre um brilhante caminho para que o pensamento contemporâneo possa enfim superar o eterno impasse entre uma validação universal meramente formal dos valores e as suas contingências reais, presentes na vida de cada um de nós.

A MENTE ASSOMBROSA
DE OLIVER SACKS

Em geral, quando se fala em alucinação, algumas poucas imagens nos vêm à mente. Todas ligadas a distúrbios sensórios estereotipados. Para entender seus mecanismos e aprofundar esse campo ainda pouco estudado, cheio de clichês e tabus, o médico e neurocientista Oliver Sacks empreendeu um mergulho visceral em diversos casos clínicos e em centenas de artigos especializados sobre o tema. Valeu-se dos métodos bem pouco ortodoxos pelos quais ficou mundialmente famoso. O resultado dessa pesquisa é *A mente assombrada*, seu mais recente livro publicado pela Companhia das Letras.

Embora os relatos de alucinações percorram toda a história humana, nos tempos pré-modernos em geral eram explicados mediante a linguagem simbólica das experiências religiosas de transe, magia, profecia ou por meio da percepção metaempírica de elementos de ordem mística ou divina. Nesse sentido, apenas a partir de 1845, quando Alexandre Brierre de Boismont assina o primeiro tratado sobre o assunto, pode-se fazer um inventário dos diferentes modos de alucinação, suas causas e efeitos. Em outras palavras, torna-se possível uma etiologia e uma fenomenologia das alucinações em termos neurológicos e medicinais.

Uma das maiores dificuldades enfrentadas pelos pesquisadores desses fenômenos é discernir entre alucinações e pseudoalucinações, como a poliopia (erro de percepção) e a palinopsia (multiplicação de imagens). Em que medida alguns desses fenômenos são apenas desvios das faculdades ligadas à percepção? O mesmo ocorre com as alucinações hipnagógicas e hipnapômpicas que, em linhas gerais, consistem em um *continuum* entre o estado de sonho e o de vigília. E o que dizer da esquizofrenia e das chamadas psicoses transitórias, associadas a outros motivadores, que vão da epilepsia ao uso de drogas e a determinadas doenças?

A obra de Sacks passa pela síndrome de Charles Bonnet. Aborda as ilusões olfativas e óticas mais comuns. Analisa o papel das enxaquecas como força orgânica propiciadora de visões. Trata dos delírios e dos estranhos acontecimentos dos campos bissectados, divisão neurológica rara que espelha os dois campos do cérebro, invertendo sua produção visual. Dedica-se aos estados de sono, aos delírios, aos pesadelos, à visão de duplos, fantasmas e sombras, independente de serem ou não atestados em termos psiquiátricos.

Como não poderia deixar de ser, Sacks confere uma atenção especial às narcoses e ao efeito das drogas. E para tanto, ele mesmo acabou se submetendo ao efeito de drogas alucinógenas e a experiências-limites que lhe propiciassem uma compreensão interna das manifestações neurológicas e assim, suspendessem a separação entre médico e paciente. Trata-se de um método perigoso, mas que se tornou notório nas demais obras de Sacks, um dos maiores difusores desse tipo de prática científica de imersão.

Um dos maiores méritos da obra de Sacks é o de nos revelar a riqueza tantas vezes subaproveitada da percepção humana e das nossas faculdades perceptivas e imaginativas. Além disso, são muito interessantes os paralelos possíveis entre estados de alucinação e algumas das mais famosas imagens produzidas na literatura e nas artes por nomes como Dostoiévski, Goya, Brueghel, Piranesi, Poe, Nabokov, sobretudo no que diz respeito aos delírios e à função do duplo (*Doppelgänger*). O capítulo que dá título à obra se inicia com uma análise da alucinação de Lady Macbeth, ao cheirar e ver o sangue do rei que ainda não fora assassinado.

Outro ponto forte de Sacks é mostrar como a neurociência entende alguns processos psíquicos presentes fenômenos religiosos tão antigos quanto a humanidade. Desde a epilepsia, conhecida pelos gregos como doença divina, por ampliar a conexão com as forças meta-humanas, a relação entre religião e psiquiatria foi amplamente estudada. O vínculo entre magia e esquizofrenia foi estabelecido pela obra clássica de Geza Roheim. Os fatores psicodinâmicos envolvidos nas técnicas sagradas de sociedades tribais foram analisados pelo antropólogo Ioan Lewin. Michel de Certeau sugeriu uma análise da mística a partir de componentes psicanalíticos sublimatórios e de deslocamentos libidinais. David Pearce e David Lewis-Williams chegaram a uma eficaz explicação das religiões pré-históricas a partir da teoria dos Três Estágios do Transe (TST). Desde os estudos pioneiros de Mircea Eliade, muito se descobriu sobre as relações entre psicose, xamanismo e técnicas arcaicas de êxtase.

Nesse sentido, o estudo de Sacks pode contribuir para uma milagrosa desmistificação. Ela ocorrerá quando enfim aceitarmos que os deuses não são nem astronautas nem entidades sutilíssimas que se revelaram a alguns poucos eleitos, vindos do puro éter. Eles são apenas personagens e projeções de um drama interior encenado desde as cavernas. O seu protagonista não é ninguém mais do que cada um de nós, cujos medos e esperanças se recortam à contraluz da película invisível da mente.

STEPHEN HAWKING E A BREVE HISTÓRIA DO UNIVERSO

O físico Stephen Hawking é um dos cientistas mais conhecidos do mundo. Suas obras de divulgação científica, como *Uma breve história do tempo*, tornaram-se *best-sellers*. Além disso, diagnosticado com esclerose lateral amiotrófica quando tinha apenas vinte e um anos, sua trajetória brilhante chamou ainda mais a atenção do público leigo e mesmo da comunidade científica.

Todos esses são aspectos da personalidade pública de Hawking. Mas esse conjunto de fatores acabou desviando a atenção para questões mais importantes. Qual é a inovação teórica de sua obra? O que de fato transformou Hawking em um nome central para a física do século XX? É possível resumir sua contribuição em duas abordagens decisivas para a história da cosmologia.

A primeira concerne às suas pesquisas sobre os buracos negros. A segunda se refere à descrição de um Universo que não se encontra estável, mas em expansão. Os fatores biográficos relevantes e uma descrição passo a passo do caminho heurístico que o conduziu a essas descobertas. Ambos os caminhos podem ser usufruídos pelo leitor em *Minha breve história*, sua autobiografia.

Hawking tomou a física teórica em um momento de impasse. Todas as descrições decisivas sobre o funcionamento do Universo pareciam concluídas. Tanto o modelo microcósmico (a mecânica quântica) quanto o macrocósmico (a teoria da relatividade geral einsteiniana) colocavam qualquer novidade sob suspeita.

A cosmologia e a física de partículas elementares teriam chegado a seu esgotamento. Sustentava-se que não haveria nenhuma teoria de campo implícita. E as teorias de campo unificado não conseguiam formular um nexo satisfatório entre as forças nucleares fracas e a natureza do Universo.

Uma das teorias-padrão da física era o paradigma eletrodinâmico de Wheeler-Feynman. Estes cientistas identificaram a existência de uma simetria entre magnetismo e eletricidade. Isso quer dizer: quando ocorre uma descarga elétrica, o magnetismo que a produziu migra para outra região.

Essa lei de compensações seria uma prova cabal do modelo então hegemônico: o Universo seria estacionário. A cada nova expansão universal, uma nova matéria era criada. Assim o Universo preservava sua estabilidade. E a sua densidade se mantinha em equilíbrio.

Hawking percebe uma lacuna nesse cenário teórico. Para que essa tese se sustentasse, seria necessária a existência de um campo de energia negativa. Este campo é que criaria essa nova matéria, em eterna retroalimentação. Simultaneamente a essa suspeita, em 1965 pesquisas detectaram as chamadas radiações de fundo.

Surgia uma nova hipótese: o Universo teve um estágio denso e quente no passado. Essa informação ainda não era suficiente para provar que o Universo teria tido um começo. E tampouco que ele certamente terá um fim. Mas era um primeiro passo para postular essa possibilidade.

Em outro campo de trabalho, Roger Penrose procurava compreender a singularidade que ocorria nas estrelas moribundas. Essa singularidade propiciava um fim do espaço e do tempo. Esse tipo de singularidade, formadora de uma densidade infinita, sempre fora explicada a partir de cálculos sobre estrelas perfeitamente esféricas. E se o colapso estelar implicasse também um processo de assimetria? Essa assimetria produziria uma desconexão entre diferentes partes da estrela.

Eureca. Hawking parte desse raciocínio tanto para explicar os buracos negros quanto para criar um modelo de Universo em expansão. A singularidade no espaço-tempo poderia ser entendida como um princípio: o Big Bang. A proposta de singularidades que fissuram o tecido do espaço-tempo também se coaduna com um modelo de Universo baseado na superfície de Cauchy.

O que é isso? Uma superfície na qual a intersecção da trajetória das partículas ocorreria uma única vez. Em outras palavras: a intersecção seria um evento singular de um movimento expansivo e não a atividade autorreguladora de um Universo estacionário. Em resumo, a relatividade geral einsteiniana poderia ser desmembrada em singularidades. Essa é intuição brilhante de Hawking.

A partir dessa descoberta, aplicou a mesma estrutura causal à análise dos buracos negros. E assim concebeu a entropia, presente em seus horizontes, como constituinte do paradoxo da informação que estrutura a matéria. Hawking também aborda a impossibilidade de viagem no tempo, as cordas cósmicas, a pluralidade de mundos e o belo conceito de tempo imaginário, que ele utilizou em suas obras de divulgação.

A infância. A mudança para St. Albans. Os primeiros estudos. Os anos de ociosidade como estudante em Oxford. A paixão pela cosmologia. A descoberta da doença degenerativa. Os primeiros mestres e incentivadores. O casamento com Jane Wilde. Os primeiros filhos. O trabalho em Caltech. As dificuldades de viver de ciência. A ascensão na carreira. A fama mundial como divulgador científico. Separação. Segundo casamento. Viagens. Conferências. Reconhecimento científico. Nova separação. Cadeira lucasiana na Universidade de Cambridge, que fora ocupada por Isaac Newton.

Esses fatos são pontuados em meio às explicações teóricas, nesta autobiografia singela, marcada pela brevidade de estilo. Podem ser cotejados com as abordagens mais minuciosas das biografias de Kristine Larsen e de Michael White e John Gribbin.

Entretanto, sugiro ao leitor outro caminho: captar a obra nas entrelinhas da vida. Afinal, a vida humana não passa de um lampejo na escuridão do cosmo. Se algo permanecer após o fim, não será apenas o gesto humano de Hawking. Este, sendo humano, não nos será estranho. Mas a dimensão universal contida nesse gesto.

ALFREDO BOSI: A LITERATURA COMO ELOGIO DA REALIDADE

Uma das vertentes clássicas da interpretação literária baseia-se em três matrizes: construir, expressar, representar. A primeira é a dimensão formal da arte, entendida como produto de artifícios. A segunda vincula esta construção à esfera reflexiva-existencial daquele que a construiu. A terceira é reflexiva, ou seja, determina como cada autor problematiza a realidade e incorpora à obra as tensões sociais de seu tempo. Em outras palavras: revela as contradições da História. A articulação dessas três dimensões define o que o crítico austríaco Leo Spitzer chama de "círculo hermenêutico".

A partir dessa triangulação podemos compreender todo o trabalho de Alfredo Bosi, para quem a abordagem de Spitzer sempre foi tão cara. Crítico literário, professor emérito da Universidade de São Paulo e teórico das ciências humanas, Bosi chama essa síntese tripartite de "dialética interdimensional". E, não por acaso, chega a defini-la como um método. Entre a hermenêutica e a dialética, adicionemos um conceito: ideologia.

Temos aqui, enfim, as linhas-mestras que orientam seu trabalho intelectual. E elas são uma espécie de fio condutor dos ensaios de sua nova obra, *Entre a literatura e a história*, que a editora 34 acaba de lançar. Os ensaios estão divididos em seções: Crítica Literária (Poesia e Ficção), Poesia e Pensamento, História Literária, Ideologias e Contraideologias, Intervenções, Entrevistas, O Caminho Percorrido. Fecha com um prefácio a Luis Lavelle no Extraprograma.

A leitura começa pela relação entre João Cabral e Miró, passa por Mário de Andrade e Cecilia Meireles, Ferreira Gullar, Graciliano Ramos e chega a Machado de Assis, brilhantemente analisado à luz da dialética interdimensional. A poesia encena as sínteses entre realidade imediata e mediação formal. No romance, forma e expressão estariam mais estreitamente ligadas ao plano reflexivo-representativo. Entretanto, tanto poesia quanto ficção constituem sínteses dinâmicas do real. Seja em sua articulação formal-expressiva, seja em sua esfera existencial-representativa.

Nesse ponto entra a ideologia. Não como um anteparo usado pelos escritores para mimetizar as relações de poder e de alienação, segundo a teoria marxista clássica do espelhamento. A partir da "dialética negativa" da Escola de Frankfurt, para Bosi as próprias omissões seriam significativas. As feridas sociais ausentes da obra não são vestígios não-significantes. Os autores, ao ocultarem suas intenções, revelam as interdições que os levaram a ocultá-las. O silêncio fala. A lacuna significa. A omissão é expressiva. A recusa é a forma por excelência de tomada de consciência do artista. E é o único meio de neutralizar as contraideologias, ou seja, os discursos que procuram negar a raiz política profunda da forma.

Bosi também se vale das nuances entre forma e expressão, no sentido de Croce, um de seus mestres. Assim capta as sutilezas entre poesia e pensamento presentes nos gênios Vico e Leopardi. O primeiro propõe o primado da figuração metonímica-metafórica para definir a lógica mitopoética dos povos antigos. O segundo enaltece o paganismo grego, revivendo-o paradoxalmente como angústia e finitude. Em ambos, a arte faculta acesso às camadas mais profundas da realidade. Mas o faz de modo indireto, por meio de elipses estruturais.

Esse procedimento também é bastante eficaz nos ensaios sobre a formação ideológica brasileira, bem como na análise dos conflitos entre liberalismo e democracia social. O escrutínio erudito conduz o leitor aos meandros das sínteses concretas que dotam as ideias de corpo, sem ignorar que toda superação preserva em si aquilo que supera, como intuiu Hegel. Surge o claro-escuro ambivalente entre modernização e conservação.

Entretanto, é nessa seção que a obra apresenta algumas fraquezas. Alguns juízos de valor ligeiros quebram o rigor do tratamento geral. A distinção entre ideologia e teoria deixa muito a desejar. Basta pensarmos na tese de Adorno sobre o caráter essencialmente ideológico da ciência para entendermos que toda atividade intelectual é uma usina de ideologia. A despeito de sua positividade de intenção, os saberes metateóricos das ciências humanas não estão imunes à ideologia.

Mesmo nas argumentações intrincadas, nunca perdemos de vista o leitor amoroso, envolvido com seu objeto. Esse é um dos maiores ensinamentos de Bosi. E é especialmente visível quando compartilha com o leitor a sua filiação espiritual: Croce, Vico, Leopardi; o marxismo renovado; a grande tradição da hermenêutica (Spitzer, Vossler, Curtius, Auerbach); a estilística espanhola, sobretudo Dámaso Alonso. Não apenas os lê. Assimila de modo criativo essa herança.

Nesses termos, Bosi se situa na linhagem da crítica universalista, ao lado de Augusto Meyer e José Verissimo. E une-se por afinidade eletiva ao maior crítico da história do Brasil, do qual Bosi tornou-se um defensor: Otto Maria Carpeaux. A síntese que faz de sua obra em uma das entrevistas, mais do que admirável, é comovente. Indica, em termos dialéticos, não apenas a grandeza de ambos no nível das ideias. Mas a generosidade de Bosi, no plano da realidade.

DAVID LE BRETON: A DOR
ALÉM DO BEM E DO MAL

O antropólogo francês David Le Breton vem há anos se dedicando a um ramo do conhecimento cada vez mais em evidência: a antropologia do corpo. Desde *Corpo e sociedade* (1985) e *Antropologia do corpo e modernidade* (1990) até *Adeus ao corpo* (2013), publicado pela editora Papirus, Le Breton tem ampliado o arco temático de questões e problemas presentes no nível das representações culturais, sociais e religiosas do corpo. Inspirado em George Simmel e em Marcel Mauss, o projeto de Le Breton parte da premissa de um "desvio antropológico". Este desvio consiste em uma rede de significados que se cruza com aspectos propriamente biológicos e médicos para definir os sentidos que o corpo humano assume em diversas tradições.

A recente publicação de *Antropologia da dor* pela editora Fap-Unifesp leva-nos a aprofundar essas reflexões instigantes. Le Breton divide a obra em seções. Elas abordam desde a experiência física da dor a seus aspectos antropológicos, de sua presença nas tradições religiosas à sua construção social. As duas seções finais tecem relações entre dor e modernidade e abordam os usos sociais da dor. O fio condutor da obra é a investigação da dor nas sociedades e o seu papel na conformação do *anthropos*. No que diz respeito à experiência, Le Breton pensa os limiares físicos da dor a partir de três tipos: as dores aguda, crônica e total. Como experiência, a dor é um "fracasso radial da linguagem", pois está sempre aquém da possibilidade de ser comunicada. Mesmo assim, por paradoxal que pareça, é dessa dimensão experiencial que se nutrem relatos médicos, místicos e literários.

Le Breton reorienta o conceito de "eficácia simbólica" desenvolvido por Claude Lévi-Strauss. E o faz para ressaltar a dimensão não-biológica das representações do corpo, e, portanto, da noção mesma de dor. Afinal, em muitas culturas tradicionais a definição de corpo é difusa, a ponto de ser quase inexistente algo semelhante a *alma* ou *espírito*, no sentido ocidental. Não havendo contraste corpo-alma, tampouco existiria algo que poderíamos chamar de *corpo*. Esse é o dilema epistemológico mais sensível. A partir dele, Le Breton define a dor a partir da performance presente nos enunciados e nas ritualizações culturais, mobilizados em torno de experiências entendidas como dolorosas.

A dor promove uma passagem do *pathos* ao *ethos*, de uma afecção a uma axiologia (eixo de valores). Le Breton analisa essa transição, do Livro de Jó às matrizes cristã e islâmica. Também aborda os sentidos da dor nas espiritualidades orientais. Em todas elas fica evidente a relação entre dor e sofrimento. E entre sofrimento e justiça. Os sistemas religiosos seriam meios de explicação moral dos fundamentos físicos e metafísicos da dor. Teriam criado também uma economia da dor, na qual estaria presente uma lógica envolvendo retribuição, graça, misericórdia, arrependimento, perdão, penitência.

A modernidade e a construção social da dor aprofundam alguns impasses das tradições antigas. E esse é um dos pontos nucleares dos estudos de Le Breton: a conexão paradoxal entre a dor, a humanização e o problema do mal. Paradoxal porque se a dor, como materialização e nossa mortalidade, fornece a escala de valores que nos define como humanos, tampouco a dor e o sofrimento podem ser explicados de modo racional. Racionalizar a dor por meio do trabalho e daquilo que Max Weber definiu como "ascetismo intramundano" tem sido a tarefa da modernidade.

Vale fazer apenas duas observações sobre a obra de Le Breton. Primeira: a passagem pelas religiões abraâmicas e as espiritualidades orientais acaba sendo muito panorâmica, com perdas de penetração analítica. Segunda: embora procure superar o dualismo corpo-alma e natureza-cultura de algumas abordagens antropológicas, o autor retorna ao seio dessas categorias fundantes em alguns momentos, redesenhando os limites corpo-alma, para apagá-los em seguida. Nada mais compreensível. Trata-se de um trabalho difícil, pela própria ausência de vocabulário para superar essa dicotomia.

Por fim, uma questão. Haveria conteúdos criptorreligiosos por trás de todo dolorismo, mesmo quando ele é ateu e secular? Não poderíamos supor um aspecto positivo no projeto moderno de mitigação e erradicação da dor humana, deixando de entendê-lo apenas na acepção negativa da cultura farmacológica e dos cenários das distopias? Esse é um problema a ser enfrentado. Quanto ao estudo de Le Breton, é primoroso sob diversos pontos de vista. E lança luzes sobre o enigma da dor. Por mais que ela seja evidente em suas cicatrizes, permanece como enigma em sua natureza, sentido e motivação.

PAOLO ROSSI: ENTRE O TEMPO PROFUNDO E A ESPERANÇA

Como a natureza produz joias em seu silêncio milenar, o filósofo da ciência e historiador italiano Paolo Rossi não se cansa de produzir algumas discretas obras-primas. Em *A chave universal*, Rossi reconstrói o itinerário das chamadas "artes da memória", sistemas mnemônicos poderosos oriundos da Antiguidade e que se desenvolveram na Idade Média até atingir seu ápice com o filósofo catalão Ramón Llull, no século XIII. A partir deles, Giordano Bruno conseguiu preparar as bases para a revolução da cosmologia copernicana e Leibniz teria chegado à estrutura de uma linguagem universal.

Paralelamente, *A ciência e a filosofia dos modernos* aborda de modo dialético a relação nem um pouco óbvia entre magia, técnica e ciência, cujo ápice se deu nos séculos XVI e XVII. Neste ponto, com ênfases e pressupostos distintos, Rossi se aproxima das análises desenvolvidas pela historiadora inglesa Frances Yates em sua obra clássica sobre Bruno e o hermetismo e em *As artes da memória*. Também dialoga com os estudos sobre a ciência na Renascença assinados por Eugenio Garin. O mesmo ocorre em suas obras dedicadas a um dos mais importantes pensadores experimentais renascentistas: Francis Bacon.

Em *Sinais do tempo*, Rossi cria o conceito de "tempo profundo" para determinar o impacto que as descobertas sobre a antiguidade da Terra teriam exercido entre os séculos XVI e XVII. Pensadores como Robert Hooke e sobretudo Giambattista Vico, um dos diletos de Rossi, teriam delineado caminhos importantes da modernidade a partir dessa perspectiva geológica macrotemporal. Em *Naufrágios sem expectador*, sobre a ideia de progresso, e em *O passado, a memória, o esquecimento*, temos a articulação de dois vetores: passado e futuro. A tensão entre ambos seria o cerne da experiência humana.

O mais recente livro de Rossi também é guiado por esta tensão. A começar pelo título: *Esperanças*. Recém-publicado pela Unesp, editora responsável por quase todos os seus títulos que saíram no Brasil, a palavra no plural indica que a esperança é múltipla. Ou seja: feita de razões e contradições. Por isso, a articulação do tema em três seções: sem esperanças, esperanças desmedidas e esperanças sensatas. Entretanto, alguns conflitos nucleares atravessam a obra como *leitmotiven*.

As desesperanças trazem a marca de impasses que vão das questões ambientais à atual perda do sentido da história, a que se diagnosticou como pós-modernidade. Um dos dilemas em torno da desesperança é a oscilação entre repúdio e aceitação do processo de desenvolvimento do Ocidente, intimamente ligado à globalização. Esta teria contribuído para extinguir as reservas imaginárias e as geografias edênicas, uniformizando a experiência humana do mundo e minimizando o espaço da esperança.

Mesmo nesse cenário, as esperanças desmedidas persistem. Uma delas consiste no deslocamento de concepções teológicas para esferas seculares. Em outras palavras, um vocabulário messiânico, seja baseado em Marx, em Hegel no último Heidegger ou em outros autores, foi traduzido em projetos utópicos sociais que visam a um Paraíso na Terra e a uma redenção dos tempos. Por isso, no século XX, a relação entre história e profecia e entre filosofia e crenças criptorreligiosas seria mais profunda do que se imagina. Redundou em "xamãs travestidos de filósofos".

Outra perspectiva da esperança desmedida nasce da aliança entre história e ciência. À medida que a história ganha pressupostos científicos a partir do século XIX, surgem crenças em uma salvação pela tecnologia. Ciência e discursos apocalípticos se embaralham. São os casos da biotecnologia e do transumanismo, analisados por Rossi como decorrentes da crença na "natureza dúplice" do ser humano, dado biologicamente e passível e ser transformado.

Mas quais seriam as esperanças sensatas? Rossi arrisca algumas hipóteses inspiradas em Freud, Pietro Pomponazzi, Ludwik Fleck e no poeta Giacomo Leopardi. Entre elas, a possibilidade de viver uma desesperança sem desespero. Para isso, devemos nos manter entre o tempo profundo da experiência evolucionária da espécie e um olhar lançado em direção a um horizonte que nos será eternamente desconhecido. Ter consciência das camadas de ilusão que envolvem todos nossos projetos. Saber que o fracasso das expectativas pode ser uma forma de liberdade. Amar a natureza como se ama a imperfeição.

Esse é o ponto teórico mais sensível. A partir dele, Rossi faz uma crítica de todas as teorias totalizadoras. Nega a possibilidade mesma de que a história e a filosofia possam ser sistemas científicos, capazes de prever todas as variáveis envolvidas na vida humana. Lembrando a brilhante imagem de Robert Musil, a história não seria uma seta, mas uma nuvem: desliza, espalha-se, desfaz-se. Quando vemos, ela chegou onde nós não pretendíamos chegar.

Por isso, ela não se guia por eventuais leis necessárias da natureza. Enraíza-se, sim, na precariedade e na contingência das ações humanas. Apenas assim, a partir de uma visão inconclusiva e fragmentária, podemos continuar acreditando no futuro sem que as nossas decepções tenham um preço mais alto do que nossos sonhos.

HUIZINGA E A
NOVA IDADE MÉDIA

Quando hoje em dia ouvimos falar em termos como *história das mentalidades*, o leitor não especializado imagina logo algo de muito complexo, provavelmente um estudo eivado de jargão acadêmico dos mais impenetráveis. Certamente ele não saberá que um dos criadores dessa modalidade de estudo foi um autor cujo campo de interesses era tão vasto e cujo gosto artístico e intelectual tão variado que hoje em dia ele provavelmente seria desdenhado pelos próprios especialistas em história das mentalidades como um sendo generalista ou um mero colecionador de curiosidades.

O ambiente cultural das últimas décadas do século XIX, no qual o holandês Johan Huizinga foi criado, é um espelho da riqueza inesgotável de seu pensamento. Otto Maria Carpeaux o definiu como um Erasmo de tempos sombrios. Protestante, liberal, de extração burguesa, Huizinga habitou, espiritual e geograficamente, a mais europeia das regiões da Europa, entre Basileia e Antuérpia, em quase nada distante do esplendor da Borgonha do século XV que ele historiou. Conseguiu extrair dessa sua condição social o que de melhor ela poderia oferecer: uma aptidão natural em hierarquizar valores e uma defesa irrestrita da liberdade. A primeira fez dele um enorme intelectual. A segunda, levou-a ao encontro da morte. Ambas são complementares, tanto o outono das formas feudais analisado pelo historiador, quanto o declínio político sofrido pelo homem, provavelmente como realização profética de uma obra que lhe serviu de base, *O declínio do Ocidente*, de Spengler.

Talvez devido a essa dupla consciência, da sua situação e de seu lugar social, que Huzinga tenha se sentido tão responsável pela história. Mas foi a liberdade também que o levou a reinventar o modo de ler o passado e a rever a hierarquia dos valores cristalizados que se tinha a respeito da Idade Média. Em outras palavras, deve-se sobretudo a Huizinga ter quebrado com o estigma do período medieval, bem como demonstrado a fluidez, e não a ruptura, existente entre Idade Média e Renascimento, coisa que ao longo do século XX tornou-se moeda corrente entre os maiores estudiosos de ambos os períodos, seja um Le Goff ou um Kristeller.

Huzinga apoiou-se na definição paradigmática de outro clássico, *A cultura do renascimento na Itália*, de Jacob Burckhardt. Mas de certo modo superou-a, pois mitigou a importância mítica que o historiador alemão conferira à Itália e ao Renascimento, ressaltando o fundo medieval que gestou e se preservou na cultura renascentista, sobretudo na França e nos Países Baixos. Como diz Le Goff, Huizinga conseguiu mostrar uma "íntima imbricação" entre esses dois períodos em sua obra mais conhecida. Estamos falando de *O outono da Idade Média*, de 1919, quase uma década, portanto, antes de Charles Haskins empreender a sua revisão do período medieval, em *The Renaissance of the Twelfth Century*, de 1927. É essa obra de Huizinga que chega ao Brasil pela primeira vez na íntegra, traduzida direto do holandês, com um dossiê organizado por Anton van der Lem, um dos responsáveis pelo espólio do historiador, além de um aparato crítico e biobibliográfico, sobre o autor e a obra. E mais ainda: com um rico repertório iconográfico das obras citadas, geralmente de difícil acesso em museus e indisponíveis mesmo em catálogos e livros de arte.

Como nos lembra o historiador inglês Peter Burke, o escopo intelectual desse mestre ia do gosto pelos poetas simbolistas à arte chamada decadente de um Huysmans; de sua ojeriza pela política ao cuidado meticuloso no estudo da arte flamenga dos séculos XIV ao XVI, de um Memling, dos Van Eyck, de Van der Weyden ou de um Petrus Christus; de seus estudos iniciais de sânscrito ao seu interesse juvenil em escrever uma história do Islã; de seu desprezo pelo marxismo, pela psicanálise e pela arte moderna às suas análises meticulosas da vida cotidiana da baixa Idade Média, com seus hábitos, costumes, relações simbólicas e formas materiais; de sua tese sobre o papel central, e não periférico, do jogo como elemento estruturante da cultura, desenvolvida em *Homo ludens*, até sua monografia que trata de questões microscópicas, tais como o asseio entre os holandeses, o que contribuiu para ampliar o campo de temas da historiografia.

Nada escapava ao olhar fino e amoroso que lançava à história. A obra em questão abre com um capítulo sobre a "veemência da vida". Vida. Talvez essa seja a palavra mais empregada por Huizinga, mesmo quando trata, por exemplo, dos rituais de morte e do imaginário fúnebre.

Isso não se dá por acaso. Justamente porque ele se valia da história para fazer uma microscopia da vida. Nada em Huizinga é estático. O que o filósofo alemão Dilthey fez em filosofia, Huizinga realizou na historiografia. Ou seja: uma abordagem dinâmica, vitalista e compreensiva dos temas tratados.

Como nos lembra Carpeaux, na obra significativamente chamada *Nas sombras de amanhã*, edição de Leiden, 1935, lê-se na epígrafe as palavras de santo Agostinho: "Este mundo tem as suas noites, e não são poucas". A obra é quase um panfleto contra a platitude e a brutalização da vida das primeiras décadas do século XX, além de uma crítica às teorias eugênicas em expansão e aos regimes totalitários de todos os quadrantes. Foi assim que Huzinga também viveu o seu outono. Também ele teve a sua noite, em um campo de concentração na Holanda, em fevereiro de 1945. A loucura deixou de ser absurda, a boba da corte. O avesso da norma não estava mais no palco cômico de Erasmo, sendo difamado, nem nas danças macabras medievais, mas ganhou a realidade e as ruas. Como assinala Carpeaux, uma triste ironia, para aquele que flagrou a Idade Média em todo seu esplendor, em sua metamorfose e em sua agonia, ter sido vitimado por um tempo de progresso técnico provavelmente mais sombrio do que os descritos em seus livros. Mas esses são os seus testamentos. E, para quem nunca separou cultura e vida, escondendo-se atrás da lupa anódina de alguma ciência, esse foi também o seu legado.

O MÉTODO DE MORTIMER ADLER E CHARLES VAN DOREN

Uma das reclamações mais comuns dos dias de hoje é: *não tenho tempo*. Se o refrão popular diz que *tempo é dinheiro*, recentemente temos que o alterar: *tempo é ouro*. Porém, em grande parte, essa nossa angústia em relação ao tempo vem de não sabermos administrá-lo. Sobretudo no que concerne aos nossos interesses, estudos, organização, pesquisa e aos momentos que dedicamos a nós mesmos.

Mas não foi sempre assim. E alguns mestres do pensamento se dedicaram a buscar respostas para essas perguntas que, de tão essenciais, ninguém as fazia: o que é realmente importante ler? Como organizar a vida intelectual e espiritual? Como organizar da melhor forma os raciocínios? As respostas para estas perguntas estão em alguns títulos da coleção Educação Clássica, da editora É.

Nesse sentido, a obra *Como ler livros: o guia clássico para a leitura inteligente*, parceria do filósofo e jornalista Mortimer Adler com Charles van Doren, é um caminho especial para entendermos *o que* ler e *como* ler, dependendo de nossos objetivos. Trata-se talvez da obra mais completa e sistemática sobre o assunto, que aborda desde pesquisa de fontes e uso de dicionários até os modos de leitura de diversos gêneros, da filosofia e da literatura aos manuais. A estrutura é dividida em *níveis de leitura*, até chegar ao *nível analítico*, o mais profundo. Também expõe técnicas de apreensão de diversos assuntos, para quem queira fazê-lo. No campo específico da filosofia, há outra obra fundamental de Adler: *Aristóteles para todos*. Como o título indica, os grandes pensadores estão longe de ser um patrimônio exclusivo de especialistas. Nem era esta a sua intenção ao criarem as obras que criaram.

Se o intuito é obter métodos para melhor desenvolver o próprio pensamento e a atividade reflexiva, a coleção oferece dois títulos nucleares: *A vida intelectual: seu espírito, suas condições, seus métodos*, do filósofo e teólogo francês A. D. Sertillanges, e *O trivium: as artes liberais da lógica, gramática e retórica*, da Irmã Miriam Joseph. Conforme diz o subtítulo desta última, trata-se de uma sistematização dos principais modos do pensamento e de técnicas lógicas para compreendermos a "natureza e a função da linguagem". Já a obra de Sertillanges consiste em uma reflexão mais aprofundada sobre os métodos e as vias de busca do conhecimento. Como nos posicionarmos diante do objeto conhecido? Como refletirmos sobre a sua estrutura? Quais os caminhos que nos conduzem a dirimir os erros e chegar a resultados, se não absolutos, pelo menos não falseáveis? De certo modo, os livros de Joseph e de Sertillanges se complementam entre si e se unem ao de Adler, sobre Aristóteles. Em todos eles, pode-se ver como os métodos de organização do conhecimento e do estudo são buscados desde a antiguidade, e como há técnicas valiosas para atingir esses objetos que nós, modernos, acabamos esquecendo.

Por fim, para sintetizar a coleção, o livro *Introdução às artes do belo: o que é filosofar sobre a arte?* Obra seminal de Étienne Gilson, um dos maiores filósofos e medievalistas do século xx, ele nos desvenda um amplo painel das maneiras possíveis de nos aproximarmos do fenômeno artístico. Utilizando teorias não só antigas e medievais, mas também modernas, mostra-nos não apenas como focar o nosso olhar sobre a arte, mas a interpretarmos o próprio fenômeno do Belo, independente da esfera em que este se manifeste. Ou seja: ir ao próprio *ser* da Beleza. Isso demonstra o que há de contemporâneo nesta coleção, que se remete aos clássicos. E que o *ser*, tal como o nome da editora, é maior que o *saber*. Afinal, só *sabemos* aquilo que também *somos*.

A VIDA ALÉM DA VIDA
DE ISIDORE DUCASSE

O Conde de Lautréamont, pseudônimo de Isidore Ducasse, se tornou célebre por sua definição de poesia: um guarda-chuva aberto sobre uma mesa de cirurgia. Essa definição, que será mais tarde se tornará o emblema de surrealistas, dadaístas e vários outros movimentos da arte moderna, ainda não é tão absurda quanto um fato real: a escassez de informações relativas à sua vida e de material disponível no Brasil referente à sua obra.

Filho do cônsul François Ducasse, Isidore nasceu em Montevidéu, a 4 de abril de 1846, e morreu em Paris aos 24 anos de idade. Em 1869 publica a versão completa de *Os cantos de Maldoror*, que, afora alguns poemas, são praticamente a totalidade de sua obra. O livro, porém, logo é tirado de circulação, sob a ameaça de uma possível censura jurídica devido ao seu teor subversivo. À exceção do folclore que se criou ao seu redor, não são muito mais que estes os fatos concretos que conhecemos de sua vida, além de algumas fontes indiretas e cartas.

Quanto à indigência crítica, temos no Brasil a tradução e estudo (excelentes) de sua obra completa feitos por Claudio Willer e uma pequena biografia de Leyla Perrone-Moisés, além de alguns estudos esparsos que, a despeito de seu valor, ainda estão bastante aquém do significado desse autor enigmático, que, nascido às margens do rio Prata, foi ocupar um lugar no centro da literatura ocidental.

É nesse terreno movediço que Ruy Câmara se aventura em *Cantos de outono*, biografia romanceada da vida do poeta. E para suprir essas lacunas, Câmara mergulhou nos arquivos de Montevidéu e Paris, compulsando um espólio valioso de documentos que lhe deram as tintas para pintar o retrato de Lautréamont.

Câmara segue o percurso de seu personagem desde os primeiros anos, mais precisamente desde o suicídio da mãe, Célestine, e narra os desdobramentos que a tragédia terá para a família Ducasse, que então parte para a França. Lá transcorre boa parte do enredo da obra, que aborda sobretudo a formação intelectual do jovem Isidore, sua admiração por Baudelaire e o encontro frustrado que teve com este, o ambiente artístico parisiense, as circunstâncias de publicação dos *Cantos de Maldoror* e sua repercussão imediata.

Um erro ao qual a crítica geralmente é induzida é a interpretação romântica (substancial) de peças literárias que são na verdade uma paródia do sentimento trágico. Um exemplo clássico é Kafka: diz a lenda que ele lia alguns de seus contos em sessões regadas a vinho e gargalhadas.

Nos *Cantos de Maldoror* encontramos essas armadilhas aos montes, e às vezes sua crueldade é tão grotesca que é impossível que o leitor mais malicioso não dê também ele sua risada. Afinal, não há como levar a sério um herói que, com ternura, admira em meio a um canteiro de flores o ventre de uma jovem menina estraçalhado pelo seu buldogue.

Cantos de outono não sucumbe a essa tentação de positivar a ficção e lê-la como indícios da vida. Nesse caso, é sábio da parte de Câmara recorrer à informações históricas, servindo-se da obra como fundo imaginário sem valor de verdade, já que sabemos o quão disjuntivas podem ser ambas. E, para tanto, é oportuno o autor ter se servido das próprias cartas para preencher as lacunas documentais e tecer o seu enredo, sobretudo as destinadas a artistas e amigos, como Jean Dazet.

A maior advertência à obra de Câmara é de outra ordem: o estilo. Borges já ressaltou o perigo dos adjetivos para um prosador. Breu invulgar, suaves noites natalinas, vastas planícies, amena claridade de uma sexta-feira brumada: esse acúmulo às vezes dá à sua prosa um tom pastoso e *sfumatto*, que acaba poetizando artificialmente a narrativa. Não é um problema que comprometa significativamente a sua arte, mas pode servir de reflexão para livros futuros.

De certo modo, Câmara reverte a seu favor a impossibilidade de narrar a vida de seu personagem. E os *Cantos de outono* reescrevem *Os cantos de Maldoror*, e adentram aquele território onde os fatos acabam e estamos no terreno da pura ficção, que naquele mais além da vida como ela é se aproxima do que ela poderia e ainda pode ter sido. Talvez para demonstrar que o passado não se esgotou nem nunca se esgotará de todo.

JOSÉ MINDLIN E O
TEMPO REDESCOBERTO

OS LIVROS E ALEGRIA

Depois de se afastar de suas atividades no governo, Michel se isola na torre do castelo de sua família, na região de Montaigne. No teto de sua biblioteca, grava frases em grego e latim de seus autores favoritos da antiguidade. Passa a respirar diariamente aquelas nomes. Memoriza aqueles versos. Repete cada sentença. Comenta linha a linha aqueles autores vindos de muitos séculos. Incorpora-os. Dialoga com eles como quem conversa à mesa ou troca confissões em espaços de intimidade.

É esse o clima de fundo para a escrita de *Ensaios*, entre 1580 e 1588, que revolucionou a literatura em três pontos essenciais. Primeiro, ao criar um novo gênero literário homônimo, no qual a digressão é mais importante que o assunto. Segundo, por trazer à luz um dos primeiros pensadores ocidentais a incorporar, a partir dos relatos dos viajantes, o relativismo antropológico, e a refletir filosoficamente sobre os costumes dos índios brasileiros. Inspirando-se nas descrições de Jean de Léry, recém-chegado à França, compara-os aos sábios da antiguidade grega. Terceiro: traz para o primeiro plano da literatura a interioridade e a consciência do autor. Como diz Montaigne ao leitor: eu mesmo sou a matéria deste livro. Em um de seus impecáveis ensaios, cujo tema é justamente os livros, lemos uma de suas centenas de máximas: "Não faço nada sem alegria".

É justamente esta a frase em francês o *ex libris* que consta na primeira página de cada um dos 40 mil volumes de sua biblioteca pessoal doada por José Mindlin e sua esposa Guita à Universidade de São Paulo (USP), inaugurada neste dia 23 de março, em um prédio especialmente construído para acolhê-la. Parte deste acervo pertencia ao bibliófilo Rubens Borba de Moraes, cuja biblioteca foi guardada pelo casal desde a sua morte. Mas antes desta forma final, conhecida como Brasiliana, quem guardava essas preciosidades era a própria casa de José e Guita, no bairro do Brooklin, em São Paulo. Espaço geograficamente muito distante das torres do Castelo de Montaigne, mas muito próximo do nobre Michel, em seus mergulhos silenciosos na interioridade infinita dos livros.

Por outro lado, um dos corações da Brasiliana é a coleção de obras raras escritas pelos primeiros viajantes que percorreram e descreveram as terras brasileiras. Desse modo, além de viver, como Montaigne, em constante alegria com os livros, Mindlin refez o seu percurso em ordem inversa. Enquanto Montaigne sinaliza a boa nova dos novos costumes descobertos em além-mar e no Novo Mundo, Mindlin preserva todos os pontos de vista deixados por esses viajantes e naturalistas europeus do antigo continente, cujas obras, em sua heterogeneidade, são uma das maiores fontes de estudo e compreensão da natureza e da cultura dos povos que habitaram o Brasil entre os séculos XVI e XIX.

Obras de literatura brasileira e portuguesa; relatos de viajantes e de naturalistas que escreveram sobre a *terra brasilis* em diversas línguas; manuscritos históricos e literários, tanto originais quanto provas tipográficas; periódicos; álbuns ilustrados; livros científicos e didáticos; edições valiosas de grandes obras da literatura nacional; compêndios de iconografia; livros de artistas; gravuras e muitas primeiras impressões e volumes autografados pelos próprios autores. Primeiro a biblioteca tomou o próprio espaço interior da casa dos Mindlin. Em seguida, ainda dentro dos seus domínios, ocupou duas construções, na parte dos fundos, climatizadas e concebidas para receber um a um os livros que iam se somando à coleção monumental.

Por fim, como o cavalheiro Michel deixou os serviços do Estado para se dedicar aos seus ensaios e ao convívio com os livros, ao se aposentar da Metal Leve, empresa que fundou e presidiu em 1996, Mindlin pôde se aprofundar nessa atividade que havia começado na adolescência: colecionar obras raras. Foi assim que conseguiu construir a maior e a mais importante biblioteca particular do Brasil. E um das maiores acervos do mundo em se tratando de obras referentes ao Brasil, tendo equivalente apenas na monumental Biblioteca Oliveira Lima, doada no início do século XX pelo brilhante historiador e diplomata à Universidade Católica de Washington, nos EUA. Esta recobre um total de 58 mil livros, além da volumosa correspondência trocada com intelectuais de diversas nacionalidades, mais de seiscentos quadros e diversos álbuns de recortes com notícias de jornais. deve-se, portanto, comemorar que a BBM (Biblioteca Brasiliana Mindlin) tenha conseguido condições adequadas para permanecer no Brasil. Mas diferente de outros colecionadores, ao tratar de Mindlin, percorre-nos sempre uma atmosfera de proximidade, criada por sua própria personalidade e por sua ligação afetiva emblemática com os livros. Falar de Mindlin é sempre recompor o passado. Aguçar a memória para ler as entrelinhas dos gestos. Encontrar para cada expressão facial um livro. Um autor. Um volume. Uma palavra.

O UNIVERSO À MÃO

Toda biblioteca pessoal, antes de ser uma biblioteca, é pessoal. Uma extensão daquele que a criou. Cada livro, um vestígio de sua vida. Um livro não traduz apenas aquele que o escreveu. Contém em si todos que o leram. Revela todos que, de mãos em mãos, o preservaram. Mindlin sempre frisou que ele e a esposa nunca foram proprietários da biblioteca, aberta aos amigos e a quem quisesse visitá-la. Eram seus dois guardiães. Em sua casa, em primeiro plano, duas poltronas, a de José e a de Guita. Ao fundo, uma estante onde os títulos se avolumavam. Destacava-se, na horizontal, a enorme edição dos desenhos de Debret sobre a fauna e flora brasileiras, que depois ganhariam vida nas melhores páginas de Guimarães Rosa.

Lembro-me de Mindlin folheando a edição parisiense, saída dos prelos de Firmin Didot Frères, em 1834. Vejo-o cotejando os diversos volumes de Henri Ternaux-Compans sobre a descoberta da América, publicados em 1841. Ele passa o indicador pelas ranhuras gastas das gravuras, placidamente observando a gravura de um ritual antropófago descrito por Hans Staden, na edição de Marpurg e Kolben, de 1557. Pássaros, plantas, mamíferos e árvores pintados por Von Martius, nos diversos volumes da edição de Leipzig, de 1871. Imagino-o observando a cartografia de todas as ilhas do mundo, composta por Benedetto Bordone na edição vêneta de Francesco Di Leno, no início do século XVI. Ainda hoje posso visualizá-lo, andando em companhia de Francisco Adolfo de Varnhagen, nas edições Laemmert, de 1854. Entrevejo-o a sós, analisando a coletânea de viagens de Fracanzano da Montalbodo, na edição de 1507, que noticia a viagem de Cabral, primeiro livro em que o Brasil foi mencionado.

Mas nem tudo é tão antigo nessas preciosidades. Uma primeira edição autografada por Machado de Assis; manuscritos de Mário de Andrade; o primeiro número da *Revista de Antropofagia*, editada por Oswald de Andrade, em maio de 1928. Em uma obra curiosa, intitulada O *mundo coberto de penas*, uma marca das mais significativas. O autor risca o título e escreve embaixo: *Vidas secas*. Capistrano de Abreu, Sílvio Romero e os primeiros críticos e historiadores brasileiros. O surpreendente original manuscrito de *Grande sertão: veredas*, de Guimarães Rosa.

De onde vem essa ambição de abranger o mundo em uma sala de leitura? Talvez o livro seja justamente a materialização dessa nostalgia da unidade inapreensível da vida. Isso porque o livro é a tecnologia mais revolucionária que jamais foi criada, pois consiste em converter, em um único gesto (a leitura) duas dimensões aparentemente inconciliáveis: o mundo e a palma da mão. É, desde o seu surgimento, uma maneira de exteriorizar o sistema nervoso central e a memória humana sob a forma de um objeto material. Por isso seu fascínio indescritível, que deu ensejo até à definição das chamadas religiões do livro.

Talvez possamos identificar esse desejo de conciliar duas magnitudes, amplidão mundana e interioridade reflexiva, logo nos primeiros passos de Mindlin. Sua primeira obra rara, comprada aos trezes anos, chama a atenção: *Discurso sobre a história universal*, de Bossuet, em uma edição de 1740. Estaríamos aqui diante de uma ânsia juvenil de englobar o mundo? O adolescente já intuía a vocação de colecionador de amplos voos que lhe caberia? Por que ao invés de jogar bola, começou a brincar, nessa idade tenra, com o orbe da Terra? O que descobriu em segredo entre páginas amarelecidas de outras eras? A história sacra narrada pelo grande pregador francês do século XVII, um dos inspiradores do padre Antonio Vieira, imperador da língua portuguesa, é uma acabada filosofia da história de matriz cristã. Confere um sentido de salvação à história humana. Por isso, é abrangente. Universal. Pretende descrever as motivações divinas que regem nossas vidas no interior do tempo. Reconverter o tempo do mundo em tempo histórico. Fazer os extremos se tocarem. O eterno e o instante. O cosmos e o ser humano. Como diria Jorge Luis Borges, o universo e a biblioteca.

MEMÓRIA E VIDA

Mindlin não mensurava os livros por uma distinção de raridade ou valor, mas de preciosidade. Distinguia os mais queridos. Os mais almejados. Os mais difíceis de serem conseguidos valiam mais. Diferente do que muitos possam supor, mesmo tendo à mão as edições mais raras e maravilhosas, Mindlin deixava em um lugar privilegiado de sua poltrona de leitura a obra de um de seus escritores favoritos: Marcel Proust.

Não poderia ser diferente. Depois de Montaigne, apenas Proust conseguiu tocar aqueles espaços poéticos de pura intimidade e recolhimento, aquela região da vida que, em solidão povoada, materializa o próprio ato da leitura.

A busca do tempo perdido realizada por Proust é também uma busca da relação entre verdade e imaginação. Desdobra-se naqueles espaços de devaneio, nos quais somos o que poderíamos vir a nos tornar no futuro e seremos o que está virtualmente inscrito em um passado hipotético que ignoramos. Por isso, a memória nos trai. Mas nos trai maravilhosamente bem, pois há muitos momentos recordados que têm mais força e espessura vital do que os momentos vividos. Isso não diminui em nada a vida de quem se entrega à doce traição da leitura, às minúsculas infrações dos livros, nos quais nos separamos da vida cotidiana por um tempo para vivermos uma espécie de isolamento feliz e consentido.

Penso aqui se toda esta obra deixada por Mindlin não foi um gesto proustiano de redescobrir o tempo e revivê-lo, em espirais cada vez mais vastas, transformando o passado imaginado em uma realidade presente. O lampejo do primeiro livro, comprado aos trezes anos, é a marca da memória por meio da qual Mindlin conseguiu iluminar a si mesmo com mais força. Tornou o passado ainda mais presente aos seus olhos, cercado pelos objetos que amava, reverberando em círculos cada vez mais dilatados. Para tanto, precisou conquistá-lo, atualizando-o todos os dias. Precisou conquistar-se. Nossas ações externas são sempre marcas de nossa autorrealização. Assim, repetiu não apenas a raridade de seu primeiro Bossuet, mas também o seu conteúdo. Traduziu a história universal de homens anônimos na forma universal singularizada de um indivíduo e de sua biblioteca.

A TORRE

O belo prédio que agora abriga a Biblioteca Brasiliana Guita e José Mindlin (BBM), no campus da USP, foi concebido por Eduardo de Almeida e Rodrigo Mindlin Loeb, que se inspiraram na New York Public Library e na Biblioteca Nacional de Paris. O edifício também servirá como nova sede do IEB (Instituto de Estudos Brasileiros), criado em 1962 pelo historiador Sérgio Buarque de Holanda, e que contém, entre seus mais de 140 mil títulos, obras e documentos pessoais de Mário de Andrade, Graciliano Ramos e Guimarães Rosa, entre outros. Amplos espaços, o altíssimo pé-direito, dividido em anéis com paredes de vidro que dão para um pátio interno. Alguns andares circulares guardam a Brasiliana, como a biblioteca hexagonal sonhada por Borges.

Caminho por seus corredores, toco as lombadas gastas, observo em perspectiva a forma indefinida que a infinidade de livros cria quando abertos ao horizonte. Os círculos concêntricos se espelham, no interior das paredes de vidro. Penso que as impressões digitais de Mindlin continuarão aqui. Escritas em formas invisíveis, como na indefectível torre de Montaigne. E ele, sentado, nas poltronas de couro do saguão. Agora ele se mistura aos buritis de uma edição autografada por Guimarães Rosa, às anotações minuciosas de Manuel Bandeira, aos desenhos infantis de Oswald de Andrade, às falenas de uma edição de 1870, à caligrafia indecidível das anotações às margens de Machado.

FICÇÃO

Como dizia Mindlin, o vírus do amor aos livros é incurável. É preciso inoculá-lo no maior número possível de pessoas. Eu menti. Infelizmente, nunca conheci José Mindlin. O que fiz ao longo destas linhas foi um exercício de admiração, como os do filósofo e escritor romeno Emil Cioran. Esboços de intimidade e de leituras incorporadas. Marcas de fisionomias alheias que incorporamos sem as ter conhecido. Porém, em outra ordem de realidade, não tenho dúvida de que um dia, compartilhando os espaços imaginários da leitura, estive na casa dos Mindlin, no Brooklin, e folheei embevecido as primeiras edições de alguns dos seus maiores escritores. Naveguei pelo Atlântico, cruzei tempestades, naufraguei em meio a canibais, obervei a fauna e a flora das costas brasileiras no século XVI. E agora, ao atravessar o umbral da Brasiliana, é a torre de Michel que se abre e fecha suas portas às minhas costas. Para que em silêncio eu possa povoar esse labirinto que no conduz à liberdade. Por maiores que sejam os espaços. Por mais monumental que seja o edifício. Por mais grandiosa que seja a erudição. Por mais preciosa que ressoem as raridades que se espalham nestas estantes, em nenhum momento perco de vista que tudo começou com um gesto de alegria.

AS RAZÕES DO MAL:
SADE POR ELIANE ROBERT MORAES

Após as guerras perpetradas por Luiz XIV, quatro libertinos resolvem se reunir no castelo de Silling durante cento e vinte dias, para executar seiscentas paixões. Para começar, aliciam suas respectivas filhas. Somam-se a eles quatro narradoras que têm por ofício relatar as mais sórdidas histórias existentes. As práticas e as atividades são rotativas: sodomia, coprofagia, mutilações, assassinatos, roubo, tortura, incesto, aviltamento, traição, imprecações, ofensas, crueldade. Nojo dos pobres, impiedade, desprezo pelos sentimentos, acima de todos o amor. Apologia de todos os crimes e censura a toda e qualquer virtude, tida como vulgar. Latrocínio, extorsão, egoísmo, ódio à religião, insignificância de Deus.

O marquês de Sade não exagerava ao definir *Os 120 dias de Sodoma* como a "narrativa mais impura já escrita desde que o mundo existe". De fato, não há obra semelhante dentre antigas e modernas. E parece que a sua singularidade se deve a um fato que é totalmente alheio ao domínio da literatura. Trata-se, na verdade, de uma obra que encarnou em si o mal quase que em seu estado puro, se é possível a contradição, e em pleno Iluminismo o levou às mais remotas e insondáveis consequências.

Porém, o que também é paradoxal, foi por meio dos recursos próprios da literatura que Sade conseguiu pormenorizar o objeto maior de sua obra: o desejo. E assim produzir a sua "miríade de exceções", para usar a expressão feliz de Octavio Paz. Ao propor uma equivalência entre corpo e linguagem, deslocou a filosofia para a ficção. Esta assume então papel central: se a natureza é o maior, dir-se-ia o único personagem de sua obra, o é porque apenas a partir da absoluta determinação natural dos indivíduos é possível provar a maior de todas as teses, que a sociedade mascara sistematicamente: a fonte de toda a vida é o egoísmo universal.

Ruína eficaz da família, da moral, dos costumes, das leis, das propriedades, das instituições, da política, do amor, das alianças, dos valores, ou seja, de todo e qualquer elemento gregário. Suspensão definitiva de todos os pactos. Contra eles Sade nos oferece apenas uma coisa: o desejo e seu objeto. Como se estivéssemos no começo do mundo. Tudo que obstruir esse enlace deverá ser destruído. A isso alia a irredutibilidade absoluta do indivíduo à espécie, da exceção à norma, do ser ao gênero e às diferenças formais, do particular a quaisquer fantasias de universalização.

Por fim, ao contrário do que se imagina, o sexo não promove a aproximação, mas apenas intensifica a distância entre os corpos. É o lado racional da orgia, o catálogo das perversões, o vício regrado, o sistema dos crimes, a ordem enfurecida. Aqui parece que Sade nos convoca a experimentar uma estranha sensação de soberania. Grandeza do indivíduo totalmente livre diante do universo que o esmaga e que, ao aclamar em si a natureza que o liberta, reconhece sua própria condição abjeta e desprezível diante desta. Como diz um de seus personagens, aos olhos da natureza uma pessoa querida não difere de um verme, de um inseto ou de um vegetal.

Bataille diz que apenas no mal esculpimos os traços efetivamente humanos de nossa fisionomia. Se ele é tudo aquilo que quebra a integridade social e não concorre para o bem comum, como definiu o ensaísta em seu estudo brilhante, a obra de Sade pode ser lida como o grau supremo e mais acabado de sua manifestação. E ao contrário do que se queira provar, a subversão de todos os códigos não redunda em gratuidade. Abre-nos, sim, as suas virtualidades para o que ainda não existe e nos prepara para enfrentar aquela *hipermoral* de que fala o ensaísta. Verdade sangrenta, cruel, talvez demasiada humana. Mas ainda assim mais verdadeira do que a coleção de misérias, cacos, mentiras e farsas cotidianas a que chamamos orgulhosamente de vida, cultura e civilização.

Se o grande mal que pesa sobre o Ocidente é a dissociação de corpo e alma, de matéria e espírito, logo de saída é oportuna a escolha de Eliane Robert Moraes para a abertura de seu livro *Lições de Sade*. Ao abordar uma obra que, seja à custa da própria crueldade, se propôs à sua maneira resgatar o elo perdido de ligação entre céu e terra, a autora já nos remete ao espaço central onde essa reunião se dá: a alcova. Localizada entre o salão (das conversações e ideias) e o quarto (reservado ao amor), a alcova seria esse umbral que por si só une as duas dimensões do ser divorciadas. É a partir dela que fala o marquês e é dessa perspectiva que ele cria sua "filosofia lúbrica".

Dupla corrupção: do corpo pelas ideias e destas pelo corpo. Esse seria o *continuum* que podemos flagrar em muitos momentos da obra do marquês. Também essa é a diretriz que a autora vai seguir nos três tempos de seu coerente painel. Seja nas interpretações possíveis, na reconstrução do seu sentido histórico ou nas posteriores repercussões, sobretudo no século XX, temos aqui um amplo material que, articulado, nos oferece uma feição das mais complexas desse autor que pode ser tomado como o maior caso de exceção da história da literatura.

Porém, Moraes felizmente não se atém a nenhuma positividade moral, filosófica, literária, biológica, ética ou mesmo antropológica. Partindo dos jogos entre pensamento e literatura, não reivindica um lugar neutro para essa anomalia, e não quer, por outro lado, vinculá-la à generalidade de uma história da sexualidade nem devolvê-la, inofensiva, à história da literatura. Entre a *ars erotica* e a *scientia sexualis* de Foucault, que via no marquês a passagem da *sanguinidade* para a *sexualidade*, a autora nos propõe um terceiro termo: o texto.

Se a filosofia posta na arena sexual é coisa bem diversa da especulação abstrata, tal tradução se nos mostra como a *única* possibilidade de demonstrar a incomunicabilidade ontológica de todos os seres. Mas isso não apaga os rastros de sua origem culta. É o que Moraes demonstra ao diferenciar os dois tipos de libertinos, os de espírito e os de costume, e os seus vasos comunicantes. Coube a Sade como nenhum outro estreitar os laços entre essas duas perspectivas.

Há muitos outros pontos da obra que se cruzam e assim compõem o tecido de história e ficção dessa aventura errante chamada Sade. A circulação dos antigos epicuristas, os anos e anos entre prisões e sanatórios, as distinções entre ele e os iluministas, o seu oposto simétrico Restif de la Bretonne, a história da libertinagem, a importância do barão d'Holbach e seu salão, as origens do *roman noir*, a Revolução e a Regência e o apogeu, com o confronto de diversas leituras: Saint-Beuve, Apollinaire, Paz, Bataille, Blanchot, Solers, Breton, Pauvart, Klossowski, Heine, Lély, Leiris, entre outros.

Sem retirar-lhe a periculosidade nem incorrer em um *partis pris* inconsequente, a maior virtude do estudo de Moraes é nos pôr em contato com os jogos entre a ordem e sua transgressão. E é desse modo que a sua leitura em filigrana consegue transpor o *studium*, o painel mais genérico e histórico, e descer à especificidade dos *puncti*, às marcas textuais que salvam Sade do sanatório, onde muitos ainda o querem, e o tiram da prisão, onde ainda hoje ele provavelmente estaria. Assim a ensaísta nos devolve o escritor que, de fato, é a única coisa que ele sempre soube ser com a mais inabalável certeza.

SÊNECA E A VIDA EM CENA

Sempre que vemos cartas de escritores sendo publicadas, o que nos ocorre de imediato é relacioná-las ao contexto em que eles viveram e pensar no quanto elas podem esclarecer aspectos de suas vidas. Esquecemos algo de fundamental ao pensar assim: a epistolografia, ou seja, a arte de exercitar o estilo literário em cartas, mais do que uma simples meio de comunicação, é um gênero literário como qualquer outro. A epístola não precisa efetivamente ser enviada ao destinatário; pode muito bem ser um mero pretexto para o escritor criar um interlocutor fictício e assim poder, no fundo, dialogar consigo mesmo sobre seus temas fundamentais.

Nesse sentido, *As relações humanas*, conjunto de epístolas que o filósofo Lucio Aneu Sêneca endereça ao amigo Lucílio, podem ser inscritas em uma longa tradição das letras, e representam um dos pontos mais altos desse gênero junto com as cartas do Padre Antonio Vieira, a volumosa correspondência de Voltaire e, mais tarde, já no século XX, as de Anton Tchékhov, Marcel Proust e Franz Kafka.

Na verdade, temos pouquíssimos dados concretos de sua vida, e há muita mistificação em torno dela. Não sabemos ao certo se seu amigo Lucílio realmente existiu, ou se é um mero interlocutor imaginário criado por Sêneca para dramatizar o desenvolvimento de sua filosofia à maneira de diálogo, o que foi bastante comum durante muitos séculos. Basta pensarmos em vários tratados filosóficos, científicos e artísticos escritos na Renascença, ou nas reflexões dialogadas de Platão, de Galileu e do poeta Giacomo Leopardi, entre tantas outras.

A acuidade do estilo de Sêneca demonstra que cada uma das linhas foi concebida não apenas para exercer uma função comunicativa, e seria difícil imaginar que Kafka, por exemplo, ao escrever *Carta ao pai*, estivesse simplesmente querendo expressar algumas inquietações do seu espírito sem pensá-la em termos estritamente literários. É importante ter isso bem nítido, porque há muitas leituras equivocadas da obra do grande filósofo latino do século I da nossa Era; muitos diluem o sentido mais profundo de sua obra em uma espécie de filosofia paliativa, cujo único objetivo fosse ajudar os seus próximos a extinguir a dor do espírito ou pelo menos amenizá-la. Assim, transformam sua simplicidade de propostas em superficialidade e o caráter mais profundo de sua filosofia, em um auxílio a desamparados de todas as latitudes que lembra bastante a literatura de autoajuda de péssima qualidade que vemos aos montes hoje em dia.

É a partir desse estilo seco, sóbrio e elegante que Sêneca desenvolverá os seus temas centrais para Lucílio, que são a aprendizagem, a amizade, os livros e, por fim, a morte. Mas eles se espraiam e tocam outros temas que lhe são caros, como a possibilidade de atingir a tranquilidade da alma e os meios de fazê-lo; a supressão dos males do espírito com um controle dos instintos; a fuga das multidões e o isolamento; o controle das paixões como única forma de libertar o espírito da matéria; o desapego aos valores terrenos e materiais e a adoção radical da vida contemplativa do espírito. Esses são alguns dos pontos centrais de *As relações humanas*, e, de certa maneira, também a tônica de todos os filósofos estoicos latinos. Vale lembrar, ainda que isso seja redundante, o quanto todo o cristianismo e a filosofia cristã então nascente devem a essas ideias e a esses filósofos, já que até certo ponto toda a sua concepção de mundo e todas as suas práticas foram regradas por essas mesmas necessidades, e tinham por objetivo máximo transcender a vida material rumo à felicidade das formas etéreas e diáfanas do espírito puro.

Sêneca é mais do que um clássico. É um autor que conseguiu forjar um modo de vida e uma concepção do mundo e do Espírito em cujo núcleo se unem inextricavelmente a liberdade da consciência individual e o compromisso ético. Boa parte dessa sua ética pressupõe uma recusa dos valores vigentes e da vida em sociedade, com tudo o que ela tem de falso e de necessário. Hoje, quando nos vemos cada vez mais sorvidos pelo ritmo desumano da vida moderna, suas palavras crescem em valor e mostram sua atualidade, para além de qualquer tipo de assistencialismo ou autocomiseração. E não apenas isso: em meio ao grande espetáculo em que o mundo se transformou, onde tudo parece existir e *só* existir em função dos meios de comunicação e das grandes máquinas virtuais que palmilham todo o globo terrestre, Sêneca, com seu elogio da vida tranquila e reclusa, talvez esteja forjando em silêncio uma nova alquimia e uma nova forma de transfiguração. Aquela que, quem sabe em um futuro próximo, nos trará de volta a nossa tão conhecida e esperada realidade.

PASCALE CASANOVA E
A DEVORAÇÃO LITERAL

Se o leitor intuiu qualquer vestígio de ingenuidade política sob o título do livro da pesquisadora francesa Pascale Casanova, *República mundial das letras*, pode acreditar que está errado. Porque se por um lado o livro demonstra, a partir de Paul Valéry e Pierre Bourdieu, que a literatura, como economia simbólica e como instituição, é um fenômeno que ultrapassa os limites nacionais e linguísticos, nos dá felizmente o seu contraponto: traça um percurso histórico em que somos levados a perceber como essa instituição consolidou seus valores e sua própria razão de ser através do tempo, e como os seus centros de poder variam, não só conforme a relação que estabelecem com cada realidade cultural específica, mas no significado de cada obra e de cada autor dentro desse jogo de influências que em quase nada difere das lutas políticas, étnicas, geográficas e mesmo econômicas.

E não para aí: nos mostra como muitas vezes houve projetos nacionais literários que agiram, não só à revelia dos valores autóctones – e o caso exemplar seria o de Kafka –, mas até contra a própria pátria do escritor em questão – e podemos pensar no repúdio de James Joyce, tanto pela Irlanda quanto pelo imperialismo inglês, o que o levou a ver-se em uma situação semelhante à de Dante no século XIII em relação ao latim e à unidade italiana, e criar uma nova língua que alçasse a literatura irlandesa a um patamar inquestionável justamente em detrimento de tudo o que Joyce identifica de provinciano e desprezível nos seus compatriotas, fato que pode dar muitas e boas polêmicas entre a nossa crítica sociológica romântica que vive, ainda hoje, no século XIX, esse famoso século que não acabou.

Pascale atribui à *Defesa e ilustração da língua francesa*, do francês Joaquim du Bellay, de 1549, o início da formação de uma *vulgare eloquentia*, de uma valorização real das línguas vulgares como línguas literárias e de cultura, e um declínio paulatino do latim como língua internacional, imprescindível quando se tratam das artes e ciências. E é também a partir daí que notamos um movimento muito sutil e complexo, onde a literatura, como expoente máximo de cada língua, passa a exercer uma série de papéis: ora se vê politizada e transformada em questão de Estado, e portanto álibi e instrumento usado para defesas geográficas e étnicas e para a formação de identidades nacionais, ora é vista, pelos seus proprietários, sob o signo do fracasso e da insuficiência.

É assim que Frederico II da Prússia, famoso sobretudo por causa de um escritor – é o mesmo homem que acolheu e escorraçou Voltaire de sua corte –, vai redigir um opúsculo em francês lastimando a pobreza literária de sua pátria, e convocar abertamente os escritores a se voltarem para a França e aprenderem a afrancesar a dura língua alemã. Nesse vaivém entre a adoção dos centros literários hegemônicos e a ruptura radical com os mesmos, levada a cabo sobretudo nos países que estão à margem desse grande mercado, o que Pascale nos mostra é que a literatura de um país se forma sempre em contraste com a dos outros, assim como a escrita de cada escritor se faz do confronto e da relação que ele estabelece com essa invisível, porém concreta, "república mundial das letras", que o coage e o instiga, não havendo nenhuma essência nacional que preceda essas relações, na sua grande maioria violentas.

A questão se torna mais complexa quanto mais nos aproximamos do nosso tempo. Como tratar de um escritor como Naipaul, prêmio Nobel de 2001, nascido em Trinidad, de ascendência indiana e que jovem migrou para a Inglaterra e foi assimilado, escrevendo todas seus textos de defesa do hinduísmo em inglês? Ou do servo-croata Danilo Kiš, que empreendeu uma vasta tradução de autores de línguas latinas à sua língua materna, enriquecendo-a, mas que ingenuamente se prostrava à Paris como a uma espécie de Meca das letras? Como julgar em pé de igualdade literaturas tão heterogêneas como a norte-americana, a alemã e a da Argélia? São questões para as quais Pascale nos dá pistas, mas que são difíceis de se solucionar.

Porque se ela tem a prudência de não seguir os passos de Derrida e seus acólitos, propondo uma reversão absoluta do sentido e da História, e mantém-se felizmente firme em sua abordagem política e histórica das literaturas de diversas procedências, isso não quer dizer que a relatividade esteja excluída. Assim ela nos mostra como a ideia de universalidade foi construída pelas histórias literárias dominantes, como muitas revoltas emergiram justamente das literaturas ditas pequenas ou periféricas e lança luzes sobre a situação delicada de escritores que vivem sob a pressão de línguas literárias diferentes de suas línguas maternas, o fenômeno do bilinguismo e suas consequências.

Seria interessante pensar em William Faulkner para entender a ambiguidade e os jogos que língua, literatura e nacionalidade levam ao palco. Falando dos EUA, centro político e econômico do mundo, mas falando acima de tudo do Sul, escravocrata, agonizante e arcaico, ele será lido e apropriado por várias gerações de escritores latino-americanos, de Borges e García Márquez a Mario Vargas Llosa, que viram em sua obra uma espécie de espelho de suas próprias mazelas, e ao mesmo tempo a base para uma ruptura formal que os projetasse e a seus respectivos países internacionalmente. Aclimataram Faulkner à América do Sul para livrá-la dela mesma e, consequentemente, dos EUA – o que não deixa de dar um gosto saboroso de paradoxo.

Um outro caso muito curioso é Kafka. Adotou o alemão quase como uma língua roubada, como diz nos *Diários*, mas sua preocupação com a tradição judaica, em favor do iídiche e contra o sionismo, levou-o a incorporar uma série de recursos formais e temáticos, como as lendas e os apólogos, inspirados na tradição popular e coletiva do judaísmo. Isso criou uma situação cujo estranhamento só é comparável ao da sua obra: a maior prosa da literatura alemã moderna não é alemã, mas sim a tradução para essa literatura de um imaginário semítico. Basta ligar isso às Guerras Mundiais e o leitor provavelmente vai sentir o mesmo espanto que senti, ao imaginar o grau de subversão a que o escritor tcheco se propôs ao decidir "corromper" a língua do dominador.

Há uma série de outras curiosidades em *República mundial das letras*, não conseguiria esboçar todas aqui. Fala das revoltas literárias africanas, americanas e de parte do oriente, dos assimilados e dos assimiladores e do papel fundamental e ambíguo da tradução, que pode ser tanto um elemento de domesticação de países de literatura fraca, que continuarão presos aos centros de poder, quanto uma maneira de aumentar a riqueza cultural dos mesmos. Além disso, Pascale dedica uma parte do livro ao escritor brasileiro Guimarães Rosa e à análise do *Macunaíma*, fato que, confrontado com a totalidade dos capítulos, dá uma certa novidade a suas palavras. Henry James dizia que é preciso muita história para um pouco de literatura. Se não começarmos a pensar o Brasil a partir de um espectro temporal mais amplo.

MAOMÉ E O OCIDENTE
PELO OLHAR DE
KAREN ARMSTRONG

Há cerca de duas semanas, no dia 4 de maio, as pessoas que foram à Bienal de Livros de São Paulo e fizeram questão de assistir à palestra de Karen Armstrong no Salão de Ideias, tinham, na sua maioria, dúvidas bastante concretas e similares em relação ao tema que seria abordado ali. Armstrong, estudiosa das religiões de renome internacional, acabava de lançar *Maomé – uma biografia do profeta*, e se dispunha a falar sobre o assunto espinhoso da melhor maneira que pudesse, ou seja, dentro de limites bastante estreitos.

As associações entre o tema e as guerras em curso entre Israel e Palestina são mais do que óbvias, no que pese o fato de que essa preocupação possa eclipsar o aspecto mais interessante do seu livro: o seu lado historiográfico, que desenterra séculos e séculos de tradição religiosa para tentar explicar como a figura do Profeta se tornou o que é hoje em dia.

Parte desse percurso já havia sido traçado em seus livros anteriores. Em *Uma história de Deus* aborda, com um estilo claro e uma erudição admirável, a história das três maiores religiões do mundo, em termos de contingentes: o cristianismo, o islamismo e o judaísmo. Em *Jerusalém* a mesma matéria é retomada, agora sob o ponto de vista geográfico: é do convívio conflituoso e das mudanças geopolíticas sofridas nos últimos dois milênios na Cidade Santa que a autora narra os desdobramentos da fé e de suas encarnações sociais. Já o livro *Em nome de Deus* é fruto de suas pesquisas sobre as origens do fundamentalismo em diversas religiões. Ao contrário do que se imagina, esse é datado dos fins do século XIX e início do XX, quando começa a ocorrer resistência dura de pequenos grupos que se sentem afrontados por um mundo cada vez mais guiado pelo conhecimento laico, pela ciência e pela secularização das instituições e dos hábitos.

Na palestra, Armstrong procurou dirimir uma série de ideias equivocadas que temos do Islã e de Maomé. Demonstrou que o uso que se faz das metáforas do Corão, tais como aquelas que dizem respeito à *jihad*, ou seja, à guerra santa, segundo a qual a justiça deve ser levada a cabo ainda que às custas da violência, não têm praticamente nada a ver com o seu sentido alegórico, e que estaríamos, aqui, lançando mão de um tipo de interpretação tão obtusa quanto a que levou o nazismo a adotar as ideias de Nietzsche, e outros casos parecidos. Falou também da grande quantidade de facções fundamentalistas existentes em outras religiões que não as de extração islâmica, e tentou pintar em alguns traços um retrato sucinto de Maomé, cuja imagem, segundo ela, foi tão deturpada pelo Ocidente que durante séculos, principalmente entre os cristãos, ele foi sinônimo de homem licencioso, imoral e oportunista, que havia se apoiado na religião como mero instrumento de poder e de domínio sobre a população menos instruída.

A sua biografia de Maomé traz contribuições preciosas para a compreensão dessa figura histórica que não só é autor de um dos livros mais lidos do mundo, um clássico, no sentido estritamente literário do termo (e vale lembrar que Maomé provavelmente fosse analfabeto), como fundou o monoteísmo entre os árabes e deu unidade política e cultural aos povos nômades e beduínos, todos originários daquela região que os historiadores antigos, entre eles Heródoto e Josefo, referiam como Arábia Feliz, e que corresponde à atual península do Iêmen.

Boa parte da incompreensão que Maomé gerou nesse conjunto hipotético e fictício a que chamamos Ocidente, e que poderia ser definido também em termos religiosos, ou seja, os cristãos, se radica nos problemas políticos gerados pela dispersão dos árabes após as migrações e sua fixação nos países europeus, sobretudo os latinos. Sabemos hoje da tradição intelectual riquíssima de moçárabes na Península Ibérica, principalmente na Andaluzia, e do valor desse substrato mourisco para a cultura espanhola, por exemplo. Conhecemos a tradição filológica e filosófica de Averróis, Avicena e Abu Mattar, e temos em conta a importância desses nomes, entre tantas outras, na manutenção de elos de ligações com diversas tradições gregas e latinas antigas. Mas talvez não possamos imaginar o cotidiano tenso que os árabes suportaram nesse ambiente, na maioria das vezes hostil.

Armstrong nos leva, logo no início do seu livro, a Córdoba, onde uma série de monges literalmente sacrificou suas vidas pelo simples direito de poder falar mal do Profeta. E é a partir daí que ela vai fazer a história de um preconceito cultivado por muitos séculos entre os cristãos, que fizeram todo tipo de genealogia mirabolante para provar que Maomé era a encarnação do próprio demônio, quer pela relação que a data de sua morte mantivesse com os números cabalísticos da besta, que aparecem no Evangelho como 666, quer pelo recurso a dados de sua vida, e sobretudo aos relatos, não se sabe até que ponto verdadeiros, da sua esposa, que o definiam como um homem perturbado, dado à luxúria, irascível e por aí a fora.

O fato é que no decorrer do tempo a figura de Maomé foi tomando sempre novas feições. O século XVIII, encabeçado por Voltaire, que chegou até a escrever um drama em versos sobre sua vida, intitulado *Mahomed*, admirava muitos pontos concernentes a ela, mas achava o Corão um poço sem fundo de delírios e elucubrações sem sentido. No século XIX foi a vez do filólogo Ernest Renan lançar suas farpas contra aquela falsa religião, fruto de equívocos linguísticos e excessos da lógica. É também no século XIX que começa a ser cultivada uma variante cínica da valorização do Profeta, liderada por intelectuais e literatos cristãos de inspiração romântica, entre os quais Chateaubriand, que procuravam no elogio do islamismo um espírito de conciliação mais amena, condizente com os projetos políticos neo-coloniais que a Europa levava a termo.

Desde os primeiros apologistas de Maomé, já nos séculos VII e VIII, ou seja, praticamente contemporâneos do Profeta, passando pelas cruzadas que o definiram como uma variante da Besta, até intelectuais dos dias de hoje, que sustentam que seja impossível a qualquer ocidental admitir os hábitos islâmicos sem o auxílio da hipocrisia ou da ignorância, como sustenta um senhor chamado Conor Cruise O'Brien, a história do islamismo e, junto com ela, a de Maomé, tem sido protagonista, das maiores homenagens, que se aproximam da mistificação, até às críticas mais pesadas, que levam em último caso à destruição e à morte. O livro de Armstrong tem o mérito de demonstrar, não o quanto cada uma dessas posturas é errada, porque senão estaria tomando como peso e medida apenas um dos lados da balança, mas o quanto elas são contingentes, estão ligadas mais aos preconceitos do espírito de cada época do que a dados empíricos.

Para isso ela recorre à tradição islâmica anterior ao Profeta, com seus regimes de guetos e de idolatria, período conhecido entre os árabes como *Jahiliyah*, ou Idade da Ignorância. Recorre também aos primeiros biógrafos e comentadores da sua vida, e faz considerações e estudos detidos sobre o próprio Corão, tentando demonstrar onde termina a fábula e onde começa a História, e o porquê da dificuldade de traduzir suas mensagens nas línguas ocidentais.

Karen Armstrong, que hoje leciona literatura moderna na Universidade de Londres, mas que se dedicou à vida monástica durante sete anos, ofício do qual abriu mão em troca da liberdade de poder lidar com suas próprias dúvidas, dá uma abordagem laica mas não cética ou niilista aos fenômenos religiosos, o que contribui para a vitalidade do texto, ainda que isso gere como consequência certo otimismo de visão que, apesar da natureza frágil de todo otimismo, nos dias de hoje pode ser revertido em nosso benefício. A gênese dessa biografia foi a *fatwa*, o incidente que envolveu o escritor Salman Rushdie há cerca de dez anos, quando a autora, diante do massacre impiedoso da imprensa mundial sobre o Islã, tomado então por antonomásia na pessoa do aiatolá Khomeini, se sentiu impelida a colocar os devidos pingos nos is.

Durante as décadas de sessenta e setenta, quase toda a intelectualidade e várias esferas da sociedade pensavam que as questões religiosas estivessem devidamente soterradas, ou no mínimo superadas. O que temos visto nos últimos anos é uma guinada imprevista, uma alteração que mudou todo o rumo dessa visão materialista predominante. Cada vez mais se explora, via mídia, o conteúdo mítico da consciência dos indivíduos, e cada vez mais o choque de populações e culturas extremamente distintas, mas que vivem em contato permanente devido à economia mundial, se resolve em termos religiosos, ou se apoia em dados transcendentes da experiência para defender suas causas ou legitimar sua própria arrogância. Apenas pessoas de má intenção ou ignorantes podem achar que esse é um assunto reservado a cabotinos ou a oportunistas. O livro de Karen Armstrong está aí, em meio à Intifada, para provar o contrário.

VIEIRA E O BRASIL EM CARTAS

Geralmente o padre Antônio Vieira, jesuíta português nascido em 1608 e falecido na província de Salvador, em 1697, é lembrado pelos seus *Sermões*, obras sacras pregadas no púlpito, e por suas obras proféticas, como a "História do futuro". Poucos, no entanto, conhecem uma das suas facetas mais notórias: a de epistológrafo incansável.

A primeira publicação de suas cartas data de 1735, e consiste em cerca de 200 delas dispostas em dois tomos e levadas à prensa pelo conde de Ericeira. Mal esse volume saiu do prelo e começaram a aparecer cartas novas, algumas apócrifas, redigidas por escribas, em meio a outras, geralmente ditadas por Vieira ou assinadas de próprio punho. Eis então que aos dois primeiros tomos veio se somar um terceiro, compilado pelo padre Francisco Antônio Monteiro, em 1746.

Levando em conta alguns expurgos e cartas que foram aparecendo em espólios privados e outras edições antológicas do jesuíta, o estudioso português João Lúcio de Azevedo leva a cabo, entre 1925 e 1928, a publicação do que poderíamos chamar de edição definitiva da correspondência deste autor que Fernando Pessoa definiu como o "imperador da língua portuguesa". Temos então uma edição formada por cerca de 710 cartas, dispostas em três tomos, anotada, com estudo filológico e discriminação de fontes.

É com base nesta edição de Azevedo que João Adolfo Hansen, professor de Literatura Brasileira da USP e nome de reputação internacional nos estudos relativos ao século XVII, organizou *Cartas do Brasil*, seleção de 177 do montante das cartas, que conta ainda com um estudo introdutório substancioso, notas, remissões e um breve resumo biográfico.

Os critérios para organização foram três: temático, cronológico e pragmático. Temático, porque focaliza os assuntos políticos relativos aos Estados do Brasil e do Maranhão e Grão-Pará, fornecendo assim uma perspectiva geográfica definida. Cronológico, porque, recolhendo cartas do período que vai de 1626 a 1697, abrange fatos políticos e históricos da quase totalidade do século XVII e de todas as fases da vida do jesuíta. E pragmático, porque se pretende uma reconstituição do ambiente onde a troca de epístolas se deu e dos personagens citados nelas, sem o que seria impossível muita vez até mesmo a compreensão de seu conteúdo.

Desse conjunto diverso sobressaem algumas. Sobretudo aquelas que tratam dos destinos de Portugal e da visão mística e política de Vieira. É o caso da famosa carta "Ânua", de 1626, que relata os sucessos da invasão holandesa na Bahia. Ou daquela dirigida ao padre Iquazafigo, Provincial da Andaluzia, na qual Vieira externa muitos dos seus conhecimentos bíblicos, políticos e teológicos.

Há também a famosa carta destinada ao padre André Fernandes, bispo do Japão, datada de 29 de abril de 1659, e conhecida pelo nome de "Esperanças de Portugal". Nela Vieira desenvolve sua interpretação profética dos versos do sapateiro Bandarra, que viveu na região de Trancoso na primeira metade do século XVI, e neles lê os sucessos futuros de Portugal, motivo pelo qual foi acusado de heresia pela Inquisição e conduzido a responder inquérito frente ao Tribunal do Santo Ofício.

Mas sua correspondência não é um registro positivo da história – é sim uma arte. Por meio dela lemos o Brasil construído literariamente por sua pena ao mesmo tempo em que vemos o Brasil sendo construído politicamente por sua mão. Palavras, sementes e tintas, com as quais se pinta o motivo histórico e se implanta o Verbo.

UM CORAÇÃO MAIOR QUE O MUNDO: TOMÁS ANTÔNIO GONZAGA POR RONALD POLITO

Há uma vertente interessante dos estudos literários se delineando nos últimos tempos. Na falta de definição cabal, podemos chamá-la de vertente antropológica. Porém, não se trata de relativizar outra cultura, mas outro tempo histórico, tomado em sua especificidade irredutível. O objetivo é reconstituir não apenas os sentidos do texto do passado, mas os próprios códigos sociais dentro dos quais ele foi produzido.

Pode-se dizer que todo historiador faz isso. Mas a novidade é a seguinte: há aqui um deslocamento do observador, que passa a julgar o texto literário a partir do sistema de significados que lhe deu ensejo, evitando atribuir a ele valores específicos do nosso próprio tempo. Cabe-nos, não descrever, mas reviver o texto, tal e qual ele foi escrito e vivido pelo seu autor. No fundo, todo historiador é um pouco Pierre Menard, reescrevendo a obra de Cervantes como se fosse Cervantes.

Foram mais ou menos essas diretrizes que guiaram o trabalho do poeta e historiador Ronald Polito em seu livro *Um coração maior que o mundo – Tomás Antônio Gonzaga e o horizonte luso-colonial*. Para tanto, uma das tônicas que o perpassa é a tentativa de demarcação dos limites entre o sagrado e o profano na obra do poeta mineiro. São esses limites que fornecerão base para o autor investigar a fusão programática efetuada pelos árcades entre cristianismo e paganismo greco-latino, entre teologia e divinização da natureza, bem como suas consequentes ressonâncias políticas e ideológicas.

Nesse sentido, Polito vai se embrenhar em uma ampla discussão, que não se atém às questões estilísticas e poéticas, mas sim deita raízes no solo teológico, jurídico e sacramental do século XVIII. Em decorrência disso, o núcleo duro de sua argumentação vai ser a busca da articulação interna das obras de Gonzaga, desde sua obra teórica, o *Tratado de direito natural*, escrito pelo poeta para concorrer a uma cátedra na Universidade de Coimbra, até suas obras lírico-amorosas, como a *Marília de Dirceu*, e satíricas, como é o caso das tão discutidas *Cartas chilenas*, que foram durante um bom tempo um problema edótico e filológico.

A análise do conjunto da obra de Gonzaga tem o mérito de nos devolver a unidade de seu pensamento político e poético, além de situá-los a ambos no horizonte mental mais amplo de seu tempo. Para a obra do poeta inconfidente conflui um debate anterior sobre os direitos natural e divino, sobre as regras do pacto social estipulado entre o monarca e os súditos e sobre os limites do livre-arbítrio. Se em seu tratado político essas instâncias são investigadas, cabe à sua poesia encenar alegoricamente esse drama.

A partir dessa conexão, podemos vincular o pensamento de Gonzaga às questões teológicas e políticas que já vinham sendo tratadas por pensadores do Direito Canônico, como Samuel de Pufendorff, Hugo Grotius, Francisco Suárez e Thomas Hobbes, nos séculos XVI e XVII, questões estas que foram retomadas e reformuladas por Vico, Voltaire, Locke e Rousseau, no século XVIII, e se estendem até os dias de hoje.

O que o estudo de Polito ilumina ao analisar as peças teóricas e poéticas de Gonzaga é que, sendo homem de seu tempo, o poeta está aquém do ideal libertário e iluminista que a tradição lhe impingiu, e, no entanto, além do pensamento escolástico, hegemônico na Península Ibérica e em suas colônias.

Assim, cindido entre a abertura mental possível e a ação provável, transcorreu sua vida tumultuada que, extrapolando o domínio de sua individualidade, é também o transcorrer turbulento de um país que estava e parece estar ainda e sempre em vias de se formar. Nesse caso, a vida de Tomás Antônio Gonzaga é metáfora, se não poética, política, de nossa mais profunda radicação no presente.

VICENTE FERREIRA DA SILVA:
PASTOR DO SER

Ariano Suassuna conta uma história engraçada. Certa vez, dando uma conferência para universitários, perguntou quem ali conhecia Kant. A plateia em peso se ergueu, em um alvoroço típico de quem quer demonstrar inteligência. Depois, indagou quem conhecia Matias Aires. Apenas um braço, hesitante e trêmulo, se ergueu na última fileira. Então o grande escritor arrematou: "Vocês se acham espertos porque conhecem Kant, mas nunca sequer ouviram falar desse paulista que foi um dos maiores pensadores brasileiros do século XVIII e um dos difusores de Kant em língua portuguesa? Muito bonito".

Claro que há nessa brincadeira os ideais nacionalistas de Suassuna, com os quais em geral não concordo. Mas sua graça traz à tona um aspecto de nossa cultura que é simultaneamente também uma causa da nossa burrice. Somos todos como aquele filólogo descrito por Machado de Assis: saímos à janela para tomar um pouco de ar e contemplar a paisagem do mundo civilizado que se descortina lá fora, mas se passar um novo César debaixo do nosso nariz, nem perceberemos: voltaremos correndo para as nossas velharias com a euforia de quem faz delas seu único álibi.

Mas esse fardo talvez possa trazer algum benefício. Porque em um ímpeto de redescoberta, acaba de ser publicada em Portugal, pela Imprensa Casa da Moeda, uma antologia de ensaios do filósofo Vicente Ferreira da Silva, sob cuidados impecáveis de António Braz Teixeira, que também assina um substancioso ensaio introdutório: *Dialética das consciências e outros ensaios*. Esse acontecimento é de importância incomensurável, já que Vicente participou de um capítulo importantíssimo do pensamento brasileiro, que se desenrolou em São Paulo nas primeiras décadas do século XX. Gilberto de Mello Kujawski já o relatou bem em artigo publicado tempos atrás, mas é sempre bom relembrar para evitar o vício congênito do esquecimento.

Havia na capital paulista basicamente três grupos. O primeiro gravitava em torno do espírito catalisador de Miguel Reale e do Instituto Brasileiro de Filosofia, que editava a *Revista Brasileira de Filosofia*. Seu espectro era diversificado, e seu intuito, divulgar todas as principais correntes filosóficas mundiais, para projetar o Brasil dentro de uma perspectiva internacional no que diz respeito ao debate de ideias. Aí entravam a fenomenologia, o marxismo, o positivismo, o tomismo, a filosofia antiga e áreas congêneres.

Um segundo se concentrou na Faculdade de Filosofia, Ciências e Letras da rua Maria Antônia, embrião da futura Universidade de São Paulo. O departamento de Filosofia contava com o nome de Cruz Costa entre seus fundadores, mestre de José Arthur Gianotti e Bento Prado Jr., que, por sua vez, formaram a geração de Marilena Chaui e Renato Janine Ribeiro, entre outros. Porém, seus estudos eram bem mais fechados e ortodoxos, poucas vezes saindo do diapasão da crítica de vertente marxista e existencialista, notoriamente francesa, então na moda.

E havia por fim um terceiro grupo: Vicente Ferreira da Silva. A situação algo solitária do pensador, se lhe conferiu dificuldades e foi fruto de desentendimentos políticos e intelectuais, também foi a mola propulsora da autonomia luminosa e radical de seu pensamento e a essência de sua liberdade interrogadora praticamente ímpar entre nós. A universidade de Vicente foi em grande medida a sua casa, onde ele e sua mulher, Dora Ferreira da Silva, poeta maior da língua portuguesa, a exemplo dos primeiros filósofos, recebiam todos que tivessem interesse pelo debate de ideias.

Creio que seja significativo que a maior parte dos seus frequentadores não tenha sido filósofos, mas sim alguns grandes artistas: Claudio Willer, Roberto Piva, Wesley Duke Lee, entre outros. À guisa de grupo, Vicente participou, com nomes como Vilém Flusser, Adolpho Crippa e Efraim Tomás Bó, entre tantos outros, da concepção e do debate que se instaurou em torno das revistas *Diálogo* e *Convivium*, dedicadas à arte, à filosofia e à literatura.

Do ponto de vista das ideias, o isolamento de Vicente se deveu boa parte a uma virtude intelectual: travando contato direto com a filosofia de Heidegger e Husserl, o filósofo pôde ter acesso à filosofia moderna direto em uma de suas principais fontes, notadamente alemã, o que lhe conferiu base crítica e independência em relação ao existencialismo francês (chegou a brigar com Sartre quando da passagem deste pelo Brasil), que paulatinamente se tornou hegemônico. Aliás, sua filosofia pode ser vista como uma apropriação muitíssimo pessoal e fecunda da ontologia de Heidegger, a tal ponto bem-sucedida, que consegue inseri-la no devir histórico brasileiro e achar uma síntese entre aspectos residuais autóctones de nossa cultura e a visada intencional de Heidegger que, a partir do conceito de ser-aí (*Dasein*), leva a consciência a desvelar o ser-no-mundo (*Weltenwurfe*) e, a partir desta operação, a se aventurar na abertura para a reformulação de toda a metafísica.

O pensamento de Vicente pode ser dividido em três fases, como assinalou Ricardo Vélez Rodríguez, em uma excelente análise publicada recentemente. A primeira diz respeito às questões lógicas e matemáticas, e Vicente chegou a ser assistente de Quine nessa área, estudioso norte-americano de reputação internacional. A segunda é de teor mais fortemente fenomenológico e existencial, no sentido heideggeriano do termo, e gira sobretudo em torno do seu ensaio *A concepção de homem segundo Heidegger* e das análises que faz do humanismo, com base na famosa carta que o filósofo alemão enviou a Jean Beaufret. Já a terceira pode ser descrita como de cunho mítico e religioso. É a sua fase mais madura, das ousadas formulações acerca da estrutura do mito, do sagrado e do profano, que encontra formulação cabal sobretudo no belíssimo ensaio *A origem religiosa da cultura*, de 1962.

Podemos dizer que o nome de Vicente coloca o Brasil dentro da maior tradição do pensamento metafísico mundial, ao lado de estudiosos como Mircea Eliade, Karl Kerényi, Walter Otto e Enzo Pacci. Para Vicente, boa parte da miséria da humanidade advém do império da técnica e da violência ontológica que nos fraturou e ao cosmos. Para falar com Heidegger, é quando o homem passa a querer ser "senhor dos entes" e não mais "pastor do Ser". O alicerce de sua filosofia é a recusa da ciência positiva e a divinização do mundo, animado pelo Fascinator (espécie de Demiurgo), e se assenta na hipótese de uma teologia não-cristã. Também visa negar ou ao menos relativizar o papel positivo da escatologia e da soteriologia que, a partir de um discurso teleológico e salvífico, foram responsáveis pela criação de um mito de progresso indefinido, bem como a consequente hipnose que ele gera, impedindo o homem de contemplar o Ser que o funda e a todas as coisas criadas, crítica que se dá de maneira consumada no seu ensaio *Para uma moral lúdica*.

Oswald de Andrade chegou a afirmar que Vicente era, não só o maior, mas único filósofo brasileiro. Curiosamente, sua obra vem sendo ignorada de maneira tão sistemática que parece até fruto de uma articulação premeditada. Desde que alguns pálidos professores se auto-conclamaram filósofos e reduziram a história do pensamento brasileiro a um departamento francês de ultramar, transformando um debate milenar em uma questão de ponte-aérea (muitas vezes às expensas do uso racional de dinheiro público para poltronas de primeira classe), é visível o constrangimento que tomou conta do meio intelectual.

No mês de julho último, fez 40 anos de sua morte trágica em um acidente automobilístico, em 1963. Mas ele continua sendo uma espécie de estrela que, embora solitária, goza de luz forte demais para ser apagada pelo descaso ou a malícia. Quem sabe nossas viseiras equestres não se voltam uma hora dessas para Portugal, e possamos, ainda que por puro narcisismo, redescobrir o pensamento de Vicente Ferreira da Silva, refazendo no espelho alheio uma imagem de nós mesmos mais fiel que a própria face. Assim poderemos ter de volta um pensador genuíno, como tantos outros que devem estar esquecidos, e ter outras opções que não a de navegar à deriva, de velas pandas, pela *rive gauche* do rio Tietê.

JACOPO DE VARAZZE E
A BÍBLIA DOS SANTOS

Um aspecto curioso da *Commedia* de Dante Alighieri (1265-1321) é a caracterização dos santos. Em especial, a de são Bernardo, que, com sua ductilidade de feição e temperamento, guia o poeta pelos diversos céus do Paraíso até a amada Beatriz, que o levará ao Empíreo e deste, àquela luz que cega de tão potente: Deus.

Boa parte dessa caracterização deveria se basear em convenções da época, conhecidas de todos, independente de classes sociais e ofícios. Mas há também aqui um ingrediente literário fortíssimo, com certeza extraído de obras hagiográficas (aquelas que tratam da vida dos santos). Talvez não por acaso, um dos maiores autores desse gênero foi contemporâneo do poeta florentino, e sua obra, certamente uma das fontes para seu poema teológico.

Jacopo nasceu na cidade de Varazze, em 1226. Começou sua vida religiosa em confrarias mendicantes, então muito comuns. Logo ingressa na Ordem Dominicana, na qual se destacaria, a ponto de chegar a ser sagrado arcebispo de Gênova pelo papa Nicolau IV. Deixou-nos uma série de obras de valor, entre elas a *Crônica de Gênova*. Mas sua obra de maior destaque é sem dúvida a *Legenda áurea*, publicada em data incerta, entre os anos de 1253 e 1270.

Nessa tradição hagiográfica a obra de Jacopo é uma divisora de águas. De caráter didático e moralizante, o próprio nome já diz: *legenda* significa aquilo que *deve ser lido*. E é áurea, devido à riqueza da matéria nela tratada. As vidas são todas desenvolvidas como *exempla*, como exemplos a serem seguidos, e revestidas de um forte teor alegórico.

É compreensivo que muitas delas, estando a serviço de fins estritamente religiosos, atenuem os traços pagãos ou mesmo pecaminosos dos santos que viveram no cristianismo primitivo. É o que acontece com santo Agostinho. Mas isso não compromete a prosa simples, clara, ágil e elegante de Jacopo, uma das grandes virtudes do livro e aquilo que o faz tão próximo de nós.

Outro ponto interessantíssimo: as etimologias. Mais da metade das biografias começa por uma explanação linguística, que relaciona o nome do santo às suas virtudes. Mas há um detalhe: a maior parte delas, ou é deliberadamente falsa – ou é uma interpretação forçada. Ao contrário do que se crê, estes foram procedimentos bastante usuais, se diria quase a regra durante muitos séculos, e tinham por finalidade mais ressaltar a unidade divina presente na Babel das línguas do que aspirar a uma pretensa verdade científica.

Quanto às vidas dos santos propriamente, são muitas para serem abordadas aqui. Há que se destacar a saborosa narrativa de são João Batista, o tom pagão e fantástico da de santo Antônio e as vidas daqueles que depois se tornaram grandes doutores da Igreja: são Jerônimo, santo Eusébio e são João Crisóstomo, entre outros.

A obra de Jacopo não é apenas um rico repositório que sintetiza as obras pregressas e uma fonte indispensável para o estudo da história das religiões, da iconografia e das letras. Ela serviu de base para a figuração posterior, alimentando o imaginário ocidental e vindo desaguar em algumas obras-primas da literatura moderna. Dois exemplos: a *Tentação de santo Antão* e a novela *São Julião, o hospedeiro*, ambas de Gustave Flaubert (1821-1880), são praticamente decalcadas das vidas dos santos Antônio e Julião constantes nesta *Legenda áurea*.

A presente edição traz a totalidade das 175 vidas, traduzidas direto do latim, prefaciadas e organizadas por Hilário Franco Júnior, um dos mais conceituados medievalistas brasileiros. Pode-se dizer que a *Legenda áurea* está para a literatura hagiográfica como a *Commedia* de Dante e a *Summa teologica* de Tomás de Aquino estão para a poesia e a teologia, respectivamente. Por fim, uma curiosidade: no "Purgatório" Dante se refere a Jacopo meramente como um cidadão de Gênova. Mal sabia que estariam juntos, no mesmo círculo da eternidade.

O COMPÊNDIO DE MARAVILHAS
DE JOÃO DANIEL

Ao longo dos meses de julho e agosto de 1927, Mário de Andrade encetou sua importante expedição à Amazônia, comentando-a em cartas. No entanto, devemos ter em mente que há um pouco de mistificação temperando seus comentários sobre esta região. Se ela, à exceção de Manaus, ainda tinha muitas zonas absolutamente desconhecidas e milhares de quilômetros ainda virgens, há que se levar em conta que já vinha sendo desbravada por viajantes desde o século XVIII.

Um desses aventureiros foi o francês La Condamine, que percorreu a região entre os anos de 1743 e 1744. Repetiu o trajeto de outros dois, Francisco de Orelsslana e Cristóbal de Acuña, descendo do Peru até Belém do Pará. Relatou tudo em um diário, que obteve ampla repercussão quando publicado, em 1745. Outra iniciativa desta envergadura foi protagonizada pelo naturalista Alexandre Rodrigues Ferreira, em 1783.

Em meio a estas vidas e obras, encontram-se a vida curiosa do padre João Daniel (1722-1776) e seu monumental *Tesouro descoberto no máximo rio Amazonas*, que acaba de ser publicado na íntegra pela editora Contraponto, em parceria com a prefeitura de Belém, com coordenação de Renata Gérard Bondin e prefácio elucidativo do historiador Vicente Salles. Trata-se, sem dúvida, da maior fonte de informações sobre a Amazônia de que dispomos.

João Daniel passou dezesseis anos, de 1741 a 1757, desempenhando atividades religiosas na região, e colhendo informações detalhadas sobre sua geografia, fauna, flora, povos, costumes, organização, história e folclore, entre tantos outros aspectos relativos à vida dos missionários e às culturas locais. Deposto de seu cargo pela cruzada contra os jesuítas levada a cabo pelo Marquês de Pombal, passou outros dezoito anos trabalhando estas informações, nos cárceres de Lisboa, até sua morte.

O fruto desses acidentes de sua vida é uma obra que não encontra par em termos de riqueza vocabular, minúcia descritiva e força imaginativa. Obra esta cujo percurso foi tão ou mais acidentado quanto a vida. A primeira edição brasileira só vai ocorrer parcialmente, pelas mãos de Verhagen, no século XIX. Depois, no século XX, são descobertos dois manuscritos: uma segunda versão da Parte Quinta e a Parte Sexta, e última, em uma biblioteca de Évora. É baseada em todas estas versões e correções necessárias que vem a público a presente edição, a mais completa até agora.

Os manuscritos de Daniel são divididos em seis partes, distribuídas meio a meio nos dois volumes e subdivididas em tratados, de acordo com as suas respectivas matérias. Pode-se dizer que ele começa pelas características mais ligadas à geografia, às plantas, aos animais, aos minerais e à história do Amazonas, passa depois à descrição das culturas indígenas e, no segundo volume, entra em aspectos relativos às missões, à agricultura, ao comércio, à indústria e aos engenhos, ou seja, aos traços mais complexos da organização social como um todo.

Difícil dar um curso a essa prosa caudalosa e reter o fluxo copioso de informações deste rio que é a obra de João Daniel. À guisa de roteiro, o leitor poderia se concentrar nas partes primeira e segunda, do primeiro volume, que tratam dos índios e da fauna, da flora e da história amazônicas. Depois, tomar as trilhas do segundo volume e enveredar pelos seus confins, na medida em que os relatos e assuntos forem lhe apetecendo.

Traço que não se pode deixar de mencionar, entretanto, e que já vale a obra, é a presença das fábulas e do imaginário local, mesclado às mais pias crenças religiosas. É quando vemos emergir os homens-marinhos, espécies de homens anfíbios, que vem à noite nas redes dos pescadores para assombrá-los com seu canto, as estátuas de pedra de um lago mítico que petrifica quem nele se atreva entrar e a descrição da fantástica Pedra das Maravilhas, uma pedra que, como num leque furta-cor ou como no Aleph de Borges, traz todas as pedras preciosas dentro de si.

Em nenhum momento o autor duvida destes seres fantásticos, quando muito relativiza a possibilidade de sua existência. Para o cristianismo, o mundo foi criado pelo Verbo. Para o pároco João Daniel, essa criação ainda não acabou, nem nunca acabará, enquanto nos caiba dar sequência a ela e sustentar sua leveza, por meio de nossos atos, criações e palavras.

O SANTO IMUNDO:
VIDA E OBRA DE JEAN GENET

Ladrão, vagabundo, pederasta, soldado, prostituto, andarilho, anarquista, inimigo da França, filho da previdência social, escritor de talento, voz das minorias, apóstolo das hierarquias, bibelô de intelectuais, dramaturgo de sucesso, militante ultrarradical, ator, mártir, pacifista e, sob certas circunstâncias, até defensor do terrorismo.

Eis alguns dos epítetos que acompanharam Jean Genet em sua passagem pela Terra. Por meio deles vemos alguém capaz de conciliar as contradições do mundo, e chafurdar no pecado com a inocência de uma criança. E tudo isso talvez pelo simples prazer de fazer o diabo ser Deus – como ele mesmo disse.

Essa pletora de faces de uma vida não facilita nada o trabalho de biografá-la. Ao contrário, o dificulta, já que põe o estudioso entre dois equívocos: mistificar mais seu personagem ou reforçar os traços gastos (e entediantes) do seu caráter transgressor. É esse o trabalho difícil que Edmund White enfrenta em *Genet: uma biografia*.

Genet nasce em Paris, em 1910, mas é abandonado em um orfanato e adotado por uma família de artesãos. Pequenos furtos o levam ao reformatório de Mettray, de onde sai para servir o exército. Segue com as tropas francesas para a campanha da Síria, então sob a liderança muçulmana de Faiçal. Mas sua inaptidão para a vida militar o devolve à França, onde permanece pouco tempo. Já tem um novo destino: Espanha.

A estada na Espanha, iniciada em 1932, vai ser só o primeiro passo de um itinerário dos mais errantes possíveis. Fará uma verdadeira peregrinação a pé por diversos países, chegando à Albânia e ao sul da Itália, sob uma condição de completa indigência, vivendo de prostituição e delinquência entremeadas a uma série inumerável de prisões.

No entanto, nessa época Genet também consolida suas leituras e seu talento literário. Volta a Paris para integrar o ambiente artístico de Montmartre. É lá que, entre 1940 e 47, escreve não só seu primeiro romance, *Nossa Senhora das Flores*, mas a maior parte de sua obra. Porém, será em 1944 que os seus rumos vão mudar mais sensivelmente.

Pode-se dizer que o ano em que conhece Sartre foi decisivo e lhe deu projeção. Sartre já gozava de notoriedade, e, intrigado com o enigma de um escritor da importância de Genet surgido da pior abjeção humana, irá adotá-lo intelectualmente e dissecá-lo em um alentado estudo: *São Genet: ator e mártir*.

Seguem-se montagens de suas peças, novas obras e viagens. Envolve-se em questões políticas, toma partido a favor dos palestinos no estopim dos conflitos e chega a se ligar ao grupo de extrema esquerda Panteras Negras, na década de 1970, vindo morrer em um quarto de hotel de Paris, em 1986.

A prosa de White é ágil e elegante, e o livro, fartamente documentado. Há apenas um problema, um pouco delicado: quando o autor abandona a narrativa e desce para as questões mais analíticas, acaba incorrendo em abordagens simplistas e inócuas de grandes autores, o que dá certo desnível ao texto. Isso ocorre sobretudo quando trata de algumas leituras de Genet, como Proust, Rimbaud e Gide.

Diz o bom ceticismo que a utopia é a superstição dos intelectuais. Em um século que quis reinventar a roda e mudar o mundo, com delírios futuristas, sociedades ideais e insônia tecnológica, Genet propõe uma espécie curiosa de mito regressivo a uma hipotética fraternidade medieval. Sua obra e sua vida, articuladas indissoluvelmente, transcendem o aspecto estrito da literatura e deságuam no horizonte da santidade e da via-crúcis mística.

Em seu mundo não há heróis ou vítimas, escravos ou algozes. Há apenas pessoas. Misto de litania do sexo e transfiguração da dor em elixir, Genet nos oferece uma religião puramente terrena, onde a suspensão do pecado e da culpa às vezes se assemelha à mais almejada das purificações.

A escrita da POESIA

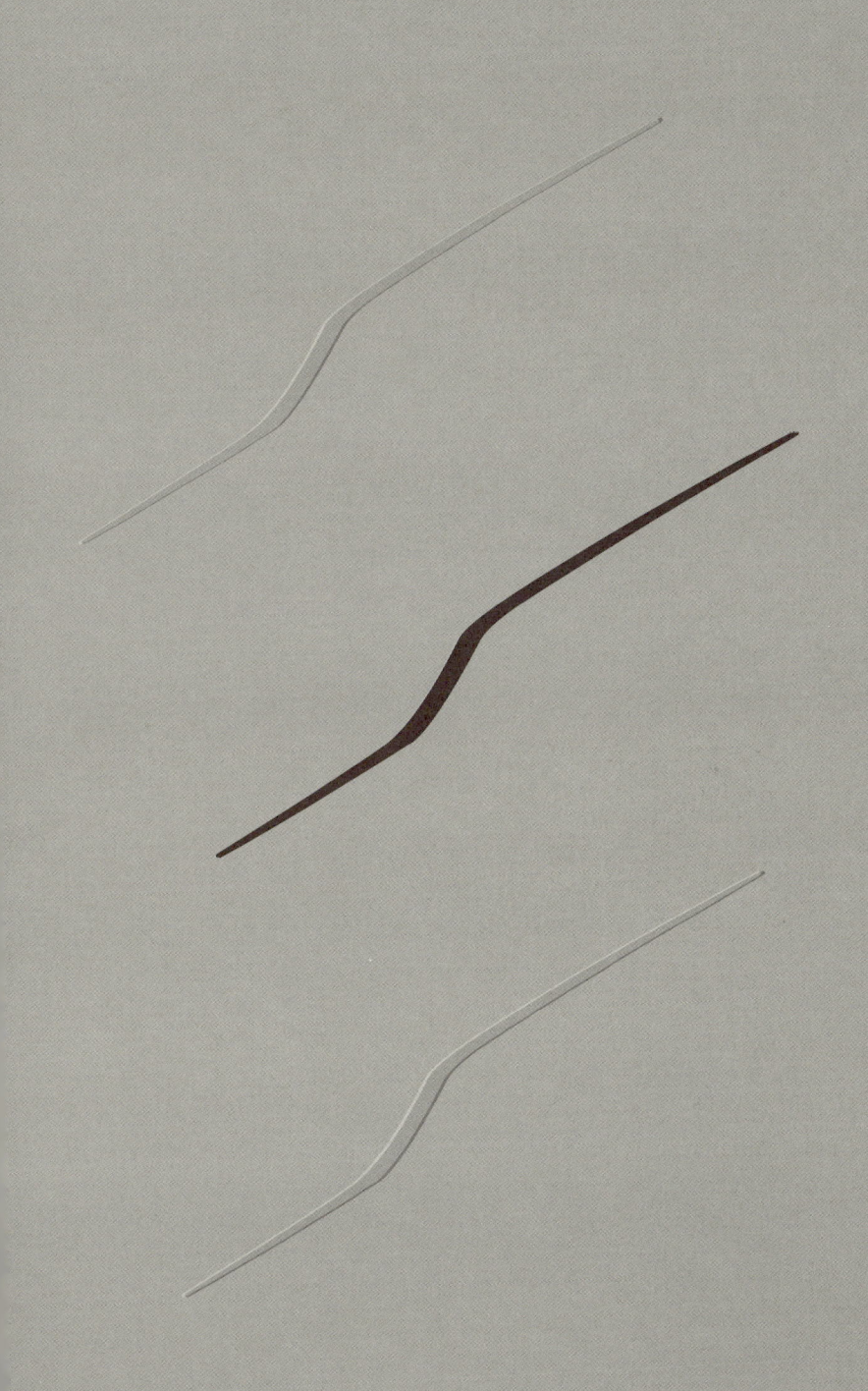

AS METAMORFOSES DA TERRA:
A POESIA DE ARIANE ALVES

Vicente Ferreira da Silva cunhou o neologismo *transdescendência* para definir a peculiar acepção que esse conceito adquire em Heidegger: uma transcendência descendente. Uma nadificação iluminadora. Uma ascensão em direção à Terra. Este excepcional livro-poema de Ariane Alves se ancora nesse mergulho transdescendente. Tangencia a experiência da perda e da morte a partir da linguagem. E transcende a negatividade da linguagem ao readquirir o sentido primordial da existência a partir do mundo.

Apoia-se em um fundo sem fundo, abismo inaugural da finitude. Dimensiona a fisionomia humana em uma clareira de precariedade, contingência e desabrigo. E justamente por isso consegue tocar alguns dos pontos mais sublimes da poesia contemporânea brasileira sem renunciar à negatividade essencial que a poesia do século XX nos ensinou a enfrentar. Este é um livro onde criação, morte e transfiguração se encontram, para lembrar a magistral sinfonia de Gustav Mahler, empregada aqui como epígrafe.

Contudo a negatividade ontológica é um ponto de partida não de chegada. Isso ocorre porque há uma tensão elementar e elemental em todos estes poemas. Uma articulação de sons e sentidos que enreda o leitor em uma trama de metamorfoses e imagens transumanas: pássaros, vozes, memórias, rios, animais e plantas. Seivas de latência, amor e presença em cada signo perdido, negado ou denegado. Porque a poesia não nasce de objetos perdidos. Nasce de objetos transacionais em constante renascimento: seres e faces que se preservam e sobrevivem à sua morte. Persistem na imanência circular dos dias. Ultrapassam nossas breves vidas neste intervalo de tempo, rumo a um futuro inacabado, onde também viveremos.

Este livro não explora essas feições da alteridade e essas heterofanias, essas epifanias do Outro, apenas na sua dimensão humana. Seres terrestres, aquáticos e aéreos permeiam todos os espaços vivos da Terra. Por isso, por mais deceptivos que pareçam em um primeiro momento, percorrer os poemas deste livro é respirar uma alegria trágica. Uma atmosfera afirmativa em cada uma de suas palavras e em cada uma de suas imagens de precisão e de beleza singulares. Como excelente poesia, *Invenção do fogo* não ignora o peso e a leveza da existência e das palavras. Os poetas que Ariane ama e com os quais dialoga estão presentes em menções sutis, na dicção, na voz: Paul Celan, Arseni Tarkóvski, Peter Handke, Giuseppe Ungaretti, Carlos Drummond de Andrade.

Trata-se de um livro que aspira de modo tranquilo e cotidiano a um lirismo absoluto. Esse lirismo não consiste na ornamentação, na ênfase dos jogos de linguagem ou na exponencialidade da voz. Consiste em abrir-se à multiplicidade de vozes-entes que circulam pelas nossas percepções mais simples antes de serem nomeados e acolhidos dentro do poema. O poema é anterior ao poeta, diria Blanchot a partir de Hölderlin. Porque o poema é um vasto mundo de entidades. A infinidade de seres que nos percebem sem que os percebamos. E que querem ser percebidos sem que o saibamos. E que são percebidos ao serem preendidos nas teias da linguagem.

A voz da poesia surge do atravessamento de uma outra voz que emerge no poema por meio da aniquilação do poeta. Blanchot, Eliot, Lorca e Paz descrevem muito bem essa gênese da poesia fundada na alteridade. A estrutura eu-tu lançada por Ariane atinge esse lirismo absoluto justamente ao retomar a tradição mais arcaica da poesia, baseada na aliança primordial entre voz e dramaturgia. Esse espaço de interlocução com o tu ausente acaba por se transformar em um espaço transfísico de hospitalidade, como Levinas e Derrida pensaram o espaço da palavra.

O rosto do Outro inaugurado nestes poemas é o rosto do pai, dos familiares, dos amigos e dos amores. E há alguns claros lampejos e assinaturas de dor e de alegria nestas entrelinhas. Ulisses conseguiu retornar e ser acolhido no seio desta imensa Terra. Contudo, somos de lugar nenhum. Todos somos Ninguém. Habitamos aqui um país impermanente. Uma região onde o vento transmuta toda a Terra.

Nomear o passado é ainda assim uma forma de tentar reverter esse devir. Dar um contorno a um universo inacabado. Perder-se no jogo de espelhos dos mortos. Por isso, o lindo verso: "Toda nudez é um princípio de imortalidade". A elaboração do vivido em uma nova experiência é o fim e a potência de todo ato de criação, da vida e da poesia. A nudez é a maneira de afirmar a precariedade de nossa condição. Por meio da afirmação dessa precariedade inaugural, conseguimos vencer a morte.

As palavras não têm passado. As palavras têm silêncios. E os silêncios internos às palavras, transidos em cada um destes poemas, são forças imanentes que conseguem transformar a dor em liberdade. Mergulhamos nesse silêncio para podermos amar nossos mortos em liberdade. Esse reino do duplo domínio, de que fala Rilke, permeia toda poesia. Não por acaso, este livro começa com a morte e a mortalidade. E termina com a imagem de uma criança que morde uma maçã.

A poesia é o Paraíso da linguagem, sugeriu Valéry. Dentre as diversas interpretações dessa sentença, sugiro a seguinte: a poesia é aquela esfera que consegue reconfigurar os fragmentos passados em uma nova unidade, viva e transmundana. Um Éden que não é perda, mas promessa de renascimento. Como as metamorfoses de Nietzsche, a poesia animista de Ariane traduz nesta imagem final a sua convicção na imortalidade. Ao morder a maçã, a criança nos encaminha para a finitude. Ao mesmo tempo, permite-nos a existência de uma poesia por meio da qual conseguimos, simultaneamente, cantar a Terra e transcender a morte.

GUITA PIVA: A ESCRITA E OS RITMOS DO PENSAMENTO

As qualidades da poesia de Guita Piva neste *Versos que me habitam* podem ser ressaltadas sob diversos aspectos, a começar pela divisão. Em seu excelente prefácio, Sérgio Vicente Motta, autor também das ilustrações, distingue os núcleos de cada parte: a primeira (dialética), a segunda (existencial), a terceira (matricial e feminina), a quarta (lúdica) e a quinta (reflexiva e social). E chama a atenção para o domínio poético em cada uma delas. Essa lucidez no trato com a linguagem é essencial para compreendermos esta poesia.

Este é um livro que capta os ritmos do pensamento. O peso e o pesar de cada sílaba. Um livro de sons e de gestos, de imagens e de interditos. Sentidos postergados e intervalos entre estrofes, versos, palavras. Palavras estas que sulcam as entranhas do real. E este também é um livro de simetrias e de sons sibilinos que adejam em nossos ouvidos. Convidam-nos. Aguardam que aceitemos o jogo que nos propõem. Uma oscilação entre a euforia e a disforia, entre luzes e sombras.

Essa duplicidade permeia todas as partes. Esse *chiaroscuro* emerge da anatomia de cada poema. E, assim, adentramos a microscopia pendular dos paralelismos e dos hemistíquios. Atravessamos realidades distintas. Habitamos possibilidades distantes. Em todas essas instâncias, a escrita-navalha de Guita escarafuncha o corpo de cada substantivo, adjetivo, verbo. Transforma-nos em seus versos. Viramos os seus avessos.

Há também a metalinguagem. O poema se investiga a si mesmo e a sua condição. A metonímia das partes-palavras almeja ser o todo da poeta. Nesse hiato, surge outra linha difusa: a divisão do eu. Guita é todos e ninguém. Aquela que escreve e é escrita. Anônima e mulher. Águia e menina. Trama a estrela. Impasse, desejo e erupção. Uma poesia feita de clareza e simplicidade, talhada na nitidez das imagens. Uma poesia urdida pelo esmeril do cuidado. E destinada a todos – sem exceção.

O INÍCIO DA PRIMAVERA:
A POESIA DE TATIANA ESKENAZI

Para narrar as marcas vivas da guerra, Georges Didi-Huberman parte das cascas das bétulas. A partir delas reconstrói uma surpreendente etimologia de casca (*écorce*) a partir do latim *scortea*, "casaco de pele". Viver o trauma como uma pele viva-morta. Um abrigo tecido de milhares de peles alheias, meditadas e sentidas. Não por acaso os gregos associavam o corpo (*soma*) a uma escrita-morte (*sema*). A dupla vinculação de vida-morte na textura de cada tecido vivo eternizado em texto.

Assim também a cigarra se despede da casca. O canto é, ao mesmo tempo, vazio e casa. Aqui a palavra não é a casa do ser, como queria Heidegger. O nada é que reveste o poema como morada. A escrita sulca a folha em branco. Cava clareiras. Abre trincheiras para a vida. Não é mais guerra, mas guerrilha, microscópica, que nunca acaba.

A poesia intui o sopro sibilino da voz dos mortos, embaralha-os e os recodifica. Demarca o retorno dos mortos que não se foram ou o destino incerto dos que vivem e buscam, com suas lanternas, o "destino final". Afinal, os mortos não morreram, estavam apenas "viajando ou escondidos". O poema nasce desses cacos. Resta-nos a utopia de ao menos não nos cortarmos.

Este livro de Tatiana Eskenazi é feito de elipses, fissuras, rasgos e incisões, na carne e nas palavras. A dicção seca nos obriga a mastigar cada verbo, cada sílaba, cada som. Um a um, em um voo a rés do chão. Tentamos aterrissar a nossa dor em algum corpo. Habitar uma ferida segura. Furar as infinitas membranas reais e virtuais que nos isolam. Em vão. Ao mesmo tempo visceral e cortante, a escrita de Tatiana vive justamente deste paradoxo. Quanto mais incisiva a dor, mais cru deve ser o modo de dizê-la.

Nesta *waste land*, os vasos se quebram, as paredes têm que ser derrubadas, a Amazônia queima enquanto os cirurgiões reconstroem o quadril do melhor amigo, "entre osso metal e cimento". Seguindo os passos de seu primeiro livro, *Seu retrato sem você* (2018), a ausência marca o passo de cada poema. É o signo faltante que também paradoxalmente nos humaniza: consciência de nossas infinitas distâncias. Porque, ainda que "todas as ausências se juntem" e "deem lugar a apenas uma grande saudade", ainda assim essa pode ser uma possibilidade de partilha.

O casaco-casca das palavras-cigarras (aparentemente) nos protege. Adensa-se em camadas. Blinda o corpo contra a brutalidade. Mas também inviabiliza e aniquila o amor, dissolvido em um alarme de celular e em outros microgestos. A imunização não se completa. Mas, afinal, o que é a poesia, senão um colapso deliberado de imunização? Ao escrever, a poeta renuncia à facilidade de dizer, à covardia de ignorar ou ao escapismo de racionalizar a dor.

O corpo-fenda caminha assim por uma cidade sitiada. Poroso e aberto, quase chora enquanto escolhe verduras no supermercado. Perscruta feito mosca as microvidas, compartilhadas e divididas. Traz inscrito em si a morte alheia: peles sobre peles. E o arrepio de saber que a vida "pode ser longa demais".

Essa fatalidade não se restringe à oclusão ou aos diversos dispositivos de blindagem que nos cercam. Nasce de uma liberdade que, de tão o leve, assemelha-se ao vazio. Como diria Drummond: os ferozes leiteiros do mal, os ferozes padeiros do mal. O peso do mundo. A leveza do mundo. O peso dessa leveza. Quando um presidente banaliza a tragédia, hipoteca a vida e sequestra nossa última esperança: a possibilidade de elaborar o luto e de sentir a morte em todas as suas camadas. Nesse sentido, embora seu escopo transcenda a especificidade dos anos em que foi escrito, o livro de Tatiana é de saída um dos relatos mais densos sobre a experiência da pandemia.

A escrita de Tatiana se situa em um espectro singular de linguagem da poesia contemporânea. Atida a modulações as mais cotidianas, a viagens de carro a cidades de que não se lembra e a outras pequenas sutilezas. O arco cotidiano entretanto é tensionado por uma premissa que atravessa o livro: o ponto de não-retorno. A sensação de que a poeta chegou (e chegamos) a um caminho sem volta.

Ilude-se o leitor que tudo é fatalidade nessa poesia. A estrutura do livro em estações acentua os ciclos da vida. A pele, maior órgão do corpo humano, tem imensa capacidade de regeneração. Quando a morte chegar e sobrarem apenas "os ovos e as carcaças" das cigarras, o canto ainda deve ecoar em meio aos "restos de tudo que persiste e espera". Esse estado de expectação é redentor. E quando a morte chegar, "o bloco de notas não estará vazio". O poema transcende o lugar e as cicatrizes de seu nascimento. E todas as crostas, cascas, carcaças e carapaças tendem a se romper com o início da primavera.

O RITMO QUE REGRA OS HUMANOS: A LÍRICA GREGA ARCAICA

O modo humano não comporta sentenças, mas o divino comporta. Eis uma máxima do famoso filósofo físico grego, Heráclito, procedente da cidade de Éfeso, colhida em uma citação doxográfica do neoplatônico Orígenes, em sua obra *Contra Celso* (VI, 12). Trata-se de um libelo polêmico, em que o autor detrata duramente o sábio anticristão e anti-semita Celso, cuja *História verdadeira* é um dos mais violentos ataques ao cristianismo e à lei mosaica de que temos notícia. Sem entrar em pormenores epocais ou minúcias históricas, essa atitude de Celso pode ser facilmente explicável pensando-se no caráter polêmico e ruidoso do cristianismo primitivo e do próprio judaísmo.

Porém, o que me interessa aqui não é esse contexto, mas sim o que a sentença em si significa, nos termos filosóficos e éticos nela implicados. Em primeiro lugar, se a modalidade da existência humana que nos é específica não comporta julgamento, sentenças, cabendo essa capacidade apenas aos deuses, é sinal que nos vemos totalmente privados da possibilidade de deliberar sobre nosso destino, restando-nos somente imprecar contra ele ou aceitá-lo com benevolência, já que se trata de uma escolha divina, que mobilizou dessa maneira com suas mãos aéreas nossas vidas nesses rumos, por mais ocultos que possam ser suas razões. Essa parece ser a premissa que fornece enredo e que sustenta o cenário onde se dá o drama em versos de toda a poesia grega arcaica. Esse é o elo de tensão que tange o seu arco e a sua lira: a impotência (αμεχανια) humana diante dos desígnios dos deuses e do destino e o consequente padrão ético que essa submissão voluntária engendra entre os homens.

Dito dessa forma é possível que leiamos outra máxima de Heráclito de Éfeso de uma maneira bem menos otimista ou ornamental, e vejamos nela um terrível vaticínio. É amplamente sabida sua definição do devir das coisas criadas, segundo a qual não se pode entrar duas vezes num mesmo rio, definição que recebeu glosas de autores que vão de Diógenes Laércio a Jorge Luis Borges, e é um dos mais repetidos lugares-comuns da literatura ocidental. Talvez isso se deva ao fato de que ela, por sua carga metafórica e simbólica, toque de maneira peculiar a imaginação dos escritores, e sirva frequentemente a especulações filosóficas gerais. Mas, se fôssemos investigar as consequências mais profundas que ela nos sugere, uma coisa seria certa: ela, tomada num sentido extremo, não deveria ser apropriada tão livremente, dado o problema ontológico que nos propõe.

Hegel, comentando as interpretações posteriores dessa asserção, lembra-nos que, não só não entramos duas vezes no mesmo rio, mas, se deduzirmos logicamente, nós não podemos *nem mesmo* entrar nele: o que *é* ao mesmo tempo *já não é*. E nisso se coloca uma questão insolúvel; a própria estrutura da realidade e a suas possibilidades de apreensão sensível se vêem postas em xeque. Foi por isso também que Heráclito comparou a existência humana a uma sombra, outra tópica repetida através dos tempos, de Sófocles a Schopenhauer, embora este a tenha tomado aos indianos, disse que o mundo é irracional, porque instável, e lhe deu, como matriz e força primordial, o fogo, única das substâncias que desencadeia processo e é dinâmica.

Essa ideia de um universo eternamente em transformação, quando aclimatada a um contexto específico toma corpo e importância. Seria o caso de se inspecionar quais motivos levaram à recorrência de representação desse afeto no mundo antigo, presente tanto na filosofia anterior a Sócrates quanto na lírica arcaica pela αμηχανια, a impotência diante da efemeridade das coisas, e a consciência de que tudo é transitório. Poderíamos remeter esse estado de espírito à crise dos séculos VII e VI a.C., com a invasão dórica. Ou apenas pensar que esse era um lugar-comum da concepção de mundo dos gregos, e circulava em diversos gêneros de discurso, da poesia de matéria especulativa à lírica e à prosa. Mas é só uma hipótese. Para comprová-la seria preciso um estudo aprofundado desse fenômeno, o que não nos cabe aqui.

O interessante, entretanto, é ver como a αμηχανια fornece para o mundo antigo verdadeiros paradigmas de conduta, e guia os atos civis de acordo com alguns princípios que lhes sejam ideais. Quando vemos o mundo como uma corrente incessante, que não podemos dominar, é natural que seja gerado em nosso espírito uma relação de inferioridade em relação a ele. A vida se afigura como um mal, e cada um deve eleger para si o que há de mais importante, posto que nada permanece, e uma cura para esse mal, que será o φαρμακον, o remédio. E aqui então nós entramos no domínio da ética, da escolha do bom e do belo.

Seguramente, a impotência como tópica foi apropriada pelo epicurismo, por Lucrécio e Horácio, e estes autores, em suas obras didáticas, deram soluções semelhantes a esse sentimento. Lucrécio, um dos fundadores do materialismo, apoiado nos argumentos de Epicuro, tenta provar uma série de proposições no *De rerum natura*: a de que corpo e alma nascem e morrem juntos, que o acaso não existe, que as religiões não lidam com a verdade, mas com superstições infundadas, e, numa invectiva contra Demócrito e Aristóteles, argumenta que o vácuo não existe, como acreditava o primeiro, pois, se existisse, o mundo ruiria sem sustentação, e que o orbe não é estável e fixo, como cria o segundo, porque se assim fosse não teríamos os movimentos dinâmicos da natureza. Desfaz dos deuses e numes e, quando pensamos que nada mais resta, e estamos prontos a outorgar-lhe o título de fundador do ateísmo moderno, eis que ele nos dá uma solução:

Ó triste peito humano! Ó mentes cegas!
Em que escuros tufões, em que árduos p'rigos
Da vida expondes o tão curto praso!
Claro acaso não é que a natureza
Mais nada exige que isenção de dores,
A paz na mente, e o coração sem sustos?

Ao curto praso da vida o remédio é a paz na mente e o coração sem sustos. Praso é prazo, tempo de espera e ultimato para a consumação de uma ação, na ortografia corrente no século XIX, dado se tratar da bela tradução do erudito português António José de Lima Leitão. Isso nos leva a concluir que já que a natureza é instável:

Destarte o tem disposto a natureza:
Nem por estas razões as coisas podem,
Apaixonadas pelo amor do centro,
Em laço estável conservar-se unidas.

O recurso (diríamos no contexto grego, o πορος) para se livrar do fado da existência é a calma do espírito. Esta se conquista pela razão:

A razão reta não repilas da alma;
Antes com juízos cada vez mais fortes

De ânimo te reveste, e pesa os fatos:
Se os creres verdadeiros, segue-os firme;
Se falsos, firme mune-te contra eles.

Voltando à lírica grega, é curioso notar como estas preceptivas são muito semelhantes às que Arquíloco propõe como solução para o mal dos homens. Poeta da guerra e do vinho, do ψογος, ou seja, da sátira que censura, segundo Aristóteles, diferente de Píndaro, poeta da eloquência e da louvação, do επαινος, Arquíloco, diante da efemeridade (επιφεμερα) de todas as coisas cria para si sua escala de valores e, a partir deles, censura seus concidadãos, o que não indica de modo nenhum uma quebra de padrões e códigos sociais, mas justamente o contrário: é para reforçá-los que ele critica aqueles que se esquivam das normas. A sátira está a favor da manutenção do *éthos* consagrado. Um exemplo disso se dá na ironia que destila à persona Licambes, pai de Neobule, dizendo-lhe quão vergonhosa fora sua atitude perante os outros quando tomado pela ατη e privado da razão (159). Da mesma forma, há outra ironia introduzida no próprio nome desta última persona: Νεοβυλε significa *novo desejo*, e satiriza a volubilidade de sua portadora. Uma nova versão para a tópica da efemeridade, agora do desejo. Estamos aqui num contexto onde o homem grego, como diz Dodds, está adquirindo a noção de pecado, culpa e vergonha.

Sempre que penso em Arquíloco me vem à mente Gregório de Matos, com as devidas proporções de tempo e espaço. Mas nesse ponto eles coincidem: ao contrário de certas apropriações modernas da obra do poeta baiano, que querem ver nele uma inovação formal e moral e uma concepção libertária, principalmente do sexo, o riso de Gregório tem o intuito de censurar todos aqueles que lhe parecem fugir a um padrão ético aceitável, assim como suas ditas rupturas estéticas não são nada mais do que uma reciclagem textual e estilística, inspirada no providencialismo monárquico, na adaptação dos tropos da retórica antiga e na hierarquia da Coroa, normais e em voga na época. Dessa maneira é que Arquíloco se coloca contra as afrontas do mundo; para ele, como nos dizem os fragmentos 1 e 118, respectivamente, na tradução do helenista José Cavalcante de Souza, é preciso resistir aos tormentos munindo-se contra eles:

Coração, coração de imediatos nojos agitado
levanta, às aflições resiste lançando um contrário
peito.

Mas os deuses aos incuráveis males,
amigo, ânimo firme sobrepuseram
como remédio.

Mas, diferente de Lucrécio, a Arquíloco não cabe nem a razão como mediadora das ações humanas, nem a alegria como condolência aos enganos de que somos vítimas, mas apenas a moderação, o meio termo (118):

Com alegrias te alegra e com reveses te aflige
sem excesso; e conhece qual ritmo regra os homens.

A alegria, em Arquíloco, não tem um valor positivo, não é um bem *a priori*. Ela *pode* ser um bem, como muitos outros afetos, desde que tratada com moderação, esta sim a chave para todos os problemas e o caminho para se saber o ritmo que regra os homens. A poesia de Arquíloco revela mais pessimismo que a do poeta latino, se assim podemos dizer sem incorrer numa leitura psicológica falha; crê que chorando ou rindo não tornará algo pior ou melhor (5):

Pois nem algo chorando sanarei nem pior
  tornarei prazeres e festas buscando.

Crê que os afetos não têm um valor em si mesmo, mas conforme os desempenhamos, e que o juízo reto, como o sugere Lucrécio, só é possível aos deuses (123):

Aos deuses tudo é via reta
...
[os homens] erram sem guia da mente.

Outro aspecto interessante da ética na obra de Arquíloco é que a vemos numa tensão constante entre o valoroso e o baixo, e entre as regras individuais e gerais. Essa é uma das marcas diferenciais da lírica para a épica: nos poemas homéricos parece improvável que se desdenhe a beleza e a importância da guerra e seus atributos, como o faz Safo, em *Para Anactória*:

Dizem: o renque de carros ou de soldados

ou de navios é sobre a terra negra
a suprema beleza. Digo: é aquilo que
se ama.

Safo desloca o eixo de importância das coisas estimadas como boas e, em consequência, belas, do geral (um padrão social) para o particular: aquilo que cada um ama. Para Safo a beleza é universal, mas o ato de eleger os objetos que lhe pertencem é localizado e pessoal. Aqui há um confronto nítido entre o bem comum e os bens individuais, e um início de relativização desses conceitos. Da mesma forma seria impensável para o guerreiro homérico, como diz Arquíloco, o abandono do escudo e a deserção da batalha (13), ou a atribuição de um valor maior ao general pequeno, torto sobre as pernas, mas seguro e corajoso, do que ao grande, de andar desenvolto, impado em seus caracóis e com o bigode aparado (93).

Parece que no período arcaico surge um compromisso e uma questão entre os gregos, a mesma questão que Górgias e Sócrates debaterão mais tarde no diálogo platônico: será a lei, formada a partir das necessidades coletivas, um bem imprescindível, tanto para o crescimento do indivíduo quanto para a manutenção da ordem, ou ela só anula as liberdades individuais em função de valores estigmatizados que não correspondem necessariamente às aspirações coletivas? Dessa questão nasce a instabilidade dos valores, à qual cada autor responde de uma maneira, e dá remédio apropriado. Álcman, por exemplo, soluciona o problema do destino, do fado humano ($\mu o\iota\rho\alpha$), com uma atitude semelhante à dos estóicos (1):

Há dos deuses uma paga;
e feliz o que benigno
seu dia entretece
sem pranto.

É a amenidade, a moderação funcionando como solução para o desconcerto do mundo. Em Safo, percebemos que a instabilidade está sempre ligada a laços amorosos; a função de Eros, aquele que desata os membros, é a de privar o indivíduo de atitude, e deixá-lo num estado de impotência provisória (16):

Nada me ocorre falar
mas imóvel fica a língua, sutil

> sob a pele já um fogo percorre,
> meus olhos nada veem, zumbem
> os ouvidos,
> um suor frio me envolve, um tremor
> apodera-se de mim, mais pálida que a relva
> estou, e para estar morta pareço
> carente de pouco.
> Mas deve-se ousar tudo, porque...

Ou então essa mesma instabilidade é sanada com o hedonismo, a partir da exploração do prazer sensório da descrição da paisagem (2), e assim se insere na tradição lírica como uma precursora do gênero bucólico, mais tarde desenvolvido por Teócrito, Ovídio e Longo. Outro tipo de remédio presente na poesia de Safo é a memória. Essa pode se apresentar de duas maneiras distintas. A primeira está ligada à lembrança da pessoa amada, e, servindo de oblívio à dor da sua ausência, a poesia pode tanto romper a limitação da morte alheia quanto preservar intacta, para uma memória coletiva, a voz do poeta. Assim temos (58):

> Morta jazerás sem memória alguma de ti
> será nunca mais; pois não colhes as rosas
> de Piéria, mas inaparente em casa de Hades
> vaguearás com obscuras sombras esvoaçadas.

Piéria era o lugar consagrado às musas, e as rosas pieriais, a poesia. No caso, a persona está determinando o fado desta que não colheu os benefícios da poesia, e por isso não venceu a morte. Aqui, a arte é uma forma privilegiada de transcender a efemeridade do mundo, pois cristaliza os momentos e os dá à posteridade. Funciona como πορος, recurso, via de acesso para se atingir a graça, que tem, na antiguidade, um sentido diverso do que se revestiu com o cristianismo, e está mais próxima da epifania e do contato imediato com os deuses do que da revelação providencial e da eleição dos indivíduos a partir de critérios morais e de conduta. A outra maneira de curar a dor causada pela instabilidade das coisas é a lembrança. No rompimento amoroso, a única saída é (96):

> Lembrar o que não esqueças,
> quanta amizade e beleza tínhamos.

Notamos que, diante da urgência das coisas que estão sempre se transformando e perdendo a sua essência, o indivíduo não pode ficar à mercê ou indiferente a esse movimento. Nietzsche disse que o sentimento trágico, que é próprio dos gregos, advém da descoberta do tempo, ou melhor dizendo, da história, pois a consequência disso é uma ruptura com o presente absoluto, no qual se vive em uma espécie de simbiose, e uma cisão da consciência que, para se justificar e atribuir a si mesma uma identidade e um valor, tem necessariamente de recorrer à autoridade do passado. E é por isso que Otto Maria Carpeaux se refere a Homero como a um sol literário: é a obra *prima* da literatura ocidental, porque depois dela já não é possível a inocência: entrar no tempo histórico equivale à perda do paraíso. Diante dessa transitoriedade, podemos dizer, com Arquíloco, que:

Graça é mais do vivo que perseguimos
nós os vivos; o péssimo sempre ao morto se dá.

Para o poeta de Paros, o passado, na medida em que prescreve o valor do presente, o limita, e por isso deve ser enterrado. Essa é a razão de suas invectivas contra a tradição, e o motivo provável das ironias posteriores de poetas alexandrinos como Calímaco e, inspirado nele, Catulo. Aos vivos, o vivo. Eis o seu mote.

O FOGO AVANÇA PARA O MEU PEQUENO ENIGMA: A POESIA DE CECILIA MEIRELES

UMA NOITE DENTRO DA NOITE

O livro de poemas de Cecilia Meireles [1901-1964] que o leitor tem em mãos, intitulado *Sonhos*, integra o projeto de publicação de sua poesia completa levado a cabo pela editora Global, sob a coordenação editorial minuciosa do crítico André Seffrin. Este livro cobre um arco temporal de sua produção que vai de dezembro de 1950 a dezembro de 1963, ou seja, exatos treze anos. Além dessa abrangência temporal, inclui portanto alguns dos últimos poemas escritos pela autora, um ano antes de sua morte, em novembro de 1964. Esses dados cronológicos não são apenas informativos ou circunstanciais. Destacam um aspecto importante da poesia de Cecilia: a coerência formal e a obsessão temática que a acompanharam ao longo de toda sua obra e vida. Embora este conjunto de poemas esteja unificado pelo tema *sonho*, é possível flagrar a variedade de recursos, formas e técnicas utilizadas pela poeta ao longo destas páginas. E essa relação dialética entre variedade de formas e unidade de temas, detectada em *Sonhos*, também pode tranquilamente ser expandida para toda sua obra. Poder-se-ia dizer que cada poema de Cecilia faz parte de um mosaico mais amplo e não pode nunca ser lido isoladamente. Cada poema está sempre a serviço de um mito pessoal que a acompanhou ao longo de toda sua vida, do primeiro ao último livro, e pode ser identificado se palmilharmos sua poesia completa, que fora cuidadosamente editada por Antonio Carlos Secchin[1]. Esse mito pessoal

---

1 Conferir a excelente edição da poesia completa da poeta levada a cabo por Antonio Carlos Secchin: MEIRELES, Cecilia. *Poesia completa*. Dois volumes. Organização, Introdução e Notas de Antonio Carlos Secchin. Rio de Janeiro: Nova Fronteira, 2001.

se relaciona justamente ao título deste livro: as fronteiras entre o sonho e a realidade.

Mas o que é um mito pessoal? Cada poeta modela certos mitos, ou seja, eleva certos temas cotidianos a uma condição de uma paisagem mais ampla da alma. Capta certos signos de sua biografia e lhes confere o estatuto de estruturas de significação coletiva. O mito pessoal configura uma poética, um conjunto de imagens recorrentes que conferem certa unidade imaginária ao conjunto de poemas e obras que esse mesmo poeta deixou, independente da heterogeneidade formal de suas diversas fases, técnicas, poemas ou formas. Nesses termos, o teórico francês Charles Mauron, um dos criadores da psicocrítica e precursor da chamada crítica genética, concebe duas etapas no longo percurso da elaboração mítica dos poetas e escritores. Essas duas etapas consistem, segundo Mauron, em uma passagem que vai da expressão de metáforas obsessivas à elaboração de uma mitologia pessoal[2]. Em que medida podemos compreender essa passagem na trajetória de Cecilia e, mais especificamente, esta obra *Sonhos*? Um cotejo de alguns momentos decisivos de sua poesia com as principais imagens e motivos presentes nesta obra pode nos elucidar quanto a esse percurso. E talvez nos auxilie, sobretudo, a compreender sua poesia a partir dessa unidade de tema e forma, e, se preferirmos, de mito e modo, para recordar os conceitos fundamentais de Northrop Frye[3].

O ESPÍRITO E O MUNDO

O primeiro livro de Cecilia é *Espectros* (1919), publicado quando a autora contava com dezoito anos, e consiste em um conjunto de poemas simbolistas, quase todos de formas fixas. Não por acaso, data da década de 1920 a publicação, em Lisboa, de seu ensaio *O espírito vitorioso*, uma apologia do Simbolismo. Em um percurso inicial semelhante a quase todos os primeiros poetas modernos, esse dado demonstra a filiação da autora a essa que fora uma das mais fecundas matrizes da arte moderna no Ocidente. Não por acaso, Manuel Bandeira, fundador do modernismo brasileiro, tem sua formação simbolista e parnasiana atestada também em seu primeiro livro, *A cinza das horas* (1917), publicado dois anos

---

2 MAURON, Charles. *Des métaphores obsédantes au mythe personnel: introduction à la psychocritique*. Paris: Corti, 1962.
3 FRYE, Northrop. *Anatomia da crítica: quatro ensaios*. São Paulo: É Realizações, 2014.

antes da estreia de Cecília. Como acentuou o importante crítico Edmund Wilson, o movimento simbolista foi o principal fundamento de praticamente toda literatura moderna mundial[4]. As idiossincrasias brasileiras consistem sobretudo na maneira titubeante da assimilação dos simbolistas pela crítica e também pelos poetas do começo do século XX. Não por acaso, a magistral tradição do simbolismo brasileiro manteve nomes de poetas de primeira plana praticamente em completo esquecimento, e um mapeamento decisivo desse movimento e a fixação de seu valor se realizou apenas pelas mãos do próprio Bandeira e, tempos depois, por meio da conhecida e dir-se-ia definitiva edição de Andrade Muricy[5].

Essa ambiguidade da recepção do simbolismo pelos poetas e pela crítica brasileiras do começo do século XX foi decisiva. Decisiva para que o *aggiornamento* (atualização) da poesia moderna se realizasse contra o parnasianismo e a partir da adoção das vanguardas europeias e não como uma continuidade do simbolismo propriamente brasileiro. A adoção de técnicas modernas e de vanguarda pela Semana de Arte Moderna de 1922 parece colocar em destaque como na *terra brasilis*, diferente do ocorrido em outros países, a oposição entre formas clássicas e modernas, entre parnasianismo e modernismo, ainda se encontrava arraigada. Isso gerou uma situação paradoxal. Podemos compreender o modernismo brasileiro como uma ruptura com a tradição parnasiana brasileira realizada por meio da adoção de técnicas modernas e, ao mesmo tempo, como uma nova subordinação aos valores canônicos europeus, no caso, aos padrões vanguardistas. Enquanto os problemas de atualização formal foram de uma certa maneira solucionados, o problema cultural mais amplo das relações de colonização e de contracolonização entre Brasil e Europa persistiam por outras vias.

Devido a isso, a poesia moderna brasileira padeceu de uma longa agonia em sua gestação. Diferente de outras literaturas nacionais, a literatura moderna brasileira parece não ter surgido de uma metamorfose interna da forma a partir das conquistas simbolistas e dos limites expressivos conquistados por Baudelaire, Rimbaud, Mallarmé, Corbier, Laforgue, L'Isle-Adam, Lautréamont, como ocorrera em diversos países da Europa e das Américas. Surgira, sim, como um conflito social encabeçado pela

---

4 WILSON, Edmund. *O castelo de Axel*: estudo sobre a literatura imaginativa de 1870 a 1930. Tradução José Paulo Paes. São Paulo: Cultrix, 1985.
5 A despeito das críticas recentes feitas à obra de Muricy, seu valor canônico e pioneirismo são inegáveis: MURICY, Andrade. *Panorama do simbolismo brasileiro*. Volumes I, II e III. Rio de Janeiro: Departamento de Imprensa Nacional, 1962.

guerra entre os adeptos das vanguardas europeias e os representantes das musas do Parnaso, também europeu, como Olavo Bilac e Coelho Neto. Em outras palavras, enquanto a alta modernidade britânica, europeia e mesmo norte-americana e hispano-americana podem ser vistas como um aprofundamento de matrizes simbolistas, a poesia brasileira do começo do século XX se caracteriza por um conflito entre vanguarda e parnasianismo. A singularidade da poesia moderna brasileira, que a distingue de outras tradições, é a ênfase dada sobre a descontinuidade e sobre a oposição parnasianismo-modernismo, mais do que a dimensão propositiva de continuidade e de aprofundamento das relações simbolismo-modernismo. Como era de se esperar, a síntese dessas oposições determina muito dos critérios críticos e da produção da literatura ulterior, a partir de dualismos e maniqueísmos incapazes de assimilar de modo dialético as contradições internas a cada parte disputada, o que traz consequências negativas à literatura e ao debate de ideias no Brasil que perduram até hoje.

Como situar Cecilia nesse horizonte? A questão da nacionalidade, que permeia o ideário moderno brasileiro, não escapa a suas preocupações. Podemos ver o admirável livro-poema narrativo *Romanceiro da Inconfidência* (1953) e a *Crônica trovada da cidade de San Sebastian do Rio de Janeiro* (1965) como expressões consumadas dessa necessidade de fixar a literatura nos marcos de uma reflexão sobre as condições especificamente brasileiras, bem como a tentativa de definir qual deveria ser o papel desempenhado pelos intelectuais nessas mesmas condições. O mesmo se aplica às suas crônicas publicadas na imprensa ao longo de décadas, cujo eixo gravitacional foram seu trabalho, sua prática e sua reflexão como educadora, e que foram posteriormente reunidas e organizadas por Leodegário de Azevedo Filho em cinco volumes[6].

Por outro lado, é decisiva a importância que Cecilia conferiu ao folclore e às questões culturais mais amplas, no interior das quais a literatura estaria inserida. Essa preocupação pode ser dimensionada pela presença constante desses temas ao longo dos seis volumes de sua obra em prosa[7]. Valeria destacar, nesse aspecto, essa preocupação com os estudos de folclore e cultura, que começam com a publicação no começo da década de 1930 do clássico *Batuque, samba e macumba* (1935) e se estendem

---

[6] MEIRELES, Cecilia. *Crônicas de Educação*. Cinco volumes. Organização Leodegário de Azevedo Filho. Rio de Janeiro: Nova Fronteira, 2001.
[7] MEIRELES, Cecilia. *Obra em prosa*. Seis volumes. Rio de Janeiro: Nova Fronteira, 1998.

pelas duas décadas seguintes, até *Panorama folclórico de Açores* (1955) e *A bíblia na literatura brasileira* (1957). A ascendência familiar açoriana aliada ao casamento com o pintor português Fernando Correia Dias, em 1922, entre outros elementos biográficos, atestam mais um aspecto importante da sua trajetória: o contato constante com a herança lusófona. Essa atenção especial ao lirismo português demarcou algumas de suas obras, tais como *Saudação à menina de Portugal* (1930) e *Poetas novos de Portugal* (1944). Mais do que isso, forneceu-lhe certas matrizes líricas que moldaram de maneira decisiva sua poesia.

Nesse contexto, pode-se ver Cecilia como uma poeta singular. Mostra-se como uma autora em constante busca por uma reflexão que se estenderia nas fronteiras entre os dilemas metafísicos e as realidades sociais e culturais nos quais a literatura estaria inserida. Essa tentativa de aliança entre problemas políticos, culturais e espirituais vinha sendo desenvolvida pelos grupos espiritualistas da primeira metade do século xx. Embora sem se alinhar totalmente às orientações intelectuais, Cecilia chegou a ser colaboradora de *Festa* e *A Ordem*. Também é importante seu contato, ainda que superficial, com a filosofia de Farias Brito, que unia espiritualismo e vitalismo, em uma dimensão cosmológica. Nessa chave de compreensão, Cecilia se investe dos valores do intelectual moderno, preocupado com questões de ordem cultural mais amplas, como o folclore, a brasilidade e a pedagogia, para além dos limites da atividade de escrita e do cultivo estrito da literatura. Diferente de muitos herdeiros do modernismo brasileiro, não tinha os olhos voltados para a França, mas sim para Portugal, Israel e o Oriente.

LINGUAGEM DE CLARA LUZ

Esse conjunto de escolhas tornou-a de uma poeta moderna, cultivadora dos versos livre e branco, da polimetria e da polirritmia, marcada por uma clara conversão a ideias simbolistas e espiritualistas, aliadas a uma amplitude de pesquisa que a aproxima de Mário de Andrade e de outros modernistas obsedados pela identidade cultural do Brasil. Entretanto, dialoga de modo muito hesitante e indireto com as vanguardas europeias que eram atualizadas por meio da Semana de 22. Em termos formais, sua obra se situa em clara continuidade com as propostas simbolistas e espiritualistas do final do século xix, e emprega de modo consciente e sistemático alguns dos recursos dessa tradição, tais como sugestão, musicalidade, sinestesia e preponderância do ideal sobre o real. Isso não nos impede de detectar imagens surrealistas e expressionistas em alguns de seus poemas, como podemos notar aqui em *Sonhos* versos como este:

Cada pêssego parecia uma cabeça de criança.
Tão grandes e cor-de-rosa[8].

Esses diversos aspectos inscrevem-na em uma região fronteiriça do panorama das letras brasileiras. A própria dimensão onírica e espiritual que fora bastante explorada pelos simbolistas reflete-se aqui, mas permeada de imagens que podemos identificar como parte do acervo de imagens de poetas europeus modernos e surrealistas, tais como estas:

A moça pecadora apareceu-me de branco.
Toda de cetim branco bordado de vidro e prata[9].

E um pouco mais adiante, vemo-la associada a uma Ondina, a ninfa das águas, reiterada pelos surrealistas como mito do feminino, e aqui pintada:

E seu vestido era de luz e de água[10].

Essa exploração da plasticidade das imagens recorre em outros momentos, por meio de expressões tais como *troncos cheios de crepúsculo*[11], *borboletas flácidas*[12] e no oxímoro *mármore de ar*[13]. Também se encontram no belo verso final:

Cerejas de fogo no rosto frio da prata quieta[14].

Essas imagens das vanguardas representam mais a absorção de traços do espírito de época (*Zeitgeist*) do que traços programáticos que possam estar inseridos em sua atividade de escritora. E, mais que isso, dada a inclinação de Cecília para os temas de espiritualidade, essas imagens com

---

8 "Sonho de Maria Alice"
9 "A moça pecadora apareceu-me de branco"
10 "A moça pecadora apareceu-me de branco"
11 "Uma flor voava"
12 "Uma flor voava"
13 "Ó mármore de ar"
14 "Cerejas de prata"

certeza podem ser rastreadas a partir de fontes mais antigas, como sugiro mais adiante.

Por esses e outros motivos, é difícil compreender a poesia de Cecilia, e, não apenas a sua poesia, mas a de diversos outros poetas, a partir de categorias evolutivas dos estilos literários, tendo o Modernismo paulista como referência valorativa e como eixo ordenador de uma teleologia. Em seu caso, como no caso de diversos autores, estamos diante de camadas extemporâneas de manifestações, anteriores e ulteriores ao tempo e ao espaço situacionais de escrita de seus poemas. Estamos diante da sobrevivência das imagens e do uso de anacronismos deliberados que estruturam toda a criação da arte, em qualquer tempo, segundo Aby Warburg e Didi-Huberman[15]. De um ponto de vista formal, por exemplo, essas mesmas imagens expressionistas e surrealistas e a predominância dos poemas em versos livres convivem com estruturas paralelísticas de inspiração popular[16], os tercetos rimados em forma de coda[17], tercetos paralelísticos[18], quartetos em rimas toantes[19], o antigo recurso retórico da disseminação e colheita[20], baladas[21], quadras com versos paralelísticos[22] e quadras organizadas em estrofes e antístrofes[23] e o que poderíamos chamar de quadras ao gosto popular[24]. A partir da soma dessas matrizes e ao longo de seu percurso, podemos ver a obra de Cecilia como uma poeta moderna, de raízes simbolistas e pertencente a uma vertente espiritualista ecumênica, na mesma linhagem que depois seria explorada por Jorge de Lima, Murilo Mendes, Walmir Ayala, Foed Castro Chamma, Dante Milano, Nauro Machado, Mário Faustino, Hilda Hilst, Dora Ferreira da Silva e outros poetas que passaram a ser assimilados às gerações dos anos 1940 e 1950.

Esse conjunto de ideias de cunho metafísico se reflete logo no primeiro poema deste livro, no qual o tremor de terra e a multidão que avança é uma imagem da aproximação da morte. Entretanto, a morte não é vista sob um enquadramento apenas real, mas em sua dimensão existencial e metafísica:

---

15 Didi-Huberman, George. *A imagem sobrevivente: história da arte e tempo dos fantasmas segundo Aby Warburg*. Rio de Janeiro: Contraponto, 2013.
16 "Apontamento"
17 "Abracemos a noite"
18 "Com agulhas de prata"
19 "Dormirei para avistar-te"
20 "Onde estão as violetas?"
21 "Menina do sonho"
22 "Meninas sonhadas"
23 "Rua"
24 "Cavalgávamos uns cavalos"

O fogo avança para o meu pequeno enigma[25].

Nesse belo verso, Cecilia tematiza a busca por uma morte individual, semelhante àquela busca expressa por Rainer Maria Rilke na *Elegias de Duíno*. Uma morte que seja o coroamento e a revelação desse enigma individual que somos todos e que é cada um de nós. A imagem de uma inteligência esparsa permeando o universo e a regência da morte que, como o fogo, consome sem se consumir. Essa parece ser a marca desse poema-inscrição que nos remete ao âmago do mito de Cecilia: o dilema insolúvel sonho-real. Se a morte transfigura todo vivo e o conduz a outra ordem de realidade sem o extinguir, como podemos afirmar se vivemos ou sonhamos o sonho de outra vida que se realiza em outra esfera? O antigo tema seiscentista da vida como sonho, que se estende de Calderón de la Barca a Jorge Luis Borges, persiste como eixo orientador do mito pessoal de Cecilia. Essa perspectiva produz uma relação sempre indefinida com o conjunto de fenômenos que nos cercam. Por quê? Porque se a vida é um espelho embaçado de existências paralelas, tudo o que vemos e vivemos é uma fração parcial de uma totalidade maior que não acessamos, e que se situa aquém e além dessa vida-sonho da qual a poeta deseja despertar:

Reconheço-me e ignoro-me.
(Uma noite dentro da noite.)[26]

A autoconsciência é uma noite dentro de outra noite, uma representação dentro de outra representação. Paradoxalmente, estar consciente de si pode significar perder-se, à medida que o si-mesmo é uma breve fagulha de poeira do universo e, nesse sentido, esse eu que medita e que se torna consciente de si transforma-se em uma noite dentro de outra noite, como diz o poema. Por isso, também de modo paradoxal, a morte, entendida como dissolução desse eu que é ilusão, essa mesma morte torna-se sinônimo de lucidez. Se não há fronteira entre vida e sonho, entre real e irreal, como podemos definir uma e outra, vida e sonho, real e irreal, como unidades distintas? Conseguimos porque a contrapartida de uma diluição das fronteiras dessas duas metades, que configuram o mito pes-

---

25 "Reparei que a poeira se misturava às nuvens"
26 "Em algum lugar me encontro deitada"

soal de Cecilia, acabam por sugerir a necessidade da existência de uma esfera que contenha essas duas metades da vida e as unifique: o Absoluto.

A experiência do Absoluto, aliada a essa dimensão de devaneio entre real e representação, entre vida e sonho, entre matéria e imagem, é nuclear em algumas de suas mais importantes obras, tais como *Viagem* [1939], *Mar absoluto* (1945]) e *Retrato natural* (1949). A vida mesma deixa de ser vida real e passa a ser uma viagem dentro do desconhecido na medida em que deixamos de conceber a consciência como portadora ou doadora do sentido último da realidade. Mais do que isso: a totalidade do universo não é imóvel. Encontra-se em permanente metamorfose. A impermanência do mar e o devir das águas assemelha-se nesse caso ao Absoluto. Neste livro, essa dimensão do Absoluto vem inscrita a partir da identificação entre mar e sonho:

Vem! Vem pelo mar sem água, o mar intemporal
da noite sonhada![27]

Por seu lado, a imagem retratada e a fusão de retrato e natureza, seja de um rosto ou de uma paisagem, não consiste em uma obra da arte nem em uma obra da natureza, mas em uma síntese entre natureza e representação. A insígnia de uma noite líquida e ramos de rosa envolvem e adornam a poeta:

alta coroa do retrato natural, frágil e melancólica[28]

Não por acaso Cecilia fora leitora de Schopenhauer. A concepção segundo a qual a totalidade do mundo é uma objetivação da vontade, entendida como sinônimo do Absoluto, e essa mesma vontade apenas se nos oferece mediante um conjunto de representações, pode ser alocada no cerne de sua concepção de poesia e de criação. Também semelhante a Schopenhauer, Cecilia possuía uma forte inclinação pelas filosofias e pela poesia do Oriente. Essa ligação fica clara com a publicação de *Poemas escritos na Índia* (1961), na antologia *Poesia de Israel* (1963) e no seu entusiasmo por Rabindranath Tagore, de quem se tornou tradutora. E também por meio de suas traduções de poesia clássica chinesa das dinas-

---

27 "Um navio dá voltas em canais sinuosos"
28 "Desenhos do sonho"

tias Tang e Sung, respectiva e especificamente, de Li-Tai-Po e Tu-Fu[29]. O diálogo com tradições orientais se fortalece também a partir de sua viagem para a Índia e Goa, no começo da década de 1950, e à medida que estabelece intensa troca cultural e intelectual com alguns desses países, o que lhe valeu os títulos de doutora *honoris causa* pela Universidade de Délhi e de Sócia Honorária do Instituto Vasco da Gama de Goa.

A tautologia e a circularidade de sentido foram estudadas pelo filósofo Ludwig Wittgenstein. Não por acaso, Wittgenstein concebeu o silêncio místico como limite da linguagem. Podemos identificar nestas formulações da identidade sonho-real desenvolvidas pela poeta uma natureza semelhante de experiência-limite. Afinal, se o sonho é igual ao real, em termos lógicos o sonho torna-se igual a si mesmo, ou seja, o sonho equivale ao sonho. Essa força das relações entre tautologia e poesia não escapa a Cecilia, que a utiliza sob a fórmula do sonhar um sonho, e termina citando justamente a famosa parábola do poeta e sábio chinês Chuang-Tzu:

e pergunto se a vida
não é um sonho que procurava outro sonho.[30]

Essa visão transversal por meio da qual sonho e realidade se cruzam pode ser colhida em sabedorias e em poemas ancestrais. Pertence também ao pai de todos os espiritualistas modernos, não por acaso único poeta não apenas citado, mas citado reiteradamente neste livro: William Blake. A primeira menção a Blake vem ao lado de uma imagem de uma moça de sonho, caminhando pela Escandinávia[31]. A referência aos países nórdicos retorna em outro poema[32], ao passo que as alusões a Blake se sucedem. O que essa estranha referência geográfica quereria dizer, em uma poesia plasmada na noite do sonho, na qual as referências a paisagens externas são tão poucas, para não dizer nulas? Certamente, Cecilia tem em mente o místico e visionário sueco Emmanuel Swedenborg, mestre tanto de Blake quanto inspirador central da teoria das correspondências, desenvolvida por Baudelaire. Nesses termos, o carneirinho que pousa a mão sobre o coração da poeta seria uma clara variação das *Canções da ino-*

---

[29] Meireles, Cecilia. *Poemas chineses: Li Tai Po e Tu Fu*. Rio de Janeiro: Nova Fronteira, 1996.
[30] "Sonhei um sonho"
[31] "Sonhei com a bela moça que está longe"
[32] "Cerejas de prata"

cência do grande poeta e pintor inglês Blake[33]. Ao passo que a união em sonho, no mesmo poema, de Blake, Cristo e são João, pode ser entendida como uma referência ao visionarismo de Swedenborg, filtrado pela poeta brasileira por meio de Blake, de Baudelaire e dos simbolistas.

A NOITE EX-HUMANA

Essa dinâmica entre sonho e realidade é o arco de tensão entre o mundo finito humano e o mundo transfinito e eterno do qual o humano se alimenta:

Vivo do que sonho, e tudo mais parece morte[34].

O tema simbolista e espiritualista de uma esfera existencial separada do tempo, na qual as vivências mundanas se transfiguram, é glosado aqui sob o signo de um oxímoro. A vida irreal do sonho se opõe à morte na mesma medida em que a morte é uma maneira de despertar da ilusão do real. O que nos mostra a visão desse paradoxo? Quem consegue nos retirar da ilusão da realidade e do destino inexorável do sonho? A alma, nesse caso, em uma chave gnóstica recuperada por Cecilia, é vista como a grande Estrangeira, aquela que vem ao mundo revelar a ilusão do mundo:

Alma: era o nome do visitante invisível.[35]

Romper os diques que suportam a vida e a existência é conseguir superar essa dicotomia sonho-real e verdade-aparência. Por isso, haveria um nexo existencial e uma relação profunda entre verdade e morte:

que eu nem sei de que verdade
em vos ver morria.[36]

Entretanto a relação da consciência com a morte é marcada de ambiguidade. Nunca podemos pensar que a morte nos assegura a solução final para os dilemas dos seres vivos. Isso porque a oscilação constante

---

33 "Sonho com carneirinhos e falas meigas"
34 "Aqui estou nos vales da terra"
35 "Por detrás do muro"
36 "Discurso de sonho"

entre sonho-real inviabiliza uma via de acesso seguro ao real como real e ao sonho como sonho, pois a vida pode ser um acontecimento existencial por meio do qual se descansa de um sonho em outro sonho[37]. Ademais pode ser a espera de um sono dentro do sonho[38]. Desse modo, nunca conseguiremos definir se a morte física é de fato um fim ou se seria a passagem a uma continuidade no seio de uma vida transumana que se desdobra e reverbera no seio do Absoluto:

> Já não sei se devo morrer ou viver,
> se estou viva ou se estou morta,
> se a minha habitação é de terra,
> na terra,
> ou de que substância,
> em que lugar, de que reino,
> a que distância, em que deveres
> enlaçada.[39]

Estes belíssimos versos poderiam ser lidos à luz do conceito de habitação poética do mundo, deduzido de Heidegger a partir de Hölderlin. Partem da premissa da metamorfose eterna dos seres, de uma espécie de transmigração de formas, que se dissipam e se reúnem em uma dimensão absoluta na qual a oposição sonho-real se dissolveria. Haveria nesse caso uma simetria entre o efêmero e o eterno:

> Refleti o pássaro rápido e a estrela durável.[40]

Mas ao mesmo tempo a consciência de que cada ser é resultado de uma cadeia sem fim de transformações antiquíssimas:

> Tanto tempo para ser luz, diamante, sol. [41]

No interior do Absoluto e da água informe que molda e confere vida a todas as formas, a poeta sentencia:

---

37 "Sonho de sepulcro"
38 "Um navio dá voltas em canais sinuosos"
39 "Em sonho anunciam a minha morte"
40 "Sonho sofrimento. Enlaçados."
41 "Sonho sofrimento. Enlaçados."

Já não vos vejo. Seguistes na água informe,
E que sereis nessa metamorfose?[42]

Também nesse plano Absoluto dois seres podem se encontrar e superar a mortalidade:

Como se nos fôssemos encontrar, um dia, e continuássemos.[43]

A crença no Absoluto não é um imperativo categórico moral à maneira de Kant. O Absoluto é o imperativo metafísico e poético que promove a dissolução das dualidades, a começar pelas dualidades vida-morte e sonho-real:

E quando voltas ao teu casulo
já não tens medo nenhum da morte.
E em teu pensamento há néctar e pólen.[44]

O retorno ao casulo-Absoluto não é a certeza de uma vida além da vida, mas a certeza de que todo o universo se sustenta em uma constante metamorfose. A poesia de Cecilia sinaliza para a possibilidade de reconciliação entre a centelha de luz perdida que somos, exilada na forma humana de nossa humana condição. Nesse mundo, temos o sonho como horizonte desejado, e concebemos o Absoluto como uma esfera que engloba vida e morte, sonho e realidade, humanos e entidades transumanas. A identificação dessa esfera nos retira o medo da morte. A morte passa a ser vista como néctar e pólen, florescimento e germinação. O ingresso na noite Absoluta é o ingresso nessa dimensão que envolve os dias humanos e essa estranha noite ex-humana de que nos fala Cecilia:

Entre os dias humanos
e a noite ex-humana
que mensageiro acaso somos?
A que destinatários?

---

42 "Sonho sofrimento. Enlaçados."
43 "Trinta anos no vale de exílios da sombra"
44 "Sais pelo sonho como de um casulo e voas"

em que linguagem?
que mensagem?

Essa indagação pode ser respondida parcial e poeticamente pela própria obra de Cecilia. Seríamos transeuntes transidos entre dois mundos, mensageiros situados na fronteira indecidível entre o sonho e o real, entre a vigília e o devaneio, entre vida e morte. A tarefa precípua do poeta, nesse mundo fronteiriço, não é dotar de luz esses caminhos tortuosos da existência, mas sim acentuar ainda mais o vale de luz e sombra que se abre sob nossos pés. Essa parece ter sido a consciência de Cecilia em seu ofício como poeta, consciência esta que se manifesta ao longo de diversas obras e cuja manifestação matricial do papel desempenhado pelo mito fundador da poeta pode ser rastreado nesta obra *Sonhos*. Podemos dizer que em alguns poemas deste livro e em sua obra *Solombra* (1963), Cecilia atinge o zênite de sua consciência existencial e poética. Não por acaso o zênite da poesia coincide com o nadir de sua vida física. E esse aspecto é central para compreendermos a dinâmica interna de lucidez e devaneio situada no âmago de sua obra. Ao resgatar a antiga imagem-palavra *solombra* para designar *sombra*, e ao usá-la como título do último livro de sua vida, Cecilia acentuava não a morte. Acentuava o despertar para essa noite ex-humana, anterior e posterior ao reino humano, como uma imagem do ilimitado. Nesse sentido, a poeta realizara plenamente o pressentimento de que a poesia, como vestígio do Absoluto, é o lugar por excelência onde vida, morte, sonho e real se unem.

O POEMA FINAL
DE CAMILO PESSANHA

Poema final tem um significado especial dentro da obra pequena, porém indispensável, de Camilo Pessanha. A começar pelo fato de o autor ter expressamente querido que ele encerrasse seu livro *Clepsidra*, de 1920. Aliás, a obra de Pessanha sempre foi problemática em termos de fixação de seu corpus. Publicou muitos poemas dispersos, em revistas, e destinou alguns a amigos e outros, por sua vez, ficaram no prelo ou foram destruídos. Sabe-se, no entanto, a organização geral que ele pretendia para seu livro.

Além desse motivo que parece circunstancial e biográfico, mas relevante para compreendermos alguns traços da sua personalidade, *Poema final* traz em si uma riqueza de informações a princípio difícil de ser tratada. A imprecisão de imagens a que nos remete e seu desenvolvimento oscilante nos impede até de identificarmos afinal do que se trata ou qual é o seu assunto, se é que essas são perguntas pertinentes em arte. Enumera cores virtuais, sonhos não sonhados e abortos que pendem suas frontes cor de cidra. Mas com isso não nos revela nada de sua natureza, nem nos elucida sobre suas possíveis interpretações. O fato é que talvez o poema não queira realmente *dizer nada*. Ele quebra a mimese poética segundo a qual o mundo dos objetos se desenvolve paralelamente ao da linguagem, cabendo a essa descrevê-lo e fixar uma relação solidária entre ambos. No poema de Pessanha, o que sentimos é uma recusa do nexo causal das coisas e um isolamento nas possibilidades da representação, que se dobra sobre si mesma em busca de novos efeitos de sentido que dêem novos significados, indiretamente, àqueles mesmos objetos. Essa proposta se coaduna com a visão de Reynaud sobre a arte, para a qual a narração objetiva dos fenômenos sensíveis não seria estética. A natureza, segundo os poetas, apresentaria formas esteticamente defeituosas. Ao abandonar a cópia do mundo exterior, o poeta criará novas formas, liberando o essencial nos elementos que a natureza fornece. Estas serão, a partir de então, evocadas por sons [as palavras] escolhidos, associados e ritmados tendo em vista a emoção estética a ser produzida. E eis-nos no rastro da teoria da evocação e da sugestão, desenvolvida por Stéphane Mallarmé.

Caberá ao artista fazer a transição entre a contingência do real e a virtualidade ilimitada da linguagem, capaz de ampliar os seus limites e renová-los. É um poema cujo tema principal é a própria criação, seja ela artística ou não, a operação delicada de nomear o mundo e a ele atribuir novos sentidos. Ou, se quisermos, confrontar a vida *latente* nas possibilidades da representação com a vida *manifesta* no mundo real, oculto sob os véus do discurso e sob as máscaras da aparência. A linguagem é vista como o campo do possível. Por isso a invocação:

Ó cores virtuais que jazeis subterrâneas,
No limbo onde esperais a luz que vos batize,

Aqui a condição do poeta como leitor dos enigmas cifrados da natureza é invertida sem, contudo, haver perda de sua situação fundamental. Ao invés do poeta como *decifrador* de signos preexistentes, Pessanha o apresenta como *nomeador* daquilo que ainda não existe, ou está por vir: como alguém cujo ofício fosse captar o vir a ser e fixá-lo em formas sensíveis. Baudelaire, no soneto "Correspondências", fala da natureza como:

templo onde vivos pilares
Deixam filtrar não raro insólitos segredos

Esses segredos se oferecem ao homem para serem interpretados. Em *Poema Final* o poeta não deve interpretar o que já existe, mas criar algo de novo a partir do horizonte impreciso de sua percepção. Em ambos ele se encontra em comunhão com a unidade entre natureza e sentidos, e os vê como tributários de uma ordem maior. Pessanha, contudo, inverte essa relação. Procura, dentre todos aqueles objetos que se lhe apresentam, a matéria amorfa, carente de significado e precisão, o que na natureza compartilha o estado não manifesto:

Gemebundo arrulhar dos sonhos não sonhados.

Nessa valorização do virtual e do vir a ser está contida uma intenção programática do que se convencionou chamar de Simbolismo, que era a renovação absoluta do verbo poético e, em certos casos, até do conceito de poesia. No que pese a interpretação posterior que algumas vanguardas fizeram dessas propostas, lendo essa predisposição inventiva, cujo único e último objetivo era descobrir relações inusitadas entre os objetos e a luz que brilhava escondida sob sua opacidade, não a descoberta *ex nihilo* e heurística de certos procedimentos, valores, códigos e suportes para a arte, não podemos deixar de ver a marca clara que separa essas apropriações da própria poesia praticada entre os mestres *fin de siècle*. Muito mais do que uma busca extrínseca pelo novo, que ampliasse e revisse os cânones literários e artísticos, o sentido da palavra originalidade entre esses poetas me parece mais próximo de algo *próprio* à fortuna espiritual e psíquica do artista em questão, e por isso singular e intransferível, do que algo que rompa com um *éthos* artístico vigente, e represente o fim e a coroação de uma cadeia evolutiva de formas e estilos. De maneira mais ilustrativa, condensada e exemplar, poderíamos dizer que o século XIX é uma linha divisória na história da arte: é a primeira vez que o indivíduo e suas peculiaridades entram decisivamente no processo de criação. Até então, cada época criou para si uma um corpus de códigos retóricos, de preceitos, prescrições e conceitos relativos à arte e seus limites, e que cada artista manejava à sua maneira, sem contudo subverter suas regras. Pouco importava se por trás de uma obra estava um homem chamado Bach, Mozart, Fídias, Homero, Góngora, Camões ou Gregório de Matos com suas respectivas angústias e interrogações. O que interessava era como cada um desses indivíduos dispunha e trabalhava o cânone que lhes era oferecido. O Simbolismo, se é que ele existiu, representa o ponto central e o início dessa valorização da consciência individual, com poucas conexões entre si e poucas regras consensuais e coletivas, tanto para a apreciação quanto para a criação. Paul Valéry chega a questionar a possibilidade de se unir os artistas desse período sob um mesmo título e uma mesma estética. Segundo o autor, o Simbolismo pode ser aferido mais a partir de uma postura e uma escala de valores projetadas na arte e no mundo que de características próprias às obras. A Estética os dividia, a Ética os unia. É esta mais ou menos a fórmula com a qual tenta nos explicar esse fenômeno, o momento em que chegamos a um paradoxo: um acontecimento na história da arte que não pode ser definido através de considerações estéticas. Por isso é difícil classificá-lo como um movimento. Cada autor tem uma proposta particular e intransferível; cada um compõe uma poética. Se há algum ponto comum que os una, esse ponto é a diferença, a mesma diferença que os separa e distingue. Os poetas do século XIX introduziram na história da arte a diversidade, e conceitos com os quais nos debatemos e aos quais obedecemos até hoje. Assim, ele é porta-voz de algo muito mais profundo que um mero período literário.

Realmente, é de se pensar: o que há de comum, quer entre os autores que decididamente frequentaram o cenáculo simbolista, prenunciando-o ou se inspirando nas ideias de sugestão e de magia verbal nele propugnadas, como Stepháne Mallarmé, Arthur Rimbaud, Charles Baudelaire, Tristan Corbière, Jules Laforgue, Camilo Pessanha, Cruz e Souza, Villiers de L'Isle-Adam, Paul Verlaine, quer entre nomes que podem ser vinculados a estas ideias por motivos circunstanciais e de época, como Lautréamont e Maeterlinck, e alguns seguidores das mesmas, como Yeats, Valéry e Rilke, além da atitude esteticista, em menor ou maior grau, e dona de matizes mais ou menos variados ou intensificados? Uni-los sob a rubrica do símbolo me parece algo vago e subjetivo, posto que toda a manifestação humana, seja religiosa, filosófica, moral ou estética tem no simbolismo um de seus instrumentos mais eficazes. Ainda que o símbolo esteja para esses poetas numa função diferente daquela corriqueira, que tente ressuscitar uma totalidade cósmica e psíquica então perdida em decorrência da sucessiva especialização do conhecimento de que somos vítimas, e se norteie por sugestão, sinestesia e musicalidade, ainda assim ele estará dispondo de recursos identificáveis em outros períodos das letras, e que não são expressamente propriedades suas. Enfim: o conceito de símbolo pode dar conta de alguns poucos aspectos convergentes desses autores, mas na maioria das vezes se mostra insuficiente.

Uma das peculiaridades desses artistas, aliás, designação que lhes foi dada por muitos teóricos antes do consenso sobre o rótulo de simbolistas, é exatamente essa sua atitude esteticista, criadores do culto ao Belo e da Arte como religião. Não me atrevo a analisar aqui o possível ímpeto decadente que anima essa transferência e permutação de valores de instâncias diferentes da nossa vida espiritual, cujas fronteiras foram apagadas provavelmente porque seus próprios sentidos social e cultural aos poucos também o foram. Nietzsche já se incumbiu de fazer essa crítica, embora não de todo justificável pela sua boca, já que ele mesmo, e sua transvaloração de todos os valores, signifiquem não muito mais que um sintoma e atinjam o mesmo ponto por caminhos opostos. Porque se presenciamos a derrocada de Deus e o paulatino desprestígio do divino como objeto de explicação do mundo, isso não impede que algum mau anjo queira agora submeter o mistério da vida e os problemas fundamentais da existência humana à ciência e suas inquisições, com direito a toda pobreza de recursos metafísicos de que ela dispõe. Esses artistas fizeram da arte um novo deus, e da poesia o seu templo. Todo o sentido transcendente que lhes escapava em vida foi traduzido em arte. Indispostos a viver uma realidade dominada pela fatualidade e o poder das estatísticas e do senso comum, na maioria das vezes investido do poder e revestido das roupas do próprio bom-senso, o transferiram para o domínio estético, fazendo dele o seu paraíso, ainda que fosse um paraíso artificial. Para isso há diversas vias, inclusive fornecer à arte conceitos que não são artísticos, ou procurar nas drogas o oposto simétrico de uma lucidez medíocre. Outras vezes fazem conexões com técnicas e linguagens de outras artes. O intuito é apenas um: devolver às coisas o seu estatuto sagrado.

Apenas a título de curiosidade sobre os aspectos descritos acima, vale lembrar que Mallarmé escreveu tratados sobre dança e tinha por objetivo elevar a poesia ao mesmo grau de sofisticação e sugestividade alcançado pela música nos fins do século XIX, ideia semelhante à de Verlaine. Baudelaire escreveu sobre Delacroix, sobre os gravuristas ingleses e enalteceu Richard Wagner como poucos homens de seu tempo o fizeram. A poesia de Rimbaud é de um imagismo e de uma plasticidade que mais parece escrita por um pintor, não por um poeta. Apenas na poesia chinesa encontramos um tal grau de fanopeia. Paul Valéry, geralmente classificado como pós-simbolista, é o protótipo do autor que domina diversas áreas: escreveu sobre Leonardo da Vinci e Degas, falou de música, literatura, física, filosofia, matemática, muitas vezes transpondo conceitos dessas áreas do saber para a poesia. As ideias de Camilo Pessanha vão nessa direção. E esse é um dos motivos da dificuldade de sua poesia. Ela se presta a explorar ao máximo os valores sonoros, imagéticos, rítmicos de modo a buscar uma reintegração dos sentidos. Por isso a exploração de cores e tons:

– Fulgurações azuis, vermelhos de hemoptise,
Represados clarões, cromáticas vesânias –

Que são cores virtuais, mas que o poeta invoca e quer que venham à tona. A necessidade de Pessanha de tocar o que ainda é virtual ou eleger os entes que estão prestes a se configurar como ser tem um caráter transformador. Por isso os seus poemas são difíceis, como vaticinam alguns críticos e a exemplo de boa parte da poesia de seus contemporâneos, realizada por *poet's poet* e geralmente destinada a um público reduzido. É um indício de uma atitude de resistência diante da poesia, atitude que, com as vanguardas e a emergência dos modernismos literários, será comprometida por um conteúdo ideológico e combativo, geralmente amparado em um tipo de teoria fraca, inconsistente, de segunda mão, que muitas vezes eclipsa a importância relativa ou nula das obras, às vezes chegando até ao panfletário e ao patético. À guisa de exemplo, diz a lenda que o futurista italiano Tommaso Marinetti, obcecado pela ideia de progresso e de que a história era o fardo responsável pela estagnação do espírito humano, chegou a esboçar um plano para implodir a cidade de Ouro Preto. A obra de Pessanha tem uma relação especial com o tempo e com a água corrente [clepsidra é um relógio de água], com a ideia do devir irreversível da História e suas marcas residuais: seixos, conchas, pegadas, monumentos, enfim, tudo aquilo que deixa vestígios, sejam ou não indeléveis. Esse traço vem inscrito no poema pela seguinte imagem:

Abortos que pendeis as frontes cor de cidra,
Tão graves de cismar, nos bocais dos museus,

Que são obras conservadas na fachada dos museus, por si só símbolos da manutenção dos objetos da civilização. Mas aqui o poeta cria um paradoxo. Diz que essas mesmas expressões, parte e bem da cultura que se conserva para a posteridade, são na verdade abortos, obras arrancadas à vida antes do tempo. Com isso ele está confrontando duas temporalidades: uma dos monumentos eternos, envolvidas pela áurea de grandiosidade que os museus lhe conferem, outra orgânica, humana, contingente, ligada aos ciclos da natureza e à qual nenhum objeto ou ser vivo pode escapar. Ambas são confrontadas quando as obras do museu escutam um marulho:

o correr da água na clepsidra

E vagamente sorriem resignadas como se estivem aceitando esse desígnio do universo, essa dualidade do que tem e do que não tem permanência. Mas Pessanha, no entanto, inverte os valores dessas duas condições, uma transitória e outra eterna, ao se referir às obras como abortos. O aborto é aquele ser que não goza da integridade dos demais seres vivos por não ter tido o mesmo desenvolvimento linear destes; sua evolução foi interrompida, impedindo o seu amadurecimento. Referindo-se a essas obras, pelo que tudo indica são estátuas, Pessanha as desprestigia, vendo nelas a interrupção do processo normal da vida em virtude da necessidade de aspirar à posteridade e se fixar, contra as leis do tempo. A eternidade nasceria, nesse caso, de uma morte prematura, quando as obras são arrancadas do devir humano e cercadas pelo museu, e de lá vêem os passantes com um leve sorriso nos lábios, como se apontando sua finitude e sublinhando o fato de que um dia eles também não estarão mais submetidos às leis da vida.

Aqui nós temos em verdade um jogo de forças antagônicas: a arte que se eterniza em função da morte, que se exime da transitoriedade e para tanto paga o preço de se afastar da realidade dos homens, recebendo em decorrência disso o desdém dos vivos. Há um confronto e uma inversão de valores: as estátuas, impassíveis ante o poeta, sorriem, resignadamente, pois têm um tipo de distanciamento que as exime do consórcio com os vivos, dando-lhes um ar de beatitude; ao mesmo tempo, Pessanha desvaloriza a sua condição de eternas, sobrepondo-lhe a sua própria impermanência como um valor superior. A sua obra nos revela essa dialética bela entre o ser e o não-ser, entre o instante e o eterno, transitoriedade e permanência, o pequeno e o grandioso, e às vezes embaralha esses conceitos, equivale-os. É o caso, por exemplo, de um poema como "Epitáfio", que no decorrer de uma única estrofe explora a condição humana como sendo celestial e verminosa, criando uma homologia entre as coisas celestes e terrenas. As estátuas do museu representam um estado de morte, mas uma morte que é ao mesmo tempo redenção e limite. É o mesmo estado de morte que o poeta sugere a seus sonhos, pedindo:

Adormecei. Não suspireis. Não respireis.

É uma condição de pré-existência a que o poeta aspira, da qual ele necessita. É a matéria inerte e viscosa, aquilo que ainda não se delineou para a vida e para os sentidos, uma zona anterior à consciência de si e das coisas. Parece que Pessanha está todo o tempo pondo-nos em contato com essa situação limite, com a oposição entre vida e morte, transcendência e imanência. Esse estado de morte, essa região indeterminada para onde os sonhos devem convergir, é também um estado de *latência*, de pura possibilidade, pois é o momento em que o que nos é conhecido se aniquila e tocamos aquilo que ainda não tem explicação. É para esse estado que a poesia de Pessanha nos conduz, para esse horizonte pré-categorial, onde a vida não pulsa e nem deixa de ser vida. Ela aponta para algo que ainda não existe, mas está em vias de. Enfim: uma poesia da pura virtualidade e que trata da flutuação de todas as coisas quando submetidas ao rio do tempo e do devir humano, se é que podemos classificá-la assim sem cristalizar seu sentido mais profundo e, paradoxalmente, agir contra sua natureza substantiva, que traz em si a essência de tudo quanto representa.

A EXOSFERA E A POESIA
DE FLAVIA ROCHA

Desde o começo de sua trajetória como poeta, Flavia Rocha persegue as relações entre intimidade e extimidade, entre proximidade e distância. Pode-se dizer que estes conceitos estão entre as matrizes conceituais de sua poesia. Em *A casa azul ao meio-dia* (2009), a imagem da casa está presente e fornece ao leitor uma esfera forte de intimização, como definiria o filósofo Peter Sloterdijk. Em *Quartos habitáveis* (2011), a mesma fenomenologia do espaço e a mesma topologia da habitabilidade. O mesmo imperativo: transformar as distâncias e suas marcas humanas em signos de pertencimento e de proximidade.

Flávia compôs esta cartografia da habitabilidade como quem atravessa um umbral. Do outro lado, após tocar a outra margem da linguagem a que se costuma chamar poesia, o leitor percorre os quartos e os poros, os seus porões e cabanas, as suas veias e vísceras, galerias de vozes, rostos, janelas e pátios, uns vazios, outros convulsivos em sua busca da suave concordância entre ser e mundo. Onde o leitor gostaria ler *quartos* e *habitáveis*, deveria ver: todos os espaços, interiores e exteriores, que se erguem a partir de uma dimensão absolutamente substantiva. Em seu terceiro livro, a preocupação com essa fenomenologia dentro-fora se expande a começar pelo título: *Um país* (2005). A experiência da intimidade começa a ser tocada pela necessidade da criação de antiesferas, forças que se projetam do exterior e convocam a poesia a abranger outras latitudes e longitudes.

Este seu quarto livro, *Exosfera* (2020), Flavia promove um adensamento deste percurso. E empreende um salto impressionante nos delineamentos de sua poesia. A fenomenologia dentro-fora e interior-exterior adquire um novo patamar: a cosmologia. Trata-se de abandonar as cascas, os envolvimentos e as segundas-naturezas das endoesferas terrenas. Trata-se de deixar às costas o horizonte global de todos os meios e mundos e de toda habitabilidade humana possível e, em um movimento vertical, seguir em direção às exosferas celestes.

Este livro primoroso é nesse sentido um livro-poema que conecta poesia e cosmologia. A poesia sempre é a microscopia e a macroscopia de mundos. Investiga os universos imanentes à linguagem e à percepção e cujas dimensões se ajustam à medida da sensibilidade e das imagens projetadas nas telas da mente. Mas nem todo poema se exercita nessa fronteira fundadora de pensar o mundo como imagem do mundo, como queria Heidegger. Este poema-universo de Flavia Rocha arrisca-se nessa aventura. É uma viagem em direção às camadas mais sutis e mais humanas da experiência.

Em seu poema *Sueño*, obra-prima da história da poesia, Sóror Juana Inés de la Cruz pôde descrever o universo por meio de uma ascensão da alma durante o sono em direção às esferas intelectivas, depuradas do corpo. Adquiriu assim um lugar de destaque na maravilhosa tradição de descrições das engrenagens da máquina do mundo, de Lucrécio, Ibn ʿArabī e Dante a Camões e a Drummond. Diferente destas viagens da alma, este poema de Flavia Rocha não segue em direção a Deus. Ascende em direção à esferas abstrativas da experiência: exosferas. Depuradas as camadas opacas da percepção, o poema nos confere a visibilidade da vida e da Terra.

Como uma câmera situada no ano de 2121, o poema funciona como um observador de segunda ordem da teoria dos sistemas: descreve a vida e os processos complexos, a biografia de uma vida e os limiares da morte, a extinção de um planeta e uma fagulha de esperança entre escombros. Mostra-nos o quanto somos implicados no mundo justamente por não pertencermos mais ao mundo. A experiência da distância é a cicatriz de um amor que ainda persiste. Uma vinculação final que, desfita, ainda pulsa, à contraluz, em meio às ruínas.

Paradoxalmente, essa *action in distans* e esse distanciamento nos humanizam. Conferem ao leitor a capacidade de perspectivar o todo. Um todo opaco, um pálido ponto azul chamado Terra, capturado por uma protagonista una-trina, a partir do espaço. A pequenez humana redimensiona o valor da raridade humana. A pequeneza da vida singulariza a vida. Poeira efêmera e tangível, vagamos com o poema, nos abismos dos espaços infinitos.

Unindo os humanos e os terranos, aqueles que pertencem ao planeta e aqueles que o exploram, nas acepções de Latour, vemos também os traços fugidios de um rosto que se vê no espelho. Rosto e mundo se completam. A silhueta da poeta Flavia Rocha é um desenho sub-reptício dessa visão da Terra. Somos meros meios pelos quais o universo se vê a si mesmo? Sim. E nisso consiste o gesto inacabado de nomear de toda poesia. O poeta é aquele que melhor compreende sua condição de ser um meio e não um fim das cadeias e dos processos infinitos da vida.

Flavia tem um domínio preciso da disposição dos versos e dos usos dos grafismos, da atomização das palavras e das lacunas significativas. Por meio deles, mimetiza a estrutura das galáxias, inscritas no Vazio. A capsula-poema flutua em um mundo de solidão, em uma Terra quase extinta e em um universo feito de impassibilidade e indiferença. Nem globo e nem aldeia: um mundo de espumas flutuantes no qual o colapso dos sistemas de imunologia se consumou, segundo Sloterdijk.

Justamente por causa da apreensão dessa negatividade por meio das palavras, este poema-universo traz em si uma experiência que oscila entre o onírico e o disruptivo. E se constela nas entranhas do leitor. Como escrita prospectiva, vinda de um futuro que a escrita mesma constituiu, cada palavra e cada imagem inscritas nestas páginas produzem um estranho efeito de fossilização deliberada.

Como o anacronismo deliberado, um dos principais dispositivos da arte contemporânea segundo Didi-Huberman, a escrita de Flavia gera um anacronismo extemporâneo. Espelha nosso presente. Espelha nosso futuro. Especula sobre os tempos que poderiam vir a ser distintos caso tivessem sido diferentes do que foram. Por isso, como toda grande literatura, esta é uma poesia especulativa: um prisma de espelhos-mundos girando suas imagens em vertigem.

Dentro dessa lanterna mágica, em meio a membranas virtuais e a membros vivos, flutuando em oceanos de detritos e em redes neurais de silício, a taxonomia dos vegetais funciona como um fio condutor. Não poderia ser diferente. Segundo Emmanuel Coccia, a ontologia dos vegetais é uma micro-ontologia: uma investigação sobre a pluralidade dos mundos que nos cercam. Mais do que isso: os vegetais são as grandes redes de sustentação da vida. Quase todos os seres são prescindíveis. Não haverá vida sem a trama paciente dos vegetais que reticulam a Terra.

Nesse sentido, a travessia deste poema-universo é também um reconhecimento da anterioridade da vida em relação à vida. Em outras palavras, se toda nomeação da vida em geral depende da linguagem humana, os humanos e a linguagem dependem desses delicados emaranhados transumanos de vegetais para existirem e para poderem continuar existindo e nomeando. Entre o silêncio sideral de uma câmera-poema e a visão desses silenciosos seres que nos cercam, *Exosferas* é um mapa cifrado lançado do futuro para o presente.

A POESIA DE EDITH ELEK

Durante muito tempo a filosofia buscou o elo perdido entre os sentidos e a razão. Esta padece por causa daqueles. Aqueles não subsistem sem esta. Esse hiato tensionado ao longo do tempo produziu um abismo. Tornou-nos incapazes de apreender algo mais imediato, precário e flutuante: a experiência do corpo. Por isso, de Montaigne a Virginia Woolf coube à literatura se incumbir dessa tarefa esquecida: dar voz à voz sibilina e escamoteada do corpo.

Essa experiência do corpo não consiste em refletir sobre os nossos limites. Não se baseia em cultivar ou em cultuar os instintos. Não se concentra na fatalidade e na finitude. Tampouco é uma meditação sobre a morte ou uma *ars moriendi*, pois isso seria demasiado transcendental. O corpo também não nos ensina os limites do pensamento ou da percepção. A linguagem do corpo nos revela algo mais simples: o que há de mais prosaico em nossa condição de animais e de anfíbios. Habitantes da Terra e oriundos da água, cercados de seres, coisas, humanos e objetos, passamos. Corpo entre corpos, corpo dentro de corpos, corpos e anticorpos, em uma batalha e em uma dança, rumo ao fim.

A poesia de Edith Elek se baseia nesse compromisso com um mundo de seres tangíveis. Nesse sentido, *Pedaço de mim* não se escreve nem como metonímia nem como metáfora. Inscreve-se como mereografia: a escrita das partes. Essa escrita ao fim e ao cabo não ambiciona revelar a eventual totalidade da vida da poeta. No caso, Edith. Pretende, sim, mostrar a coextensão entre o corpo, o poema e a vida. Em cada poema se preserva e se armazena o que foi e o que se foi – para sempre. Em sua linguagem-molusco transparente, fluida e viva, estes poemas simultaneamente dissecam a poeta e o leitor. Assim, Edith incorpora uma miríade de sensações, lembranças, afetos, desejos. Grandes prazeres e pequenas tristezas. Tudo cabe neste baú de sublimações, decadências e renascimentos.

A travessia pelo túnel da tomografia, o câncer e a doença, a morte e o orgasmo, o gozo, o sexo e o êxtase se encontram em paridade com os dias de chuva, o domingo de sol e a tarde de sábado, a observação das árvores, os buracos do queijo, o dedão e o útero, retalhos, fragmentos e signos – epifanias. Diferente do que se imagina, essa equipolência entre dimensões existenciais distintas não minimiza o valor de cada circunstância vital. Tampouco anula o sentido de cada afeto, cena ou personagem.

Isso ocorre porque uma das chaves centrais dessa poesia é a ironia. Em sua dicção ambivalente, o sublime e o trivial se tocam, embora não se fundam e não se confundam. A ironia não surge de um perfeito distanciamento. Nasce de uma perfeita proximidade. O olhar vasculha rostos, esmiúça a vida destes buracos suspensos no ar, dobra e desdobra origamis e busca estrelas cadentes. Esse olhar-Miguilim põe e retira todos os tipos de lentes. E essa microscopia é o segredo para a sensação constante de intimização que o leitor experimenta nestes poemas.

Ao mesmo tempo, esse trabalho de miniaturista revela a grandeza do pormenor e a insignificância de toda abstração. Por isso, o poema Passagem é um definidor da poesia de Edith. Arco e lira distendidos entre vida e morte, a experiência do corpo-ausência e do corpo-carcaça não é menos sublime ou singular do que a experiência de sermos uma poeira estelar ou a sombra de um deus. Por meio desta poesia-corpo, observamos o mundo e aderimos às coisas. Observação e aderência tornam-se sinônimos. E em cada um destes espelhos quebrados conseguimos reconstruir uma face que por ventura pode vir a ser a nossa.

POPOL VUH: O MUNDO DESDE O COMEÇO

O *Popol Vuh*, também conhecido como *Livro do conselho*, *Livro do comum* ou *Livro da comunidade*, é o documento mais importante da antiguidade das Américas. Apresenta a cosmogonia (origem do universo), a antropogonia (origem da humanidade), a mitologia, a genealogia e a história dos Maias-Quiché. O documento é atribuído a um autor anônimo chamado Mestre da Palavra. Foi registrado em língua quiché pelo frei dominicano Francisco Ximénez no começo do século XVII.

Este passou a ser conhecido como Manuscrito Chichicastenango, um dos primeiros documentos escritos pelos indígenas em caracteres latinos e a verão mais antiga do poema. A edição crítica mais completa deste manuscrito foi organizada pelo erudito guatemalteco Adrián Recinos, que o descobriu em 1941. Em 1947, Recinos lança a tradução da obra para o espanhol, repleta de notas, comentários e explicações filológicas e eruditas.

Foi a partir desta edição que a poeta, ensaísta e tradutora brasileira Josely Vianna Baptista preparou uma nova tradução brasileira. Não contente com a pletora de anotações de Recinos, Josely também ampliou as notas, criando notas sobre passagens, termos e especificidades do maia-quiché e do espanhol. Além disso, também confrontou sete traduções feitas diretamente do maia-quiché, sobretudo para o inglês e o espanhol.

O resultado é a excepcional edição que a editora Ubu acaba de lançar no mercado. A obra conta também com ilustrações de Francisco França e com uma minuciosa pesquisa de texto e de iconografia realizada por Daniel Grecco Pacheco. Ademais, também traz uma extensa introdução de Recinos, onde o especialista reconstrói todo o ziguezague de suas traduções e interpretações.

Recinos parte dos escritos de Ximénez e da apropriação da obra feita pelo americanista francês Charles Étienne Brasseur de Bourbourg, que chegou à Guatemala em 1855 e deu ensejo a uma edição da obra em 1861. Esta edição produziu uma febre novecentista em torno da obra mesoamericana. Deu origem a muitos trabalhos científicos sobre essa mitologia: Bancroft, Brinton, Charencey, Chavero, Müller, Reynald, Seler, Spence, Genet.

No plano formal, Josely procura manter aspectos poéticos e retóricos do original, tal como a mescla de verso e prosa e o difrasismo, estrutura de paralelismos semânticos por meio da qual dois termos geram um terceiro significado. Para a tradutora, o difrasismo é estrutural e essencial à obra. Refere-se a aspectos formulares rituais e preserva uma dinâmica de espelhamento entre termos. Seria semelhante ao quiasmo, recurso muito utilizado na literatura do século XVII e que consiste em justapor ideias-imagens aparentemente antinômicas, sugerindo uma terceira, dialeticamente.

Esses binômios semânticos estariam presentes logo no começo do *Popol Vuh*, na belíssima imagem do Coração do Céu. E se espalham em micro e macroquiasmos. Não se trata de questões restritas à forma. Deitam raízes na cosmologia (imagem do universo) e na axiologia (ordem dos valores) das comunidades maias-quiché. Outro aspecto recorrente é a disseminação (Derrida) de sentidos e de nomes, bem como o poder fundador da palavra.

Um cálculo a partir de cronistas espanhóis estima que o início da dinastia quiché se situa no ano 1054. Contudo, a origem autóctone do poema se radica em estruturas antropológicas do imaginário que são transistóricas, indeterminadas e de difícil datação. Certamente o poema é composto por ciclos de narrativas de tradição oral que foram se enredando e se somando através das gerações, como uma enciclopédia movediça de conhecimentos comuns. Por outro lado, sabe-se que a produção material mesoamericana de cenas e imagens do *Popol Vuh* se encontra presente em estelas, cerâmicas, vasos, pratos e pinturas murais desde o período pré-clássico (2500 a.C.-200 d.C.) até o pós-clássico (1050 d.C.-1525 d.C.).

O *Popol Vuh* começa com o relato dos dois gêmeos fundacionais da cultura maia-quiché. São *tricksters*, caracterizações antropológicas e arquetípicas de personagens que apresentam profunda ambiguidade moral. Estas são entidades comuns nas narrativas mesoamericanas. A começar pelo Macunaíma, levantado pelo viajante alemão Theodor Koch-Grünberg e que serviu de base ao moderno herói sem nenhum caráter de Mário de Andrade. Os gêmeos ambivalentes também protagonizam *Dois irmãos*, clássico contemporâneo de Milton Hatoum. No poema, a saga desses anti-heróis culmina com a criação do Sol e da Lua, produzidos quando ambos se atiram no fogo para gerar os dois astros.

Um dos aspectos mais fascinantes da obra é sua concepção da criação do mundo. Há deuses e deusas, que se revezam na performance de dezenas de mitos e ritos, em sequências impressionantes. Mas salta aos olhos uma questão. Diferente da Bíblia e de outras cosmogonias mesopotâmias ou mesmo orientais, o mundo não nasce pronto. Ele está sendo continuamente criado e cocriado por humanos, animais e deuses. Tanto que demora uma eternidades para a chegada dos humanos na cena mundana.

Em termos narrativos, o *Popol Vuh* é uma miríade de mitos, lendas, imagens, ações, performances, rituais e fábulas difíceis de serem expostas e encadeadas em um texto breve. A obra apresenta o quadro mais completo das tradições, crenças e migrações das tribos indígenas que povoaram o território que hoje representa a Guatemala e que no passado foi uma das sedes do império Maia. O tronco comum dos maias desenvolveu uma esplendorosa civilização na península de Yucatán. E se espalhou por quase todas as regiões da América Central.

O Brasil contava com uma excelente tradução em versos feita pelo poeta, tradutor e ensaísta Sérgio Medeiros, em parceria com o americanista Gordon Brotherston, professor da Universidade de Stanford, em edição bilíngue da Iluminuras. Agora, com esse enriquecimento trazido pelo trabalho de Josely e pela editora Ubu, o mapa das constelações culturais ameríndias se expande ainda mais. Fornece ao leitor a oportunidade de conhecer uma cosmologia milenar. Esta, por sua vez, não se encontra em um passado distante nem em um substrato oculto da tempo. Como queria o poeta cubano Lezama Lima, encontra-se pulsante em nosso sangue. E em cada signo ambivalente que nos torna, ainda hoje, americanos.

GOETHE: POESIA E VERDADE

Sempre que se invoca autores cuja obra se espraia em quase todas as áreas do conhecimento, Johann Wolfgang von Goethe (1749-1832) é um dos primeiros nomes que vêm à mente. Para compreender o percurso de elaboração dessa obra monumental e *sui generis* nada melhor do que apreender a dinâmica interna de sua elaboração. Analisar as questões que o autor colocou para si mesmo e quais as soluções que ele encontrou para as mesmas. É possível assim visualizar a evolução orgânica de sua produção. As conexões subterrâneas entre esses domínios à primeira vista tão heterogêneos.

Nesse sentido, um dos melhores caminhos para adentrar a evolução interna desse autor clássico é a excelente Série Goethe da editora Unesp, coordenada e concebida por Mario Luiz Frungillo, professor do Instituto de Estudos da Linguagem (IEL) da Unicamp e especialista em literaturas de língua alemã. O objetivo é produzir edições críticas das principais obras do grande poeta e pensador alemão. Para tanto, inicia-se pelas obras que conectam diretamente essa obra à vida de Goethe.

Havia sido publicada *Conversações com Goethe nos últimos anos de sua vida (1823-1832)* de Johann Peter Eckermann, uma transcrição das conversas cotidianas que este autor mantivera ao longo dos dez últimos anos de vida de Goethe. Agora a série traz ao leitor *De minha vida: poesia e verdade*, autobiografia na qual Goethe traça um painel de sua vida, desde a primeira infância até os últimos anos. Ambas contam com excelentes traduções e um bom aparato crítico, com apresentações e notas. A primeira, a cargo do próprio Frungillo. A segunda aos cuidados de Mauricio Mendonça Cardozo.

São mil e seiscentas páginas de reflexões de Goethe, diretas (autobiografia) e indiretas (conversações). Eckermann foi um escritor e dramaturgo, formado em Filologia e que desde as primeiras leituras se apaixonou pela obra de Goethe. Decidiu então tornar-se seu fiel seguidor e auxiliar a edição de suas obras. As conversações com Eckermann estão divididas em três partes: as duas primeiras foram redigidas em 1836 e a terceira, em 1848. Já *De minha vida* é dividida em quatro partes e em vinte livros, e concebida de modo bem mais esparso. Enquanto as três primeiras partes foram escritas entre os anos de 1811 e 1813, a quarta surgiu entre 1813 e 1831, e foi publicada apenas postumamente.

Embora seja conhecido como poeta e dramaturgo, a obra de Goethe engloba conhecimentos de filosofia, alquimia, teologia, religiões, filologia, literatura, mitologia e, nas ciências naturais, conecta sobretudo com a botânica, a mineralogia e a ótica. Como unificar essa miríade de saberes? A unidade se encontra em uma entidade: a natureza. Goethe é um panteísta, um adepto de um Deus da Natureza. Isso explica suas longas digressões sobre a importância da identidade entre Deus e Natureza (Deus sive Natura), concebida por Espinosa. Como panteísta, Goethe também defende graus de racionalidade distribuída nos animais e nas plantas. Por isso, quando menciona a Bíblia, prefere referir-se a Deus no plural (Elohim).

Seus estudos de ciências naturais não se baseiam apenas em uma teologia natural. Partem da observação empírica dos fenômenos e de uma concepção vitalista da cosmos. A observação do universo encontra padrões nos sistemas orgânicos. E assim torna-se possível a passagem da natureza à arte. Não por acaso, Goethe se interessou tanto pelas tipologias e caracterizações da natureza, tais como os quatro volumes da *Physiognomia* de Lavater, obra para a qual escreveu a morfologia do crânio dos animais, dentre outras contribuições.

Esse estudo do reino da natureza o fez buscar nos antigos a unidade entre a filosofia, a poesia e a religião. Conduziu-o também na juventude à magia, à alquimia, ao hermetismo e à cabala, sobretudo por vias da obra de Cornelius Agrippa, saberes que estão na raiz de algumas de suas obras. Por outro lado, Goethe chegara à botânica, à teoria das cores e à formulação da lei da metamorfose das plantas por um caminho nem um pouco metafísico: por meio da empiria e da observação. Por isso, trata-se de um artista-cientista tão singular na história das ideias e da arte. Conhecia a fundo a erudição de Buffon e Lineu, bem como os cinco volumes da *História natural* de Cuvier. Ao mesmo tempo, elogiava os naturalistas Von Martius e Von Humboldt por serem cientistas da imaginação.

Essa irmandade entre ciência e imaginação começou cedo para Goethe. Começou com as visitas aos ateliês dos pintores amigos do pai, Johann Kaspar Goethe, e com as investigações na biblioteca familiar, quando ainda era criança. A paixão pelas letras se soma à paixão pelas artes visuais. Os comentários sobre a estrutura das cidades, a arquitetura, os pintores de Frankfurt am Main e o interesse pela produção de seu tempo revelam o embrião do Goethe artista. Chegara a desenhar e a fazer gravuras e pinturas, incentivado pelo pai. O gosto pela arte surge ao mesmo tempo que a descoberta dos livros. A leitura é intercalada às gravuras. Imagem e texto leem e se interpenetram. Nascia o problema do diálogo entre as artes verbais e visuais (*ut pictura poesis*), mais tarde vai ocupar o centro de sua atenção por meio do *Laocoonte* de Lessing, que revoluciona essa questão.

Seguiram-se o estudo de italiano, latim, grego, inglês e hebraico. A curiosidade pelas línguas antigas o levou à mitologia e à Bíblia. E também o conduziu à tomada de consciência da vocação de poeta. Dentre muitos dos ensinamentos que Goethe retém das obras de seus mestres Lessing, Winckelmann e Kant, um dos mais importantes é a perfeição orgânica. A biologia pressupõe uma relação entre ontogênese e filogênese, entre o geral e o específico, entre a origem das espécies e a origem dos indivíduos. Essa relação pode ser detectada por meio da analogia das formas dos seres vivos e também por meio da lei de finalidade (*telos*). O ser belo seria aquele que consegue alcançar o ápice de seu desenvolvimento natural, ou seja, sua finalidade interna. Por seu lado, as enteléquias são espécies de almas materiais dispersas no mundo. Entidades eternas que, embora presentes no corpo terreno, não se corrompem.

Se a natureza aspira às perfeição em suas obras, o artista aspiraria a uma segunda ordem de perfeição nessa segunda natureza que é a arte: captar as enteléquias e imitar a lei da finalidade. Essa ciência da natureza levou Goethe a criar uma teoria das cores baseada nas seguintes teses: a luz não é uma mistura de cores; as cores não podem gerar cores, pois as cores são uma mistura de luz e sombra; a sombra é parte da luz. E a criar também uma teoria da imagem. Os seres vivos são imagens da perfeição da natureza assim como as obras de arte são imagens da perfectibilidade da natureza humana. Essa concepção dinâmica da natureza é o que diferencia o Tempestade e Ímpeto (*Sturm und Drang*), do qual Goethe tomou parte, do Iluminismo francês, mais racionalista e mecanicista.

Em relação à literatura, pode-se acompanhar nas conversações e na autobiografia a gênese de algumas obras. O interesse pelo mito de Götz von Berlichingen surge ainda na adolescência e toma forma em uma obra homônima de 1773. As composições das duas partes do *Fausto* são pontuadas e diluídas ao longo do fluxo da vida. As reflexões sobre Lúcifer como poder criador emanado de Deus e o conceito de Segunda Queda são chaves importantes para compreender essa obra na qual Goethe trabalhou ao longo de sessenta anos. A elaboração de *Os anos de aprendizagem de Wilheim Meister* pode ser cotejada com motivações biográficas e formativas do poeta.

Outro tema recorrente é a violação deliberada da lei das três unidades de Aristóteles. Essa lei não é nada sem a apreensibilidade, definida por Goethe como um princípio de compreensão geral do drama que transcende o escopo da unidade de espaço, tempo e ação. Ademais, se a natureza é viva e divina, o ritmo da poesia tampouco é problema de metro, mas de atmosfera (*Stimmung*).

A reincidente glorificação de Shakespeare, que teria enriquecido o drama com a lei da variação, inexistente nas tragédias gregas, demonstra a centralidade do bardo na obra deste outro bardo. As remissões a Fielding, Byron e Walter Scott perfazem o leque de elogios à literatura inglesa. E oferecem um contraponto crítico importante à literatura alemã de sua época, norteada sobretudo por Klopstock. Sob o ponto de vista intelectual, dois encontros foram decisivos para a sua vida: Herder e Schiller. Ambos modificaram sua compreensão da poesia, da literatura e do drama.

As conversações e a autobiografia podem ser vistos como excelentes fios condutores da obra como um todo. Fornecem dados importantes tanto para a concepção de tragédia romântica de *Os sofrimentos do jovem Werther* (1774), que projetou Goethe como um escritor conhecido em toda Europa, quanto para o pandemônio de referências do *Fausto I* (1806) e do *Fausto II* (1832), sobretudo da *Noite de Valpurgis* clássica (segundo ato). Levantam pistas sobre a teoria animista e o pampsiquismo de *As afinidades eletivas* (1809) e sobre a inspiração persa e indiana do conjunto de poemas do *Divã Oriente-Ocidente* (1827). O mesmo ocorre em relação à prosa de viagem e à produção científica do poeta, tais como *Viagem à Itália* (1813-1817), *Metamorfose das plantas* (1790) e *Teoria das cores* (1810).

Heinrich Heine chamava Eckermann de "papagaio de Goethe". "Este é o meu Goethe", dizia Eckermann. Outra fonte de interesse formal destas conversações refere-se ao estatuto de Eckermann como autor-fiador da memória do amigo. Na medida do possível, cabe sempre um renovado interesse sobre o que haveria de fidedigno e de construção ficcional nessas conversas transcritas.

Segundo Goethe, quanto mais inapreensível e incomensurável ao entendimento for uma obra de arte, melhor ela será. Curiosamente, essa definição de arte é idêntica à definição que ele nos oferece de demoníaco: algo que não pode ser decifrado a partir do entendimento e da razão. O demoníaco não é o oposto da natureza. Ele é o enigma da vida e do mundo. Manifesta-se nas mais variadas formas e em toda natureza, tanto no visível quanto no invisível. Poderíamos identificar nessa convergência entre a arte e o demoníaco um sinal da divino convergência entre poesia e verdade? Em caso positivo, a despeito da literalidade, as conversações com Eckermann e a autobiografia podem ser lidas como ficção. Ao passo que o *Fausto* seria sua verdadeira autobiografia.

MOACIR AMÂNCIO:
POESIA E PARALAXE

Valéry define a poesia como o Paraíso da linguagem. Essa luminosa intuição guarda em si um enorme potencial hermenêutico. Ao mesmo tempo, revela um dos principais problemas das relações entre poesia, linguagem e mundo. Quando o poeta de Sète concebe essa máxima, não pretende situar a poesia em um espaço originário, em uma esfera mítica *in illo tempore*, como nostalgia romântica de um ideal perdido, aquém ou além da historicidade. Pretende, sim, definir a poesia como a completa reversibilidade entre realidade e imagem, entre objeto e representação. As palavras e as coisas efetivamente nunca se dividiram no seio do pensamento e da atividade do poeta. Tanto que a tradição hebraica preserva inclusive no interior da língua uma zona de indiscernibilidade entre *res* e *verbum*. E, por isso, a palavra *davar* significa, simultaneamente, *palavra* e *coisa*.

Contudo, como diz Whitehead, pensamos em ideias gerais, mas vivemos o detalhe. As palavras tornam os objetos comensuráveis. Mas os detalhes dos objetos são incomensuráveis entre si. Como diz o poema de abertura:

toda cor
sem descrição
é

Mesmo ao se situar em um horizonte aquém da descrição, a cor unifica ser e sentido. A linguagem generaliza a experiência. Ao passo que a experiência de um objeto é sempre a experiência de uma singularidade, irredutível à experiência dos demais objetos e muito menos aos conceitos que configuram objetos heterogêneos entre si. A vida é uma constante e infinita flutuação da experiência. Como quis Fernando Pessoa, cada novo estado de alma gera um novo eu. Poderíamos agregar: cada nova experiência gera um novo objeto:

o por fora diz alguma coisa
mas nunca idêntica será a letra

também assim lerás todo mundo
com mesmas letras sentido não

Univocidade letra-coisa é colocada aqui por Moacir. Se as coisas se diferenciam, as letras são incapazes de encarnar o sentido singular de cada coisa. Para pensar com Espinosa, a natureza e Deus são uma mesma substância. Mas os modos de ser dessa substância una alteram a essência dessa mesma substância. No caso da linguagem, os modos de expressão singular de cada coisa reformulam os sentidos da expressividade geral de todas as coisas.

Por isso, a poesia de Moacir se desenvolve no âmago de uma prosa do mundo. A prosa do mundo é um dos *topoi* mais antigos da literatura e se intensificou com o predomínio da alegoria e das religiões abraâmicas, para as quais o ato de criação é um misto de ação e linguagem, um ordenamento do *logos* e um sopro no interior das criaturas (*ruach*). Por isso tanto a mística islâmica de Ibn ʿArabī e Suhrawardī quanto o *Zohar* e a mística da cabala neoplatônica de Moses de León e de Abuláfia usam a imagem do cálamo e da escrita para descrever a escrita do mundo por Deus. Porém, o mundo é uma prosa de sentido equívoco. E o é não porque as palavras e as coisas tenham se desconectado. Mas justamente porque as coisas são linguagem, a heterogeneidade das coisas produz uma heterogeneidade da linguagem, dispersa pelo mundo e idêntica à multiplicidade dos modos e dos seres desse mesmo mundo.

Disso se chega ao método da *decompositio* ou àquilo que Agamben chama de *mysterium disjunctionis*, o enigma da dissipação dos seres:

sua paixão infinita
por desmontar tantas flores

para o seu entendimento
destruindo e desnaturando
pulverizando-as todas

e as cores seus brilhos nomes

se tornassem o veneno
do qual ele se nutria

Dissipar nomes, pulverizar cores, desmontar flores. A ação infinitizadora gera em compensação a completa finitude dos seres em seus isolamentos ônticos. Nessa diástase e nesse abismo:

não podes ser alguém ou ninguém
não te permitas a aritmética

Se não há um princípio de racionalização capaz de agregar todos os seres, a antiga querela dos universais continua intacta, pois cada ser singular não pode ser nada-ninguém geral, tampouco pode ser algo-alguém universal, pois para tanto precisaria conciliar a sua forma presente com a universalidade do conceito que o enseja.

Nesse sentido, se cada coisa é singular, como é possível generalizar a soma diferencial de todas as coisas por meio da linguagem? Se as coisas e gentes e seres se espalham pelo mundo, em uma infinita disseminação, como unificar essa experiência da palavra-coisa? Como conceber uma poesia edênica? A resposta poderia ser: produzindo uma genealogia das coisas como se fosse uma genealogia da linguagem. Podemos dizer que essa perspectiva genealógica, vivida e encarnada por Moacir Amâncio ao longo de sua trajetória como poeta, confirma-se especialmente neste novo livro.

Nesses termos, um modalismo à maneira de Espinosa atravessa todo este livro. Da mesma maneira que Deus e natureza são idênticos (*Deus sive Natura*), os modos de manifestação de Deus geram diversos modos de ser da substância divina, materializada na natureza. E é isso que diz o poema:

se tu não és quem pensas que és
cada modo teu será diverso

O nomadismo das coisas-palavras presentes nessa poesia-êxodo de Moacir começa pela designação da primeira seção do livro: *Móveis e utensílios*. Móveis não são apenas os objetos que ocupam o interior das casas. Móveis são a linguagem e os seres vivos, os animais e os humanos, em uma dispersão ontológica constante. E esses seres móveis, para transformarem o mundo mediante a ação, são utentes de utensílios. Por sua vez, tampouco os utensílios são objetos concretos. Podem ser seres, agentes e agências, empíricos e metaempíricos. Por seu lado, como o título indica, *matula* é a comida que se leva em uma viagem. E a viagem de Moacir é pela poesia e por uma Ibéria expandida, pela disseminação dos nomes de judeus marranos e de cristãos-novos, dos inquiridos e degredados, dos poetas que nomearam o mundo e dos mundos abertos pela ação de poetas, rumo às novas terras transoceânicas:

> como se o mar um ladrilhado logos fosse
> mas com porém lugar aberto aos bambos pés

A prosa do mundo transforma o mar em um *logos* ladrilhado, mas nem por isso estável ou menos abissal. Aqui se adquire a mobilidade dos pés móveis neste mar-linguagem, sobre o qual deslizam personagens nômades sem pátria, mas patriarcas da língua, pois a língua é a pátria e a grande arca dos pais, a primeva aliança arquetípica. A língua funda o mundo à maneira do mito, como queria Flusser. Por isso, este livro é acima de tudo uma genealogia da língua e de sua viagem:

> faremos lá a nossa língua e outras folhagens

Uma viagem da língua através da poesia criada na língua. Uma viagem de transplante da língua de terra em terra. Uma ressurreição da língua-árvore nas folhagens de outros lugares. Palavras. Alimento precípuo dos poetas. Matula.

Essa viagem anuncia também uma cosmologia, tecida em belas imagens:

> como a flor ausente revela
> o vago surgir de uma estrela

E enfatiza a dissipação, em nível cosmológico:

> entre os astros a flor sem haste

Também o faz emulando Ramon Llull, um dos mestres da *ars dictaminis* e das artes da memória, com sua máquina de pensar em forma de rosa-dos-ventos:

dos brilhos de um astro
a cair a subir para o fundo
ou rumo à flor em águas do universo
e perguntam que flor é essa de setenta
e sete nomes
e tantas vezes sete essa cifra inumerável

Essas imagens cosmológicas adquirem tons neoplatônicos ou plotinianos, tecem círculos concêntricos de retorno do Uno a si mesmo, em sua prodesse, círculos concebidos na esfera jocosa do poema que surge à imagem e semelhança de uma simples laranja:

observar o redondo
natural percebendo-o
calar-se em seus círculos

retornos em si mesmos

o silêncio deposto
as laranjas algumas

A imagem da esfera neoplatônica se mescla à concepção ora de um teofisismo à maneira de Espinosa ora ao hilemorfismo do filósofo hebreu Ibn Gabirol (1021-1055), que tem aqui um belo poema traduzido por Moacir e incluído no corpo deste livro como anexo:

O inverno escreveu com tinta de chuva
E a pena de raios nas mãos das nuvens
A carta no jardim de azul e púrpura.
Jamais dessa maneira o poeta escreve.
Nesse tempo do zelo a terra ao céu
Qual estrelas bordou canteiros breves.

Em certo sentido Marsilio Ficino, Pico della Mirandola, Pietro Bembo, Angelo Poliziano e tantos outros da Academia Platônica de Florença beberam nas fontes vivas da *Fons vitae* de Gabirol, pensador nuclear para se compreender o panteísmo da Renascença, bem como Espinosa e o espinosismo. Em uma analogia dos entes (*analogia entis*), corroborando aquilo que Arthur Lovejoy designou como a grande cadeia do ser, mais uma vez temos aqui a transposição da escrita para os processos naturais e a emulação da natureza com o poeta: inverno-escritor, chuva-tinta, pena-raio, nuvem-mão, carta-jardim e estrela-bordadeira. Essas imagens de Gabirol poderiam ter sido traçadas pelo engenho de Góngora, de Quevedo, de Garcilaso. O estro de Moacir se apoia sobre essas imagens e autores, imita-os e os emula, em sua poética que se vincula a tradições e às preceptivas antigas justamente ao torná-las contemporâneas do presente e do futuro. Porque a poesia é um devir da linguagem em constante migração e palingênese, buscando nas palavras a sobrevivência das imagens (*Nachleben*), como queria Aby Warburg, e nas imagens o alimento das palavras: matula.

A teoria das esferas celestes também encontra centralidade neste livro. Atravessa a poesia por meio da circunvolução do mundo, pelos navegantes e pelos ulteriores Raposos Tavares e macabeus sem templo que adentram as Américas. Pelos perseguidos pela grande ratazana que vampiriza a máquina do mundo e suas engrenagens:

A grande ratazana imaginou
A máquina do mundo um vasto cérebro
Pronto a ser roído até o vazio oco
Onde ela se alojasse em próprias fezes
E o mundo se fizesse por inteiro
À sua semelhança e justa imagem

A raiz judaica da língua é enumerada entre os Garcia e Espinosa, Martelo e Uriel, Abraham e Pereira e Castro, dentre tantos nomes. Essa homenagem retroage sobretudo aos renascentistas, incluindo o belo o texto de Abraham Cohen de Herrera enunciado ou, melhor ainda, transfigurado neste livro em forma de poema. Nesse sentido, a poesia de Moacir não apenas flerta com a agudeza e as artes do *concetto* quinhentistas e seiscentistas. Trata-se de uma poesia vivida visceralmente como uma coextensão desse pensamento. O poema "Qal Vahomer segundo Juan de Prado talvez recria à perfeição esses mecanismos seiscentistas de conflito dos mundos (*contemptus mundi*) ao colocar em diálogo o espinhoso Espinosa e Juan de Prado. As tensões e os opostos são marcados pelo recurso gráfico da separação pelas barras, que lembra recursos da poesia ibérica dos séculos XVI e XVIII, inclusive a tradição dos enigmas, de Gregório de Matos e de Quevedo.

Esse jogo binário, do ponto de vista dialético, parece espelhar o debate teológico dos chamados futuros contingentes, presente no século

XVII nos pensadores judeus e também no cristianismo de Jansenius, Molina e Pascal. O poema capta esse caloroso debate ibérico seiscentista por meio de suas consequências: predizer o futuro pela profecia abriria as portas para uma infinidade de messias. Ao contrário, em uma lógica cética, vedar em absoluto o acesso ao futuro é torná-lo impossível e, desse modo, tornar também o presente, necessariamente óbvio, fechado sobre si mesmo. O padre Antonio Vieira tematizou e sofreu os contragolpes inquisitoriais dessa lógica em sua *História do futuro* e na *Clavis prophetarum*, bem como nas sua hermenêutica profética das trovas do sapateiro Bandarra.

Como queria o crítico canadense Northrop Frye, toda obra é o deslocamento de uma obra anterior, em uma ação a um só tempo mítica e modal. Toda obra é, portanto, a modalização de um mito que a precede. Inscrito nessa perspectiva simultaneamente crítica e criativa, como a definiram Eliot e Pound, ao retroagir ao século XVII, Moacir também desloca o mito farsesco de Shabtai Tsvi, o profeta judeu convertido ao islã que deu ensejo aos *dönme* na Turquia e gerou um dos maiores colapsos da profecia, tanto no âmbito do judaísmo quanto do islamismo. Nas mãos do poeta, as conexões entre poesia e teologia se iluminam. Esse oxímoro teológico representado pelo Shabtai não se transforma em vindicação de preceitos, mas em analogia potencial. O duplo binarismo, agudo e engenhoso, entre o oculto e manifesto, cruzados em duplo vínculo (*double bind*), é flagrado também no discurso messiânico do sebastianismo. Nesse sentido, embora os poemas não o atestem, em uma interpretação livre, poderíamos dizer que assim como o Shabtai criou um criptojudaísmo travestido de islã, o sebastianismo seria uma profecia cristã criptojudaica.

A cosmologia também adquire sentido central nas releituras da Renascença, em especial no complexo poema "Luz pequena lunar". Como no *Autorretrato em espelho convexo*, por meio do qual John Ashbery reconstrói-se a si mesmo e o tempo presente ao lançar um olhar oblíquo sobre o autorretrato de Parmigianino, de 1524, Moacir retoma a arte *e* o pensamento do século XVI, especialmente a tradição neoplatônica e cabalista, de Llull e de Abulafia, para refazer o círculo do mundo, ou seja, para criar a imagem edênica do círculo perfeito:

prefiguração do sempre
num círculo
que abulafiano

que llulliano
rompe o círculo
se faz letra

Aqui a transformação do círculo em letra é decisiva. Diz respeito ao que mencionei acima, ou seja, à conciliação possível entre disseminação infinita de nomes e seres, bem como à impossibilidade de regresso desses seres a uma origem comum *ab ovo*. No fundo, o que está em jogo aqui é a antiga querela entre Atenas e Jerusalém, mencionada por Leo Strauss e Leon Chestov. Para Moacir, como poeta, interessa-lhe muito mais a síntese luminosa e inesperada dessas tradições e contradições, sob a forma de *coincidentia oppositorum*, do que o debate racional sobre suas especificidades. Essa síntese, espécie de plano-piloto submerso neste livro extremamente culto, encontra-se na descrição dicionarizada do termo *paralaxe*, presente neste mesmo poema.

Em linhas gerais, a paralaxe, conceito oriundo da cosmologia, consiste em um descompasso entre a vista do objeto e a vista do observador. Se o observador se desloca e observa um objeto distante, esse objeto distante apenas aparentemente permanece imóvel ou em estabilidade para esse mesmo observador. O que a paralaxe nos sugere é que existe um hiato intransponível entre a aparência de um fenômeno observado e o movimento do observador que o observa. Em outras palavras, a paralaxe pressupõe uma ontologia cinética, uma vinculação dos modos dos seres observados-observadores aos seus respectivos movimentos biunívocos. Não por acaso, a paralaxe tem sido uma pedra angular da arte e da teoria da arte contemporânea, sobretudo a partir da noção de retorno, deslocamento e real, desenvolvidas por Hal Foster.

Podemos dizer que uma dimensão metafísica ou mesmo transfísica da paralaxe guia a poética contemporânea de Moacir e, em certo sentido, norteia este livro. O infinitamente macro e o infinitamente micro coincidem nas sístoles e diástoles de universo, como o postulou Nicolau De Cusa. A poesia de Moacir sinaliza o Paraíso da linguagem. Não por conseguir reconstruir uma esfera de experiência preexistente a toda experiência, à causalidade, ao tempo e ao espaço, mas por mostrar a experiência da unidade no âmago da desintegração dos seres:

cada desvio no passo
da estrela
sobre a pista

alada
e as formigas

A proporcionalidade do universo não se postula apenas pela relação humano-Deus, mas também pela proporcionalidade de outras relações, como relação formiga-estrela. Vista em paralaxe, a dissipação infinita dos seres e dos objetos, das estrelas e das formigas, dos móveis e dos utensílios, das línguas e dos povos, desde a Ibéria para o mundo, no interior da língua portuguesa, do século xv ao aqui-agora, posfigura o passado no presente do que foi e prefigura o futuro no passado do que será. A pequena luz lunar é o cosmos e também é algo incomensuravelmente pequeno, um folhetim.

A pequena luz dos nomes de marranos e degredados, que Moacir traz à flor das águas do cosmos e da linguagem, é a lanterna com a qual a poesia nos mostra uma realidade em caleidoscópio, pulverizada e polvilhada como o céu. Por mais imóvel, autofundada ou perfeita que sejam as esferas celeste e terrena, a realidade está sempre imersa no devir e na mobilidade de nossos corpos, de nossas vidas, de nossa pequenez, de nossa insignificância. Somos infinitamente contingentes e, ao mesmo tempo, nossa condição de observadores relativos nos converte em seres observados por outros, em uma alteridade sempre aberta ao futuro e ao passado. Desde o passado e desde o futuro, nomes e luzes nos observam, unidas nesse espaço transumano e redentor que é o espaço edênico da poesia.

ERIC PONTY E
A POESIA EM TRADUÇÃO

O presente trabalho de seleção e tradução de poetas de línguas e nacionalidades diversas, levado a cabo pelo poeta e tradutor Eric Ponty, amplia o horizonte da poesia brasileira e da poesia de língua portuguesa em diversos sentidos. Em primeiro lugar, embora alguns dos poetas traduzidos sejam conhecidos do público, parte destes poemas nunca fora traduzida ao português ou encontra-se há muito fora de circulação.

É o caso de Paul Valéry, Petrarca, Shakespeare, John Keats, Ezra Pound, Sóror Juana Inés de la Cruz, George Seferis e Paul Verlaine. Os poemas selecionados por Ponty se somam ao repertório de traduções destes poetas realizadas por Onestaldo de Pennafort, Péricles Eugênio da Silva Ramos, Jamil Almansur Haddad, Guilherme de Almeida, Josely Vianna Baptista, José Paulo Paes, Haroldo de Campos, Augusto de Campos e Dirceu Villa, entre outros poetas-tradutores, antigos e atuais. Desse modo, este trabalho de Ponty contribui não apenas para a formação de um cânone nacional *da* poesia *de* língua portuguesa, mas para a formação de um cânone transnacional *de* poesia *em* língua portuguesa.

Em outros casos, a seleção mesma dos poetas produz uma leitura da tradição e um diálogo crítico com as respectivas literaturas e línguas às quais esses poetas pertencem. Ao lançar luzes sobre a poesia de Juan Boscán, François de Malherbe, Luis de Góngora y Argote e Julio Herrera y Reissing, embora cada um deles seja clássico a seu modo, além de traduzi-los, Ponty ressalta o ato mesmo da seleção. Nesse aspecto, destaca-se a escolha da poeta renascentista Gaspara Stampa, cujos belos poemas lançam luzes sobre uma voz feminina italiana do século XVI.

Os recursos de tradução utilizados por Ponty precisariam ser analisados caso a caso, conforme a língua, a forma, o gênero, a dicção e a prosódia de cada poema, de cada língua e de cada poeta. O que chama a atenção em toda obra é a ênfase conferida ao ritmo, mais do que à rima. Nesse sentido, mesmo sendo a maior parte desta antologia feita de poemas de formas fixas, com esquemas de rimas regulares, como sonetos e canções, Ponty optou por traduzi-los utilizando versos brancos (sem rima). Em outros momentos, vale-se de rimas toantes (dissonantes embora convergentes) ou assonantes (semelhantes embora de sons distintos) para sanar os insolúveis impasses entre forma e sentido, impasses estes que sempre se oferecem aos tradutores.

Tendo isso em vista, esta antologia contribui para nos mostrar novas facetas da tradução de poetas e poemas conhecidos. Ao mesmo tempo, apresenta-nos um ato crítico e criativo de organização. Ponty nos oferece assim alguns modos de abordar a poesia escrita nas respectivas línguas dos poetas. E, mais do que isso, convida-nos à infinita tarefa de criação de um cânone transnacional de poesia em língua portuguesa. Tarefa essa que tantos tradutores e tantos antologistas do passado não se cansam de nos sinalizar. Talvez esse seja o desejo, subterrâneo e compartilhado, de todos os poetas, independente das línguas e das pátrias nas quais inscreveram suas vozes.

GEOFFREY HILL: POESIA, TEMPO E TRANSFIGURAÇÃO

Quando da publicação de *Collected Critical Writings* (2009), seus ensaios reunidos, e de *Broken Hierarchies* (2013), uma seleção de sua poesia de 1952 a 2012, Geoffrey Hill (1932-2016) foi celebrado por parte da crítica de língua inglesa como "maior poeta vivo", entre outras designações elevadas. Harold Bloom referia-se a ele como um dos mais expressivos poetas em atividade na Inglaterra.

Morto no último dia 30 de junho, Hill alcançou um objetivo almejado por muitos poetas do século XX: uma síntese perfeita entre a escrita da poesia e a reflexão sobre a poesia. Nascido em Bromsgrove, Worcestershire, Inglaterra, Hill desenvolveu passo a passo essa dupla vocação de poeta e ensaísta, desde que ingressara na faculdade de Letras da Universidade de Oxford.

Em 1954, assume o cargo de professor de Literatura Inglesa na Universidade de Leeds. Os primeiros poemas são reunidos cinco anos depois, no volume *For The Unfallen* (1959). Começa então uma longa trajetória como professor de Literatura, que vai perfazer quase cinco décadas de docência: passa pelas universidades de Bristol, Cambridge, Boston e retorna, por fim, a Cambridge, em 2006. Em 2010, assume a prestigiosa cadeira de Professor de Poesia da Universidade de Oxford, sucedendo Christopher Ricks.

Ainda praticamente desconhecida no Brasil, a obra de Hill se restringe a pequenos círculos. As primeiras traduções esparsas foram feitas pelo poeta Bruno Tolentino, entusiasta de sua obra. Seguiram-se o estudo e a publicação, em revistas especializadas, de alguns poemas selecionados pelo tradutor Pedro Sette-Câmara. Atualmente, o crítico literário e tradutor Nelson Schuchmacher Endebo verte ao português um conjunto de poemas.

Uma das maiores dificuldades de abordar a poesia de Hill diz respeito à sua variedade formal. Polirritmia, polimetria, versos brancos e forma fixas se alternam ao longo de sua obra. Para Endebo, Hill é "portador de um assombroso conhecimento técnico" da arte da poesia, conhecimento que o situa em uma "tradição que vai de Chaucer a Ezra Pound". Contudo, diferente do que se crê, mesmo utilizando formas fixas, a prosódia e a dicção de seus poemas se mantêm sempre nas proximidades da fala cotidiana, como bem observou o poeta irlandês Seamus Heaney.

Herdeiro da alta modernidade representada por T. S. Eliot, Ezra Pound e James Joyce, pode-se dizer que a obra de Hill é uma variação em torno de uma conhecida frase-motivo de Joyce: "A história é um pesadelo do qual pretendo despertar". Ao exercitar em seus poemas diversas máscaras dramáticas (*dramatis personae*), Hill fora capaz de conceber a história como drama humano.

Seja ao reviver em versos a agonia do monarca anglo-saxão Offa de Mércia (757-796), seja ao renegar a devastação da língua levada a cabo pelos tiranos do século XX, a poesia se sustenta como a grande reserva da linguagem. A matriz de todas as possibilidades do dizer. Por outro lado, como cristão, para Hill possivelmente apenas um elo entre poesia e graça poderia despertá-lo desse pesadelo, rumo a uma dimensão anagógica, como diria Northrop Frye, onde tempos e espaços se embaralham, transfigurados. Talvez seja essa a dimensão onde Hill repousa neste exato momento.

A FLOR NEGATIVA: CABRAL E DRUMMOND POR SECCHIN

Em meio às valiosas contribuições de especialistas nas obras de João Cabral de Melo Neto e Carlos Drummond de Andrade, as análises de Antonio Carlos Secchin ocupam um lugar de destaque. O horizonte crítico desses poetas acaba de se expandir ainda mais. Trata-se do lançamento duas novas obras de Secchin: *Papéis de poesia: Drummond & mais* (editora Martelo), com orelha de Alfredo Bosi e prefácio de Antonio Cicero, e *João Cabral: uma faca só lâmina* (Cosac Naify).

Drummond é analisado em um conjunto de artigos breves que abrangem desde a estreia, com *Alguma poesia* (1930), passando por *A rosa do povo* (1945) e por uma interessante anatomia da composição de *Os 25 poemas da triste alegria* (1924), conjunto póstumo editado por Secchin em 2012. Como foram originalmente enviados a Mário de Andrade em cartas, Secchin retoma a epistolografia entre ambos para captar as impressões do mentor e assim traçar um perfil do jovem Drummond que iniciava suas lides poéticas. A obra de Secchin traz ainda breves anotações e análises de Euclides da Cunha, Pereira da Silva, Alphonsus de Guimarães, Ferreira Gullar e Paulo Henriques Britto.

Quanto a Cabral, além de ser o organizador de suas obras completas, Secchin é autor do clássico *João Cabral: a poesia do menos*, de 1987. Contudo o recente estudo é composto pela reedição de apenas dois capítulos desta obra anterior, "O mundo onírico" e "A família reescrita", e por um ensaio publicado na revista *Colóquio/Letras*. Todos os demais capítulos são inéditos e exclusivamente escritos para este novo olhar sobre a poesia mineral e luminosa do poeta pernambucano.

A tese de Secchin continua a enfatizar a poesia de Cabral como uma poesia de *sinal de menos*, ou seja, uma poesia antilírica que se situa em uma região de negatividade e desconfia de todo tipo de expressividade sentimental. Mediante esse critério, uma das primeiras tarefas críticas consiste em compreender como a atmosfera antirrealista, que permeia toda a obra de Cabral, pode ser entendida sua notória defesa de uma poética construtivista e racional.

De saída, é possível divisarmos duas matrizes. A primeira diz respeito à concepção de poesia como exercício de lucidez. Ela é marcante desde *Primeiros poemas* (1937), onde os homens passam com a "consciência de que estão representando". Trata-se de uma criação é ao mesmo tempo crítica e crise, porque se institui como forma autorreflexiva. E é completada por uma segunda matriz: a presença de um forte campo semântico que reforça a poesia como sinal de menos, avessa aos arroubos noturnos: sol, mineral, geometria, pensamento, claridade, praia, arquitetura.

Contudo, Cabral teve um intenso diálogo com artistas de orientação surrealista, e sua poesia incorpora diversos elementos do sonho. Como equacionar sonho e lucidez? A partir de *Os três mal-amados* (1943) e *O engenheiro* (1945), Secchin identifica uma "desativação onírica" em sua poesia. Esse movimento não ocorre por meio de uma supressão das imagens, em direção à poesia pura, tal como ocorre em Jorge Guillen ou Paul Valéry, por exemplo. Tampouco segue as premissas de uma poesia abstrata como a de Wallace Stevens.

No caso de Cabral, há uma inversão da relação de prioridade imagem-realidade: não é o mundo dos sonhos que modela o real, o real é que "penetra o onírico e o modela à sua imagem". Essa alteração é decisiva para se compreender o convívio entre "metáforas orgânicas" e uma poética mineral de retorno ao inorgânico. Além de ser um poeta da contenção, Cabral é um poeta da contingência. O poema é uma máquina de comover, no sentido de Le Corbusier. Mas é também um receptor de impurezas. O poeta é um engenheiro, sim. Mas a poesia não é flor, mas fezes. Em *O cão sem plumas* (1950), *O rio* (1953), *Morte e vida Severina* (1954-55), *Paisagens com figuras* (1955), Secchin capta a tensão entre o orgânico e inorgânico, e como esses elementos se organizam no nível da forma como imagem penetrada pelo real.

Em *Uma faca só lamina* (1955) teria ocorrido uma "encruzilhada dialética" na obra do poeta. A partir dela, toda matéria poética associada ao ego tende a desaparecer, e a ser subsumida a uma noção de eficácia. A imagem do poema como máquina assume o palco de sua poesia. Em *Quaderna* (1959), *Serial* (1959-61) e *Dois parlamentos* (1960), a função maquínica tende a se aprofundar a partir de um controle cada vez maior da linguagem e de uma exploração cada vez maior de recursos paralelísticos e seriais de composição, tanto no nível macro quanto na microscopia dos poemas.

Essa oscilação entre construtivismo e contingência explica por que, em *Museu de tudo* (1975), Secchin detecta os mesmos temas obsessivos, porém deslocados. O sentido autobiográfico e a "carga memorialística" presentes nesses poemas em nenhum momento dão origem a uma poesia do eu ou a uma poética confessional. Mais uma vez reincide a negatividade: o museu de tudo é uma espécie de "caixão de lixo", ou seja, a contingência do tempo e de toda suas consequências desrealiza o sonho da eficácia e da serventia, bem como a expectativa transcendental da obra de arte. O forte diálogo com as artes plásticas, os poemas-homenagens, a geografia de Pernambuco e da Península Ibérica, a incursão nos *topoi* ligados ao sinal de menos marcam as últimas obras do poeta, como *A escola de facas* (1980), *Auto do frade* (1980), *Agrestes* (1985), *Crime na calle Relator* (1987) e *Sevilha andando* (1994).

Embora leiamos sempre ao fundo o diálogo com alguns expoentes da fortuna crítica de Cabral, como Benedito Nunes, João Alexandre Barbosa, Luiz Costa Lima, Haroldo de Campos, José Guilherme Merquior, um dos méritos deste novo livro de Secchin é o de não se envolver nos debates hermenêuticos. Concentra-se em um cuidadoso escrutínio formal e nas principais linhas de força da poesia cabralina, palavra a palavra e verso a verso. Um estudo que, ao nascer, já se torna essencial para todos que queiram ler melhor a obra desse poeta que, como Paul Celan, concebeu a escrita como inscrição fóssil. Apenas como sinal de menos diante da vida a linguagem se transforma em poesia.

OS DIAS DE
WEYDSON BARROS LEAL

O surgimento da vida pressupõe a passagem de um interior a um exterior. Gostaríamos de estar seguros, "como dentro de um útero". Desejamos acessar a transparência da linguagem como se a linguagem fosse um jarro. Jarro de Celan, de Heidegger, de Morandi. Mas o devir inaugura a vida. Nascemos da imensidão sem contornos de um ventre para sermos paradoxalmente limitados pela abertura de nossas possibilidades. Somos inscritos em uma vida tão breve "quanto a história de um corpo". Em um primeiro momento, o mundo se nos oferece como um tecido de percepções indistintas. Ao passo que a vida consiste em um longo trabalho de distinção desses infinitos fios e desse oceano de relações de nossos sentidos.

Reduzimos nossas *preensões* imediatas a um conjunto de *representações* mediadas. Definimos o que se chama *eu* e nos separamos do que chamamos *mundo*. A realidade deixa de ser um tecido vivo. Para cada fio, damos um conceito. Para cada experiência, um nome. Desse modo, como intuiu Whitehead, perdemos a capacidade preênsil de tocar a vida. Vivemos a ideia, o conceito, o geral. Esquecemos os detalhes, os eventos, as singularidades. A poesia seria um meio de reconquistar essa região de emergência, para além de toda a cisão representacional. Um espaço autotélico, no qual o nascimento e a morte da linguagem se irmanam em um lugar de intervalo anterior aos conceitos.

Essa relação circular eu-mundo pode ser entendida como espinha dorsal da poesia de Weydson Barros Leal, a começar por alguns de seus sugestivos títulos anteriores, como *Os ritmos do fogo* (1995) e *Círculos imprecisos* (1994). Nesta nova obra, Weydson retoma a alta densidade de seu trabalho e aprofunda alguns dos núcleos de sua poética em novas chaves. Inspirado em Robert Walser, no poema de abertura Weydson encarna a figura do peregrino. Posiciona-se na região de gênese das representações.

Se "toda imagem é um começo que será encontrado" e existe um gênio que conhece o nome do "mundo em seu começo", a poesia é uma busca dessa primeira imagem e dessa primeira palavra. Para essa busca, Weydson dilui as paredes do Hermitage. Semelhante ao cine-olho de Dziga Viértov, somos guiados a uma topologia poética, de sala a sala, de câmara a câmara desse museu-mundo a céu aberto. A relação vida-lembrança e morte-esquecimento se estabelecem, dialeticamente, no interior dessa poesia que toca o sublime à medida que se arrisca junto ao chão. A memória é a chave e ao mesmo tempo a cifra de acesso a cada um desses mundos mediados pelas imagens.

Contudo, assim como a experiência não é passível de unificação, tampouco o mundo pode ser totalizado. Há tantos mundos reais quantos mundos vividos houver. Weydson compõe um tecido vivo de referências às artes visuais, à música, à literatura e à filosofia. Presenteia o leitor com uma cartografia dessa pluralidade de espaços vividos e de atmosferas, lembrados ou imaginados, um mapa-mundo nascido de uma "mina da realidade". O lugar onde ocorre o desvelamento dessa linguagem é o poema. Lugar de intervalo. Lugar nômade. Peregrino.

Essa topografia da memória por meio de ritmos e imagens atravessa toda a obra. Os espaços percorridos pelo poeta se mesclam aos espaços e ritmos imaginados de Schiele, Haydn, Klimt, Musil, El Greco, Bach, Chopin, Delacroix, Bruegel, Hopper. A lista de artistas é grande. Desse modo, Weydson demonstra o apagamento da fronteira entre as suas atividades como dramaturgo, crítico de arte e poeta. Apagamento vital, nunca meramente erudito. O procedimento de Weydson se baseia no que poderíamos chamar de uma *poética do intervalo*. Por meio desse recurso, no poema As Manhãs, temos uma sintaxe de imagens semelhante à possibilitada pela técnica da bricolagem. Pollock e Warhol se unem a Williams, Ginsberg e Ashbery como sismógrafos de uma América em agonia, pintada por Rauschenberg.

Estamos em um mundo que está em nós, contemos o que nos contém, asseverava Paul Valéry em seus *Cahiers*. Todo poema remete a uma totalidade da qual ele é um fragmento e que só pode enunciar em sua condição de fragmento. A poesia chancela essa fenomenologia entre interior e exterior. A circularidade fática dos dias em sua recorrência se entrelaça à circularidade estrutural da própria arte, entendida como ato de leitura-criação. O poema "A leitora" indicia essa relação parte-todo e ausência-presença, à medida que a presença física da amante leva à compreensão de que a ausência, em sua pura fora, "também é um corpo". A mediação da leitura também é uma meditação sobre o corpo e sobre o *eros*, outro tema recorrente. A vida das representações não pode ocorrer senão enraizada em um corpo. Como vida do corpo. O corpo como eixo de todas as representações, como queria Bergson.

À maneira de Wisława Szymborska, o andamento sinfônico dos poemas, sobretudo os mais longos, tendem a assimilar elementos da prosa a um alto teor lírico e meditativo. Essa característica evidencia a destreza técnica de Weydson, que capta os matizes de ritmos que se alternam às vozes e às *dramatis personae* de sua poesia em caleidoscópio. Em um momento, o poeta menciona seus coadjuvantes, que não dormem ("A caixa"). Como na estética relacional de Nicolas Bourriaud, tudo é palco. Todo espaço é espaço para a encarnação da arte que se misturou à vida em um gesto irreversível.

Por isso também a imagem recorrente de fluidez: nadadores, aquário, águas incessantes, relógios das conchas ("A estátua"). Se a literatura é um sonho dirigido, como queria Borges, a correnteza é o curso desse sonho – completaria Bachelard. Tudo flui no curso da memória. Tudo é lembrança. Ver é imaginar, poderíamos parafrasear o místico Emanuel Swedenborg. A escrita de Weydson é concebida como palimpsesto ("Os Palimpsestos"), como decalque de outros poetas, de outras vozes, de imagens da memória, pois o passado é "um livro que se reescreve" ("Os diálogos"). A escrita é o modo humano de realizar a negação da morte. Todo elo busca um novo elo vital, na linguagem, na vida. Esses elos em cadeia são a arte. A vida passa. A morte passa. O organismo se desagrega. O retrato permanece ("Os asteroides"). A arte transcende a morte para nos conectar ao mundo dos mortos.

No poema final, de modo circular, Weydson retorna à origem. O silêncio místico de Flusser e Wittgenstein. O silêncio como gênese do real. O coração das imagens, dos ritmos e de todas as nossas representações é o silêncio. O silêncio é o grande inquisidor que nos coloca em movimento e nos transforma em peregrinos do mundo. Exilados para sempre. Isolados dede a origem nos continentes da linguagem. Esta linguagem que nos confere, simultaneamente, a capacidade de nomear o mundo mediante a impossibilidade de tocá-lo. Nesses termos, a poesia seria uma transgressão da linguagem. A cada novo ser, um novo nome. A cada nova percepção, um novo verbo. Como um jarro antigo repousa, em silêncio, a poesia contém em si os vestígios de uma peregrinação pelos cheiros e pelas faces do mundo.

NÃO SEI SE ME PERTENCE O QUE ME INVADE: A POESIA DE IRACI NOGUEIRA SANTANA

Conter, estar contido. No hiato entre uma e outra dessas estações, em uma terceira margem, corre o rio da experiência poética e traduz-se em poema. A poesia envolve: o poema dissemina. A poesia retém: o poema multiplica. Dois movimentos. Um mesmo gesto. Primeiro, estamos em nós, em um centro onde pulsa o que fomos, somos, seremos. Contemos. Em seguida, a escrita nos devolve ao mundo: semeia-nos. É quando o poema nos remete àquela sensação oceânica, na qual mesmo sem sermos inteiros, estamos plenos.

Todo poema é um descentramento, uma perda afirmativa de si. São as margens apagadas de um dique prestes a arrebentar. Desse arrecife sem limites, miramos o horizonte: nosso destino. E é nessa direção da Origem que se lança o olhar de oitenta anos de um pai. É nesse horizonte que a mãe ainda persiste inventando histórias:

> Meu pai não era daqui.
> Sabia colocar os olhos no longe
> para onde levou seus oitenta anos.
> Minha mãe não era daqui.
> Vivia inventando histórias
> para além das quais levou seus oitenta anos.
> Eu estou aqui para olhar.
> Vou olhar até cansar,
> até morrer, até matar a saudade.

Pai e mãe hoje habitam a ubiquidade, o *longe* e o *aqui*, o *talvez* e o *portanto*, o *certo* e o *incerto*. Passaram o tempo da maturação. Completaram seu último nascimento, pois, como diz Murilo Mendes, *nascer é muito comprido*. Deixaram uma herança, um legado à sua geração:

olhar. Olhar, sempre. Olhar além. Olhar profundamente. Eterna e inadvertidamente olhar. Pois só assim perdura a linha infinita de vida que converge em nós e para além de nós. Como eles, nós todos, nas engrenagens imprecisas, mas necessárias, seguimos o percurso rumo a alguma iluminação. No caminho, o poema é perpassado, agido pela poesia, que não se esgota nele. Contém-na e é por ela contido. Ela o atravessa: ele a acolhe. O movimento, porém, é um só. Travessia.

Não por acaso é de *travessia* e de escrita em *pele* e *papel* que se gesta a poesia de Iraci Nogueira Santana. No interlúdio amoroso entre a folha que se desvela como um claro enigma e como uma translúcida esfinge e a pele dos dias que se consuma em nós a poeta recolhe os resíduos de sua mineração. Perfaz esse movimento pendular, ambíguo. Estamos em um mundo de "tantas máscaras", sejam elas *inocentes* e *sórdidas, inverossímeis* e *lógicas* ou outras, *envolventes*, mas nele nos movemos sem temor, em busca de algum acolhimento. Essa reconquista de um terreno perdido, se não é em si paradisíaca, é um dos fios que entretecem os poemas de *Grafei sobre a pele delicada da vida*. Itinerário de paisagens interiores, não à toa ele se abre com uma carta à filha e se fecha com a reminiscência da mãe. Esse duplo arco assinala o Eterno Feminino que nos envolve e dá substância e subsistência ao mundo, e no qual a filha-mãe Iraci desdobra o arco e lira de sua linguagem.

Por isso, nesse percurso, a poeta começa diante do branco da folha-esfinge e sua invectiva: "morro ou decifro". E o trajeto de volta à completude da poesia é sempre um retorno de Ulisses a Ítaca, porque:

Penélope mora em nós
em atividade incessante.

Ser acolhido, mas também a capacidade de colher. Sem Penélope e Scherazade, não existiria o espaço de gestação da palavra. O retorno para a casa é o retorno para a dimensão do acolhimento. E todos nós, homens e deuses, mortais e imortais, ilustres e anônimos, somos Ulisses disfarçados de mendigos, mas reconhecidos por quem nos ama. Talvez não sejamos feitos da mesma matéria de que são feitos os sonhos. Talvez sejamos apenas resíduos de recordações, reminiscências e projetos que ainda se cumprirão em um tempo prenhe de possibilidades. É quando nos damos conta dessa fluidez que nos libertamos:

Descobri que tudo é fluido.

Sopro, sombra, resíduo.
Nada posso guardar
Se têmpora no tempo não há.

É essa descoberta que abre em nós uma fenda nas possibilidades mais tangíveis, mais luminosas:

Num tempo, o vazio da ausência;
noutro, a expectativa morna e úmida
em que viceja a imaginação.

Entre o vazio da ausência daqueles que se foram ou daquilo que se foi em um quadro de moldura irreversível e a expectativa morna, porque fecunda, a imaginação se agita, viva e fecunda. Não há espaço para o luto quando se luta entre os antagonismos do ser e do querer-ser. Não há espaço para a melancolia quando o que se estende de uma ponta a outra da corda é o homem querendo superar o homem em si, rumo ao além-do-homem.

Nesse percurso, os antagonismos se resolvem em um instante clarificado pela consciência da precariedade: assim, até mesmo os corvos e a decomposição adquirem beleza em sua sincronicidade e, sendo toda matéria-bruta a quintessência da matéria-prima, ela mesma também é indagada sob os sonhos da beleza:

Há beleza no voo lento
dos corvos.
Sincronismo.
Anúncio do horror silencioso
da decomposição.

Tudo matéria bruta.
Na planta dos pés,
o esboço.
No cume do corpo,
o encalço.

Por fim, não o fim. O começo. Pois quando retornamos à casa de sempre, ela não é mais a mesma. Outras paisagens se compõem em torno da mesa. E entre os dedos que tocam o infinito e os olhos que se lançam ao horizonte, a porta novamente se abre e se ilumina: travessia. Não o espanto, a angústia ou o horror da finitude aniquilando o ser no ser. Mas a calma certeza que sempre estivemos ali. Ali não é uma designação no espaço-tempo. É o lugar ancestral que une casa e palavra, clareiras do ser:

> Maria é nome de filha, de mãe, de morada. O seu corpo ainda é a minha casa.

É o lugar "para onde volto quando o cansaço me invade". Poderíamos acrescentar: para onde todos nós estamos sempre voltando, na trajetória da vida. Ali é o espaço inaugural, onde palavras e grãos de areia se equilibram e vislumbram compor um poema que, ao nos envolver, habitaremos. É isso a que nos convoca a poesia de Iraci. Conter e estar contido, no silêncio e no grito. Caminhar pelas areias. Caminhar pelo poema. Grafar com pegadas a pele da vida. Travessia.

O GRANDE RIO-LINGUAGEM
DE RUY BELO

Em uma de suas tantas intuições luminosas, o poeta português António Ramos Rosa demarcou a transição efetuada pelo terremoto Fernando Pessoa na poesia portuguesa. Segundo Rosa, Pessoa fechara todas as portas de acesso à concepção da poesia entendida como máscara dramática e como multiplicação do eu. Impossível emulá-lo nesse terreno. Mas se a arte é fingimento, qual a saída para esse impasse? Conceber uma escrita que multiplique o eu sem nomeá-lo.

Não se trata mais de produzir outros eus-personagens, mas de escrever o mesmo eu de infinitos modos diferentes. Não se trata de criar heterônimos, mas de produzir heterografias. O modelo da poesia deixa de ser o teatro e passa a ser a usina, para fazer aqui uma analogia entre poesia e inconsciente, usando a bela definição de inconsciente dada por Gilles Deleuze.

Essa é uma divisa importante para cartografar a excelente poesia portuguesa das gerações pós-Pessoa. A forma apolínea de Sophia de Mello Breyner Andresen. As imagens viscerais de Luis Miguel Nava e Al Berto. O poema-mundo de Herberto Helder. A ontologia poética do próprio Ramos Rosa. As caligrafias e formas efêmeras de Ana Hatherly. As paisagens expressionistas de Fiama Hasse Pais Brandão. A pintura verbal de Rosa Alice Branco. A viagem vertical nas performances de Alberto Pimenta. A geometria vital de Gatão Cruz. O culto solar de Eugénio de Andrade.

Esse é um pequeno apanhado de uma tradição poética dentre as mais fortes da poesia moderna. Por mais singulares que seja cada um dos poetas, é possível ler suas obras como um amplo leque de busca de uma nova linguagem, que não esbarre no problema da crise representacional tal como ele foi resolvido por Pessoa.

Nesse cenário, a obra de Ruy Belo (1933-1978) sobressai como um dos grandes empreendimentos poéticos do século XX em língua portuguesa. Depois de tanto tempo, os nove volumes de sua poesia completa começam a ser publicados no Brasil pela primeira vez, pela editora 7Letras, sob coordenação do poeta e crítico Manoel Ricardo de Lima, em uma iniciativa que deve ser prestigiada em toda sua amplitude.

O projeto se organiza em termos cronológicos e os três primeiros livros publicados abrangem o já alto nível poético de sua fase inicial: *Aquele grande rio Eufrates* (1961), *O problema da habitação – alguns aspectos* (1962) e *Boca bilíngue* (1966), com prefácios dos poetas e críticos Manoel Ricardo de Lima, Júlia Studart e Tarso de Melo, respectivamente. Os próximos títulos serão: *Homem de palavra(s)* (1969), *Transporte no tempo* (1973), *País possível* (1973), *A margem da alegria* (1974), *Toda a terra* (1976) e *Despeço-me da terra da alegria* (1978).

A poesia de Ruy Belo é marcada por uma tensão irresoluta entre o lírico e o épico. Essa tensão se aprofunda a partir de uma topografia que embaralha vidas, personagens e lugares em espaços e tempos distintos da linguagem e da memória. Essa visão caleidoscópica é singular devido à maneira pela qual o poeta escreve e inscreve os eventos de sua vida à luz de eventos imaginados ou reais, passados ou futuros.

Entretanto, essa heterografia, na qual seres, fatos e personagens se incorporam à voz do poeta em sua missão whitmaniana, não se segmenta tanto no nível da diversidade de recursos formais dos poemas. Há sempre uma linha tênue, uma dicção, um ritmo, uma versificação e uma prosódia que sinalizam para a mesma mão de Ruy Belo que assina cada linha.

Por isso, há também uma estabilidade na mitologia pessoal de Ruy Belo, sempre reincidente. Espaços, lugares, habitações, casas, palavras, árvores, a experiência do tempo. A morte. A morte. A morte. Esses signos ambivalentes giram em torno de um vórtice vital no qual o poeta desenha a sua antropologia, a sua visão do ser humano, como um nômade em constante mobilidade sobre a Terra.

Por isso, o rio Eufrates, na Mesopotâmia, lugar de gênese da civilização, não é um espaço geográfico nem histórico. Como rio, é o fluxo transistórico dos diversos devires-humanos que se configuraram na temporalidade e seguem seu curso, rumo a um futuro desconhecido. Nessa chave, a poesia de Ruy Belo apresenta uma dimensão sacralizadora extremamente fina. Não se contenta em utilizar signos específicos de certas tradições confessionais. Mimetiza as forças teogônicas em constante criação, modelando as possibilidades de mundo e os espaços habitáveis para o ser humano no mundo. Poesia de comunhão cósmica, do homem com seu destino e com os demais homens. Poesia da permanente heterografia, onde o poeta se escreve, inscreve-se e se mistura às vozes das coisas e dos seres sencientes, para melhor ser ouvido.

Esse modo radicalmente afirmativo está longe das torres de marfim e da religiosidade evasiva. É uma afirmação trágica, à maneira de Nietzsche. Ela torna compreensível por que a imagem da morte e da finitude é exaustivamente perseguida nos poemas. E por que, paradoxalmente, no seu último livro, Ruy Belo tenha se despedido do mundo chamando-o de Terra da Alegria. Quanto maior é o absurdo da vida, maior é o desespero de sabermos perdê-la para sempre. Mas em algum espaço, em ciclos constantes e espiralados, a memória ainda vive, murmurando as palavras de um Homem disfarçado de deus, em letras minúsculas.

PABLO SIMPSON E
A POESIA CRISTÃ FRANCESA

Há diversas possibilidades de abordar a literatura. Na antologia *O rumor dos cortejos: poesia cristã francesa do século XX*, o poeta, pesquisador e tradutor Pablo Simpson optou por um recorte ousado, e, por isso mesmo, instigante. Oferece ao leitor uma seleção de poetas, alguns traduzidos no Brasil pela primeira vez, que enfatizam a visão de mundo cristã como eixo estruturante de suas obras. Ou seja, os *poetas cristãos* seriam aqueles que exploram em seus poemas o *mitologema* cristão, para usar o conceito de Jung. Mas há imprecisões. Pois a adesão ao cristianismo se realiza entre dois polos: a máxima proximidade e o mais completo afastamento das instituições, chegando a caracterizar o fenômeno descrito por Michel de Certeau como o dos "cristãos sem Igreja". Como captar essa flutuação? Como demarcar, na literatura, a fronteira entre imaginário e crença? Simpson enfrenta essas dificuldades e as elucida desde as primeiras linhas de sua apresentação.

No Brasil, alguns dos poetas reunidos por Simpson foram assimilados à vertente espiritualista, oriunda de Farias Brito, cujos expoentes foram Jackson de Figueiredo e Alceu Amoroso Lima. Também foram traduzidos por Guilherme de Almeida, Mário Faustino e Drummond, e exerceram influência sobre Murilo Mendes, Vinicius de Moraes, Cecilia Meireles, Tasso da Silveira e os integrantes do grupo Festa. De maneira difusa, também encontram ressonância na obra de importantes poetas contemporâneos franceses, como Bonnefoy, Déguy e Jaccottet. A despeito disso, permanecem pouco conhecidos dos leitores brasileiros. Nesse sentido, além do mérito de explorar uma categoria crítica pouco usual na teoria da literatura (poesia cristã), *O rumor dos cortejos* também vem suprir essa lacuna. Se existe uma religião da beleza, como sonharam os simbolistas, se a arte é uma religião secular ou se há uma correspondência entre beleza e revelação, como queria

Von Balthazar, o diálogo entre religião e poesia ainda nem começou a ser explorado.

O papel desempenhado pelo cristianismo na França durante o século XX foi significativo. Do *humanismo integral* de Maritain ao *personalismo* de Mounier, do neotomismo aos pensadores inspirados em Bergson, da renovação metafísica de Gilson, Marcel e Lavelle à cosmologia cristológica de Chardin, da hermenêutica de Michel Henry à de Ricoeur, da fé agônica de Bernanos à teoria mimética de Girard, da filosofia da ação de Blondel ao ateísmo cristão de Bataille: o cristianismo de fato não teve apenas função religiosa, mas desdobramentos intelectuais profundos.

Em alguns dos poetas presentes na antologia sobressai a voz confessional. É o caso de Péguy e Claudel, expoentes do catolicismo francês. A rusticidade do primeiro contrasta com o tom devocional e os versos bíblicos do segundo. Mas ambos condensam a experiência poética como uma celebração do mistério, base também de Renard e Masson. No caso de Grosjean, o andamento em forma de liturgia se articula como poema em prosa, louvando a impermanência e a finitude da criação.

Em outros momentos, a cosmovisão cristã surge sob o véu quase panteísta. Em Pierre Emmanuel, vemo-la na sacralização das imagens da natureza mescladas à mitologia e em Francis Jammes, nas belas paisagens. Há um lirismo de intimidade, quase pietista, em Marie Nöel, e um projeto poético religioso claramente delineado por Patrice de La Tour du Pin, criador do conceito de *teopoesia*, busca do Absoluto por meio da fusão de liturgia, poesia e teologia, muito apreciado por Jorge de Lima.

Mas é da ambivalência estrutural entre sagrado e profano na arena da poesia que surgem os pontos altos do livro: Jacob, Jouve, Reverdy, Lubicz-Milosz. É difícil delinear até que ponto as vertentes surrealista ou cubista, a que são associados sobretudo Jacob e Reverdy, podem ser dissociadas de uma experiência visionária de inspiração religiosa, como no magnífico *O homem de cristal*, de Jacob. A meditação elegíaca de Milosz e a épica espiritual de Jouve também trabalham o mitologema cristão em uma perspectiva complexa. Neles, a descrença, transfigurada no templo profano da poesia, acaba se traduzindo em uma paradoxal possibilidade de acesso ao divino. Nisso parece residir um dos mistérios da condição humana, captado pelo cristianismo e enfatizado pelos poetas de todos os tempos e de todas as crenças: Deus só se revela na dúvida.

ALEXEI BUENO E
AS MUITAS VOZES DA TRADIÇÃO

Desde a Antiguidade até o século XVIII, a arte poética pressupunha uma relação indissociável entre tradução, crítica e criação. Diferente da nossa concepção moderna de crítica literária, que se transformou em uma atividade extrínseca às obras, para essa tradição oriunda dos gregos e latinos uma das melhores maneiras de debater poesia era traduzir poesia. Uma forma de analisar um poema era reescrevê-lo na língua receptora.

Felizmente, essa tradição não se perdeu. E a ela se filia o poeta, crítico e tradutor Alexei Bueno em *Cinco séculos de poesia*. O arco descrito no título não é abrangente apenas em termos temporais. Também o é do ponto de vista da pluralidade de estilos e vozes da poesia de língua alemã, espanhola, inglesa, francesa e italiana.

Nascidos de um trabalho de tradução para fins diversos ao longo de vinte e cinco anos, à maneira de uma antologia pessoal, os poemas contemplam poetas de dicções distintas e mesmo diferentes modulações de um mesmo poeta. Assim, passamos da noite escura da alma de San Juan de la Cruz, em uma das mais conhecidas peças da lírica de língua espanhola, a uma imitação-homenagem que Torquato Tasso faz de Camões.

A perícia técnica de Bueno se mostra especialmente eficaz nos excertos de *A tempestade* de Shakespeare e nos apresenta achados inesperados mesmo no monólogo de Hamlet, tantas vezes traduzido. Também é produtiva ao recuperar o alemão Ludwig Uhland, em sua atmosfera pré-romântica tecida por cânticos, montes e uma pequena casa isolada do mundo. Paisagem esta que ecoa deslocada no clássico poema "Excelsior", de Longfellow. Para este poema, entre outros, Bueno se vale de um recurso difícil, mas que apresenta ganhos: utilizar a linguagem dos poetas de língua portuguesa contemporâneos do poema a ser traduzido.

O trabalho de Bueno percorre alguns poemas isolados, mas de notável dificuldade de tradução. Entre eles Alfred Tennyson, um dos mais classicistas poetas da língua inglesa, e o mapa imaginário de uma viagem traçado por Stéphane Mallarmé, para ficar no século XIX. E não só de bucolismo vive a poesia. Constam na antologia também os toques pessimistas de Boris Vian e do colombiano José Asunción Silva, ambos do século XX.

Bueno também enfrenta um dos ícones da língua inglesa e um dos inauguradores da modernidade: "O corvo" de Edgar Allan Poe. Digo enfrenta, pois além de ser um poema dificílimo de ser reproduzido em sua estrutura paralelística e de rimas internas, fora traduzido por alguns nomes como Machado de Assis, Fernando Pessoa, Ivo Barroso, entre outros mestres na arte. A opção de Bueno é feliz ao preservar toda a estrutura interna de rimas e ecos, essenciais para mimetizar na forma do poema a reverberação da voz que repete malignamente a mesma frase.

Mas o momento mais alto são as traduções de Giacomo Leopardi e, sobretudo, o magnífico ciclo de sonetos das *Quimeras* de Gérard de Nerval. A sensibilidade melancólica de Leopardi unida a uma vasta erudição de matriz grega produziu uma das mais singulares poesias da língua italiana, em um constante conflito entre sombra e luz. Esse embate vem retratado em algumas pérolas, como "A calma depois da tempestade" e no belíssimo "A si mesmo".

O ciclo de Nerval é uma das mais ousadas construções do soneto moderno, modelados a partir de associações livres e de um pandemônio mitológico que mescla religiões arcaicas a um complexo simbolismo esotérico. A riqueza imagética e lexical das *Quimeras* só se compara a algumas passagens da prosa de Théophile Gautier ou às imagens mais inesperadas de Baudelaire, de Rimbaud, de L'Isle-Adam, de Huysmans e dos decadentistas.

Embora Nerval tenha vivido a primeira metade do século XIX, sua arte traz a insígnia e os matizes do simbolismo finissecular. Trata-se de uma versão antecipada, ainda mais exótica, das paisagens de Odilon Redon ou Gustave Moreau. A tradução de Bueno consegue captar as principais matrizes rítmicas, rímicas e métricas da série, de modo a mimetizar em português a sua estrutura contrapontística.

Como assinalou o crítico George Steiner, a tradução não é uma mera ponte entre o original e o leitor. Ela é uma atividade que ocupa o centro da constituição canônica da literatura. Isso se dá porque ela cria um espaço que Pascale Casanova definiu como "república mundial das letras". Um bom exemplo é um dos poemas de Leopardi: "Fragmento do grego, de Simônides".

O poema em questão, na verdade, é a tradução livre de um poema do antigo Simônides, feita por Leopardi, do grego para o italiano. Nesse sentido, o próprio ato de traduzir um poema é teórico à medida mesma que explicita os diversos mediadores do poema traduzido. E é um ato criativo à medida que, seja por meio de criação ou de tradução, Simônides, Leopardi e Bueno possam habitar o mesmo poema como quem divide tranquilamente uma mesma casa.

A VIDA UNÂNIME DE
ALEXANDRE BARBOSA DE SOUZA

Folhas de relva. O que elas significam? O simples. O comum. Aquilo que pode ser encontrado em todos os lugares. Walt Whitman transformou a simplicidade dessa imagem em um signo da maior revolução da poesia ocidental. A épica da modernidade não é feita de heróis. Mas da reverberação uníssona de pessoas comuns. Folha a folha. A relva humana se entrelaça nas páginas do livro em forma de canto.

Não por acaso, essa herança de Whitman ressoa em uma vertente poética do século XX infelizmente pouco estudada: o Unanimismo. Trata-se de uma tentativa de compreender a condição dos indivíduos rumo a uma concepção do mundo e do tempo que expresse as indagações humanas. O poema seria o salto unanimista que supera as contradições entre indivíduo e sociedade.

A poesia de Alexandre Barbosa de Souza, reunida pela Companhia das Letras, pode ser entendida no interior desses questionamentos. A começar pelo título: *Livro geral*. O livro geral não é uma obra enciclopédica. Tampouco um livro para todos e para ninguém. É, ao contrário, aquele que retém a vida cotidiana em suas epifanias invisíveis. É geral à medida mesma que engloba as particularidades reais humanas na matéria poética. Nessa chave podemos encontrar uma unidade na poética de Barbosa ao ler sua produção, de 1992 a 2013: *Livro de poemas*, *Azul escuro*, *Viagem a Cuba*, *XXX* e *11+1 poemas*.

Nos dois primeiros livros, essa unanimidade da vida é modelada em especial pelo tratamento afetivo. A tônica lírica e amorosa parece sinalizar a expectativa de universalidade de sentimentos simples e compartilhados. O salto poético se dá com alguns poemas como "Cena do campo", "Orvalho deste mundo" e, em especial, "Em uma exposição de fotos de Sit Kong Sang", um dos melhores poemas da obra. Verdadeiro achado poético.

Esse salto se dá porque a unanimidade vital consegue ultrapassar a visão lírica subjetiva ou mesmo a oscilação indecidível entre o público e o privado. Assim, o poeta encontra no mundo exterior aquilo que T. S. Eliot chama de "correlatos objetivos". Elementos concretos passam a traduzir de modo eficaz a epifania ou a agonia de cada um dos indivíduos e seus ombros que suportam o mundo.

Essa transição é marcante em um dos belos poemas das paisagens cubanas, nos quais mil e quinhentas mãos humanas trabalham a lavoura para a produção de fumo. Entre outros poemas, como "Defensa", cujo marco unânime da vida em suspensão transcende uma eventual demarcação ideológica. Espraia-se na condição humana, oscilando entre a liberdade e a escravidão.

As obras posteriores relevam a importância da viagem. E mais que isso, a experiência comunitária das cidades, sempre sinalizadas em suas ruas, massas, movimentos e caminhos. Marcante nesse sentido é o belo poema "Egmond aan Zee", uma bela paisagem urbana holandesa à maneira de Vermeer. E também "Mundo", no qual o jogo entre silêncio e solidão, amplitude e longa aderência das raízes ao chão sinaliza o movimento pendular do indivíduo-estrela que quer preencher de sentido sua experiência diante de uma interrogação vital.

A mudança de tom e a superação da dicotomia entre o individual e o coletivo acabam gerando um desnível na produção como um todo. Por isso, nos poemas dos primeiros livros, mais do que uma poesia da simplicidade, podemos notar uma voz poética ainda titubeante. O léxico imagético gira em torno de angústia, pétalas, flor, estrela, primavera, sonho. O tom romântico não apaga a marca juvenil. Tampouco consegue o salto dialético entre o eu e o mundo que Barbosa realiza nos livros seguintes. Essa sua fase inicial, portanto, vem registrada mais como uma manifestação afetiva do poeta do que em benefício do interesse do leitor.

No mais, a poesia de Barbosa tem o mérito de ser extremamente substantiva e condensada, sem recuar diante do chamado lírico. Traça em um arco, tensionado entre a voz e o poema, a experiência unânime da vida. Nesse sentido, não se trata de uma poesia comunista, mas sim de uma poesia da comunidade, para lembrar o feliz conceito do filósofo italiano Giorgio Agamben. Tessitura verbal na qual ecoam as vozes e murmúrios dos seres comuns, dos seres pequenos, das coisas simples, das pessoas pequenas. Ou seja: de todos nós.

RUY ESPINHEIRA FILHO E
A POESIA COMO DIÁLOGO INFINITO

Segundo o filósofo Emmanuel Levinas, há dois conceitos nucleares para o pensamento: totalidade e infinito. A totalidade procura fornecer um sentido global para todas as coisas existentes, ao passo que o infinito dissolve essa unidade autossuficiente do Universo, lançando-nos diante do enigma do grande Outro. Por isso, o infinito não se manifesta na nossa relação com as coisas, mas sim com outros seres humanos. A própria estrutura da vida humana consiste em captar a "epifania do rosto". Tornar-se humano é acessar o infinito presente no rosto do outro, sair do fechamento das coisas a um horizonte aberto sem contornos.

Acredito que essa reflexão inicial seja nuclear para compreendermos o conjunto da poesia de Ruy Espinheira Filho, cuja obra reunida acaba de ser publicada pela Bertrand Brasil sob o título *Estação infinita e outras estações*, sintetizando 39 anos de atividade poética na efeméride dos 70 anos do poeta. Desde seu primeiro livro, *Heléboro* (1966-1973), visualizamos alguns dos temas de sua trajetória. Entre eles, a imagem da distância. Da metáfora de Sirius aos diversos poemas sobre distância física ou psíquica dos livros ulteriores.

Por sua vez, o Tempo passa a ser assinado com maiúscula e torna-se um protagonista de sua obra, mimetizado nas recorrentes imagens de água. A partir de *O julgado do vento* (1966-1976), a chuva é o elemento fundamental e em *Memória da chuva* (1990-1996) torna-se o *leitmotiv*, sinalizando ritos de passagem nos quais a morte impera. De fato, a morte é onipresente. Mas não é concebida como tragédia. A dura aceitação da contingência redime nossa condição mortal no enigma da poesia.

Em *As sombras luminosas* (1975-1980), emerge um novo mitologema: a viagem. Esta será retomada mais tarde na cartografia de *A cidade e os sonhos* (2003), na qual a literatura, espécie de sonho guiado, como bem a definiu Borges, é o umbral por onde navegamos no duplo domínio de vida e morte. Esta concepção encontra seu ápice na bela seção Viagem, de *A casa dos nove pinheiros* (2009-2012), onde a antiguidade greco-latina volta à vida pelas mãos do poeta que flana entre ruínas.

O ciclo das estações, marcado na passagem dos meses e nuclear em *Elegia de agosto e outros poemas* (1996-2004), sinaliza o tema central de toda a poesia de Ruy Espinheira: a memória. Nesse sentido, sua poesia é uma das mais marcantes da lírica memorialística brasileira. Em uma estrutura polifônica, todas as vozes se encontram em diálogo e o poeta, em diálogo constante com outros poetas, leituras, amigos e com o leitor. O face a face afetivo unifica o andamento sinfônico de todos os livros. E os resíduos do passado, captados em fotos, marcas, lembranças ou imagens, não são puros objetos. São sempre vestígios de rostos. Acima de tudo, sinalizam a busca do rosto do pai, personagem que conduziu o poeta à literatura, como lemos no poema "Condição".

Se as estações apontam para a totalidade dos seres vivos, a poesia suspende esta totalidade finita e busca uma hipótese de vida fora do Tempo, como lemos nos versos finais. A condição do poeta é ser o sacerdote da memória, cabe a ele nos conduzir a esta viagem até a outra margem. Sua tarefa é transformar o enigma do rosto perdido na epifania de um rosto presente. Só assim o ciclo de vida e morte cessará. E enfim teremos chegado à Estação Infinita.

MARIANA IANELLI: O ESPAÇO INTERIOR DO MUNDO

O poeta alemão Rainer Maria Rilke criou uma das mais belas imagens de integração entre os seres vivos e aquilo que os rodeia: o espaço interior do mundo. Este espaço não é um lugar geográfico. É uma vivência. Uma intensidade. Uma unificação entre os eventos exteriores e a nossa consciência. Entre um rosto que fala e o outro que em silêncio o espelha. Entre a voz e as coisas. Entre o olho e a nuvem. Em outras palavras, para pensar com Blanchot, este espaço interior nada mais é do que o espaço da literatura.

O novo livro da poeta Mariana Ianelli, *O amor e depois*, sétimo de seu percurso, tensiona o arco e a lira da poesia neste espaço, misto de interioridade e estranhamento. Como bem assinalou o poeta Contador Borges em seu lúcido posfácio, Ianelli tangencia o que Rilke denominou de Aberto: uma plena comunhão entre os seres na clareira da palavra. Além disso, a epígrafe extraída de um poema de Cristina Campo sugere que *O amor e depois* seja uma continuidade do livro anterior de Ianelli, *Treva alvorada*, de 2010. Porém, se analisarmos o título, perceberemos que ele parece demarcar o fechamento de um ciclo maior de sua produção poética, iniciada com *Trajetória de antes* (1999). Enquanto o primeiro livro recolhe a lembrança da vida em poesia, este novo livro instaura um limiar poético entre o amor e a sua sucessão temporal futura.

Se o amor é justamente o signo afetivo da unidade, o advérbio de tempo sinaliza a fratura essencial que inaugura o mundo e nos lança na aventura da linguagem e em sua eterna busca. Não por acaso, esta busca está inscrita no primeiro e no último poemas do livro: "Neste lugar" e "Potsdamer Platz". O primeiro projeta-nos na queda, exilando-nos do céu e do amor primeiro. O último, citando o filme "Asas do desejo", dirigido por Win Wenders, com roteiro do grande poeta Peter Handke, enfatiza nossa condição de animais desejantes. Desse modo, define a continuidade do amor.

Avesso a qualquer idealidade, ele vive para além de si mesmo e para além do fim do livro. Nesse sentido, os dois poemas desempenham uma função paradoxal na estrutura da obra. Entre um Gênesis infinito e um Apocalipse adiado, desdobra-se a poesia.

Tais motivos míticos e amorosos tinham sido explorados por Ianelli em seus outros livros, por meio de dicções e registros distintos. Em *Duas chagas* (2001), o tema do amor e do erotismo é tratado em chave lírica. Em *Passagens* (2003) e em *Fazer silêncio* (2005), a poesia se abre em uma hesitação entre linguagem, silêncio e sacralidade. Em *Almádena* (2007), lírica amorosa e devoção se fundem. E em *Treva alvorada* (2010), os paradoxos da experiência humana se transmutam em jogos de luz e sombra. E assim realçam nossa condição dúbia de miséria e esplendor. Sempre anunciando o sentido agônico do desejo e a impotência redentora do amor.

Esta marca da dualidade elementar da poesia de Ianelli agora se aprofunda. Se os azuis se tocam sem pecado ("Descobrimento") e vivemos absortos entre dois céus ("Como quem pesca"), apenas por misericórdia a luz do sol se ergue de novo onde houve um massacre ("Primeiro dia"). Há sim na Terra uma forma indestrutível ("Campo de cassianas"). Mas essa dádiva nos é dada sempre mediante a experiência da dor e do exílio. Como a beleza do jasmim que surge entre muros lamacentos e o telhado, no poema "Uma flor entre as páginas", inspirado na figura mística de Etty Hillesum, morta em Auschwitz em 1943. Por isso, as recorrentes imagens bíblicas e míticas em poemas como "Arca da lembrança", "Os patriarcas", "Josafá", "Fruto caído", "Pedra de Sísifo". A miragem do reino que há de vir ("Nosso reino") não é a superação de nossa condição precária. Mas a manutenção temporal do enigma do primeiro amor.

A queda não ocorreu no tempo. Desde a eternidade estamos fora do Éden. Se a poesia é o Paraíso da linguagem, como queria Valéry, não o é por resgatar uma idade perdida. Mas sim por ser uma migração por tempos e lugares da memória, em uma constante travessia pelo interior do mundo. Ou scja, uma travessia por espaços de amor. Por isso, nunca deixaremos de viver sob o signo de sua ambivalência luminosa. Depois da unidade-amor edênica, a poesia de Ianelli nos convida a meditar sobre o devir de um amor para sempre e felizmente inacabado. Afinal, se ele fosse inteiro, não seria pleno. E se fosse perfeito, não seria amor.

NO DORSO CLARO DO TEMPO:
NOVOS POETAS BRASILEIROS*

O fim das demarcações de território foi uma das melhores coisas que aconteceram para a poesia nas últimas décadas. Ele possibilitou o aparecimento da multiplicidade de vozes que temos hoje em dia. A Coleção Canto do Bem-Te-Vi dá uma boa amostra da diversidade desse começo de século XXI.

Porém, mesmo sendo múltiplas, há algumas linhas de força presentes nas obras. Uma delas pode ser definida como filosófica e existencial. Ela caracteriza os três melhores títulos desta coleção: *Ao léu*, de André Luiz Pinto, *Ante-Sala*, de Astrid Cabral, e *Tempo inteiro*, de Paula Padilha. Ao léu significa à deriva, mas no sentido empregado no livro também conota a ideia de abandono.

E é justamente esse exílio metafísico que o olhar do poeta capta, pois "embora selvagem", ele é também "ínfimo" diante da totalidade. E a partir desse sentimento ele percorre lugares poéticos (a finitude, o amor, a revolta, a culpa, a morte, a impotência e o próprio lugar do poeta) e reais, como bairros e a situação social do Rio de Janeiro, registrando sua desilusão quanto a uma união positiva com o mundo.

Luiz Pinto percorre o itinerário da *res derelicta*, o tema heideggeriano do ente jogado no mundo, decaído, refém dessa "hora canina do abandono", para a qual os sonhos obstruem a felicidade, e que tem a morte como horizonte, pois a "melhor ternura é morrer". Mas que o leitor não se iluda. Não há condescendência com esse destino, e sim fricção, embate, confronto. Se "abrir os olhos é o lugar do homem", é essa abertura inaugural, esse primeiro olhar lançado às coisas, que nos devolve a inocência, e, portanto, a possibilidade de mudança.

Embora a "fossa negra da vida" amanheça "sempre limpa", essa ocultação facciosa não é eterna, tampouco inamovível. Em *Ao léu*, a poesia está aquém da vida, a fábula é insuficiente diante do real, pois "não há história que dê conta do mistério que queremos", constatação que aprofunda temas de seus livros anteriores, como "Primeiro de abril" e "Flor à margem". Entretanto, a palavra pode criar uma clareira para esse homem (nós mesmos) que percorre as ruas como um exilado.

Por isso, o tempo, a transformação em seus vários sentidos, é uma marca poética desses autores. Marca essa que vem impressa da primeira à última página de *Ante-sala*. Como no livro de Luiz Pinto, a ante-sala de Astrid Cabral não é um espaço físico, mas ontológico. Para a poeta, ela seria uma metáfora da própria vida, preparação para a verdadeira sala, o além-mundo, a morte. É esse gesto de "atravessar o ser" e dar "na outra margem" que os poemas encenam.

O livro segue um tom elegíaco, é certo. Mas se é "preciso morrer para alcançar as estrelas", não se pode dizer que seja estritamente pessimista. Partilha sim de uma visão desenganada da existência, onde tudo está em completo devir, nada permanece, nada dura. Nota-se tal inclinação nos títulos de muitos poemas: "Passagem", "O derradeiro instante", "Transitória". O horizonte do livro de Cabral é esse "espelho metafísico", esse "outro lado" infinito que margeia nossas vidas, mas do qual apenas intuímos a presença. Aqui também estamos jogados no mundo, "perplexos", porque nele "fomos lançados". De novo o tema da impotência e da derelicção.

Mas há outras teias tecidas pelas mãos do tempo. E essa nova face que ele nos apresenta aparece no livro de Paula Padilha. O seu próprio título, *Tempo inteiro*, sinaliza uma experiência não-fraturada da existência. Ou seja, a possibilidade de união entre percepção e devir, entre ser e fenômeno.

Não à toa, as seções do livro vêm abertas com epígrafes de Rilke e Celan. O teor existencial desse tipo de poesia, ao invés de colocar o indivíduo como centro de tensões não resolvidas, apresenta-o como consciência doadora de sentido, em um mundo inóspito. Por isso, "pelos dedos" passa o "nó da eternidade", cada "instante" está "inteiro no tempo" e a "vida inteira" está "lançada no presente".

Padilha opta pela experiência original. Tendo o "espanto como morada", ou seja, o mesmo espanto de onde nasce a poesia, o poeta "trilha um labirinto", não está alheio à perdição. Mas há uma saída: "sabe que carrega a própria chave". Há ferida, há dor. Também há morte, esse "motor subterrâneo de cada gesto". Mas se elas estão escondidas, a noite está aberta, e somos empurrados "para o centro da vida". O eclipse não oculta tudo. Apenas aponta para a margem, não aquela que a transcende, mas sim a que deve ser conquistada.

Já a poesia de Elisabeth Veiga e de Solange Casotti seguem rumos distintos. *A estalagem do som* dialoga com uma experiência de Deus, enfatizando a insuficiência humana, especialmente a do poeta. Ao passo que *Tectônicas*, em tom que oscila entre o jocoso e a sátira, propõe novos contatos entre nós e a natureza, seja ela humana ou física.

Por fim, vale a pena chamar a atenção para uma constante em todos os livros: a ênfase pouco recomendada no prosaísmo. Isso ocorre tanto no nível temático quanto formal. Às vezes a ideia cede à tentação do motivo fácil. Em outras, o próprio tema é escolhido tendo em vista um repertório estreito.

A despeito da inclinação metafísica dos melhores momentos da Coleção, vale a pena refletirmos sobre essa insistência da poesia brasileira nos voos rasantes e no mundo sublunar. Talvez seja o momento propício para desbravar novos territórios. De preferência, no céu.

EMILY DICKINSON
SOB O CÉU QUE PASSA

Na pequena cidade de Amherst, no Massachusetts, ao revirar o quarto de sua irmã após o seu falecimento, em 15 de maio de 1886, Lavinia não supunha a surpresa que lhe esperava. Em um baú, depara-se com pilhas e pilhas de papéis escritos à mão, dispostos em forma de livros, os famosos *fascicles*, que computavam ao todo cerca de 1.800 poemas.

Mais do que uma questão de cânone ou de marginalização artística, esse anonimato quase absoluto daquela que viria a ser considerada uma das mais importantes poetas da língua inglesa nos revela que estamos diante de algo que toca o coração mesmo da poesia.

Pois se o poeta é aquele que abre uma clareira na noite do mundo, como queria Heidegger, cabe a ele sustentar a poesia como sacerdócio, não como uma ocupação utilitária. Só assim é possível, contra o mundo e em benefício da poesia, descobrir um horizonte habitável. Só assim o seu poder de desvelamento será proporcional à sua capacidade de se eclipsar enquanto indivíduo.

Se os deuses se foram e só nos resta esse ninho à sua sombra para sustentarmos leveza e abismo, é no adeus a toda vaidade terrena que o poema se faz mais necessário e violento. Nesse sentido, independente do valor maior ou menor de cada poema, poucos poetas foram tão dignos desse nome e deram tanta dignidade ao ofício da poesia quanto Emily Dickinson. A publicação de *Alguns poemas*, belo trabalho de tradução, seleção e introdução de José Lira, precedido de prefácio do poeta e tradutor Paulo Henriques Britto, é uma ótima porta de entrada no seu imaginário.

O livro traz uma seleção de 245 poemas e, sendo a mais extensa publicação da poeta no Brasil, oferece um painel bastante significativo dessa tapeçaria feita de silêncio, música e delicadeza. Além disso, é um oportuno exercício de tradução de poesia, à medida que Lira, não contente em adotar abordagens mais literais ou mais criativas, lançou mão de três modalidades possíveis: as *recriações*, constantes da primeira parte, "A áurea presença", e as *imitações* e *invenções*, dispostas na segunda e terceira partes do livro, intituladas, respectivamente, "Uma arma carregada" e "O outro céu".

Escasseiam informações sobre a vida da poeta, e diz-se que ela nos deixou apenas uma foto. Independente de especulações biográficas sobre possíveis frustrações amorosas que teriam contribuído para a sua reclusão, que acabam subscrevendo a obra ao mito, é importante notar na própria fatura de sua poesia um movimento contrativo simbólico. Seu eixo é o espelhamento de Céu e Alcova. Às vezes, Cova, quando toca o tema da existência e da morte.

Não se trata de uma poesia erótica, como quis Camille Paglia, mas de poemas cujo signo maior é a finitude da carne e a redenção diáfana oferecida pelo céu, única testemunha de toda nossa vida e, portanto, ápice da criação artística para Dickinson. Por isso, embora em seus versos célebres ela diga "fugir do céu" e "buscar o inferno", só o afirma como movimento descendente do espírito, tantas vezes tematizado em diversos poemas, não como aspiração última do ser.

No fundo, temos aqui um dos mais bem acabados modelos de poesia alegórica. E que bebe na alegoria a sua chaga e o seu paraíso, pois é por meio dela que Dickinson descreve os finos movimentos de sua consciência e de seu contato o Outro, flagrado em gestos cotidianos. Casa, Porta, Prazer, Alegria, Desgraça, Amigo, Morte, Mundo, Vida, Graça, Pão Celeste, Dupla Perda, Sol, Coração, Primavera: não estamos diante de uma enumeração mecânica que evita captar a vida pulsante do mundo, mas no cerne teatral de uma poesia que quer fazer de sua radicação terrena o palco para o desfile da Eternidade, em todas as suas máscaras mais efêmeras.

Tal ambição não lhe conferiu obscuridade. Deu-lhe, pelo contrário, o quê de etéreo de todo gesto inconcluso. E se a poesia de Dickinson pode muitas vezes soar monocórdica, ela o faz à custa de sua própria renúncia e em prol de sua obsessão de não ser deste mundo e não ser de seu tempo. Assim, não obseda o leitor com a repetição diversificada de uma modernidade veloz e em tudo entediante. Segue os ritmos da alma, não os desígnios caducos de uma cidade sempre em construção e sempre em ruínas.

Tivemos a revanche da exceção nas obras dos grandes obscuros em vida, de Sade e Pessoa a Kafka e Kaváfis. Emily Dickinson, que ficou conhecida como a Grande Reclusa, também exerceu sua vocação para a sombra. Ela é que a reconduziu à poesia em seu estado puro, dir-se-ia à sua nascente, a quilômetros de distância do burburinho pedante, pantanoso e desprezível dos *literati*. A atmosfera de sonho que se respira em sua poesia deve muito à sua condição, o que significa que fez bem em renegar a glória. Afinal, para quem escreve da e para a eternidade, os leitores e a vaidade são apenas um mero acidente.

CÓRGO DE NICO HENRIQUES

Córgo é a cidade natal do poeta-narrador Nico Henriques. Não importa a que latitude essa cidade esteja situada. Porque córgo é o *topos* da poesia quando assumida como franca face do fracasso e como sinal de menos diante da vida. Quando o lugar-qualquer se torna habitado pela voz da poesia, e o poeta por fim se desfaz de si e de seus poucos álibis. Córgo é o lugar onde o poeta se esconde de si, dentro de suas entranhas. Seja na série de Caminhos, nas ruas de São Paulo ou nos poemas da Itália, fluem lenta e constantemente nestes poemas essas águas palustres.

Esgoto, ventre, intestino, lixo, bueiros, postos de gasolina abandoados. Por todos eles escoa o fel e o visgo do poema desencantado. Poesia das entranhas e do estranhamento, justamente por revelar os avessos que nos constituem. Poesia profana, expulsa-nos dos restos de paraísos artificiais que ainda venham a nos seduzir. Outros poetas podem falar de oceanos, mares e rios, cheios de tormenta e fúria. As águas do córgo são as águas lentas e sujas de nosso abandono sem redenção. Por elas corre o poeta *gauche* em um mundo *gauche*. Não consegue mais se apoiar nem na ideologia, nem no amor ou em algum anjo holístico empoleirado em bancas de jornal.

Tensionado entre o corvo de Poe e o eco do poema de sete faces de Drummond, a poesia de Nico mostra suas cartas logo nos primeiros versos. É clara a sua filiação a uma tradição da moderna antilira, cheia de hesitação e ironia, melancolia e esvaziamento da condição existencial mesma do poeta e da poesia em uma realidade de cacos. Se o moderno é aquele que edifica e habita a própria ruína, nessa chave devem ser lidos estes poemas.

Em vista disso, a dicção de Nico sempre se inclina para a prosa, como em Pavese e em outros poetas do voo rasante. O canto em tom menor, tocando a terra, se eleva quanto mais desce ao fundo e ao vazio. A paródia, o deslocamento, a bricolagem, a citação de elementos da cultura *pop* e dos *mass media* mesclados a Giotto, Brunelleschi e Giacometti apenas reforçam a vocação do poeta em tomar a cultura de uma perspectiva invertida, em busca daquele baixo materialismo de que fala Bakhtin. Nessa perspectiva, um pelo preto do nariz entre os dedos se transforma surpreendentemente no corpo morto de um dervixe que ainda rodopia.

    Se a poesia é uma forma de impoder, como quer Agamben, o poeta é aquele que faz da impotência sua obra-prima. Não é o rei que está nu. Somos todos nós, sujeitos-ninguém, que precisamos assumir nosso compromisso com a nudez. Justamente por isso, ainda que em carne viva, nem tudo é fracasso nestes poemas. O simples gesto de compartilhar o sumo e o suco de uma manga nos devolve uma fração qualquer de um paraíso, perdido e iminente. Isso ocorre porque, em um lampejo, descobrimos uma intimidade humana ainda possível, mesmo em um mundo cada vez mais adverso.

    Sim. O amor é titubeante e muitas vezes deceptivo nestes poemas. E as águas lamacentas de córgo atravessam todo mundo. Ainda assim a realidade é uma pluma dourada e paira acima de tudo. A realidade está sempre sendo reinaugurada com dois corpos dentro de um quarto. De todos os caminhos, esse é o caminho que a poesia de Nico oferece. Um caminho de despojamento, fratura, nudez. Na terceira margem dessas águas a vida nos aguarda para ser reinventada.

GULLAR: DO ANJO TERRÍVEL
À LEVEZA DO REAL

Para quem descobriu o sentido da poesia com Rilke e Eliot, dois poetas dados às mais altas meditações metafísicas, seja com o Anjo Terrível das *Elegias de Duíno* ou com a transcendência dos tempos sobrepostos dos *Quatro quartetos*, a obra e a vida de Ferreira Gullar são mesmo uma vertigem de transformações ininterruptas. Excetuando-se o livro *Um pouco acima do chão*, de 1949, que o poeta excluiu de suas obras completas, pois não crê no que escrevera antes de ter efetuado essa descoberta, seu primeiro livro já é um voo rasante que tenta trazer a poesia de sua dimensão mais sublime para o plano histórico, lançá-la em um corpo a corpo da vida. Como relata o poeta em uma antológica entrevista concedida a José Castello, depois dessa consciência do que era a poesia, Gullar passou a outro questionamento: como defini-la? E chegou a uma máxima: "a poesia tem que mudar a vida". É com essa descoberta que se realiza a passagem, pode-se dizer a síntese entre o pleno sentido da poesia em si e o sentido relativo da poesia no mundo. É dessa consciência que nasce aquela que viria a ser de fato sua primeira obra: *A luta corporal*, de 1954.

Mas a metamorfose Gullar não tem fim. E mal havia descoberto esse caminho inicial, já o colocava em questão. Porque o poema "Roçeiral", contido em seu primeiro livro, de certa maneira já testava os limites da linguagem articulada e a materialidade da própria página na qual o poema era grafado e as palavras, pulverizadas, em uma espécie de afasia articulada. Esse poema está na origem de uma obra bastante experimentalista como *Crime na flora*, livro concebido sob o influxo de *A luta corporal*, mas que só seria publicado 30 anos depois, em 1986. Nele os limites da linguagem e a materialidade da expressão poética já começam a se esgarçar, e já se preparam as conhecidas experiências artísticas nas quais o poeta une poesia e artes plásticas.

Primeiro, com o movimento da poesia concreta, de São Paulo, com o qual Gullar dialoga, ao longo de uma fase que durou até a ruptura, em julho de 1957. Depois, por incentivo de Mário Pedrosa, com a criação do movimento neoconcreto no Rio de Janeiro, junto com artistas plásticos, do qual Gullar redige os dois manifestos: *Manifesto da poesia neoconcreta* e *Teoria do não-objeto*. Também cria, com o Hélio Oiticica, as bases para um novo conceito de poema, que saltava do espaço gráfico do livro e se transformava em uma verdadeira instalação. As ideias de um livro-poema, de um livro-corpo ou de um livro-mundo eram importantes para a redefinição do espaço da poesia, no sentido físico e conceitual do termo. Mas não eram suficientes. Porque essas experiências-limite das vanguardas parecem nunca ter dado a dimensão de realidade a que Gullar sempre aspirou, sobretudo a conexão possível entre poesia e política.

Com sua vivência em Brasília e seu retorno ao Rio de Janeiro, opera-se uma nova fase do poeta, mais engajada e até panfletária, na qual a dinâmica social é posta em palavras e a própria noção de poesia passa a equivaler a artesanato popular, assumindo um teor nitidamente crítico com relação às definições de alta e baixa culturas. Escreve literatura de cordel e um dos livros teóricos emblemáticos dessa ruptura com as propostas das vanguardas, das quais ele mesmo havia sido menor e ponta-de-lança, é *Vanguarda e subdesenvolvimento*. Mas aqui Gullar parece ter se deparado com um problema incontornável: nessa trilha, onde termina a poesia e onde começa o puro combate mediado por palavras? Como conciliar o intelectual que reflete criticamente sobre o mundo e a forma popular, que nasce espontaneamente de raízes folclóricas profundas? Esse impasse deu ensejo a um oportuno amadurecimento do tema político e participativo em sua poesia a partir de 1962 e que dará origem a *Dentro da noite veloz*, em 1975, mesmo ano em que escreve uma de suas obras-primas, o *Poema sujo*, livro-poema escrito entre maio e outubro do mesmo ano e publicado no ano seguinte, ambas obras compostas quase em sua totalidade no exílio. As condições especiais de escrita e a repercussão do *Poema sujo* mereceriam um comentário à parte. Mas o fato é que, gravado pelo poeta em uma fita cassete e trazido ao Brasil por Vinicius de Moraes, esse livro-poema, sob a forma de áudio-livro (o poeta sempre na vanguarda), que sintetiza em si o uso inovador de recursos gráficos, de política e de poesia, gera repercussão e consegue trazê-lo de volta ao Brasil.

O reinício de Gullar em terras brasileiras marca também uma nova transformação: *Na vertigem do dia*. Publicado no começo dos anos

1980, e pensando-se em um binômio política-poesia, o livro inaugura um Gullar que parece transitar agora daquela para esta, tentando dar um tônus mais emocional, mais lírico à experiência do tempo e da história. Nas palavras do poeta, trata-se de uma "música de câmara", não mais da estrutura sinfônica de *Poema sujo*. Mais do que a *forma*, importa a *ênfase*. Trata-se acima de tudo de um livro no qual Gullar parece ter transcendido tanto as teorias de vanguarda quanto o dilema marcadamente ideológico que lhe servia de guia, e agora tenta reatar o elo perdido com uma espécie de sentimento de poesia captado em estado puro. A cada instante, em sua nascente cotidiana, a poesia nasce, sem com isso abdicar do sentido histórico que nos permeia. Em outras palavras, o poeta retorna à sua condição existencial, que sempre está em paralelo às sínteses operadas pela consciência vigilante, aquém da experiência formal e além da política.

Depois dessa obra, Gullar retoma a poesia em um de seus sentidos mais originários e, por que não, originais: a poesia volta a ser um espanto. Não que não o seja sempre, quando ela de fato acontece, quer seja motivada pelos conflitos sociais ou pela reinvenção da própria linguagem, quando a palavra é dita como se fosse pela primeira vez. Mas ao capturar esse movimento da poesia que nasce sem propostas nem roteiros, sem guias nem crenças, sem ideologias nem projetos, parece que Gullar deu um novo rosto a seu trabalho. Esse novo rosto está em *Muitas vozes*, de 1999, e está em seu novo livro, *Em alguma parte alguma*, de 2010, que surgiu depois de onze anos de silêncio. Ou seja, para o poeta que pensou a poesia como uma transformação da linguagem e como uma transformação da vida, agora ela consiste em uma reinvenção de si mesmo.

É no espanto com as coisas simples, como o forte cheiro de jasmim que sentira ao sair da casa da sua companheira, a também poeta Claudia Ahimsa, que Gullar retorna à fenomenologia do poema, ao âmago da poesia. É no espanto que ele volta a colher a sua fonte primeira. Seria esse um retorno às origens? Seria essa reconciliação pós-utópica com o mundo um retorno às fontes perenes, eternas e sublimes da poesia? Depois de tantas transformações, teria sido Gullar tocado de novo pelo Anjo Terrível, que lhe acenara aos 20 anos, por trás das estrelas? Sim e não. Como diria Eliot, o tempo passado guarda o tempo presente. Mas o futuro guarda em si o passado e o presente. Todos são simultâneos. Todos se encontram implicados, uns nos outros. Na imagem de Hegel que inspirou a construção do *Poema sujo*, o ramo é toda a árvore e também é *apenas* o ramo. O que Gullar foi ainda é o que ele será. Todo começo traz em si o seu fim prefigurado. Presente.

Pois para chegar ao céu, é preciso ter passado pela terra. E a sabedoria da terra e das coisas terrenas é muitas vezes a de mais difícil compreensão. Voos rasantes, vozes de multidões incendiárias, o murmúrio dos homens anônimos, das faces anônimas, o luto dos dias, a luta corporal, um pouco acima do chão, em um não-lugar e em todos os lugares, em alguma parte e em parte alguma. Gullar certamente compreendeu tudo isso. Assim é que segue a utopia. E é o pássaro do poema de Eliot quem diz: "o espírito humano não suporta tanta realidade". Depois de tanta realidade é que finalmente nos preparamos para o voo. E por isso, não é Gullar que segue sendo poeta, pois isso ele sempre será. É a poesia que continua se fazendo nele.

O VAZIO PLENO DE
RENATO REZENDE

Muitos são os caminhos que unem poesia e mística, todos eles difíceis. Pois neles não se exige do poeta apenas uma posição diante da linguagem, mas sim uma experiência da linguagem como sendo a vida do mundo. Em um pólo de claridade esse itinerário pode se dar como rarefação: a palavra se desprende de sua possibilidade de dizer as coisas, e seguimos o caminho de uma teologia negativa. Adentramos uma dimensão apofática da linguagem, cuja estrutura está sempre aquém dos seres e da possibilidade de nomeá-los.

Pelo oposto dessa concepção chegamos a algo semelhante. O mergulho no corpo, na matéria, na sua mais silenciosa viscosidade também pode ser uma redenção da consciência. Seu aniquilamento consentido e até planejado é nossa oferenda ao ser que a aniquila, e só aniquilando-a nos enraizamos no corpo para transcendê-lo rumo a uma síntese inaudita. Habitamos o intervalo: não somos um puro espírito, mas a aderência do pensamento ao mundo nos retira de toda contingência. É a *experiência interior* de que fala Bataille: tanto mais pertos do divino, quanto mais mergulhados no animal que há em nós.

Novo livro do poeta, tradutor e pintor Renato Rezende, *Ímpar* aspira ser o ponto de contato desses dois elos entre mística e poesia. Conduz-nos pelas vias conflituosas desse itinerário, no que ele tem de mais legítimo, ou seja, em seu confronto com o *mysterium tremendum* e com o absurdo da existência. Portanto, travessia que passa pelo niilismo, que dialoga com o jogo ambivalente de violência e esplendor do sagrado, não coroação pacífica de nossa insuficiência enfim domesticada.

Não por acaso, o livro se abre com o poema *Espelho*, propondo-nos uma despedida de nós mesmos, e se fecha com *Encontro* e com o epílogo que congrega toda a criação em um ponto azul habitado pelo amor. Em *Passeio*, seu livro anterior, a ligação entre poesia e travessia já tinha sido sugerida. Como um misto de *flâneur* e anjo caído, o poeta atravessa os espaços do Rio de Janeiro recolhendo a paisagem com seus olhos recém-saídos da Queda. Temos a viagem como metáfora e também como via, e a diluição do eu na paisagem se dá pelo contato com uma realidade que nos é familiarmente estranha. Vide os belos poemas "Paraíso perdido", "Sono", "O balde e asas".

Essa perspectiva da viagem reaparece em *Ímpar*, mas sutilizada pelo componente iniciático. Como *vis mystica*, ela de saída já abandona qualquer exterioridade. Percurso plenamente interno, a *kenosis*, o esvaziamento do eu, é a mola propulsora de toda a sua poética. Porém, esse processo não nasce de uma ascensão do espírito, mas sim de sua ruína, de sua descida até o mais obscuro.

Falência, surdez, mutismo, fratura, cegueira, sujeira, miséria, como lemos em poemas como "Ruínas", "Desconstrução da amada", "Dejetos", "Corpo", "Combustão". Esses componentes que em qualquer outro contexto seriam negativos aqui são a pólvora com que se acende a plenitude do ser. São eles que desagregam a vida do eu para que fale nele a alteridade radical, por isso a menção a Rimbaud em *Corte*. São eles que arruínam a matéria para que a luz possa vazar por seus poros. Há alguns poucos poemas cuja eficácia formal fica aquém da capacidade de sugerir ao leitor essa pulverização do ser, como "Oco", "Júbilo" e "Serviço de utilidade pública". Coisa menor, diante da ambição consumada da maior parte deles, que não é só de ordem estética, mas filosófica, existencial e dir-se-ia religiosa.

Je est un autre: o eu é um outro. Falam nele inúmeras vozes quando ele se extingue. E é basicamente de sua extinção que vive a poesia. Por isso, o livro de Rezende não raro toca ou mesmo vai fundo na abjeção, na negatividade, na escatologia, como os poemas da seção O Mundo Iluminado. Mas aqui também a guinada mística: é preciso passar pelo nada para chegar ao ser, é preciso tocar o ponto mais fundo do corpo para que o mundo se ilumine.

Aparente paradoxo, ele se resolve com a união de vida e morte em um *constante pulsar de êxtase*. Cada ser é singular, cada ser é ímpar, porque nada retém o devir e, no interior do nosso coração, não somos nem homem, nem mulher, nem planta, nem cachorro, nem anjo, nem demônio. Essas são abstrações de nossa matéria-prima, por meio das quais os homens confiscam seu esplendor em nome da civilização ou de qualquer outro conceito miserável.

Nós, pelo contrário, habitamos o espaço do meta-humano, morada da poesia e dos deuses. O ponto azul do amor que congrega todos os seres depois de sua última agonia, e mostra-nos assim a participação da vida cósmica. É preciso ser Deus para morrer, diria Bataille. Como homens, somos condenados a ser eternos. Não é a alma. Mas sim a matéria é que é indestrutível. E com ela toda a vida.

PRIMAVERA: HERBERTO HELDER
E O CANTO DA TERRA

Diante do paradoxo em que redundou a tradição do novo defendida pela arte desde o começo do século XX, podemos crer que uma das mais legítimas expressões da arte moderna seja a crítica da própria modernidade, entendida em termos iluministas como uma apologia do progresso, como queria Octavio Paz. Desse modo, não é de se estranhar que a melhor arte produzida sob a égide dessas crenças encarnasse uma das mais interessantes experiências de limite de que temos notícia: deslocando o lugar institucional da literatura para zonas cada vez mais excêntricas, tal experiência não deixa, por sua vez, de produzir um saudável sentimento de regresso a nossos instintos mais elementares. Não há propriamente evolução, mas reconquista de zonas de sombra, até então camufladas; não há em nenhum momento progresso, mas linhas de fuga que nos devolvem às camadas mais originais da existência, que tinham sido esquecidas, em suma, àquele *sentido da terra* de que nos fala Nietzsche.

A sensação desconcertante que temos diante da poesia de Herberto Helder não se deve a outro motivo. Ao se desviar conscientemente do cânone e de tudo o que a comodidade do gosto nos oferece em sua inércia, ela nos reintegra à raiz do canto e à sua nascente mais antiga. E sendo uma *poesia impura*, não deixa de ser uma *poesia inaugural*. Porque se a civilização transformou as suas questões mais candentes (o sexo, a morte, o sonho, a loucura, o sangue, o sagrado, o incesto) em tabu para poder sobreviver, deslocou o *desejo* de seu objeto e o traduziu em *lei* e *cultura, valores* e *instituições*, Helder vai em busca da nomenclatura primeira dessas potências e faz delas a matéria-prima de sua alquimia, que devora a essência e cospe quaisquer resquícios civilizados que obstruam a razão selvagem que nos habita.

Tudo nela é moderno, porque parte da ingenuidade necessária para que o canto destrua a literatura. Tudo nela é novo, porque regressa ao *in illo tempore* no qual o mundo foi criado. Tudo nela abrange as zonas mais perigosas de nossa experiência com a linguagem e de nossa imersão no mundo. A argila, o leite, o pão, o amor, a terra, a água, a fonte, a loucura, o sexo, a estrela, o céu, o trigo, a criança: estamos diante de uma espécie de mistério batismal. A nomeação do mundo emerge com tal transparência que se diria que o poeta, na condição de demiurgo, o cria naquele exato momento. Mas cria com ele também, é importante frisar, um mundo à imagem e semelhança da poesia: a violência com que a alma se traduz em carne, o corpo volitivo e vivo leva o mundo à boca, os bichos se espalham como religião sobre a vida, a antropofagia nos irmana integralmente a todas as coisas, o sangue volta a circular pelas árvores, pedras, rios, vento e barcos. Não há seguimento ou cisão, porque *neste* tempo não se reflete, não há razão privativa. Há apenas analogias, contiguidade, aderência, imantação. Não temos a consciência apartada do corpo e tampouco vamos ao céu em nossa ascensão, mas sim à terra, a única que nos santifica e salva.

Essa vocação à ancestralidade já vem esboçada desde os títulos de alguns livros do autor. Flagramo-la já em *A colher na boca* e *Poemacto*, ambos de 1961, em *Húmus*, de 1967, e em *Antropofagias* e *Vocação animal*, de 1971, no longo poema *Cobra*, de 1977, e até nos seus trabalhos mais recentes, como *Do mundo*, de 1994. Ela está dispersa em quase toda sua obra, e pode ser vista como um dos eixos de sua poética. Tal proposta artística, na verdade, está em consonância com um movimento muito interessante da poesia portuguesa das últimas décadas, que é a causa da maturidade e da altíssima qualidade que esta poesia atingiu, ímpar dentro do cenário mundial. Como bem observou em uma entrevista António Ramos Rosa, outro nome de proa da língua portuguesa, a figura de Fernando Pessoa criou uma situação ambígua. Se por um lado ninguém quer diminuir sua importância, por outro muitos poetas resolveram assumir o caminho oposto ao do autor de *Mensagem*. Contra a heteronímia e a dispersão do eu em máscaras poéticas, vão partir em busca de uma inaudita integração entre as palavras e as coisas, e propor uma identidade radical entre a sensação e a linguagem, entre o conceito e a experiência, em uma redução fenomenológica poucas vezes vista.

Ora, é interessante notar como, além de Helder, essa busca da unidade linguagem-mundo como superação da aporia poema-máscara colocada por Pessoa é percebida na obra de outros autores, por caminhos os mais diversos possíveis. Mais: pode ser vista até como um fio condutor de boa parte da poesia portuguesa desde a década de 1950. Seja na perspectiva mítica de Ruy Belo ou na ontologia poética finíssima do próprio Ramos Rosa, seja na poesia visceral noturna de Luis Miguel Nava e Al Berto ou na poesia solar de Eugenio de Andrade, seja nas finas tessituras de Fiama Hasse Pais Brandão ou na poesia telúrica de Rosa Alice Branco, onde essa opção estética vem expressa desde seu significativo título de estreia, *Animais da terra*, de 1988, até a publicação de *Da alma e dos espíritos animais*, de 2001. A mesma premissa se descortina: a reconquista da terra e da unidade entre o tato e o sentido. Se cantar é existir (*Dasein*), como queria Rilke, é também e acima de tudo participar da cosmogonia incessante da terra, compartilhar do canto com todas as demais criaturas que a habitam. Essa é a premissa ética, o devir radical que a regenera e renova, quando nela nos imiscuímos para poder transfigurar a morte em beleza.

Não por acaso, em uma abordagem brilhante a partir dos conceitos e imagens da alquimia, a escritora e pesquisadora Maria Lúcia Dal Farra aponta a *primavera* como um dos *leitmotivs* determinantes na poesia de Helder, além dos elementos que mencionei acima, entre outros. Ela simboliza sempre a ressurreição que se dá após o aniquilamento, ocasionado pelo *amor*. Também não por acaso a primavera se relaciona à *morte* e à *criança* (a inocência), e é uma das supremas manifestações da *loucura*. A despeito da difundida obscuridade das imagens excêntricas da poesia de Helder, nesses elementos sinalizados pela estudiosa temos a sua tradução mais cabal e transparente.

Em *A visão dionisíaca do mundo*, um texto de juventude, Nietzsche nos lembra que a primavera é a estação emblemática de Dioniso. Não só ele, mas também Walter Otto e Karl Kerényi, dentre os maiores estudiosos do mito. Chama sua embriaguez de *pulsão da primavera*. Sendo ele um arquétipo da vida indestrutível, só o é porque quebra todo *principium individuatinois*, destrói nossa unidade individual para nos mergulhar no caldo vital mais amplo da vida infinita e indeterminada, a *zoé* dos gregos, e dele nos resgatar transfigurados. Paradoxalmente, quanto mais próximos da terra e quanto mais distantes da nossa individualidade, mais próximos da redenção. Quanto mais desenraizados da alma, mais eternizados na terra. Quanto mais imersos na matéria que nos modela, mais próximos da graça que nos liberta.

Poeta órfico e dionisíaco, que chamou para si a maior de todas as responsabilidades ao inscrever a poesia naquela zona fronteiriça onde ela já passa a ser uma mescla de sacerdócio, demiurgia e maldição, Herberto Helder segue o lema dos antigos: o poeta se destrói cantando. Não é obra utópica, mas atópica, sem lugar, refratária a quaisquer gavetas críticas e mesmo a definições políticas e ideológicas. Por isso, eu poderia encerrar dizendo que ele é um dos maiores poetas vivos em atividade. E basta. Doce ilusão. Alheio também ao cânone, às representações públicas, a prêmios, medalhas e, sobretudo, à estupidez polida dos meios intelectuais, tal reconhecimento seria quase uma ofensa, como o é a tentativa de domesticar um animal selvagem.

Para muito além da letra, a poesia de Herberto Helder conclama a uma sagração da vida, mais do que a uma consagração do texto. Ao fazer do corpo o próprio verbo, da pulsão da terra a sua obra e ao unir mapa e mundo em uma só linha contínua, ela engana o leitor que, ao ler o poema, pensa ler poesia, quando, na verdade e em última instância, o que ele lê é a própria vida.

A SAGRAÇÃO DA PALAVRA DE
IVAN JUNQUEIRA

É sempre saudável ler ensaios escritos por poetas. Sobretudo quando há aquela alteridade indispensável a todo ato crítico, mesmo quando se pretende ressaltar algum aspecto em questão. Não só um discutível desinteresse, mas um acerto de foco. Deve-se iluminar a obra mais do que ser iluminado por ela. Só assim tradição e talento individual podem se encontrar. Afinal, mais do que representar a realidade, como reza o jargão obsoleto ainda em voga, a literatura se imita a si mesma. Todo bom autor é em primeiro lugar um bom leitor. Um poeta vem de outro.

A partir dessas premissas podemos equacionar os três volumes da obra de Ivan Junqueira lançados em uma bela edição da Girafa. O primeiro *De poesia e poetas* e o segundo, *Da prosa de ficção, do ensaísmo e da crítica literária*. Ambos seguidos de sua *Poesia reunida*. Há dois aspectos que chamam a atenção em seu trabalho ensaístico. Primeiro, numa dimensão de *paideuma*, trata-se da avaliação crítica de grandes poetas da modernidade, como Baudelaire, Eliot, Thomas. Ao contrário do que possa parecer, a vinculação desses autores a um cânone não é evidente. Haja vista o caso notório, enfatizado pelo ensaísta, da indiferença, dir-se-ia quase do menosprezo, dos modernistas brasileiros por um poeta gigante como Baudelaire.

Em outras palavras, a leitura *cria* uma legibilidade para as obras. E é nesses termos que se deve ressaltar o ensaio brilhante intitulado "A arte de Baudelaire", onde o autor reconstrói *As flores do mal* a partir do conceito de Pecado Original. Assim, demonstra como essa questão antiquíssima é a chave de sua modernidade, ao propô-la como horror à natureza e louvor o artifício. Trata-se de tema e variações de uma só litania: a Queda. E se o mito se atualiza *ad infinitum* sob as mais variadas feições, frisa sempre a natureza corrupta do homem sem redenção. Decadência, hedonismo, dandismo: os maiores elogios já feitos à mortalidade.

Outro aspecto diz respeito à leitura que o ensaísta faz de poetas brasileiros. Aqui se encontra um dos cernes de sua crítica. Ela se dá na revisão de alguns poetas deturpados, como João Cabral, em *João Cabral: um mestre sem herdeiros*, ou na reavaliação de um poeta admirável como Dante Milano. Por outro lado, retifica equívocos criados em torno de alguns autores, por limitação intelectual ou simples má-fé. É o caso exemplar de Augusto dos Anjos, esse poeta maior que os intelectuais afrancesados insistem em ignorar com argumentos dos mais pueris, e que comparece em um belo ensaio: "O excesso e suas representações".

Os dois movimentos se complementam. Ao atualizar a grande tradição moderna, Junqueira refina seu olhar para aquela parcela da literatura brasileira que permanecia à sombra ou mal compreendida. Seu trabalho rende frutos importantes. Um deles consiste na descentralização urgente do Modernismo paulista como eixo prospectivo e prescritivo da literatura que se produz no Brasil. Esse paradigma positivista é um dos maiores males que pesam sobre a crítica. No sentido inverso, mesmo a eleição do cânone internacional passa pelo escrutínio dos valores, e deve ser repensada, na medida em que muitos mestres podem ser sacrificados à custa de alguns poucos inventores ou de simples oportunistas.

Já a sua poesia encena uma dimensão relativa à iniciação e traz sempre o problema da morte em seu horizonte. Como Per Johns observou com a argúcia que lhe é peculiar, isso se deve à vocação órfica de que o poeta é investido. Orfismo contido, porém, calculado no ritmo e no metro, talhado em versos secos e curtos – devemos adicionar. Onde se nota o uso consciente das rimas toantes e onde o desrespeito à isotopia confere uma modernidade singular a seus decassílabos, que chegam a tanger uma *esthétique du bruit*.

Podemos discordar de algumas avaliações de Junqueira, como a ênfase dada ao cristianismo na obra de Baudelaire, sem mencionar que boa parte de sua concepção de pecado vem da tradição gnóstica. Há sobrevalorização de alguns poetas e às vezes meros equívocos, como sua leitura da obra de Mário Chamie. Mas em todos os seus textos transparece algo que não pode ser abandonado: a consciência do leitor que emerge à superfície e o corpo-a-corpo com as obras. Esse é um dos melhores atestados de que a literatura pode ser um fato de cultura, no sentido de Eliot, e não um patrimônio de especialistas, embora a especificidade no trato seja sempre bem-vinda. Como o é em todo ato civilizado.

DORA FERREIRA DA SILVA:
A AVE, O MERGULHO E O FOGO

Os olhos grandes e redondos, embaixo o sorriso meio maroto, abrem-me a porta. Por trás dela uma legião de mitos antiquíssimos toma vida, se infiltra em nossas veias. Ecoam agora, em meus ouvidos, os belos primeiros versos do livro *Retratos da origem*:

> Arco etrusco,
> lanterna alta,
> aldrava,
> bato à porta da origem.

Lembro-me que na sala de aula, sentava-me bem em frente da foto de uma porta vazada de luz, feita por ela, emoldurando a rugosidade da parede. É como se a porta se desmanchasse, a luz dissolvia seus contornos, macerava-os. Restava um vestígio da matéria, diagrama invisível. Às vezes eu a atravessava, transpunha-a enquanto falava. Viajávamos todos.

Entrar na casa da rua José Clemente sempre foi uma espécie de ritual de iniciação, de descida órfica a um mundo sempre muito antigo e inesgotável, algo que existisse desde sempre, sem tempo. Parece que um umbral era transposto, e logo estávamos em outro tempo, numa miscelânea de tempos sobrepostos, um lugar fora do mundo, clareira densa de vida e de linguagem. Lembro-me da bela frase de Hugo von Hofmannsthal: "para o espírito, todos os tempos são presentes". Tateio, tento traduzir essa entrada. Tento resgatar a vida em pinceladas grossas, transpor o espelho. Hesito. As palavras escapam. São insuficientes. Talvez isso: um espaço fora do tempo. O puro espaço. Uma nova quarta dimensão.

Ao fundo, ouço os pombinhos italianos arrulharem. Cheiro de jasmim, dama-da-noite, as rosas se interpõem em nosso caminho. Sigo Dora pelo jardim da frente da casa normanda, os caminhos se bifurcam, mas ficam cada vez mais abertos. Acho que essa é a palavra que traduz muita coisa e que agora me toca com o mesmo frescor de antes: aberto. Tudo ali é aberto. Tudo é claro, translúcido. Transparência, por todos os poros. Dentro da sala, ao lado da lareira, a parede cheia de ícones. Os bizantinos sabiam conservar um tipo de relação direta com o sagrado, que se perdeu. Hieráticos, solenes, mas cheios de humanidade, todos os ícones. Ao fundo, o São Francisco em tapeçaria, enorme. Abre as asas. O Espírito Santo em madeira. Voa.

Os ícones nos olham – quase digo. Mas não é preciso. O semblante de Dora demonstra que ela sabe disso, por isso os deixa ali, em silêncio, observando o movimento do mundo. "São as coisas que nos observam", lembro-me de sua frase, quase sussurrada. E depois complementava: "As coisas têm sede de serem vistas e querem ser ditas como nunca imaginaram ser", arremata, comentando uma passagem de Rilke. O ser: um diálogo silencioso entre nós e o mundo. Observadores, observados. Ao lado, uma tela do pintor Odriozola, de que ela gostava. "São restos do mar, que ele reaproveita na pintura". A *res derelicta* que o mar joga de volta à praia, o artista colhe, com ela comunga, transforma. "Estamos jogados no mistério", ela insistia, tecendo um paralelo, para definir nossa condição, nossa existência.

Os encontros do grupo Cavalo Azul iluminados pela figura de Dora são pra mim uma das experiências mais emocionantes de diálogo e doação. Falávamos no Aberto, a clareia do ser e a noite do mundo, a fuga dos deuses, o risco e a vontade, a eclosão do ser que ilumina a palavra, luz e legibilidade do mundo, a linguagem que se torna transparente, capta todas as coisas. A poesia, demiurgia. O mundo, obra do Fascinator, o grande deus impessoal, modelador, erótico. Seguíamos as trilhas do pensamento de Vicente Ferreira da Silva, um inquestionável gênio. "O poema é anterior ao poeta", sentenciava Maurice Blanchot em um livro que eu lhe emprestara e com o qual ela ficou fascinada. Se não me engano, pelas nossas conversas, esse livro foi uma das faíscas que detonaram a escrita dos *Transpoemas*, série de peças poéticas ainda inédita. E tudo fluía. E tudo se imantava. Os próprios conceitos flutuavam, não tinham origem ou destino certo. Linguagem apofática, hierofania, ôntico, pático, arquétipo, sombra, máscara, aórgico: essas pedras teóricas eram lapidadas e ganhavam vida, viravam pequenos amuletos, cristais, uniam-se ao nosso próprio cotidiano. Tudo isso, que em um contexto de estudos poderia soar como mero aparelho crítico, engenharia de conceitos, técnicas sutis para domesticar a inteligência, ali ganhava uma vida diferente. A palavra de fato *fundava* o mundo. E quando digo isso, não uso uma metáfora. Não é uma força de expressão, descrição ou dissecação. A linguagem *era* nossa própria existência. A poesia, seu coração compartilhado.

Pois bastava dizer *poço* e passávamos pela palavra *poço*, recolhíamos sua água antiga, bebíamos dela. Se alguém dissesse *floresta*, atravessávamos a Floresta Negra, estávamos ali, imersos, mergulhados em um misto de sonho e sentido que às vezes vinha à tona, deambulava, via a luz do sol, para depois mergulhar de novo, cada vez mais fundo, na força noturna. E era nessa atmosfera onírica que agora retiro a matéria-prima do semblante de Dora, e o esculpo em minha retina, mente, coração. Quando fala, Dora mescla gestos vagarosos a outros mais incisivos, os longos dedos sempre faziam o desenho da coisa pensada, depois o olhar ia para o vazio, se ampliava, grande e redondo, dentro do infinito. Isso: olhar e infinito se cruzavam. Seu olhar sempre me chamou a atenção. Poucas pessoas lançam aquele olhar que perfura tudo para chegar à quintessência. Não o que está além das coisas, mas o cerne de uma totalidade, que as une. O círculo, o centro em toda parte, a circunferência em parte alguma.

Dora, figura das águas, como eu. Isso nos identificava. Lunática, das mais intensas. Cada lunação, uma série de poemas novos. Fonte inesgotável. Manancial, luz, sopro, água. A vida, "naufrágio no azul", diz um de seus versos. Sempre a água. Rio de Heráclito e tensão de opostos a que chamamos: mundo. O belíssimo título *Talhamar* traz em sua capa a não menos bela imagem de um afresco descoberto entre ruínas, na região da Possidônia, século v a.C. Ficou conhecido como Túmulo do Mergulhador. O corpo delgado do mergulhador grego está na perpendicular. Entre o céu e a origem, ele flutua. Acho que essa imagem traduz Dora. Pelo menos uma parte importante desse mosaico de mitos que leva seu nome. Entre o céu e a origem, a água, a palavra, a substância precária e milagrosa dos dias. Ela, escafandrista do mistério. Entre ânforas e hídrias, barcos e mares, rios e rios, água e vida, sinônimos. Elas é que movem o dia a dia vivido no único tempo que importa, aquele, "contemporâneo do eterno", nas palavras de seu querido amigo Agostinho da Silva. "Contemporâneo dos deuses", diria Dora, diriam os poetas. Mas acima de tudo, mergulho, mergulhadora.

Também os jardins, os esconderijos, a reclusão, a floresta na qual o anjo músico se abre, síntese de natureza e espírito, na capa de *Cartografia do imaginário*. O ouro de uma descoberta que passa despercebida aos olhos de todas as épocas. Caberia comunicar um enigma? O mais precioso da vida seria comunicável? O maior de todos os sacrilégios e o mais indecoroso dos atos? Talvez sabê-lo seja o suficiente. A reclusão tem um nome: Itatiaia. A pletora de poemas escritos em Itatiaia só demonstra a proximidade dos deuses. Árvore e montanha, signos cósmicos, silêncio e luz solar, céu e terra se unem. Recolhimento, abrangência. Na solidão, somos o mundo inteiro. Apenas o mais profundo solitário pode viver todas as vidas, amar sozinho todos os homens e mulheres. Se minha memória não falha, acho que isso é de Proust. Mas também é (poderia ser) de Dora.

Do outro lado, o movimento complementar. Poemas em fuga, tendas, nômades, ciganos: todas as formas da migração a compõem. No centro de tudo, a música. A alma migra, o espírito migra, o corpo acompanha. Ventilado, comunicativo. Os três, um só, numa só graça. O universo resumido em um acorde branco, como no poema "As garças". Tudo é movimento, não há vida sem ele. Por isso sua ligação com o *pneuma* dos antigos padres gregos, o sopro, *spiritus*. Dora, peregrina. Leio em Angelus Silesius um de seus versos prediletos, que ela traduziu: "Não pertences ao todo se fixo é teu ser". Sim, alma peregrina. Sim: a água. Mas também e, sobretudo, o ar, o diáfano, que toca céu e terra e os transforma, varre, venta, comove.

Vontade natural de síntese, comunhão. Não no sentido protocolar, pois, protocolarmente, como dizia Rilke, como repetia Dora, as religiões bem podem ser meros "mercados de consolo", tão importantes quanto impotentes diante da angústia mais violenta ou do esplendor mais fulminante que nos constitui. Mas no sentido místico, como *unio mystica*. A síntese se deu com os antigos, nos mitos gregos, etruscos, fenícios, mas também cristãos. Não gostava de ser chamada de poeta pagã. "O mito do Cristo também está inscrito em mim", dizia. "O conhecimento não está nos livros, está incrustado dentro de nós, na memória coletiva", arrematava. Para ela, o essencial dos mitos não era a fronteira que demarcavam, mas sim o horizonte que nos abriam. Daí seu verdadeiro amor e sua devoção intelectual por Jung. É a fissura que os mitos produzem no real o que mais importa. Somos um vitral de mitologemas, afrescos vivos de deuses, mosaicos de imagens e arquétipos. Todo acorde, composto. Toda claridade, impura, mista, híbrida. "Todos eles estão em nosso coração", nos conformam, nos formam, nos fundam, nos fundem em seu amálgama antigo.

Uma via de ver as coisas, um caminho, um rastro, uma demanda, uma busca. Em uma palavra: travessia. Agora, leio as dedicatórias em meus livros, a letrinha trêmula, miúda, inacreditavelmente mais ilegível que a minha. Em todas elas uma constante: travessia. Para o Rodrigo, "companheiro de travessia". Sempre me comoveu muito saber que eu estava no mesmo barco que Dora. O barco dos etruscos e dos egípcios, aquele que corre pela morte, circula nas águas da vida e da morte, atravessa o Duplo Domínio, mas chega à outra margem, a terceira margem, banhada de luz. Transfiguração, renascimento. Depois da morte, a vida. Depois da vida, a vida. Nada lhe é alheio ou estrangeiro. Apenas uma soberana e terrível onipotência ou a mais cruel indiferença poderia nos apartar do que existe. Deus, se quiserem. Só Ele *pode* morrer. No fundo, tudo o que existe é indestrutível, eterno. Como dizia Bataille: é preciso ser Deus para morrer.

Por isso, a terra. Elemento concreto, parte italiana de Dora? Às vezes agreste, às vezes difícil. Porque Dora quer dizer *dádiva*, e, permitindo-me uma liberdade poética, também quer dizer *dura* e *difícil*. Os dons não nos são dados. São conquistados a duras penas, trabalhos incansáveis, provações, secretas alquimias de dor e plenitude, que ela realizou, em seu íntimo. Nós, inquilinos da vida, pastores do ser, não senhores dos entes. Mas a terra, a despeito da aridez, sempre renasce. Nós é que não percebemos. Não a alma, mas a matéria é que é imortal. Sim, algumas divergências. Ela, mais diáfana, mais otimista. Eu, mais terreno, mais negativo. Mas o otimismo não seria a maior realização da coragem? E o pessimismo, talvez um disfarce verbal para a minha imaturidade. Por isso também a terra: "tocar a terra para levantar voo". Eis uma de suas frases preferidas. Tantas vezes a repetia, que não me lembro se era dela ou se era uma citação. Não importa. Podemos dizer que era ambas as coisas. Pois sempre somos nós e o que nos ultrapassa. Tudo é coletivo, unânime, uníssono, para os deuses e para o inconsciente. Para o espírito, todas as coisas são presentes. Nós, *imago Dei*, imagens do divino, argila, modelos peremptos que se dissipam com o correr da água. Terra soprada pelo espírito, criação, miragem, essência nômade, rostos transitórios. Também a terra origina o Cavalo Azul. Na mitologia etrusca, ele é *psicopompo*, o condutor das almas, que une vida e morte, céu e terra. Emblema do Duplo Domínio da vida e da morte, que tanto a fascinava.

Quanto maior meu amor à vida, maior o meu desespero de perdê-la. Essa é a formulação trágica de Nietzsche. Por isso, e por fim, o quarto elemento: o fogo que enlaça tudo. Quer abraçar tudo. Abranger a vida e a morte, o nascimento e o repouso, a abjeção e a glória, a finitude e a transcendência, o limite e o ilimitado. Essa é a afirmação de quem quis viver tudo de uma única maneira, a mais intensa. O amor banha tudo, movimenta as criaturas. Por isso, a última palavra será sempre a primeira: Appassionata. "Todo o universo e todas as criaturas são dignas de paixão", diz o canto, a palavra necessária de um transcurso, testemunha de uma existência. Note-se: não se trata de misericórdia. Nem de compaixão. Sentir com as coisas. Mas de uma paixão ativa, doadora, que se projeta sobre as criaturas e se fascina por elas. Nesse enlace amoroso entre tudo e tudo, de todos com todos, não há vazio, não há morte, não há *mais* miséria. Superada toda contingência, o fogo tudo consome e tudo anima. O universo enfim unido e redimido, não pela física ou pela metafísica, não pela alma ou pelo espírito, não por Deus ou pelo seu contrário. O universo todo, fogo e chama, em um abraço.

ALFREDO FRESSIA NO ÉDEN

Primeiro filho de Adão e Eva, e, por conseguinte, primeiro homem nascido naturalmente sobre a Terra, pesa sobre Caim a cifra de um enigma e de um destino, ora individual ora coletivo. Embora o seu nome signifique *lança* e denote a sua origem agricultora, pode ser entendido também, de modo perifrástico, como *obter para si*, ou seja, *ganhar algo para si*. Isso que o primogênito tem para si, como depois sabemos, é a inveja. A necessidade de ter, por parte de Deus, a dignidade que ele julga que lhe compete, fato que não ocorre. Por isso o fato último do assassinato. "E porei inimizade entre a tua semente e a sua semente" (Gênesis 3:15), diz Deus, referindo-se à serpente e a Eva. Ora, quer dizer que o mal que nasceu do pecado entre Eva e a serpente se estenderia à semente de Eva (Caim) e a toda a descendência deste (a humanidade).

Porém, alguns comentadores eruditos sugerem que um dos sentidos simbólicos desse personagem seria o de *redentor*. Ele teria vindo ao mundo, após o pecado, para matar a serpente e restituir a integridade da vida. Por isso a sua urgência de obter *reconhecimento* (e aqui a ambiguidade semântica da palavra é oportuna) por parte de Deus. De acordo com essa leitura heterodoxa, haveria um sentido subliminar na figura de Caim. Ele seria o descendente (a semente) que teria vindo ao mundo para aniquilar o mal. Teria sido o primeiro ungido.

Obviamente, na doutrina cristã, a ideia de regeneração da humanidade pela remissão do mal é atributo divino, e só se deu com Jesus. E trata-se de restauração total, não de mera extinção das suas causas mundanas (a serpente). Por isso, Jesus foi aquele "segundo Adão", de acordo com as palavras do apóstolo Paulo, ou seja, aquele que restaurou integralmente o mundo e o ser por meio de sua encarnação e de sua palavra. Entretanto, não deixam de ser curiosas algumas outras associações simbólicas daquele personagem bíblico. Sabemos que Caim não apresenta arrependimento, mas padece de remorso.

Esse fato vem inscrito na famosa "marca de Caim", que foi estabelecida por Deus, mas cuja execução e natureza não vêm expressas.

Paradoxalmente, essa marca é registro de proteção e de estigma. Denota ao mesmo tempo a eleição divina e a chaga de uma ação ocorrida no passado. É aquilo que distingue Caim como descendente adâmico, marcando um limite de proteção para que ele não seja morto, e o que assinala o seu crime. Essa dupla natureza, protegida e espúria, preservada e infame, tem o intuito de fazer de Caim um dos protagonistas da neutralização do mal do mundo. Afinal, há que se suspender de vez a cadeia das mortes, interromper as quedas que se inauguram com a Queda, das quais Caim representa uma das mais profundas, logo depois da perda do Paraíso, pois em si mesmo mostra a todos a mácula de sua escolha.

Os desdobramentos do enredo, do *mythos*, muitos de nós sabemos: o exílio, a Terra da Fuga (Nod), a edificação de cidades, uma das quais leva o nome de seu filho Enoc, os primeiros trabalhos com a metalurgia, o crescimento da poligamia e da violência, a suspeita referência ao assassino de Caim, Lemec, que será vingado setenta vezes aquelas que Caim seria vingado, ou seja, setenta vezes sete. Ora, descendem de Caim, passando por Noé, Cam e Nemrod, o fundador de potências como Babilônia e Nínive, além de outras grandes cidades. A descendência de Caim, por outro lado, não é só o dos que constroem e manejam a metalurgia, mas também a dos que tocam cítara e flauta. Além de autores de muralhas feitas à custa de sangue e ferro, são também patronos da cultura e seu refinamento. Em palavras polidas, teria início então a "civilização", que nada mais é do que a luta dos homens uns contra os outros? A edificação das cidades e, portanto, a ruptura com a relação com a natureza começou pelas mãos do primeiro fratricida? Não cabe discutir aqui os limites tênues entre essas esferas.

A despeito do que o leitor possa estar pensando, essa introdução um tanto idiossincrática se justifica, pois acredito que ela se relacione diretamente à experiência de leitura da poesia de Alfredo Fressia. Poesia rigorosamente edênica, ela não o é no sentido de propor a restauração de uma unidade primeira entre linguagem e mundo, de uma *Ursprache* poética, como tantos grandes poetas o fizeram e o fazem. Não é também poesia "profana", no sentido de apagar as marcas da origem que tanto a linguagem quanto a vida trazem em si, no movimento centrífugo da Criação. A cena que se sustenta como pano de fundo de todos os poemas de Fressia é uma *cena de intervalo*.

Baseia-se na consciência de que a poesia, no seu sentido inicial e dir-se-ia até iniciático, nasce de uma origem pura, porém perdida para sempre, e toma para si a responsabilidade de edificar o mundo, mas apenas depois de estabelecer o seu compromisso com o mal. O poeta é aquela "rosa condenada" ("Mas a rosa") ao eterno exílio, sempre no limiar, para sempre no umbral. Essa condição intervalar, de radical *indecidibilidade*, para usar o conceito de Blanchot, faz da via poética uma impossibilidade sustentada. Mais do que um confesso deslocado social, essa situação estrangeira é ontológica. Diz-nos que a poesia, por ser linguagem, está fora do Paraíso, mas, por ser poesia, tampouco compartilha da completa ausência de sentido.

Tanto nos conjuntos de poemas O *futuro* e *Veloz eternidade*, quanto no magistral *Eclipse* e nesta antologia *Canto desalojado*, recolhida, traduzida e organizada cuidadosamente por Fábio Aristimunho Vargas, a cena caimita não é acessória, tampouco referencial. Ao contrário, pode-se dizer que ela é a estrutura mítica sobre a qual se ergue a poesia de Fressia, é a sua matéria-prima e a sua bússola. Eleito e maldito, assim é a descendência do poeta e assim é a descensão sugerida pela instauração poética. Em termos arquetípicos, tais modulações da Queda são flagrantes até na passagem de um poema a outro.

De saída, já se vê esse movimento nos dois primeiros poemas do livro. Apresentando-se como um "mal-entendido como a alma" e como um "traidor", desde o poema de abertura, não por acaso intitulado "A última ceia", o percurso poético é sempre o da reminiscência, com a nostalgia do abandono (a derelicção, como diz Heidegger), e a certeza da redenção impossível. Inútil "como a poesia" é a própria existência do poeta, o mais exilado dos exilados, e, entretanto, marcado com a chancela divina. Da ceia se passa ao diálogo com o pai, em "O medo, pai", no qual o filho espanta-se ao se reconhecer "preso no corpo", e define os homens como "filhos obedientes da espécie", mesma expressão que reaparece no belo e forte fechamento do poema "Obediência".

Essa cena edênica não se preserva no nível das formas e dos arquétipos. Toma corpo na própria vida, enraizada no cotidiano. Seja ao dizer, de modo babélico, que "todos os idiomas são incompreensíveis" na vasta tristeza noturna, seja mostrando os amantes como "títeres do tempo", em quartos iluminados de néon ("Noturno na Avenida São João"). Esta paisagem desolada de perda e carência pode se dar na ausência de rosto, que fôra por "sete dias postergado", no "segredo dos ossos", no xadrez das vértebras jogadas pela morte ("Domingo à tarde"), na sinfonia da carne, na ruína dos corpos durante o amor e no regresso de cada um desses até "a sua ausência". Esses corpos não são inodoros ou distantes, não são paisagem, tampouco estáveis permutações de um amor ameno. Eles se dilaceram e se dissipam, deixam marcas, cheiros, pegadas, passos, sêmen, odores, cortes, suor, sangue. Amam-se como peixes, amam-se e se odeia, atravessam-se e se esfolam aos olhares sorridentes da morte. Depois, se por acaso o se o próprio corpo toma ciência de si, o mesmo dobra-se e se contrai na posição de feto, em seu retorno primevo ao ventre da Criação, como lemos no impecável "Liturgia".

Esse barro original de onde Fressia modela os seus corpos, além de manchado e impuro, traz algo também de singular. Se observarmos, por exemplo, a temática homoerótica de sua poesia, sinto que podemos desentranhar dela algumas variantes, não só do homoerotismo, mas também da androginia. O enigma da sexualidade, um dos enigmas da vida, é posto de maneira emblemática, entre outros, no poema "Final". Ao dizer que "encerra todo o ciclo" e que em si "se acaba" e, logo em seguida, "Tirésias contempla o travesti em silêncio", Fressia passa de uma dimensão literária, de fechamento dos poemas, a uma sexual e existencial, do voltar-se sobre si mesmo, ou seja, do amor ao próprio sexo e do amor a si, como fundo autotélico do desejo que *não quer se perder no outro*. Ora, o adivinho Tirésias, tal como se diz de Empédocles, havia experimentado em outras vidas a forma de mulher. Esse feminino que vem inscrito na interioridade do personagem, aliado à cegueira que o veda ao mundo das formas exteriores, é o que promove o visionarismo. O mesmo visionarismo que terá Édipo em Colono, depois de cegado e depois de, na tragédia de Tebas, ter selado seu pacto com a mãe, que é Jocasta e o eterno feminino. Tem início então o segundo movimento da sinfonia trágica, o conhecimento que se exerce depois da peripécia do reconhecimento.

A função edipiana é subvertida aqui de maneira quase bufa. O cego Tirésias contempla o travesti em silêncio. Quer dizer: as próprias estruturas interiores e exteriores foram embaralhadas, posto não haver aqui mais ambivalência produtiva. Em outras palavras, não há assimilação dos opostos, *anima* e *animus*, mas um profeta cego que "contempla" um travesti (o poeta), cujo feminino interior já foi totalmente exteriorizado, posto em potência. Nesse sentido, não há tragédia, pois a tensão dos opostos se resolveu por dissolução. O mesmo modo bifronte de união dos corpos se dá no poema "Belo amor", no espelhamento de sexos idênticos. Dessas descrições chegamos por fim às de poemas como "Obediência", verdadeira cidade da carne, onde o corpo e o sexo são pensados em termos puramente negativos, em uma noite que desmorona junto com as coisas.

Belo porque estéril, esse amor que se descreve é propriamente uma tentativa de não procriar a vida fora dos limites do Éden, de deixar-se ali até que a salvação venha cumprir seu destino. Ou não venha nunca. Se a tradição cristã mais ortodoxa viu na sodomia um ato *contra naturam* é por ela não gerara filhos que possam trabalhar o linho da vida até a redenção da espécie. Em outras palavras, até a completa purificação da marca de Caim que nós herdamos. A boa poesia é sempre violenta, e no caso de Fressia o é, na medida em que propõe um retorno à cena do crime, não para corrigi-lo, mas para revivê-lo e mostrar-nos um espelho, no qual todos nós nos reconheçamos.

Esses corpos não estão presentes apenas em um de seus livros. O que dizer deles, senão que são corpos edênicos, moldados no barro original e no pecado irresoluto que nos funda? Não há aqui intervenção do puro espírito ou o corpo sutil dos místicos. Não há sublimidade, altitude espiritual, pois se não há salvação, tampouco há tragédia. A sua encarnação simbólica em poesia se dá como experiência-limite da própria materialidade, da falta de transcendência que irriga todos os poros deste mundo que *ainda* não foi salvo. E provavelmente *nunca* será. E nestes advérbios temporais parece residir todo mistério. Ou melhor, reside um dos enigmas que nunca foram resolvidos: o futuro. No futuro do pretérito de sua poesia, o mundo ainda está para ser salvo. O "futuro era o de antes" era o do "tempo dos meus quinze anos". Pessimismo cujo tom é um dos mais interessantes, com matizes judaizantes, pode-se dizer, a poesia de Fressia é tão exilada dos lugares nos quais se radica que vê a própria utopia sob a luz do luto.

De fato, em seu livro intitulado justamente *O futuro*, em especial no engraçado "Teorema", mais do que uma projeção utópica frustrada, uma distopia ou uma falta de enquadramento social, o que se lê é uma *atopia*. Não aquela enfadonha, insossa e insone, dos aeroportos ("Aeroportos"), que estão mais para aqueles *não-lugares* de que nos fala o sociólogo Marc Augé, e são tratadas comicamente. Trata-se, por outro lado, de uma condição estruturalmente incondicional, do poeta e da poesia. Sob essa ótica, que é a de um exílio ontológico, não mais uruguaio ou brasileiro, os lugares e os projetos estão sempre ainda por se realizar. Não existem, e, portanto, nunca existirão. Serão sempre diversos de si mesmo, sendo o centro luminoso de irradiação de sua verdade eternamente inacessível para nós. Por isso, não podemos dizer que algo será salvo por algo ou alguém que ainda não existe nem por aquilo que ainda não há. Se a perspectiva edênica marca seu vínculo com o tempo de antes da salvação, essa salvação que se mostra sempre por vir é eterna. Sendo assim, é também infinita. Não se consuma nunca. É, portanto, inexequível e assim carece de essência. Essa é sua *parcialidade*. Em outras palavras, pode-se dizer que a vida humana está e sempre estará sob o signos dessa parcialidade. Por isso, o centro de toda a poesia de Fressia chega enfim a um termo: o eclipse.

O eclipse como fenômeno natural é simples. Consiste na sobreposição de um dos astros, que oculta a parte luminosa de outro astro, seja o sol ou a lua. Mas se eu me surpreendo "ferido pelos astros", eles impregnam minha carne, se misturam ao meu sangue. Em uma palavra, são o meu corpo astral, a circulação de meu sangue e de minha linfa, a matéria estelar de que sou feito, como diz a teoria platônica. No poema "Eclipse", um dos melhores poemas da poesia contemporânea, essa dimensão vem muito marcada:

Não nos atenhamos a detalhes, isso
era o futuro, já o sabias refugiado no ventre do bisão:
eras homem e mulher, e o céu foi um deserto
onde ardeu meia hora a fogueira fria dos teus ossos,
e estava escrito que não tivera margens nem destino
nem esperança de morrer cercado de teus filhos, o
semicírculo acossado
desde antes de nascer.

A marca da origem é anterior à cena mundana, é anterior à próprio proveniência da espécie. Vem inscrita no ocultamento dos próprios astros, que sempre produzem a sua marca profética e são mais fortes do que a nossa vontade ou do que a triste sociologia das revoltas sociais ou de nossas ocupações. Trata-se de uma marca mais profunda: o Estrangeiro dos gnósticos, que nunca pertence a este mundo. Ele vem marcado desde a origem edênica, nos mitos primordiais que fornecem a miséria e a liberdade necessária ao exercício de nossa finitude. Mais que isso, de nossa fatalidade. O poeta, e aqui não falo em termos literários, mas falo sim de Alfredo Fressia, de carne e osso, já fora "acossado desde antes de nascer". O futuro "era o de antes", era o que ainda não existiu e não existirá nunca, pois não tem essência.

Homem e mulher, conjunção de sol e lua, de masculino e feminino, de gregos e persas, queimado em meio a um gélido deserto, sem esperança de deixar descendência que não a poesia e o signo de Caim que traz consigo e não se limpa, seja no eclipse de Tebas, no da batalha de Salamina ou no de Montevidéu. O retorno à cena primordial ganha ainda mais espessura, pois agora retroage ao fundamento metafísico e cósmico dos astros, em sua conjunção maléfica. Como diz Fernando Pessoa em um dos sonetos ingleses, o seu eu é anterior ao mundo e anterior até mesmo a Deus. Por isso, vive a desolação de saber-se sempre alheio a tudo que o cerca. O intuito do poeta é refazer essa peregrinação inversa, essa reminiscência às origens obscuras de onde provém a sua verdade.

Tal recuperação não é vivida como miséria, como desespero ou como autoglorificação; não estamos diante de um dândi que se apostasia anacronicamente na transgressão, nem de uma mistificação inócua do lado oposto da vida. O resultado último do percurso levado a cabo por Fressia é uma espécie de desilusão essencial. O remorso prossegue, porque não há redenção; mas, por maior que seja o peso do nefasto eclipse que nos condena, não há sequer tragédia, porque o destino *quis* que nós nos desviássemos e nos transviássemos para virmos a conhecer a vida e edificar o mundo, com suas torpezas e maravilhas.

O rito final dessa *mise-en-scène* prossegue nos belíssimos poemas inéditos: "Nugatória", "Inveja" e "Rua Rondeau". Estes, somados a poemas como "Liturgia" e "Obediência", bem como a quase todos os poemas selecionados de *Eclipse*, estão entre os melhores poemas escritos nas últimas décadas, no Brasil e quiçá em castelhano. No magistral "Penitência", lemos:

> Quero voltar ao ventre
> e velo imóvel sobre a teia de aranhas venenosas. Conto-as
> uma por uma, até que sucumbam famintas como pensamentos.
> Rezo. A goteira não cede na cozinha. Recostado
> sou branco e gigante como o arrependimento. Vivo para pedir.
> Perdão pela memória porosa da areia, perdão
> se afundo meu ouvido no travesseiro de plumas
> e me ouço flutuar atrás da muralha, Amém.

Nesta série, o tema bíblico, praticamente apenas sugerido nos primeiros poemas e aprofundado nos demais, toma corpo e vem à luz com todas as letras em "Nugatória", com a "quebra da inocência", porque "é polpa amarga o coração do fruto" e chegamos "tarde à colheita dos filhos de Eva". E, mais adiante, em "Poeta no Éden", lemos a bela abertura:

Não, Senhor,
nunca fugirei do Paraíso, tenho em mim
o leite eterno dos pais e dos filhos,
e escrevo poemas para a saudade.

Em seguida, o poeta nos fala do "menino imenso" que docilmente escreve "no barro do Éden", passando logo em seguida a um colóquio entre ele mesmo e o invejoso, "estendidos sobre a grama" e "fingindo certa glória". A visão caimita ora é a do outro ora a do próprio poeta, mas nunca sai de cena. Caim aparece, seja como o próprio poeta, seja em forma dialogal, neste poema intitulado justamente "Inveja". Essa glória é um artifício, uma tentativa de isenção e soberania que não há. Pois depois do Paraíso confiscado, resta-nos apenas o modelo histriônico e postiço, desenhado em "serpentes de néon": *Next Paradise*.

Resta-nos simplesmente o futuro, que não se sabe utópico e exeqüível ou uma mera *boutade* para aliviar um remorso sem cura. Em seguida, o desejo de voltar às "nêsperas da infância" ("Rua Rondeau"). Mas o retorno não consente um acesso à veracidade das coisas, pois o tempo passado também é um mundo. Este, por sua vez, é um pião de mentiras, girando na "vista noturna do tempo da minha infância" ("Cartão postal"). O poeta em estado natural está no Éden e ao mesmo tempo caminha pelas ruas e é corrupto. A linguagem é seu Paraíso, mas a sua natureza é modelada no barro impuro da Criação.

Para finalizar o livro, nada melhor do que "Rua Rondeau". O caminhar leve pela rua, levando "os filhos que não tivera sob o casaco", faz Fressia sentir todas as virtualidades, o que não houve, mas persiste, entrelaçado eternamente à sua vida. O mito, nesse sentido, também é um misto de virtual e atual, de presença pura e de origem para sempre perdida em um passado irrecuperável. A consciência do poeta é a de que não há reconciliação possível. Mas há a tentativa de ao menos dignificar a sua condição neste mundo manchado:

Ou desde as abóbadas da cidadela,
onde agora me refugio, embalo
os meus filhos não nascidos
e abraço os joelhos
de todas as estátuas na estação central
para que não me expulsem, nem impregnem minha terra com sal estéril
nem maldigam outra vez minha estirpe

para as sete gerações
que vigiam meu poema
e torne a cumprir minha cerimônia.

O tom elegíaco e passional é proporcional ao tema, corolário do livro e de uma poética. E aqui é introduzido um novo *leitmotiv*: o tema igualmente bíblico da mulher de Loth. Pois senão, de onde surgiram essas referências ao sal como elemento estéril e punitivo? Ao ser convocada a deixar Sodoma, cidade da devassidão, sem olhar para trás, ainda assim a mulher de Loth não pôde se conter e foi transformada em uma estátua de sal. O mesmo mitema de Orfeu é chancelado aqui para o poeta, mas em outra chave. Impelido a sair do Paraíso como a mulher o fora de abandonar Sodoma, o poeta (Caim) se recusa, deliberadamente, a fazê-lo. Ao contrário, afronta o destino que se lhe pesa. Quer a sua cidade, a sua estirpe, a sua vida de volta. Quer livrar-se da culpa eterna, na qual ele, tal como Caim, se vira marcado por "sete gerações". Os deuses que vigiam o seu poema tornarão a cumprir a cerimônia. Esta é a cerimônia do exílio. E este, a essência da radicação última do poeta e da poesia no mundo.

Abraçado às estátuas e à cidadela, ou seja, às edificações que a maldição o levou a executar. E depois, a amar. Os ingênuos chamam enfaticamente esses signos de "cultura". Para o poeta, eles são o seu destino, o seu alimento e a sua fatalidade. Sabe que estabeleceu um compromisso com o mal para escrever cada um de seus versos e para erguer cada um dos tijolos de sua cidade. Mas depois, aprendeu a amá-los, como ama a poesia, que é a inscrição de sua expulsão e de seu irremediável destino. Em seu fracasso, sabe-se no mais íntimo de si mesmo. Pois a poesia é *pharmakon*, remédio e veneno, *mysterium tremendum* e *mysterium fascinans*, como reza toda a rigorosa aproximação com o sagrado, que une em si o fasto e o nefasto, a experiência do puro e do impuro, em proporções iguais.

Nesse umbral, vejo Alfredo Fressia, bifronte. Diz-nos que o passado é irremediável e o futuro não existe. Ao fim e ao cabo, decifro a Esfinge. O que você nos pede, não é o alívio do arrependimento, nem a suspensão da miséria original que nos constitui, a mim, a todos nós e a você, Fressia. Pois ela é o barro fundamental do que somos. O que você pede é que a sua cerimônia nunca deixe de se cumprir. E que sempre saibamos que nossa vida não começou no dia de nosso nascimento, mas muito antes, em uma caminhada a leste do Éden, no primeiro eclipse ou no lado escuro das estrelas. E pode acreditar que assim será, em sua poesia, *in saeculum saeculorum*, indefinidamente.

W. B. YEATS E A CONTRAVERDADE
DE A CONDESSA CATHLEEN

Que é a memória senão a cinza que abafa nosso fogo quando ele começa a apagar-se?
Aleel, condessa Cathleen, *Segunda cena*

Em 1889 é publicada *As peregrinações de Oisin*, primeira obra poética do então jovem autor William Butler Yeats. Trata-se de um poema narrativo cujo protagonista homônimo visita três ilhas encantadas, onde passa pelas experiências do amor, da batalha e do repouso – consideradas, respectivamente, como a concretização das três etapas de seus ideais de amante, guerreiro e pensador. No entanto, não pode ignorar e esquecer sua terra de origem, a Irlanda, como a imaginação não pode deixar de buscar seus motivos em dados do real. Há aqui um jogo entre o mundo onírico da fantasia e a base histórica e concreta que lhe dá fundamento; um não existe sem o outro, e, para confirmar essa hipótese levantada pelo leitor, Oisin retorna. Mas, sem que houvesse percebido, passaram-se três séculos: seus amigos estão mortos e o país se tornara cristão. Surpreso, desalentado, de súbito sente todo o peso da idade e falece. São Patrício tenta salvá-lo, convertendo-o ao cristianismo. Mas ele, por fidelidade à herança céltica, o recusa.

Não vou entrar nos meandros do confronto entre paganismo e cristianismo que esse breve relato nos suscita e que está no coração da poesia e do pensamento de Yeats, o que seria um trabalho de amplo fôlego. Porém, por outro lado, ao abordar sua obra, tais temas são inescapáveis. Essa história é interessante porque nela vemos a busca de um ideal e, dada a sua impossibilidade e em virtude dela, a consequente morte do protagonista. Justamente o contrário do que ocorre na peça *A condessa Cathleen*, onde a condessa, para salvar a vida de seu povo, não zela pelos valores cristãos legados pela tradição, e entrega sua alma aos mercadores do diabo. A história de Oisin é a de um homem que sacrifica sua vida real em favor de uma idealização e da memória de seu povo – há nisso implícita a tese de que um e outro, memória e satisfação, são uma coisa só. Cathleen, por sua vez, age também em benefício de seu povo, mas dissocia os termos da equação: para que ela possa restituir à nação as condições de sobrevivência é necessário que faça um pacto demoníaco, e esse pacto consiste numa renúncia aos valores cristãos que lhe foram legados. A sugestão dessa confluência nos é curiosamente dada pelo próprio Yeats quando, em *The Circus Animals' Desertion*, poema incluído em *Last Poems*, livro que abrange o período de 1936 a 1939, comenta ambas as obras:

> What can I but enumerate old themes?
> First that sea-rider Oisin led by the nose
> Through three enchanted islands, allegorical dreams,
> Vain gaiety, vain battle, vain repose,
> Themes of embrittered heart, or so it seems,
> That might adorn old songs or courtly shows.

E na estrofe seguinte complementa:

> And then a counter-truth filled out its play,
> *The Countess Cathleen* was the name I gave it.

Percebemos então que na *Condessa Cathleen* se articula uma relação intrincada entre as necessidades prementes da atualidade e as memórias coletiva e individual, e nisso basicamente reside a sua contraverdade. É como se ela nos pusesse num impasse, onde tivéssemos que optar entre manter os valores da tradição, ligados às ordens institucionais da religião e da política, ou sanar as faltas básicas e imediatas da realidade, que são o fundamento, a matriz dessas mesmas instituições. Essa dialética pode ser notada, e talvez possamos dizer que ela espelha o itinerário artístico de Yeats. Ele se concentra na tensão existente entre seu trabalho de folclorista, ou seja, seu interesse pelo passado remoto da Irlanda, que o levou a inventariar um *corpus* considerável de mitos celtas e pré-cristãos, e sua postura como escritor, poeta e polemista, que dialoga com as tendências estéticas e segue as suas transformações temporais. Ninguém esteve tão atrelado à tradição, e, no entanto, tão suscetível a mudanças quanto Yeats; que eu saiba, nenhum poeta de expressão inglesa teve sua obra tão transformada no decorrer do tempo quanto a dele, a ponto de Ezra Pound, o paladino dos vanguardistas, considerá-lo, a ele, que era de uma geração anterior à sua, não só o maior poeta de língua inglesa vivo, mas tratá-lo mesmo como a um igual no que tange a interesses concernentes a arte.

A dualidade fundamental da peça de Yeats está no misto de paganismo e cristianismo que ela nos mostra. A região onde sua ação se passa padece de uma fome generalizada, e a miséria grassa em toda parte. Esses problemas econômicos acentuam a imaginação do povo, e criam a situação propícia para que as superstições se apropriem da mente dos personagens. Ouvimos da boca de um rapazinho filho de pais camponeses:

TEIGUE – Dizem que, agora, com a fome que há na região, as sepulturas estão andando.

Tal fala desencadeia uma conversa com seus pais onde estes narram acontecimentos hipotéticos, como a aparição de homens com orelhas de morcego e de outros sem boca ou olhos. A partir desse preâmbulo onde, vitimados pela escassez, fantasia e realidade se confundem, os personagens já nos sugerem um limite tênue entre a fantasia e a realidade, o que pode muito bem ser entendido como recurso ficcional para prender o espectador (ou o leitor), e, a todo momento, forçá-lo a refletir e a se colocar no universo mental compartilhado por eles. É desse ponto de vista que devemos entender a aparição dos serviçais diabólicos, disfarçados de Mercadores. Eles oferecerão, primeiro à família de Teigue, depois a toda a população, uma proposta "comercial": estão dispostos a trocar suas respectivas almas pelo quilate em ouro que acaso elas valham.

Diria que esse é o tema central, o *leitmotiv* da obra: o pacto demoníaco. Mas, diferente do sentido que a tradição, na maioria dos casos, deu a esse argumento, Yeats o emprega e o focaliza sob um aspecto novo. Se tomarmos o pacto do *Fausto* de Goethe, obra clássica inspirada no mito do homem que vende sua alma ao diabo, e que serviu posteriormente de base para outros faustos como os de Paul Valéry e de Fernando Pessoa, bem como de tema à pintura, escultura, música e outras artes, veremos claramente como ambas se distinguem. No *Fausto*, o pacto demoníaco é selado tendo em vista a aquisição do conhecimento:

FAUSTO
Não julgo algo saber direito,
Que leve aos homens uma luz que seja
Edificante ou benfazeja.
Nem de ouro e bens sou possuidor,
Ou de terreal fama e esplendor;
Um cão assim não viveria!

> Por isso entrego-me à magia,
> A ver se o espiritual império
> Pode entreabrir-me algum mistério,
> Que eu já não deva, oco e sonoro,
> Ensinar a outrem o que ignoro.

Depois de estudar a fundo todas as ciências, e ainda assim não satisfeito, Fausto irá, pelo consórcio com Mefistófeles, buscar a sabedoria na magia e no sobrenatural fornecido pelas forças demoníacas, e por meio delas tentar suprir o que o conhecimento regrado, natural e institucionalizado do mundo não pôde lhe dar. Como Cathleen na peça de Yeats, essa ligação é por fim rompida, pois se tratava de dois espíritos que visavam praticar o bem por intermédio do compromisso diabólico, e são, portanto, consequentemente absolvidos: a alma da condessa é admitida na alta cúpula celeste na cena final, bem como Fausto é ungido pelo *Chorus Misticus* que louva o Eterno Feminino, força elementar da natureza, e tudo o que nela é limitação, contingência e erro, atributos aos quais Fausto havia se atrelado para superar sua visão restrita do mundo. Mas ao contrário da obra do dramaturgo alemão, na *Condessa Cathleen* o pacto não é motivado por uma razão ideal ou idealizada, mas pela estrita necessidade de sobrevivência. Vemos o confronto de crenças religiosas que, ante a pressão dos fatos e a falta de bens primários, acabam por ruir, como na fala:

> SHEMUS – Há algo que todo o homem traz consigo e a que dava tanta importância como a um pouco de brisa, e que agora passou a ser mercadoria vendável!

Ou em outra invectiva de Shemus:

> Que importa! Prefiro entregar-me a mãos que podem pagar dinheiro do que a mãos que só nos deram a fome.

O choque dos valores antigos com as premências diárias pesa a favor destas, e mostra o profundo descompasso que há entre as instituições religiosas e políticas e a vida real das pessoas a elas ligadas; o cerne da peça, a venda das almas, nos aponta esse desequilíbrio, quando instrumentos de mediação social fracassam, resta o apelo à criação efetiva de um contrato com as potências infernais. Em outro momento, o desvio da norma fornecida pela tradição é justificado com elementos extraídos dela própria. É o caso dos argumentos que Cathleen usa para justificar um furto ocorrido na sua propriedade:

> CATHLEEN – Um douto teólogo assentou que quem está passando fome pode tomar o que lhe é necessário, e continuar sem pecado.
>
> E que fosse pecado, desde que a fé esteja intacta, Deus não pode deixar de perdoar. Não há alma diferente de todas as outras do mundo, ou que esteja estranha ao amor de Deus, que é infinito, e, portanto, nenhuma, nem mesmo a mais perversa, pode perder-se irreparavelmente.

Mesmo estando em uma aldeia subjugada pelo ímpeto infernal, ela expressa que, diante da consciência de Deus, que é ilimitada, esses incidentes não fazem diferença, o que leva os leitores ou espectadores a repensar seus critérios morais e éticos, um dos motivos pelos quais a peça foi objeto de tanta crítica e polêmica quando de sua apresentação no Teatro da Abadia em Dublin, em 1899. Vemos uma inversão de valores semelhante quando o Primeiro Mercador diz:

> Vamos, continuemos o negócio. É só por caridade que compramos essas almas; mil pecados já as tinham tornado propriedade de nosso Amo muito antes de chegarmos aqui.

Ao esmiuçar a grande quantidade de pecados que cada alma apresentava segundo seu livro secreto, o mercador do diabo nos induz a pensar que tudo na verdade não passa de uma grande farsa. É como se Yeats quisesse apenas nos pôr em contato com a abjeção e a grande hipocrisia da cidadela, mostrando o drama de pessoas que abdicam do *éthos* cristão sem nunca tê-lo efetivamente cumprido.

Em termos gerais, *A condessa Cathleen* gira em torno de um núcleo temático que consiste no jogo entre a perda e a manutenção da memória, ou seja, da história. Por isso, a recorrência de mitos pagãos por suas páginas não é gratuita ou ornamental; revela sim a presença desse substrato da cultura entre os habitantes do condado. Yeats manipula esses elementos, delibera a partir deles e centraliza seu foco na *unio mystica* às avessas das almas com as divindades ínferas. Onde o mundo ideal termina, onde falham as instâncias que permeiam a vida espiritual e social, cria-se a condição favorável para que as entidades infernais emirjam do limbo e venham abalar a aparente estabilidade da rotina, trazendo à tona a contraverdade de que *A condessa Cathleen* é portadora. Ela nos diz que a memória, tal como o *phármakon* platônico, é a um só tempo remédio e veneno. Lega-nos a autenticidade de uma tradição que fora enterrada pelo mito de Cristo, mas, ao fazê-lo, mostra a própria falsidade de sua motivação interna. Mais que isso: a hipocrisia que valida a devoção ao próprio mito, seja ele cristão ou pagão. No fundo, o que é o lado terrível da mensagem de Yeats, é como se os únicos seres ilesos nesse espetáculo de mentira fossem os mensageiros demoníacos que chegam e partem, elegantes e discretos, em suas vestes de mercadores, depois de terem comprado simbolicamente a mercadoria espiritual que já lhes pertencia desde a eternidade.

YONA WOLLACH E O
CABALISTA MOACIR AMÂNCIO

O leitor possivelmente já conhece o nome de Moacir Amâncio como um dos melhores poetas brasileiros contemporâneos, e que teve os seis volumes de sua obra poética reunidos em *Ata* (Record, 2007). Além disso, Amâncio é estudioso de literatura e cultura hebraicas, tendo vertido para o português trechos do *Talmud babilônico* (Iluminuras, 2003), estas compilações e comentários rabínicos que desde a sua origem vêm inspirando toda sorte de meditações, sejam elas existências, filosóficas, poéticas ou propriamente religiosas. Haja vista as belas meditações talmúdicas de Levinas. Com seu novo livro, *Yona e o andrógino: notas sobre poesia e cabala* (Nankin/Edusp, 2010), Amâncio adentra esse campo tão rico quanto pouco estudado: o das relações entre literatura e religião. E aqui, deve-se deixar claro, a questão não é propriamente um *parti pris* religioso de qualquer índole, mas sim um alargamento hermenêutico que promove um trânsito da crítica literária à antropologia. Afinal, é a própria constituição simbólica humana que está em questão. Nesse sentido, a obra de Amâncio dialoga com a de Claudio Willer, *Gnose, gnosticismo e poesia moderna* (Civilização Brasileira, 2010), à medida que ambos analisam a literatura a partir do que se pode definir como uma *antropologia simbólica*, buscando conexões entre a história das religiões, a filosofia, a teologia, a psicologia e a estética. Tarefa árdua, mas das mais gratificantes e pioneiras. Espera-se que ambas estimulem mais estudos nesse sentido. Afinal, embora haja há décadas linhas de estudo semelhantes a essa em todo mundo, incluída a chamada escola mítico-ritualística de teoria literária (Ruthven, Frye, Mielietinski, entre tantos outros), abordagens desse tipo ainda são uma completa raridade na teoria da literatura no Brasil.

No caso da poeta israelense Yona Wollach (1944-1985), a análise de Amâncio necessariamente resgata o vínculo com a tradição judaica. E dado o teor de sua poética, seria impossível não o fazer. O leitor logo entenderá o porquê. Porém, ele o faz demonstrando exatamente o diálogo ruidoso que a sua poesia mantém com essa tradição, recriando de maneira surpreendente elementos da cabala, que é a mística ou a gnose do judaísmo. Como demonstrou Gershom Scholem em suas obras decisivas sobre o assunto, *grosso modo* a cabala nasceu na Espanha, no século XIII, com estudiosos rabinos que se propuseram a entender as relações motivadas existentes entre letras e números nas Escrituras Sagradas. Dentre eles se destaca o rabi Moisés de León, autor do *Livro do esplendor* (*Zohar*), uma das maiores obras cabalistas. A tradição e a prática cabalísticas são das mais complexas. Vão desde a vertente mais contemplativa (*iunit*), de base neoplatônica, da qual o maior representante, como destacou Moshe Idel em seus impecáveis estudos, talvez seja Abuláfia (século XIII), até a mais prática (*maassit*), cujo objetivo é conhecer as forças ocultas do poder terreno. Entretanto, alinhando as diversas tendências, um dos eixos unificadores da cabala é o conceito de *tikun olam*, o *conserto do mundo*.

Como nos lembra o filósofo Franz Rosenzweig, não há conceito de *natureza* na Bíblia Hebraica (Antigo Testamento). A língua hebraica carece de uma noção cosmológica, em geral de origem grega, que designe o conjunto da *physis*. Ao contrário, se o mundo é criado pelo Verbo divino, apenas a atuação infinita da Palavra o sustenta e lhe confere realidade. Talvez por isso, como enfatiza Amâncio, o termo *davar*, em hebraico, queira dizer tanto *palavra* quanto *coisa*. É nesse âmbito da linguagem-mundo e da coisa-palavra que a cabala se move. Reconduzir o sentido literal das letras do texto à sua nascente soprada por Deus nos leva a um processo de recomposição do próprio sentido oculto das coisas cifradas do mundo desde a Origem, ou seja, a uma regeneração da Queda e a uma recuperação da condição adâmica. Texto e mundo se encontram em uma construção contínua de sentido que ultrapassa o escopo instrumental da linguagem e se baseia na crença de que a Palavra seria a realidade última. E, provavelmente, única. Tudo o que existe são palavras-coisas divinas, multifacetadas, caleidoscópicas e infinitas manifestações sopradas e mantidas por Deus. Assim, baseado em Handelman, Amâncio opera aquela necessária distinção, já feita por Leo Strauss e Leon Chestov, entre Atenas e Jerusalém, diferenciando o conceito grego de *logos*, que está no coração de uma ontologia substancialista, da concepção hebraica, baseada em um "fluxo diferencial infinito". Eis-nos diante da ruidosa crítica da totalidade perpetrada por Levinas, em benefício do infinito, da repetição que retorna e *apenas* retorna como movimento diferencial assimétrico, como *ritornello*, e por isso, infinitamente. Desconstruir o real e a si mesmo até o limite, na interpretação cabalística, é o sentido simbólico que levou *Moisés* a *tirar as sandálias* para pisar a *terra santa* (Êxodos, 3:5). O quarto e último nível da hermenêutica da cabala pode ser entendido como *desconstrução*. Não por acaso já foram aproximados a teoria de Derrida e a tradição rabínica cabalística. Não por acaso o judaísmo é uma religião fortemente secularizadora. Deus se encontra tão distante da Criação e das criaturas que o negar ou agredi-lo são só formas mais enfáticas de demonstrar sua existência. Como diz Yona: *a blasfêmia é uma das maneiras de amor de Deus*.

Esses paradoxos morais estão no âmago de sua poética, e são o *leitmotiv* da análise de Amâncio. Bem como o tema da linguagem edênica, explorado no capítulo "Língua da Criação", com a análise do belíssimo e sugestivo poema "Deixa que as palavras". Já o tema da androginia?? é bastante complexo, mas Amâncio não recua diante dele e o explora em minúcias, ao longo de toda obra e especialmente no capítulo "Pássaros, pássara". E nesse tema estamos no âmago do cruzamento entre poesia e história das religiões, pois ele guarda diversos correlatos com a literatura. Por isso, não à toa, Mircea Eliade, em seu ensaio clássico sobre o assunto, *Mefistófeles e o andrógino*, não só relaciona a androgenia ao milenar debate teológico sobre o Mal, como parte de duas cenas literárias para iniciar sua investigação: a demonstração explícita de intimidade de Deus pelo diabo (Mefistófeles), em uma passagem do *Fausto* de Goethe, e o personagem andrógino que Balzac cria, entre outras obras, na novela *Sarrasine*. O duplo sexual deita raízes em uma das mais arcaicas representações da díade divina, e no fundo seria a primeira *imago Dei* que demonstra a unidade de Bem e Mal em Deus. Seu correlato são os irmãos antagônicos, presente em quase todas as religiões do mundo, e cuja origem monoteísta vem da Mesopotâmia e da mitologia iraniana zoroástrica, com Ormuzd e Ahrimã. A representação da díade macho-fêmea no interior de Deus seria uma forma imagética de figurar a própria ambivalência divina, misto de terrível e fascinante, de *tremendum* e *fascinas*, na formulação nuclear de Rudolf Otto. Na obra de Yona, essa unidade de Bem e Mal vem bem tematizada em poemas como "Cornélia", cujas diversas camadas de sentido são cuidadosamente analisadas por Amâncio, e no fortíssimo "Se queres um lugar ruim".

No caso da poesia de Yona, o *conserto do mundo*, entendido como regeneração, se dá mediante uma das mais cruas anatomias da sexualidade. Em especial, justamente a partir do tema da androginia. Para Amâncio, esta encontra sua origem na tradição mítica cabalística da unidade dúplice de Deus antes da Criação. O caminho para essa unidade é Shekinah. Feminino de Deus e ao mesmo tempo a presença materializada de Deus em todas as coisas, Shekinah é para a cabala uma das sefirotes (energias criadoras de Deus), justamente aquela que promove a conexão entre mundano e o divino, até o *En Sof*, o Inefável. Entretanto, para Yona nada é puro espírito. E a profanação dos códigos é também uma das manifestações de Deus, da mesma forma que a blasfêmia é um modo de adorá-lo. Por isso, em *Se queres um lugar ruim*, o tema do feminino de Deus nas criaturas é mimetizado como a descida do sangue menstrual e este, por sua vez, transforma-se em metáfora das mortes da guerra. Também é nessa condição limítrofe entre sagrado e profano que Yona assume para si a persona da *prostituta sagrada*. De dificílima definição para as línguas modernas (etaira, prostituta, cortesã), o termo grego *hieródula* talvez seja o que melhor descreva essa figura arcaica, cuja origem remonta ao Oriente Médio e à Mesopotâmia, que desempenha um papel fundamental no *Gilgamesh*, primeira obra literária da humanidade, e também está presente na Bíblia, em figuras como Tamar. Consagrada ao templo, é por meio da relação sexual que ela consuma o ato religioso. Essa paradoxal profanação consagrada é bem típica da poesia de Yona, e o estudo de Amâncio a alinhava exatamente neste meio-fio. Assumindo para si o asco, sendo em si e para si, como queria Bataille, a *parte maldita* na economia simbólica geral da sociedade, o poeta é aquele que não tem álibis. Aquele que livremente optou por não os ter. Aquele que renunciou livre e premeditadamente a toda *imunidade*, para falar com Peter Sloterdijk.

Igualmente interessante, nesse sentido, é o diálogo que Yona estabelece com a tradição, não apenas literária, mas também religiosa. Além de *poeta maldita*, Yona parece aspirar a um posto ainda mais nobre: o de *profeta maldita*. E Amâncio reconstrói a complexa trama de citações e possibilidades de leituras de seus poemas, por meio das quais a poeta se refere a si mesma como o fim de uma linhagem composta de Esaú, Jesus, Shabtai Tsvi e Jacob Frank. Ora, Esaú, filho de Isaac e Rebeca, irmão gêmeo de Jacó, é visto como um heterodoxo da tradição judaica pois se tornara inimigo do irmão após este lhe ter usurpado a primogenitura. Jesus, por seu turno, do ponto de vista judaico, pode ser entendido como o protótipo do herege judeu, que se ungiu a si mesmo como Messias, como Cristo, a contrapelo do veredicto da tradição. Por seu turno, Scholem dedicou uma monografia exaustiva em três volumes ao estudo da controvertida figura de Shabtai Tzvi (1626-1676), pseudo-messias de Esmirna, paladino de seu profeta Natã de Gaza. Após converter uma multidão de fiéis à crença de que ele seria o Messias e produzido assim um abalo não pequeno no judaísmo, para não ser morto Tzvi foi forçado a converter-se ao islamismo. E assim o fez, em 1666, originando os *dönme*, grupo de criptojudeus da Turquia cujos membros são publicamente muçulmanos, mas praticam secretamente os ritos judaicos sabatianos. A reviravolta produzida por Tzvi foi tão profunda que seu culto persistiu, seguindo pelo Iêmen e chegando a uma nova formalização, na Polônia, na segunda metade do século XVIII, pelas mãos de um sucessor de sua mensagem, Jacob Frank (1726-1791).

A escolha dos profetas feita por Yona não é arbitrária. Visa àqueles que, do ponto de vista do judaísmo, seriam, em linhas gerais, *falsos profetas*. Eis o ponto no qual a inversão parórica e picaresca de Yona encontra o seu nó górdio, o seu coração. E que é analisado por Amâncio em "A inversão da lei". Obviamente, distâncias enormes separam Jesus e Esaú de Tzvi e Frank. Porém, a reversibilidade entre veradeiros e falsos profetas, sendo paródica, nem por isso é cômica. O intuito é fazê-los por fim se equivalerem. E em um só golpe Yona produz um duplo efeito. Primeiro, força o judaísmo a um diálogo ainda mais profundo com a longa tradição cristã, levando-o a colocar-se em uma posição que lhe seja quase consubstancial, tal como era nas origens do cristianismo, que afinal nasceu como heresia judaica. Segundo, relativiza a condição profética, equiparando-a à do poeta no mundo moderno. Ou seja, à sua própria posição.

Em virtude disso, a poesia de Yona não se reduz a um mero jogo de cartas poéticas ou de figuras históricas no baralho da linguagem e das religiões. Tampouco a exegese de Amâncio mantém em sigilo seu objetivo oculto. Além da tradução de diversos poemas, sua obra destrincha muitos sentidos subliminares na própria língua hebraica, de modo a ampliar o leque de leituras possíveis. Assim, ao analisar Yona em relação à cabala, e usando aqui uma comparação poética, Amâncio o faz cabalisticamente. Torna-se ele próprio um *cabalista da poesia*. A produção de sentido de poemas como "Yonnatan", "Eu sou a Virgem Santa" e "Avshalom", como Amâncio os interpreta com fineza crítica, extrapola o teor estritamente literário e diz respeito ao próprio valor da religião e da poesia no mundo contemporâneo. Dessa maneira, sua poesia, oportunamente, acaba por se revelar como uma inesperada e secular *hermenêutica da religião*. E, por conseguinte, como uma paradoxal *religião da poesia*. Ao borrar a dinâmica entre sagrado e profano por meio da secularização das figuras religiosas, é ela mesma, Yona Wollach, que acaba sobressaindo, como dos fundos de uma água-tinta ou de uma gravura em maneira negra, cujos traços do rosto se embaralhassem aos de outros rostos, em palimpsestos. Desse modo, Yona parece encarnar a sentença e o exemplo de Baudelaire: *Deus é o único ser que para reinar não precisa existir.* Parafraseando santo Anselmo, Yona deixou as provas ou refutações da existência de Deus aos teólogos e aos políticos. Com sua poesia, ela nos propôs algo muito mais modesto – e bem mais arriscado. À revelia da existência ou não de Deus e de sua improvável demonstrabilidade, exigiu-nos o dever de cumprir o seu Reino.

SAINT-JOHN PERSE,
POETA DA TOTALIDADE

Se o poeta é mesmo um mediador, como queria Platão, aquele que intercede pelos deuses e faz falar em sua voz humana as palavras numinosas e divinas, que encarna na língua dos homens aquela linguagem ancestral de onde não só promana o verbo, mas que possibilita a própria existência da linguagem, poucos poetas deram um testemunho tão arrebatador dessa potência da poesia do que Saint-John Perse. E esse milagre se realiza com tanta pujança que, no seu caso, falar de poesia como se essa fosse um correlato do sagrado chega a ser quase um truísmo. Não só poesia e sagrado são a única e mesma coisa, como a melhor metáfora para o poema seria a de um altar em chamas, onde se consuma o fogo dos deuses e onde o homem se imola, sacrifica-se em sua finitude humana para, assim e somente assim, ingressar no reino da Totalidade que lhe fundamenta em seu ser e aderir ao devir de um tempo finalmente redimido.

Não é por acaso que, tendo-se em mente tal natureza de criação poética e de concepção de arte, o próprio Saint-John Perse comparará o poeta ao sacerdote: é aquele que no mundo moderno mantém aceso o fogo da superação de todos os limites e que força o espírito a transcender toda e qualquer contingência material. É desse impulso vital que emana a sua poesia e nele é que se funda o ímpeto de transgressão sobre o qual toda a verdadeira atividade poética se radica. Transgressão porque faz das balizas que se divisam no mar os pontos flutuantes de uma peregrinação incessante rumo ao Absoluto, e funda sobre a imagem mítica deste mesmo mar um palco onde se desenrola o destino da humanidade rumo ao esplendor e à transitividade, à impermanência e à grandeza épica que este mar encerra, em oposição à derelicção, ao abandono, à amargura e ao espírito de gravidade que aprisiona os homens no Porto, em terra firme, seres feitos exclusivamente para a morte e cativos de sua própria miséria.

Em um paralelismo curioso, é por meio do trabalho incansável de outro sacerdote espiritual, que também exerce função semelhante no mundo das letras, tamanho é o seu empenho e generosidade intelectuais, que o leitor brasileiro agora tem a oportunidade de ter acesso direto a essa poesia. Trata-se da tradução de *Amers – marcas marinhas*, obra fundamental, dir-se-ia uma das grandes obras da língua francesa, que vem a lume sob a esmerada e impecável tradução do frei Bruno Palma, que há trinta anos se dedica ao estudo e à tradução minuciosa deste que foi um dos maiores poetas do século xx. Assim, a atividade de Bruno Palma como tradutor é um caso exemplar em nossa vida intelectual. Haja vista o seu currículo invejável: sólida formação humanista e filosófica, conhecimento das línguas clássicas, longa estadia como pesquisador na França, onde foi aluno de ninguém menos que Julien Greimas, e, por fim, condecorado com a alta distinção de Cavaleiro pela Ordem das Artes e Letras do governo francês.

Por sua vez, a trajetória de Saint-John Perse, pseudônimo de Marie-René Aléxis Saint-Leger Leger, é das mais singulares e vale a pena ser comentada. Nascido em 1887, de família francesa, em Pointe-à-Pitre, na ilha de Guadalupe, no arquipélago das Antilhas, logo parte para a França. Cursa a faculdade de Direito e mais tarde, depois de cumpridos os anos de aprendizagem na Escola de Altos Estudos Comerciais, ingressa na carreira diplomática. Viaja pela Espanha, Inglaterra, Alemanha. Cumpre missões na China e retorna à França, onde é nomeado para o alto cargo de chefe de gabinete de Aristide Briand, Ministro de Relações Exteriores. Com a ofensiva alemã e a tomada de Paris, é demitido de suas funções e tem sua cidadania e seus bens confiscados pelo governo de Vichy, em 1940. Exila-se nos EUA, de onde enceta uma série de novas viagens, podendo regressar ao solo francês apenas no final da década de 1950, quando dá início a um novo período de sua vida, repleta de prêmios, condecorações, publicações e traduções de sua obra, vindo falecer em setembro de 1975.

Esses dados biográficos não são gratuitos, tampouco têm função ornamental em relação à sua obra. Se pensarmos, como o fez o crítico Albert Henry, que a obra de Perse se funda em uma poética do movimento e do devir, sua própria situação itinerante pode nos afiançar essa hipótese, bem como corroborar a permanente insatisfação e a profunda insubmissão que movia o poeta, presentes ao longo de seus versos e referidas como sendo a grande virtude da poesia, como diz a famosa (e poética) carta a Dag Hammarskjöld, consultor do tradutor sueco de

Perse. Se pensarmos que a tônica de sua poesia é a adoção de uma perspectiva cultural ecumênica, ou seja, uma poesia que pretende dar uma configuração universal de toda a humanidade, na qual não raras vezes somos tomados por uma riqueza vocabular, histórica e geográfica desconcertante, poesia esta que também trata sempre de celebrar a viagem, não só em sua dimensão literal, mas também em seu sentido alegórico, como travessia do homem pela sua existência na Terra, os dados biográficos e poéticos se complementam, formando juntos uma só fisionomia do homem que os compôs.

No caso de *Amers*, trata-se de obra complexa, que foi publicada em partes, em revistas literárias, e depois reunida em volume, em 1957. Sua estrutura é sinfônica e de difícil redução didática. Subdivide-se em quatro partes: Invocação, Estrofe, Coro e Dedicação. Cada qual conta com uma sequência de cantos, que vão se intercambiando, de modo que temos, se não um enredo, já que não lhe subjaz propriamente uma história, um itinerário, que se abre às mais variadas interpretações e leituras. Atravessam essas quatro partes uma série de figurações, ou seja, de personagens que representam instâncias do real, indivíduos ou grupos humanos. São eles: Oficiais e Trabalhadores do Porto, Mestre de Astros e de Navegação, as Trágicas, as Patrícias, a Poetisa, as Profetisas, as Jovens e os Amantes, aos quais é dedicado o canto IX, "Estreitos são os barcos", um dos mais belos da literatura erótica ocidental moderna e um dos poemas mais famosos de Perse. As remissões ao mundo grego e às tragédias são evidentes e programáticas: não só Perse estabelece um paralelo entre o seu mundo poético e a antiguidade, como usa, para a criação do espaço cênico de *Amers*, elementos e uma disposição semelhante às dos grandes teatros gregos, sendo o palco o próprio mar, onde se desenreda o fio da trama humana tendo o céu como pano de fundo.

Por seu turno, a pluralidade de sentidos da obra já começa pelo título. *Amers*, em linguagem técnica da marinha, são marcas, balizes que se fixam no mar para orientar a navegação. Porém, ela tem ressonâncias do verbo amar (*aimers*) e do vocábulo *amares*, que quer dizer *estar diante do mar*. Além disso há uma outra acepção: como notou a poeta Dora Ferreira da Silva em estudo sobre o poema e como ratifica Bruno Palma, *amers* também se aproxima de *amères*, que é amargo, e, ao dar a justa dimensão alegórica do percurso da humanidade, compara o desenrolar do nosso destino neste mundo com a amargura das águas que nos presenteiam com sua eterna novidade assim como nos arrojam na mais profunda solidão, finitude e instabilidade. O mar como correlato objetivo do puro movimento, do devir incessante, do ser unívoco e monista dos primeiros filósofos pré-socráticos, como Unidade imanente que corresponde ao próprio universo, tal como foi dito pelo poeta em carta a Roger Caillois, um dos maiores estudiosos de sua obra.

De fato, para Saint-John Perse o mar não é apenas uma entidade mítica, uma metáfora poética de alta carga semântica ou o ideal de uma vida colhida em pleno curso e em seu frêmito vital de expansão. O mar é signo da própria existência, corresponde àquela clareira do ser de que nos fala Martin Heidegger, e é também o Aberto por onde se acede ao Absoluto e onde nos reconduzimos àquela nossa pátria natural alienada: a Totalidade. Se desde o início dos tempos ela nos fora privada e por ela o homem erra como um eterno exilado, tal como o solitário de *Babel e Sião* vive exilado da pátria Celeste, como nos diz Camões, e por sua ausência o homem vive preso à rotina da Cidade e da terra firme, entre as sombras do Porto, a poesia é um dos meios privilegiados pelos quais ele pode reconquistá-la e restituí-la. Porque nela se realiza a síntese suprema entre o instante que pulsa e o eterno, entre o movimento das imagens que nos vêm aos olhos, as vagas que quebram e se renovam, o mar que é sempre e sempre outro e sempre recomeçado, e aquela Imobilidade fulminante que só existe para além da percepção e dos conceitos, sede de toda a nossa vida possível e horizonte de toda a nossa liberdade.

Quando diante dela, cabe a destruição do poeta pela luz que exorbita os limites humanos. Aqui entra o mito de Xiva, que tanto atraiu Perse e que tanto marcou sua infância e seu imaginário. Mito pelo qual sua ama indiana, desde criança, lhe instilara a admiração, chegando a compará-lo a ele. E aqui nasce o poeta, como pequeno deus modelador do real, sob o signo de Xiva. Deus da suprema criação que é ao mesmo tempo a suprema destruição, destruição transfiguradora e criação que revolve tudo dentro de si, ímpeto prometeico rumo às origens e destruição da realidade tomada como uma das faces do sonho e da ilusão, véu de Maia, mergulho no sono das criaturas rumo à reorganização da ordem divina. É o poeta tomado pela *hybris*, emulando o Criador, querendo ser também ele um deus que cria o mundo pela intercessão da palavra poética. Mas também é o poeta em sua mea culpa, em um dos seus últimos livros, chamando-se a si mesmo de "macaco de Deus". Não adianta a atitude simiesca, a imitação da música, a aspiração à divindade: tudo no mundo sublunar é causa segunda e derivação do primeiro sopro de Deus. Não adianta a atitude megalômana: somos todos ainda mais criados de Deus do que seus criadores. Poesia como meio e fim, essência e origem, sacerdócio e cuidado, contra o niilismo e o materialismo do mundo moderno e contra a vileza de valores de uma sociedade devastada.

Poesia como ciência do ser, porque toda a poesia é uma ontologia, diria Perse em um texto crítico. É um mergulho nas zonas indevassáveis do real e um *parti pris* do silêncio que institui a própria possibilidade da Palavra. Poesia da liberdade, da liberdade em seu estado puro e de pura latência, liberdade fundadora e original, não como algo perdido no tempo e em uma ancestralidade remota, mas como uma força que irrompe e se projeta no presente, e se oferece como o fundamento mesmo da própria possibilidade de nossas vidas e de nossos atos. Assim é o mar de Perse: instância projetiva do real, realidade fulgurante e ígnea, sempre apontando para a transcendência de si mesmo e do mundo pobre dos fenômenos visíveis e tangíveis. Para lembrar o discurso que o poeta pronunciou em Florença, em 1965, no sétimo centenário de nascimento de Dante, a poesia partilha de um tempo que não é nem histórico nem eterno: é um constante agora. E nesse sentido, Perse, ao falar do grande poeta florentino, falava sim de si mesmo. Dele que ergueu sua voz e fê-la alçar-se à dimensão daquela era plena da linguagem, de que nos fala o poeta, domínio próprio da poesia e sua morada, onde a palavra de Saint-John Perse, a sua precária palavra de homem, transfigurou-se, se susteve e agora permanece e há de se manter, como a de Dante, incólume e inaugural, sobre a lâmina do abismo dos séculos que se sucederão indefinidamente.

FLORIANO MARTINS E O
MERGULHO EM TODAS AS ÁGUAS

Se a inteligência de um homem é proporcional à sua capacidade de estabelecer recusas, ao conversar com o cearense Floriano Martins tem-se a nítida sensação de estar diante de um homem muito bem dotado dessa faculdade tão mal distribuída entre os seres humanos, sobretudo entre os intelectuais. Autor do livro de poemas *Alma em chamas*, certamente um dos acontecimentos poéticos das últimas décadas, e de uma obra volumosa que abrange ensaios, crítica, tradução e entrevistas com vários poetas, além de uma série de inéditos, Floriano é um dos maiores conhecedores da poesia latino-americana moderna e contemporânea entre nós, e vem fazendo pontes das mais estimulantes entre as literaturas desses países e o Brasil. Mas, para nossa surpresa, é uma voz solitária e praticamente isolada em sua proposta. Pela importância e amplitude desse trabalho, veiculado sobretudo em revistas estrangeiras, no jornal *Rascunho* e nas revistas virtuais *Agulha* e *Banda Hispânica*, das quais é editor, assusta sabermos que ele não tenha maior repercussão aqui dentro. Também é de se estranhar que algumas poéticas e estéticas como o Surrealismo, por exemplo, de grande penetração no resto da América e do mundo, não tenha encontrado a mesma acolhida em terras brasileiras. E Floriano, para reparar esse lapso e historiar o desenvolvimento do movimento lançado por Breton em Paris em 1921, publicou recentemente o livro *O começo da busca – história do surrealismo na América Latina*, que traça um perfil histórico dessa estética, emulando e invertendo o título de um livro onde Octavio Paz faz esforço similar, *La Búsqueda del Comienzo*. Agora prepara o seu segundo volume, que virá aprofundar, desenvolver e complementar alguns aspectos do primeiro.

São múltiplas as causas da negligência brasileira para com a cultura de seus vizinhos e da nossa resistência a um tipo de representação artística que ele crê das mais subversivas. E é entrando nesses assuntos que a conversa esquenta, e Floriano só falta soltar fogo pelas ventas. Um dos principais motivos dessa barreira brasileira é o que ele chama de "falseamento da história". Segundo ele, todo corte brusco e abrupto na história produz uma falsificação, pois apaga a multiplicidade do fenômeno no momento em que ele estava ocorrendo. Assim, a eleição da Semana de 22 como o ingresso do Brasil na modernidade, embora seja aparentemente irreversível, não dá conta da diversidade dos fatos e equivale à "leitura do curso das águas em uma lagoa". Muita coisa se perdeu nesse processo, e a extensa documentação sobre cantos populares colhida por Alberto Nepomuceno, por exemplo, intelectual morto em 1920, anterior portanto à Semana, e de quem Floriano escreveu uma biografia, foi praticamente esquecida em proveito das pesquisas de Mário de Andrade. Por outro lado, o Modernismo teria inaugurado um "regime de exceção", por meio do qual convalidou seu ideal de modernidade e de nacionalismo imbuído do Futurismo de Marinetti, e a partir do qual passou a criar os critérios eletivos para a formação do cânone literário no Brasil, critérios esses nem sempre de ordem estética, mas meramente ideológicos. E aqui entra o Surrealismo, mais especificamente os argumentos que Floriano desenvolve em o *Começo da busca*, e a defesa de duas diretrizes: uma reavaliação urgente do lugar que Murilo Mendes e Jorge de Lima ocupam no cenário da literatura brasileira, instigando a crítica a desvinculá-los de vez dos estigmas limitadores da "poesia em Cristo", e a recusa desses dois poetas como sendo os únicos representantes do Surrealismo no Brasil, aos quais Floriano soma os nomes de Roberto Piva, Claudio Willer e Sergio Lima, entre outros.

Essas faces se conciliam, no entanto. E ele faz um traçado oblíquo onde procura demonstrar as lacunas do cânone literário brasileiro, articulando-as à história do Surrealismo e a uma série de poetas hispano-americanos desconhecidos por nós. Suas reivindicações são duras, passam longe da fala amaneirada e adiposa com a qual viemos nos acostumando nos últimos tempos no âmbito do debate literário. Assim, ele começa julgando que mesmo a trinca de ases que gozam de prestígio em língua portuguesa – Paz, Neruda e Borges – deveria ser filtrada com maior seletividade e analisada de forma mais consequente. Porque Octavio Paz, que "sempre foi crítico da realidade que tinha à sua volta", com o tempo começou a deixar de sê-lo, e, como poeta, acabou se "cristalizando bastante cedo". Neruda pôs em cena o seu ego monumental para a criação de suas obras "cosmogônicas", mas não conseguiu levar sua empreitada muito adiante, e Borges, segundo Floriano, é um grande "fabulista", um homem dono de uma grande capacidade de fazer de si o centro do mundo e de criar mundos possíveis, mas que, como poeta, faz valer as palavras do crítico Gerardo Deniz, sendo muitas vezes "previsível e enfadonho".

Nesse diapasão de leitura crítica, para Floriano, não só o nosso desconhecimento da literatura hispânica é aviltante, como o que conhecemos é muitas vezes referendado sem muito rigor e absorvido de forma um tanto epidérmica. E um caso onde essa distorção se dá de maneira mais aguda é no que diz respeito ao cubano Lezama Lima, um dos seus autores prediletos, mas cujo caráter algo "enciclopédico" de sua obra e sua reivindicação de uma estética autóctone por intermédio da figura do Señor Barroco, presente em um dos seus ensaios, acabaram sendo apropriados pela estética Neobarroca de Severo Sarduy e pelo Neobarroco do argentino Néstor Perlonguer, que fizeram uma leitura distorcida do grande poeta, autor de *Dador*. E nesse ponto Floriano parece dar as cartas da tradição poética que realmente lhe interessa. Segundo ele, todos esses autores tentaram, cada um à sua maneira, "ser Deus". E cada vez mais lhe "parece que a grande tradição poética é consubstanciada por quem se recusa a sê-lo" – arremata. É assim que trava o seu pacto luciferino com o anti-cânone das letras hispânicas, ou pelo menos com o lado menos óbvio do mapa dessa cultura, e fala de suas predileções, como o poeta venezuelano José Antonio Ramos Sucre, que "se matou por não suportar mais a presença de visões que lhe assombravam a existência" e não vivia "em um plano literário, mas sim na mesma dimensão excessiva de um Artaud". Faz uma menção especial aos poetas do Chile, cuja "vertente múltipla encontra em Pablo de Rokha, Rosamel del Valle e Humberto Díaz-Casanueva uma fonte de renovação que não desconsidera o autóctone e se manifesta no diálogo com a Europa". Já no colombiano León de Greiff, "encontramos o mais surpreendente caso de polifonia na tradição poética latino-americana", enquanto o guatemalteco Luiz Cardoza y Aragón "soube buscar na algazarra da modernidade uma voz que fosse a soma de todas". Floriano ainda repassa o nome do nicaraguense Pablo Antonio Cuadra, que, assim como Lezama Lima e Octavio Paz, foi um dos autores pioneiros nas leituras que têm como objetivo uma definição cultural da América, e que "estabeleceu uma nova relação com o mito".

Claro que essa dificuldade de penetração do Surrealismo no Brasil não se deve apenas a um fator ocasional e à formação do cânone. Deita raízes em uma longa tradição positivista, que se espraia em uma série de esferas da vida social e intelectual e bloqueia qualquer iniciativa de subversão de seus postulados. Para Floriano, nossa história é marcada tanto pelo peso de teorias cientificistas, no pior sentido desta palavra, quanto por certa "chaga cristã", que, por exemplo, obstou uma efetiva "explosão do ser" nas obras de Murilo Mendes e Jorge de Lima, tornando-os fraturados e divididos em suas consciências entre a aspiração a uma liberdade total e os limites motivados pelo pecado e pela negação católica, e, portanto, incapazes de levar às últimas consequências a proposta Surrealista como ela de fato o foi em outros países. Já o caráter cientificista das teorias positivas, que encontrou ambiente fértil no Brasil, estimulou uma relação cada vez mais imanente e estrutural com a linguagem poética, a ponto mesmo de desvinculá-la da matéria vital que lhe origina e transformá-la em um arranjo de signos "apartado da realidade". Na ótica de Floriano são mais ou menos esses os ingredientes de um novo falseamento da história, levado a cabo pelo Concretismo. E mais uma vez, em 1956, com o Plano Piloto da Poesia Concreta e tudo o que adveio daí, temos um recorte "fabricado" da história e um novo "regime de exceção". Se o "afazer" poético se torna uma forma de "afasia", e ao invés de construirmos uma linguagem que plasme e transfigure todas as dimensões do mundo e todas as camadas da realidade nós nos isolamos nela como nefelibatas em suas torres de marfim, sob a desculpa de só assim podermos conquistar aquela autonomia da linguagem poética inaugurada pela arte moderna, então rompemos todos os vínculos entre o pensamento e a ação, e todo o projeto de criar uma arte inclusiva e de valor rigorosamente continental vai pelos ares.

O interessante é que Floriano, em um dos seus livros, *Fogo nas cartas*, defende a tese de que a poesia, mesmo sendo "intransitiva", é filha da "alteridade". Sua visão é de que poesia e política se complementam, assim como a reversibilidade do imaginário e do real pode gerar novos horizontes, novos focos de luz que podem incidir e transfigurar a face da realidade que se nos apresenta. Assim, a chamada autonomia não é algo que se esgota na linguagem, tomada em si mesma, composta a partir de regras intrínsecas e em oposição ao mundo, nem algo que deve servir de veículo ou instrumento de transformação desse mesmo mundo, porque senão ela seria política sem ser poética, mas um misto dos dois. E é nesses termos que ele se refere a alguns dos poetas brasileiros como "autistas": creem que a autonomia nasce de um "idioleto", de uma fala exclusiva criada por eles mesmos ou pela manipulação da linguagem em uma dicção especial e especiosa que por ventura tenham encontrado. Pelo contrário, Floriano diz que a autonomia do poeta só nasce no momento em que ele "mergulha em todas as águas", e sente sua voz a tal ponto madura que pode com ela e nela plasmar e encarnar a realidade que o circunda, não apenas descrevendo-a ou manipulando técnicas, mas penetrando verticalmente o mistério Ser.

Essas considerações ganham uma dimensão muito ampla se pensarmos na história de nossa mentalidade e nas estruturas hegemônicas do pensamento no Brasil. Basta lembrar que boa parte da nossa poesia e da nossa crítica literária atual flertou ou ainda hoje mantém vínculos fortes com o Estruturalismo, com a semiologia ou com as escolas mais recentes dos desconstrucionistas, como a de Derrida, por exemplo, que pregam um recorte poético sincrônico e atemporal, onde a poesia pairasse incólume, livre das contingências e cristalizada sob a forma de um puro enunciado discursivo. É claro que de novo isso não tem nada, e já está na antiguidade: o velho filósofo grego Crates, da escola cética, também propôs que a verdade era inacessível, porque tudo era fruto de artimanhas da linguagem. Com a diferença que Crates, de posse dessa mazela existencial, foi viver com os cães, dormir em um barril, ter seu corpo forrado de pústulas e se alimentar exclusivamente de tremoços, revelando no mínimo mais coerência e honestidade intelectual do que os nossos novos céticos, que usam toga universitária e falam francês.

Por outro lado, há uma outra tradição intelectual brasileira que procura dar fundamentos ontológicos à história, e é movida por uma busca romântica frenética de Nacionalidade e da essência nacional que nos constitui, busca essa que, malgrado ser frenética e muitas vezes proceder por meios tão equivocados quanto o mérito intelectual daqueles que a exercem, até que poderia ser de bom talante, caso não desprezasse os meios em benefício dos fins. Em resumo, no meio-fio entre essas duas correntes do pensamento, somos marcados por uma história intelectual cuja chaga, para além de cristã, parece vir coroada pelo dilema infinito e pela disputa maniqueísta entre duas forças que funcionam como a mesma simetria de um céu e um inferno: Forma *versus* Conteúdo. Haja vista que mesmo as variantes desses termos partem deles, ora invertendo seus postulados ora os embaralhando, sem contudo dar um passo sequer além da pobreza dessa descrição de mundo. E penso aqui na Antropofagia de Oswald de Andrade, que pretendeu eleger a "forma brasileira" de ser, e no Concretismo, que "fez da forma um conteúdo", como um caranguejo que se crê revolucionário por ter decidido andar para frente. O fato é que, para qualquer pessoa que esteja interessada em uma relação vital e vertical entre poesia e mundo, ambas não passam de um purgatório, e o que esperamos é uma redenção, não um aprofundamento de nossa própria esquizofrenia.

O mergulho em todas as águas de que nos fala Floriano Martins é providencial e significativo. Aliado à perspectiva continental de sua visagem literária e ao caráter libertário do Surrealismo, sinaliza que ainda há muita água para correr pelo rio de Heráclito, muitas barragens a serem estouradas e muitas lagoas onde os sapos de ontem, sempre os mesmos, ainda coaxam, a serem arrebentadas pela fúria de seu devir que há de explodir em um futuro próximo, segundo carta de Pierre Naville que Floriano Martins cita. Quem sabe assim a dualidade do bem e do mal seja superada e possamos enfim auscultar a unidade parmenídica do Ser essencial que configura e anima todos os seres, sejam eles movidos pelo fogo, pela água ou por qualquer outro quinto elemento que esteja além da matéria, que desconhecemos e que provavelmente nunca viremos a conhecer.

HILDA HILST E O AMOR

Se pudéssemos eleger uma palavra que sintetizasse *Do amor* e, de modo geral, nos desse uma noção da trajetória literária de Hilda Hilst ao longo dessas décadas de criação, creio que esta seria a *celebração*. Mística? Não sei se esse adjetivo é pertinente, mesmo sabendo da importância que a dimensão transcendental da realidade tem para a autora. Talvez a simples celebração, da existência e do momento presente como portadores de uma verdade e de um significado ocultos, que nos escapa. Esse mistério pode ser acessado pelo sexo, um dos temas centrais de sua obra, desenvolvido na trilogia *Contos d'escárnio, Textos grotescos* (1990), *Cartas de um sedutor* (1991) e em *O caderno rosa de Lori Lamby* (1990), entre outras, ou pela ascese, que se expressa por um tratamento experimental da linguagem, como nas novelas *Fluxo-floema* (1970) e *Qadós* (1973). Há, porém, uma terceira via: o amor, motivo da presente antologia.

É interessante notar o nexo profundo que os poemas compõem uns com os outros, dada a distância temporal em que foram escritos. Em todos eles vemos o tema, o amor, funcionando como uma experiência limite, em que o indivíduo perde sua autonomia e se funde em algo maior. Numa fina tessitura verbal, onde encontramos ecos sutis dos elegíacos antigos, Hilda o vê como aquele que nos propicia um contato com a unidade do Ser, afora as separações que o mundo dos fenômenos sensíveis nos oferece. Num dos poemas, a autora nos diz que para pensar o "Outro" ela "delira ou verseja", pois pensá-lo é "gozo" e "incorpóreo é o desejo", esta frase em maiúsculas. A colocação deixa de ser intrigante se pensarmos que Hilda lida com a hipótese de que há uma substância imaterial presidindo a existência, subjacente a ela. A comunicação entre eu e o outro, portanto, só é efetiva quando ambos reconhecem em si uma mesma essência, que é incorpórea. Daí a presença marcante de metáforas fluídas ao longo de suas páginas, relacionadas à água, que, na maioria das vezes, não se articulam segundo uma lógica linear, mas tentam sim mostrar a ligação entre os objetos invocados, e a sensação de que:

> Sou menos
> Quando não sou líquida.

O mundo, com suas repartições, é ilusório; o que está por trás da aparência é que importa, porque une todos os seres. O cerne de sua poesia parece ser a procura dessa matéria invisível que permeia todas as coisas. Essa matéria, que é Deus, como ela disse em certa entrevista, *está* até no "mijo e no escarro", mas não *é* nenhum dos dois - e assim faz, talvez sem sabê-lo, uma releitura do conceito de *participação*, presente já em Platão, e desenvolvido por Tomás de Aquino e algumas correntes da mística cristã. O sexo, o amor e a ascese, bem como diversos estados limítrofes da consciência, são formas privilegiadas de que dispomos para conhecer esse Outro, que pode ser tanto o ser amado quanto uma denominação para Deus. Mas há também a loucura, que tanto fascinou e fascina a escritora.

Filha do poeta Apolônio de Almeida Prado Hilst, que enlouqueceu aos 38 anos, a imagem do pai sempre lhe foi muito forte, e esteve sempre presente em sua obra. Hilda Hilst pertence, nesse sentido, à linhagem dos autores brasileiros excêntricos, de Sousândrade e Qorpo-Santo. Mas, diferente destes, ainda que mal estudada pela crítica e não compreendida por uma parcela do público, não vai ter de aguardar um século para ter sua obra apreciada e comentada.

O que a autora define como loucura talvez seja tão somente a liberdade criativa com que forjou sua escrita, sem concessões ou eufemismos, acreditando que seja

> Mais certo mostrar
> Insolências no verso do que mentir decerto,

postura que lhe custou as alcunhas de obscena e obscura. Os poemas reunidos em *Do amor* vêm para quebrar esse estigma, e mostrar uma lírica cristalina, ornada de conceitos metafísicos, onde os raros clichês, quando inseridos no conjunto, tomam proporção irrelevante. Como diria Propércio, o amor não gosta dos artifícios da beleza. Eis aqui amor e beleza celebrados, sem artifícios.

ALCIR PÉCORA: AS ARTES DO CONCEITO NA POESIA SEISCENTISTA

Quando em 1921, em um dos seus ensaios célebres sobre John Dryden, não sem certa malícia T. S. Eliot aventou a hipótese de que a poesia artificiosa desse mestre do setecentos não tinha sido devidamente compreendida porque o século XX ainda era o século XIX, creio que ele não estivesse brincando. O mais triste é perceber que hoje, no limiar do século XXI, e pelo que podemos inferir das ideologias e teorias artísticas correntes nos estudos literários, continuamos nesse curioso século que não acabou. Porque ainda levamos adiante sua defesa rebarbativa de uma arte baseada na substância incorruptível e ideal do gênio romântico, e ainda tomamos como sendo a verdadeira obra, ora a essência não manifesta do criador e sua biografia, ora uma matriz cultural e nacional das mais duvidosas, instâncias das quais o artesanato poético seria uma mera pista ou acessório perfeitamente dispensável.

Cada tempo cria para si seus valores que, hegemônicos ou não, pretendem ser a continuidade ou a superação do tempo imediatamente pregresso. E creio que seja dispensável lembrar em que termos o altíssimo crítico Samuel Johnson, por sinal contemporâneo de Dryden, se referiu à poesia de John Donne, autor do século XVII, rotulando-a de metafísica. A ambiguidade dessa definição, vale lembrar, já ludibriou muitos idealistas. Mas, tomada em si mesma e feitas as devidas considerações, percebemos que ela não passa de um deboche dos mais destemperados. Em outras palavras, o espírito clássico do doutor Johnson, no século XVIII, recriminou os excessos de artifícios de seu predecessor Donne, da mesma maneira que os românticos desqualificaram Dryden e o novo clássico Eliot admoestou os românticos. Há nessas idas e vindas, de séculos a séculos e de recepção a recepção, um exercício dos mais saudáveis, tanto do ponto de vista da fruição poética quanto da aferição crítica. O livro *Poesia seiscentista*, antologia de poetas de língua portuguesa do século XVII, se presta a ambos os papéis da maneira mais fina e vertical possível.

Trata-se de uma seleção da *Fênix renascida* e do *Postilhão de Apolo*, antologias publicadas respectivamente nos anos de 1728 e 1762, e que compilavam a poesia de língua portuguesa do seiscentos, ou seja, a poesia dessa época que por ociosidade intelectual, burocracia ou falta de imaginação chamamos barroca. Os autores provavelmente não são conhecidos do grande público, pois há nela textos que desde então não foram reeditados, perfazendo uma ausência de quase dois séculos. Dentre eles figuram os nomes de António Barbosa Bacelar, Violante do Céu, Francisco de Vasconcelos, frei António das Chagas, Tomás de Noronha, Dom Francisco Manuel de Melo e o excelente Jerónimo Baía, entre outros. Na introdução consta uma *Poética* em versos assinada por António dos Reis. Mas é difícil precisarmos, a partir dela, o conjunto de prescrições poéticas e retóricas que unem todos esses autores e o ponto de convergência de sua diversidade de estilos.

É certo que boa parte desse corpus e de seus autores se vincula ao estilo chamado obscuro e tem na obra de Luis de Góngora a sua pedra-de-toque. Mas dizer isso ainda não é dizer grande coisa das virtudes e defeitos que animam esses versos. Outro princípio que pode coadunar essas orientações poéticas é aquilo que os ingleses chamam de *wit*, e que muitas vezes traduzimos mal por *sabedoria* ou *argúcia*, mas que significa um misto complexo dos dois e poderia ser definido como *agudeza*. É essa a meta de todos esses poetas: buscar correspondências inusitadas entre as coisas, e assim tornar evidente uma premissa que é teológica por princípio – pois demonstra a unidade divina subjacente a elas – e política por derivação: espelha assim a harmonia do Estado Absoluto e o aspecto místico da organização social, questão nuclear em todo o Antigo Regime. O poeta que melhor dominasse esse engenho e melhor manejasse os artifícios da poesia, com o intuito de demonstrar essas correlações agudas entre coisas distantes, seria portador de indícios de nobreza e discrição social, angariando prestígio para si, o que demonstra uma união inextricável entre forma, função e estrutura mental de uma época.

Encontramos essas metáforas agudas aos montes nos poemas selecionados, e sua explanação seria demasiada extensa. A título de ilustração, valha a engraçadíssima paródia da *Fábula de Polifemo e Galateia* de Luis de Góngora levada a cabo por Jacinto Freire de Andrade. Nelas ambos os poetas comparam o céu ao monstro Polifemo, fazendo um jogo de homologias entre um dos epítetos do sol, chamado olho do céu, e a condição celestial, porém decaída, do gigante de um olho só que se apaixona pela ninfa Galateia e mata enciumado o seu amante Acis. A chave de Freire de Andrade é eminentemente cômica, o que levou os críticos posteriores a perdoar nele tal tipo de comparação, tido como sendo de mau gosto, mas recriminá-la veementemente em Góngora, onde elas aparecem em um poema que, apesar de ser de gênero médio e compor um amplo painel mitológico, não tem nada de comicidade ou de paródia.

Poesia seiscentista vem contribuir de maneira decisiva para reavaliar as letras de língua portuguesa do século XVII, totalmente estragadas no Brasil por causa da predominância de uma historiografia de extração romântica que desqualificou sistematicamente a agudeza, a engenhosidade e a argúcia desses autores como sendo abusos de artifícios e de ornamentos vazios, como se toda a arte não fosse antes tudo uma relação de formas em busca de sentido – e não o contrário. A crítica idealista, à cata de nacionalidade e de psicologia criadora, os escoimou como artificiosos; a crítica formalista de vanguarda, em busca de originalidade, os deformou a serviço de seus próprios projetos políticos. Assim reduzimos a questão à mediocridade de um debate que gira em torno do sequestro e do resgate do Barroco, e evitamos a revisão epistemológica e antropológica radical que essa arte nos propõe.

Tudo está em aberto, embora as cartas pareçam dadas. Desconsiderados todos esses preconceitos positivistas criados em torno dessa poesia, também ela tem que ser revista, e discriminado o que nela há de vivo ou de estritamente documental. Só assim poderemos retomar os limites de interpretação e rever os critérios a partir dos quais se julga a arte, em especial esta, e, consequentemente, todas as manifestações da cultura. O teor provocativo que essa antologia oferece ainda hoje para leitores e estudiosos só torna evidente o seu significado e valor mais profundos. No mais, sua organização é assinada por Alcir Pécora, e o estudo introdutório, por João Adolfo Hansen, dois nomes de reputação internacional no que concerne às artes e letras do século XVII e que dispensam maiores apresentações. Em um tempo tão pobre de debate artístico e metafísico, e transbordante em vulgaridade, seria bom dar um basta a essas elucubrações soníferas sobre os conceitos de arte, e aprendermos um pouco com o engenho desses mestres das artes e manhas do conceito. Quem sabe assim antes de criticá-los possamos merecê-los.

CLAUDIA ROQUETTE-PINTO
E OS JARDINS SIMÉTRICOS

Antes que o leitor pergunte, ou caso já esteja se perguntando, corola é o anel que envolve o miolo das flores, sem necessariamente ser parte dele. Com base nessa imagem delicada e circular que Claudia Roquette-Pinto forjou o conjunto de poemas que compõem esse livro, prêmio Jabuti de 2001, que goza de uma grande unidade temática e de composição e onde cada peça funciona como quadro, como cena de uma ação imaginária.

Assim as flores e objetos desses pequenos jardins suspensos vão se desdobrando, em associações de imagens de grande beleza que captam o leitor muitas vezes pelo inusitado de sua natureza: chuva sobre um jardim, árvores de fogo, um pequeno louva-a-deus, o céu forrado de estrelas, a serra elétrica das cigarras, a garganta como um poço vazio, pássaros tecem nuvens, aranhas enredam sua teia e grandes tubérculos repousam sobre joelhos. Todos os elementos que compõem esse microcosmo encontram sua síntese na escrita e giram ao redor da grande metáfora mãe que é a Flor, matizada aqui sob a aparência de diversas flores. Ora ela é vista sob conotações sexuais, ora como presságio de tempos que virão; ora assume a tópica da efemeridade das coisas, ora encarna em si todos os atributos femininos e logo em seguida se eriça e se ergue sob formas fálicas e rebeldes.

A partir desse *locus amenus* é que Claudia revê o lugar-comum Flor sob um prisma totalmente diferente, e esses jardins espelham e refratam o mundo circundante: moedas que são estrelas, a cerejeira incorpora características de acidentes geográficos, os espinhos do cardo brotam dentro da boca, as nuvens lembram o papel em que o poema corre impresso e a tarde se estica amarela como um grito sob a borboleta de Wordsworth, que paira incólume sobre essa torrente de seres. Permeando todos eles, o silêncio, essa sarça ardente que prescinde das palavras e tenta à mudez e à contemplação todos aqueles que percorrem esses terraços. No fundo, o pessimismo, a consciência de que tudo não passa de representação, e que a verdadeira beleza é intangível. Como se diz em um dos poemas finais: o resto são nuvens, e todo poema – um engano.

A grande virtude da poesia de Claudia é sua habilidade em lidar com as imagens, e pode-se dizer até que sua poesia segue a tradição do melhor Imagismo, que vem da poesia moderna de língua inglesa, passa por Mariane Moore, um de seus vértices, e deságua em outros poetas da mesma família. Nesse domínio, suas comparações são agudas, aproximam elementos distantes, enredando-os à trama delicada de sons e sentidos desse grande tapete repleto de arabescos e pulsações telúricas, cujo conjunto de fios perfaz um único nome: *Corola*. Com ele Claudia se firma como uma das vozes líricas mais singulares e fortes da poesia brasileira atual.

ELOGIO DE HILDA HILST

Quando Erasmo de Rotterdam, em 1509, escreveu o seu *Elogio da loucura*, em que a figura emblemática dessa deusa às avessas sobe em um palco e desfila com muito humor toda a série de consequências benéficas que seu influxo sobre os homens gera, fazendo a sua autodefesa, creio que ele estivesse apenas deixando em evidência os prazeres do paradoxo, além de reforçar de maneira irônica a ambiguidade própria dos valores que norteiam as sociedades. Vários séculos depois, temos a loucura novamente personificada, mas em uma nova chave provavelmente não prevista pelo humanista holandês. Nesse meio século de produção literária ininterrupta, Hilda Hilst já nos presenteou com obras de uma singularidade e uma força que dificilmente se repetirão em nossas letras. Partindo de uma premissa que é teológica por princípio e formal por decorrência, sua prosa e sua poesia são uma espécie de dramatização consciente do Outro, que pode ser tanto a parte irredutível da experiência mística e sua tensão permanente com a linguagem quanto o ser Amado, aqui encarnado sob uma insígnia muito semelhante à que encontramos na grande tradição sufi de Rumi, Attar e Hafiz, ou seja, na poética do esplendor e da iniciação. É assim que o enigmático Qadós e a delicada Agda emergem da escrita: mais do que personagens, são formas que se desenham na nossa percepção e tentam nos remeter, no fluxo verbal fragmentado, a uma suposta unidade suprassensível, realizando um percurso inverso de interpretação onde Deus cifra no mundo sua mensagem para que possamos ler a *sua* prosa – a sua obra. Isso nos impede de aplicar aos textos de Hilda o tão desgastado e sonífero ramerrão formalista – e nos impede também de repudiarmos esses mesmos textos em benefício de uma hipotética carência de significados de que eles sofram. Espécie de espelho inverso, muito além do falso dilema entre *uerbum* e *res*, entre as palavras e as coisas, cisão, aliás, que deu origem à obtusidade da forma *per si*, que quer livrar-se a qualquer preço da reificação que impingiu a si mesma, e à tagarelice de vozes amorfas, a linguagem, para Hilda, é uma via de acesso à Coisa, que tantos ascetas já tentaram predicar e definir sem sucesso, mas que, nesse caso, se torna uma estrada ampla e fértil para a ficção.

Se a loucura é quem dá as chaves ou não, creio que isso não interessa. Dona de uma poesia cristalina, que ora remete à tradição elegíaca e amorosa grega e latina, como em *Do amor*, *Da morte* e *Odes mínimas*, ora desloca o sentido do ser amado para uma dimensão quase alegórica, Hilda cumpre no artesanato verbal tudo aquilo que quis mitificar e mistificar em torno de sua própria vida, tornando assim ambas, mitificação e mistificação, inúteis. Se James Joyce bebeu seu conceito de epifania em Vico, Tomás de Aquino e Dante, e a partir deles deu um curso ao rio dos tempos, equivalendo-os em *punti luminosi* unificados no grande Tempo, e Guimarães Rosa partiu do Uno de Plotino para fazer a sua travessia pelo sertão que é, a um só tempo, também o mundo, para que ir buscar no que é falível e singular em Hilda o que é muito maior que Hilda, nascendo dela? Não é um debate escolástico, mas uma simples constatação, por ironia e por acaso, escolástica. Porque a visão de mundo que depreendemos da obra de Hilda nos remete sempre a uma tradição que é, à primeira vista, de extração cristã, mas que se estende para uma compreensão mais ampla dos fenômenos sensíveis e esbarra no Deus panteísta dos antigos e no rito de outras civilizações. E quando Tomás de Aquino diz que Deus participa, está presente e se manifesta em todas as coisas, está retomando o nosso velho Platão que cria que o Belo se atualiza em todas as coisas belas, o que se assemelha muito, pela negativa e pelo escárnio, à nossa autora, quando ela diz que Deus está até no mijo e no escarro, e assim relê, talvez inconscientemente, o santo e o filósofo: fazendo a sua contrafacção. Nesse percurso é que Hilda situa sua ficção e sua poesia: nesse meio-fio onde o que se diz é mero indício de um não dito maior e inatingível, e o que se nomeia é e sempre será a sombra pálida do Verbo com que Deus nomeou inicialmente, mas ainda hoje se esconde atrás de máscaras para que perscrutemos a sua presença. Uma hora ele é o Cão de Pedra, outra o Grande Obscuro. Está sempre mudando, como esta escrita fluída e suas metamorfoses, mas é sempre idêntico a si mesmo. Afinal, ele nunca se move de si.

A obra completa de Hilda está sendo relançada pela editora Globo, sob a batuta de Wagner Carelli e a curadoria de Alcir Pécora, o que despensa quaisquer comentários sobre a qualidade desse feito. Ela, como Herberto Helder, pertence à tradição de uma alta modernidade que em nada transige com essa repetição infinita de cacoetes modernistas que nos acomete e aborrece todos os dias. Sua escrita é um dos feitos mais estimulantes e bem resolvidos que temos hoje em nossas letras, tanto do ponto de vista conceitual quanto técnico. E Hilda? Vai continuar sendo louca? Quererá continuar fazendo o elogio de si mesma? Dirá que está esquecida e mal lida? Ou falará mais alguma coisa sobre o seu desbunde sexual? Há um abismo entre a religião e o mito, Hilda. Tudo isso é desnecessário. Apenas os loucos de pedra não sabem o valor de sua obra.

MÁRIO FAUSTINO, POETA
E DEMIURGO

Quem fez esta manhã? Pergunto e calo com medo da resposta. Estou parado ao meio-dia, e no meio do mundo sinto uma congregação de seres que me circundam interrogativamente. Invoco o Herói, e o convoco à marcha. Tendo restituir o tempo e dar curso ao curso sem sucesso das coisas que fluem e fluem sem trégua. Chove sobre campos de sal, e eu inutilmente tento recolher palavras do chão, com as quais componha um palco Absoluto onde possamos cantar, eu e meu espírito. Todos nós. Eis aqui os meus brasões, unicórnios que investem contra o rei. Amo monstros de aventura em uma terra deserta onde a luz custa a nascer e os homens e sonhos caem sucessivamente pelo caminho. Nenhuma verdade resplandece nesse verão sonhado por abutres, onde profetas estremecem nos seus túmulos, palmeiras tentam em vão resgatar a beleza ausente e nuvens tecem no céu suas estrelas. Triunfo da guerra, a morte, coroa longeviva que carregamos entre tochas acesas e sob um sol que se eclipsa. Eis a legenda áurea onde pinto a cena inaugural: no princípio houve trevas o suficiente para o espírito mover-se livre, e o silêncio era tanto e tal quietude vegetal que era possível ouvir as lágrimas que caem e vincam a cara dos heróis. Vivo apenas para te cantar, dia singular que progride fora do tempo, e corre em forma de lenda e mito.

Partilho das Festas da Agonia. Vejo o Anjo, a Besta, o Sono, as Damas, a Vida. E amo a morte, e com ela travo meu pacto. Toda a vida é linguagem, figuração de desejos e janelas onde se espelham deuses, talvez. Provavelmente homens nus, cobertos apenas de palavras. E caminhando com elas contra a chuva se protegem, à espera daquela língua perfeita, eterna e inacessível. Olho a estrela roxa. Que sementes de suicídio o cadáver solar depõe. Alma que foste minha! Desprende-te do meu corpo e de meu espírito! Nenhum metro te organiza. Nenhum gênero da noite te distingue. Nenhum signo te orienta enquanto rumas para algo ou para o quê que não sondamos. Que pirâmide encerra a tua essência? Que trigo te mata a fome divina? Nada. Apenas náusea. O cérebro se consome em sua cópula sinistra. Em Babilônia e em Argos, somos todos culpados pelo nojo que vestimos. A carne de barro trêmula e acinzentada geme. É hora de subir aos templos de estrume onde celebraremos nossa náusea coletiva. Pássaros adejam asas de chumbo. Sombras marinhas me delatam em meu percurso. E falo pelo ego de Mona Kateudo. E vejo Aquiles abraçado a Heitor, Sebastião e as chagas que o afagam. O crucificado beija o enforcado. Estações! Eu as invoco. E retorno ao Herói, meu lema e guia. Dia não sondado pelos calendários. Sombras sábias de João, fumo sacro de Febo. Venho viajando de Delfos e Patmos vos consultar. Mais putas para Eleusis! Peço enfurecido. Anjos pálidos e candelabros, crocodilos vomitando cogumelos. Vejo Kung Fu Tse, Luzbel, passo pelo Estígio e rumo em direção a Chipre. Clamo por Hephaistos e pela Santa Face. Orfeu retesa sua lira e solta um pássaro, enquanto Galateia límpida contrafaz o canto e a eternidade. Forjas de Dédalo, a Usura e seus dragões, paz ao baile das coisas. Só isso que eu peço aos deuses. Todos nós ruímos e ruímos e ruímos. Ilhas cheias de templos e a aurora de dedos rosas a afagar nossas cicatrizes. Flecha que enceta seu voo eterno. Tudo congregado e consumado, *nunc et semper*. Em um meio-dia a pino o homem para. O homem, apenas ele, a sós com sua hora trágica.

O livro de Mário Faustino, *O homem e sua hora*, é desses livros que nos deixam felizes por uma série de motivos. A começar pela fabulação altamente engenhosa com a qual ele entretece seus poemas, compondo quase que um romance em versos e um mosaico da história. E aqui vale toda sorte de mitos e lendas, já que é próprio da poesia desprezar o particular e o acidental de cada tempo e compor sua química verbal de modo a apenas indicar indiretamente o espírito de sua época, sem ser uma serva dele. Ela se vale de uma série de maneiras para conseguir isso. Uma delas é ir colher no esteio das fábulas o seu repasto atemporal, o seu alimento mágico e a sua matéria-prima. E Faustino, defensor intransigente de uma poesia de invenção, parece ter sido dos poucos homens inteligentes a perceber o sentido profundo dessa palavra, já que etimologicamente *inuenire* quer dizer apenas *achar, descobrir, revelar*. Aristóteles e todas as poéticas já escritas até o século XIX, ou melhor, até o Romantismo, entenderam essa palavra nessa acepção. O inventor é aquele poeta cuja engenhosidade *descobre* relação entre as coisas, e as trama em imagens e metáforas, com ritmo e pulsação próprios à cadência interna dos versos e ao andamento do raciocínio. A invenção é uma parte da prosódia, então. Não é uma tecnologia, submetida à lógica descartável da superação científica, já que para dar sabor novo às palavras da tribo, mais do que uma nova *técnica*, é preciso um novo *olho*, processo obviamente muito mais complexo e inacessível às almas simplórias, que preferem reduzir tudo a uma questão de linguagem. Mesmo Ezra Pound, poeta predileto de Faustino, clássico e antirromântico até a medula, quando reivindica o seu *make it new*, cunha a palavra invenção nesse sentido antigo, que durou e dura mais de vinte séculos. Assim também ocorre com a palavra *moderno* que, etimologicamente, significa apenas *atual*, não revolucionário ou qualquer coisa do tipo. Tudo o que é de alguma maneira atual é moderno. O resto é modismo e tecnocracia.

Mas voltando ao livro de Faustino, uma de suas maiores virtudes é essa: a da invenção e da capacidade de *achar* a matéria, o assunto poético, e de tecê-lo no artesanato verbal com rigor e técnicas admiráveis. Faustino sabe que a invenção imita aquele gesto inaugural, com que nomeamos os seres e os organizamos na folha virgem do mundo. Para cada sensação e para cada peça dessa máquina, uma forma, um estilo, um motivo. Pois é na variedade que os olhos encontram prazer, como diria Baltasar Gracián. E tanto sua concepção de poesia se afina com essa dimensão inventiva, que é dela que nasce uma segunda virtude do livro: o uso das formas. Isso se tornou objeto raro na poesia contemporânea, por uma série de motivos que não cabe enumerar aqui. Mas é muito interessante ver como Faustino manipula o decassílabo branco, o soneto, ora modificado na sua estrofação tradicional ora sem rimas, a sextilha, o verso livre, a elegia, a ode e até o romance, tão familiar à nossa tradição Ibérica e de onde João Cabral retirou a batida martelada dos seus heptassílabos de rimas toantes, além de ter se inspirado também em Calderón de la Barca e nos alexandrinos bimembres dos *Milagres de Nuestra Señora*, de Gonzalo de Berceo. Em todas essas formas utilizadas por Faustino, poucas vezes encontramos um vocabulário deslocado ou uma construção sintática forçada, indecorosa dentro do tom geral do poema, seja ele mais elevado ou mais coloquial.

E assim a invenção das matérias vai se entrelaçando, e em mimetismo com a própria composição do mundo: as nuvens se unem e se dissolvem, se chocam e se entrelaçam compondo formas inteligíveis. Há ordem na revoada de anjos que descem até o lamento de dor do mártir, na revoada de pássaros de metal que vergam suas asas sobre um precipício, no escudo que o Herói empunha e na própria chaga de sua carne lacerada. Faustino revela a ordem que não está aparente e que subjaz a tudo isso, porque tudo isso é obra daquele Artífice que forjou a manhã inaugural do mundo em deu Forma a todas as formas, das quais o poeta é um decifrador em segundo grau. É um jogo de transparências e de opacidade: porque o poema nos pinta essas ações e em todas elas encontramos a dissolução dos limites e sua reorganização pelas mãos do artífice, ao mesmo tempo em que ele nos leva ao caos circundante da vida que corre fora dele mesmo, à vida de fato e não à ficção da vida. *O homem e sua hora*, nesse sentido, é um livro totalmente alheio às circunstâncias e especificidades da vida atual, estando mais próximo de uma dimensão espiritual ou mítica do tempo e da história. E é assim, pela negativa, que ele fala a nosso ouvido tão de perto: talhando em bronze as faces de um mundo poético primitivo e caótico, ele não sucumbe ao que há de caótico e não poético em nossa experiência mais imediata, e que em breve será poeira cósmica indiscernível.

O livro vem acompanhado de um ensaio crítico de Benedito Nunes e de estudo da organizadora, Maria Eugenia Boaventura. Os poemas inéditos e esparsos que foram incluídos, descontadas algumas exceções, são curiosidades sem qualquer interesse literário. O fulcro da obra é o capítulo homônimo, onde está na íntegra o único livro publicado por Faustino em vida, em 1955. Há fragmentos de uma obra em progresso, a maioria deles fracos e que sucumbem ao jogo lúdico, do tipo uma palavra puxa a outra, entre outros, muito circunstanciais ou apenas em estado de projeto. Alguns têm um valor tão discutível que deveria se pensar se vale a pena comparecerem em livro. É o caso do poema dedicado a Fidel Castro, entre outros. E esse é o aspecto que dá ao livro um desequilíbrio em excesso, compreensível por uma série de motivos. Mas não deixa de ser desalentador ver matéria informe e rascunhos de ideias que poderiam ter virado muitos outros livros de igual valor, caso o destino tivesse permitido.

É inegável o débito de Mário Faustino para com a *Invenção de Orfeu* de Jorge de Lima, outro amigo da invenção fabulosa e da fabulação do mundo suprassensível, poeta por sua vez muitas vezes desigual e prolixo, mas tantas outras admirável. E essa dimensão mística em um sentido laico do termo está estampada logo no poema de abertura do livro, *Prefácio*. É da convergência dos astros em um determinado ponto e em uma determinada hora de um determinado dia que nasce o nó insolúvel do destino. Quem o guia, não podemos perscrutar. Lido em associação com o fim trágico do próprio Mário Faustino, morto em um desastre aéreo em 1962, o conjunto de poemas que compõem o núcleo do livro ganha uma espessura existencial incalculável e se abrem para uma série de sentidos adicionais. Porque se o poeta é aquele que ordena o caos original, onde nuvens e um turbilhão de anjos pairam à beira de um abismo do qual o mundo parece ter acabado de ser criado, e faz dele um cosmos, o mistério apenas começa ao pensarmos que também ele é apenas uma peça nessas engrenagens do universo. Não é um demiurgo, que move as esferas celestes e compõe com elas a sua música de pura geometria, embora os versos possam sinalizar e imitar sons de delicadeza semelhante. É apenas um poeta, um homem. E como todos nós estará um dia a sós com a sua hora – e nada mais.

CAMINHOS DA POESIA
BRASILEIRA ATUAL

Toda a pretensão à totalidade é uma forma de obstruir a alteridade Essa é basicamente a crítica de Levinas a Heidegger e à tradição da ontologia. Embora em um escopo filosófico essa crítica possa ser refutada de inúmeras maneiras, no tocante ao presente ensaio, que pretende abordar a literatura brasileira atual, ela é lapidar e incontornável. Redundante dizer que é impossível dar uma visão exaustiva da literatura produzida hoje no Brasil no espaço de um texto. E o simples fato de pretendermos isso evidencia má-fé ou ingenuidade, sendo que se pode bem pensar a ingenuidade como uma variante idealizada da má-fé. Tendo isso em vista, optei por comentar alguns autores deliberadamente de meu gosto e que estejam vivos. Assim, saímos da universalidade arbitrária do conceito e voltamos, felizmente, à *doxa* dos sofistas. Tudo uma questão de opinião.

O que tenho percebido é que há um movimento forte da literatura brasileira das últimas décadas que pode ser articulado em torno de três grandes vertentes. Chamo-as de Imagética, Metafísica e Participativa. Elas podem ser insuficientes sob muitos aspectos, mas têm a virtude de conseguirem coadunar em si autores bastante diversos sem desfigurar suas especificidades. Por literatura de imagem, há que se deixar claro, entendo aquele tipo de produção de alto poder plástico e pictórico, na linha de uma radicalização do *ut pictura poesis*, poesia como pintura e pintura como poesia, ou seja, um tipo de representação que, em termos técnicos, tende sempre a resolver mesmo os conceitos mais gerais e abstratos em imagens. A imagem é produtora do real, está ligada à fatura da obra e à poética dos artistas. Não tem nada a ver com Poesia Visual, que seria um domínio à parte, com suas regras próprias.

Já a vertente metafísica seria aquela que se vale de certo caráter anímico ou ancestral, tão caro à cultura brasileira, plasmando-o em poéticas de forte pendor transcendental, órfico, mítico e iniciático. Há aqui a marca indelével da cosmovisão própria a cada autor e a obra tenta sempre retratar o nosso horizonte existencial em um enquadramento o mais amplo possível. Por fim, por linhagem participativa, entendo aquela que se funda nas questões históricas e políticas do mundo atual e do Brasil, em especial, e tenta pensar a poesia em sua dimensão ética e estética. É óbvio que não são categorias puras e muitas vezes temos hibridismo, sobretudo na poesia de imagem de extração surrealista, como veremos. A divisão é apenas didática, para facilitar a visualização do leitor. Vamos então a elas.

VERTENTE METAFÍSICA

Começo a falar desta vertente por um nome que é um dos mais complexos da cena atual e, ao mesmo tempo, como bem assinalou o excelente crítico André Seffrin, um dos mais injustiçados: Foed Castro Chamma. Desde a publicação de O *poder da palavra*, em 1959, Foed vem sedimentando uma obra poética praticamente solitária. Dono de amplos voos criativos e de um imaginário alimentado na alquimia e na cabala, sua poesia tenta recuperar um sentido mágico das palavras e, por meio delas, devassar uma espécie de realidade anterior, que se oculta, opaca sob o véu dos sentidos e imersa no sonho. Poeta culto, cuja poesia dialoga, em reminiscências, não só com os grandes nomes do pensamento e da poesia ocidentais, mas também com uma corrente hermética subterrânea, dos tratados de magia e alquimia aos grandes místicos, Foed parece viver a dimensão épica do Espírito em suas sucessivas encarnações no tempo. O arco e a lira de sua poesia apontam sempre em direções alegóricas que tentam subsumir em si essa tensão: o Sonho, o Real, a Sombra, o Duplo, o Espelho, o Tempo, o Fogo, entre outros. Tal qual um Blake moderno, Foed é um arquiteto do seu próprio castelo de mitos particulares; essa sua atitude representa não só sua recusa radical de todas as convenções sociais, que são, para ele, nada mais que a ilusão cordata com a qual nos iludimos mutuamente, mas também o ponto-de-fuga ígneo onde a própria poesia se apresenta como uma espécie de redenção e de vivência extemporânea, para falar com Nietzsche. Depois de uma série de livros admiráveis, o ponto máximo de sua atividade se dá com *Pedra da transmutação*, publicado em 1984, poema cosmogônico em dez mil decassílabos brancos que descreve a origem do Universo, palmilhando aqueles espaços infinitos de que nos fala Milton. Ao mesmo tempo, a obra de Foed tem uma circulação bastante restrita, ainda hoje à base de tiragens artesanais, a ponto do crítico Carlos Newton Jr. caracterizar o seu isolamento como um crime contra a literatura nacional. Assina traduções em versos das *Bucólicas* de Virgílio, de epigramas de alquimia e de obras de línguas modernas, além de ter um trabalho como ensaísta. Trata-se, senão de um dos grandes, ao menos de um dos mais complexos e enigmáticos poetas da língua portuguesa em atividade.

Em sentidos diferentes se direcionam as obras de dois grandes autores: Ariano Suassuna e Vicente Franz Cecim. A despeito de suas opiniões idiossincráticas e de seu ufanismo, Suassuna vem construindo uma das obras literárias mais sólidas dos últimos tempos. Sua obra-prima, *A Pedra do Reino*, é um romance-monumento onde ele revisita todo o imaginário popular do Nordeste, desenvolvendo fatos maravilhosos com engenhosidade e humor. Sua obra deita raízes profundas no romance picaresco espanhol e na tradição do romanceiro ibérico, além de dialogar verticalmente com a formação cultural do Brasil no que ela tem de mais ancestral e atávico. Foi um dos idealizadores e protagonista do movimento Armorial, lançado em 1970, cujo objetivo era reunir poetas, escritores, músicos, artistas plásticos e dramaturgos em torno do ideal de aproveitamento do conteúdo mito-poético da herança popular e folclórica brasileiras, bem como utilizar os componentes mais profundos desses aspectos da nossa cultura na arte. O resultado plástico e literário desse movimento é de grande valor, justamente por conseguir incorporar esse substrato artístico, muitas vezes anônimo, mas que vinha sendo amadurecido, geralmente de maneira subterrânea, ao longo de séculos, e que tem suas raízes profundas na própria história da Península Ibérica e no processo colonizador das Américas.

Foram partícipes do Armorial alguns grandes artistas plásticos brasileiros da atualidade, como Francisco Brennand e Gilvan Samico. Suassuna também é dramaturgo, autor do *Auto da Compadecida*, peça teatral de grande êxito, que já teve inúmeras montagens, e cujo protagonista pode ser comparado aos pícaros da literatura espanhola. Com um trabalho também em pintura, que ele define como *Iluminupinturas*, misto de iluminura com pintura, o autor congrega imaginação transbordante, humor, nonsense, mitologia e magia das crenças religiosas populares a um amplo conhecimento da grande literatura, sobretudo a de língua portuguesa. Suassuna é um nome de proa da literatura brasileira atual. E há quem diga que o único ponto de comparação de *A Pedra do Reino* seja *Grande sertão: veredas*, de Guimarães Rosa, publicado em 1956.

Já a obra de Franz Cecim se desenvolve em uma direção mais existencial e chega a ser difícil defini-la nos limiares da prosa e da poesia. Escrita de rupturas e de vertigens, Franz Cecim escreve uma única obra, *Viagem a Andara*, que se subdivide em diversos livros. O palco mítico de sua prosa é a Amazônia, mas estamos muito longe sequer de vestígios de literatura regionalista. O autor fala sempre na Floresta Sagrada. Trata-se de uma floresta totalmente alegórica, e é nela que se desenreda a vida de seus personagens e seu texto-vida insurrecto, como o definiu certa vez Benedito Nunes, um dos maiores críticos brasileiros em atividade. Tanto que por muitas vezes sua prosa é auto-referencial: diz o que é o livro de Andara e o que vem a ser Andara, como em um dos livros, intitulado *A asa e a serpente*, mas sempre de maneira elíptica, tentando produzir um isomorfismo entre o real e o imaginário, entre os personagens da trama e o enredo da vida empiricamente situada.

Mais do que uma filiação à Literatura Fantástica, que levou a literatura da América Latina a um conhecimento de nível internacional, Cecim reivindica uma literatura fantasma: aquela que só é legível, não em termos icônicos nem simbólicos, na famosa distinção de Peirce, mas sim indiciais e residuais. Uma prosa-poesia que deixa vestígios do ato criador em cada linha. Uma poesia-prosa que lida o tempo todo com a dimensão transcendental da representação e não está interessada no que é verossímil, no sentido clássico e aristotélico do termo. Uma escrita que deixa rastros do sangue do escritor na página e da corporalidade de seus personagens na escritura. Como notou com lucidez o crítico Leo Gilson Ribeiro, há algo na literatura de tipo realista, aquela que se preocupa com o registro fidedigno das disparidades sociais, que não consegue dar conta da aflição estrutural e existencial do homem em estado de abjeção. Só uma prosa que bebe em correntes arquetípicas profundas, como a de Cecim, e, para lembrar uma escritora da mesma família espiritual, Clarice Lispector, é capaz de solver esse impasse formal e dar conta da amplitude ética e existencial dessa realidade. A melhor maneira de visualizar algo parecido com a sua literatura é cinematográfica: Andrei Tarkóvski.

Essa inflexão mítica, que descortina horizontes em amplos enquadramentos existenciais e simbólicos, parece ser fruto de uma inclinação natural da literatura e das artes do Brasil. Podemos aventar a hipótese de que isso se deva à própria condição antropológica do país, à diversidade de raças, credos, ritos, crenças e culturas que aqui se misturaram, preservando, porém, no seu inconsciente, esses registros arquetípicos e remotos de suas origens. Quanto aos poetas que lidam muito com essa questão da memória mítica do mundo, começo por dois, por suas afinidades e disparidades: Dora Ferreira da Silva e Gerardo Mello Mourão. Uma das introdutoras de C. G. Jung, Rainer Maria Rilke, Ângelus Silesius, Saint-John Perse e Friedrich Hölderlin em língua portuguesa e estudiosa de história das religiões, a obra de Dora pode ser vista como uma contínua aproximação do mistério original. Poesia como gnose e desvelamento, como lemos sobretudo em *Uma via de ver as coisas*, de 1973, mas também como perquirição da memória e resgate do passado, como em *Retratos da origem*, de 1988. Nela a dimensão pessoal e existencial se conjugam com uma experiência da memória coletiva do mundo, por meio do devir mítico que sua poesia agencia e atualiza no presente. Isso é bastante patente em seu mais recente livro, *Cartografias do imaginário*, de 2003. Nele, a poeta consegue uma articulação entre episódios e nomes da infância e o esteio mítico que tais episódios e nomes sugerem, colhido no Egito, na Etrúria e, sobretudo, na Grécia. A inspiração da poesia de Dora, aliás, é quase toda grega. Não no sentido clássico, de harmonia e proporção, mas sim extraída daquela Grécia profunda, de Dionísio e dos cultos de mistérios, de Orfeu e dos rituais iniciáticos, nos quais tantos poetas modernos de primeira plana beberam, a começar pelo próprio Rilke, poeta de devoção de Dora. Trata-se de uma poesia de celebração telúrica dos instintos e da terra, de mergulho naquele grande Deus-Rio do Sangue de que nos fala Rilke, e, é claro, de sua ulterior redenção.

Gerardo, como frisou o grande e saudoso crítico José Geraldo Nogueira Moutinho, em artigo antológico, intitulado "Poeta grego do Ceará", é um poeta antigo, no sentido forte do termo, um aedo, poder-se-ia dizer. Recicla cantos populares e a tradição rítmica da poesia oral, aliados ao conhecimento amplo da grande poesia moderna e ao domínio de diversas línguas, inclusive o grego e o latim. Esse percurso pode ser notado com muita nitidez em sua trilogia: *O país dos Mourões*, *Peripécias de Gerardo* e *Rastro de Apolo*, os dois primeiros de 1972 e o último, de 1977, posteriormente reunidos no livro *Os peãs*. Esse curioso nome, peã, no masculino, parece dar a chave para a poesia de Gerardo. Trata-se de um tipo de canto ritual dos antigos gregos. Louvação da terra, dos animais, dos sentidos, dos prazeres mundanos e ao mesmo tempo meio de elegê-los e inscrevê-los num domínio sobrenatural, de pura participação nas essências, cujo acesso nos é possibilitado pelo sopro da poesia pela flauta do poema, a obra de Gerardo é um dos maiores elogios que a poesia brasileira já fez à liberdade.

Não à liberdade como falta de comprometimento, mas sim como a liberdade radical, profunda e conquistada de que nos falam todas as filosofias da existência, desde Kierkegaard, passando por Heidegger até Sartre. Como homem, teve e tem vida turbulenta, repleta de acidentes políticos e viagens por vários lugares do mundo. Sua poesia é uma espécie de canto multifacetado onde tenta reviver suas origens familiares e, ao mesmo tempo, recompor as peças da história e a triste fragmentação do mundo onde lhe foi dado viver. Assim, tende sempre ao épico, mesmo quando o registro é lírico e a música é de câmara. Gerardo também publicou duas obras magistrais na área da ficção: *Piero della Francesca ou As vizinhas chilenas* e *Valete de espadas*. É autor de inúmeros ensaios sobre poesia, literatura, política, economia, entre outros assuntos, onde podemos rastrear seu percurso intelectual. Poeta de repercussão e vivência internacionais, chegou a ser correspondente de jornais brasileiros em Pequim. Dele disse Ezra Pound que foi um dos poucos poetas que conseguiram escrever a poesia épica da América.

Em sentido semelhante, poetas com espírito cosmopolita, que parecem ter superado a dicotomia proposta pelo Modernismo entre uma literatura colonizada e outra, colonizadora, têm dado a pauta das discussões. Podemos identificar o espírito de superação dessa aporia inicial em nomes como Bruno Tolentino e Affonso Romano de Sant'anna, embora o primeiro se vincule mais às questões transcendentais e o segundo tente fazer uma síntese do embate político e cultural de nosso tempo.

A obra de Tolentino entra de vento em popa na supracitada vertente metafísica. Não porque adere à paisagem mítica que os poetas que mencionei acima mobilizam de maneira exemplar em seus versos. Mas sim porque pertence a uma linhagem de poesia meditativa, de forte extração religiosa e sacramental. A grande maioria de sua obra segue formas fixas e se cumpre em torções clássicas do verso. Porém, sua modernidade é de outra ordem. Pode-se dizer que ela se cumpre numa espécie de teologia negativa que o poeta encarna, já desde a publicação de *Anulação*, seu livro de estreia, de 1963, tratando o mundo decadente em que vivemos sempre como fruto da marmorização do ser levada a cabo pelo império da Ideia. Esse percurso, poético e intelectual, por meio do qual o autor identifica, na emergência dos sistemas e das especulações abstratas, o início da crise do pensamento ocidental, passa por obras como *Os deuses de hoje*, de 1995, talvez um de seus melhores livros, e vem desaguar em *O mundo como ideia*, de 2002, livro-ensaio de poemas e reflexão crítica, onde o autor demarca o itinerário paulatino de substituição da luz inteligível pela luz conceitual, valendo-se de toda a história das artes plásticas no Ocidente como emblema, desde Paolo Uccello. Para Tolentino, a modernidade, em termos amplos e seculares, se funda sobre o vazio calamitoso da ausência do divino. Já a modernidade de sua poesia, por seu turno, reside justamente no avesso dessa constatação e na tentativa de redenção e repúdio a este absurdo que nos constitui. Sua obra aponta para esse problema e tenta fazer a sua contrafação, como crítica e como peroração, por meio da poesia, de um sagrado veraz e possível, ainda nos dias de hoje. Tolentino também tem obras em inglês, *About the Hunt*, e francês, *Le vrai le vain*, que receberam críticas positivas de nomes como Jean Starobinski e Yves Bonnefoy.

VERTENTE PARTICIPATIVA

Poeta que procura efetuar sínteses e que tenta agregar à poesia um repertório não necessariamente nacional, embora preocupado com os grandes voos e a grande abrangência que lhe podemos facultar, em termos históricos e culturais, Affonso Romano de Sant'anna nos oferece esse movimento em duas de suas grandes obras: o *A grande fala do índio Guarani* e *Catedral de Colônia*. Se a primeira tece uma longa antífona pensando a situação excêntrica do protagonista de um país igualmente excêntrico em termos políticos e econômicos, a segunda pode ser vista como a incorporação que um poeta culto faz da história europeia, e consiste em um longo poema, com menções eruditas sobre a edificação desse templo, numa espécie de mosaico poético. Mal comparando, pode ser pensada como um correlato do longo poema *Auto-retrato num espelho convexo*, de John Ashbery, publicado em 1975. Sant'anna também se destaca como pesquisador e como crítico de arte, sobretudo pela crítica contumaz que vem fazendo à arte conceitual, o que lhe valeu o título de inimigo número um de curadores, *marchands* e galeristas, alfinetados por suas palavras. De sua autoria, *Que fazer de Ezra Pound?* e *Desconstruir Duchamp* talvez sejam os seus livros mais iconoclastas, aqueles onde pretende implodir por dentro dois arautos da modernidade. Mas a sua investigação, ao contrário do que pode parecer, nunca cede à pura polêmica.

Em um âmbito de interrogações diverso, mas convergente, se encontra um dos grandes nomes da poesia brasileira atual: Ferreira Gullar. O poeta começou sua atividade ao vento das mais radicais correntes da vanguarda. Para se ter ideia, ele e o artista plástico Hélio Oiticica, nos idos anos 60, planejaram uma exposição de arte e poemas que, depois de terminada, seria detonada por explosivos. Porém, foi transformando paulatinamente sua obra, em termos estéticos e ideológicos, de modo que é difícil abrangê-la em sua complexidade. Já em seu primeiro livro, *Luta corporal*, de 1954, Gullar estabelece os parâmetros de sua poética: nada de abstrações, nada de devaneios, nada de poesia pura. O poeta maranhense trava um corpo-a-corpo com a linguagem, onde a corrosão do tempo, a morte, a miséria e a exploração dos homens uns pelos outros, temas captados em fortes redes de imagens, são índices do nosso destino humano dentro da história, e este, em suma, a preocupação última da arte.

Bem mais tarde, em 1975, surgirá outro grande livro, *Dentro da noite veloz*, que parece sintetizar, já no título, suas inquietações políticas e existenciais. Gullar tem um esmerado trabalho como crítico de artes plásticas e ensaísta, onde explicita suas crenças. Com a publicação de *Vanguarda e subdesenvolvimento*, de 1969, o poeta encerra de vez sua adesão às vanguardas e passa a ser um dos críticos mais mordazes do processo de alienação e reificação da linguagem que as próprias vanguardas engendraram, ao fazer a crítica do capitalismo e da mais-valia estética via ruptura arbitrária com as convenções igualmente arbitrárias dos signos. Hoje Gullar é considerado um dos grandes poetas brasileiros, e tem trânsito frequente na imprensa, onde expõe com precisão tudo o que considera falacioso no mito da teleologia e da superação das formas artísticas, propugnado pelo espírito das vanguardas, bem como põe o dedo na ferida política e ideológica que este mito esconde, por trás de sua aparente benevolência e filantropia. É uma *mea culpa*, é certo. Mas das mais elegantes que alguém poderia promover.

Em artigo memorável, publicado em maio de 1984, no *Jornal da Tarde*, o sociólogo Gilberto Freyre, gênio que, também ele, aquilata a língua portuguesa com sua obra, aborda a obra de outro ótimo poeta, em consonância com as indagações e embates do processo civilizatório da América Latina, definindo-a como uma poesia sócio-filosófica. A definição é das mais pertinentes, quando se tem em mente que o poeta em questão é Mário Chamie. Dono de um amplo arcabouço teórico nas áreas de semiótica e linguística, Chamie lança, em 1962, um dos seus livros capitais: *Lavra lavra*. Como adendo, o texto crítico que funda a Instauração Práxis e que define o que vem a ser o Poema-práxis. Instauração e não movimento, porque Chamie quer recuperar o feixe de possibilidades poéticas aberto pelo Modernismo brasileiro, além de dialogar com a arte moderna, em sentido mais amplo, e assim tenta quebrar a própria ideia de um movimento coeso, circunscrito a regras de domesticação e a um espírito de rebanho. A obra é fruto de pesquisas linguísticas do poeta no âmbito rural do Brasil, mas usa esse substrato de maneira inventiva, de modo que consegue dar uma ideia da exploração social e da situação campesina, valendo-se de uma linguagem flexível e de grande complexidade sintática e semântica.

Depois, em *Indústria*, de 1967, Chamie vai seguir o mesmo itinerário de pesquisa e intervenção. Porém, aqui é a estética serial das grandes cidades e a fala entrecortada dos seus habitantes que serão o húmus germinativo de sua floração poética. Pode-se dizer que Chamie pensa a arte sempre em sintonia com a realidade histórica imediata, tentando operar sínteses entre a experiência de viver em uma sociedade tecnológica, porém subdesenvolvida, e a criação poética. Mas nunca o faz em conivência com o *status quo*, mas sim em tom crítico, sem nunca abrir mão da ourivesaria do verso. O poeta tem também um importante trabalho como teórico da literatura e como ensaísta. Personalidade de uma honestidade intelectual ímpar no nosso meio, Chamie também é um dos nomes mais polêmicos e combativos das últimas décadas, o que lhe valeu adversários aos montes, mas que nunca lhe fizeram demover o pé de suas convicções e, na maioria das vezes, não se equiparam a ele em talento.

VERTENTE DA IMAGEM

Um aspecto da literatura brasileira a ser estudado ainda é o espírito refratário de seus críticos e mesmo de seus escritores a algumas correntes da arte moderna, em especial ao Surrealismo e ao Expressionismo. Mesmo tendo-se em conta que dois dos maiores poetas brasileiros do século xx, Murilo Mendes e Jorge de Lima, são de forte extração surrealista, é estranho que no plano valorativo mesmo eles ainda esperem ser devidamente lidos e apreciados. Pode-se aventar que o forte influxo futurista no Modernismo brasileiro e sua subsequente radicalização, com o movimento da Poesia Concreta, lançado em 1956, tenham sido os responsáveis por manter alijada dos centros de discussão uma estética tão rica e que rendeu tantos bons poetas. Mais que isso: que pode nos possibilitar até uma outra leitura, não só da arte, mas do próprio real, atenuando o hiato que separa a vida da criação, a arte de sua inserção no mundo.

Podemos começar por três deles, embora haja divergências de base entre eles próprios sobre suas respectivas obras: Claudio Willer, Roberto Piva e Sergio Lima. A atividade de Willer na área da literatura é de uma generosidade pouco frequente nesses meios. Tradutor e introdutor de autores fundamentais, e até então desconhecidos no Brasil, como Lautréamont, Allen Ginsberg, Antonin Artaud, entre outros, difusor de literatura, crítico, ensaísta, prosador, palestrante e durante bom tempo presidente da União Brasileira dos Escritores, a obra de Willer, mais do que algo da ordem do puro artefato literário, parece apontar para uma espécie de vivência integral da literatura em todas as suas vertentes possíveis. Esse aspecto lhe foi evidentemente instilado pelos surrealistas, com alguns dos quais chegou a travar contato direto em Paris. A eles sua obra explicitamente se liga, e ao seu imperativo, que tentava conjugar a transformação da vida, exigida por Rimbaud, ao mudar o mundo, vindicado por Marx. É nessa conexão indissolúvel, da arte não como uma representação do real, mas como uma de suas zonas de sombra, da arte não como algo a ser conquistado, mas sim como uma potência a ser vivida, que se desenvolve a obra de Willer.

Em termos poéticos, desde seu primeiro livro, *Anotações para um Apocalipse*, de 1964, Willer parece tentar equacionar toda a força da sua poesia em feixes luminosos de imagens. E mesmo a revolta inexpressa ou o forte teor erótico que subjaz a seus versos, muitas vezes em sintonia com o erotismo de Paul Éluard, por exemplo, encontram resolução no silêncio aterrador da imagem e sua síntese de elementos distantes, operada em alta voltagem metafórica. Trata-se de uma poesia de rebelião romântica mais do que de revolta, na famosa distinção de Octavio Paz, um dos seus autores prediletos. Poesia da vida e vivência cotidiana poética: eis os termos da equação que ele nos propõe. Também é autor de *Volta*, uma autobiografia.

Em um sentido muito próximo ao itinerário de Willer se desenvolve a obra de Roberto Piva. A diferença é que em sua poesia talvez Piva tenha realizado algo que, não fossem nomes como os norte-americanos Frank O'Hara e Philip Lamantia, poder-se-ia dizer *sui generis*, até em termos mundiais: a aliança entre surrealismo e *beat generation*. Deve-se reconhecer que a obra de Piva é bastante desigual. Mas isso talvez se deva a uma das suas maiores virtudes: creio que nenhum poeta, no Brasil, foi movido por um instinto luciferino, anárquico e impetuoso tão intenso quanto o que o moveu. Na chave de intersecção de poesia e vida e a consequente reversibilidade de uma na outra, Piva, que certa vez definiu a poesia como uma forma de subversão do corpo, cumpre um papel central.

Demolidor de valores burgueses, pária social, anarquista vociferando contra todas as autoridades, todos centros de poder e todas as instituições, ele parece querer restituir a dimensão transviada do poeta como sacerdote e vidente, em uma sociedade de pura transitividade e mercantilização, em meio a uma realidade destroçada. Mais: da poesia como ritual xamânico, em confronto direto com o absurdo e a falta de sentido do mundo. Sua obra maior é *Paranoia*, publicada em 1963, com fotos magníficas do artista plástico Wesley Duke Lee. Trata-se de um longo poema onde o poeta, como um *flâneur*, viaja por São Paulo no limiar da alucinação e dos registros imediatos da metrópole que ele colhe como a estilhaços e oferece à nossa percepção. Leitor voraz de Dante e de Mircea Eliade, Piva só se dedica à poesia.

A trajetória de Sergio Lima é mais excêntrica. Tendo-se ligado ao grupo surrealista francês, com André Breton, Lima segue os ditames da poesia de imagem surrealista de uma maneira bem mais ortodoxa, dificilmente transigindo em pontos que ele considera intocáveis do Surrealismo, sejam eles artísticos, éticos ou ideológicos. O que mais chama a atenção em sua poesia é a própria concepção do poema como texto e, mais além, como intertexto. Citações e considerações vêm entremeadas ao poema em uma fluidez pouco usual, de modo que perdemos às vezes a linha do desenvolvimento lógico dos versos e suas demarcações de fronteiras. Outra tônica: o erotismo. Em doses fortes, ele funciona como uma espécie de ímã da poética de Sergio Lima, catalisando em torno de si versos, fragmentos, imagens, fotografias, olhares, como podemos ler em *A alta licenciosidade*, livro publicado em 1985, que reúne parte de sua produção poética. Lima tem um importante trabalho como artista plástico e como professor de história da arte e de *collage*, e está preparando o segundo dos quatro tomos de *Aventura surrealista*, obra ambiciosa, onde pretende fazer uma espécie de percurso amplo e exaustivo dessa estética.

Nutrindo-se desse mesmo esteio poético que alia imagem e verbo, temos dois nomes bastante singulares: Floriano Martins e Contador Borges. A atividade de Floriano no campo da literatura é das mais abrangentes. Provavelmente um dos maiores conhecedores brasileiros de literatura hispano-americana, Floriano é responsável pelas melhores dentre as escassas pontes que já foram criadas entre os países vizinhos da América Hispânica e o Brasil, tão próximos, cultural e linguisticamente, e, no entanto, tão distantes. Sua atividade se espraia em uma série de ramos: crítico, tradutor, ensaísta, compositor, biógrafo do músico Alberto Nepomuceno, poeta, ficcionista e editor da revista virtual de cultura *Agulha*, junto com Claudio Willer. De sua obra poética, talvez o livro *Alma em chamas*, de 1998, reunião de parte de seu trabalho anterior, seja o mais paradigmático. Unindo prosa poética e poesia, labirinto de imagens e teatro com nomes fictícios, muitos dos quais inspirados em personagens reais do convívio do autor, esta obra vai desde os mergulhos mais verticais nas zonas do inconsciente à pintura tomada *ipisis litteris* como motivo poético central, como é o caso da sessão de abertura: *Aula de pintura*. Amante das vertigens e da imagem como pontos de fuga existenciais, dos improvisos luminosos à maneira de Keith Jarrett, leitor dos surrealistas e de toda uma tradição heterodoxa da poesia hispano-americana, Floriano parece unir todo esse material de experiência e de leituras feito em sua poesia, sendo obra de verticalidade e de entrega, mais do que de falsas e inócuas contensões hipoteticamente rigorosas. Desenvolve um trabalho na área de *collage*, com os quais geralmente ilustra seus livros. É autor também do livro de poemas *Estudos de pele*.

E por falar em pele: teias, estampas, máscaras, folhas de rosto, poros, nudez, véu e pele. A poesia de Contador Borges parece feita desses tecidos de imagens que ele mimetiza a seu bel-prazer e lhes dá volume, dimensão, consistência, textura, cor, brilho e intensidade, sugerindo que são reais, quando na verdade são algo entre o etéreo e mais profundo rito saído dos ventres da terra. Tal oscilação é difícil de ser apreendida e aprendida: lida com os limites da representação e com o ir e vir do mais desencarnado espírito ao mais telúrico dos prazeres. Talvez seja nessa chave que possamos ler os dois livros principais de Contador: *Angelolatria*, de 1997, mas que reúne sua produção anterior, e *O reino da pele*, de 2003. Essa construção literária tem uma fonte. Aliás, algumas. E se lembrarmos que Contador, além de poeta, é tradutor de autores como Gérard de Nerval, René Char, Marquês de Sade e estudioso da obra de George Bataille, talvez tenhamos aqui algumas pistas de suas leituras e de seu universo imaginário. A conexão que Contador estabelece com os anjos não é, porém, semelhante à de Rilke. Há ironia e também nostalgia de uma espécie de pátria alienada, ideal e desmaterializada, em seus versos. Da mesma forma, só temos acesso ao sensível. Ele é que constrói a trajetória de nosso ser e nos lapida em nosso íntimo. Para falar com Paul Valéry: não há nada mais profundo que a pele. Contador sabe disso e é por isso que ele faz dela o seu reino e seu império, pois querer atravessar o seu mistério e transcender os seus limites é correr o risco de nos perdermos, em plena queda, no vazio da mais completa falta de sentido.

NOVOS RUMOS

Creio que o principal ponto de contato entre os escritores que estão começando a produzir hoje seja a recusa sumária de qualquer movimento auto-centrado ou centralizador e uma tentativa de produzir singularidades poéticas, para usar uma expressão de Gilles Deleuze, independente de sua definição ulterior, ou seja, sem cair em velhos truques corporativistas. Há uma série de autores cuja obra se encontra, ou em desenvolvimento, como é o caso dos mais jovens, ou que começaram sua produção recentemente, mas já obtêm ressonância e repercussão, entre leitores e críticos, como é o caso do grande escritor Evandro Affonso Ferreira, um prosador à Gustave Flaubert, com seu impressionante trabalho de pesquisa léxica e de desestruturação do enredo. Se fosse para falar em autores para um futuro próximo, apostaria todas as minhas fichas nos seguintes nomes: Dirceu Villa, Weydson Barros Leal, Viviane de Santana Paulo, Ricardo Lisias, Fabrício Carpinejar, Wanderson Lima, André Luiz Pinto, Edmar Monteiro Filho, Flavia Rocha, Juliano Garcia Pessanha, Sergio Cohn, entre outros, que devem estar em fase de emersão no presente momento. Volto a reiterar: este texto é apenas uma das abordagens possíveis da literatura que se produz hoje no Brasil, cujo teor é dos mais diversificados, plurais e inapreensíveis. Abordagem circunscrita, diga-se de passagem, como todas. Para finalizar, confesso que faltou, nele, um nome gigante, para mim uma das maiores escritoras brasileiras do século xx: Hilda Hilst. Como ela faleceu recentemente, preferi deixá-la fora deste ensaio, para presenteá-la com o silêncio da não-palavra. Que ele seja, para ela, a minha humilde homenagem.

UM LIVRO A SEIS MÃOS: FABIANO CALIXTO, KLEBER MANTOVANI E TARSO DE MELO

Um mundo só para cada par, livro publicado pela editora Alpharrabio em 2001, é um conjunto de poemas de temática amorosa dividido em três blocos, cada qual assinado por um dos autores que idealizaram a proposta: Fabiano Calixto, Kleber Mantovani e Tarso de Melo. Se o amor é tomado aqui como *leitmotiv* que unifica todas as peças da obra, não eclipsa a individualidade criadora, já que cada autor mantém sua dicção e desenvolve seus motivos a partir da concepção de mundo e da tradição poética a que se vinculam. Fabiano é o de tom mais amargo de todos; revisitando a aridez da paisagem já esboçada em *Fábrica*, seu livro lançado pelo mesmo selo em 2000, os seus poemas indicam uma experiência amorosa que, ao mesmo tempo em que procura unidade de sentido em todas as coisas circundantes e não só na relação a dois, nos mostra que é justamente essa mesma realidade que a fragmenta e lhe impede a totalidade que toda contemplação amorosa demanda. Essa aporia já vem marcada expressamente no poema de número I e atinge seu ápice no de número V, os melhores escritos sob a rubrica de seu nome e – creio – os melhores do livro. Já Kleber Mantovani cria uma cadeia verbal em seis Momentos, apresentados de trás pra frente, e que delineiam um filme reversivo que vai da recusa em rever uma foto tirada pela amada à situação onde a cena foi aprendida, no quintal; entre a reflexão amorosa e o estalo dos galhos e do talo das folhas corre a apreensão do afeto, associado à transitoriedade frágil destes mesmos seres da natureza. Seu melhor momento é o de número V. Tarso, por sua vez, fia o tema que dá matéria à obra em uma estrutura sintática bastante livre, cuja irregularidade e os cortes de versos dão vazão a um conjunto de metáforas e de imagens bastante flexível, apto a se moldar tanto à descrição da cena amorosa quanto a relacioná-la a fenômenos da natureza ou a referências literárias, introduzidas e apropriadas dentro do discurso com o intuito de atingir uma síntese conceitual. Seu melhor poema é *A mão*.

Uma das virtudes da obra é a unidade existente entre os poemas, dado o caráter espontâneo e não programático que lhe deu ensejo e, principalmente, a fuga com êxito dos lugares comuns, da falação e da facilidade nas quais o tema amor geralmente redunda, talvez o tema mais perigoso e difícil que um poeta possa trabalhar. Gostaria apenas de fazer algo que está mais próximo de uma advertência do que de uma crítica: há, nas letras atuais, um mito chamado João Cabral. O mito em quase nada se aproxima do poeta, já que consiste em uma apropriação apriorística de sua poética de luz e aridez que muitas vezes faz o percurso inverso àquele que percorreu o poeta pernambucano – parte de uma *doxa*, uma espécie de profissão de fé ou ideia fixa que aposta todas suas fichas na poesia como fruto da construção, em detrimento da poesia como inspiração, e chega, assim, ao fim e ao cabo, à confecção da obra, o que me parece que traz consigo algumas implicações perigosas, pois vive no meio-fio tênue que separa a apologia ao deserto da esterilidade. É óbvio que isso *não* ocorre aqui. Mas tendo em vista que os três poetas parecem manter algum tipo de dívida para com essa estética do sinal de menos e para com a faca só lâmina daquela flor que se queria fezes, creio que seja interessante colocar a questão. Não existe na história da arte nenhum autor que, seduzido pela sereia das ideias sem tê-la antes desentranhado do ventre de sua escrita, tenha produzido obra de peso. A defesa da construção, mais do que um procedimento, é parte de um ideário político ultrapassado e simplista – pode ser uma bela mulher que nos seduz, mas que também nos mata. E, parafraseando Hamlet, há mais coisas entre a construção e a inspiração do que supõe a nossa vã ideologia.

A POESIA SOVIÉTICA
PELAS MÃOS DE
LAURO MACHADO COELHO

Imaginemos um país onde a quase totalidade de seus artistas e pensadores se suicidam, emigram ou são executados. Onde o governo forja falsas conspirações de falsas instituições para cumprir uma quota mínima de presos, encarcerando cerca de 600 mil da elite intelectual. Onde para se cumprir um plano de coletivização da terra, matam-se rebanhos, terras são destruídas, produzem-se uma das maiores epidemias de fome da história e um genocídio que ultrapassa a marca de 10 milhões. Onde a criação de um Novo Homem se apoia na destruição sistemática de toda a vida psíquica, afetiva, espiritual e civil do indivíduo. Onde os artistas são transformados em "engenheiros da alma", a serviço do Estado.

Onde intelectuais são mortos com requintes de crueldade, com torturas que chegam a durar seis meses antes do ato capital. Onde todos são conclamados a adorar a autossuficiência maquínica da realidade industrial, e a desprezar todos os outros valores que nortearam a civilização ao longo de séculos. Onde em algumas cidades se pratica antropofagia por falta de alimentos. Onde, sob a aparência do igualitarismo, o Estado instaura uma política de distribuição diferenciada de privilégios, de cartões de racionamento e de tributos. Enfim, onde todo o presente é organizado e todo o passado é destruído pela hipnose coletiva de uma futura Idade de Ouro.

Pois bem. Ao contrário do que se pensa, isso não é uma ficção científica. É a realidade amplamente documentada da vida na extinta União Soviética, durante décadas propagandeada no Ocidente por muitos intelectuais de esquerda e outros tantos bem pensantes de plantão como a maior maravilha do mundo. Porém, o espírito humano, por alguma razão misteriosa, sempre arranja meios de transcender as contingências, por mais terríveis. E é talvez por esse motivo que tenhamos, a despeito dessas condições, o florescimento em língua russa de alguns dos maiores nomes da poesia mundial.

A recém-lançada antologia *Poesia soviética* (Algol), prefaciada, organizado e traduzida direto do russo por Lauro Machado Coelho, representa um acontecimento de ampla ressonância. Cobrindo o período que vai da Revolução às vésperas da *pierestróika* é, provavelmente, o maior painel da poesia russa desse período em língua portuguesa. Autor de *Anna Akhmátova: poesia 1912-1964*, antologia essencial da grande dama de São Petersburgo, Machado Coelho reúne em *Poesia soviética* os frutos de quase quarenta anos de seleção, organização, pesquisa e tradução.

Os critérios que a norteiam também contribuem para a sua qualidade. Primeiro, embora seja uma escolha afetiva e pessoal, o aspecto qualitativo não é perdido de vista. Tal opção, além disso, tem a vantagem de não submeter as escolhas a nenhuma diretriz poético-ideológica, o que contribui para a diversidade das vozes. Segundo, ignora sistematicamente os representantes oficiais do Realismo Socialista. Terceiro: baseia-se em uma abordagem vertical e não horizontal, ou seja, são 24 poetas ao todo, número relativamente pequeno, mas com uma grande quantidade de poemas traduzidos de cada um, o que aprofunda o conhecimento de suas respectivas poéticas. Por fim, evita inserir poetas já traduzidos e mais conhecidos, como Maiakóvski, Tzvetáieva, Mandelstam, Pasternak, Khlébnikov, Iessênin, dentre outros.

Munido de conhecimento crítico e histórico, Machado Coelho percorre os momentos decisivos que marcaram a história intelectual russa, pontuando em cada um as possíveis saídas (ou becos sem saída) que a política forneceu aos artistas. A introdução esclarecedora aborda desde o período leninista, com o fortalecimento da *tcheká*, a polícia política, por parte dos bolcheviques, para repressão dos burgueses, e passa pelo período do Terror Vermelho, lançando luzes sobre a Distensão, ocorrida com o fim da guerra civil. Ressalta o papel do x Congresso do Partido Comunista e da Nova Política Econômica, que propunha um regime próximo do semicapitalista.

Mas é justamente esse movimento que, a partir de 1924, com a morte de Lênin, somado ao fracasso do i Plano Quinquenal de industrialização em massa, vai fortalecer a repressão posterior e a guinada stalinista. Eis que se têm a Revolução Cultural, o Realismo Socialista, encabeçado por Górki, e o fortalecimento da GPU (Diretoria Política do Estado), futura KGB. A situação só tende a se agravar com a dissolução da Nova Política Econômica, a coletivização compulsória e a expulsão dos *kúlaki*, os produtores de terra.

O ápice desse processo é conhecido: o Grande Terror da década de 1930, os expurgos em massa, os fuzilamentos, os campos de concentração (*gúlag*), retratados por Soljenítsyn, a política cultural de caça aos intelectuais concebida por Jdánov. Essa realidade só vai ser paulatina e parcialmente mudada a partir do Degelo, com Khrushtchóv e depois com Bréjnev, e do famoso relatório do xx Congresso do Partido Comunista, redigido em 1956, mas abafado em diversos países do mundo por intelectuais fraudulentos, interessados em preservar a imagem da urss que lhes convinha.

Dos poetas presentes em *Poesia Soviética*, saltam aos olhos, dentre outros, alguns nomes: Zabolótski, Tarkóvski, Vinokúrov, Matvêieva, Kúshner, Gorbaniévskaia e, obviamente, Bródski, premiado com o Nobel de 1987. Embora haja diversidade de vozes, alguns fios comuns tecem o pano de fundo dessa aventura poética. Em geral, sendo todos dissidentes, o são por uma razão simples: em todos há, em menor ou maior grau, o cultivo do lirismo e da expressão amorosa individual, que se lê, por exemplo, nos belos "Quatro sonetos" de Kirsánov.

Também há um tema recorrente: a alegoria do presente, visto sob o prisma do passado, como ocorre em Os Herdeiros de Stálin do famoso Ievtushênko. Ela reaparece na sensação de morte em vida do poema O Retrato da Infanta, de Antokólski, no qual a famosa tela de Velázquez serve a uma crítica do presente. E nos admiráveis poemas de Vinokúrov: A Mãe de Judas e Adão. Neles, a poesia restitui ao humano o que é humano, detonando a possibilidade de subsumi-lo a qualquer maquinaria ou abstração político-ideológica.

A mãe de Judas, como mãe, sofreu (humanamente) tanto quanto a de Cristo, tanto quanto qualquer mãe. A poesia não habita o mundo de heróis e bandidos, de mártires e algozes. Sua única arma é a inocência, o primeiro olhar adâmico que ela lança sobre as coisas, batizando-as. Sua única libertação está em saber-se precária, e, assim, falível, decaída, impotente, incapaz de dar nome à abjeção e à monstruosidade. Só assim ela pode impedir, não os desastres de um passado irreversível, mas a fabricação futura de novos "ídolos de sangue", nas palavras de Valéry.

Em um belíssimo poema de Bródski, intitulado singelamente "Amor", o poeta, exilado e sonâmbulo, tateia o escuro de seu quarto em busca da presença da esposa que nunca mais pôde ver. Ao fim, o interruptor de luz. Ao fim, a realidade, que nos envolve e que é, no entanto, inatingível. A arte não sobrevive apenas ao artista. Ela sobrevive também aos governos, aos ditadores, à miséria. Essa é sua capacidade civilizadora, como nos diz o mesmo Bródski em um de seus ensaios. A poesia russa, na contracorrente da história, é uma testemunha pungente da conquista dessa realidade. E não o faz pela política ou pela ideologia, mas pelos conflitos e contradições inerentes à própria vida que, como tal, é e sempre será uma exilada, onde quer que se tenha trocado o mundo pelos conceitos.

BRUNO TOLENTINO E O
MUNDO APESAR DA IDEIA

Boa parte do prestígio de que gozou a lenda de Édipo durante esses mais de vinte séculos se deve ao caráter trágico que a peripécia do seu destino lhe confere. E se, como queria Platão, e com ele Aristóteles, todo conhecimento é um ato de reconhecimento, uma lembrança de algo que já trazemos inscrito na tessitura do nosso ser, e também uma via de acesso à pura luz inteligível, o mito de Sófocles pôde facilmente ser visto como o emblema dessa força em movimento e de seu objetivo – o conhecimento é o ato de devassar o que se esconde sob a aparência da realidade por intermédio da interrogação, da investigação das causas, ato cuja única finalidade é a posse da tão famosa e almejada verdade. No entanto, não foram muitos os que atentaram para o fato óbvio de que esse processo cognitivo traz embutido em si uma contradição essencial: reconhecer que Jocasta é a sua própria mãe veda o enlace amoroso de Édipo com essa mesma essência verdadeira da qual ele mesmo se origina e obsta o seu acesso ao reino do belo inteligível e da razão, porque macula seu pensamento com a mancha abominável da interdição e do tabu.

É essa a base da leitura que Freud e seus sucessores farão desse mito antiquíssimo, agora em uma chave mais psicológica do que metafísica. E esse é o fundo filosófico a partir do qual o poeta Bruno Tolentino desenvolverá esse amplo afresco da história que é *O mundo como ideia*, obra poética que conta com um caudaloso ensaio introdutório assinado pelo próprio autor. Pois a cisão produzida no interior da nossa consciência, que paradoxalmente decorre da suspensão dessa atividade noética que visa aceder à luz, o trauma que o sujeito cognoscente sofre nesse movimento e a crise irreparável que advêm daí transcendem essa apropriação freudiana localizada, e perpassam todas as épocas em que essa fábula já foi lida e interpretada. Em menor número ainda são aqueles que perceberam que aqui estamos diante de uma das questões cruciais dessa bela abstração a que chamamos Ocidente, quando não *da* questão. Porque aqui nasce de maneira embrionária o pecado da investigação das origens, e junto com ele a perda da unidade ontológica existente entre o homem e o mundo, talvez o único paraíso terrestre possível. A partir de então não pactuarei mais com a verdade, fruto do mergulho sensível e inteligível no devir dos seres criados efetuado pela criatura entre criaturas que sou, mas me munirei contra esse mesmo devir fornecendo respostas e domesticando-o sob a opacidade dos conceitos. Estes, por sua vez, não vão mais agenciar o real em si a partir de uma contemplação amorosa cujo fim é o acesso à sabedoria, mas trancá-lo atrás das grades dos sistemas que *têm* que explicar tudo porque essa é a sua única maneira de *poder* sobre todos.

Sob a égide dessa tirania se espraia e expande um reino de estátuas. Cada qual narra e sinaliza nos movimentos de sua dança as relações existentes entre a luz e o pensamento, e encenam o drama dos diversos graus de opacidade e transparência que as permeiam. E no coração de um mundo que foi transformado em Ideia haverá sempre um véu escondendo os resquícios de morte que há em cada gesto das criaturas, porque é próprio ao *terror mortis* falsificar a vida quando se torna insuportável saber que ela está e estará sempre aquém de si mesma quando desvencilhada daquilo que a completa e dá sentido: a destruição. A Ideia estará sempre presente, será sempre o sol de um meio-dia a pino como única testemunha de sua própria solidão na aridez inóspita dos conceitos que já não querem mais *gerar* as diversas realidades das quais são partícipes, nem sequer descrevê-las, mas tão somente *anular* a sua potência vital, se vingando da sua mobilidade protéica por meio das astúcias dos enunciados e dos sistemas que as domam e as congelam, sem contudo *possuí-las* de fato. É curioso observar como o percurso poético de Bruno Tolentino já sinaliza essas preocupações desde o seu primeiro livro – *Anulação* – e como ele irá perfazer uma parábola ascendente até chegar aos *Deuses de hoje*, onde a Ideia é o pretexto para a vindicação de um verdadeiro mistério e de uma verdadeira sagração das coisas e dos seres, adormecidos pela mentira de deuses postiços produzidos aos montes por e para que uma sociedade carente de si mesma tape os buracos de sua própria miséria, até chegar a *O mundo como ideia* e ao inédito *Imitação do amanhecer*, corolário desse trajeto.

Assim, sua poesia está sempre no limiar de uma espécie de negatividade, dir-se-ia que ela flerta com uma teologia negativa, ao se propor como negação da negação da vida, e nesse mesmo itinerário encontra o sentido profundo do mundo, e com ele o Ser não predicável. Esse percurso intelectual que segue dois sentidos: ora procura resgatar a glória do milagre que se realiza *in nuce* em cada acontecimento por meio de uma apologia ao efêmero e de uma louvação das criaturas rumo a uma *consumatio*, ora age na contracorrente de todos aqueles que contribuem para a consecução do processo de marmorização do Ser: o ato deliberado de emular a transcendência original que nos fundamenta em um gesto de Prometeu caricato, que quer ter a luz divina ainda que às custas do apagamento de sua chama, que quer a qualquer preço reduzir a multiplicidade dos fenômenos às estruturas produzidas pela luz candente e fosca da inteligência humana – ainda que em detrimento da luz divina que essa mesma mente não divisa e que por isso mesmo nega, presa dos limites que não aceita em si. Isso faz da poesia de Tolentino uma poesia nitidamente religiosa, no sentido mais profundo desse termo.

Nasce aqui uma das mais antigas querelas metafísicas, e que se traduz no confronto entre as diversas formas de humanismo e as visões epifânicas da verdade revelada transcendente. No cristianismo podemos rastrear esse debate já nas questões propostas pelo primeiro Concílio de Niceia, realizado em 504, encabeçado pelas figuras disputantes de Ário e Atanásio, ambos defendendo a consubstanciação e a não consubstanciação de Deus em Jesus, respectivamente. Nele há uma discordância essencial quanto ao grau de divindade de Jesus; os primeiros crêem que ele intercede por Deus, mas não *é* propriamente Deus, enquanto os segundos pregam que o enviado *encerra* Deus em si, é o próprio Ser Supremo feito carne. A herança cristã vai conceder voto a Ário, e o catolicismo a partir de então será uma doutrina predominantemente ariana, de intercessão do sagrado por intermédio dos sacramentos, e todas as variantes menos ortodoxas dessa distinção, que centram seu foco mais na revelação numinosa individual e no conhecimento não mediado, serão sistematicamente perseguidas e proscritas, tendo como pretexto teórico o *Adversus hereticus* de santo Irineu.

Mas para Tolentino essa versão profana da manifestação divina, ou seja, *pro fanum*, que corre fora dos templos, e que se concentra em uma visão imanente da verdade revelada e em uma ruptura com o conceito de graça e de participação, é bem mais antiga, e tem sua origem nos autores gnósticos gregos da antiguidade, como Zêuxis. O princípio da gnose difere das doutrinas religiosas transcendentes não tanto pela sua natureza, mas pela modalidade de suas crenças. Segundo ela, há o Kenoma, uma esfera ocupada pelo puro espírito e composta de seres diretamente insuflados por Deus, e o Pleroma, uma região inferior e decaída, propensa à corrupção e à degradação. O universo teria sido gerado por Deus dessa camada inferior, e não à sua imagem e semelhança. Todo o destino das criaturas estaria permeado por esse espírito de gravidade e a criação foi um ato de reprodução dessa matéria viscosa e informe, o que fez do cosmos um caos apenas aparentemente organizado, mas decaído em um grau mais acentuado do que podemos supor na chave clássica de um pecado original como elemento constitutivo das causas segundas, já que ele pode e deve ser corrigido pela ação da graça e da fé, e para a gnose, pelo contrário, é subjacente à existência uma aparente vacuidade de propósitos e uma impossibilidade de redenção. Estamos aqui diante de algo semelhante àquilo que o filósofo francês Nancy chama curiosamente de religiões ateístas, já que pomos o ato da consumação em um futuro hipotético ou simplesmente o expulsamos do mundo em definitivo, sem contudo recusar a ideia de Deus, tendência que Mircea Eliade também identifica em algumas manifestações religiosas da sociedade contemporânea, e para as quais cunhou o nome de teologias ateístas.

Diante desse pessimismo altamente potencializado, cabe à consciência buscar as vias de acesso ao conhecimento, não por meio da investigação do mistério contido no mundo criado, mas por meio da emulação do gesto criador original, mimetizando assim em uma curiosidade infinita a força infinita do Verbo e trazendo a dimensão divina do mundo para o campo exclusivo dos fenômenos e de seu valor empírico. Essa vocação fáustica será em última instância uma negação sumária da transcendência original que fundamenta as criaturas, e uma substituição de Deus por uma hipotética suficiência ontológica do homem, agora projetada na pura realização material e circunscrita ao campo da história, e que modernamente reaparecerá disfarçada sob o nome de ideologia, progresso, marxismo, idealismo, positivismo, tecnologia, utopia, socialismo, futuro, ciência, entre tantos e tantos outros mitos recentes que procuram dar conta da dimensão estrita das substâncias, das formas e de suas transformações, negando qualquer vínculo com a essência original que lhes dimana a razão primeira, ou, em outras palavras, que se atêm às causas eficientes e desdenham as causas primeiras.

Tendo em vista a herança coletiva edipiana que interrompe o curso da *noesis*, que impossibilita a busca das causas e das essências em um mundo miraculoso, ainda que decaído, e a sua substituição pela gnose, que consiste na negação da participação divina da Coisa em todas as coisas e, em um movimento reativo, tende a tomar o homem como centro virtual de uma existência degradada, onde só reina a destruição e o caos, é a partir dessas considerações que Bruno Tolentino vai traçar a sua história do transe operado pela paulatina substituição do mundo pela Ideia, e assim fazê-la uma espécie de protagonista de sua história formal e filosófica do Ocidente. Ao contrário do que se pensa, essa Ideia não é tomada em nenhum momento como sinônimo daquele belo inteligível de que nos falam os neoplatônicos Plotino, Proclo ou Porfírio, por exemplo. E o autor tem o cuidado de distinguir devidamente a luz pensada da luz conceitual, esta sim nociva, fonte de todo o mal, porque mesmerizada em um dos pólos da claridade ou da obscuridade, o que impede a realização do *chiaroscuro* e o princípio vital do movimento a ele ligado.

Em um espectro filosófico, ele segue as pegadas do erudito Eric Voegelin em seu estudo em cinco volumes, *History and Order*, entre outros autores que traçaram uma história do gnosticismo e de suas sucessivas apropriações e mutações de sentido. O campo de conceitos gira sempre em torno desse núcleo temático, e tenta esclarecer quando se deu a transformação do pensamento, que até certo período se guia pelo uso de uma luz refletida e pensada segundo os critérios do contraste e do dinamismo, e que depois tenta esgotar todas as possibilidades de figuração sob a incidência voraz de um sol que cega, porque se realiza no epicentro do mundo e força todas as suas peças a convergirem para ela. Bruno Tolentino identifica no sujeito transcendental de Kant, porém mais nítida e especificamente em Hegel e no surgimento dos sistemas filosóficos, uma das mais graves reencarnações da voracidade carnívora da gnose e de sua malfadada aspiração pela totalidade ocorrida durante séculos. Mais uma vez a cisão ontológica recalcada retorna, sob nova roupagem.

Agora Édipo inverte seus preceitos, renuncia a qualquer ensinamento oracular e a todo enlace amoroso com a verdade. Não será mais na contemplação desinteressada dos fenômenos que migraremos rumo à esfera do puro inteligível, como se opera em qualquer tipo de ascese ou no culto ao belo e à razão, mas projetando o movimento monista e uno do Espírito na história, e fazendo dos centros virtuais nos quais se manifestam seus produtos e agentes a consumação da própria humanidade em concordância consigo mesmo, rumo à superação dialética das necessidades e a uma autocentralidade cujo fim máximo é o próprio Absoluto, cumprido no plano estritamente terrestre e prático, em determinados períodos e pela mão de determinados povos. Assim, se o movimento noético de busca pela essência foi vedado pela interdição e castrado pelo tabu, cabem ao sujeito duas alternativas: viver seu auto-exílio, degustando o azedume de sua consciência apartada do mundo em alguma torre de marfim ou em algum paraíso artificial, onde ele *possa* trocar a corrupção da carne e da matéria pela mentira de sua pureza hierática, percurso cujo último paradeiro é o autismo ou a afasia – ou se *vingar* do mundo, criando mecanismos e barragens para conter o devir do rio de Heráclito, e traduzindo a unidade natural do Ser parmenídico na unidade programática e enlatada de seu sistema que, como todo sistema, não admite falhas, e por isso mesmo, como diriam Nietzsche e Schopenhauer, são obra de falsários e patifes que conspiram contra a vida.

É desnecessário dizer o quão próxima do totalitarismo está essa ânsia de totalidade, pois vai daquele a esta a distância singela de um trocadilho. E Tolentino crê que o nazismo, o stalinismo e o fascismo, entre tantos acontecimentos que testemunhamos nos séculos XIX e XX, foram concretizações de um projeto gnóstico, em última instância. Paralela a esse desenvolvimento político e filosófico, mas entrelaçada a ele, corre a história da arte, que é o campo privilegiado das reflexões do poeta. Em termos formais, ele se concentra nos artífices e nas doutrinas pictóricas e poéticas, principalmente dos séculos XV e XVI, tentando demonstrar como já vemos aí o início de um movimento curioso que dará origem à abstração e, em último caso, à arte conceitual dos nosso dias. Uma contínua valorização do desenho e da linha vai aos poucos solapando os contrastes e se exilando na luz meridional das simetrias rígidas, sob o influxo da matemática. O eixo desse debate é a proposição de Landino sobre a simetria como protótipo do belo, e este como perfecção da verdade. O *De pictura* de Alberti contribuiu para esse louvor das simetrias ao propor o ponto cêntrico, ao questionar o suporte da tela, que vira uma janela através da qual se vê o mundo, ao falar da importância da câmara obscura e da matéria prismada, e, principalmente, ao valorizar a ordem numérica e geométrica como princípio de organização das figuras, da cena e da *narratio*. Mas o nome central desses primórdios da geometrização ao qual alude Tolentino é o preceptista Filarete, autor de doutrinas de pintura de forte inspiração matemática, e que foi o mestre de todas aquelas magníficas gerações de pintores do *quatrocento*, dentre os quais se destacam Pisanello, Piero della Francesca e Paolo Uccello. E se é verdadeira a bela narrativa de Marcel Schwob, segundo a qual Uccello era conhecido sob o apelido de O Pássaro, porque, além de ter uma farta criação desses animais como única companhia, sobrevoava seus temas tentando depreender deles apenas aquelas estruturas funcionais básicas e tentando ver na natureza tão somente o seu esqueleto, então Tolentino talvez tenha razão ao dizer que foi ele quem deu asas à Ideia, e a partir dele a figuração ocidental nunca mais será a mesma, porque submetida a um *rigor mortis* de composição e a uma teoria numérica de ordenação das formas nunca antes vista ou sequer prevista.

O cerne dessa polêmica está na tela *A caçada*, logo à capa do seu livro: caçadores fugazes correm por um bosque montadas em seus cavalos; são delgados, e o verde das árvores parece plasmar toda a ação; há um espírito de gravidade que confere a todas as figuras uma elasticidade e uma verticalidade especiais; há um tipo de luminosidade concentrada, que parece emanar do alto, do topo do céu, como um feixe de luz cuja atuação devassasse de tal forma as sombras e os contornos das personagens, que não sobrasse nada delas; é um mundo de contornos e de linhas, de estruturas que emergem do fundo da tela querendo protagonizar a própria vida; tudo tende à geometria e a uma espécie de êxtase estático; vemos o pintor por trás do quadro, ensaiando suas pinceladas como quem diz para si mesmo que imitar por meio de artifícios o devir da vida criada, e *apenas* ele, não é o suficiente para a atingir a glória e a revelação: é preciso *domar* a sua fúria, pois só assim Uccello se eternizará para além da eventual perenidade de seu motivo.

Essas reflexões de Tolentino não se dão no vazio, mas são articuladas a dados fornecidos por historiadores como José Guilherme Merquior, Baxandall, Panofsky, Gombrich, Argan, entre outros, e também em diálogo com as ideias estéticas de João Cabral, Murilo Mendes e Ferreira Gullar, mas, sobretudo, estabelecem uma *mise en scène* com as leituras de Yves Bonnefoy, esse altíssimo poeta de quem Tolentino foi amigo e interlocutor durante sua estada em Paris, e cuja leitura polêmica do *Fra Angelico* de Argan marca presença em cada uma de suas linhas, como uma espécie de saudável aporia que levasse a mente a toda sorte de considerações passíveis de serem revistas por toda meditação que se pretenda uma verdadeira filosofia da forma. O poeta francês serve ao autor como uma espécie de termômetro e de bússola para a investigação do grau e das maneiras de figuração dos conceitos, e de suas consequentes implicações metafísicas. Porque se a luz é o princípio mesmo da inteligência, a centelha de consciência com a qual Deus move o entendimento e a razão a não só escolherem o bem, mas a *quererem* o bem, como Tomás de Aquino descreve o processo da sindérese, o plano da ética e da estética são tão indissociáveis quanto o são a representação dos conceitos nela dramatizados e impressos.

Nesse sentido, os questionamentos de Bonnefoy, e suas censuras a Paul Valéry, por exemplo, servirão como leitmotiv para o poeta brasileiro, que passa a fazer sua filosofia da forma apoiado nas relações inextricáveis existentes entre a luz e o pensamento. São o crepúsculo e a aurora das formas que lhe interessam, já que é nelas que se encena o drama humano diante da morte e da corrosão irrefreável da matéria, a tragédia do homem que, diante da efemeridade de todas as coisas, sabe que essa é a única vida que lhe foi dada viver, e quanto maior for o seu amor por ela tanto maior será o absurdo da sua condição irrepetível e finita. Em uma dimensão ontológica, estamos aqui mais uma vez frente a frente com aquela cisão fundamental. Ao contrário do que podem querer muitos céticos, que pensam toda a atitude religiosa a partir dos preconceitos criados pelo século XIX, e a reputam como fruto do medo, da evasão e da carência noética, apenas e exclusivamente uma visão religiosa do mundo pode jogar o homem nesse torvelinho trágico e demonstrar que ele é pó e não mais que pó dentro da poeira cósmica que, como tudo, um dia se apagará também. Saber dessa insuficiência fundante que caracteriza toda criatura enquanto criatura talvez seja um primeiro passo rumo à sabedoria, e não a supressão artificiosa daquele abismo inaugural, operada pela consciência que crê dominar todos os fenômenos e que estes só existem e apenas existem para seu usufruto.

Assim como a Ideia deu forma ao milagre da pintura de Piero della Francesca, com suas figuras hierofânicas, imbuídas de uma perfeição extática que chega ao limite da desumanidade, é nele que se deflagra o declínio da luz pensada e o início de um longo e sistemático exílio na luz conceitual, que passará por Nicolas Poussin e chegará até Mondrian, em um arco temporal de mais de cinco séculos. Em termos literários, pensemos no jovem John Keats, diante dos mármores de Elgin, querendo matar a qualquer preço o tempo que transforma mesmo o mais sublime monumento em ruína, em pó, em sombra, em nada, para lembrar Sóror Juana Inés de la Cruz. Ou no seu Endymion, pálido e adormecido sob a luz da lua, cativado pelo amor eterno da deusa Cibele, que perpetra a ilusão ideal de sua eterna juventude, como uma espécie de anjo caído às avessas, que trocasse as contingências humanas por uma sobre-humana felicidade alimentada de mentira. Mas a beleza é a verdade, e a única verdade – a beleza. Não sei se essa é a expressão de uma das maiores sabedorias humanas ou, como queria T. S. Eliot, apenas um verso que maculou com sua ambiguidade gratuita uma ode que tinha tudo para ser perfeita. Mas o fato é que a poesia vira o reino da perfeição suprassensível, e serão muitos os idílios onde os Kublai Khan e os cisnes de mármore abrirão suas asas sobre o mundo, e poderão reinar e comandar seu império de estátuas. Em outras palavras, Bruno Tolentino crê que a Ideia será o mais novo ópio intelectual de uma crise que é, em última instância, espiritual. E, de uma certa maneira, a sua consagração estará atrelada às sucessivas encarnações do culto helênico e à disciplina da *maniera grieca*, e terá uma série de heróis que, lutando em seu benefício, se voltarão para a Grécia, tentando com isso aplacar o mal da história que prolifera os sentidos no devir de suas águas que não poupam ninguém: Byron, Goethe, Hölderlin, cuja saga do seu *Hyperion* rumo à perfeição clássica é emblemática dessa anulação do espírito que não se quer filho do movimento e entra para a história como um dos tantos monumentos erguidos em louvor a um universo estático. São muitos os cultores dessa deusa de lata, e Stéphane Mallarmé é apenas o lado mais caricato dessa adoração. Porque afinal, *há uma estranha euforia na morte que não mata*. E essa euforia consiste em pactuar com o demônio das simetrias, mas também em encenar no mundo um ritual inédito, em cuja raiz se encontra uma curiosa ascese negativa. É a hidropisia do sujeito cognoscente que nunca consegue se saciar de si mesmo, e, em busca daquele intrínseco absoluto de que fala Hegel, acaba encontrando apenas a glória provisória de seu próprio hipnotismo ante uma realidade que o devora sem que ele o perceba. O Narciso trêmulo sobre as águas hesita, mas é enfim devorado por elas e vira um espelho de si mesmo. A tragédia, no entanto, cai sobre a ninfa Eco, que grita nomes em vão, repetidas vezes, por causa do amor não correspondido. Porque não se trata de amor-próprio, ou em último caso nem mesmo de amor se trata, quando muito de um amor estatuesco que se volta em sua última espiral ao centro motriz do próprio amante e ignora o rosto do amado.

Esse percurso intelectual encontra em Paul Valéry uma espécie de nó ou centro propulsor de reflexões. Porque se o poeta de Sète encontrou no de Valvins além de um espelho, um mestre e um amigo, não parou aí: deu alguns passos adiante de suas propostas e tentou superar alguns de seus aspectos problemáticos. Não é casual que já no pórtico do *Cemitière marin* lemos as palavras de Píndaro, que convocam nossa alma, não a aspirar à imortalidade, mas sim a esgotar o campo do possível. É isso: a imortalidade é uma mentira, uma ilusão dos sentidos. O mar com sua pele de pantera é sempre recomeçado, sempre outro a cada onda, e é assim que o espírito se movimenta à superfície de todos os fenômenos, sem encontrar guarida, paradeiro ou repouso. E é da convergência dessas duas vozes, a de Paul Valéry e a de Yves Bonnefoy, que Bruno Tolentino extrairá o maior número e as mais árduas e espessas de as suas questões. E é então que se nos afigura, como as últimas pinceladas de um afresco, a paisagem geral que o livro pinta.

Para Bruno Tolentino, a Ideia não é o puro inteligível de Platão, muito menos a multiplicidade do sensível e do Belo de Plotino; não é o que está por trás da luz miraculosa dos anjos de Giotto nem das figuras de Cimabue; não é o poema agudo de Donne ou os murais de Lorenzetti. À guisa de definição, talvez possamos dizer que ela é o princípio de esterilidade que advém de toda criatura que se põe deliberadamente na condição de Criador: não tendo tamanho suficiente para criar o mundo tal como ele é, sua única saída será reduzir o mundo a seu tamanho para que ele seja como ela gostaria que ele fosse. Esse ato de violência antropocêntrica, que os idealistas chamam com toda a singeleza de sua ignorância de humanismo, só se potencializa e torna possível por meio dos conceitos: e assim nasce a luz conceitual, que ilumina todo o mundo e pode sobre toda a sua superfície e sobre todos os seus seres, mas é fria, e em nenhum momento os aquece.

Podemos fazer diversas críticas ao livro de Bruno Tolentino. Uma delas, e que parece englobar todas as demais, não demanda muita complexidade, e às vezes pode nos surpreender como um mero efeito de linguagem. É que no desenrolar do ensaio onde Tolentino nos narra toda a sua concepção de arte, todas as peças se encaixam com uma perfeição assustadora, a tal ponto que não seria exagerado conferirmos um estatuto crítico àquele velho ditado popular, segundo o qual o feitiço sempre se volta contra o feiticeiro. Bruno Tolentino mais de uma vez alerta o leitor de que ele nunca foi infenso ao canto sedutor das sereias da Ideia, e isso é digno de nota. Mas seu estudo sofre de muitos dos sintomas que ele atribui a tal deusa. Um ponto questionável, por exemplo, é o que trata das preceptivas do século XV e XVI que ele cita. Se compulsarmos outros autores, como Cennino Cennini, Lorenzo Ghiberti, os escritos de Piero della Francesca, Paolo Pino, Frederico Zuccaro, cujo tratado sobre pintura leva o surpreendente nome de *Ideia*, ou o próprio Francisco de Holanda, um pouco posterior, perceberemos que a questão do ponto cêntrico e da simetria não era tão gritante quanto Tolentino quer que ela seja, e que esses artífices estavam sobretudo preocupados com a questão das luzes e das sombras. O desenho, segundo eles, dizia respeito a um nível mais próximo da Ideia e do puro inteligível, enquanto a cor tratava mais do campo do sensível e dos dados empíricos. O debate é interessantíssimo, e se desenvolve em torno das diversas refrações e dos vários graus de figuração da Ideia, e aqui entram as luzes e as sombras em cheio – mas não necessariamente a simetria. Além disso, há muita mistificação crítica criada em torno da criação do ponto de fuga, e se lermos Leon Battista Alberti, que é um dos primeiros a dar um tratado sobre a pintura no sentido estrito e profundo do termo, veremos que ele também não gasta muito seu tempo falando dessa técnica. Já um outro ponto é aquele concernente à matemática. Bruno Tolentino quer que tenha havido uma verdadeira epidemia de culto à matemática e à geometria como princípio de organização do espaço, mas analisando diversas obras percebemos que essa afirmação quando muito é válida para a escola de Piero e para os escritos de Filarete, pois de modo geral a *dispositio* continuará sendo predominantemente feita de maneira empírica, sem que isso acarrete nenhum problema formal para o artífice.

De certa maneira, para pintar o mundo como Ideia, Bruno Tolentino acabou se valendo de alguns recursos da mesma, o que ameniza um pouco seu espírito investigativo, que não é pequeno. Não digo que ele criou um sistema, mas que algumas generalidades infelizmente comprometem o teor ímpar de seu livro. A título de exemplo, penso na definição que ele faz do Barroco como sendo uma arte de evasão e de ilusionismo, o que corrobora o mais desossado, tolo e alucinado lugar-comum da pior crítica de arte e literatura, lugar-comum que pode ser facilmente destruído com uma dúzia de poemas de Lope de Vega, uma obra de Cervantes ou uma tela de Caravaggio. Penso também na diversidade de motivos, de técnicas, de tendências, de matizes, de finalidades, de contextos, de artifícios, de procedimentos e de sentidos de uma série de artistas que ele, mobilizando para ilustrar a Ideia, homogeneíza e anula em suas especificidades, retendo assim apenas o lado epidérmico e extrínseco de suas obras e fazendo deles um mero adorno de sua teoria, como é o caso de um artista complexo como Cézanne, para citar apenas um.

No que diz respeito aos filósofos também ocorre algo semelhante, e é difícil ver os nomes de Comte e de Heidegger, de Hegel e de Nietzsche lado a lado, sabendo que, no caso deste último, a despeito da caricatura antropocêntrica de seu Zaratustra e de seu super-homem, podemos encontrar em cada uma de suas páginas alguma crítica às mesmas coisas que Bruno Tolentino critica: o espírito de gravidade, o ressentimento, os sistemas filosóficos, o idealismo, o humanismo, as totalidades, entre outras. O fato é que sua *reductio*, própria a todas as descrições teóricas, acaba incorrendo em alguns pontos em uma *reductio ad absurdum* ou, nos casos mais graves, em uma *reductio ad nauseam*. Isto posto, como não ver em alguns de seus exemplos meras peças que estão a serviço da Ideia, não daquela responsável pela marmorização do Ser, mas desta Ideia mesma, criada por Bruno Tolentino no decorrer de sua argumentação, e que é irmã bastarda daquela? O mesmo ocorre com alguns poemas, não muitos, que parecem comparecer ao volume mais como uma ilustração poética do ensaio introdutório ou como uma modalidade bem executada de conferência em versos. E esse é o paradoxo básico sobre o qual parece repousar uma parte de sua tese. A essas questões se soma uma vontade que o leitor sente de ver os termos postos de maneira mais matizada, e nesse caso a obra *Idea* de Erwin Panofsky é exemplar, porque consegue ver todas as apropriações, refrações, significados e usos da Ideia no Ocidente, desde Platão até a arte moderna, fazendo observações históricas pontuais que Tolentino perde de vista ou simplesmente ignora porque quer ignorar. Afinal, também Panofsky não tem sequer uma gota do espírito combativo e do corpo a corpo de Bruno Tolentino, coisa preciosa que só um poeta, e em um certo sentido um poeta como ele, pode oferecer ao leitor.

Um outro ponto um pouco mais delicado é o seguinte: a argumentação de Bruno Tolentino parte de um campo de conceitos próprio à metafísica clássica. E na maioria das vezes ele coloca a questão crucial da sua filosofia da forma em uma chave de querela e de oposição entre transcendência e imanência, entre sentido e vazio, entre um percurso de *gnoses* e outro de *noesis*, entre humanismo ateísta e teologia revelada. Sua explanação parece ignorar sumariamente a verdadeira revolução operada na metafísica pela fina flor do pensamento moderno representada por Henri Bergson e Husserl, e a superação da dualidade não conciliável existente entre o mundo das essências e o dos acidentes, entre o plano do Ideal e o plano dos fenômenos, levada a cabo por Nietzsche, Sartre, Heidegger e Deleuze. Creio que a questão não se coloque mais em termos de transcendência ou imanência, mas sim como a sobreposição de diversos campos de fenômenos e de eventos que se realizam simultaneamente, não havendo nem primazia da mente de um sujeito cognoscente, seja ele decalcado em Berkeley e Hume ou em Kant e em Hegel, nem uma supressão total desse sujeito, levada a termo por uma visão transcendentalista radical. Aliás, a fenomenologia tornou muito frágeis essas categorizações, e para a saúde dos próprios enunciados de Tolentino seria interessante se ele trabalhasse com a hipótese de uma consciência que não repousa mais sobre a ação tirânica e unívoca de um sujeito, se é que podemos formular assim o novo significado que Merleau-Ponty dá ao conceito de campo transcendental e, junto com ele, o conceito de campo de eventos e de imagens, formulado de maneira admirável por Bergson em *Matéria e memória*. Não que se tenha que partir necessariamente deles, pois não há regras ou centros para o pensamento. Mas é muito difícil discordar deles ou ignorá-los em se tratando de metafísica. É claro que Tolentino, sendo um poeta católico, vai valorizar a graça da revelação e verá nela um fenômeno que remete a uma causa transcendente comum, coisa que um deísta laico pode reputar como algo da ordem do puro Ser, como uma aparição miraculosa, sem levar em conta a implicação moral ou religiosa que possa haver por trás dele.

Por outro lado, é impossível deixar de ver certos resquícios positivistas nas suas reflexões sobre a arte e a realidade, como se a realidade fosse algo extrínseco e a arte não fosse uma das instâncias do real. Pensando em termos de filosofia da linguagem, ou em sentido estritamente retórico, a Ideia diz mais respeito aos mundos criados pelos artifícios do artista, e aos graus de luz do seu movimento, do que a um empirismo ou psicologismo aprioristico, com o qual às vezes nos deparamos nesse livro, que reputam qualquer tipo de figuração que saia do cânone ocidental ou da mimese figurativa como uma hipotética fuga da realidade, como quer João Cabral e em seu encalço Bruno Tolentino. Isso dificulta a crítica à arte abstrata *in totum*, já que nesse balaio cabem tanto a fauna de picaretas que frequentam as Bienais de São Paulo quanto um gênio como Paul Klee. E para concluir, ainda nesse aspecto da imprecisão dos conceitos, há um outro ponto também problemático.

Vendo as sucessivas definições de gnose de Bruno Tolentino, às vezes nos ocorre pensar em homens como Pascal e Dostoiévski, que sentiram o pavor de um Deus discreto e escondido e o absurdo de um Deus indiferente, ou mesmo no ceticismo de um Montaigne e de um Voltaire, que concebiam o universo como uma redoma vedada à revelação divina e como uma engrenagem criada pelo Ser Supremo cujo funcionamento das peças fosse totalmente infenso às operações da nossa inteligência. E pensamos: como Bruno Tolentino definiria esses pensadores? Esse tipo de prova de fogo parece revelar as insuficiências e limites um tanto quanto difíceis de sua polaridade gnose versus transcendência, e mostra algumas zonas indiscerníveis que a Ideia, tal e qual foi formulada pelo poeta, ou não dá conta de explicar, ou tenta explicar por meios equivocados.

Mas todas essas premissas são premissas do poeta e do homem Bruno Tolentino, com as quais ele anda às voltas por cerca de quatro décadas, e se podemos aventar outras histórias e sentidos para a Ideia além dos seus e retificar alguns usos inapropriados, não quer dizer que a sua poética e as peças poéticas que ornam como estátuas vivas esse jardim suspenso, erguido em homenagem ao efêmero, careçam da devida nobreza e razão de ser. Afinal, a sua história da Ideia já veio se somar ao mundo e já está entre nós, e é uma visão de um intérprete privilegiado que se soma a outras. Pois feitas todas essas considerações, voltamos e relemos O *mundo como ideia*, e o impacto continua sendo o mesmo. Nele podemos ter o sabor ímpar de ver um poeta dono de seus meios passar a limpo, a partir de uma visão meditada, extremamente pessoal, erudita e consequente, mais de vinte séculos de arte e filosofia do Ocidente, e de quebra podemos entender melhor as próprias afinidades eletivas, as reservas e as censuras que o poeta têm para com a arte moderna e para com alguns artistas atuais.

Não conheço entre nós alguém que tenha pensado a arte com essa amplitude e substância; não digo que não haja obras de erudição de maior fôlego, rigor e densidade do que esta, ou que não haja autores de abordagens profícuas que escapam totalmente ao tônus dessa obra e vão rumo a outras investigações, como é o caso da obra ensaística e crítica de Ferreira Gullar, que se ocupa mais com as mudanças ocorridas na arte com o processo de industrialização, por exemplo, aspecto que sequer é mencionado por Tolentino, que é um poeta eminentemente preocupado com as questões relativas ao Ser e aos valores que o predicam. Mas em um sentido de crítica de arte como crítica da cultura e da civilização, em um sentido abrangente ainda que pontual e erudito embora não circunscrito exclusivamente a questões acadêmicas, essa obra só encontra paralelos em nível internacional, não havendo nada parecido em terras brasileiras. Creio que com esse livro Bruno Tolentino acaba de inaugurar um novo patamar na crítica de arte e na reflexão sobre poesia no Brasil, e de quebra colocou todos os homens que se dizem homens de letras em uma sinuca de bico. É impossível ignorá-lo, e a velha hipocrisia tupiniquim de não ler e não gostar nunca soou tão antiquada e retrógrada. Giambattista Vico já dizia: *verum factum convertutur* – o fato se transforma em verdade e a verdade, em fato. O homem só conhece aquilo que ele faz, por isso a história é o campo privilegiado do conhecimento, e não podemos em hipótese nenhuma conhecer a natureza, porque a fez Deus. Podemos imitá-la grosseiramente, reproduzi-la de maneira caricata, mas nunca teremos a *ciência* capaz de criar uma flor, uma erva, uma abelha, uma estrela e uma criança, já que há um abismo transcendente intransponível entre a natureza *naturante* absoluta que ignoramos e a natureza *naturada* que somos. Por isso o pacto luciferino de Fausto, que traduz

Deus em Espírito e projeta a teleologia de sua consumação no plano da história, bem como o enlace incestuoso de um Édipo moderno com a mãe Natureza, só trouxeram e só trarão infortúnio, humilhação, destruição e suicídio coletivo, cantado e louvado pelos cisnes agônicos da luz conceitual e pelas sereias estéreis da Ideia como a maior de todas as conquistas do espírito.

Quando Bruno Tolentino voltou da Europa, Antonio Candido saudou o acontecimento como algo semelhante à aterrissagem de um *boeing* em um campo de futebol. Creio que ele não soubesse do pior: que o poeta terrorista trazia na bagagem uma bomba que acaba de explodir, e se chama O *mundo como ideia*. Em tempos de clonagem humana e bestialidades do gênero, onde o homem volta a querer brincar de ser Deus, a obra de Tolentino se apresenta ao mundo contemporâneo como um insulto e uma afronta das mais elegantes, e algo nos diz que esse Pacto de Varsóvia ridículo que se criou em torno da figura de um dos nossos melhores poetas terá que ser forçosamente suspendido. A pletora de sentidos e as leituras possíveis subjacentes às quase quinhentas páginas de ensaios e poemas que compõem a obra precisam de muitas e muitas teses, não de um rebotalho crítico. Nada que não seja símio do sectarismo, da ignorância, da estupidez e da pusilanimidade pode ser usado como argumento válido para se fazer tabula rasa das questões postas nessa obra, e nenhum argumento convincente pode ser pronunciado pelos críticos e professores universitários que se dedicam à poesia contemporânea sem o mínimo rubor de constrangimento. Porque mesmo ignorar já diz algo de significativo a respeito do nosso caráter, pois sugere que talvez seja esse o supremo reconhecimento de que esse livro é mesmo um espelho fiel de nossa própria mediocridade.

GERARDO MELLO MOURÃO E AS PERIPÉCIAS DE APOLO

Certa vez, um dos homens mais importantes que o Brasil já teve definiu Ezra Pound como sendo o maior poeta pagão do Ocidente cristão. Levadas em conta as raízes judaicas do autor dessa frase, e seus juízos críticos pregressos sobre o grande poeta de Idaho, seria forçoso convir que há em sua asserção um quê de despeito e de menosprezo pela sua excentricidade poética e política. Em um sentido totalmente inverso, ou seja, em uma chave de puro elogio, despido de quaisquer deméritos implícitos e ignorando as suas posturas políticas, que não me interessam, é mais ou menos com essas palavras de Otto Maria Carpeaux que tive vontade de definir Gerardo Mello Mourão após a leitura de uma só tacada de seu novo livro de poemas, *Algumas partituras*.

Nesse livro estão todos os temas caros a Gerardo, condensados com tal força e de tal maneira bem amarrados que podemos vê-lo como corolário e coroa de louros de toda sua obra até então. A começar pela própria essência itinerante desse poeta que, como Rilke, sabe que a poesia só nasce depois de conhecermos várias cidades, e que essa viagem pode ser entendida tanto em seu sentido literal quanto em uma chave metafísica. No caso de Gerardo, há uma fusão de ambas as dimensões: é o sertão real e físico do Nordeste e suas práticas que dão ensejo à primeira parte do livro, *Suíte do couro* ou *Louvação do couro*, mas é também toda a saga das famílias que viviam dessas atividades que lhe fornece a matéria de seus poemas de ritmos flexíveis e múltiplos, além de dar o ambiente existencial de onde ele retira o tom dramático e nostálgico desses personagens e tempos que não existem mais.

Esse espectro temático se expande e se abre no leque de poemas da segunda parte, *De Sibilas e labirintos*. É nela que Gerardo dá seu *salto mortale* e dialoga com a tradição literária, sobretudo a de extração Ibérica, em poemas de metros e temas variados, e mergulha naquele repertório de mitos e referências gregas e latinas que lhe é tão familiar. Dentro do labirinto de enganos que a vida oferta e dos véus sob os quais a verdade se oculta, é em tons de desencanto e desconcerto que ele põe em cena a prisão de Camões. O frescor arcaizante e atemporal dos cordéis e da língua quinhentista e seiscentista são a Eurídice e a Ariadne que puxam os fios e guiam esse rito primordial, que consiste em nomear as coisas, aceder à luz e se libertar da cadeia de ilusões e aparências que simulam o real sem o ser propriamente.

É quando ouvimos a sua lírica por intermédio daquela voz oracular inconfundível, e a trama do tempo se suspende em várias linhas simultâneas: ora estamos em Delfos, ora andando pela Atenas da Antiguidade, ora em uma Frankfurt moderna ou correndo no meio-fio entre a memória e o instante, naquela margem do tempo imune à História mas também alheia à circulação da morte, que é a habitação mesma do Mito. Porque toda a poesia de Gerardo se sustenta sobre essa verdade primeira, e é o atestado de uma filogênese e de uma ontogênese: nasce de uma busca ancestral dos nossos princípios fundadores, quer sejam eles meramente individuais, ligados à família, ao âmbito da vida privada e aos dados afetivos dos ancestrais, quer eles sejam telúricos e ontológicos, e tragam em si uma necessidade urgente de devassar e trazer à luz o esteio inconsciente e coletivo da memória da humanidade por meio desse murmúrio dos deuses, que é a palavra poética.

Semelhante àquele poeta que também é um pequeno deus, como já disse Vicente Huidobro usando essa palavra em uma acepção laica, alheia a quaisquer gnoses perigosas e ímpetos de Prometeu que queiram fechar em uma caricatura antropocêntrica e em uma teia de estruturas conceituais vazias aquela transcendência original que nos fundamenta, Gerardo conhece essas homologias; sabe que o poema, mais do que um atestado do Ser, guarda o Ser em si sem o encarcerar ou matar, pois o seu artesanato verbal é uma partitura e um instrumento para o sopro da poesia, um trampolim para seu mergulho consciente nos estados mais profundos da linguagem e do mundo. Eu disse instrumento, como quem fala flauta. Não estou dizendo que Gerardo tem uma visão instrumental da poesia, o que equivaleria a dizer que ele é um mau poeta. Em nada o aspecto pontual e estrutural do seu artesanato se vê comprometido com isso; ao contrário, essa visão é que faz dele o grande artista que é, porque não esgota as possibilidades da vida em um movimento circular onde apenas e tão somente a técnica se evidencie e protagonize a sua viagem existencial. Gerardo prefere a companhia de outras pessoas e a variedade dos assuntos e dos matizes. Não é homem de uma mulher só, diria alguém mais malicioso.

A terceira estação dessa viagem é o Oriente, com *Lira da China*. Nessa partitura há a música delicada e o som das folhagens do país onde Gerardo foi correspondente de jornais brasileiros. Há também traduções de Tu Fu, Li Tai Po e Ts'en Shen, feitas com o auxílio do Padre Joaquim Angélico Guerra, entremeadas a adaptações livres dessa tradição milenar que o poeta de Ipueiras verte para o português preservando suas matrizes imagéticas e sonoras, e aquela apreensão direta de estados de espírito complexos, bem como a capacidade de sintetizá-los em um conjunto de traços essenciais, o que parece ser um dos aspectos mais marcantes da excelência da arte chinesa. E finalmente temos a última partitura dessa sinfonia ou desse moteto a várias vozes: *Cartões postais*. Nela, como na técnica da *fuga per canonem*, Gerardo retoma uma série de temas e lugares, e como um virtuose glosa o seu repertório de mitos e fábulas, atualizando-o aos climas das cidades de Nova York, Atenas, Belém de Judá, Belém do Pará, Praga, Rimini e Istambul. Essa talvez seja a parte mais pungente e forte do livro. Eis o seu mosaico elegíaco composto e recomposto sob os mais variados aspectos, e o canto órfico se valendo da voz humana para dar suporte ao Verbo e dizer que a poesia é a filha expatriada da humanidade e um dos possíveis laços de sua união, em um mundo que só se preocupa em acentuar de maneira inconsequente e frívola as diferenças, quer culturais, regionais, artísticas, geográficas ou étnicas. A poesia, nascendo dessas diferenças e sendo a elas solidária, só pode amá-las de fato na renúncia, como o poeta que se nega como indivíduo em troca de uma máscara sem a qual não é possível encenar o drama coletivo da linguagem e dos homens.

A movência dessa pátria itinerante que nunca sai de si mesma, porque é a própria Língua Portuguesa, mesmo quando em confronto com outros povos e com outras línguas, traduzindo e adaptando motes e poemas que funcionam como pontos bordados no tecido infinito da literatura, mostra apenas o que é superficial e transitório na arte de Gerardo, como a superfície das águas de Heráclito ou a aparência do Ser Imóvel de Parmênides, autor que ele traduziu. Tudo bem meditado, o problema não é podermos ou não entrar duas vezes em um mesmo rio. Isso seria simples de resolver. Mas, se esse rio é sempre outro, talvez não possamos sequer *entrar* nele. Mas há algumas vias de acesso a essas águas invisíveis e praticamente intocáveis, e a essa torrente do Ser que como o tempo nos arrebata e como o tigre nos estraçalha, mesmo sendo nós mesmos o tempo e o tigre. Uma delas é a poesia, ponto cardeal dos *miraculi* e *rosa mundi* de esplendor efêmero, que às vezes nos mostra a Verdade para depois dissolvê-la entre os fatos ordinários, e faz exatamente disso a base de sua ironia e de suas ciladas. Às vezes ela é o centro que está em todas as partes, outras a circunferência que está em parte alguma; no seu ir e vir de um extremo a outro, do que há de divino no homem ao que há de finito na eternidade, perfaz a figura do círculo infinito que é Deus. Não sendo nem os fatos nem o puro espírito, não sendo o noticiário do jornal (embora possa estar nele) nem um conjunto de abstrações, não sendo necessariamente o que há de mais elevado no Ser, mas também sem poder prescindir dele em troca de fórmulas demasiado prosaicas, hoje muitas vezes rasteiras, a poesia segue o seu curso pela terceira margem desse rio intermitente de fozes largas e margens ignoradas, sempre prestes a estourar em alguma forma de música natural. E apenas os pobres de espírito e de inteligência, que nunca a contemplaram, me chamarão de idealista por causa dessas palavras.

A poesia de Gerardo sabe auscultar a música dessas esferas e o marulho misterioso dessas águas, e *Algumas partituras* vem para orquestrar esse concerto dos seres. Com o *País dos Mourões*, Gerardo deu à língua portuguesa uma prosódia e um tratamento do verso livre até então inexistente entre nós; sua inflexão épica, cuja matéria foi toda colhida no imaginário nordestino e na história da formação do Brasil, traçada sem qualquer tipo de nacionalismo ou regionalismo reducionista, também é ímpar no nosso contexto. A maior parte desse aspecto formal de sua poesia foi aprendida nas melhores escolas: T. S. Eliot e Ezra Pound. Ambos levaram-no a perceber com justeza e sabedoria que um verso nunca é livre para quem quer escrevê-lo bem, e que o chamado verso livre é apenas um deslocamento de importância, uma passagem do metro para ritmo interno da frase, e uma mudança na natureza da modulação: ao invés de nos guiarmos por acentos fortes e fracos, teríamos de pensá-los como uma sucessão de sílabas longas e breves. Seus conhecimentos de grego e latim o auxiliaram nesse intuito, e é essa base técnica que lhe deu a possibilidade de urdir seu amplo mural épico nos livros que se seguem, *Peripécias de Gerardo* e *Rastro de Apolo*, de 1972 e 1977, que juntos perfazerem *Os peãs*, sua trilogia épica, e vir desaguar em *Invenção do mar*, de 1997, compondo assim as peças do panorama da América a que se propôs construir.

Às margens desse tom maior e do gênero elevado, Gerardo vem entretecendo sua lírica de fundo elegíaco, seus escritos políticos, sua ficção e seus ensaios sobre economia, letras e artes, entre tantos assuntos, reunidos no livro *Invenção do saber*, de 1983, que pede uma reedição urgente. Como ele mesmo diz, hoje os artistas, ao invés de aspirarem à glória, se estapeiam pela Publicidade, a deusa cretina. Se o poeta cearense não tem um reconhecimento maior, é tão só por não compactuar com essa contingência triste e com essa vulgaridade gritante do nosso tempo. Olhando para sua obra em um enquadramento amplo e tendo lido essas partituras recentemente estampadas, sentimos vontade de modificar a frase inicial. Gerardo é provavelmente um dos maiores poetas do Ocidente em atividade, e para ele o paganismo é apenas o sinônimo de uma forma suprema de liberdade. Sei o quão imprudente é dizer isso, pois pressupõe um conhecimento de toda a poesia ocidental feita hoje, o que é um absurdo. Mas também não posso negar que a vontade de dizê-lo é bem maior do que a prudência.

JORGE DE LIMA: TRANSFIGURADO

Multiplicidade de vozes dramáticas, amplitude de visão e enquadramento, apelo sacramental e mítico, diversidade vertiginosa de motivos e formas, mergulho na paisagem ancestral da memória, história da literatura plasmada pela consciência poética, biografia total, narrativa cósmica, reminiscências da Queda e procissão de mártires sobre a Terra, sagração da vida comum e divinização da arte, itinerário imaginado e factual de viagens e descobertas, murmúrios de personagens célebres e resíduos de antepassados, gnose integral, demiurgia em delírio, febre, sonho, alucinação a serviço da maquinaria de um engenheiro noturno, amor, morte e transfiguração.

Estes são alguns dos epítetos que poderíamos apor à poesia de Jorge de Lima, doravante referidos à sua obra maior e mais conhecida, *Invenção de Orfeu*, de 1952. Como bem notou Murilo Mendes, em artigo publicado em três partes durante o mês de junho do mesmo ano, no suplemento Letras e Artes do jornal carioca *A Manhã*, essa fertilidade formal e metafísica da odisseia teológica de Jorge de Lima é consequência da grande permeabilidade de sua voz poética a outras vozes. Isso, antes de se configurar como uma crítica, é sim um elogio e uma virtude.

Demonstra a elasticidade de sua dicção, capaz de dialogar com outros poetas, tradições e obras criadas, incorporando-os a seu repertório imaginário. Essa característica, atípica no panorama da poesia brasileira, será a base para a confecção deste gigantesco afresco poético da história, de traço oblíquo e enviesado, de volumosos jogos de luzes e sombras narrando a origem do mundo e do homem. Penso aqui nas obras magníficas da escola de Siena do século xv, em Simone Martini, por exemplo, ou na sobreposição de planos de Piranesi, misto de poeta-arquiteto e artesão dos meandros do imaginário.

O mesmo Murilo chegou a definir a *Invenção de Orfeu*, com graça e leveza, como uma obra escrita pelo menino Lautréamont depois de ter sido amamentado nos fartos seios da musa de Camões, Góngora, Tasso e Marino. Isso quer dizer que sua inspiração fortemente cristã não se dissocia nunca de certa abordagem da natureza decaída da humanidade. Mostra esta como sendo irreconciliável com a pureza da origem divina que um dia lhe dimanou o ser, segundo Agostinho. Sendo assim, perpassa toda a obra do poeta alagoano um duelo de forças centrífugas e centrípetas, de impulso natural do caos ao cosmos e da matéria amorfa à lapidação das mãos do artífice, que lhe dá forma e lhe insufla vida.

Esse ritual de passagem pode ser visto alegoricamente como a batalha do Anjo contra as forças ínferas, do herói contra o desconcerto do mundo e, tomado por antonomásia, do próprio poeta contra a perda e o esvaziamento do humano em um mundo sem sentido, tomando-se ares de uma espécie de autobiografia total, hipótese de leitura que pode ser identificada nos próprios versos da obra. Já em termos poéticos, pode ser visto como a ordenação que a palavra empresta ao mundo. Redimindo-o de seu estado de latência e transitoriedade, eleva-o a uma dimensão externa à experiência onde os sentidos se veem presos aos dados como um pássaro se sente preso ao próprio voo.

Com isso, Jorge de Lima recupera uma vertente que, feitas algumas exceções, é até hoje muito pouco cultivada no Brasil, em parte devido à hegemonia de uma linha interpretativa com uma ausculta pouco desenvolvida para as relações produtivas entre ontologia e poesia. Ou seja: Jorge de Lima instaura em língua portuguesa uma poesia de base transcendental, em certo sentido na contracorrente da linhagem modernista que se tornou hegemônica. Creio que esses dois aspectos centrais de sua obra, a maleabilidade da voz que incorpora outras vozes e a radicalidade de uma ontologia transcendental, são os principais motivos de uma série de erros interpretativos. Vejamos alguns pontos.

É sabida a dívida que a intelectualidade brasileira paga ao positivismo. Embora saibamos da importância das ideias positivas para a construção da República, para formação de um Estado laico e para o fim da escravidão, não deixa de ser intrigante ver um poeta da altitude de Jorge de Lima se manter em um segundo plano, quase que em uma zona de sombras da nossa tradição. Ainda mais se levarmos em conta que essa mesma tradição é referendada por um conjunto de valores que ressaltam o diálogo produtivo das artes com as matrizes culturais de etnias, culturas e povos minoritários.

Nessa abordagem, o autor de *Mira-Celi* desempenha o papel de espírito telúrico e mágico da cultura brasileira. Alguém que estaria próximo de seus componentes mais arcaicos, não conseguindo assim inserir decisivamente o Brasil no debate internacional e na descolonização do nosso imaginário na mesma proporção da arte e da poesia de inspiração construtivista, sintonizada com as vanguardas europeias. Essa diagnose é bastante equivocada se pensarmos nessa poesia como

O lado mais engajado na causa cristã, sobretudo *Tempo e eternidade*, sofre dos defeitos que todo o engajamento traz à arte? Sim. Seja esse engajamento político ou religioso. Contudo, formal e mentalmente essa poesia sobreviveu a si mesma e a seu tempo. Alceu Amoroso Lima, em meados da década de 50, em tom de triste previsão, disse certa vez que a poesia de Jorge de Lima só seria entendida e devidamente apreciada dentro de 50 anos. Parece que profecia veio se cumprir agora.

Seja como forma de manifestação de Deus no mundo ou entendendo a palavra como casa do ser, na acepção de Heidegger, a poesia nasce do tempo e a ele retorna transfigurada. Talvez seja essa a sua magia: conseguir brotar daquilo que lhe circunscreve, sendo tanto mais eterna quanto mais temporal. Nesse sentido, a obra de Jorge de Lima, no bojo dos tempos e espaços sobrepostos que mobiliza em si, ironicamente previu e erigiu a sua própria ressurreição.

MÁRIO CHAMIE, PALAVRA-POEMA E POESIA EM MOVIMENTO

Conversar com Mário Chamie é uma forma privilegiada de pensar questões fundamentais da arte moderna e da poesia em geral, com todo conteúdo crítico e reflexivo que essa atividade exige. Protagonista do movimento Práxis, lançado em 1959, desde o começo de seu trabalho literário Chamie tem demonstrado interesse pelas questões relativas ao Modernismo brasileiro e a seus desdobramentos. Entretanto, sua leitura desse momento histórico, dispersa em sua obra crítica e ensaística (*Intertexto*, *A linguagem virtual* e *A transgressão do texto*, entre outros) e concretizada em todo seu percurso poético, sempre se guiou por uma saudável heterodoxia, lançando mão, para tanto, de abordagens dialógicas do fenômeno moderno que não redundassem em uma visão excludente da poesia e na eleição de poucos procedimentos técnicos como condição *sine qua non* para a arte. Nisso consiste basicamente a generosidade intelectual de Chamie, que dá sustentação à sua obra crítica, fazendo dela um exercício inclusivo de várias tendências artísticas advindas da Semana de 22.

Partilhando da ideia de que o Modernismo brasileiro é um "feixe de possibilidades" que tinha em vista justamente criticar o próprio caráter de escola e de movimento que predominava na arte, e que ele "não sabia o que queria, mas sabia o que não queria", a própria obra de Chamie parece nos conduzir a esse leque de caminhos possíveis. A começar pelo fato de trabalhar a linguagem poética em vários níveis, que abrangem desde o seu aspecto mais telúrico e religioso, dos ditos e frases feitas da fala cotidiana (os dictemas), onde Chamie descobre um material rico e elástico para a elaboração de *Lavra lavra*, por exemplo, até a ordem serial dos enunciados que compõem o lado mais urbano de sua poética, cujo estopim se dá com o livro *Indústria*. Há, porém, uma relação inextricável entre esses dois movimentos de uma mesma sinfonia, e que articula a visão do campo e a da cidade. Isso se dá porque Chamie não concebe a linguagem poética como um fim em si mesmo, não se restringe "ao uso exterior de técnicas e expedientes". Ao contrário, ao invés de apenas "manipular a linguagem" em busca de efeitos imanentes de sentido, Chamie tenta penetrar "no corpo das palavras que a constituem, recriando-as poeticamente". É essa recriação interna do verbo que levanta e redimensiona "as significações possíveis do mundo objetivo, em suas manifestações cotidianas, históricas e existenciais".

É essa a essência de sua liberdade criadora, já que sua poesia passa à larga das camisas de força ideológicas gregárias, a que se reduziu boa parte da arte advinda dos movimentos de vanguarda. Essa liberdade, em Chamie, é responsável pela sua criação poética, extremamente particular, cujo itinerário formal pode ser visto em consonância com o título de um de seus livros: é um objeto selvagem que tenta escapar a todas as classificações. Segundo Chamie, boa parte dos equívocos de diversas tendências da poesia moderna posteriores ao Modernismo se devem a dois fatores iniciais. O primeiro é uma confusão existente entre a "emulação" e "a competência criativa", fato do qual resulta "um acúmulo de tributos e de pagas tributárias". Nesse diapasão, os poetas estariam mais preocupados em se filiar a certas tendências ou certos autores mais ou menos hegemônicos do que em um diálogo maduro com a tradição. O segundo fator, e talvez o mais grave, está ligado a uma concepção mimética pobre da arte. Isso teria levado os artistas a pensarem a poesia como uma mera "fatalidade reprodutiva", e assim a querer questionar a essência mesma de seus procedimentos e de sua razão de ser, como se a arte e as técnicas em questão tivessem se esgotado.

O interessante da trajetória poética de Chamie é que ele soube lidar com um fenômeno tão complexo como a industrialização, por exemplo, e as implicações que a máquina traria para a nossa vida simbólica e social, sem contudo resvalar em armadilhas tecnicistas e evolucionistas dessa espécie. Para o poeta, quem age assim, se esquece que "em meio à clássica antinomia Natureza *versus* Cultura, a arte imita-se a si mesma". Por isso, "a mimese artística transforma, no tempo e no espaço, todos os dados da realidade (avião, pirâmide do Egito, desejo de amar ou o pico do Himalaia) em *pretextos* de sua criação transfiguradora". Assim, é impossível pensar em morte da arte, e até obtuso propor a questão, já que sempre haverá esse elemento transfigurador, e negá-lo redundaria em um empobrecimento do mundo, daí em diante reduzido a uma concepção mecânica de técnicas que se sobrepõem a técnicas, se matando e anulando reciprocamente.

É nesse núcleo de transfiguração que seu trabalho ensaístico e crítico vai também concentrar suas forças. Esse trabalho tem várias faces, mas todas se articulam em torno de um eixo comum, que é o dialogismo. A visão dialógica da história é o que permite a Chamie ver as obras não como uma sucessão de etapas ou como uma pasmaceira trans-histórica e um vale-tudo, onde todas as coisas se liguem entre si. Conforme o autor, em seus ensaios ele "lida e persegue o diálogo que atualiza no tempo posterior presente a perspectiva futura de tempos anteriores passados". Em outras palavras, Chamie vê na tradição *in fieri*, em movimento, o próprio presente em erupção, o que transforma o passado em algo que ainda está em vias de se realizar plenamente. Em seu novo livro de estudos literários, *Caminhos da Carta*, isso se dá por meio da análise do percurso da carta de Pero Vaz de Caminha, no qual o autor aborda as sucessivas leituras desse documento clássico, a partir da antropofagia de Oswald de Andrade, e suas reinterpretações de Montaigne, Rousseau e Freud. Não se trata de uma historiografia no sentido estrito do termo, porque Chamie está interessado nas ressonâncias do pensamento selvagem descrito na dita carta que ainda ecoam nos dias de hoje e na nossa formação.

Profecia do passado e reminiscências do que ainda está por vir, é esse foco dialógico, aberto a todas as possibilidades virtuais de um mesmo evento, que dá complexidade e riqueza à sua obra, e também se espelha na sua poesia, em especial neste novo *Horizonte de esgrimas*. Criado a partir de um eixo metafórico, que consiste na prática da esgrima (disputa), ele se "materializa na esgrima do tempo contra a pedra", que representaria a disputa do próprio homem consigo mesmo, a fim de atingir a permanência. Esse eixo de metáforas é o que dá elasticidade temática ao livro, que se transforma no palco e na arena onde se encenarão lutas de amor, disputas religiosas, incompatibilidades e contrastes amorosos, rivalidades de egos, crenças individuais, doutrinas filosóficas e devoções místicas, em um torvelinho de conceitos cujos protagonistas se mostram em um espaço supra-histórico. Caronte, Santo Agostinho, Momo, Sileno, Mansa Mussa, Midas, Lutero e Calvino, entre tantos outros, são alguns dos personagens que nos acenam desse horizonte de esgrimas de Chamie. Ao mesmo tempo, esse horizonte é povoado pelo "surdo embate das coisas" e pelo "sopro do princípio heraclitiano", aquele que nos dá a impressão "de que em tudo há um devir constante, uma mutação contínua" e nos faz suspeitar "que nada é o que parece ser".

Assim, lançando mão de uma abordagem dialógica, e ao propor uma análise da história e das obras literárias que seja um acorde que "conjugue autor, obra e leitor", Chamie entra na virtualidade do Sentido, e nele move as engrenagens do tempo, querendo com isso superar as separações ilusórias existentes entre passado, presente e futuro, e demolir o velho mito positivista da busca de uma verdade essencial que anteceda a construção localizada de quem lê e de onde se lê o passado. Na mesma proporção, o poeta Chamie usa esses recursos para a sua fabulação, e cria com ela o que se poderia chamar, à maneira de paródia, um horizonte de eventos, todos agenciados pela inteligência poética, e fora dos quais somos todos reféns e joguetes do acaso e do absurdo. E assim demonstra mais uma vez que a poesia continua sendo a melhor espada contra a falta de sentido do mundo.

RODOLFO ALONSO MUITO ALÉM DO SILÊNCIO

Seria ocioso repetir as consequências que a experiência das duas Guerras Mundiais desencadearam nas artes e no nosso imaginário de modo geral. Até então, boa parte da pouca inocência que ainda nos restava ainda poderia – digamos – ser preservada pela ação de algum ato miraculoso de bravura ou de inteligência. Com dificuldades, é certo. Mas poderia. Porém, esses acontecimentos desencadearam uma espécie de reflexão trágica, que muitas vezes parece sinalizar, não mais um outro sentido para a humanidade, mas sim o próprio fim da História, como chegaram a vaticinar alguns apocalípticos. Não que não tenhamos vivido catástrofes tão ou mais cruéis em outros séculos, mas sim porque seria igualmente redundante relembrar aquele lugar-comum que se cristalizou pela força de sua verdade: em poucos séculos esse poder destruidor atingiu tamanha magnitude quanto no século xx. E aqui cabe lembrar a imagem de Paul Klee, comentada por Walter Benjamin, do anjo que voa em direção ao futuro deixando às suas costas nada mais que ruínas. De fato, a partir de então, é forçoso convir que toda obra da civilização guarda um resquício de barbárie. Em suma: estamos todos de mãos sujas.

Se essa visão tem o mérito de ligar a arte de maneira praticamente umbilical ao chão histórico, ao sofrimento e à vida concreta dos homens, também acabou criando algumas mistificações, uma visível superestimação do espírito de época e um elogio sofístico de alguns becos-sem-saída. É como se, passados esses fatos, o homem tivesse mudado em sua essência, de tal modo que muito do que um dia fôramos não pudesse mais fazer parte do que hoje somos. Típico raciocínio de exclusão, é como se o tempo nos despisse ao invés de nos cumular de mais e mais camadas de pó, experiência e remorso. E a conclusão mais curiosa: antes de um evento éramos algo que se tornou inviável desde que esse mesmo evento se deu. Crer nisso é como dizer que nunca mais veremos o mesmo sol depois de um eclipse. O criador sempre persiste naquilo que é criado – já dizia Lucrécio. Se os fatos nascem das mãos dos homens, como vê-los despojados de sua triste humanidade? Mas é basicamente sobre essas crenças que se assenta aquela afirmação famosa de Adorno, segundo a qual a poesia teria se tornado impossível depois de Auschwitz. Assertiva a um só tempo sedutora e equivocada, dada a facilidade com que podemos virá-la do avesso, e dizer que é justamente *por causa* da guerra que a poesia é mais possível (e necessária) do que nunca. Afinal, para lembrar a refutação de Deleuze a Dostoiévski, podemos muito bem dizer que é *justamente* porque Deus existe que tudo é permitido, porque em seu nome todas as atrocidades podem então ser endossadas e justificadas por aqueles que se arvorem detentores da verdadeira fé.

O fato é que essa reflexão de gosto duvidoso acabou gerando prerrogativas éticas. Nesse contexto, coube à arte incorporar em si elementos dessa crise da civilização para assim se inserir politicamente no mundo. Se o que estava em xeque não era mais um caminho a ser tomado, mas sim a existência da espécie humana, a inclinação mais imediata (e previsível) dos intelectuais seria não apenas apontar novos rumos para a arte, mas sim questionar a essência mesma da representação e – por que não? – criticar a ideia e até mesmo a utilidade da obra de arte em um mundo brutalizado. Daí advém uma série de saídas mau-meditadas para um impasse que, a rigor e em última instância, é bastante questionável. É quando a montanha do Espírito treme e dela nasce um pequeno camundongo conceitual: a antiarte.

A antiarte é um movimento conceitual que *grosso modo* consiste na afirmação do princípio unificador da experiência estética menos a obra que lhe dá sustento. Tome ela a forma que for, de arte pop à proposta fluxus, do puro epigonismo de Marcel Duchamp aos delírios da *body art*, o seu princípio é o mesmo. É como se eu dissesse: a arte só existe como tal porque foi revestida de uma áurea sem a qual ela não existiria. Algo tão inteligente quanto dizer que a maçã só existe porque existe o pecado e quem não conhecer a lenda de Adão e Eva jamais poderá ver uma maçã. E já que a democracia radical consiste no mito de todos poderem ser artistas, logo, por um motivo lógico, a arte, perdendo a áurea que funda a sua razão de ser, paradoxalmente deixa de existir sem contudo deixar de ser arte. Hipocrisia ou demagogia? Talvez ambas. Além do mais, criou problemas práticos consideráveis, como instilar em nós o hábito de observar os extintores de incêndio dos museus com um ar contemplativo indecoroso.

É óbvio que essa crença não tem o menor fundamento, e só poderia vingar nessa triste névoa que rondou o século XX, misto de hipnose ideológica e mistificação, já que se baseia na defesa de uma pura exterioridade, como se o valor de uma tela de Leonardo ou de Ticiano fosse *apenas* uma construção ideológica de uma classe dominante que ergue museus para o seu beneplácito, e não fruto do trabalho e da complexa fatura de cores e texturas compostas pelo esforço das mãos de dois homens chamados Ticiano e Leonardo em uma dada época. Na medida em que trocamos esse trabalho concreto por agregados ideológicos, que reduzimos o artesanato da obra às abstrações teóricas que lhe descrevem, decretamos o suicídio simbólico da humanidade: deixamos de acreditar no que as coisas são para aspirar ao que elas representam. Enfim, selamos o pacto com o Mefistófeles: trocamos a evidência sensível pela hipótese inteligível.

Não é necessário ressaltar que esse silêncio tumular e esse sibilar de múmias guarda algo de caricato, e até mesmo de ridículo hoje em dia, já que se trata da agonia de uma instituição cujo óbito já foi assinado centenas de vezes ao longo do último século por legistas e estetas do mundo inteiro, e nenhum ainda conseguiu obter sucesso absoluto, já que, mal a noite desponta, a maldita arte volta na penumbra para assombrar os seus sonhos infantis e não lhes dá sossego. O que nos leva a crer que a arte pode não ser eterna, mas que é imortal, não resta a menor dúvida. E é basicamente dessa matéria indestrutível, tão antiga quanto o sonho e o mito, e ao mesmo tempo tão nova quanto o sol que se levanta todos os dias, que é forjada a poesia do argentino Rodolfo Alonso. É sobre essas questões delicadas que suas duas obras recém-lançadas, *El Arte de Callar* e *Antologia pessoal*, nos fazem meditar da maneira mais elegante e fina possível, oferecendo outras possibilidades muito mais saudáveis de articular poesia e política, a milhares de quilômetros de distância de qualquer populismo ou proselitismo.

Em linhas gerais, a obra de Rodolfo pode ser definida como uma longa reflexão sobre a condição humana e as questões políticas do homem dentro da noite veloz da história. Sob o signo da lucidez, sua forma dá sentido a esse mundo perturbado e que muitas vezes se mostra carente de redenção. E sua vitalidade criadora, seu engajamento na causa da poesia, já começa por sua biografia. Um dos membros mais jovens da lendária revista *Poesía Buenos Aires*, editada ao longo dos anos 1950, Rodolfo é dono de uma ampla lista de títulos que vão da poesia, cuja estreia se deu em 1954, com *Salud o Nada*, à prosa de ficção, com *El Fondo del Asun-*

to (1989) e *Tango del Gallego Hijo* (1995), e a livros de ensaios, onde explana algumas de suas ideias sobre arte, cultura e sobre o papel do escrito na sociedade. Essa dedicação fervorosa às letras se completa com seu admirável trabalho como tradutor. Além de franceses como Valéry, Baudelaire, Apollinaire, Marguerite Duras, Prévert, Sade, Éluard, e dos italianos Ungaretti, Pavese, Gillo Dorfles, Montale, Dino Campana, Pasolini, Elio Vittorini, Rodolfo é notadamente um dos grandes difusores e tradutores da poesia brasileira e de língua portuguesa na Argentina, tendo vertido ao castelhano parte da obra de António Ramos Rosa, Fernando Pessoa, Carlos Drummond de Andrade, Murilo Mendes e Manuel Bandeira, entre outros.

Se desde os simbolistas a arte de calar tem sido uma tomada de partido nos acontecimentos e um tipo especial de recusa dos valores instituídos, um imperativo ético que convoca o poeta a se fechar na clausura dos seus versos e no exercício (crítico) da arte, vista a um só tempo como sacerdócio e como crise, e nela ele passou a encontrar a única redenção possível, nas mãos de Rodolfo esse exercício se torna uma via para a superação moral do plano puramente estético e deságua em uma proposta de transmutação da própria vida. Rodolfo é o cantor de poemas como *Al Nível del Mar* e *Muertos del Siglo xx*, dois pungentes lamentos fúnebres sobre os mortos em campo de batalha, e de outros, marcados por uma forte nostalgia do passado, inspirada em resquícios de peças gregas de mármore, ou pela melancolia de um mundo em ruínas, como no poema *Dulce Pásaro*, onde apenas uma ave solitária entoa seu canto vazio em um mundo devastado. Mas há também, em sua obra, uma abertura para a transformação da dor em ato, uma agonia ativa que não se recolhe ao anonimato feliz das formas e aos paraísos artificiais dos conceitos e só neles encontra conforto. É um poeta cuja tônica é a luta corporal com as ideias e o mundo, luta recuperada pela linguagem e nela transfigurada.

Se a rainha árida (a arte) não crê nem mais na paz dos abismos, e como diz um soneto dedicado à memória de Albert Camus, negamos para ser e só somos negando, o futuro é ontem e só o presente está deslocado, apenas na recusa ativa e total de tudo quanto nos escraviza Rodolfo vê a marca indelével da verdadeira poesia, pois será aí que ela se abrirá e oferecerá sua palavra e a si mesma como sinônimo da mais almejada liberdade. É só aqui, quando superamos a dualidade vida versus arte, que podemos dar uma forma vibrante à nossa revolta e aspirarmos àquela morte feliz, da qual tanto nos falou o grande escritor argelino, cuja conquista é termos a consciência de que nenhuma das nossas escolhas foi vã.

Só isso nos livra do absurdo de ter herdado uma existência milagrosa, plena de possibilidades, e ao mesmo tempo estarmos desprovidos do livre-arbítrio que nos faz humanos.

Do ponto de vista temático, *El arte de callar* é um belíssimo testemunho de um poeta consumado, ciente de todos os seus meios e que refinou sua percepção da realidade ao longo de muitos anos de meditação consciente e consequente. São muito poucos os momentos em que sua poesia resvala em uma visão um pouco mais panfletária, como ocorre de maneira visível em dois poemas: *J'accuse!*, onde Rodolfo retoma o espírito combativo de Émile Zola e a famosa polêmica do caso Dreyfus, e *El Otro 68*, uma revisão da revolução estudantil francesa. Sob o aspecto mais técnico, chama a atenção a extrema habilidade com que Rodolfo transita por várias modalidades poéticas, a precisão de tratamento dos versos curtos, como os de sete e oito sílabas, o domínio do alexandrino e do soneto, e a elasticidade com que passa destas formas ao verso livre, aos epigramas e a poemas de linha cubista, de grande síntese e forte visualidade. Neste livro temos uma amostra recente de uma dicção vigorosa e de uma poesia filtrada pelas luzes da lucidez, tanto formal quanto política, que encontramos fartamente e numa perspectiva diacrônica na *Antologia pessoal*, primeira antologia do poeta argentino publicada no Brasil, sob os cuidados da editora Thesaurus, de Brasília.

Tendo em vista a fragilidade da condição insular brasileira e o desconhecimento crasso que temos da cultura e da arte de nossos vizinhos hispano-americanos, devemos saudar a edição desta antologia de Rodolfo Alonso como um bom augúrio e esperar que seja apenas o início de um longo diálogo. Os idealistas, como sempre, parecem estar equivocados. Mais do que um mero espelho ou reflexo da realidade, a arte não é só produto, mas também *produz* realidade. Quanto mais e melhor conhecermos a arte do nosso continente tanto mais lúcida será nossa inserção no mundo e outro será o espelho no qual nos veremos e a partir do qual poderemos transfigurar o real em linguagem, fazendo desta a forma mais nobre, elevada e fraterna de habitar o tempo.

A POESIA EXTEMPORÂNEA DE JOSÉ GOROSTIZA

Ainda está por ser reavaliada a importância do grupo de artistas que se uniram em torno da revista "Contemporâneos", que durou de 1928 a 1931, e que leva o seu nome. Contava sobretudo com poetas, como Xavier Villaurrutia, Salvador Novo, Carlos Pellicer, Jorge Cuesta, entre outros. Por isso, é urgente não apenas situá-los dentro do contexto da literatura de seu país, mas sim na dimensão internacional que lhes é justa, tendo em vista o valor de suas obras e de sua atuação.

À essa época, o México vivia uma efervescência artística. Depois do impulso às letras hispano-americanas dado pelo gênio do nicaraguense Rubén Darío (1867-1916), e tendo às costas antecedentes em terra pátria, como o grande poeta Ramón López Velarde (1888-1921), os artistas desse período encarnam, à sua maneira, um movimento geral de adesão aos modernismos e às vanguardas, então em erupção em diversos países. A cena mexicana contava com uma arte mais oficial e engajada, notadamente conhecida pela pintura muralista de Diego Rivera e Frida Khalo, de um lado, e com o movimento Estridentista, inspirado no futurismo italiano, de outro.

Ambas eram de forte teor político, quer valorizando a máquina e o progresso, quer fazendo da arte um veículo nacionalista (dir-se-ia populista) do substrato popular autóctone, ideologicamente afinado com a Revolução Mexicana que se inicia com a queda da ditadura de Porfírio Díaz, em 1910. Aqui reside o valor do grupo Contemporâneos: traçando um percurso político e estético singular, eles vão fornecer uma terceira via para a arte. Filiando-se às correntes internacionalistas, estarão mais sintonizados com a vanguarda espanhola, a famosa Geração de 27, e com os modernismos francês e inglês, do que com as propostas de seus conterrâneos.

Não é por outro motivo que serão a bússola da geração subsequente, que tem em Octavio Paz seu nome mais ilustre. Em certo sentido, irão inserir a literatura mexicana na tradição da alta modernidade, e, podemos dizer, até pôr em xeque esta modernidade, como é o caso da obra pequena, porém essencial, de José Gorostiza (1901-1973), cujo livro seminal *Morte sem fim* acaba de ser publicado em belíssima edição da Edusp em parceria com o Fondo de Cultura Económica, com ótima tradução e introdução esclarecedora, assinadas pelo poeta e crítico Horácio Costa.

A poesia de Gorostiza se abre para uma série de abordagens. Sua forte cultura literária, notável em seus ensaios e conferências, e seu trabalho como diplomata lhe facultaram duas coisas essenciais: um conhecimento interno das formas poéticas e uma série de vivências mundanas, que ajudaram a concentrar, na poesia, sua visão de mundo. Assim conferiu força a seus versos, lendo em chave moderna uma tradição em si mesma já rica: a lírica ibérica.

Sua obra revisita os romanceiros, de origem medieval, as barcarolas, as albas, as quadras populares, e neles encontra um ingrediente eficaz para a sua matriz poética, que é a melancolia. Recuperada pelo olhar do presente, a tradição não é monumento, mas doce murmúrio da brisa que sopra de tempos imemoriais. O enfermo, o ancião, motivos marítimos, a tempestade, um grupo de mulheres, vaga-lumes, canções marítimas e paisagens portuárias ganham em sua mão uma meditação profunda sobre a nossa transitoriedade e finitude.

Essa orquestração vai culminar com o longo poema que dá título ao volume, e que é provavelmente uma das peças mais complexas da poesia do século XX. Meditação metafísica sobre a morte, o bem, o mal, os limites da consciência e a torrente vital que ela encerra, colhida na metáfora singela de um copo e o que ele retém. *Morte sem fim* é um voo da inteligência que se desencarna e prova os limites da linguagem diante de uma experiência-limite de compreensão do cosmos. Não por acaso, já foi comparado a outro poema também escrito em forma de silva, o "Primero sueño", da também mexicana Sóror Juana Inés de la Cruz (1651-1695), um dos pontos mais altos da poesia em castelhano.

Não satisfeito em ser moderno e infenso à tola vaidade de querer ser um homem de seu tempo, Gorostiza preferiu ser contemporâneo de todos os tempos, unidos pelo tear infinito da linguagem. Para ela, como sabemos, tempo e espaço pertencem a um outro domínio, que nos transcende e não pode ser mensurado ou reduzido ao nosso presente pobre e precário. Assim, sua poesia conseguiu ser, se não eterna, extemporânea, o que talvez seja uma conquista ainda maior.

A POESIA BRASILEIRA PELAS MÃOS DE FREDERICO BARBOSA E CLAUDIO DANIEL

Acaba de chegar às mãos do leitor uma antologia de novos poetas brasileiros intitulada *Na virada do século – poesia de invenção no Brasil*, organizada pelos poetas Claudio Daniel e Frederico Barbosa. É grande a dificuldade de se fazer uma antologia dessa natureza, trabalho que acaba gerando polêmicas e muitas vezes chama a atenção mais para seus lapsos ou para inadequações garimpadas por especialistas, como ocorreu com as assinadas por Ítalo Moriconi e José Nêumanne, do que para seu mérito, em um país tão carente de meios de circulação e debate poético como o nosso.

A obra faz parte de um projeto mais amplo, na verdade. Integra um conjunto de livros que abrange a poesia que vai de Anchieta a Augusto dos Anjos, em um primeiro volume, já publicado, e a que vem do Modernismo e chega aos anos 1970, em Paulo Leminski e Sebastião Uchoa Leite, em um segundo volume, ainda inédito. Os poetas selecionados nesse terceiro volume estão unidos pelo fato de terem iniciado sua atividade literária por volta dos anos 80 e 90, à exceção de alguns poucos, que, já publicados antes dessas décadas, só nelas tiveram tiragens maiores e maior atenção da crítica.

Há algum tempo a editora Landy vem se destacando por investir em títulos muitas vezes de circulação restrita, com projetos gráficos diferenciados. Assim, lançou as *Cartas filosóficas* de Voltaire e as *Forças estranhas*, conjunto de contos do excelente Leopoldo Lugones, infelizmente um tanto esquecido pelo cânone literário.

São 46 poetas de vertentes e procedências diversas, não havendo um predomínio exclusivo de Rio de Janeiro e São Paulo. Quanto aos critérios de escolha, os organizadores optaram por autores que, segundo eles, tivessem uma obra poética inventiva e de qualidade, ambos critérios que contribuem também para fornecer certa unidade à gama de tendências de seus integrantes.

Há, no entanto, uma série de linhas de força a partir das quais podemos agrupá-los. Ricardo Aleixo e Antonio Risério partem do substrato negro e da mitologia africana presente nos *orikis* para a composição de seus cantos, ao passo que Carlito Azevedo e Claudia Roquette-Pinto, recentemente congratulada com o Jabuti por seu livro *Corola* e uma das presenças mais interessantes do livro, seguem o caminho da pesquisa formal e da poesia construtiva.

A vertente construtiva se espraia também em Eduardo Sterzi e Ronald Polito, e nos poetas Tarso de Melo, Kleber Mantovani e Fabiano Calixto, embora com certas variantes de dicção que exploram mudanças de sentido de caráter minimalista. Já em um caminho oposto se encontram os poemas fortes e vociferados de Ademir Assunção, Joca Reiners Terron, Ricardo Corona e Rodrigo Garcia Lopes, que retomam o repertório da *beat generation* e da contracultura para compor uma poesia de apelo visual acentuado e de desarticulação sintática.

Os dois organizadores também estão presentes na antologia. No prefácio, justificam tal inclusão como uma escolha recíproca um do outro, e, a despeito do que essa iniciativa possa gerar de temeroso, dizem que isso é o resultado de uma confiança mútua nos critérios críticos e no valor poético de cada um deles.

A poesia de Claudio Daniel transita entre referências a filosofias orientais e à estética neobarroca cubana, explorando a capacidade plástica da linguagem e das imagens, enquanto a de Frederico Barbosa traduz a experiência árida da vida metropolitana em uma linguagem poética que se torna cada vez mais sugestiva. E talvez seja a sugestão, a metáfora em alto grau de condensação o fio condutor de todas essas poéticas da atualidade, já que esse é o traço marcante da maior parte da poesia que tem sido produzida.

Os poemas de Donizete Galvão, outro ponto alto da antologia, partindo de uma temática ligada à terra, aos objetos cotidianos, à memória e aos resíduos do tempo, arranja esse mundo mudo, que Francis Ponge classificou como a única pátria do homem, a partir de um tratamento muito acurado da linguagem e um olhar certeiro. Já Glauco Mattoso exibe seu riso ácido e indefectível em uma seleção de poemas que contém muitos traços de sua produção literária até hoje.

Um dos nomes a ser destacado é o de Antônio Moura, que domina bem o ritmo, recortando o verso de maneira muito peculiar. Há também o de Contador Borges, discípulo de René Char e dono de uma imagética muito pessoal, e Maurício Arruda Mendonça, poeta que consegue guiar o olhar do leitor na sua vertigem de imagens.

O livro conta com um espaço especial para os poetas inéditos, ou seja, aqueles que não têm livros impressos mas que já publicaram poemas em revistas literárias, coletâneas ou na Internet. Dentre eles se destacam sobretudo André Dick e Micheliny Verunschk.

Em tempo, algumas justiças sejam feitas. A inclusão dos poetas Cacá Moreira de Souza e José de Paula Ramos Jr. e a omissão de nomes como Augusto Massi, Heitor Ferraz e Fábio Weintraub, entre outros, nos induz a pensar que a balança guiada pelo binômio invenção-qualidade pesou sem muita justificativa em favor do primeiro critério. Porque a qualidade não precisa necessariamente estar associada a esse conceito de pesquisa formal que os organizadores relevaram na escolha dos nomes, e não raras vezes é possível encontrar uma aparente radicalidade formal cujo único objetivo é camuflar propostas vazias de interesse e ornamentar concepções poéticas que são, em sua essência, fracas e rebarbativas. Aqui parece que as divergências estéticas prevaleceram sobre o bom-senso, o que é de se lamentar.

A antologia poética de Claudio Daniel e Frederico Barbosa pode ser vista como um bom recorte. Isso não nos impede, como é de praxe ocorrer, de enfileirarmos uma série de novos nomes e fazermos nossa reivindicação, pois se o mérito da iniciativa se esgotasse em si mesmo, não haveria ressonâncias e debate, ou seja, boa parte de seu valor se perderia.

Por que não Paulo Ferraz, Fabrício Corsaletti e Chantal Castelli, que estão despontando agora, já têm livros publicados e um trabalho bastante sólido? Por que não Dirceu Villa e Cídio Martins, as vozes mais fortes da poesia nascente? Fica a crítica em forma de sugestão, para uma edição futura dessa obra ou para outras possíveis antologias que apareçam por aí.

DE MINAS A MACAU:
DONIZETE GALVÃO E
PAULO HENRIQUES BRITTO

DA NOITE À PALAVRA

O começo de um itinerário não precisa ser necessariamente um lugar, mas pode ser um estado ou um percurso recuperado pela memória. Sua fonte se dá naquela Noite das Palavras, espaço nascente, onde a linguagem nomeia o mundo e lhe confere sentido. Região inaugural da qual emanam todas as coisas e na qual as palavras e as coisas se entrelaçam em uma sagração secreta, seja recuperando os nomes dos objetos da infância, seja girando em torno da própria imagem refletida em uma cisterna negra que emula a escuridão da noite. Esse é o ambiente fundante do *Mundo mudo* de Donizete Galvão, e a abertura para a sua mitologia da terra que assume vários aspectos e se investe de máscaras diversas para dramatizar um mesmo rito: Macbeth, Medusa, Safo de Mytilene, Severo Sarduy, Klhébnikov. Eis os nomes da noite dos seres, personagens do horizonte literário, que vêm à tona para instaurar um domínio onde as coisas, sob o toque transfigurador da palavra, possam ser vistas como elas jamais pensaram ser nelas mesmas, para falar com Rilke.

Nesta etapa da nossa história poética, como se lê no poema "Cisão", o corpo é de ferro, vedado ao insuflar do espírito que o ronda sem conseguir habitá-lo. E a superação dessa condição só se dá mediante o mergulho na natureza última das coisas, em seu reino pré-categorial, onde podemos reeducar nossos próprios sentidos e redefinir nossa razão de ser. É de e em um contínuo desabrochar de possibilidades entre a linguagem e o mundo, entre a ação de nomear e a de rememorar, entre os homens e as coisas, que Donizete Galvão encontra sua trincheira de luz e faz a colheita de seus poemas.

Porque se para ele sem as coisas, sem essa fauna de objetos circundantes, o homem perderia sua própria gravitação e não teria prumo no qual se apoiar (*Os homens e as coisas*), ou seja, para falar com os fenomenólogos, os homens, sem a experiência concreta, seriam o vazio estéril de uma consciência apostasiada em si mesma, o devir Coisa que se instala em seus poemas tem um duplo sentido: se por um lado busca uma maneira de humanizar o homem por vias do que há nele de adormecido em algo aparentemente alheio, despertando-o para o seu poder originário e reeducando-o para uma espécie radical de alteridade, é também, por outro e em complementaridade, uma crítica da coisificação, esta sim positiva, do que resta de humanidade nos traços rarefeitos e esgarçados de nossos rostos, pendurados às peias como animais de bicos estridentes e patas amarradas, como lemos em "Objetos".

É claro que essa viagem não se realiza só na dimensão transcendente referida e não se reduz a um jogo pueril da relação imediata entre palavras e objetos. Também não se conflagra como uma ruminação de repastos provincianos ou como uma mineração nostálgica de um mundo perdido, nas origens do caminho de pedras das velhas Minas Gerais. Estamos às voltas com uma mitologia cotidiana bastante particular, que se abre para os acontecimentos tentando pronunciar a palavra essencial de sua nomeação primitiva. Penso na *Lichtung des Seins* de Heidegger, a iluminação do ser, que confere aos entes a sua inteligibilidade própria, como ocorre com a emanação das cores entre o céu de verão e o sol, em "Amarelo e azul", confrontadas com a barraca de frutas aberta à rua. Ou diante de um tipo de comunhão bem menos evidente, aquela entre duas pessoas, onde o amor não acaba, porque ele nunca acaba, mas se condensa e se transforma, como em "Solitude".

Nesse percurso, há alguns atalhos e espaços ocludentes, que evidenciam a dificuldade de sua consecução. Partindo de uma estrada tão ampla, Donizete Galvão por vezes escorrega por acreditar demasiado em sua própria verve poética e capacidade de dar forma à matéria poética que elegeu. Resultam disso alguns laivos de prosaísmo não resolvido, como no poema "A betoneira", prosaísmo que parece não atender ao espectro temático a que se propõe, ou, em outros casos, um mau aproveitamento de temas que poderiam ser muito melhor trabalhados dentro de sua poética, como ocorre com o poema que trata do roubo de santos: "Santos nas grades". Por outras vezes, a condensação não atinge a força necessária para se sustentar, como no caso de "Voo cego" e "Baraço". Alguns podem achar que em termos temáticos esse novo livro não amplia o domínio de sua poesia em relação aos anteriores. Mas não é isso que está em questão. O que está em jogo aqui é o aprofundamento de uma voz dentro da tradição da lírica brasileira e o fortalecimento de uma dicção afeita à música de câmara.

Esses acidentes, porém, são uma exceção na obra do autor de *Azul navalha* e *A carne e o tempo*. Podemos dizer que sua poesia hesita entre a nomeação sub-reptícia das coisas, sem estardalhaço ou euforia, pois crê que assim pode restituí-las à sua própria dignidade, e o perder-se da consciência na matéria muda do mundo, refratária à linguagem e à verbalização. São o seu arco e a sua lira: a educação pelo silêncio da pedra e por meio de uma filosofia da mineração. É uma poesia telúrica, nesse sentido, e seu maior valor consiste no exercício de dar voz às coisas e àquelas dimensões da vida que não a têm, em um desdobramento poético cuja finalidade última é a superação do seu próprio sentido e de sua razão de ser por um mundo que enfim emergisse e se libertasse por intermédio da palavra que lhe franqueia a própria vida, passando a existir à sua revelia. Atividade circular e autotélica, como a essência de toda boa poesia, a viagem por dentro de Minas só se dá pela supressão e rabisco de sua existência concreta. A terra só há na memória. Aqui a geografia é outra. Feita de um reencontro do mundo com o verbo que o revela.

EPIFANIAS COTIDIANAS

Macau é um império sem território. Domínio do espaço limitado da consciência dentro de si mesma, sem conseguir escapar pelas frestas que lhe despertam para o mundo que lhe nega. Macau é o espaço de uma conversa, ao redor de uma mesa de fórmica roída, em torno de questões sem solução: uma viagem sem ponto de chegada ou de partida, sem bússola, rota, mapa ou timão. O que há é apenas uma partitura, *Macau*, composta por Paulo Henriques Britto. Macau pode ser um mundo, no sentido de *mundus*, no cristianismo primitivo: não a esfera terrestre ou a extensão do cosmos e tudo quanto nele gravita, mas aquilo que algumas pessoas compõem em um dado momento, uma conversa, um encontro, ou até mesmo o monólogo de um homem parado que ruminasse a própria língua. Mundo também como a cena mundana (de novo Heidegger), da conversa trivial recuperada pela investidura poética, aquele espaço que se descortina para a minha experiência concreta, como indivíduo único, singular, irrepetível, imerso no *das Man*, na Gente, no universo indiferenciado e amorfo da massa humana, mas capaz de descobrir e resgatar do trivial o que cairia em esquecimento, se não fosse a poesia. Há até hoje xícaras de Pompeia, mas os lábios que as tocaram, nenhum.

Só transmutando o metal em ouro, a fala em cristal, podemos mantê-la viva e perpetuá-la: não é outra a sensação que temos ao ler o pequeno conjunto de poemas de "Três epifanias triviais", os melhores do livro.

Por isso é preciso continuar falando e falando sem cessar, como reza o *De vulgari eloquentia*, porque só o excesso de linguagem pode tapar os desvãos de nosso ser, cheio de buracos e de nadas. Só isso pode ser a nossa redenção: manter a fala sempre viva, como se fosse a cada frase inaugurada. Tendo isso em vista, o livro de Paulo Henriques Britto consegue dar uma torção à linguagem poética muito interessante, usando com elegância o humor, a ironia e o deboche, e se valendo de temas sempre tomados ao cotidiano, e assim despindo o *epos* da vida humana e desviando nossos olhos da realidade grandíloqua para a corrente. Não ser nada nem ninguém em nenhum lugar: essa parece ser a utopia de uma Macau reinventada. Como se lê nas belas "Três tercinas", pensar a vida como um fio de água que passa e passa sem cessar, nós à sua flor, à deriva, guiados por um destino que ainda não se traçou.

Se não há nada mais profundo que a pele, como queria Paul Valéry, essa é basicamente a poética que depreendemos do novo livro do autor de *Liturgia da matéria* e *Mínima lírica*. Trocar o profundo pelo raso. Quando todos estiverem concentrados, mudar de assunto. Poética que ele executa muito bem dentro de um horizonte formal onde as estruturas fixas como o soneto, a tercina e a quadra são usadas com elasticidade e propriedade, com bastante segurança rítmica e métrica. A ressalva que se faz é quando essa proposta vira fórmula, o que abre precedentes para a repetição de cacoetes e não para a habitação de um continente poético fértil. Dizer que o profundo é *kitsch* e que o raso é *cool*, não pega como piada, e não funciona como poema. Aqui estamos naquele território perigoso, onde boa parte da poesia contemporânea sucumbe, que diz respeito à valorização de aspectos culturais próprios ao modo de ser brasileiro que colidem com uma perspectiva mais rigorosa e vertical quanto à reflexão e à prática artísticas. Além disso, em um mundo idiotizado pela superfluidade de mercadorias entre mercadorias, tal postura pode enfraquecer a posição do poeta e da poesia como agentes de crítica e de ruptura, marca e origem *sine qua non* de nossa mais que querida modernidade. Ou seja, pode tirá-los da condição de promotores ativos daquilo que o mesmo Paul Valéry chama de *refusé*, de recusa, transformando essa atividade em uma reprodução mais ou menos bem executada de um mundo esvaziado de qualquer horizonte transcendente. Que a transcendência não está alhures ou num hipotético Além, situado fora do mundo, muitos já nos ensinaram e Macau agora nos ensina, ao tecer a sua tapeçaria de falas cotidianas e nela desenhar os seus lampejos. Não é, porém, com a atitude derrotista de um *nec plus ultra*, com a sensação que não há nada mais além de nossa rotina rasa e ordinária, que iremos nos engajar na causa vital da poesia e do mundo, que espera também participar do itinerário errático dessa aventura.

MOSAICO DE MITOS: A POESIA DE DORA FERREIRA DA SILVA

Para falar da poesia de um autor, podemos começar pela sua produção mais recente. Nesse caso, podemos começar a leitura desta nova obra de Dora Ferreira da Silva, *Cartografia do imaginário*, não só pelo seu conteúdo verbal, mas pela sua capa. Nela vemos estampada uma bela tela de Frank Cowper, na qual um anjo tange um alaúde solenemente, de olhos fechados, em meio aos galhos de uma árvore, enquanto um pássaro o ouve em silêncio em um dos ramos suspensos. Em qualquer outro poeta essa imagem seria subsidiária, e teríamos que passar ao seu largo e ir buscar direto nos versos a poesia. Porém, em se tratando de uma poeta para a qual a palavra está no limiar da experiência litúrgica e o mundo é um conjunto de signos a serem revelados em sua ascendência sagrada, dir-se-ia que bebe no conceito cristão de integridade e que aspira à *unio mystica*, devemos ter cautela. Provavelmente a atmosfera algo insólita desses elementos sobrenaturais que se manifestam na floresta não cumpra aqui um mero efeito decorativo, mas tenha, sim, um sentido simbólico central para a compreensão mesma do livro. Mal viramos as páginas, e eis que nos deparamos com a série de poemas intitulados *Anjos Músicos*, a partir da qual o livro se abre para a sua orquestração verbal. Isso confirma a minha hipótese? Até certo ponto. Porque essa é apenas uma porta de entrada para uma via de ver as coisas. Um umbral, uma passagem. Abramo-la, então.

Dentro desse universo que acabamos de adentrar, dessa morada do ser que é a palavra poética, há o toque dos dedos tangendo suas notas luminosas. Essa música tem uma infinidade de camadas de sentido, difíceis de serem expostas de maneira tópica e racional. Penso que a aparição do anjo é um acontecimento que remonta ao duplo domínio, à conjunção de vida e morte, transcendência e matéria, e vem sempre associada a uma reprodução do universo humano em uma dimensão maior, algo que estaria no limiar entre o puro Espírito desencarnado e a feição humana talhada na argila. Mas isso não esgota a música em si mesma, menos ainda a sua experiência. Porém, é nesse intervalo que Dora compõe seus poemas e abre sua via singular de acesso à poesia. Sendo a natureza uma instância que deve ser lida e compreendida para ser contemplada, um dos melhores leitores e intérpretes que ela pode ter é o poeta, que a desdobra como a uma partitura e a traduz em seu canto para que os outros possam acedê-la. Nesse caso, sua posição é a de um pequeno anjo, ou melhor, a de um boneco, como queria Rilke, um ser que está no limite, na tangência entre a esfera eterna das essências imutáveis e a inexorável necessidade de louvar o terreno, a morte, o amor, a loucura e tudo o que submerge, se transfigura e se transforma sob o imperativo do tempo e na corrupção da matéria. Assim Dora erige seu canto: da perspectiva ficta de alguém que paira indiferente sobre o transcorrer dos acontecimentos, mas que, em si mesmo, ama o que há de mais vivo e só assim pensa o que há de mais profundo, como diria Novalis.

E o que significariam as asas abertas do anjo? É um hiato, passagem, abertura (*Offenheit*) para o ser e ao mesmo tempo desvelamento do rastro divino na natureza, tal como para os românticos a Flor Azul não é uma simples aparição de flor em um caminho pedregoso, a não ser que essa se oferte e descortine em si a Máquina do Mundo, muito menos a flor geométrica e refratária de Platão, que paira incólume no mundo das ideias, mas sim uma Flor ancestral, originária e sempre presente, que contém em si não só um olor ou uma forma, mas traduz sim em sua presença a potência numinosa do divino disperso no mundo. Aqui a poesia arroga para si um uma tarefa de grandes dimensões. Consiste na via de acesso ao transcendental, mas sem perder seu caráter de artesanato mundano. Aspira às esferas eternas, se nutrindo do que há de mais vital e circulando naquele deus-rio do Sangue de que nos fala, mais uma vez, Rilke, fazendo de nosso próprio dilaceramento o repasto de algum deus bruto que nos queira atrelados ao ventre da terra e faça disso mesmo a nossa glória e superação. A nossa comunhão.

É esse jogo entre as dualidades fundamentais que Dora mobiliza em sua poesia: não só aquela hesitação entre o som e o sentido que caracterizaria *toda* a atividade poética, como queria esse impecável espírito mediterrâneo que foi Paul Valéry, mas a dança entre o presente e a memória, entre o eterno e o instante, entre o esteio mítico coletivo no qual a humanidade se ceva e as experiências individuais intransferíveis que compõem o que há de mais genuinamente nosso como indivíduos.

E essas dualidades se apresentam logo na estrutura do livro, dividido em duas partes: Estátuas e Do Outro Lado, sendo ambas precedidas por uma Introdução, composta por uma série de poemas que funcionam à maneira de Abertura sinfônica, onde se delineiam os anjos e os mosaicos da manhã, da tarde e da noite, e que funciona como proêmio que pinta a cena onde se desdobrará o itinerário (o mapa) poético, fazendo uma translação do *ut pictura* ao *ut musician poesis*, já que, na obra de Dora, a poesia não se mostra apenas como pintura, seguindo os padrões clássicos conhecidos da imitação, mas também como música, como já fora muito bem sinalizado pelo poeta grego do Ceará, Gerardo Mello Mourão, em exímio estudo sobre a poeta. A primeira parte é da esfera do eterno: as estátuas não morrem porque nunca conheceram a vida. São as formas que o passado nos legou e que a mão do ourives compõe diariamente e oferece à dimensão trans-histórica dentro da qual se desenvolve a história humana. É o amanhecer, o ciclo natural, as forças e impulsos vitais primários e a sua subsequente elaboração. É o resíduo mítico que a civilização legou e que permanece vivíssimo na imaginação criadora e também na dimensão transcendental do sonho: Vênus, Horus, Osíris, Seth, Khepri, Nut, Corfu, Fedríades, Adão, Jesus. E são as cidades e estações dos mitos: Epidauro, Mármara, Patmos. A poesia seria o elo de ligação entre essas duas realidades. Uma mítica, residual, projetiva, originária, onde a coleção de pedras que se cravam no mosaico do tempo delineia o semblante da civilização e do inconsciente coletivo. Outra, pessoal, singular, concreta, feita da *imago mundi* indivisível que cada um de nós projeta fora de si mesmo e reconhece como real. O interessante é notar como a poeta realiza essa intersecção: do outro lado da rua havia um menino, Osíris. É aqui que se abre a mitologia da infância, leitmotiv do livro. É ele que congregará em si a dimensão transcendental (do mito) e imanente (da vida) em um passado que é, a um só tempo, memória (pessoal) da poeta e inconsciente (coletivo) da humanidade.

Esse é um dos aspectos mais admiráveis da obra de Dora Ferreira da Silva. Sua capacidade ímpar de conceber a poesia como um mapa e como itinerário de mundos existentes e passados, mas passíveis de serem manipulados pela imaginação e por intermédio da invenção poética. Como diria o filósofo por antonomásia Martin Heidegger, o que há de não cogitado e virgem sob as formas gastas do passado em verdade ainda está por vir, é algo que só espera ser iluminado pela consciência, lido em uma outra chave existencial e lançado em uma outra clareira do tempo para ser reconhecido em sua infinitude fundamental. É com essas crenças que Dora manipula sua infância, recolhendo dela o que não é acidental e meramente *seu*, despojamento só a partir do qual, paradoxalmente, se alcança a impessoalidade necessária ao ofício da poesia e o interesse universal de que essa fabulação é capaz. Não estamos mais na trilha do anjo. Passamos por ele no caminho traçado pelos primeiros poemas. Agora entramos já naquele templo vivo da Natureza em que as correspondências se efetuam e onde os sentidos profundos e manifestos se completam, como diz o famoso soneto de Baudelaire. É nesse território dominado pelo sonho que as associações se tornam férteis. É o reino da possibilidade, e é nele que a poesia encontra a sua residência e razão de ser, já desde Aristóteles.

Uma metáfora perfeita para esse tipo de leitura seria a viagem. Do Outro Lado, embora se caracterize textualmente apenas como um universo cotidiano de crianças que descobrem o amor e a frustração, é a meta a ser transposta pelos viajantes, espécie de Santo Sepulcro a ser reconquistado após a peregrinação consciente por essas ilhas da memória. É a interdição, o não-ponderado, o limite, a censura, o desconhecido, o tabu, o mistério e muitas outras coisas que são do domínio de nossos anseios e que estão também na nossa experiência imediata. É essa tensão da descoberta que atiça o arco e a lira e os faz pulsar. No âmbito das possibilidades, é simples a passagem do Osíris menino ao Osíris deus. Ela se dá numa só metáfora continuada, presente no poema "Chamou-me o Deus". Pode também ser lido em outros poemas como "Não eras múmia" e "Ritual". A mãe egípcia e o mero soletrar da palavra Egito já faz irromper uma cadeia de associações oníricas e de relações afetivas, existenciais, psíquicas, sexuais e intelectivas. No centro desse torvelinho de paixões e de conceitos difusos, inaugurados pela recuperação do passado que eclode no presente enunciado, a arte poética funciona como um caleidoscópio, como uma argamassa que conseguisse dar o tom a esses motivos e oferecer à nossa percepção um retrato desta nossa Origem comum e remota.

De maneira semelhante se dá a conversão da vida tal qual foi vivida àquela esfera sobrenatural da mesma vida que, em suas ressonâncias arquetípicas, se desenrola dentro de uma paisagem mitológica. E não há aqui nenhuma concepção engessada ou programática, nem em termos de escrita nem em termos de visão de mundo. Os deuses não são exterioridades meramente literárias, mas presenças hierofânicas que nos devolvem o mundo em seu teor sagrado, virgem e inaugural, como se este estivesse sendo a cada instante redescoberto. O que há é uma vivência interna da

Palavra como elemento primordial e fundador. O resto, como diria Paul Verlaine com todo deboche, é literatura. O imaginário, nesse caso, não é um espelho do real, nem uma representação sua ou tampouco o seu reflexo. O imaginário *cria* o real e o funda, é uma de suas instâncias, e é do ir e vir entre esses dois reinos, o do possível e do provável, que a poesia encontra seu prumo e seu ritmo. O mundo provável pode ser de natureza vária. Sejam os antepassados Bulliarattis recuperados em *Retratos da origem*, tela que conjuga um retorno à ancestralidade da própria origem familiar à busca ancestral pelo ser, sejam os vários retratos que se abrem em leque em *Uma via de ver as coisas*, nos remetendo à vivência íntima do mistério. Essa é uma constante de toda a obra de Dora. Atividade poética que se quer e se faz desvelamento das coisas para a subsequente revelação do ser, os poemas abrem frestas de luz no real e nos reportam à condição transcendental que fundamenta a existência destas mesmas coisas, ou seja, àquela condição que é, para falar com Heidegger, a essência de sua fundamentação existencial concreta. Nesses termos a poesia assume um caráter de gnose, de iniciação à vivência de realidades suprassensíveis, embora mergulhando e deitando suas raízes profundas no que há de mais vivo na sensibilidade, como alguém que se valesse de imagens e palavras para figurar o não representável e o inefável. E seria ocioso dizer aqui que esse é o princípio de toda a figuração religiosa e de toda a arte iconográfica.

Dentro dos enquadramentos amplos e de longos voos da obra poética de Dora Ferreira da Silva, cujos correlatos cinematográficos talvez sejam os filmes de Andrei Tarkóvski, *Cartografia do imaginário* representa uma continuidade madura e aprofunda muitos dos temas caros à autora, pertencentes ao seu universo de meditações. Os únicos reparos que poderíamos fazer dizem respeito à métrica e às rimas de alguns poemas, que acabam soando fracas, ficam aquém da acuidade geral do restante da obra. Isso pode ser observado principalmente em poemas de versos curtos, geralmente de sete sílabas, onde a autora ensaia um despojamento infantil que não logra êxito, como em "Carnaval" e "Escolhi frutos". Outro ponto que diminui a integridade formal do livro é a seção final, intitulada Poemas Vários. Não que os poemas não sejam bons. Pelo contrário. Aí estão algumas das melhores peças do livro, como o magnífico *Epidauro*, que narra uma viagem imaginária de carro que Dora teria feito ao lado de Henry Miller e do poeta grego Katzímbalis rumo a esta cidade. E justamente esta é a questão. Essa seção do livro é muito ampla, contém muitos poemas, e acaba fugindo da tônica das duas partes centrais, Estátuas e Do Outro Lado. A poeta poderia ter agregado esta parte anódina ao conjunto da estrutura do livro, e dado um título a esse andamento da sua sinfonia que funcionasse como uma continuidade do que foi desenvolvido até ali, de modo que o começo e o fim se reatassem e não houvesse tantos poemas bons soltos, ocupando uma espécie de marginalia temática da obra.

Porém, esses são detalhes insignificantes diante da tapeçaria poética ímpar que Dora nos deu com esse seu novo livro. E como todo bom poeta habita uma conjunção de todos os tempos possíveis e toda a pessoa inteligente sabe que não há vaidade mais idiota do que querer ser uma pessoa do seu tempo, a poeta e a mulher Dora abrem solenemente as asas, pairam sobre essa cartografia de cidades e de deuses e planam tranquilas sobre todos esses tempos conjugados em um único instante, como notas unificadas sob a ação do acorde de sua obra. Nela entramos como quem passa pela porta do mistério e saímos transfigurados. Porque essa é a função da poesia para os antigos que revivem incólumes aqui: a catarse. Não só no domínio do teatro e da cena, mas naquilo que diz respeito às forças instauradoras e às potestades divinas que a boa arte mobiliza em si e no espectador. Unindo em si o duplo domínio, dos vivos e dos mortos, do mundo terreno e imediato às vivências originárias que esculpem nossa fisionomia, sair desta floresta de signos é entrar de novo na vida, mas sob outra condição. Não mais aquela que nos alija da História e nos deixa presos à fatuidade banal de nossas atividades cotidianas, entregues à deriva de seu círculo vicioso. Mas àquela onde se processam e dimanam as possibilidades mesmas que originam a nossa vida possível, e assim nos educa para o sentido mais substancial da palavra liberdade.

JORGE LUIS BORGES: NA LÍNGUA EM QUE ALGO OU ALGUÉM ME ESCREVE

Nota-se nos prólogos e epílogos de Borges a seus livros de poemas reiteradas desculpas. Seja por "excessos barrocos" e "asperezas" ou pelos poemas terem algo de "ostentoso e público", seja por referir-se a eles como os "exercícios deste volume" ou por atestar a "monotonia essencial desta miscelânea". De qualquer forma, o escritor não deixa de confessá-los frutos de "manejo consabido de algumas destrezas", uma ou outra "ligeira variação" e "fartas repetições".

Mais do que uma *captatio benevolentiae* ou uma afetação de humildade para produzir a simpatia do leitor, talvez Borges estivesse certo. Se isolarmos o poeta do ficcionista e do ensaísta, muita coisa se perde. Se é possível dizer assim, sua grandeza está mais nestes dois gêneros do que naquele. Borges é o tipo de autor que precisa ser compreendido em sua totalidade para ser admirado em suas partes. É autor de uma obra, não de peças literárias avulsas. Nesse sentido, pertence àquela família de grandes escritores de diversas obras, não de bons escritores de uma única obra. Dificilmente um autor se mantém equânime em três gêneros diferentes. O Cervantes poeta difere drasticamente do autor do *Quixote* e de *Trabalhos de Persiles e Sigismunda*. E aqui penso, sobretudo, em outro cultor das claras aventuras da lucidez, admirado pelo escritor argentino: Paul Valéry. Notadamente autor do *Cemitério marinho*, poucos não o reconhecem melhor como ensaísta.

A produção poética de Borges que vai de 1923, com *Fervor de Buenos Aires*, seu livro de estreia, até *Elogio da sombra*, de 1969, traz alguns dos seus melhores momentos como poeta e também algumas de suas fraquezas. Pode-se dizer que *Fervor de Buenos Aires*, *Lua defronte* (1925) e *Caderno San Martín* (1929) partilham princípios poéticos semelhantes; cada um a seu modo exerce recursos de vanguarda e prima pelo verso livre, pela exploração das imagens expressivas e de um ritmo flutuante, expedientes que o Borges mais maduro irá criticar. Essa fase coincide com sua estada na Suíça e na Espanha. Está ligada ao seu contato com as vanguardas e com a revista *Ultra*, mas seu retorno a Buenos Aires, a sua volta às origens, forneceu-lhe um novo material poético. Sua poesia é marcada pela fusão desse duplo movimento.

Alguns excessos bem dosados, como nos versos "a cidade que oprimiu uma folhagem de estrelas", "pátio, céu canalizado", que lembram muito as melhores imagens de Lorca, e "jardim engastado em um espelho", convivem com alguns descuidos: "só a vida existe", "estéreis morros silenciosos", "furtiva noite felina". Independentemente disso, temos aqui momentos de grande beleza, como em "A rosa", "Um pátio", "Inscrição em qualquer túmulo", "Amanhecer", "Benares" (FBA), bem como "Amorosa antecipação", "A promissão em alto-mar" "*Dulcia linquimus arva*" (LD), "Paseo de Julio" e "A noite em que no Sul o velaram" (CSM), este último considerado por Borges o primeiro poema autêntico que escrevera.

A partir de *O fazedor* (1960), começa a se delinear outra fase em sua escrita poética, mais madura, equilibrada e, pode-se dizer, mais densa. Obras como *O outro, o mesmo* (1964), que o autor confessou ser, dentre todos os seus livros de poemas, o seu preferido, e *Elogio da sombra* (1969), aprofundam essa guinada. O verso livre não é abandonado, tampouco a liberdade formal. O livro *O fazedor* é escrito em prosímetro, misto de prosa e verso, e segue uma estrutura quase narrativa, e *Elogio da sombra* também mescla versos e poemas em prosa. O que ocorre é uma predominância de formas mais clássicas, a presença de referências literárias, mitos, citações bíblicas, diálogos com outras obras e autores, incorporação de questões metafísicas.

A toponímia argentina e o prisma imagético ultraísta cedem à atmosfera bíblica ou à paisagem interior do imaginário e das referências míticas. A título de lembrança: é também a fase de sua passagem para a cegueira. "Vivi enfeitiçado, encarcerado num corpo/ e na humildade de uma alma". Pela boca de Cristo, o poeta relata em primeira pessoa a via-crúcis. Essa primeira pessoa é o apóstolo João, um anônimo medieval, Shakespeare, eu, você, Borges e o próprio Jesus. No esteio atemporal, nasce a poesia, ao apagarmos nossos nomes, ao trocarmos nossos rostos. É quando, sem querer, nos percebemos contemporâneos dos deuses.

Posfácio

OS MUNDOS DA ESCRITA

Rodrigo Petronio é um escritor para quem, parafraseando Terêncio, nada do que é humano lhe é estranho. *Azul babel: a escrita e os mundos*, obra que recolhe vinte anos de produção do autor, é o testamento de um apaixonado pela plasticidade do humano e pelos diversos *loci* em que este escande sua imagem pela combinação secreta das formas ou pela observação rigorosa dos fatos e de suas regularidades. Petronio não impõe fronteiras à sua perquirição do humano porque sabe, como todo grande ensaísta, que o perspectivismo rende mais que o especialismo: melhor é uma imagem ampla ainda que incompleta de um objeto ou de problema do que uma falsa totalidade oriunda do enfoque exclusivo, e muitas vezes ingênuo, num ponto único da questão; da mesmo forma, calcado no ceticismo prudente que é a marca do ensaísmo desde Montaigne, sabe o autor que os conceitos e os símbolos dão o que pensar – antes de serem fetiches que enrijecem a perspectiva de real a que apontam. *Azul babel* oferece uma *perspectiva* ampla e didática, sem qualquer compromisso em elaborar uma história linear, da vida intelectual dos últimos 120 anos, aproximadamente, além de revisitas a clássicos mais antigos, como *As mil e uma noites*, Sêneca, Calderón de la Barca, Vieira e La Fontaine.

Jorge Luis Borges fala de uma categoria de escritores, na qual ele mesmo se insere, que o são como uma derivação do hábito contínuo e obsessivo da leitura. Assim é Rodrigo Petronio: o exercício crítico nele é como um transbordamento do ato de ler; seu interesse maior, pois, é comunicar um fervor que, embora esteja longe de ser frívolo, ainda que eleve e transforme, é antes de tudo uma experiência prazerosa. O corolário mais rico dessa profissão de fé é que Petronio, embora se valha de uma retórica persuasiva, não está primariamente interessado em converter seus leitores, seja para aderir a crenças estéticas, seja para se engajar em causas políticas. O *modus operandi* da atividade hermenêutica do autor, pois, pressupõe não o encarceramento do objeto numa teia conceitual ou seu uso como mote para praticar proselitismo; pelo contrário, se funda numa escuta atenta dos sentidos potenciais que emanam dos textos. E esta tarefa o autor a realiza com uma saudável dose de ceticismo e prudência, sem jamais acreditar que está revelando a estrutura mesma do real a partir daquilo que analisa. Atividade de aparência simples, mas sumamente delicada, principalmente quando se observa a extrema polarização política da vida intelectual brasileira dos últimos tempos, o trabalho do autor consiste, em grande parte dos textos aqui reunidos, em apresentar as potencialidades dos objetos que investiga, fazendo isto com elegância estilística e extrema clareza. A exceção, talvez, sejam alguns textos em que o autor debate obras poéticas; aqui, propositalmente, em lugar da sobriedade e do didatismo, a escrita se deixa influenciar pelo complexo de imagens e figuras da obra em análise e o que vemos é uma escritura, no sentido barthesiano, que reflete seu objeto não só nos enunciados, mas, também, na enunciação, na própria carnadura da linguagem que utiliza.

Pulsa no fundo da quase totalidade dos textos aqui reunidos, portanto, um traço que vai do texto ao homem Rodrigo Petronio, para quem o conhece: a generosidade. O autor opera numa chave didática, como já frisamos, e no horizonte de uma *hermenêutica da confiança* (Paul Ricœur *dixit*), reconstruindo o potencial de sentido na obra em tela, sem abdicar da avaliação crítica e de uma voz própria, despida de qualquer neutralidade política e moral. Diríamos, dessa forma, que Rodrigo opera no horizonte de uma hermenêutica crítica. Assim como no passado o fizeram Augusto Meyer, Otto Maria Carpeaux e José Guilherme Merquior, o autor sabe que, escrevendo no Brasil, com todas os seus *problemas inculturais*, como diria Osman Lins, precisa daquela generosidade professoral que se vislumbra na obra dos três críticos citados para, primeiro, situar o problema, descrever sumariamente seu percurso histórico, situar as linhas de força da obra em debate e, só então, elaborar sua posição. A maior parte dos textos de *Azul babel*, dessa forma, são ensaios muito pessoais camuflados na estrutura da resenha. Diria que são *pseudo-resenhas*, dando ao termo uma conotação positiva.

Em primeira instância, o leitor pode se deleitar na erudição generosa e no incrível poder de síntese de Rodrigo Petronio – traços que ele igualmente divide com Meyer, Carpeaux e Merquior – e sair dessa babel intelectualmente mais nutrido, compreendendo melhor como os fenômenos se interligam e com fome de aprender e pensar mais (pois me parece inverossímil lê-se um livro desse calibre sem se dar conta da ignorância pessoal e sem desejar transcendê-la). No entanto, numa leitura mais atenta, o leitor pode fruir de uma outra camada que os textos aqui coligidos oferecem: o pensamento do próprio Petronio. Aqui, nestes textos breves e escritos em geral para o grande público, este pensamento apenas se insinua, em críticas pontuais ou em ampliações dos pontos de vista da obra em debate. Um exercício interessante, que deixo aqui como sugestão, seria juntar estes momentos e, na observação atenta de seus movimentos, deduzir a posição desse escritor sutil e avesso ao proselitismo.

Não sou capaz de neste espaço exíguo escavar esse pensamento que brota lateralmente nas pseudo-resenhas deste livro, mas sem dúvida vislumbro uma antropologia filosófica e uma filosofia das formas esboçadas aqui – e que o autor desenvolve em obras que estão no prelo e em artigos publicados em revistas e períodos acadêmicos. Contento-me, modestamente, em dizer que o autor elabora um modo de ver a realidade humana que, superando dicotomias e reatando o elo entre ciência, artes e humanidades, repropõe uma macronarrativa do homem e de seus meios de autocompreensão.

A erudição, quase sempre, e de modo especial na academia universitária, é usada como uma credencial intimidatória, mas aqui em Petronio ela é tão somente uma chave-mestra que abre várias portas da aventura intelectual humana. Na base compreensiva dessa erudição está o mito, a religião e a poesia – enquanto ferramentas simbólicas nutrizes de configurações de mundos – e como ferramenta metodológica está a comparação. Eu diria a que a singularidade da atividade intelectual de Rodrigo Petronio, se escavada, por um lado desembocará em Vico e sua larga tradição de continuadores, por outro na curiosidade sem fronteiras e na capacidade de descobrir vínculos entre distintas esferas evidente nos grandes comparatistas, como Auerbach, Leo Spitzer, e em crítico-criadores como Jorge Luis Borges e Octavio Paz. Arrisco-me a dizer que Rodrigo Petronio é um dos primeiros grandes crítico-criadores produzidos pela inteligência brasileira no século XXI. É difícil ler os textos de Petronio sem, vez por outra, erguer-se a cabeça e dizer: "Eureka! Como não percebi antes este vínculo". Porque a ferramenta comparação, associada à hermenêutica crítica, vai paulatinamente apontando – sou tentado a dizer *revelando* – a ordem oculta sob a azáfama de Babel.

Wanderson Lima[*]

[*] Wanderson Lima é professor, ensaísta e escritor. Doutor em Literatura Comparada pela Universidade Federal do Rio Grande do Norte - UFRN e professor no Programa de Pós-graduação em Letras - PPGL da Universidade Estadual do Piauí - UESPI. Foi cofundador, junto com Adriano Lobão Aragão, da revista eletrônica *Desenredos*.

Referências das publicações

"Reedição mostra que François Rabelais é comparável a Dante, Shakespeare e Cervantes. Renascentista francês ganha tradução, apresentação e notas de Guilherme Gontijo Flores". Rodrigo Petronio, Especial para o *Estado*, 31 de julho de 2020, 15h00. Disponível em: https://alias.estadao.com.br/noticias/geral,reedicao-mostra-que-francois-rabelais-e-comparavel-a-dante-shakespeare-e-cervantes, 70003792999. Acesso em 25/01/2022.

"Pantagruelismo à brasileira: Rabelais por Guilherme Gontijo Flores". *Agulha Revista de cultura*, 23 de novembro de 2021. Disponível em: https://arcagulharevistadecultura.blogspot.com/2021/11/rodrigo-petronio-pantagruelismo.html. Acesso em 26/11/2021.

"Luiz Antonio de Assis Brasil reúne lições de escrita criativa em livro: '*Escrever ficção*' é um compêndio das aulas do escritor que formou autores como Daniel Galera e Luis Geisler". *Estadão, Aliás*, 29 de fevereiro de 2020. Disponível em: https://alias.estadao.com.br/noticias/geral, luiz-antonio-de-assis-brasil-reune-licoes-de-escrita-criativa-em-livro, 70003210983. Acesso em 29/11/2021.

"Michel Houellebecq analisa H. P. Lovecraft em ensaio inédito no Brasil: Autor mais polêmico da literatura francesa contemporânea faz carta de amor a Lovecraft no ensaio '*Contra o mundo, contra a vida*'". *Estadão*, Aliás, 28 de março de 2020. Disponível em: https://alias.estadao.com.br/noticias/geral, michel-houellebecq-analisa-hp-lovecraft-em-ensaio-inedito-no-brasil, 70003251080. Acesso em 29/11/2021.

"A mulher de mil olhos". São Paulo: *Córrego*, 2018. (Posfácio, Prefácio Posfácio). Palavras-chave: Literatura Brasileira, Literatura Contemporânea. Áreas do conhecimento: Literatura Comparada, Filosofia da Forma, Literatura Brasileira. Referências adicionais: Brasil / Português. Meio de divulgação: Impresso.

"A oscilação entre o sublime e o grotesco". *O Estado de S. Paulo*, Caderno Aliás. São Paulo, p. E03 - E03, 2018. Palavras-chave: Heinrich Heine, Erotismo e Humor, Romantismo Alemão, Literatura e Filosofia. Áreas do conhecimento: Literatura Comparada, Teoria da Literatura, Literatura e Filosofia. Referências adicionais: Brasil / Português. Meio de divulgação: Vários. Home page: https://alias.estadao.com.br/noticias/geral, ultimo-dos-romanticos-heinrich-heine-tem-novela-traduzida, 70002256134. Resenha da obra *Noites florentinas* do poeta e filósofo alemão Heinrich Heine, publicada pela editora Carambaia.

"Livro de autor de *Moby Dick* conta encontro com Pedro II no Brasil: '*Jaqueta Branca*', livro de Herman Melville ainda inédito no País, é inspirado em viagem que o escritor fez pela América Latina. *Estadão*, Aliás, 11 de fevereiro de 2017. Disponível em: https://alias.estadao.com.br/noticias/geral, livro-de-autor-de-moby-dick-conta-encontro-com-pedro-ii-no-brasil, 70001661087. Acesso em 29/11/2021.

"O cansaço de Deus". Jaú: 11 Letras, 2017. (Apresentação, Prefácio, Posfácio). Palavras-chave: Literatura Brasileira, Ficção Contemporânea, Contos. Áreas do conhecimento: Literatura e Filosofia, Literatura Comparada, Teoria da Literatura. Referências adicionais: Brasil / Português. Meio de divulgação: Impresso. Apresentação do livro de contos *Desequilíbrio estável* de Luciana Lachini, escritora brasileira publicada e premiada.

"Passagens e paisagens". São Paulo: Quelônio, 2017. (Apresentação, Prefácio, Posfácio). Palavras-chave: Literatura Brasileira, Literatura Feminina, Literatura contemporânea. Áreas do conhecimento: Literatura Comparada, Literatura Brasileira, Literatura Contemporânea. Referências adicionais: Brasil / Português. Meio de divulgação: Impresso. Apresentação do livro de contos de oito escritoras brasileiras: Cristina Mira, Daniela Dib, Elza Pádua, Ivani Rossi, Janet Ridell, Laís de Barros, Leonor Cione, Mary Lafer.

"A peregrinação espiritual de Stevenson". *Valor Econômico* - Eu& Fim de Semana. São Paulo, p. 29 - 29, 2016. Palavras-chave: Robert Louis Stevenson, Literatura Inglesa. Áreas do conhecimento: Literatura Comparada, Teoria da Literatura, Literatura e Antropologia. Referências adicionais: Brasil / Português. Meio de divulgação: Vários. Resenha da obra "Viagem com um burro pelas Cevenas" do escritor Robert Louis Stevenson, publicada pela primeira vez em português pela editora Carambaia, com posfácio de Gilles Lapouge e tradução de Cristian Clemente.

"Nova edição traz os contos de O. Henry e seus relatos de uma cidade flutuante: '*Contos*', do escritor americano nascido em 1862, é lançado pela editora Carambaia". *Estadão*, Cultura, 16 de julho de 2016. Disponível em: https://cultura.estadao.com.br/noticias/literatura, nova-edicao-traz-os-contos-de-o-henry-e-seus-relatos-de-uma-cidade-flutuante, 10000063127. Acesso em 29/11/2021.

"Thomas Mann, um farol nas trevas". *Valor Econômico*. São Paulo, p. 29 - 29, 2016. Palavras-chave: Literatura Alemã, literatura contemporânea, Romance Moderno, Teoria da Música. Áreas do conhecimento: Literatura Comparada, Teoria da Literatura, Literatura Alemã. Referências adicionais: Brasil / Português. Meio de divulgação: Vários. Resenha das obras *Tonio Kröger* e *Doutor Fausto* de Thomas Mann, reeditadas pela Companhia das Letras.

"Pessanha e a poética da exterioridade". *Valor Econômico*. São Paulo, p. 32 - 32, 2016. Palavras-chave: Ontologia, Metafísica, Exterioridade. Áreas do conhecimento: Literatura Comparada, Literatura Contemporânea, Filosofia Contemporânea. Referências adicionais: Brasil / Português. Meio de divulgação: Vários. Resenha sobre a obra *Testemunho Transiente* de Juliano Garcia Pessanha, publicada pela editora Cosac Naify.

"Keret e a arte de dizer as mentiras precisas". *Valor Econômico*, Eu& Fim de Semana. São Paulo, p. 31 - 31, 2014. Palavras-chave: Literatura Israelense, Ironia, Literatura Contemporânea. Áreas do conhecimento: Literatura Comparada, Teoria Literária, Literaturas Estrangeiras Modernas. Referências adicionais: Brasil / Português. Meio de divulgação: Vários. Análise do livro de contos *De repente, uma batida na porta* do escritor israelense Etgar Keret.

"A escrita disseminadora de Mariana Vieira". *Medium*, 6 de março de 2021. Disponível em: https://petronio.medium.com/a-escrita-disseminadora-de-mariana-vieira-57958cc0c060. Acesso em 29/11/2021.

"Marcos Milone: corpo, gênero e ficção". *Medium*, 21 de novembro de 2020. Disponível em https://petronio.medium.com/marcos-milone-corpo-g%C3%AAnero-e-fic%C3%A7%C3%A3o-9c5648c9c278. Acesso em 29/11/2021.

"O romance que é uma autobiografia a dois". *Valor Econômico*, Eu& Fim de Semana. São Paulo, p. 30 - 30, 2014. Palavras-chave: Romance Brasileiro, Silviano Santiago, Autoficção. Áreas do conhecimento: Literatura Comparada, Teoria Literária, Literatura Brasileira. Referências adicionais: Brasil / Português. Meio de divulgação: Vários. Análise crítica do romance *Mil rosas roubadas* de Silviano Santiago, publicado pela Companhia das Letras na Flip.

"O êxtase da lucidez nos cadernos de Camus". *O Estado de S. Paulo*, Caderno 2. São Paulo, p. C7 - C7, 2014. Palavras-chave: filosofia e literatura francesas, processo criativo, existencialismo. Áreas do conhecimento: História da Filosofia, Literaturas Estrangeiras Modernas, Epistemologia. Referências adicionais: Brasil / Português. Meio de divulgação: Vários. Análise dos 3 volumes dos cadernos (diários) do escritor argelino-francês Albert Camus, publicados pela editora Hedra.

"Cyro dos Anjos em romance datado". *Valor Econômico*, Eu& Fim de Semana. São Paulo, p. 33 - 33, 2014. Palavras-chave: Romance Brasileiro, Estado Novo, História da Política Brasileira. Áreas do conhecimento: Literatura Brasileira, História Moderna e Contemporânea, Literatura Comparada. Referências adicionais: Brasil / Português. Meio de divulgação: Vários. Análise do romance *Montanha* de Cyro dos Anjos, publicado pela editora Globo.

"A América na visão de Chimamanda". *Valor Econômico*, Eu &, 19 de Dezembro de 2014. Disponível em: https://valor.globo.com/eu-e/noticia/2014/12/19/a-america-na-

visao-de-chimamanda.ghtml. Acesso em 29/11/2021.
"Um convite à derradeira metamorfose". *Valor Econômico*, Eu &, 7 de novembro de 2014. Disponível em https://valor.globo.com/eu-e/noticia/2014/11/07/um-convite-a-derradeira-metamorfose.ghtml. Acesso em 29/11/2021.
"Garota encontra Garoto, 2007". (Livro, Editoração). Áreas do conhecimento: Literaturas Estrangeiras Modernas, Literatura Comparada, Linguística Aplicada. Referências adicionais: Brasil / Português. Meio de divulgação: Impresso. Revisão do romance *Garota encontra garoto* de Ali Smith publicado pela Companhia das Letras.
"Memórias registram cicatrizes futuras". *O Estado de S. Paulo*, Caderno 2. São Paulo, p. C5 - C5, 2014. Palavras-chave: autoficção, Romance brasileiro contemporâneo, Metaficção . Áreas do conhecimento: Literatura Brasileira, Literatura Comparada, Teoria Literária. Referências adicionais: Brasil / Português. Meio de divulgação: Vários. Resenha de análise do romance do escritor brasileiro João Anzanello Carrascoza, *Caderno de um ausente*, publicado pela Cosac Naify.
"As vidas futuras de Gabriel García Márquez". *Valor Econômico*, Eu& Fim de Semana. São Paulo, p. 19 - 19, 2014. Palavras-chave: literatura hispano-americana, literatura fantástica, realismo mágico. Áreas do conhecimento: Literatura Comparada, Teoria Literária, Literaturas Estrangeiras Modernas Referências adicionais: Brasil / Português. Meio de divulgação: Vários. Ensaio analisando a vida, a obra e o legado de Gabriel García Márquez por ocasião de sua morte.
"Socorro Acioli estreia em flerte com o fantástico". *O Estado de S. Paulo*, Caderno 2. São Paulo, p. C4 - C4, 2014. Palavras-chave: romance brasileiro, literatura fantástica, literatura contemporânea. Áreas do conhecimento: Literatura Brasileira, Literatura Comparada, Teoria Literária. Referências adicionais: Brasil / Português. Meio de divulgação: Vários. Resenha analisando a obra *A cabeça do santo* da escritora brasileira Socorro Acioli, publicada pela Companhia das Letras.
"A busca de um reinado para a literatura". *Valor Econômico*, Eu& Fim de Semana. São Paulo, p. 31 - 31, 2014. Palavras-chave: literatura de expressão alemã, romance. Áreas do conhecimento: Línguas Estrangeiras Modernas, Literatura Comparada, Teoria Literária. Referências adicionais: Brasil / Português. Meio de divulgação: Impresso. Análise livro de ensaios da escritora de expressão alemã Herta Müller, *O rei se inclina e mata*.
"O nunca é imenso". Jaú: 11 Editora, 2015. (Prefácio, Prefácio Posfácio). Palavras-chave: poesia brasileira, Contos, Ficção Contemporânea. Áreas do conhecimento: Literatura Brasileira, Teoria da Literatura, Literatura Comparada. Referências adicionais: Brasil / Português. Meio de divulgação: Impresso. Prefácio escrito por Rodrigo Petronio ao livro de contos Avesso Sentido da escritora Maria Teresa Hellmeister Fornaciari.
"Tóibín entre os mercadores de heresias". *Valor Econômico*, Suplemento cultural

Eu& Fim de Semana. São Paulo, p. 32 - 32, 2013. Áreas do conhecimento: Literatura Comparada. Referências adicionais: Brasil / Português. Meio de divulgação: Impresso

"Trías de Bes e a tinta com que a vida escreve". *Valor Econômico*, Eu &, 26 de Abril de 2013. Disponível em: https://valor.globo.com/eu-e/noticia/2013/04/26/trias-de-bes-e-a-tinta-com-que-a-vida-escreve.ghtml. Acesso em 29/11/2021.

"Todas as distâncias que nos cercam: resenha do romance". *O frio aqui fora* de Flavio Cafiero. *Valor Econômico* - Eu & Fim de Semana. São Paulo, p. 33 - 33, 2013. Áreas do conhecimento: Literatura Comparada. Referências adicionais: Brasil / Português. Meio de divulgação: Impresso

"Joseph Roth: hotéis, santos e ruínas". *O Estado de S. Paulo*, Caderno 2. São Paulo, p. C3 - C3, 2014. Áreas do conhecimento: Literatura Comparada. Referências adicionais: Brasil / Português. Meio de divulgação: Impresso

"Clarão para o espírito". *O Estado de S. Paulo*, Sabático. São Paulo, v. 125, p. S5 - S5, 2012. Áreas do conhecimento: Teoria Literária, Literatura Comparada, Literaturas Estrangeiras Modernas. Referências adicionais: Brasil / Português. Meio de divulgação: Impresso. Depoimento sobre a vida e obra do escritor Hermann Hesse concedido ao Suplemento cultural Sabático do jornal *O Estado de S. Paulo*.

"Estranhos a nós mesmos em qualquer parte". *Valor Econômico*, Eu&, 12 de abril de 2013. Disponível em: https://valor.globo.com/eu-e/noticia/2013/04/12/estranhos-a-nos-mesmos-em-qualquer-parte.ghtml. Acesso em 29/11/2021.

"Reiners Terron e a fragilidade da vida nua". *Valor Econômico*, Suplemento cultural Eu& Fim de Semana. São Paulo, p. 33 - 33, 2013. Áreas do conhecimento: Literatura Comparada. Referências adicionais: Brasil / Português. Meio de divulgação: Impresso.

"A sétima velha do mestre José Donoso". *Valor Econômico*, Eu &, 1 de março de 2013. Disponível em https://valor.globo.com/eu-e/noticia/2013/03/01/a-setima-velha-do-mestre-jose-donoso.ghtml. Acesso em 29/11/2021.

"O vazio de Mishima em obra admirável". *Valor Econômico*, Suplemento cultural Eu& Fim de Semana. São Paulo, p. 33 - 33, 2014. Áreas do conhecimento: Literatura Comparada. Referências adicionais: Brasil / Português. Meio de divulgação: Impresso.

"O anti-Éden de um novo escritor brasileiro". *Valor Econômico*, Eu& Fim de Semana. São Paulo, p. 31 - 31, 2014. Palavras-chave: Mito, Literatura Contemporânea, Romance. Áreas do conhecimento: Literatura Comparada, Teoria Literária, Literatura Brasileira. Referências adicionais: Brasil / Português. Meio de divulgação: Impresso. Análise do romance *Na escuridão, amanhã* do escritor brasileiro Rogério Pereira.

"Direito à morte". Jornal de do Brasil. Curitiba, v. 131, p. 7 - 7, 2011. Referências adicionais: Brasil / Português. Meio de divulgação: Impresso em *Minha mãe se matou sem dizer adeus*, Evandro Affonso Ferreira amadurece seu trabalho narrativo.

In: *Rascunho*, Jornal de Literatura do Brasil, Curitiba, n° 131, mar. 2011, 1° Caderno, p. 7. Ensaio de uma página abordando novo romance do escritor Evandro Affonso Ferreira.

"A eternidade e uma noite". Revista *Continente Cultural*, v. 55, 2005. Referências adicionais: Brasil / Português. Meio de divulgação: Impresso. Resenha do primeiro volume de *As mil e uma noites*, em sua primeira tradução feita direto do árabe.

"A morte de um continente". *O Globo* - Caderno Prosa & Verso. Rio de Janeiro, 2006. Palavras-chave: Antonio Di Benedetto, Zama. Áreas do conhecimento: Literatura Comparada, Teoria da Literatura, Literatura Hispano-americana. Referências adicionais: Brasil / Português. Meio de divulgação: Vários. Resenha da obra "Zama" do escritor argentino Antonio Di Benedetto, publicada no suplemento cultural Prosa & Verso do jornal *O Globo*.

"As formas da fábula". *Rascunho*, 2004. Referências adicionais: Brasil / Português. Meio de divulgação: Impresso. Sobre as Fábulas de La Fontaine. Rascunho, julho de 2004.

"Entre a medicina e a literatura". *Continente Multicultural*. Recife, p. 40 - 41, 2002. Palavras-chave: Anton Tchékhov, Literatura Russa, Correspondência. Áreas do conhecimento: Literatura Comparada, Teoria da Literatura, Literatura Russa. Referências adicionais: Brasil / Português. Meio de divulgação: Vários. Análise assinada por Rodrigo Petronio da correspondência entre Anton Tchékhov e Alexander Suvórin, publicada pela Edusp em tradução de Aurora Fornoni Bernardini e Homero Freitas de Andrade.

"O espólio de um mestre". Jornal *O Globo*. Rio de janeiro, 2002. Referências adicionais: Brasil / Português. Meio de divulgação: Impresso. Resenha de *Narrativas do espólio*, de Franz Kafka, publicado em tradução de Modesto Carone. Suplemento literário Prosa e Verso.

"O inimigo da verdade". Jornal *O Globo*. Rio de Janeiro, 2002. Referências adicionais: Brasil / Português. Meio de divulgação: Impresso. Resenha de reedição do *O retrato de Dorian Gray* de Oscar Wilde, publicada no suplemento literário Prosa e Verso.

"Um bufão no século das luzes". *Rascunho*, 2002. Referências adicionais: Brasil / Português. Meio de divulgação: Impresso. Resenha do livro *Uma viagem sentimental* de Laurence Sterne. *Rascunho*, julho de 2002.

"A vida é sonho". Revista *Amálgama*, 2004. Referências adicionais: Brasil / Português. Meio de divulgação: Impresso. Análise da obra de Calderón de la Barca.

"Sem malabarismos, Tchékhov conduz prosa sutil. *Folha de S. Paulo*, p. e4 - e4, 2003. Referências adicionais: Brasil / Português. Meio de divulgação: Impresso. *A estepe* de Anton Tchékov. *Folha de S. Paulo*, Caderno Ilustrada.

"Autor espanhol esboça subterrâneos de Veneza". *Folha de S. Paulo*, Ilustrada, 5 de janeiro de 2004. Disponível em: https://www1.folha.uol.com.br/fsp/ilustrad/fq0501200409.htm. Acesso em 29/11/2021.

"Em 'Que fim levou Juliana Klein?', Marcos Peres mostra aptidão para compor diálogos". *Estadão*, Cultura, 8 de agosto de 2015. Disponível em: https://cultura.estadao.com.br/noticias/literatura, m-que-fim-levou-juliana-klein--marcos-peres-mostra-aptidao-para-compor-dialogos, 1740283. Acesso em 29/11/2021.

"Como artesão, Osman Lins cria labirintos verbais". *Folha de S. Paulo*, p. e2 - e2, 2003. Referências adicionais: Brasil / Português. Meio de divulgação: Impresso. Caderno Ilustrada.

"A moradora do sol". *Rascunho*, 2004. Referências adicionais: Brasil / Português. Meio de divulgação: Impresso Depoimento sobre a vida e a obra de Hilda Hilst. *Rascunho*, fevereiro de 2004.

"Que meu nome seja ninguém, como de Ulisses". Revista *Desenredos*, v. 3, 2009. Referências adicionais: Brasil / Português. Meio de divulgação: Impresso. A obra e o pensamento de Jorge Luis Borges.

"Grande nome da historiografia, Reinhart Koselleck tem obra publicada no Brasil: autor abre debates centrais para todos os pesquisadores de ciências humanas". *Estadão*, Aliás, 20 de novembro de 2021. Disponível em: https://alias.estadao.com.br/noticias/geral, rande-nome-da-historiografia-reinhart-koselleck-tem-obra-publicada-no-brasil, 70003901453. Acesso em 29/11/2021.

"Ensaios traçam panorama da filosofia contemporânea na África: '*A razão africana*', do historiador Muryatan S. Barbosa, supre lacuna relevante sobre a produção intelectual do continente no mercado editorial brasileiro". *Estadão*, Aliás, 27 de fevereiro de 2021. Disponível em https://alias.estadao.com.br/noticias/geral, nsaios-tracam-panorama-da-filosofia-contemporanea-na-africa,70003629381. Acesso em 29/11/2021.

"A ciência da cultura". *O Estado de S. Paulo*, Caderno Aliás. São Paulo, p. E1 - E1, 2018. Palavras-chave: Malinowski, Antropologia, Filosofia e Antropologia, Filosofia da Ciência, Cultura. Áreas do conhecimento: Antropologia, Ontologia e Cosmologia, Filosofia da Ciência. Referências adicionais: Brasil / Português. Meio de divulgação: Vários. Ensaio com destaque de capa sobre a primeira edição completa de *Argonautas do Pacífico Ocidental*, obra clássica de Bronislaw Malinowski e pioneiro da Antropologia do século xx.

"Obra-prima nacional sobre Hannah Arendt é revisitada". *O Estado de S. Paulo*, Caderno Aliás. São Paulo, p. E03 - E03, 2018. Palavras-chave: Hanah Arendt, Celso Lafer, Filosofia Política, Filosofia do Século xx. Áreas do conhecimento: Epistemologias Contemporâneas, Filosofia Política, Filosofia Moral. Referências adicionais: Brasil / Português. Meio de divulgação: Vários. Home page: https://alias.estadao.com.br/noticias/geral, nalise-de-celso-lafer-sobre-hannah-arendt-ganha-nova-edicao,70002491356 Resenha da obra fundamental de Celso Lafer sobre a filósofa Hannah Arendt. referência mundial sobre a autora, a obra foi reeditada em versão expandida e revista pela editora Paz & Terra.

"A política sucumbe à tecnologia". *O Estado de S. Paulo*, Caderno Aliás. São

Paulo, p. E04 - E04, 2019. Palavras-chave: Vale do Silício, Tecnologias da Informação, Política, Algoritmos. Áreas do conhecimento: Tecnologias da Inteligência, Teoria da Informação, Filosofia da Tecnologia. Referências adicionais: Brasil / Português. Meio de divulgação: Vários. Home page: https://alias.estadao.com.br/noticias/geral, esquisador-defende-que-a-tecnologia-esta-matando-a-politica, 70002713340. Ensaio com destaque de página inteira sobre a obra *Big tech: a ascensão dos dados e a morte da política* de Evgeny Morozov publicada pela editora Ubu.

"Pensador mostra que os equívocos são benéficos". *O Estado de S. Paulo*, Caderno Aliás. São Paulo, p. E02 - E02, 2018. Palavras-chave: Virtude e Fracasso, Filosofia dos Valores, Filosofia Moral. Áreas do conhecimento: Filosofia Moral, xiologia, Filosofia Contemporânea. Referências adicionais: Brasil / Português. Meio de divulgação: Vários. Home page: https://alias.estadao.com.br/noticias/geral, ilosofo-charles-pepin-mostra-como-o-fracasso-pode-ser-benefico, 70002285588. Resenha da obra *As virtudes do fracasso* do filósofo francês Charles Pépin. A obra descreve como alguns dos principais nomes da história em diversas áreas do conhecimento e da atividade humana conseguiram extrair potencialidades de seus fracassos e apenas conseguiram prosperar por conta dessa experiência do fracasso.

"Um mapa para os amantes". *O Estado de S. Paulo*, Caderno Aliás. São Paulo, p. E04 - E04, 2018. Palavras-chave: Francis Wolff, Filosofia e Antropologia, Teoria dos Afetos, Literatura e Epistemologia, Epistemologia e Ontologia Contemporâneas. Áreas do conhecimento: Axiologia, Epistemologia e Ontologia, Filosofia Contemporânea. Referências adicionais: Brasil / Português. Meio de divulgação: Vários. Home page: https://alias.estadao.com.br/noticias/geral, ilosofo-francis-wolff-define-o-conceito-do-amor-em-novo-livro, 70002248700. Reportagem seguida de entrevista com o filósofo francês Francis Wolff. Com destaque de pagina inteira, o texto se propõe a analisar a obra de Wolff sobre o amor, categoria que ele esmiuça e investiga a partir de diversos domínios da metafísica, da filosofia analítica e da filosofia dos valores.

"Octavio Paz reconta Sóror Juana Inés". *O Estado de S. Paulo*, Caderno Aliás. São Paulo, p. E01 - E01, 2017. Palavras-chave: Octavio Paz, Sóror Juana Inés de la Cruz, Poesia e Cosmologia, Literatura Hispano-Americana, Poesia e Filosofia, Ensaios. Áreas do conhecimento: Literatura Comparada, Ontologia e Cosmologia, Literatura e Historiografia. Referências adicionais: Brasil / Português. Meio de divulgação: Vários. Home page: https://alias.estadao.com.br/noticias/geral, or-juana-ines-de-la-cruz-e-tema-de-estudo-de-octavio-paz-e-serie-da-netflix, 70002104390. Ensaio de página inteira e com destaque de capa sobre a reedição de *As armadilhas da fé*, obra clássica do poeta e pensador mexicano Octavio Paz sobre a poeta, dramaturga e pensadora mexicana do século XVII: Sóror Juana Inés de la Cruz.

"Arte performática e Théâtre du Soleil

são abordados em livros: obras de Patrice Pavis e Béatrice Picon-Vallin chegam ao Brasil". *Estadão*, Aliás, 11 de novembro de 2017. Disponível em: https://alias.estadao.com.br/noticias/geral, rte-performatica-e-theatre-du-soleil-sao-abordados-em-livros,70002076677. Acesso em 29/11/2021.

"Continente africano é redescoberto em livros de especialistas: livros recém-publicados visam iniciar o público leigo à história e às questões culturais da África". *Estadão*, Aliás, 14 de outubro de 2017. Disponível em: https://alias.estadao.com.br/noticias/geral, ontinente-africano-e-redescoberto-em-livros-de-especialistas, 70002041449. Acesso em 29/11/2021.

"Biografia de Nietzsche corrige distorções nazistas: irmã do filósofo foi casada com supremacista ariano e promoveu desserviço em sua obra". *Estadão*, Aliás, 2 de setembro de 2017. Disponível em: https://alias.estadao.com.br/noticias/geral, iografia-de-nietzsche-corrige-distorcoes-nazistas, 70001959307. Acesso em 29/11/2021.

"'Contra-história da filosofia' ganha sexto volume: série do francês Michel Onfray propõe visão alternativa ao pensamento filosófico, destacando epicuristas, hedonistas e ateus". *Estadão*, Aliás, 11 de março de 2017. Disponível em: https://alias.estadao.com.br/noticias/geral, -contra-historia-da-filosofia-ganha-sexto-volume, 70001693674. Acesso em 29/11/2021.

"Alvin Toffler: Um herdeiro do futuro e suas previsões." *O Estado de S. Paulo*. São Paulo, p. C6 - C6, 2016. Palavras-chave: Tecnologia, Inovação, Futurismo, Mídias. Áreas do conhecimento: Filosofia da Tecnologia, rqueologia das Mídias, Teoria dos Meios. Referências adicionais: Brasil / Português. Meio de divulgação: Vários. Artigo sobre a obra e o legado do teórico da informação e ensaísta Alvin Toffler escrito por Rodrigo Petronio em ocasião da morte do pensador.

O vigoroso convite à reflexão de Christophr Hitchens. *Valor Econômico*. São Paulo, p. 31 - 31, 2016. Palavras-chave: Ateísmo, Religião e Ciência. Áreas do conhecimento: Filosofia da Religião, Teoria Antropológica, Religião e Teoria da Evolução. Referências adicionais: Brasil / Português. Resenha da obra *Deus não é grande* de Christopher Hitchens, crítica das religiões em defesa do ateísmo, publicada no Brasil pela editora Globo.

"Livro traz inéditos da nossa dama da crítica". *O Estado de S. Paulo*, Caderno 2. São Paulo, p. C5 - C5, 2016. Palavras-chave: Crítica Literária, Crítica Literária no Brasil, Literatura Francesa, Literatura Mundial, Crítica Genética. Áreas do conhecimento: Literatura Comparada, Teoria da Literatura, Literatura Brasileira e Mundial. Referências adicionais: Brasil / Português. Meio de divulgação: Vários. Resenha da obra *O século de Camus*, volume que reúne parte da crítica literária de Lucia Miguel Pereira, importante teórica e crítica da literatura.

"Bolívar: o homem que foi um continente". *Valor Econômico*. São Paulo, p. 31 - 31, 2015. Palavras-chave: Simon Bolívar, biografias, História da América. Áreas do conhecimento: História da América, Historiografia, Ciência Política. Referências adicionais: Brasil / Português. Meio de divulgação: Vários. Resenha da biografia de Simon Bolívar escrita pela jornalista e historiadora Marie Arana.

"Gumbrecht: pensador do futuro latente". *O Estado de S. Paulo*, Caderno 2. São Paulo, p. C4 - C4, 2014. Palavras-chave: Latência, Hermenêutica, Presença. Áreas do conhecimento: Literatura Comparada, Epistemologia, Filosofia da Forma. Referências adicionais: Brasil / Português. Meio de divulgação: Vários. Entrevista com o pensador Hans Ulrich Gumbrecht e análise de sua obra, especialmente de dois livros lançados na Bienal do Livro: *Depois de 1945* e *Atmosfera*.

"Vida em comum - ensaio de antropologia geral". A terra é redonda, 15 de agosto de 2021. Disponível em: https://aterraeredonda.com.br/vida-em-comum-ensaio-de-antropologia-geral/. Acesso em 29/11/2021.

"Northrop Frye e a busca da narrativa universal", *Medium*, 23 de agosto de 2020. Disponível em: https://petronio.medium.com/northrop-frye-e-a-busca-da-narrativa-universal-c2f18e39349f. Acesso em 29/11/2021.

"Paisagens emolduradas pelas letras". *Estadão*, Cultura, 13 de dezembro de 2014. Disponível em: https://cultura.estadao.com.br/noticias/literatura, aisagens-emolduradas-pelas-letras, 1606165. Acesso em 29/11/2021.

"Marx, o capital e o espírito do mundo: dois livros integram projeto de edição dos três volumes da obra-prima do autor". *Estadão*, Cultura, 20 de Dezembro de 2014. Disponível em: https://cultura.estadao.com.br/noticias/literatura, arx-o-capital-e-o-espirito-do-mundo, 1609928. Acesso em 29/11/2021.

"'Os Rebeldes' analisa os escritores da *beat generation* americana: livro de Claudio Willer propõe investigação a caminho de um anarquismo místico". *Estadão*, Cultura, 7 de novembro de 2014. Disponível em: https://cultura.estadao.com.br/noticias/literatura, s-rebeldes-analisa-os-escritores-da-beat-generation-americana, 1589622. Acesso em 29/11/2021.

"Sartre e Simone: dois caminhos, uma vida". *Valor Econômico*, Eu& Fim de Semana. São Paulo, p. 33 - 33, 2014. Palavras-chave: filosofia e literatura francesas, biografias, existencialismo. Áreas do conhecimento: Literatura Comparada, História da Filosofia. Referências adicionais: Brasil / Português. Meio de divulgação: Vários.

"Um encontro, face a face, com o processo histórico". *O Estado de S. Paulo*, Caderno 2. São Paulo, p. C4 - C4, 2014. Palavras-chave: Historiografia e Teoria da História, Filosofia da História, École des Annales. Áreas do conhecimento: Teoria e Filosofia da História, Epistemologia, História Moderna e Contemporânea. Referências adicionais: Brasil / Português. Meio de divulgação: Vários. Resenha analítica da obra *O tempo da história* do historiador francês Philippe Ariès, publicada pela editora Unesp.

"Autor ignora a raiz cínica da sociedade contemporânea". *O Estado de S. Paulo*, Caderno 2. São Paulo, p. C1 - C1, 2014. Palavras-chave: psicologia da mentira, cinismo, política. Áreas do conhecimento: Filosofia da Linguagem, Psicologia Cognitiva, Teoria Sociológica. Referências adicionais: Brasil / Português. Meio de divulgação: Vários. Análise crítica da obra "A grande mentira" do psicólogo espanhol José María M. Selva "Um sistema de ritos". *Carta Capital.* São Paulo, p. 64 - 64, 2014. Palavras-chave: Filosofia da História, Filosofia Alemã, Teoria Crítica. Áreas do conhecimento: Filosofia Contemporânea, Teoria Crítica, Filosofia da História. Referências adicionais: Brasil / Português. Meio de divulgação: Vários. Resenha da obra *O capitalismo como religião* de Walter Benjamin, publicada pela editora Boitempo.

"Equívocos humanos". *O Estado de S. Paulo,* Suplemento cultural Caderno 2. São Paulo, p. D9 - D9, 2013. Áreas do conhecimento: Teoria Sociológica, História das Teologias e Religiões, Teoria Política Moderna. Referências adicionais: Brasil / Português. Meio de divulgação: Impresso. Resenha crítica da obra *A sacralidade da pessoa: nova genealogia dos direitos humanos* do sociólogo alemão Hans Joas, coordenador do Centro de Max Weber da Universidade de Erfurt.

"A mente assombrosa de Oliver Sacks". *Valor Econômico,* Suplemento cultural Eu& Fim de Semana. São Paulo, p. 32 - 32, 2013. Áreas do conhecimento: Psicologia Cognitiva, Epistemologia. Referências adicionais: Brasil / Português. Meio de divulgação: Impresso.

"Hawking e a breve história do universo". *Valor Econômico,* Suplemento cultural Eu & Fim de Semana. São Paulo, p. 32 - 32, 2013. Áreas do conhecimento: Física Clássica e Física Quântica; Mecânica e Campos. Referências adicionais: Brasil / Português. Meio de divulgação: Impresso.

"A arte da palavra como elogio do real: resenha da obra *Entre a ficção e a história* de Alfredo Bosi." *O Estado de S. Paulo,* Suplemento cultural Caderno 2. São Paulo, p. C3 - C3, 2013. Áreas do conhecimento: Teoria Literária. Referências adicionais: Brasil / Português. Meio de divulgação: Impresso.

"Sofrimento, enigma em seu sentido e sua natureza: resenha da obra *Antropologia da dor* de David Le Beton." *O Estado de S. Paulo,* Suplemento cultural Caderno 2. São Paulo, p. C5 - C5, 2013. Áreas do conhecimento: Teoria Antropológica. Referências adicionais: Brasil / Português. Meio de divulgação: Impresso.

"Paolo Rossi: entre o tempo profundo e a esperança". *O Estado de S. Paulo,* Suplemento cultural Caderno 2. São Paulo, p. C4 - C4, 2013. Áreas do conhecimento: Epistemologia, História das Ciências. Referências adicionais: Brasil / Português. Meio de divulgação: Impresso.

"Huizinga e a nova Idade Média". Ensaios, Resenhas, Críticas. São Paulo: Cosac, 2011. (Outra produção bibliográfica). Referências adicionais: Brasil / Português. Meio de divulgação: Impresso. Ensaio sobre a obra O Outono da Idade Média de Johan Huizinga, publicada na íntegra pela editora Cosac Naify. In: Revista *Cult,* Ano 14, nº 155, mar.

"Obra investiga vida e poesia de

Lautréamont", *Folha de S. Paulo*, Ilustrada, 31 de maio de 2003. Disponível em: https://www1.folha.uol.com.br/fsp/ilustrad/fq3105200315.htm. Acesso em 29/11/2021.

"Em constante alegria com os livros", *Valor Econômico*, Eu &, 22 de março de 2013. Disponível em: https://valor.globo.com/eu-e/noticia/2013/03/22/em-constante-alegria-com-os-livros.ghtml. Acesso em 29/11/2021.

O profeta e o Ocidente: a pesquisadora inglesa Karen Armstrong tenta livrar Maomé e o Islã dos preconceitos." Revista *Trópico*, 2011. Referências adicionais: Brasil / Português. Meio de divulgação: Impresso. Resenha do livro *Maomé*, da historiadora Karen Armstrong.

"Cartas Registram a Construção do Brasil Literário e Político". *Folha de S. Paulo*, p. e4 - e4, 2003. Referências adicionais: Brasil / Português. Meio de divulgação: Impresso. *As cartas do padre Antônio Vieira*. Organização, prefácio e notas de João Adolfo Hansen, Caderno Ilustrada.

"Um Coração Maior que o Mundo: Tomás Antônio Gonzaga e o Horizonte Luso-Colonial". *Estado de Minas*, 2004. Referências adicionais: Brasil / Português. Meio de divulgação: Impresso. Resenha sobre o livro do poeta e historiador Ronald Polito, publicada no suplemento Pensar.

"O pastor do ser". *Jornal da União Brasileira dos Escritores/UBE*, 2003. Referências adicionais: Brasil / Português. Meio de divulgação: Impresso. Resenha sobre a publicação de *Dialética das consciências e outros ensaios*, reunião dos ensaios filosóficos de Vicente Ferreira da Silva em Portugal. O Escritor.

"Teor Alegórico Reveste Vidas de Santos". *Folha de S. Paulo*, 2003. Referências adicionais: Brasil / Português. Meio de divulgação: Impresso. *Vidas de santos* de Jacoppo de Varazze. Traduzido e editado pelo medievalista Hilário Franco Jr.

"Compêndio de maravilhas". *Folha de S. Paulo*, p. e6 - e6, 2004. Referências adicionais: Brasil / Português. Meio de divulgação: Impresso. Sobre o Tesouro Descoberto no Máximo Rio Amazonas, relato histórico do Padre João Daniel. Folha de S. Paulo. Caderno Ilustrada.

"Epítetos de Genet dificultam biografia". *Folha de S. Paulo*, p. e6 - e6, 2003. Referências adicionais: Brasil / Português. Meio de divulgação: Impresso. Caderno Ilustrada.

"A poesia de Guita Piva". *Medium*, 16 de maio de 2021. Disponível em: https://petronio.medium.com/a-poesia-de-guita-piva-e8e568860e50. Acesso em 29/11/2021.

"O início da primavera: a poesia de Tatiana Eskenazi". *Medium*, 28 de dezembro de 2021. Disponível em: https://petronio.medium.com/o-in%C3%ADcio-da-primavera-9719e70b8577. Acesso em 29/12/2021.

"O fogo avança para o meu pequeno enigma: a poesia de Cecilia Meireles". São Paulo: Global, 2016. (Prefácio). Palavras-chave: Literatura Brasileira, Poesia Contemporânea, Literatura Comparada. Áreas do conhecimento: Literatura Comparada, Literatura e Filosofia, Poesia Contemporânea. Referências adicionais: Brasil / Português. Meio de divulgação:

Impresso. Prefácio à reedição do livro Sonhos dentro do projeto de edição das *Obras completas da poeta Cecilia Meireles* coordenado pelo crítico Andre Seffrin. Conferir a excelente edição da poesia completa da poeta levada a cabo por Antonio Carlos Secchin: MEIRELES, Cecilia. Poesia Completa. Dois Volumes. Organização, introdução e notas de Antonio Carlos Secchin. Rio de Janeiro: Nova Fronteira, 2001.

"Poema final: *close reading* do poema homônimo de Camilo Pessanha". Revista *Amálgama*, 2004. Referências adicionais: Brasil / Português. Meio de divulgação: Impresso. Maio de 2004.

"O novo livro-poema de Flávia Rocha: 'Exosfera', quarto livro da poeta Flávia Rocha, conecta-se à cosmologia ao pensar o mundo como imagem do mundo." *Valor Econômico*, Eu&, 5 de dezembro de 2021. Disponível em: https://valor.globo.com/eu-e/noticia/2021/12/05/o-novo-livro-poema-de-flavia-rocha.ghtml Acesso em 08/12/2021.

"A poesia de Edith Elek". Amigos do Livro, outubro de 2020. Disponível em: https://www.amigosdolivro.com.br/2020/10/a-poesia-de-edith-elek-rodrigo-petronio.html. Acesso em 29/11/2021.

"A narrativa do despertar das Américas". *Valor Econômico*. São Paulo, p. 30 - 30, 2019. Palavras-chave: Popol Vuh, Fundação das Américas, Literatura Comparada, Antropologia. Áreas do conhecimento: Literatura e Antropologia, Ontologia e Cosmologia, Literatura Latino-Americana. Referências adicionais: Brasil / Português. Meio de divulgação: Impresso. Home page: https://valor.globo.com/eu-e/noticia/2019/06/14/popol-vuh-narra-o-despertar-das-americas.ghtml Resenha do *Popol Vuh*, documento fundador da literatura das Américas em nova tradução da poeta e tradutora Josely Vianna Baptista.

"Goethe: a construção do poeta". *O Estado de S. Paulo*, Caderno Aliás. São Paulo, p. E01 - E01, 2018. Palavras-chave: Goethe e a Literatura, Alquimia e Filosofia, Dramaturgia e Autobiografia, Literatura Alemã, Literatura e Filosofia, Literatura e Metafísica. Áreas do conhecimento: Literatura Comparada, Ontologia e Cosmologia, Literatura e Transdisciplinaridade. Referências adicionais: Brasil / Português. Meio de divulgação: Vários. Home page: https://alias.estadao.com.br/noticias/geral, m-autobiografia-goethe-reflete-sobre-sua-vida-e-obra, 70002147400 Ensaio de página inteira com destaque de capa sobre a obra e o pensamento de Johann Wolfgang von Goethe a partir da nova tradução de *De minha vida: poesia e verdade*, a autobiografia do imenso poeta alemão e um dos fundadores da modernidade.

"Moacir Amâncio: poesia e paralaxe". São Paulo: Annablume, 2016. (Apresentação). Palavras-chave: Poesia Contemporânea, Iberismo, Judaísmo, Poesia Luso-Brasileira, Poesia e Filosofia, Poesia e Cosmologia. Áreas do conhecimento: Literatura Comparada, Literatura e Filosofia, Literatura e Antropologia. Referências adicionais: Brasil / Português. Meio de divulgação: Impresso. Apresentação de *Matula*, livro de poemas de Moacir Amâncio, poeta, pesquisador e professor de língua e literatura hebraicas na USP.

"Geoffrey Hill: tempo e transfiguração na arte perfeita da poesia". *O Estado de S. Paulo*, Caderno 2. São Paulo, p. C6 - C6, 2016. Palavras-chave: Poesia Inglesa, Literatura Contemporânea, Literatura Inglesa, Literatura e Cânone. Áreas do conhecimento: Literatura Contemporânea, Poesia Inglesa, Literatura Comparada. Referências adicionais: Brasil / Português. Meio de divulgação: Vários. Artigo que analisa a obra do poeta, ensaísta e professor inglês Geoffrey Hill, escrito por Rodrigo Petronio para *O Estado de S. Paulo* por ocasião da morte do autor.

"Ensaios apresentam as linhas de força de João Cabral". *O Globo*, Cultura, 11 de abril de 2015. Disponível em: https://oglobo.globo.com/cultura/livros/ensaios-apresentam-as-linhas-de-forca-de-joao-cabral-1-15838588. Acesso em 29/11/2021.

"Os dias". Rio de Janeiro: Topbooks, 2014. (Apresentação, Prefácio Posfácio). Palavras-chave: Literatura Brasileira, Poesia Contemporânea, Literatura Comparada, Literatura e Filosofia, Weydson Barros Leal. Áreas do conhecimento: Teoria da Literatura, Literatura Comparada, Literatura e Filosofia. Referências adicionais: Brasil / Português. Meio de divulgação: Impresso. Orelha de apresentação escrita por Rodrigo Petronio para o livro de poemas *Os dias* do poeta premiado, crítico de arte e dramaturgo Weydson Barros Leal, publicado pela Topbooks.

"Não se se me pertence o que me invade". São Paulo: RG Editores, 2014. (Prefácio). Palavras-chave: poesia brasileira, Poesia Contemporânea. Áreas do conhecimento: Teoria da Literatura, Literatura Comparada, Literatura Brasileira. Referências adicionais: Brasil / Português. Meio de divulgação: Impresso. Prefácio escrito por Rodrigo Petronio ao livro de poemas da poeta e professora Iraci Nogueira.

"O grande rio-linguagem de Ruy Belo". *Valor Econômico*, Suplemento cultural Eu& Fim de Semana. São Paulo, p. 33 - 33, 2013. Áreas do conhecimento: Literatura Comparada. Referências adicionais: Brasil / Português. Meio de divulgação: Impresso.

"O peso da poesia cristã". *O Estado de S. Paulo*, Suplemento cultural Sabático. São Paulo, v. 135, p. S7 - S7, 2012. Áreas do conhecimento: Literaturas Estrangeiras Modernas, Teoria Literária, História das Teologias e Religiões. Referências adicionais: Brasil / Português. Meio de divulgação: Impresso. Home page: http://www.estadao.com.br/noticias/impresso,-peso-da-poesia-crista, 948340, 0.htm. Resenha da antologia *O rumor dos cortejos: antologia de poesia cristã francesa do século XX*. Organização, tradução e introdução Pablo Simpson. Análise e tradução dos principais poetas franceses cristãos, a obra é fruto de uma pesquisa de pós-doutorado.

"A pluralidade de vozes da tradição lírica". *Valor Econômico*, Suplemento cultural Eu& Fim de Semana. São Paulo, p. 32 - 32, 2013. Áreas do conhecimento: Literatura Comparada, Literaturas Estrangeiras Modernas, ínguas Clássicas. Referências adicionais: Brasil / Português. Meio de divulgação: Impresso. Resenha da antologia de traduções de poetas modernos realizada pelo poeta e tradutor brasileiro Alexei Bueno.

"A vida unânime na ooesia de um brasileiro: resenha crítica da poesia reunida de Alexandre Barbosa de Souza". *Valor Econômico*, Suplemento cultural Eu& Fim de Semana. São Paulo, p. 32 - 32, 2013. Áreas do conhecimento: Literatura Comparada, Literatura Brasileira. Referências adicionais: Brasil / Português. Meio de divulgação: Impresso.

"O diálogo infinito de Ruy Espinheira Filho", *Valor Econômico*, Eu&, 11 de janeiro de 2013. Disponível em: https://valor.globo.com/eu-e/noticia/2013/01/11/o-dialogo-infinito-de-ruy-espinheira-filho.ghtml. Acesso em 29/11/2021.

"Mariana e os espaços interiores do mundo". *Valor Econômico*, Eu&, 25 de janeiro de 2013. Disponível em: https://valor.globo.com/eu-e/noticia/2013/01/25/mariana-e-os-espacos-interiores-do-mundo.ghtml. Acesso em 29/11/2021.

Coleção de Poesia Canto do Bem-Te-Vi. *Ao léu*, de André Luiz Pinto. Prefácio de Antonio Carlos Secchin, 79 pág. *Ante-sala*, de Astrid Cabral. Prefácio de Igor Fagundes, 89 pág. *A estalagem do som*, de Elisabeth Veiga, 79 pág. *Tempo Inteiro*, de Paula Padilha, 79 pág. *Tectônicas*, de Solange Casotti, 71 pág. Editora Bem-Te-Vi.

"*Alguns poemas*, de Emily Dickinson". Tradução de José Lira. Prefácio de Paulo Henriques Britto. Editora Iluminuras. 319 págs.

"Gullar: do anjo terrível à leveza do real". Revista *Desenredos* - ISSN 2175-3903 - ano III - número 10. Julho/agosto/setembro de 2011. Disponível em: http://www.desenredos.com.br/arquivo_129.html. Acesso em 29/11/2021.

"Escrita como uma forma de travessia". Jornal *O Globo*, p. 4 - 4, 2007. Referências adicionais: Brasil / Português. Meio de divulgação: Impresso. Resenha do livro *Ímpar*, do poeta Renato Rezende. Jornal O Globo, suplemento Prosa & Verso, sábado, 13 de jan. 2007.

"Primavera: o canto da terra". *Continente Multicultural*, p. 24 - 27, 2006. Referências adicionais: Brasil / Português. Meio de divulgação: Impresso. Editora Girafa lança no Brasil *Ou o poema contínuo*, obra poética reunida do português Herberto Helder, um dos mais importantes e subversivos autores da língua portuguesa.

"Ivan Junqueira revê os poetas modernos". *O Estado de São Paulo*. São Paulo, 2005. Referências adicionais: Brasil / Português. Meio de divulgação: Impresso. Artigo publicado no jornal *O Estado de S. Paulo*, Caderno 2 / Cultura, Domingo. Depoimento Lido na Homenagem à Poeta Dora Ferreira da Silva no Centro Cultural São Paulo - 03/04/2007.

"O barro do Éden". São Paulo: Lumme, 2010. (Posfácio). Áreas do conhecimento: Literaturas Estrangeiras Modernas, Literatura Comparada, Teoria Literária. Referências adicionais: Brasil / Português. Meio de divulgação: Impresso. In: FRESSIA, Alfredo. Canto Desalojado. Antologia Poética Bilíngue. Organizador e Tradução Fabio Aristimunho Vargas.

Prefácio Dirceu Villa. Posfácio Rodrigo Petronio.

"A contraverdade de *A condessa Cathleen*". Jornal *Opção*. Goiânia, v. 605, p. 20 - 26, 2006. Referências adicionais: Brasil / Português. Meio de divulgação: Impresso. Análise da peça de W. B. Yeats. Matéria de capa do Jornal *Opção*, Ano 10.

"O conserto do mundo". *Rascunho*, Notícias, 31 de julho de 2011. Disponível em: https://rascunho.com.br/noticias/o-conserto-do-mundo/. Acesso em 29/11/2021.

"Saint-John Perse: o poeta da totalidade". Revista *Agulha*. São Paulo. Fortaleza, 2004. Palavras-chave: Saint-John Perse, Literatura Francesa. Áreas do conhecimento: Literatura Comparada, Teoria da Literatura, Literatura e Filosofia. Referências adicionais: Brasil / Português. Meio de divulgação: Digital. Ensaio sobre a obra do poeta francês Saint-John Perse, especialmente sobre a obra *Amers: marcas marinhas*, traduzida pelo poeta e tradutor Bruno Palma.

"Passeio pelo mistério". Revista *Bravo!*, 1999. Referências adicionais: Brasil / Português. Meio de divulgação: Impresso. Resenha do livro *Do amor* de Hilda Hilst.

"Jardins simétricos". *Jornal de Poesia*, s/d. Disponível em: http://www.jornaldepoesia.jor.br/rpetronio18.html. Acesso em 29/11/2021.

"Elogio de Hilda Hilst: sobre a edição das obras completas". *Rascunho*, 2003. Referências adicionais: Brasil / Português. Meio de divulgação: Impresso. *Rascunho*, fevereiro de 2003.

"O poeta e o demiurgo". Revista *Amálgama*, 2004. Referências adicionais: Brasil / Português. Meio de divulgação: Impresso. Análise da Poesia de Mário Faustino. junho de 2004. Publicado também em *Rascunho*, janeiro de 2003.

"Caminhos da literatura brasileira atual." Revista *Agulha*. Fortaleza / São Paulo, 2004. Referências adicionais: Brasil / Português. Meio de divulgação: Impresso. Outubro de 2004.

"Um livro a seis mãos". *Alpharrabio*, s/d. Disponível em: http://www.alpharrabio.com.br/abc6.htm. Acesso em 29/11/2021.

"O mundo apesar da Ideia: em seu novo livro, o poeta Bruno Tolentino passa a limpo mais de 20 séculos de arte e filosofia". Revista *Trópico*, 2011. Referências adicionais: Brasil / Português. Meio de divulgação: Impresso. Resenha do livro *O mundo como ideia*, revista *Trópico*, Seção Livros/Poesia.

"As peripécias de Apolo". *Jornal de Poesia*. Fortaleza, 2008. Palavras-chave: Gerardo Mello Mourão, poesia brasileira, Poesia Contemporânea. Áreas do conhecimento: Poesia Contemporânea, Poesia Brasileira, Teoria da Literatura. Referências adicionais: Brasil / Português. Meio de divulgação: Digital. Ensaio escrito por Rodrigo Petronio sobre a obra do poeta Gerardo Mello Mourão publicado no jornal *Rascunho* e no site de literatura *Jornal de Poesia*.

"Poesia e transfiguração: Jorge de Lima instaura uma poesia de base mítica, épica e transcendental". *Rascunho*, 2004. Referências adicionais: Brasil / Português. Meio de divulgação: Impresso. "Poesia e transfiguração:

Jorge de Lima instaura uma poesia de base mítica, épica e transcendental". *Rascunho*, maio de 2004.

"A palavra-poema e a poesia em movimento". Revista *Continente Multicultural*, 2003. Referências adicionais: Brasil / Português. Meio de divulgação: Impresso. Sobre a poesia de Mário Chamie. Revista *Continente Multicultural*. Ano III.

"Sob o signo da lucidez: a poesia do argentino Rodolfo Alonso". Revista *Continente Multicultural*, 2004. Referências adicionais: Brasil / Português. Meio de divulgação: Impresso. Revista *Continente Multicultural*, Ano IV, número 38, fevereiro de 2004.

"Pela tradição, Gorostiza põe modernidade em xeque". *Folha de S. Paulo*, p. e2 - e2, 2004. Referências adicionais: Brasil / Português. Meio de divulgação: Impresso. *Sobre morte sem fim*, antologia poética de José Gorostiza traduzida e prefaciada pelo poeta e crítico Horácio Costa.

"De Minas a Macau: a poesia de Donizete Galvão e Paulo Henriques Britto". *Rascunho*, 2003. Referências adicionais: Brasil / Português. Meio de divulgação: Impresso. *Rascunho*, novembro de 2003.

"Mosaico de mitos: a poesia de Dora Ferreira da Silva". *Rascunho*, 2004. Referências adicionais: Brasil / Português. Meio de divulgação: Impresso. *Rascunho*, janeiro de 2004.

"Que meu nome seja Ninguém, como de Ulisses". Revista *Desenredos*, v. 3, 2009. Referências adicionais: Brasil / Português. Meio de divulgação: Impresso. A obra e o pensamento de Jorge Luis Borges.

Sobre o autor

RODRIGO PETRONIO nasceu em 1975, em São Paulo. Escritor e filósofo, atua na fronteira entre literatura, comunicação, narratividade e filosofia. Autor, organizador e editor de diversas obras. Professor Titular da Faculdade de Comunicação da Fundação Armando Álvares Penteado (FAAP, 2011-). Professor convidado do Instituto Europeu de Design (IED, 2021-). Pesquisador associado do Programa de Pós-Graduação em Tecnologias da Inteligência e Design Digital (TIDD, PUC-SP, 2017-). Sob a supervisão de Lucia Santaella desenvolveu uma pesquisa de pós-doutorado sobre a obra de Alfred North Whitehead e as ontologias e cosmologias contemporâneas (2018-2020). Doutor em Literatura Comparada pela Universidade Estadual do Rio de Janeiro (UERJ). Desenvolveu doutorado-sanduíche como bolsista Capes na Stanford University, sob orientação de Hans Ulrich Gumbrecht. Formado em Letras Clássicas (USP), tem dois Mestrados: em Ciência da Religião (PUC-SP), sobre o filósofo contemporâneo Peter Sloterdijk, e em Literatura Comparada (UERJ), sobre literatura e filosofia na Renascença. Atualmente atua na FAAP como professor-coordenador de dois cursos de pós-graduação: Escrita Criativa e Roteiro para Audiovisual. Membro do grupo de pesquisa TransObjetos do TIDD-PUC-SP (2017). Membro do NDE (Núcleo de Docente Estruturante) do curso de Jornalismo da Fundação Armando Alvares Penteado (2020-). Membro do Conselho Científico do Grupo de Pesquisa do CNPq: Centro Internacional de Estudos Peirceanos (2020-). Membro do Conselho Científico do Grupo de Pesquisa do CNPq: Pensamento Processual e Estudos Whiteheadianos na América Latina (2019-). Membro do Laboratório de Estudos Pós-Disciplinares do Instituto de Estudos Brasileiros da Universidade de São Paulo (IEB-USP, 2014-). Foi professor e coordenador dos cursos de Literaturas Espanhola e Hispano-Americana na

Universidade Santo André (2002-2006) e professor de Teoria da Literatura na Universidade Anhanguera (2010-2011). Criou e ministrou durante dois anos o Curso Livre de Filosofia (2015-2017), curso que assumiu a modalidade online a partir de 2020. Ministra desde 2014 a Oficina de Escrita Criativa Casa Contemporânea. Há quinze anos ministra oficinas e cursos livres em diversas instituições como a Casa do Saber, a Fundação Ema Klabin, o Sesc e o Museu da Imagem e do Som (MIS), onde criou e coordenou o Centro Interdisciplinar de Narratividade (2012-2014). Cofundador do curso de Criação Literária da Academia Internacional de Cinema (AIC), foi professor e coordenador deste curso por quatro anos (2006-2010). Durante sete anos foi professor-coordenador do Centro de Estudos Cavalo Azul (2002-2009), fundado pela poeta Dora Ferreira da Silva. Durante três anos coordenou grupos de leitura do Instituto Fernand Braudel (2006-2009). Atua no mercado editorial há 24 anos (1995-2019), tendo trabalhado para dezenas de editoras em centenas de livros como editor, preparador, revisor, copidesque, redator, tradutor e autor. Criou e manteve a empresa Edições Rumi (2006-2016) por meio da qual prestou serviços editoriais para dezenas de editoras, coleções e obras, em diversas áreas de conhecimento. Reabriu esta empresa sob o novo nome de Bonobo Produções Culturais e Educacionais (2020-). Como editor-assistente do estúdio editorial Jogo de Amarelinha (2006-2009) coordenou a edição da coleção Clássicos Saraiva, coleção de clássicos de literatura de língua portuguesa, e o catálogo de literatura infanto-juvenil do Grupo Positivo, além de acompanhar diversos outros projetos para editoras como FTD, Moderna, Scipione, Escala Educacional, dentre outras. Trabalhou no jornal *Folha de S. Paulo* (2000-2002) como leitor crítico de informação. Há quinze anos colabora regularmente com diversos veículos da imprensa, sendo atualmente colunista da revista *Filosofia* e colaborador regular dos jornais *Valor Econômico* e *O Estado de S. Paulo*. Publicou mais de duas centenas de artigos, resenhas e ensaios em alguns dos principais veículos da imprensa brasileira. Recebeu prêmios nacionais e internacionais nas categorias poesia, prosa de ficção e ensaio. Tem poemas, contos e ensaios publicados em revistas nacionais e estrangeiras. Participou de encontros de escritores e ministrou cursos em instituições brasileiras, em Portugal e no México. É autor dos livros *História natural* (poemas, 2000), *Transversal do tempo* (ensaios, 2002), *Assinatura do dol* (poemas, Lisboa, 2005), *Pedra de luz* (poemas, 2005), *Venho de um país selvagem* (poemas, 2009), entre outros. É autor também de *Matias Aires* (2012), *Odorico Mendes* (2013), *Oliveira Lima* (2014) e *Pedro Calmon* (prelo), ensaios críticos e biográficos destes intelectuais brasileiros, publicados pela Série Essencial da Academia Brasileira de Letras. Organizador dos três volumes das Obras Completas do filósofo brasileiro Vicente Ferreira da Silva (É Realizações, 2010-2012). Coorganizador com Rosa Alice Branco do livro *Animal olhar* (Escrituras, 2005), primeira antologia do poeta português António Ramos Rosa publicada no Brasil. Divide com Rodrigo Maltez Novaes a coordenação editorial das Obras

Completas do filósofo Vilém Flusser pela editora É que prevê a publicação dos primeiros vinte títulos entre 2018-2021. Coorganizador com Clarissa De Franco do livro *Crença e evidência: aproximações e controvérsias entre religião e teoria evolucionária no pensamento contemporâneo* (Unisinos, 2014), conjunto de artigos acadêmicos de professores brasileiros e estrangeiros sobre as relações entre ateísmo, religião e darwinismo.

O livro *Pedra de luz* foi finalista do prêmio Jabuti 2006. A obra *Venho de um país selvagem* recebeu o prêmio Nacional ALB/Braskem de 2007, além de ser contemplada com o prêmio da Fundação Biblioteca Nacional.

Lattes: http://lattes.cnpq.br/7536475464385205

Contato: rodrigopetronio@gmail.com

© 2021 Rodrigo Petronio
Todos os direitos desta edição reservados à Laranja Original.

www.laranjaoriginal.com.br

Edição
Filipe Moreau e Marcelo Girard

Projeto gráfico
Marcelo Girard

Produção executiva
Bruna Lima

Diagramação
IMG3

Dados Internacionais de Catalogação na Publicação (CIP)
(Câmara Brasileira do Livro, SP, Brasil)

Petronio, Rodrigo
  Azul babel : a escrita e os mundos / Rodrigo Petronio. – 1. ed. – São Paulo : Laranja Original, 2021.

  ISBN 978-65-86042-32-0

  1. Crítica literária 2. Ficção - História e crítica 3. Poesia - História e crítica I. Título.

21-92889   CDD-801.95

Índices para catálogo sistemático:
1. Crítica literária 801.95
Cibele Maria Dias - Bibliotecária - CRB-8/9427

Laranja Original Editora e Produtora Eireli
Rua Capote Valente, 1198
05409-003 São Paulo SP
Tel. 11 3062-3040
contato@laranjaoriginal.com.br

FSC
www.fsc.org
MISTO
Papel produzido
a partir de
fontes responsáveis
FSC® C027686